한국 온돌의 역사

한국 온돌의 역사

최초의 온돌 통사

초판 1쇄 발행 2019년 9월 17일
초판 2쇄 발행 2021년 6월 20일

지은이 송기호

펴낸곳 서울대학교출판문화원
주소 08826 서울 관악구 관악로 1
도서주문 02-889-4424, 02-880-7995
홈페이지 www.snupress.com
페이스북 @snupress1947
인스타그램 @snupress
이메일 snubook@snu.ac.kr
출판등록 제15-3호

ISBN 978-89-521-2058-8 93910

최초의 온돌 통사

한국 온돌의 역사

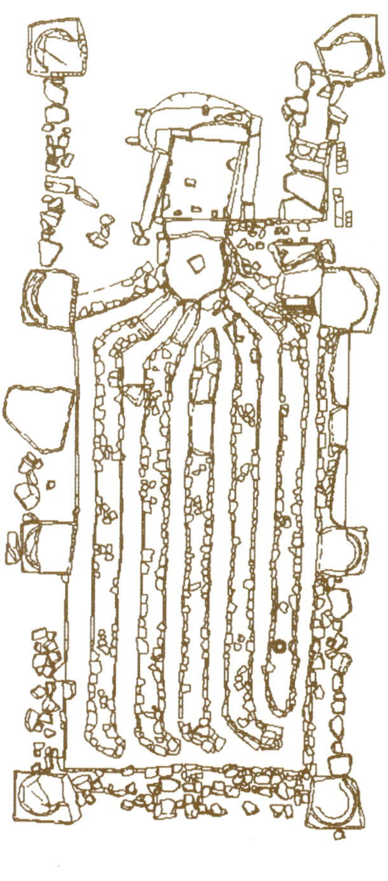

송기호 지음

서울대학교출판문화원

이 책을 쓰기까지

이제 17년에 걸친 작업을 마무리하게 되었다. 한국과 중국, 일본, 러시아, 몽골 및 유럽의 자료를 종합하고, 수많은 발굴보고서를 엑셀로 정리하는 데에 오랜 세월이 필요했다. 처음에 얼마나 걸릴지도 모르면서 덜컥 시작했다가, 도저히 진도가 나가지 않아서 2006년 연구년을 보내기 위해 캐나다로 떠나기 전에 북방의 고대 온돌만 정리해서 『한국 고대의 온돌』(2006)로 일단락을 지었다. 귀국 후에는 연구를 제대로 마무리하지 못한 아쉬움 때문에 다시 손을 댔지만, 2013년 영국에서 연구년을 보내기 전까지 겨우 제9장을 끝낼 수 있었다. 그로부터 수년이 지나 이제야 오랜 숙제를 해결하게 되었다.

2006년에 온돌사 책을 출간한 직후에 영국의 유학생으로부터 이메일을 받았다. 서양의 중국계 연구자가 쓴 온돌사 논문이 첨부되어 있었다. 이 논문에서는 온돌이 중원에서 발생하여 만주 지역으로 전파되었으며, 한반도 온돌과는 무관하다고 하였다. 논문을 보내준 이유를 알 만하였다. 이것도 온돌사를 제대로 밝혀야 하겠다고 마음을 먹은 계기가 되었다.

돌이켜보면 온돌을 연구하게 된 첫 인연은 1981년 8월 말 수원 서둔동 발굴 현장으로 거슬러 올라간다. 친구의 부친 묘소를 참배하러 따라나섰다가, 마침 숭실대학교박물관이 농촌진흥청 안에서 발굴하던 현장을 우연히 방문하여 다음날까지 발굴을 거들어준 적이 있었다. 이 당시에는 온돌 구조를 제대로 이해하지 못한 채 발굴했을 정도로 온돌 발굴의 초창기였다. 그 보고서는 2010년에서야 간행되었다. 둘째 인연은 『한국 고대의 온돌』 서문에서 밝혔듯이 발해 온돌의 기원과 관련하여 샤프쿠노프 에.붸. 교수와 나눈 1990년대의 대화였다.

아니 더 올라가면 외할머니와 땔나무하러 갔던 스산한 어느 초봄인가의 추억이 온돌 연구로 이끌었는지도 모른다. 산비탈 따스한 양지에 앉아 주먹밥을 먹었고, 나뭇단을 머리에 인 외할머니를 따라 돌아온 그날의 장면이 왜 그런지 기억 속에 또렷이 남아 있다. 비가 많이 오면 지면보다 한참 낮은 부엌 바닥은 온통 물난리였던 기억도 있다. 부엌 아궁이에서 불을 쬐던 어린 시절이 가끔은 그립다. 아쉽게도 몇 년 전에 찾아가보니 초등학교 때까지 살았던 추억의 그 기와집은 사라지고 말았다.

이 책을 쓰면서 처음 부딪힌 난관은 온돌의 정의였다. 다시 말해서 세계의 다른 난방시설과 구별되는 온돌의 경계선을 설정할 필요가 있었다. 우리 시대에는 어느 것이 온돌인지 직관적으로 느낄 수 있다고 해도, 막상 이를 구조적으로 정의하라면 막막할 것이다. 고대로 올라가면 다양한 난방시설 가운데 어디까지 온돌이라 할 수 있는지 가늠하기 더욱 어려워진다. 그럼에도 지금까지의 연구는 대부분 온돌의 범주를 자의적으로 설정하여 진행해왔다.

온돌은 열기가 오래 머물 수 있게 하려는 의도가 있는 고래가 핵심이며, 이는 연기의 빠른 배출에 일차적인 목적을 둔 연도와 구분된다. 따라서 연도만 있고 고래가 없는 시설은 온돌이라 할 수 없다. 지금까지는 양자를 구분하지 않고 모두 온돌이라 부르는 바람에 온돌의 개념이 모호해져 다른 난방시설과 구별 짓기가 어려웠다. 이에 따라 이 책에서는 세계의 다른 지역에서도 발견되는 연도부뚜막을 온돌의 범주에서 제외하였다.

다음 난관은 취난시설에 관한 용어를 정리하고 정의하는 문제였다. 발굴보고서나 연구 논저에서 노지, 화덕, 부뚜막, 아궁이, 구들, 온돌 등 다양한 용어를 국어사전의 정의와는 무관하게 제각기 사용하고 있다. 또 취난시설의 세부 명칭이 제대로 붙지 않은 것이 많은 데다가, 있다고 해도 연구자마다 제각각이다. 예를 들어서 고래 측벽이 국어사전에는 '고랫등'으로 등재되어 있으나, 실제로는 '고래둑'을 주로 사용하고 있다. 이런 경험을 하면서 우리의 학술 용어가 제대로 정리되지 않은 문제점을 절실히 깨달았다.

이 책을 쓰다 보니 국어사전의 용례만 따르기도 어려웠고, 그렇다고 현장의 용어를 그대로 따르기도 어려워서 양자를 절충할 수밖에 없었다. 이런 용어들을 명확히 사용하기 위해 시행착오를 겪으면서 몇 차례나 쓰고 지우기를 반복하며 시간을 허비하였으나, 아직도 미진한 느낌이다. 또 이 책에서는 취사와 난방 시설을 '취난시설', 부분 온돌을 '쪽구들', 전면 온돌을 '온구들', 양자의 중간 형태를 '쪽온구들', 고래가 아니라 연도만 달린 부뚜막을 '연도부뚜막'이라 제안하여 사용하였다. 이 밖에도 온돌의 세부 용어들을 새로 만들어 사용하였다.

셋째 난관은 무엇으로 온돌의 시대적 변천상을 드러낼 수 있는가 하는 점이었다. 여기서 구들의 평면 구조와 고래 수라는 두 가지 요소를 찾아냈다. 이들이 난방 효과를 결정하는 기본 변수들인 것으로 생각했다. 기왕의 연구에는 이 밖에도 많은 분류 기준을 제시하였으나, 거의가 지엽적인 것이고 거시적으로 유용한 것은 이 두 가지였다.

온돌은 한국을 대표하는 문화이다. 생활문화 가운데 지금까지 면면히 이어지는 가장 오랜 역사를 가지고 있고, 하층문화에서 상층문화로 발전한 특이한 이력도 가지고 있다. 온돌 때문에 현재도 좌식 생활을 하고 있다. 아마 앞으로도 온돌 문화는 사라지지 않을 것이다. 이 책의 맺음말에서 우리 민족을 가리켜 '백의민족' 대신에 '온돌민족'이란 말을 쓰자고 처음으로 제안한 것은 이 때문이다.

그럼에도 불구하고 기록이 너무 적어서 체계적인 온돌 통사가 나온 적이 없다. 그래서 이 책을 감히 '최초의 온돌 통사'라고 부르고 싶다. 빈약한 문헌 자료를 보충할 수 있는 발굴 자료를 주된 대상으로 삼았기에 가능한 일이었다. 필자가 직접 찍거나 수많은 보고서에서 찾아낸 사진이나 도면을 많이 수록한 것은 이 책이 자료집의 성격도 지니기 때문이다. 이 작업도 결코 쉬운 일이 아니었다. 일부는 미처 사용 허락을 받지 못하였으나, 이 사진과 도면들이 가지는 가치를 고려하여 책에 수록하였다. 모든 책임은 저자에게 있음을 밝힌다. 그림과 표가 많아서 편집 작업도 쉽지 않았으니, 2018년 7월에 원고를 넘긴 뒤로 1년 만에 책이 나오게 되었다. 그 사이에 새로 추가한 동해 망상동, 청주 송절동, 연해주 시넬니코보-1 등 몇 가지 유적 자료는 통계에 반영하지 못했다.

물론 건축사학자보다 건축 구조를 잘 알지 못하고, 고고학자보다 발굴 자료에 능숙하지 못하다. 그럼에도 학부 시절 고고학을 부전공했기에 용기를 내서 고고학 자료를 활용하여 역사 연구를 해보고 싶었다. 세부적인 내용에서 미숙한 점이 있을지 모르나, 큰 틀에서는 틀리지 않았다고 생각한다. 연구 과정에서 북한의 고고학 정보가 부실하여 북방과 남방의 연결 고리를 찾지 못한 아쉬움이 내내 있다.

이 책은 지금까지 출간한 내 책 가운데 가장 공을 들였다. 주로 연구해온 발해사 책들보다도 애착과 집착을 가지고 집필하였다. 전반부에는 생활사 집필과 병행하였고, 후반부에서는 몸이 아파 하루에 한 시간 이상을 할애하지 못해서 거북이 경주하듯이 우보천리의 심정으로 글을 써나갔다. 장마철에 언뜻언뜻 비치는 햇살을 틈타 농사일하듯이, 통증 사이사이에 겨우 글을 이어갔다. 통증이 심할 때는 제발 이 책을 완성하게 해달라고 마음속으로 몇 번이나 빌었을 정도이다. 이제 그 소원이 이루어졌다. 이렇게 힘들게 마무리하기는 처음이다.

이번 연구에서는 온돌사의 큰 줄기를 잡는 데에 주안점을 두었으므로, 세부적인 연구는 후배 연구자들에게 맡기고자 한다. 이 책은 마지막 장의 맺음말부터 읽어서 개요를 파악한 뒤에 본문으로 들어가는 것이 이해에 편리할 것이다.

이 책을 쓰면서 일본 지명과 인명은 일본식으로 읽었지만, 중국 지명이나 인명은 한국식으로 읽었다. 고구려와 발해 유적을 한국식으로 읽는 데 익숙하다 보니 그렇게 통일할 수밖에 없었다. 1970년대에 연구를 시작할 때부터 해오던 대로 중국 간자는 모두 번자로 표기하였다.

2006년에 『한국 고대의 온돌』을 출간하고, 2016년까지 생활사 7책을 완간하고, 이제 온돌사까지 인쇄에 부침으로써 내가 계획한 생활사 연구는 일단락되었다. 생활사 작업이 지난하고 호흡이 무척 긴 것임을 새삼 깨달았다. 연구비와 승진 압박에서 자유로운 50대의 나이였기에 가능한 일이었다. 이제는 본업인 발해사로 되돌아가서 1년 반 남은 정년까지 연구를 마무리하고자 한다.

이 책을 완성하기까지 이강승 충남대학교 명예교수, 이종묵 서울대학교 국어국문학과 교수와 박흥식 서양사학과 교수, 홍기승 대학원생(국사편찬위원회) 등이 자료 수집에 도움을 주었다. 사진 자료를 제공해준 분이나 기관은 뒤에 '그림 출처'에서 밝혔으니, 이들에게도 고마움을 표한다. 발굴 현장에서 사진을 찍을 수 있도록 허락해준 분들께도 감사를 드린다. 무엇보다도 여러 발굴조사기관이 발굴보고서를 간행하여 연구의 기초 자료를 제공해주지 않았다면, 이 연구는 불가능했을 것이다. 또 제8장까지는 규장각한국학연구비 지원을 받아서 완성한 것임을 밝힌다.

원고지 약 2000매에 사진 361개, 표 46개에 달하는 방대한 분량의 원고를 꼼꼼히 읽고 교정하여 훌륭한 책을 편집해준 서울대학교출판문화원 현우진, 김지산 씨를 비롯한 편집진, 문장 교정과 초록의 영문 번역에 도움을 준 대학원생 김지희와 박주선, 윤성민 등에게 감사를 표한다.

학계에 첫 발을 내디디며 1987년에 첫 책을 낼 때에 서문에서 첫 딸의 탄생을 자축한 적이 있는데, 어느덧 그 아이가 성장하여 2017년에는 다시 딸을 낳았다. 외손녀의 탄생을 보면서 인생의 순환을 느껴본다.

2019년 7월
관악산 아래에서
송기호 씀

차례

머리말

해방 후 여러 교과서에도 실린 홍명희의 '온돌과 백의(白衣)'란 글이 있듯이[1] 온돌과 흰옷은 우리의 전통문화를 상징한다. 우리 민족을 백의민족이라 부른 것도 이 때문일 터인데, 근대화의 격변 속에서 흰옷을 입는 전통은 사라지고 말았다. 반면에 온돌은 지금까지도 살아남아 한국 문화를 대표하고 있다. 고대에 발생하여 현재까지 계승되고 있으니, 가장 오래된 고유문화로 손꼽을 수 있겠다. 이에 따라 온돌을 세계문화유산에 등록하자는 움직임도 있다.

2007년과 그 이듬해에 연해주 체르냐티노2 주거지 유적을 한국과 러시아의 연구자들이 공동으로 발굴했는데,[2] 여기서 흥미로운 현상을 발견할 수 있었다. 넓지 않은 범위에서 세 시기의 온돌이 층위를 달리하며 확인된 것이다. 북옥저인이 남긴 크로우노프카 문화의 주거지, 발해의 주거지, 근대 고려인의 주거지에 각각 온돌이 시설되어 있었다. 사진에서 아래쪽 가운데가 고려인의 온돌이고, 위쪽의 둑 위에서 발해 온돌이 발굴되었으며, 그 왼쪽 아래에서 북옥저인의 온돌이 발굴되었다(그림 0-1). 고려인과 그 조상들이 연해주에 거주한 세 시기

1 홍명희, 「온돌과 백의」, 『문장강화』, 1940(창비, 2005 재간, 311-313쪽.)

2 한국전통문화학교·극동국립기술대학교·역사학고고학민족학연구소, 『연해주 체르냐찌노 2 옥저·발해주거유적』 I·II, 2008·2009.

그림 0-1. 연해주에서 발굴된 세 시기 온돌

에 온돌이 공통적으로 활용된 사실을 확인할 수 있으니, 이것은 우리 민족과 온돌의 친연성을 잘 보여준다. 이 밖에 여진족이 연해주에서 활동하던 시기에도 온돌이 사용되었으나, 이 유적에서는 발견되지 않았다.

근대에 한반도를 여행한 서양인들은 흰옷, 지게와 함께 온돌을 공통적으로 많이 언급하였다. 그들에게는 온돌이 첫 경험이었기에 놀라움과 신기함이 가득했다. 다음은 신혼여행을 온 한 독일인 부부의 기록이다.

> 그런데 이게 웬일인가. 아까 조랑말에게 콩을 삶아 준다고 불을 지폈던 아궁이의 배출구가 방바닥 밑을 지나면서 방을 점점 달구고 있는 게 아닌가. 침대 쪽 바닥은 이미 손을 못 댈 정도로 후끈거렸다. 만일 조랑말에게 먹일 콩을 푹 익혀야 했다면 아마도 우리는 침

실 바닥에서 케이크를 구울 수도 있었으리라. 발밑이 이렇게 뜨거워 보기는 또 난생 처음이었다! 우리는 일일이 바닥에 손을 대 보며 조금이라도 덜 뜨거운 곳이 있나 찾아보았다. 저 구석 자리가 그나마 좀 나았기에, 거기다 모기장과 접이침대를 처음부터 다시 설치했다.[3]

또 스웨덴 기자는 이렇게 적었다.

코레아 사람들은 실외에서는 옷을 아주 따뜻하게—너무 따뜻하게—입었고, 밤에는 펄펄 끓는 방바닥 위에서 빵처럼 구워지는 게 아주 습관이 되어 있었다.[4]

이사벨라 버드 비숍 여사도 온돌이 너무나 뜨거워서 밖에서 밤을 지새워야만 했다.

조랑말의 말린 똥까지 때는 여관의 방은 언제나 과도하게 따뜻하다. 섭씨 33도 정도가 평균 온도이며, 자주 35.5도로 올라간다. 나는 어느 끔찍한 밤을 방문 앞에 앉은 채로 새운 적이 있는데 그때 방 안의 온도는 섭씨 39도였다. 지친 몸을 거의 지지다시피 덥혀주는 이 정도의 온도를 한국의 길손들은 아주 좋아한다.[5]

여름에도 난방을 할 정도였으니, 온돌이 얼마나 일상생활에 깊숙이 침투해 있었는지 짐작할 수 있다. 그럼에도 불구하고 온돌 역사의

3 루돌프 차벨 지음, 이상희 옮김, 『독일인 부부의 한국 신혼여행 1904』, 살림, 2009, 301-302쪽.
4 아손 그렙스트 지음, 김상열 옮김, 『스웨덴 기자 아손, 100년 전 한국을 걷다』, 책과함께, 2005, 65쪽.
5 이사벨라 버드 비숍 지음, 이인화 옮김, 『한국과 그 이웃나라들』, 살림, 1994, 151쪽.

연구는 부진을 면치 못했다. 그것은 온돌에 관한 역사 기록이 거의 남아 있지 않은 데에 일차적인 원인이 있다. 역사적 기록물이란 특별한 사건이나 특이한 사물을 대상으로 하게 마련인데, 온돌은 우리에게 너무나 일상적이라서 기록의 대상에서 벗어나 있었다. 그나마 외국인들의 경험담에서 근대 시기 온돌의 실상을 가늠해볼 수 있을 따름이다.

온돌에 대한 학문적 관심은 20세기 초부터 시작되어 점차 역사학, 고고학, 민속학, 가정학, 고고학의 연구 주제로 발전하였다. 지금까지 간행된 논저 가운데 한국(남한)에서 발표된 것이 압도적 다수를 차지하여 한국이 온돌의 종주국임을 웅변한다. 우선 일제강점기에 한반도에서 조선인과 일본인이 발표한 글이 39편이다. 연구자의 출신국을 기준으로 할 때에, 해방 후 남한에서는 저서를 포함하여 온돌사 일반론 86편이 발표되었다.[6] 또 북한 2편, 일본 13편, 중국 24편, 러시아 7편, 기타 서양 7편이 되어, 모두 합치면 178편에 이른다. 각론으로 들어가서 지역별·시대별 연구 가운데 온돌이나 기타 난방 방식을 중심 주제로 삼은 논저만 고르면 남한 42편, 북한 1편, 중국 4편, 일본 4편, 러시아 1편 등이니, 이것까지 합치면 230편이 된다.

온돌사 연구는 빈약한 문헌 자료를 보완해주는 고고학 자료에 크게 의존해야 한다. 그런데 고고 발굴에서 온돌이 제대로 인식된 것은 최근에 와서의 일이다. 1977년에 구의동 보루에서 구들이 발굴되었으나, 당시에는 이를 무덤으로 오인하였을 정도다. 1981년 8월에 숭실대학교에서 발굴하던 수원 서둔동 유적을 방문하였다가 잠시 발굴에 참여한 적이 있다. 온돌 유구가 발굴되기는 하였으나, 이 당시에도 온돌에 대한 인식이 초보적이었던 것으로 기억한다. 이때의 경험이 인연이 되어서인지 지금에 와서 온돌 역사를 쓰게 되었다.

주거지나 취락에 관한 고고학 자료는 1980년대 후반부터 증가하

6 설비, 구조 등에 관한 연구들은 제외하고 온돌사와 관련된 것으로 판단되는 것만 포함하였다.

기 시작하여 1994년에는 '마을의 고고학'이 토론 주제로 선정되었고, 이후 '주거지 고고학', '취락고고학'이 정립되기에 이르렀다. 이로써 무덤을 중심으로 한 종래의 고고학 연구가 큰 전기를 맞았다. 그렇지만 2000년대가 되어서야 본격적으로 취사·난방 시설을 의식하면서 발굴하여 유형 분류가 가능한 단계에 접어들었다. 주거지도 다량으로 발굴되어 통계적 의미를 가질 수 있게 되었다. 이에 따라 감당하기 어려울 정도로 자료가 급증하여 이를 어떻게 효율적으로 정리해내느냐가 연구의 관건이 되었다.

그런데 국내 고고학계의 그간 연구에는 문제가 있다. 주로 온돌의 유형 분류와 편년 연구에 매달리고 있고, 그마저도 연구자가 발굴에 참여한 일정 지역이나 일정 유적에 한정한 사례 연구가 많으며, 연구 내용도 매우 형식적이고 기계적인 정리를 벗어나지 못하는 경우가 많다. 좀 더 많은 자료를 정리하여 분포 상황을 파악할 수 있는 연구도 있지만, 역사의 흐름에 대한 거시적인 시야를 가지지 못하기는 마찬가지다. 아직도 난방시설 내지 온돌과 관련된 용어나 개념의 정의가 제대로 이루어지지 않은 채 고고학 현장과 연구자에 따라 달리 사용되고 있기도 하다. 이 때문에 고고학 자료를 폭넓게 활용하기 위해서는 자기 나름의 기준 설정과 개념 규정이 필요하다.

온돌의 발굴은 남북한뿐 아니라 중국과 러시아, 일본에서도 이루어지기 때문에 이들 자료를 망라하지 않을 수 없다. 그 점에서 국경을 넘는 더 넓은 시야가 필요하다. 그런데 북한의 조사 연구가 다른 나라에 비해 미미한 점이 아쉽다. 중간지대의 공백은 만주와 한반도, 일본으로 이어지는 온돌의 큰 흐름을 파악하는 데에 지장을 초래하기 때문이다.

다른 한편으로 온돌은 건축 구조물의 일부이기도 하므로 건축사 분야의 도움도 받지 않을 수 없다. 그렇지만 건축사에서는 조선시대 이후의 온돌에 관심을 주로 기울이고 있고, 역사적 접근을 하더라도 구조나 기능 등에 주로 관심을 가지면서 시대적 변천을 설명하는 데서는 미숙한 면이 보인다.

고고학은 주로 고대에 초점이 맞추어져 있는 반면에, 건축사는 현재와 가까우면서 지상 구조물이 많이 남아 있는 조선시대에 무게를 두고 있어서, 대상 시기에서도 차이가 난다. 이는 건축사 전공자가 고고학 발굴 현장의 자료를 쉽게 활용하지 못하기 때문이기도 하다.

한옥은 증개축을 계속 하기 때문에, 건물 초축 연대가 확실하더라도 특별히 다른 근거가 없으면 그 당시에 온돌도 도입되었다고 단정하기 어렵다. 건축사 논문에서는 이러한 고려가 만족스럽지 않다는 느낌이 든다. 사료의 정확한 해석과 이용에서도 한계가 드러난다. 한옥에 온돌이 언제 도입되기 시작했는지를 제대로 규명하기 위해서는 되도록이면 사용 기간이 짧고 연대가 확실한 자료를 찾아내는 것이 무엇보다 중요하다. 이것은 고고학의 도움을 받아야 한다.

2006년에 고고학 자료를 토대로 북방의 고대 온돌을 정리하여 『한국 고대의 온돌』을 출간한 적이 있다. 이때에 연구를 발전시켜 온돌 통사를 써야겠다는 생각을 가지게 되었고, 그간에 새로 발굴된 온돌 자료들은 이 마음을 더욱 굳히게 하였다. 책을 출간한 직후에 한 영국 유학생으로부터 받은 중국 항(炕)의 기원에 관한 건축사 논문도 한 계기였다. 만주의 항이 한국으로부터 영향을 받은 것이 아니라, 북중국(華北)에서 발생하여 만주에 영향을 주었다고 주장한 중국계 학자의 논문이었다.[7] 중국 중심의 사고를 담고 있는 이 논문을 읽으면서 온돌의 역사를 제대로 정리하고 국외에도 알릴 필요성을 더 절실히 느끼게 되었다.

한반도에서의 온돌 변화는 세 가지 큰 변곡점을 거쳤다. 첫째는 수혈주거에서 온돌이 발생하여 지상건물에도 전이된 것이고, 둘째는 ㄱ자형 중심의 쪽구들에서 1자형 중심의 온구들로 구조가 변한 것이

7 Qinghua Guo, "The Chinese Domestic Architectural Heating System[Kang]: Origins, Applications and Techniques", *Architectural History*, Vol. 45, 2002.

며, 셋째는 한옥에서 현대식 주거(아파트)로 바뀌면서 여기에 적응하여 온돌의 변신이 이루어진 것이다. 이 책에서는 근대 이전까지 다룰 예정이므로, 첫째와 둘째 단계를 중점적으로 다루게 된다.

이제 고고학과 건축사 분야에서 쌓아올린 연구 성과를 흡수하고 아울러 고고 자료와 문헌 자료를 함께 활용하여, 온돌의 역사를 나름대로 구성해보고자 한다.

1장

취난시설의 종류와 어원

주거 건물 내외에서 불을 피우는 것은 취사, 난방, 조명, 습도 조절 등 그 목적이 다양하다. 강원도 산간에서 볼 수 있는 것으로서 방 귀퉁이에 시설하여 주로 관솔을 태우는 고콜은 난방 효과도 기대할 수 있는 조명 시설이다. 그렇지만 불을 피우는 주된 목적은 취사와 난방이라 할 수 있으니, 이를 합쳐서 '취난(炊煖)시설'이라 부를 수 있겠다. 건물 밖에 설치하는 야외노지 또는 야외부뚜막은 취사 기능만 있지만,

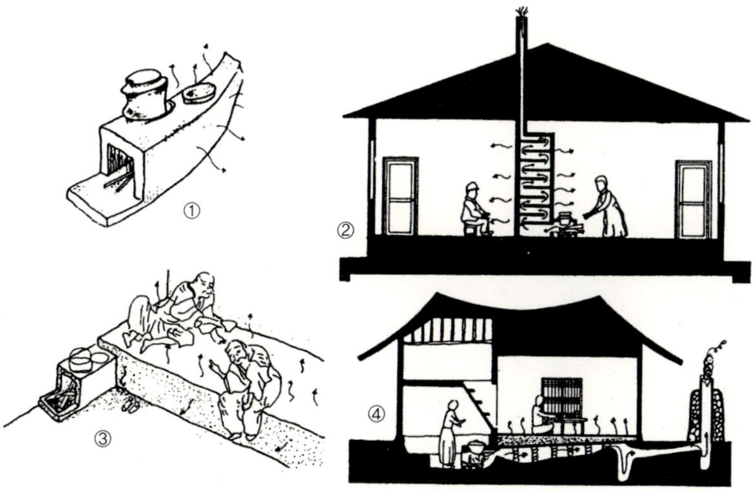

① 부뚜막, ② 벽난로, 화장(火墻) ③ 쪽구들, 항(炕) ④ 온구들

그림 1-1. 취난시설들

대부분은 건물 내부에 설치하여 취사와 난방을 겸용한다. 따라서 취난시설이란 용어를 일반적으로 사용할 수 있으나, 난방에 중점을 두어 설명할 때에는 난방시설이란 용어도 쓸 수 있겠다. 우리나라의 취난시설에는 노지(爐址), 부뚜막(竈), 온돌(突, 炕)이 있다. 이들의 역사를 검토하기에 앞서 외국의 사례까지 포함하여 난방시설의 종류를 살펴보겠다.

전통시대의 취난 방식으로는 크게 벽을 통하는 방법과 바닥을 통하는 방법이 있다. 〈그림 1-1〉에서 ①은 취사가 주목적인 부뚜막이고, ②는 벽을 통하여 난방을 하는 서양의 벽난로 및 중국의 화장(火墻)이며, ③은 쪽구들, 또는 쪽구들 모습을 간직한 중국의 항(炕)이다. ④는 이보다 발전된 형식의 온구들로서, 한반도에서만 보인다. 이제 좀 더 자세히 살펴보겠다.

첫째, 벽으로부터 난방을 하는 시설은 서양의 벽난로가 대표적이다. 벽난로는 중세부터 보편화된 것으로서, 벽체에 아궁이를 만들고 연기는 벽 내부를 통해서 굴뚝으로 배출한다(그림 1-2). 방 가운데의 노지에서 불을 때는 것보다 발달한 구조이다. 벽난로는 열을 머물게 하는 장치를 추가함으로써 열효율을 높였고, 연기가 실내에 차는 문제도 해결할 수 있었다.

그림 1-2. 그리스 벽난로

러시아에서 사용되는 페치카도 이 종류에 속한다. 그렇지만 다른 유럽의 벽난로가 난방 전용인 데 비해서 페치카는 난방과 함께 취사도 겸할 수 있게 되어 있다. 2008년 9월 러시아 연해주의 시골에서 목격한 페치카는 방에 면한 부엌 벽에 달려 있고, 여기서 뜨거워진 물이 배관을 통해서 집안 전체를 돌도록 설계되어 있었다(그림 1-3). 현대식 라디에이터 방식과 결합한 것이다.

만주 지역에 퍼져 있는 화장(火墻)도 이와 유사하다. 화장은 우리말로 '벽구들'이라 한다. 실내에 벽돌로 장방형 격벽(隔壁)을 쌓아 난방시설을 겸하는데, 벽체 가운데가 비어 있어 불기운이 이를 통과하면서 양쪽 벽면으로 열기를 발산하게 되어 있다.[1] 이런 시설은 주로 대형 주택의 거실에서 난방용으로 사용하지만, 일부는 취사 기능도 갖추었다.

그림 1-3. 러시아 페치카

이른 시기에 해당하는 한나라 때의 화장이 근래에 발굴되었다. 한 무제 태초 3년(기원전 102)에 흉노를 방비하기 위해서 처음으로 거연(居延) 요새를 만들었는데, 내몽고 서부 아랍선맹(阿拉善盟)에 있는 거연 유적이 바로 그것이다. 여기서 발굴된 봉수대 유적들에서 화장이 확인되었다. 1999년에 발굴된 제16봉수대를 예로 들면,[2] 내부에 5개의 방이 있다(그림 1-4). F4 동북쪽 모서리에 있는 부채꼴의 부뚜막에서 불을 때면 불길이 F4의 북벽, F5의 북벽과 서벽을 통과한 뒤에 서벽 중간의 굴뚝을 통해 배출되었다. 마찬가지로 F2의 동남쪽 모서리에 있는 부뚜막에서 출발한 불길이 F2 남벽, F3의 남벽과 서벽을 통과한 뒤에

1 張馭寰, 『吉林民居』, 中國建築工業出版社, 1985, 10쪽.

2 魏堅·昌碩, 「居延漢代烽燧的調査發掘及其功能初探」, 『額濟納漢簡釋文校本』, 文物出版社, 2007.

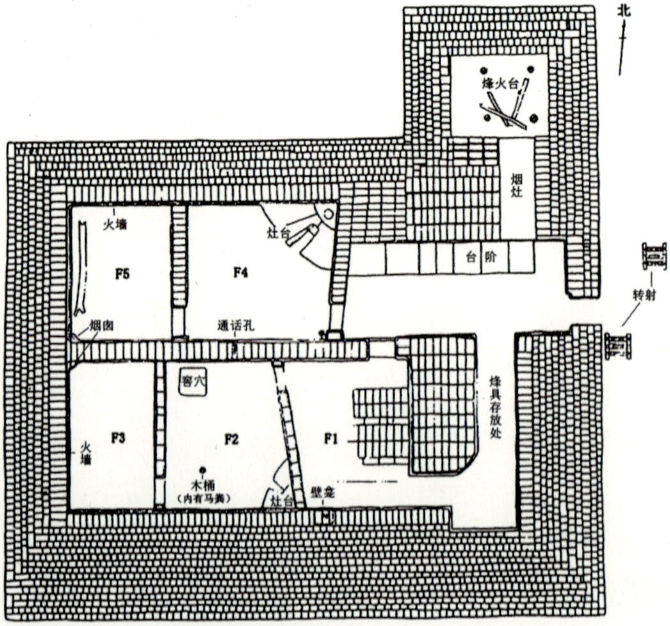

그림 1-4(상). 제16봉수대 평면도
그림 1-5(하). 제16봉수대 화장 시설

역시 서벽 중간에 있는 굴뚝을 거쳐서 배출되었다.

발굴 사진을 보면(그림 1-5), 왼쪽 아래에 부서진 부채꼴의 부뚜막이 있고, 그 중간에 아궁이에서 뒤로 연결된 구멍이 보인다. 이 구멍 위쪽으로는 위가 막힌 원통형 공간이 달려 있는데, 그 높이만큼 오른쪽 벽체를 따라 빈 공간이 형성되어 열기가 이동하게 되어 있다. 이렇게 열기가 벽 중간 내부의 공간을 통과하면서 난방을 하는 것이 화장이다.

중국 보고서에서 일찍이 온돌을 가리켜 화장이란 용어를 사용한 적이 있고,[3] 그 영향으로 그 뒤에도 쪽구들을 화장이라 설명하는 일이 종종 있다.[4] 그렇지만 구조 면에서 화장과 쪽구들은 다르므로, 양자를 분리하여 부르는 것이 옳다. 최근 고구려 오녀산성(五女山城) 보고서에서도 화항(火炕)과 화장(火墻)을 구분했으나,[5] 구조에서 서로 구분하기 어려워 모두 쪽구들로 분류하는 편이 나을 것 같다.

둘째, 바닥으로부터 난방을 하는 시설은 다시 두 가지로 나뉜다. 불기운이 직접 실내 공기와 닿는 방식이 있는가 하면, 아래로부터 올라온 불기운이 구들장이란 전도체를 데운 다음에 실내 공기를 간접적으로 데우는 방식이 있다. 전자가 직접 난방식이고, 후자는 간접 난방식이다. 전자는 열의 복사와 대류를 활용한 난방 방식이라고 한다면, 후자는 여기에 열의 전도까지 활용한 방식이다. 다시 말해서 온돌은 전도, 복사, 대류의 복합적인 열전달의 성질을 고루 이용한다는 특징이 있다. 아울러 전자는 일시적이고 직접적인 난방 방식인 데 비해서, 후자는 열을 바닥의 돌과 흙에 저장하여 사용함으로써 지속성을 지닌

3 黑龍江省文物考古工作隊·吉林大學歷史系考古專業, 『東寧團結遺址發掘報告』, 1978, 5-9쪽.

4 黑龍江省文物考古研究所, 「黑龍江東寧縣小地營遺址渤海房址」, 『考古』 2003-3, 46쪽.

5 遼寧省文物考古研究所, 『五女山城: 1996-1999, 2003年桓仁五女山城調査發掘報告』, 文物出版社, 2004, 95, 130, 137, 140, 142-144, 160, 162쪽.

그림 1-6(상). 아이누의 이로리
그림 1-7(하). 일본 고야산 금강봉사의 이로리

난방 방식이다.[6]

전자의 경우로는 방 안에 설치된 노지(爐址)나 화로가 있다. 선사

6 김준봉, 「온돌, 그 찬란한 구들문화에 대하여」, 『온돌과 구들문화』, 어문학사, 2014, 13쪽.

그림 1-8. 일본 북해도의 고타츠

시대 주거지 한가운데에는 노지가 설치되었는데, 여기에 불을 피워 직접 실내 공기를 데웠다. 이럴 경우 연기 배출이 용이하지 않은 단점이 있다. 이에 따라 노지를 벽 가까이 설치하여 건물 밖으로 연기를 배출하는 방식으로 변하게 된다.

제주도에서 사용된 봉덕은 마룻바닥이나 흙바닥에 돌로 만든 화덕으로서, 간단한 취사시설이면서 난방 및 조명 시설이기도 했다. 이것은 선사시대 노지의 전통이 내려온 것이다.

일본에서 전통적으로 사용해온 이로리(囲炉裏, 居炉裏)도 역시 그러하다. 이로리는 방바닥의 한 부분에 설치한 화덕으로서 취사 및 난방뿐 아니라 조명의 기능도 겸하였다(그림 1-6). 구마모토 성 중심에 위치한 혼마루어전(本丸御殿)에서는 장방형으로 대형화된 이로리를 찾아볼 수 있다. 이로리에도 배연시설이 따로 없어서 집안 천정이 그을음으로 뒤덮이는 단점이 있었다. 일부 고급 주택에서는 이로리 위에 굴뚝을 설치하여 연기를 배출하였다(그림 1-7).

단순한 형태의 이로리를 좀 더 발전시킨 것이 고타츠(炬燵, 火燵)

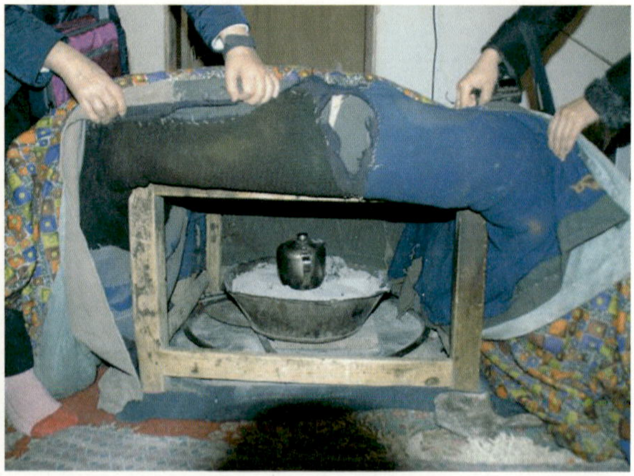

그림 1-9(좌). 이란의 콜씨
그림 1-10(우). 이란의 콜씨 내부

이다. 고정되어 있는 화덕 또는 이동이 가능한 히바치(火鉢, 화로)를 나무틀 속에 넣고(그림 1-8), 그 위에 이불이나 포대기를 올려서 온기를 오래 보존하는 형태이다. 고정식인 호리고타츠(堀炬燵)와 이동식인 오키고타츠(置炬燵)가 있는데, 그 안에 손이나 발을 넣어 추위를 이기는 도구이다. 이란에서 전통적으로 사용해온 콜씨(Kolsi)도 고타츠와 같은 구조를 하고 있다(그림 1-9, 1-10).

숯불을 담아 놓는 화로(火爐)는 이동이 간편한 장점이 있다. 난방뿐 아니라 불씨를 보존하는 데도 사용되었다. 또 주된 난방 수단으로 사용하거나, 보조적인 난방 수단으로 사용하였다. 이것은 고정식인 난로(煖爐)와 함께 매우 보편적이므로, 따로 설명할 필요는 없겠다.

간접 난방에 해당하는 것으로는 한국의 온돌(溫突)이 대표적이고, 중국 북방에서는 이와 비슷한 항(炕, kang)이 있다. 온돌은 방바닥 전체를 데우고 항은 방의 일부를 데운다는 점에서 차이가 있지만, 이들은 원래 하나의 뿌리에서 출발하였다.

초기철기시대에 항과 유사한 구조로 구들이 발생하였고, 그것이 중국 북방에서는 현대까지 시원적 형태 그대로 계승된 반면에, 한반도에서는 고려시대에 지금 우리가 사용하는 온구들(온돌)로 전환하였다.

온돌은 다른 난방시설에 비하여 수평으로 기다란 구조가 특징적이다. 이런 구조 때문에 구들장 아래에서 이루어지는 그을음의 2차 연소를 통해 땔감의 잠재 열량을 최대한 끌어낼 수 있고, 전도·복사·대류가 활발히 이루어져 열의 손실을 최소화하는 장점이 있다.

온돌은 20세기 후반에 환골탈태하면서 현대식 주택에 적응할 수 있었다. 미국 건축가 프랭크 로이드 라이트(Frank Loyd Wright, 1867~1959)가 1914년에 일본에서 본 한국의 온돌에서 영감을 얻어 '온수 순환식 바닥 난방(Gravity Heat, 중력 난방)', 즉 온수보일러식 난방을 개발하였고,[7] 20세기 전반기에 일본과 미국에서 이를 적용한 건물을 짓기도 했다. 그러나 이 난방 방식은 현지에서 발달하지 못하였다.

국내[8]에서는 1950년대까지 전통적인 방식을 사용하다가 점차 연탄을 때서 열기가 고래를 통과하는 방식으로 바뀌었으나, 연탄가스 중독 등의 부작용을 낳았다. 1970년대 후반부터는 연탄가스 문제와 고층화 문제를 해결하기 위해서 온수를 이용한 난방 방식으로 바뀌어 갔다. 이것은 배관을 개발한 서양에서 특허를 들여온 것이라고 한다. 안타깝게도 전통 난방 방식을 우리 스스로 개조하지 못하고 외부 기술로 대체한 것이다.

온수관이 종래의 고래를 대신함으로써 열기가 구들장을 직접 가열하는 방식에서 온수를 통하여 간접 가열하는 방식으로 바뀌었으며, 구조의 단순화와 경량화까지 이루었다. 연료도 연탄, 석유, 가스 등으로 바뀌어갔다. 온수관 대신에 전기 패널을 이용한 난방도 보급되었다. 아파트의 출현으로 자칫 사라질 운명에 처했던 재래식 온돌은 이렇게 현대식 온돌로 변신하여 오늘날까지 생명력을 유지할 수 있게

7 김남웅·장재원·임진택,「프랭크 로이드 라이트의 온돌체험과 그의 건축작품에의 적용 과정 및 의미에 대한 고찰」,『대한건축학회논문집』 계획계 21-9, 2005.

8 박병일·석호태·김광우,「溫突의 時代的 變遷과 現況」,『空氣調和 冷凍工學』 24-6, 1995, 620-623쪽; 여명석·김광우·석호태·장경호,「전통온돌의 시대적 변천과 형성 과정에 관한 연구」,『대한건축학회논문집』 계획계 11-1, 1995, 94쪽.

되었다.

일본에서 사용하고 있는 유카단보(床暖房)도 바닥에 전기 패널이나 온수 파이프 등을 깔아서 난방을 하는 방식이다. 서양에서 영향을 받은 것[9]이라고 하지만, 온돌에서 영향을 받았다는 설도 있다. 유카단보는 방의 일부에만 제한적으로 시설하는 것이 우리의 온돌과 다르다.

고대의 온돌은 기다란 구덩이를 파고 불을 때서 따뜻하게 하는 구조이다. 항(炕)이란 것도 '불구덩이' 즉 화갱(火坑)이 하나로 결합된 글자이다. 이에 대해서 청나라 고염무(顧炎武)는 이렇게 설명했다.

> 북쪽 사람들은 흙으로 바닥을 만들고, 그 아래를 비게 해서 불을 피우니, 이를 '항(炕)'이라 한다. ……『구당서』 동이 고려전에 "겨울에는 기다란 구덩이(長坑)를 만들고 아래에 불을 때서 따뜻하게 한다."고 했다. 이것이 지금의 '토항(土炕)'이니, 다만 '갱(坑)'자로 썼을 뿐이다.[10]

항은 본래 '굽다', '말린다'는 뜻이었는데, 새로운 난방 방식이 알려지면서 뜻이 부가되었다. 당나라 후기에 승려 혜림(慧琳)이 지은 『일체경음의(一切經音義)』에 "가뭄(炕旱) 〈……『설문(說文)』에 따르면 항은 말리는 것이라 했다. 『고성(考聲)』에 이르길, 흙 평상에 불을 안치하는 것을 항이라 한다. ……〉"는 설명이 있다.[11]

흙 평상에 불을 피우는 것은 온돌을 연상시키지만, 사실은 난방용이 아니라 아래에서 불을 피우는 건조대를 의미한다. 따라서 여기서

9 권석영, 『온돌의 근대사』, 일조각, 2010, 236-237쪽.

10 『日知錄』, 土炕 「北人以土爲牀, 而空其下以發火, 謂之炕. 舊唐書東夷高麗傳, 冬月皆作長坑, 下然煴火以取煖. 此即今之土炕也, 但作坑字.」

11 『一切經音義』 권18 「炕旱. 〈… 說文, 炕乾也. 考聲云, 土榻安火曰炕. …〉」 周小花의 글에도 이 구절이 인용되어 있으나, 여기서는 온돌의 의미로 잘못 해석했다. 周小花, 「"火炕"考源: 兼談"坑"字與"炕"字的關系」, 『語林考古』 116, 2008.

언급된 항은 본래의 의미를 지닌 것이다. 이런 건조대 사례는 제2장에서 언급하는 신석기시대 이래의 가마터들에서 확인된다.

항이란 말이 새롭게 온돌을 가리키게 된 것은 북방의 여진족이 세운 금나라 때부터이고, 지금까지도 제일 보편적으로 사용하는 단어가 되었다. 항 이외에 때로는 화갱(火坑)이나 화항(火炕)이라고도 썼다. 여진어로는 나하(納哈), 만주어로는 나한(納罕, naqan)이라 쓰는데, 여기서 '나'는 땅이나 흙을 가리키고, '하'나 '한'은 항(炕)을 음차한 것이다. 따라서 나하, 나한은 지항(地炕), 토항(土炕)과 동일한 의미이다.[12]

이와 비슷한 단어로서, 중국에서는 자지(炙地), 화지(火地)란 말도 쓴다. 자지는 지표면을 달구는 것인 데 비해서 화지는 땅을 파서 불기운이 아래로 지나가게 한 것이다. 앞에 인용한 고구려 온돌 모습이 화지와 유사하다는 생각이 든다. 또 지룡(地龍)이나 지화룡(地火龍)이란 말도 만주에서 속어로 사용하고 있다.

우리나라에서는 '항'보다는 '돌(堗)'이란 글자를 선호했다. 조선왕조실록만 해도, '항'은 중종 25년(1530) 3월에 평안도와 함경도 사람들이 장항(長炕)에 기거한다는 언급에서 유일하게 나타난다. 이문건(李文楗, 1494~1567)의 『묵재일기(默齋日記, 1535~1567)』에는 돌(堗)이 20여 회, 돌(突)이 2회, 항(炕)이 2회 나온다. 그 밖의 문헌에서는 대부분 중국의 난방시설을 언급할 때에 항(炕)을 사용하였다.

'돌'의 용례와 관련해서 『삼국유사』의 백제 자온대 설화를 먼저 살펴볼 필요가 있다.

> 사비하의 벼랑 위에 돌 하나가 있는데, 10여 명이 앉을 수 있었다. 백제 왕이 왕흥사에 예불하려 가려면, 먼저 이 돌에서 멀리 부처를 바라보며 절했는데, 그 돌이 스스로 따뜻해져 '구들돌(㷝石)'이라 불렀다.[13]

12 周建奇, 「說炕: 附釋建州」, 『內蒙古大學學報』, 人文社會科學版, 31-5, 1999.

여기에는 명확히 구들을 의미하는 돌(㶟)자를 사용했다. 이 글자는 조선시대 문헌에서 아주 희귀하게 보이는데,[14] 중국이나 일본에서는 사용하지 않는다. 중국에서 지갱(地坑)의 의미로 항(炕)자를 썼듯이, 우리나라에서는 화돌(火堗)의 의미로 돌(㶟)자를 만들어낸 것이다. 여기에 나오는 '돌'자가 백제 때에 이미 사용된 것인지 『삼국유사』가 저술된 고려시대에 사용된 것인지는 알 수 없다.

한국에서 '돌'자의 사용은 중국에서의 '항'자의 사용과 다른 길을 걸었다. 새로 만든 돌(㶟)자보다는 돌(堗, 突)자를 쓰되 그 앞에 수식어를 붙여 두 글자로 된 단어를 주로 사용하였다. 첨가하여 두 글자를 선호한 것이다. 온돌(溫堗, 溫突), 난돌(煖堗, 暖堗), 화돌(火堗), 연돌(烟堗, 煙堗) 등이 그런 것이다. 또 재료에 따라 토돌(土堗, 흙구들)이나 석돌(石堗)이란 말을 썼고, 따뜻한 방이란 의미로 욱실(燠室), 욱방(燠房), 온방(溫房)이란 말도 썼다. 쇠죽을 끓이는 아궁이는 우돌(牛堗)이라 하였다. 이에 비해서 불을 때지 않은 차가운 방은 냉돌(冷堗), 빙돌(氷堗), 냉골이라 하였다. 순수 한글로는 '구들' 또는 '구돌'이라 썼다. 한자는 한 글자만으로 뜻을 충분히 전할 수 있는 데 비해서 한국어는 한 글자보다는 두 글자 이상으로 된 단어가 뜻의 전달에 편리하기 때문일 것이다.

이런 다양한 용어는 시간이 흐르면서 '온돌(溫堗, 溫突)'과 '구들' 두 단어로 통합되어 정리되었다. 지금도 온돌을 한자로 표기할 때에 돌(堗)과 돌(突)을 모두 사용하지만, 후자가 더 간단하여 전자보다 보편적으로 쓴다. 즉 온돌(溫突)이 가장 일반적인 표기이다. 그렇지만 기원을 따지게 되면 오히려 전자가 원형에 해당한다.

항(炕)이 갱(坑)에서 유래한 것이라면, 과연 돌(堗)은 어디서 유래한 것인가 따져볼 일이다. 돌(堗)은 원래 부뚜막에서 연기가 빠져나가

13 『三國遺事』 권2, 紀異, 南扶餘·前百濟 「又泗沘崖, 又有一石, 可坐十餘人, 百濟王欲幸王興寺禮佛, 先於此石望拜佛, 其石自煖, 因名㶟石.」

14 『東槎錄』(柳相弼) 閏三月二十九日 「間房後有溫㶟房, … 溫㶟之右爲旋室.」; 『赴燕日記』 主見諸事, 飮食 「窺其竈㶟中可一間, 紅焰熾滿, 盡是石炭也.」

는 구멍을 가리킨다(그림 1-11). 여기서 조돌(竈突), 연돌(煙突) 등의 용어가 나왔다. 곡돌(曲突)은 굽은 굴뚝인데, '굴뚝을 고쳐 굽게 만들고 땔나무를 멀리 옮겨 놓아 화를 미연에 방지한다'는 의미로 곡돌사신(曲突徙薪)이란 고사성어가 있다. 곡돌의 반대어로 직돌(直突)이란 말도 있다. 속담 '아니 땐 굴뚝에 연기 나랴'의 한자 표현인 '신구불연, 돌불생연(薪苟不燃, 堗不生煙)'의 '돌'도 굴뚝을 의미한다.

그림 1-11. 부뚜막의 돌(堗) 부분

굴뚝이란 뜻을 가진 이 말이 언제부터인가 난방시설을 가리키는 용어로 전환되었다. 이리하여 '돌(突)'은 굴뚝과 온돌이란 두 가지 뜻을 품게 되었다. 후자의 용례도 고려시대와 조선시대 문헌에서 두루 찾을 수 있지만, 앞에 인용한 자온대 설화에서 보듯이 고대까지 올라갈 가능성도 있다. 아마 불을 때면 따뜻해지는 굴뚝에서 연상되어 온돌이란 뜻도 부가된 것이 아닌가 생각된다. 그렇지만 시간이 흐르면서 '돌석(突石)'이란 단어에서 보듯이 온돌의 '돌'이 굴뚝보다는 구들장의 '돌(石)'을 연상시키게 되었고, 이에 따라 '데운 돌'이란 의미로 전환되었던 것 같다. 아니면 거꾸로 돌(石)을 표기하기 위해서 돌(堗)자를 차용한 것인지도 모른다.

구들이란 한글 단어는 『훈몽자회』(1527), 광주판 『천자문』(1575)에서 확인되고(그림 1-12),[15] 『구급간이방언해(救急簡易方諺解)』(1489),[16] 『번역박통사(飜譯朴通事)』(16세기 초),[17] 『병자일기』(17세기)[18] 등에서 문

15 『訓蒙字會』「炕, 구들 강, 俗呼火ㅣ블딛ᄂᆞᆫ구들」(中9a); 『천자문』(광주판) 「房 구들 방」(35b).

16 『救急簡易方諺解』 권6, 破傷風 「브ᅀᅥᆨ구ᇫ글샛거믜영ᄒᆞᆫ 량(竈突內煤一兩)」.

17 『飜譯朴通事』 권上 「샹넷말소매닐오ᄃᆡ오ᄂᆞᆯ훠바사구들헤오ᄅᆞ고도ᄂᆞᆫ일시노려미도미어려우니라(上言道, 今日脫靴上炕, 明日難保得穿)」.

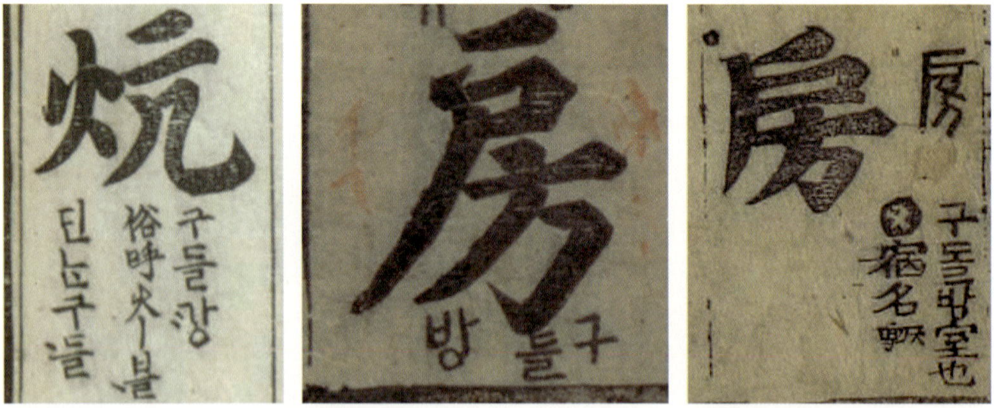

훈몽자회 중9a　　천자문(광주판) 35b　　주해천자문 35b

그림 1-12. 구들, 구돌의 용례

장 용례가 보인다. 이들 자료를 보면 한자 돌(突)과 항(炕)을 모두 '구들'로 새긴 것을 알 수 있다.

그러면 '구들'은 무슨 의미인가? 『주해천자문』(1752)에서 보듯이[19] 구들을 때로는 '구돌'이라 표기한 데서 그 실마리를 찾을 수 있다. 구돌은 데워진 구들장을 의미하는 '구운 돌'에서 유래한 것이고, 구돌은 다시 구들로 바뀌었을 것이다. 구들은 고어로 '구듫'인데, 고려가요 「청산별곡」에 돌을 '돓'이라 하였으므로 둘 다 ㅎ 말음 체언으로 서로 통한다. 또 '구운 돌'이란 말은 한자어인 '온돌'과도 연관된다. 현재로서는 한글 단어인 구들과 한자어인 온돌 가운데 어느 쪽이 더 오래되었는지 판단하기 어렵지만, 구들이 원래 서민용이었던 점을 감안하면 구들이 먼저 사용되다가 나중에 한자화되어 온돌이 등장하였을지 모른다. 이럴 경우에 한자로 온석(溫石)이라 쓰지 않고 '돌'을 음차하면서 돌(堗)로 썼을 가능성도 있다.

이렇게 온돌과 구들은 동일한 어원을 가지고 있지만, 지금에 이르

18 『병자일기』 1638년 2월 그믐날 「오ᄂᆞᆯ구들드리고ᄇᆞ람ᄇᆞᄅᆞ다」.
19 『註解千字文』「房 구돌방」(35b).

러서는 양자를 구분해서 쓰는 면도 있다. 구들은 구조적 측면을 강조하는 반면에, 온돌은 구들로 만들어진 난방 방식을 가리키는 더 넓은 의미로 쓰인다.[20] 이 책에서는 양자를 동일한 의미로 사용하면서도, 때로는 구들을 온돌과 구분하여 난방시설 가운데 화구부와 배연부(연도)를 제외한 핵심 시설을 특정하는 말로도 사용하겠다(그림 3-14). 다시 말해서 좁은 의미의 구들은 고래와 고랫등 및 구들장으로 이루어진 시설을 가리키고자 한다.

또 온돌은 중국의 항(炕), 현대의 온수순환식 바닥 난방까지 포함하여 모든 시대에 걸친 구들 시설 전반을 포괄하는 의미로 주로 사용하겠다. 간혹 항과 대비되는 조선의 온구들에 국한하여 좁은 의미로도 사용하겠다. 문맥에서 양자를 구별할 수 있어 혼란은 없을 것이다. 제3장에서도 언급하겠지만 우리말에서 온돌과 관련된 세부 용어가 다양하게 발달하지 않아서 이렇게 의미가 다중성을 띨 수밖에 없다.

조선시대에는 온돌이 전혀 다른 뜻으로도 사용되었다. 『정조실록』에는 온돌이란 글자에 '바닷가 고기 잡는 곳'을 가리킨다는 주석이 있다.[21] 더 이상의 자세한 설명이 없지만 해변에 설치한 어망의 일종이라고 한다.

앞에서 간단히 설명했듯이 온돌은 크게 두 유형으로 나뉜다. 하나는 방 안의 일부에만 구들을 시설하는 방식이고, 다른 하나는 방 전체에 구들을 시설하는 방식이다. 앞의 것은 발생기부터 지금까지 만주 지역에서 사용해왔고, 한반도에서는 고대 및 중·근세에 사용하다가 점차 사라졌다. 지금 만주에서 볼 수 있는 항이 이런 것이다. 뒤의 것은 한반도에서 고려 때에 출현한 뒤에 점차 확산되어 한국문화를 대표하고 있고, 이를 흔히 온돌이라 부른다.

20 김왕직, 『알기 쉬운 한국건축 용어사전』, 동녘, 2007, 257쪽.

21 『정조실록』 16년(1792) 12월 24일 「釐正諸道兩都案付, 船隻及鹽盆漁箭等稅. … 溫堗〈溫堗, 海邊捕魚所也.〉 …」

그런데 온돌의 역사를 서술하려면 때로 이를 구분해서 부를 필요가 있다. 앞의 것은 부분온돌에 해당하고 뒤의 것은 전면온돌에 해당한다. 신영훈이 부분온돌이란 의미로서 '쪽구들'이란 용어를 창안했고,[22] 필자도 고대 온돌 연구서에서 이를 수용했다. 쪽구들 대신에 '줄고래'란 용어도 사용하지만,[23] 이것은 고래에 한정하는 느낌이 있어서 여기서는 쪽구들로 부르겠다.

나아가 필자는 쪽구들에 대응하는 용어로 '전면온돌'이란 말을 사용했었는데, 이보다는 '온구들'[24]이란 용어가 좋겠다는 생각이 들었다. 따라서 이 책에서는 일반론적인 서술에서는 '온돌' 또는 '구들'이라 하고, 두 형식을 구분할 필요가 있을 때에는 '쪽구들', '온구들'로 표현하겠다. 그리고 쪽구들과 온구들의 중간 형태가 고려시대에 보이는데, 이는 '쪽온구들'이라 부르겠다. 쪽구들과 온구들의 차이는 제10장에서 조금 더 언급하겠다.

한편 국내 고고학계에서는 온돌이란 용어를 쓰기보다 노지, 터널식 노지, 아궁이, 부뚜막, 부뚜막시설 등으로 부르는 경우가 많다.[25] 이것은 취사 기능에 중점을 두면서, 상대적으로 난방시설에 대한 관심이 적은 데에 기인한다. 사실 국내 고고학계에서 본격적인 온돌 연구는 2000년대에 와서야 시작되었기 때문에, 취사시설에 대한 연구보다 취약할 수밖에 없다. 그러나 이제는 온돌 자료가 상당히 축적된 만큼 취사의 측면과 난방의 측면을 함께 고려해야 한다.

온돌과 유사한 것으로서 서양의 하이퍼코스트(hypocaust)가 있다. 하이퍼코스트는 로마시대에 사용된 목욕시설 중심의 난방시설이다. '하이퍼'에는 '아래로부터'란 뜻이 있고, '코스트'는 '불을 땐다'는 뜻

22 신영훈, 『우리문화 이웃문화』, 문학수첩, 1997, 52쪽.
23 김왕직, 앞의 책, 257쪽.
24 온구들 대신에 '통구들'이란 용어를 쓴 경우도 있다(김준봉·조병호, 「동양과 서양의 온돌문화와 통(通)문화」, 『온돌과 구들문화』, 어문학사, 2014, 34쪽).
25 김규동, 「한반도 고대 구들시설에 대한 연구」, 『國立公州博物館紀要』 2, 2002, 7쪽.

을 가지고 있으니, 바닥으로부터의 난방이란 의미에서 온돌과 서로 통한다. 그렇지만 서로 독립적으로 발생한 것이고, 사용 목적도 달랐다. 이에 대해서는 다음 장에서 자세히 다루겠다.

2장

세계의 온돌 발상지들

온돌은 바닥으로부터 열기를 공급한다는 점에서 다른 난방시설과 구별된다. 이러한 특징을 가진 시설은 한반도와 만주 일대에만 국한하지 않고, 유럽 대륙, 몽골과 자바이칼(외바이칼) 지역에서도 발견된다. 이 밖에 북아메리카 대륙의 알류산 열도나 중국 화북지방에서도 단발적인 사례들이 확인되어 이들 지역도 검토해볼 필요가 있다.

온돌 또는 그와 유사한 시설이 독자적으로 발상했던 대상지로서

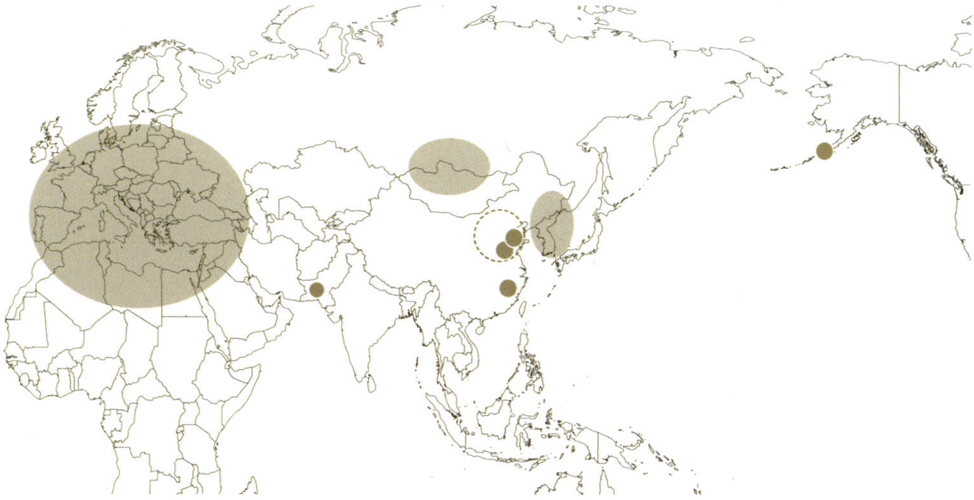

그림 2-1. 온돌의 발상과 관련된 지역들

대체로 다섯 곳을 손꼽을 수 있다. 이들을 지도에 표시해보면 북반구에서 비슷한 위도 상에 위치하는 것을 알 수 있다(그림 2-1). 또 발상 시기도 후술하다시피 서로 가깝다. 이는 유사한 기후 환경 내지 자연 조건에 적응하는 과정에서 동시다발적으로 발생했기 때문이 아닌가 생각된다.

러시아 연해주 남부를 예로 들면, 기원전 4~3세기 무렵에 연평균 기온이 3~4℃에서 -2℃ 정도로 떨어지는 기후 변화가 일어났다고 한다.[1] 아마 북옥저인들은 이런 한랭화에 적응하면서 쪽구들을 발명하였을 것이고, 비슷한 시기에 비슷한 위도에 있던 북흉노인이나 그리스·로마인도 동일한 발상을 했던 것으로 여겨진다. 이제부터 각 발상 후보지들을 살펴보겠다.

첫째, 고대 로마제국에서 애용했던 하이퍼코스트(hypocaust)이다.[2] 방 내부에 다수의 받침 기둥을 열 지어 세우고 그 위를 덮어서 실내 바닥을 만든 다음, 밖의 아궁이에서 불을 때서 뜨거운 공기나 열기가 그 아래로 통과하게 되어 있는 구조라서(그림 2-2),[3] 우리의 온구들과 매우 닮았다. 고래 형식에서 보면 우리나라 온돌은 줄고래가 대부분인데, 하이퍼코스트는 〈그림 2-4〉에서 보듯이 받침 기둥을 포진해놓은 허튼고래가 주축을 이루는 차이가 있다. 땔감으로는 숯, 나무, 석탄

1 수보티나 A.L., 「한반도의 중도식 토기문화와 크로우노프카문화의 비교: 옥저문화와 한반도의 상호교류에 대한 실증적 비교연구」, 『고고학으로 본 옥저문화』, 동북아역사재단, 2008, 246-247쪽.

2 하이퍼코스트에 대해서는 Wikipedia의 'Hypocaust'를 주로 활용하고, 김남응의 글들(김남응, 「고대 로마의 바닥난방 하이퍼코스트와 함께 나타나는 洞空壁의 機能에 관한 고찰」, 『대한건축학회논문집』 계획계, 15-2, 1999; 김남응, 「구들과 유사한 서양의 하이퍼코스트의 이해: 전통구들문화의 기술적 우월성」, 『구들학회학술발표회』, 구들학회, 2000; 김남응, 『문헌과 유적으로 본 구들 이야기 온돌 이야기』, 단국대학교출판부, 2004)도 참조하였다.

3 Fikret Yegül, "Heating and Water Supply of Roman Baths", *Baths and bathing in classical antiquity*, Architectural History Foundation, The MIT Press, 1992: Fikret Yegül, "Heating and Water Supply Systems of Roman Baths", *Bathing in the Roman World*, Cambridge University Press, 2010.

을 사용했다.

때로는 벽체가 비어 있는 중공벽(中空壁, hollow wall)이 보이는데, 이것이 난방을 위한 것인지 완충-보온을 위한 것인지 논란이 있다. 이것이 난방용이라 한다면 바닥과 벽을 통해서 열을 발산하므로, 벽체 난방시설인 화장(火墻)과 바닥 난방시설인 온돌의 기능이 결합된 것이라 할 수 있다.

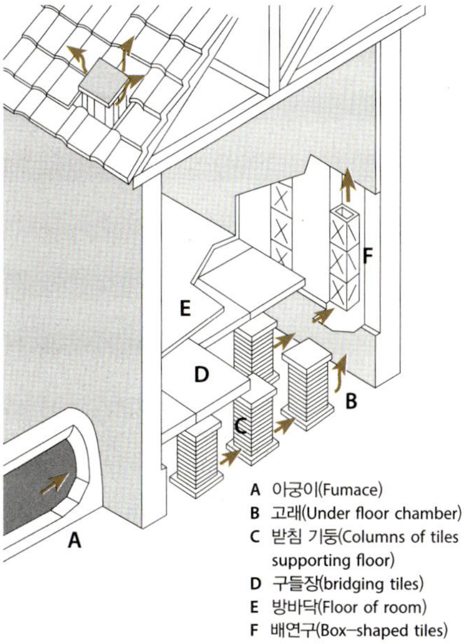

그림 2-2. 하이퍼코스트의 구조

이런 난방시설은 불을 관리하는 노동력이 필요하고 땔감도 많이 들기 때문에 공중목욕탕을 중심으로 사용되면서 일부 귀족 저택에서도 채택되었다.[4] 공중목욕탕의 경우에, 아궁이에서 불을 때서 물을 끓여 욕탕으로 보내고, 뜨거운 공기는 욕실 아래를 통과하면서 공기를 데웠다(그림 2-3). 이것이 점차 개인 저택의 욕실에 도입되었고, 로마제국 중·말기에는 귀족의 주거용 난방으로도 사용되었다.

공중목욕탕에서 주로 사용된 점은 취사·주거용인 우리의 온돌과 구별된다. 로마시대 목욕탕 시설은 이탈리아 폼페이(Pompeii) 도시유적과 영국 바스(Bath)의 로마시대 목욕탕 유적, 그리스 아테네의 목욕탕 유적에서 실견했는데, 바스 유적에서는 하이퍼코스트의 구들 구조를 잘 확인할 수 있었다(그림 2-4).

하이퍼코스트는 기원전 80년경에 세르기우스 오라타(Sergius Orata)가 발명한 것으로 전해지지만, 이는 확인된 사실이 아니다. 이보다 앞서는 기원전 350년에 에페수스(Ephesus)의 그리스 신전에서 바

4 예를 들어서 영국에서 발굴된 로마시대 저택에서 하이퍼코스트가 발견되었다. Ben Miller, "Heated dining rooms and butchery: The robbed Roman villa found by alchaeologists in Yorkshire", *Culture 24*, 2015.4.3.

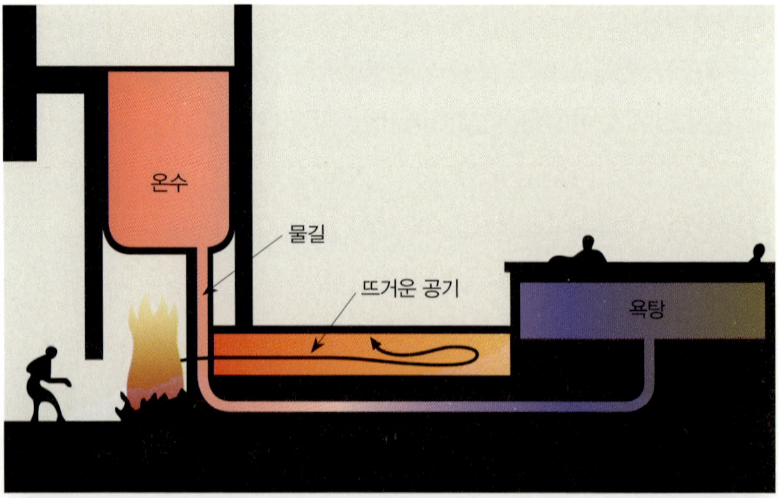

그림 2-3(상). 공중목욕탕의 하이퍼코스트 개념도
그림 2-4(하). 영국 바스의 하이퍼코스트 고래

닥 아래로 뜨거운 공기를 보내 난방을 했다는 기록이 있다고 한다.[5] 실물 유적은 폼페이의 스타비아이(Stabiae) 욕탕(기원전 2세기 말), 올림

5 Patrick Mitchell, "History of Central Heating", *Central Heating, Installation, Maintenance and Repair*, WritersPrintShop, 2007, 3쪽.

피아의 그리스 욕탕 유적(기원전 100년경) 등에서 확인되어 그 기원이 기원전 2세기 이상으로 올라갈 수 있다고 한다.[6] 이로 보건대 하이퍼코스트는 그리스(동지중해)에서 발생하여 로마에서 꽃피웠을 것이다. 극동에서 온돌이 북옥저에서 발생하여 한반도에서 만개한 것과 비교된다.

그림 2-5. 이란 알리골리 아가 공중목욕탕 바닥

로마시대의 욕탕 유적은 유럽과 서아시아, 북아프리카 지역 등에서 광범위하게 발견된다. 그렇지만 로마의 멸망과 더불어 쇠퇴해버려서 유럽에서는 벽난로가 보편적인 난방시설이 되었다. 다만, 중세의 일부 성과 수도원에서 하이퍼코스트에 가까운 온풍난방 방식을 채택하였고,[7] 이슬람 세계의 목욕시설에서는 근세까지 그 명맥이 이어졌다.

그런 목욕시설을 스페인의 알함브라(Alhambra) 궁전[8]과 이란의 카샨에 있는 압바스 1세(재위 1588~1629) 시기의 핀(Fin) 정원, 쉬라즈에 있는 잔드 왕조(1750~1794)의 카림칸(Karim Khan) 성, 에스파한에 있는 카자르 왕조(1794~1925)의 알리골리 아가(Aligholi Agha) 공중목욕탕에서 직접 살펴볼 수 있었다.

알리골리 아가 공중목욕탕을 예로 들면, 얇은 판돌을 받침 기둥 위에 덮어서 목욕탕 바닥을 만들었고, 사진 정면에 보이는 계단석 너머에는 뜨거운 목욕물이 마련되어 있었다(그림 2-5). 이란에서는 이런 시설을 고르베 로(Gorbe roo)라고 부르는데, 바닥 아래에 '고양이

6 Fikret Yegül, 앞의 글(1992), 357쪽; 김남웅, 앞의 책, 383-388쪽.
7 김남웅, 위의 책, 398-400쪽.
8 Carlos Vilchez Vilchez, *Arab Baths: Granada, Historical and Artistic Guides*, Diputacion de Granada, 2004.

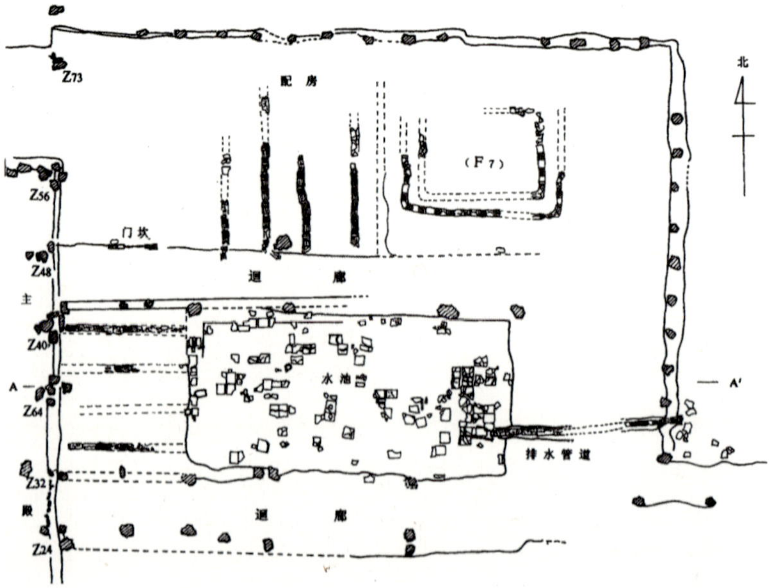

그림 2-6(상). 도수관 시설이 발굴된 민월왕궁 건물지

가 다닐 수 있다'는 뜻이라 한다. 이 밖에 이베리아 반도의 카스티야(Castilla) 왕국에서는 하이퍼코스트의 유산인 글로리아(Gloria)가 사용되었다. 한편으로 고대의 바닥 난방 방식이 근세에 다시 부활하여 유럽 곳곳에서 발달하였다고 한다.[9]

로마의 하이퍼코스트와 유사한 시설이 중국 복건성의 민월왕궁(閩越王宮) 안에서도 발굴되었다. 바닥에 도수관(陶水管)을 깐 시설이다.[10] 여기에 제시한 도면(그림 2-6)은 주전(主殿) 동쪽 부분에 해당하는데, 주전과 연결된 회랑 중간에 저수시설(도면의 水池)이 있고, 저수시설과 주전 사이에 네 줄의 도수관이 있으며, 그 반대편에는 배수관

9 Robert Bean · Bjarne W. Olesen · Kwang Woo Kim, "History of Radiant Heating & Cooling Systems", part 2, *ASHRAE Journal*, Vol. 52-2, Feb. 2010.

10 福建博物院 · 福建閩越王城博物館 편, 『武夷山城村漢城遺址發掘報告(1980-1996)』, 福建人民出版社, 2004, 77-78쪽.

이 있다. 이보다 북쪽에서는 네 줄의 도수관과 回(회)자형 도수관(그림 2-7)이 발굴되었다. 이런 구조로 보아 일반적인 상수관이나 배수관이 아니었을 것 같다. 혹시 난방용 온수를 흘려보낸 것일 가능성이 있어서 소개한다. 그러나 이것만으로는 온돌의 기원지로 삼기는 어렵다.

그림 2-7(하). 回자형 도수관

둘째, 몽골과 자바이칼에 거주하던 북흉노(北匈奴)가 남긴 쪽구들이다. 북흉노의 대표적인 주거유적은 바이칼호 동쪽 셀렌가강 가에 있는 이볼가(Иволга) 성터이다.[11] 이 성터는 1927년에 처음 조사된 이래 1990년대까지 여러 차례 발굴되었고, 그 결과는 1995년에 보고서로 간행되었다.[12] 성 안 남쪽 일대에서 모두 54기의 주거지가 확인되었는데(그림 2-8), 지상식 2기를 제외하면 모두 반지하식 장방형이다. 이들 주거지에는 대부분 쪽구들이 시설되어 있었다.

F35를 예로 들면(그림 2-9), 동북쪽 모서리에 건물의 대각선 방향으로 아궁이가 시설되어 있고, 여기서 시작된 고래가 북벽과 서벽을 따라 돌아 남서쪽 모서리에 만든 굴뚝까지 연결되어 있다. 구들은 모두 판석으로 축조한 외고래이다. F42의 내부 구조도 이와 동일하다(그림 2-10). 다만, 남동쪽 모서리 부근에 출입구 시설이 확인되었고, 동벽 부근에서 가축 월동용 우리로 보이는 시설이 확인되었다. F28은 특이하게 내부에 두 개의 쪽구들이 시설되어 있었다(그림 2-11).

주거지는 대형과 중형으로 양분되지만, 방 안에서의 쪽구들 배치

11 潘玲, 『伊沃爾加城址和墓地及相關匈奴考古問題硏究』, 科學出版社, 2007.

12 Давыдова А. В., Иволгинское городище, Санкт-Петербург, 1995: 다브이도바 아.붸., 『이볼가 성터』, 상트-페테르부르그, 1995.

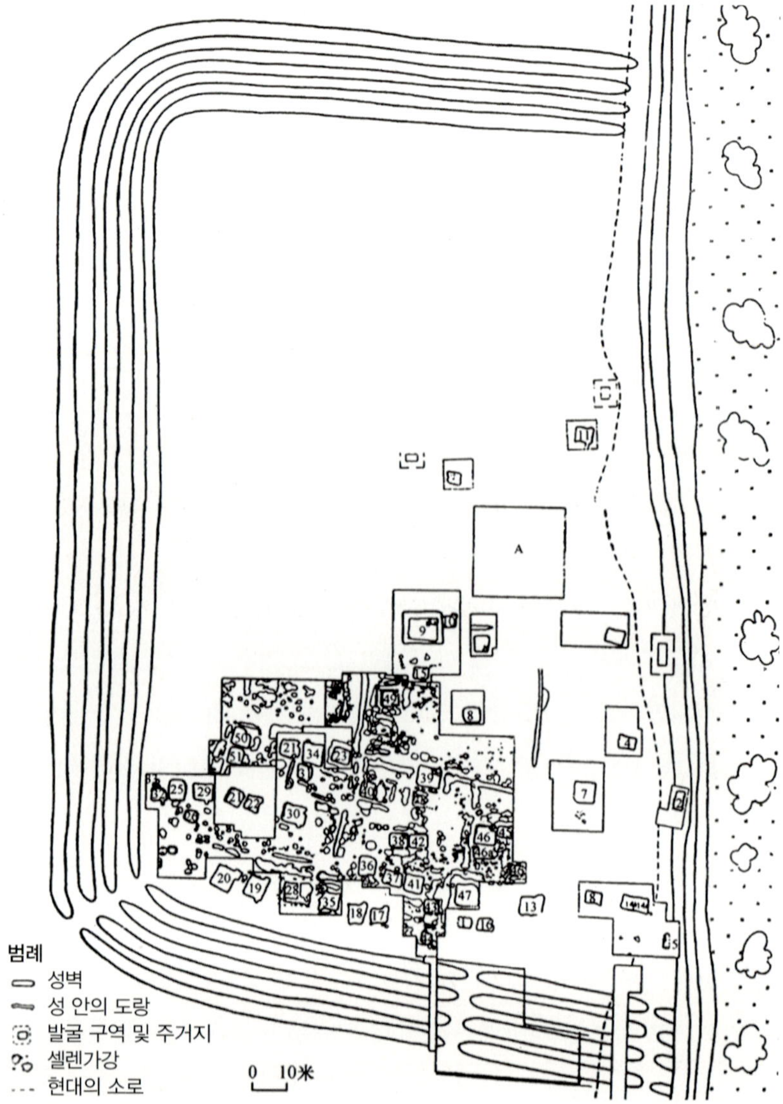

그림 2-8. 이볼가 고성 주거지 배치도

와 그 구조는 대동소이하다. 더구나 F46A처럼 부속시설로 보이는 것을 제외하면 거의 모든 주거지에서 ㄱ자형 쪽구들이 발견되었다. 이 성터 부근에서는 같은 시기의 고분군도 발굴되었다. 성터와 이 고분군에서 출토된 중국제 유물인 동경(銅鏡), 오수전 등을 토대로 비교 편년을 해보면, 전한 중기를 중심으로 하면서 전국시대 만기를 상한으

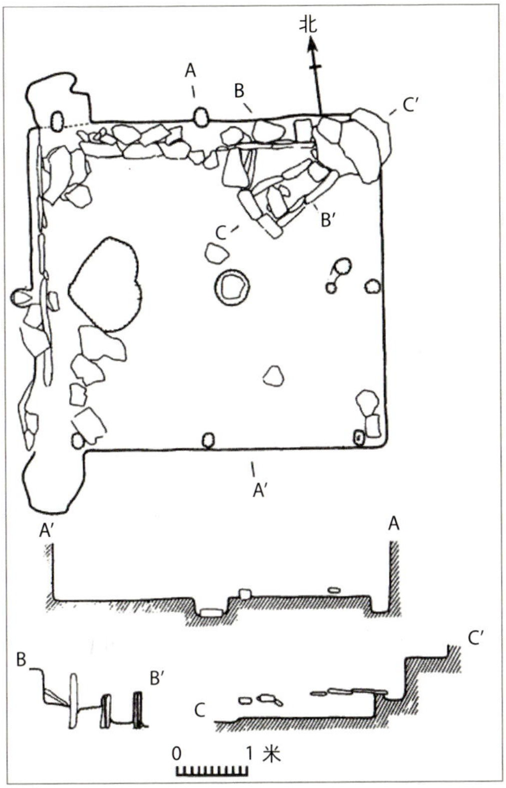

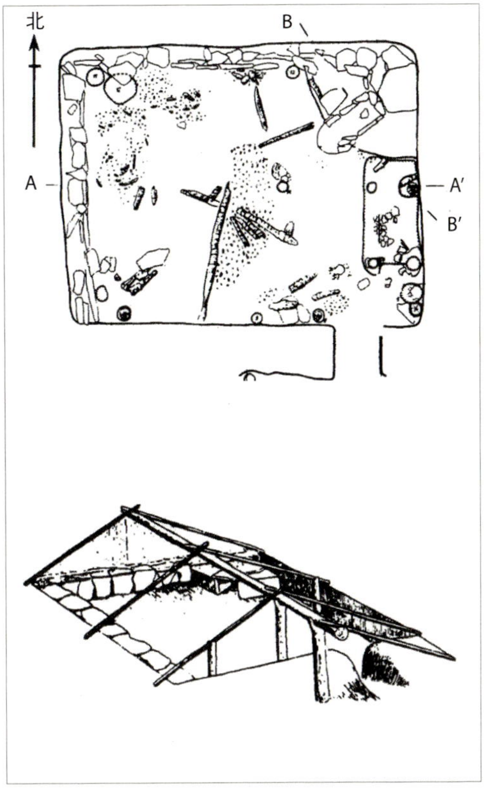

그림 2-9(좌상). F35 평면도 및 단면도
그림 2-10(우상). F42 평면도 및 복원도
그림 2-11(하). F28 복원도

로 하고 전한 중·만기를 하한으로 한다. 따라서 넓게는 기원전 3세기에서 기원전 1세기 사이이고, 중심 연대는 기원전 2세기 말에서 기원전 1세기 전기가 된다.[13]

13 潘玲, 앞의 책, 65-83쪽.

이 문화의 주인공은 북흉노로 판단된다. 일찍이 다브이도바 아.붸.(Давыдова А.В.)는 이 성터를 정착농경민인 한인(漢人)이 건설한 것이란 견해를 제시했다가 나중에 흉노인설로 수정했다.[14] 현재 몽골이나 러시아의 학자들은 흉노인에 무게를 두고 있는 반면에, 중국 학자 등은 이곳으로 들어온 농경민인 한인의 역할을 강조한다.[15] 그러나 몽골의 흉노 유적에서도 성터와 주거시설이 다수 발견되므로,[16] 흉노족 가운데에도 농경 정착 집단이 존재한 것을 알 수 있다. 이들은 성을 쌓고 돼지를 키우고 농경을 영위하였으나, 유목민보다는 낮은 지위에 있었다고 한다.[17] 이 사실을 염두에 둔다면, 이 일대에 거주하던 북흉노인의 주거로 볼 여지가 있다. 다만 후술하듯이 중국으로부터 영향을 받았을 가능성도 있다.

몽골에서 확인된 흉노 성터는 20여 군데가 된다고 한다. 이 가운데 버러(Boroo) 성터(그림 2-12)와 두료니(Durёny) 취락 등에서도 쪽구들이 발굴되었다.

그러면 흉노의 쪽구들은 독자적인 창안인지, 아니면 동쪽의 만주와 한반도 일대에서 영위된 단결-크로우노프카 문화의 영향인지를 검토할 필요가 있다. 브로쟌스키 데.엘.(Бродянский Д.Л.)은 이볼가 성터의 쪽구들은 동방의 크로우노프카 문화로부터 전파된 것이라고 주장했다.[18] 즉 동방의 장인들이 자바이칼 지방으로 흘러들어가서 쪽구

14 위의 책, 9쪽.

15 王可賓, 「伊伏尒加古城述論」, 『北方文物』 1985-1; 潘玲, 앞의 책, 128쪽.

16 D. 체벤도르지, 「흉노 유적 발굴조사 개요」, 『초원의 대제국 흉노: 2000년전 무덤의 발굴』, 한-몽 공동학술조사 10주년 국제학술심포지엄, 국립중앙박물관, 2007, 50쪽.

17 니콜라이 N. 크라딘, 「이볼가(Ivolga) 성지 유적의 예를 통해 본 흉노 제국 내 정착민」, 『한국상고사학보』 71, 2011, 45쪽. 다음의 책에도 의견이 다르게 서술되어 있다. 중앙문화재연구원 엮음, 『흉노고고학개론』 진인진, 2018, 103, 285쪽.

18 Бродянский Д.Л., Кроуновско-хуннские параллели // Древнее Забайкалье и его культурные связи, Издательство《Наука》Сибирское отделение, Новосибирск, 1985: 브로쟌스키 데.엘., 「크로우노프카 문화와 흉노의 유사」, 『고대의 자바이칼과 그 문화적 교류』, 과학출판사 시베리아지사, 노보시비르스크, 1985, 49쪽.

그림 2-12. 버러 성지 쪽구들

들을 만들었다는 것이다. 크라딘 엔.엔.(Крадин Н.Н.)도 흉노시대에 바이칼 연안에서만 사용되던 쪽구들은 극동에서 수입된 것으로 판단했다.[19] 그렇지만 두 문화권 사이에 지리적 간극이 크고 그 중간 지대에서 쪽구들이 발견되지 않는 점을 고려하면, 양자는 각각 독자적으로 고안된 것으로 보는 편이 타당하다. 후술하다시피 북옥저가 읍루에 밀리면서 쪽구들이 남쪽으로 전파된 점을 감안하면, 북방을 경유하여 흉노로 전파되기는 어려웠을 것이다.

그런데 북흉노 유적은 대체로 기원전 1세기에서 기원후 1세기에 몰려 있고, 대형 고분은 기원후 1세기경에 몰려 있다. 이볼가 고성이 이보다 조금 앞선 것으로 편년되고 있지만, 중국 변경의 화장(火墻) 유적에서 영향을 받아 쪽구들을 발명했을 가능성도 있다. 제1장에서 언

19 니콜라이 N. 크라딘, 앞의 글, 35-36쪽.

급한 거연(居延)의 봉수대 유적은 흉노를 방비하기 위한 시설인데, 여기서 발견된 화장 유적은 북흉노의 쪽구들과 평면 구조에서 유사하다. 벽의 한쪽 모서리에서 불을 때면 불기운이 벽을 따라 돌아서 대각선 쪽 모서리에서 배출된다. 흉노와 한나라 군사의 잦은 접촉 과정에서 이런 시설이 전래되었을 가능성도 고려해볼 만하다.

후술하는 동흑산(東黑山) 한나라 주거지의 쪽구들과도 연계해볼 수 있다. 화북지방의 온돌 사례가 너무 단편적이라서 판단하기가 어렵지만, 북흉노에서 거꾸로 화북지방에 영향을 주었을 가능성도 배제할 수는 없다.

북흉노의 쪽구들도 세력의 쇠퇴와 더불어 자취를 감추고 말았다. 그 후 몽골에서는 요나라와 원나라 때에 쪽구들이 사용되었지만, 이것은 외부로부터 다시 도입된 것이다. 특히 요나라 쪽구들은 발해 유민들이 이주해서 남긴 것이다.

셋째, 만주와 한반도 일대의 북옥저(北沃沮)가 발명한 극동 온돌이다. 극동 온돌이 여러 지역에서 동시다발적으로 발생했다는 견해도 있으나,[20] 온돌 유구를 종합하면 그런 주장에 동의하기 어렵다. 뒤에 자세히 검토하겠지만, 극동 온돌의 발원지는 한·중·러의 국경이 만나는 두만강 유역과 그 이북이다. 초기철기시대에 이곳에는 북옥저가 자리 잡고 있었다. 이들이 쪽구들을 발명하고 그것을 주변에 전파해주었으며, 이 문화는 지금까지도 한반도와 만주 일대에 계승되고 있다. 이것은 유럽이나 자바이칼 지방에서 온돌이 창안자들의 쇠망과 더불어 쇠퇴해버린 것과 비교된다. 또한 만주 일대에서 온돌은 지금까지 고대적인 구조를 답습해온 데 비해서, 한반도에서는 고려시대에 온구들로 발전함으로써 온돌 문화의 핵심 지역이 될 수 있었다.

이상 세 곳의 온돌 발상지를 살펴보았다. 이 밖에도 온돌이 독자

20 유은식, 「동북아시아 초기 쪽구들의 발생과 전개」, 『고고학』 14-3, 2015.

적으로 발생했을 가능성을 보이는 지역으로 두 곳을 더 지적할 수 있다. 하나는 중국 화북지방이고, 다른 하나는 북미 알래스카 지역이다.

중국 화북지방을 발원지로 본 것으로는 조선시대 말기의 학자인 이규경(李圭景, 1788~1863)의 견해가 있다. 그는 중국 자료를 인용한 뒤에 항(炕)의 풍속이 연(燕) 지방에서 유래하여 우리나라에 전파되었다고 하였다.[21]

> 항을 설치하는 풍속은 처음에 연에서 비롯되어 점차 우리 동방에 전해졌다. 〈한나라 양웅(揚雄)이 지은 『방언』을 고찰해보면, '연의 밖, 조선과 열수의 사이'란 말이 매번 나오니, 연으로부터 점차 전해져 필시 서북지방부터 시작되었을 것이다. ……〉

이것은 사실과 다른 것으로서, 관련 자료가 풍부하지 않은 데다가 중국을 모든 문물의 발원지로 생각한 당시로서는 어쩔 수 없는 판단이었을 것이다. 『성호사설유선(星湖僿說類選)』의 편집자인 안정복은 오히려 연의 항은 청나라 사람들이 중원에 들어간 뒤에 전해진 것으로 판단했는데, 이것이 옳다.

> 듣건대 북경의 민간 집은 모두 들보가 다섯인데, 네 벽 아래에 모두 항이 있다. 때로는 병풍이나 장막으로 막고, 항 아래에는 집기들을 둔다. 겨울에는 숯을 때는데, 사람들이 모두 항에서 내려와 손을 쬐니, 항이 매우 차기 때문이라고 한다. 이 제도는 옛날에 들어보지 못한 것이다. 내가 이민환의 『책중기』를 살펴보니, 청나라 본래의 풍속이 대개 이와 같다. 그러니 이것은 그들이 중원으로 들어간 뒤

21 『五洲衍文長箋散稿』 人事篇, 宮室類, 宮室, 溫堗土炕辨證說 「設炕之俗, 始自燕地, 而漸至我東者也. 〈以揚子方言考之, 每言燕之外郊朝鮮洌水之間云, 則自燕漸至, 而必先自西北. …〉」

에 풍속을 변화시킨 것이다.[22]

이보다는 북위(北魏) 역도원(酈道元, 469?~527)이 편찬한 『수경주(水經注)』의 기록에 주목할 필요가 있다. 여기서는 토은현(土垠縣) 관계사(觀雞寺)에 있던 난방 장치에 대해서 이렇게 언급하였다.

> 관계수(觀雞水) 동쪽에 관계사가 있는데, 절 안에 아주 높고 넓은 큰 집을 지어 승려 1천 명을 수용할 수 있었다. 아래는 모두 돌로 쌓았고, 위는 미장을 했다. 건물 기초에는 소통 공간이 있어서 마치 나무줄기와 가지가 뻗어 있는 것 같은데, 기초 측면의 실외에는 4면에 모두 아궁이가 있어서 불을 때면 뜨거운 기운이 안으로 흘러 건물 전체가 따뜻해진다. 대개 이곳 기후는 무척 추워서 서리 기운이 맹렬하다.[23]

여기에 묘사된 난방시설은 온돌과 매우 유사하다. 더구나 건물 밖에서 불을 때는 것을 보면 쪽구들보다는 온구들에 가깝다. 이것은 같은 시기에 한반도와 만주 일대에서 쪽구들이 유행했던 것과 구조적으로 다르다. 또 토은현은 북경 동쪽에 있는 하북성 당산시(唐山市) 풍윤구(豊潤區) 부근에 해당하여, 같은 시기에 쪽구들을 사용하던 고구려와 상당한 거리를 두고 있다. 따라서 이곳에서 온돌 장치를 독자적으로 만든 것으로 여겨진다. 그러나 실물 자료가 없어서 자세한 사항을 파악하기는 어렵다.

22 『星湖僿說類選』 권5中 「聞燕都閭里之家, 皆五梁, 四壁下, 皆有炕. 或用屛帳遮隔, 炕下置什器之屬. 冬月則爇炭, 人皆下炕炙手, 炕甚寒凜云. 此制於古無聞. 余考李民寏柵中記, 淸國本俗, 盖如此, 此必入據中土, 變其俗也.」

23 『水經注』 권14, 鮑丘水 觀雞寺 「(觀雞)水東有觀雞寺, 寺內起大堂〈案起, 近刻訛作有.〉, 甚高廣, 可容千僧. 下悉結石爲之, 上加塗墍. 基內疎通, 枝經脈散, 基側室外, 四出爨火, 炎勢內流, 一堂盡溫. 盖以此土寒嚴, 霜氣肅猛.」

표 2-1. 동흑산 주거지

편호	주거 평면	취난 시설	구들 위치	구들 평면	고래 수	축조 방식	연대
IIF7	말각장방형	炕	동 · 북	ㄱ	2	굴토	전한 조기
IIF9	말각장방형	炕	동 · 북	ㄱ	2	굴토	전한 조기
IIF12	방형	부뚜막					전한 조기
IIF17	원형	炕	남	?	?		전한 조기
IIF18	원형						전한 조기
IIF21	장방형	炕	서북	?	?		전한 조기
IIF1	말각장방형						전한 중 · 만기
IIIF2	말각장방형	炕	동	ㄱ	2	굴토	전한 중 · 만기
IIIF3	말각장방형	炕	서	ㄱ	2	굴토	전한 중 · 만기
IIIF4	말각장방형	炕	동	ㄱ	2	굴토	전한 중 · 만기
IIIF5	말각장방형	炕	서	ㄱ	2	굴토	전한 중 · 만기
IIF6	말각장방형	炕	동	ㄱ	2	굴토	전한 중 · 만기
IIF8	말각장방형	炕	북	ㄱ?	3	굴토	전한 중 · 만기
IIF10	말각장방형	炕	동? · 북	ㄱ?	2	굴토	전한 중 · 만기
IIIF11	말각장방형	炕	서 · 북	ㄱ+1	3+1	굴토	전한 중 · 만기
IIF14	말각장방형	炕	서 · 북	ㄱ	2	굴토	전한 중 · 만기
IIIF15	장방형	炕	서	ㄱ	2	굴토	후한
IIIF16	장방형	炕	서북殘	?	2?	굴토	후한
IIF19	장방형	부뚜막?					후한
IIF20	방형						후한
IIIF22	말각장방형						후한

이와 관련하여 두 개의 고고학적 자료를 검토할 만하다. 먼저 북경의 남서쪽에 해당하는 하북성 보정시(保定市) 서수현(徐水縣) 동흑산(東黑山) 유적에서 전한(前漢)과 후한(後漢) 시기의 쪽구들 주거지가 다수 발굴되었다.[24] 세 시기에 걸쳐 모두 21기의 수혈주거지가 발굴되었고, 이 가운데 15기에서 쪽구들(炕)이 확인되었다(표 2-1). 주거지는 장방형이 대다수이고, 방형이나 원형이 일부 있다. 구들은 주거의 북

24 南水北調中線幹線工程建設管理局 · 河北省南水北調工程建設領導小組辦公室 · 河北省文物局, 『徐水東黑山遺址發掘報告』, 科學出版社, 2014, 37-42, 67-76, 107-111, 221-223쪽.

그림 2-13. 동흑산 IIIF3호(좌상)와 IIIF4호(좌하), IIIF11호(우)

쪽이나 동·서쪽에 주로 배치하였는데, 생토를 파서 고래를 만들고 고랫둥 위에는 판석을 올려서 구들장으로 삼았다. 때로는 벽돌(磚)이나 흙벽돌(土坯)을 얹기도 하였다. 마지막으로 풀을 섞은 진흙으로 마감하였다.

구들 평면은 ㄱ자형을 이루는데, 시간이 흐르면서 아궁이 쪽 짧은 구들이 점차 줄어들어 1자형에 가깝게 변한다. 이에 따라 보고서에서는 앞의 것을 곡척형(曲尺形), 뒤의 것을 장방형이라 하였으나, 제6장에서 언급할 온돌의 유형 기준에 맞추어 모두 ㄱ자형으로 분류했다.

다만 IIIF11호(그림 2-13우)는 북쪽 구들(사진 오른쪽)에 서쪽 구들을 추가한 것으로 보여서 구조가 다르다. 고래는 대부분 쌍고래이고, 두 주거지에서만 세고래가 나타난다. 따라서 이 유적에서는 ㄱ자형 쌍고래가 기본형이 된다.

IIIF3호와 IIIF4호(그림 2-13좌)는 두 주거지가 하나처럼 붙어 있는데, 3호는 서쪽에, 4호는 동쪽에 구들이 놓여 있다. 둘 다 ㄱ자형 쌍고래이고, 각각 아궁이 주변에 잿구덩이가 있다.

다음으로 이 유적에서 멀지 않은 하북성 보정시 역현(易縣) 연하도(燕下都) 유적에서 발굴된 서주(西周) 만기에 속하는 15호 수혈주거지에도 ㄱ자형처럼 보이는 연도가 달려 있어,[25] 이를 쪽구들로 본 견해가 있다.[26] 그러나 보고서에 자세한 유구 설명이 없는 데다가, ㄱ자형 전체 크기가 50cm에도 미치지 못하여 쪽구들로 보기에는 무리가 있다. 20호 주거지에도 역시 연도가 달려 있는 것처럼 표시되어 있지만, 이것도 쪽구들의 원초로 볼 수는 없다.

동흑산 유적은 화북 평원지대에서 처음 발견된 온돌 유적으로서, 『수경주』 기록이나 제1장에서 소개한 봉수대 화장 유적과 함께 고려한다면 화북지방도 하나의 발상지로 고려해볼 여지가 있다. 그러나 아직은 자료가 소략하고 고립분산적이어서 자료 사이의 연계성이나 발전 서열 관계가 확인되지 않는다. 따라서 상기 세 곳의 발상지와 동일한 수준에서 논의하기에는 시기상조이다.

또 동흑산 유적에서는 매우 이른 시기임에도 불구하고 통일신라와 발해 단계에서나 볼 수 있는 복수 고래가 등장한다. 이렇게 발달된 쪽구들이 극동으로 전파되었다고 보기에는 북옥저 지역의 쪽구들은 너무나 원시성을 띤다. 장차 자료가 축적되었을 때에 이들과 흉노 및 북옥저 쪽구들과의 관련성을 규명할 수 있을 것이다.

한편, 그릇을 굽는 시설에서는 신석기시대 토기 가마에 이미 온돌과 유사한 구조가 나타난다. 예를 들어서 용산(龍山)문화 단계에 속하는 산서성 강현(絳縣) 주가장(周家莊) 유적의 Y2, Y3, Y4 도요(陶窯) 내

25 河北省文物硏究所, 『燕下都』 上, 文物出版社, 1996, 451쪽.

26 桑靖菲, 「東北亞地區火炕源流考」, 『친환경건강주거와 지속가능도시건축』, 제11차 국제온돌학회 학술발표대회 논문집, 2012.11.20~22.

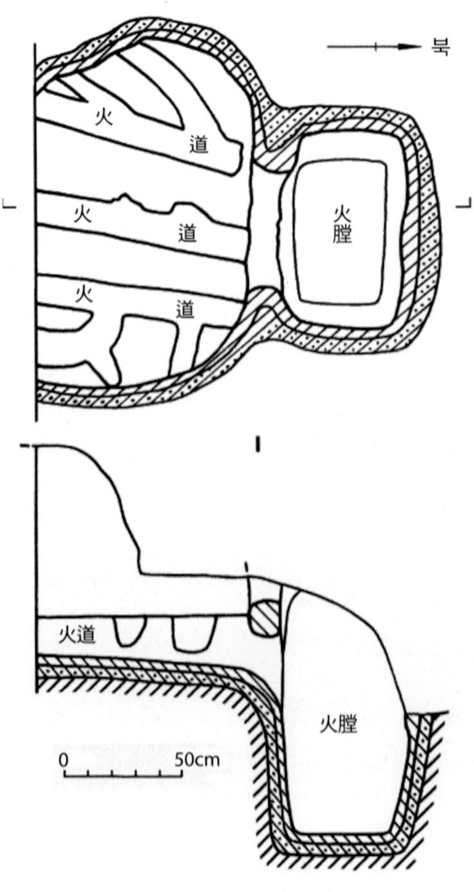

그림 2-14. 주가장 요지 Y2

부에 그런 시설이 보인다.[27]

Y2(그림 2-14)의 경우, 아궁이(火膛)에서 세 개 화구(火口)를 거쳐 세 개 불길(火道)로 이어진다. 불길은 세 개의 중심 불길과 양쪽 두 갈래로 갈라지는 보조 불길로 이루어져 있는데, 온돌의 고래와 유사하다. 중심 불길은 너비가 0.1~0.2m이고, 가마의 밑변 직경은 약 1.54m로서 소규모이다.

당·송대 유적에서 보이는 시설도 한번 검토해볼 만하다. 섬서성 서안(西安) 북쪽의 동천(銅川)에서 발굴된 당나라 삼채(三彩) 요지에서 화항(火炕)이 발굴되었다. 횡혈(橫穴) 형태의 7개 작업장 가운데 하나(第一孔窯洞, IIZ2-1)에서 석제 화항 유구가 드러났다(그림 2-15).[28] 동벽에 붙여서 만든 장방형 화항은 남북 길이 2m, 동서 너비 1.45~1.75m이다. 북쪽에 아궁이(火門)가 있고, 세고래는 남동쪽 모서리에서 합쳐져 외부로 배연하게 되어 있다. 아궁이 서쪽에 별도로 마련된 부뚜막(灶)에서는 연료로 보이는 석탄(煤炭) 3점이 확인되었다.

27 中國國家博物館田野考古研究中心·山西省考古研究所·運城市文物保護研究所, 「山西絳縣周家莊遺址2007-2012年勘查與發掘簡報」, 『考古』 2015-5, 22-23, 25-26쪽; 中國國家博物館田野考古研究中心·山西省考古研究所·運城市文物保護研究所, 「山西絳縣周家莊遺址居址與墓地2007-2012年的發掘」, 『考古』 2015-5, 39-40쪽.

28 陝西省考古研究所, 『唐代黃堡窯址』 上, 文物出版社, 1992, 12쪽.
Qinghua Guo, "The Chinese Domestic Architectural Heating System[Kang]: Origins, Applications and Techniques", *Architectural History*, Vol. 45, 2002, 37쪽.

보고서에서는 이 시설을 다른 작업장과 달리 장인이나 감시인이 거주하던 생활공간으로 해석하면서, 당나라 때에 이미 석탄을 생활 연료로 사용한 사실을 보여준다고 설명하였다. 그런데 석탄을 좁고 밀폐된 거주 공간에서 태우게 되면 가스 중독의 위험이 있어서 그 해석에 의문스러운 점이 있다.

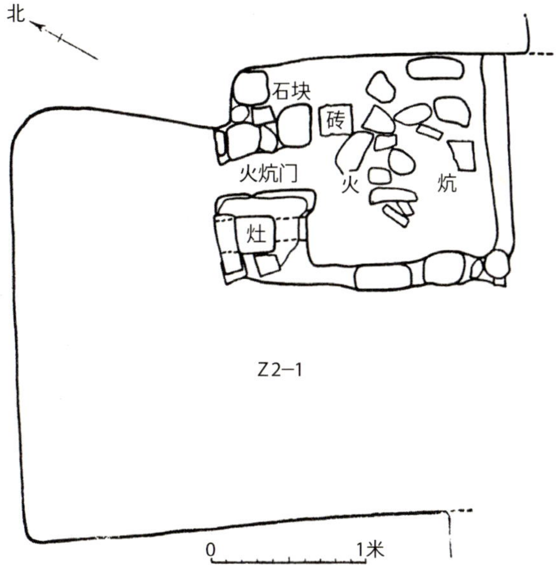

그림 2-15. 황보 요지 화항 주거지

이와 가까운 곳에 위치한 송대의 요지에서도 역시 다수의 화항이 발굴되었다.[29] 화항이 확인된 유적은 작업장(作坊) 가운데 제1호 제1공요동(孔窯洞)과 제2공요동, 제11호, 제22호, 제30호, 제37호, 제38호, 제39호, 제45호, 제49호, 제65호, 제69호로서, 보고서에 게재된 35개 작업장 가운데 11개가 이에 해당한다. 이들은 모두 자기를 성형하거나 시유(施釉)하던 작업장들로서, 화항은 이런 작업 과정에서 건조대로 사용하였다고 한다. 이외에 부뚜막이 있는 작업장이 있는 것으로 보아서 일상생활에서는 부뚜막을 사용했던 것 같다.

화항은 보통 1자형을 이루지만 ㄱ자형인 것도 하나 있다. 그렇지만 화항의 너비가 넓어서 전체적으로는 방형 또는 장방형의 평면을 이룬다. 이런 화항은 셋 이상의 다수 고래를 이룰 것으로 여겨지지만, 보고가 부실하여 자세한 사정을 알 수 없다. 다수 고래 외에 외고래, 쌍고래도 보인다. 주로 벽돌로 쌓았지만 일부는 돌도 섞었다.

29 陜西省考古研究所·耀州窯博物館, 『宋代耀州窯址』, 文物出版社, 1998, 15-60쪽; Qinghua Guo, 위의 글, 37쪽.

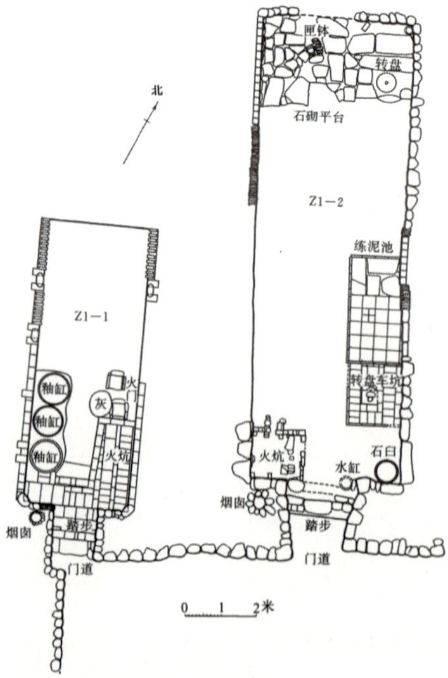

그림 2-16(좌). 요주 요지 화항 주거지
그림 2-17(우). Z1-1 화항

지하식 작업장인 제1호 제1공요동과 제2공요동을 예로 들겠다(그림 2-16). 제1공요동(Z1-1, 그림 2-17)에서는 동남벽에 화항을 설치했는데, 아궁이는 북쪽에 배연구는 남서쪽에 달려 있다. 따라서 평면 ㄱ자형에 가깝다. 동벽에 붙어 있는 화항의 중심 부분은 장방형으로서 길이 2.5m, 너비 1~1.2m이고, 지면에서의 높이는 23cm이다. 벽돌과 돌을 섞어서 쌓았다. 고래 수에 대한 설명은 없으나 쌍고래로 보인다. 제2공요동(Z1-2)은 남서 모서리에 설치했는데, 화구와 배연구가 마주 보고 있는 방형에 가까운 평면 1자형이다. 고래 수에 대한 설명은 없으나 다수 고래일 것이다. 화항은 동서 길이 1.5m, 남북 너비 1.35m, 잔고 10~25cm이다.

금나라 때의 유적인 요령성 요양시 강관둔(江官屯) 가마터 가운데

Y8호에서도 세 줄의 호형(弧形) 고래(烟道)가 보인다.[30]

이상의 유적은 온돌과 유사한 면이 있는데, 모두 토기, 도기, 자기 등 그릇을 굽는 가마 시설 내지 그 부속 시설이다. 금나라의 가마터는 현지에서 사용되던 극동의 쪽구들에서 영향을 받았을 가능성이 있으나, 이보다 앞 시기의 유구들은 극동 온돌과 무관한 것이고, 제1장에서 언급한 항(炕)의 본래 의미와 관련된 것이다. 황보 유적의 화항은 주거용으로 설명되었는데, 일부가 건조대 용도에서 파생하여 주거용으로 전환되었을지 모르겠다.

이들은 구조적으로 온구들처럼 보여서 극동의 초기 온돌보다 발달된 모습인데, 만일 극동 온돌이 이로부터 영향을 받아서 발생했다면 온구들이 아닌 쪽구들 형태에서 출발하지는 않았을 것이다. 극동에서는 시원적 형태에서 시작하여 자체적으로 발달하는 과정이 고스란히 나타난다. 또 몽골과 화북은 상호 빈번하게 접촉했던 사실로 보아서 하나의 권역으로 묶일 여지가 있으나, 극동 발상지와 화북은 멀리 떨어져 있고 접촉도 거의 없었던 것으로 보아서 그럴 가능성이 희박하다.

현재로서는 몽골 온돌과 화북 온돌이 서로 연결되어 있고, 이에 비해 극동 온돌은 독립적일 가능성이 크다. 이 문제는 화북지방의 온돌 자료가 증가하기를 기다린 다음에 몽골 온돌, 화북 온돌, 극동 온돌 3자의 관계를 제대로 규명할 수 있을 것이므로 장차의 과제로 남겨둔다. 그런 점에서 중국 연구자들의 견해[31]를 받아들이기에는 아직 시기상조이다.

둘째 지역은 2003년에 유적이 발굴된 알래스카이다. 알류샨 열도의 하나인 어널래스카(Unalaska)섬과 애머크낵(Amaknak)섬에 걸쳐 있

30 遼寧省文物考古研究所, 「遼寧遼陽市江官屯窯址第一地點2013年發掘簡報」, 『考古』 2016-11, 74쪽.

31 Qinghua Guo, 앞의 글; 段智鈞·戴儉·趙娜冬, 『京冀地區民居火炕史源』, *International Journal of Ondol*, 국제온돌학회, 2015.

는 다리와 연결되는 도로를 건설하는 과정에서 주거지들이 발굴되었는데,[32] 4개 주거지에서 온돌과 유사한 구조가 확인되었다. 발굴자에 따르면, 1997년에도 이와 동일한 시설이 발굴되었지만 당시에는 제대로 주목하지 못했다고 한다.

우선, 한 개의 동쪽 큰 방과 서쪽에 붙은 세 개의 작은 방으로 이루어진 7호 시설물(structure)을 통해서 문제의 구조물을 자세히 파악할 수 있다(그림 2-18). 돌로 벽체를 쌓아 사각형의 방을 만들었는데, 시베리아 원주민의 주거지처럼 천정을 통하여 사다리로 출입하거나 일반 주거지처럼 측벽을 통해서 출입했을 것으로 추정된다. 특이하게도 남동쪽 방은 최소 6인이 묻힌 무덤으로 사용되었다.

4개의 방 가운데 동실(東室)과 서실(西室)에 석벽으로부터 내부를 향하여 Y자형 쪽구들처럼 보이는 도랑 시설이 만들어져 있다.

먼저 주실(主室)로 사용된 동실은 대체로 6m×4m 크기이다. 쪽구들의 고래처럼 보이는 Y자형 도랑은 주실 전체의 3분의 1 정도 공간을 차지한다. 주거지 바닥에 깊이 10cm 정도의 얕은 도랑을 판 뒤에 그 가장자리를 따라 판석을 세우고 위를 덮었다. 북쪽 도랑이 남쪽 도랑보다 다소 짧고, 깊고, 좁다. 아궁이는 두 도랑이 만나는 석벽 아래에 직경 50cm 크기로 만들어져 있고, 이 도랑은 다시 석벽 밖 40cm까지 연장되어 구멍이 나 있다(그림 2-19). 이 구멍은 굴뚝처럼 보이지만, 발굴자인 릭 크넥은 공기 흡입구로 보았다. 이곳으로 흡입된 공기가 아궁이의 화기를 밀어서 도랑을 통하여 실내로 유입되도록 하였던 것으로 해석하였다. 서실(그림 2-20)에도 Y자형 도랑이 있는데, 북쪽

32 Heather Pringle, "The Battle Over Amaknak Bridge", *Archaeology* Vol. 60 No.3, 2007; 신형준, 「미국 알래스카서 세계서 가장 오래된 온돌 발굴」, 『조선일보』 2007.6.26; Richard A. Knecht & Richard S. Davis, "The Amaknak Bridge Site: Cultural Change and the Neoglacial in the Eastern Aleutians", *Arctic Anthropology*, Vol. 45 No.1, 2008; Rick Knecht, "Chronology, Stratigraphy and Settlement Structures", 2014년도 국제온돌학회 가을 국제 학술세미나(우석대학교 진천캠퍼스, 2014.9.17.) 및 토론회 발언.

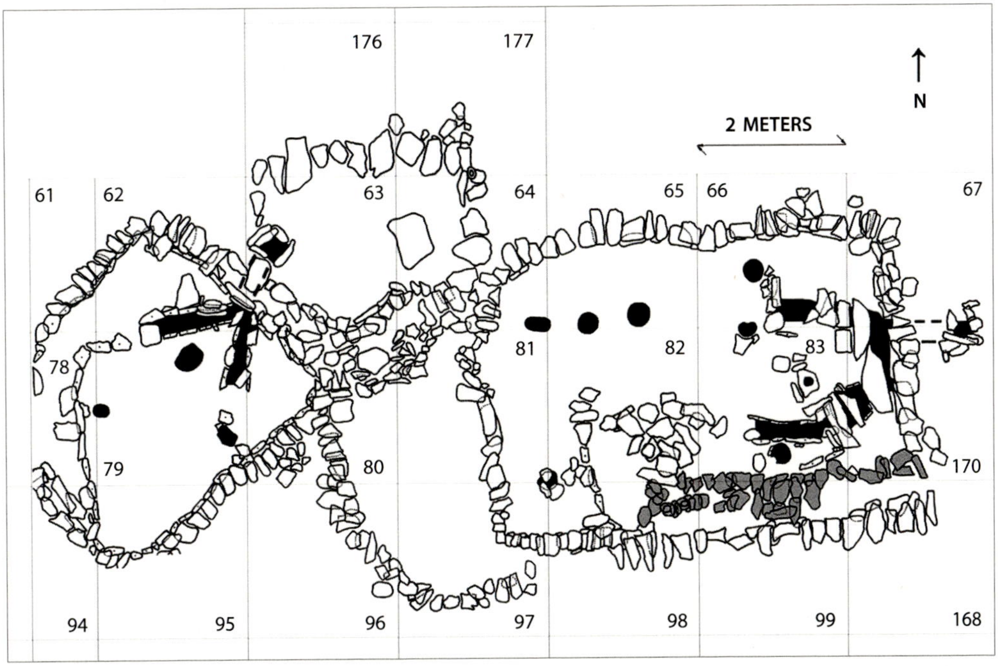

그림 2-18(상). 애머크낵 7호 전체
그림 2-19(좌하). 애머크낵 7호 동실 세부
그림 2-20(우하). 애머크낵 7호 서실

도랑은 내부의 남은 석렬로 보건대 남서벽까지 이어졌던 것으로 보인다. 반면에 남쪽 도랑은 짧게 남아 있다.

탄소 연대 측정 결과 B.P.3,000년 전후가 되어 지금까지 살펴본 다른 지역 사례들보다 시기가 앞선다. 형태상으로 보아 쪽구들과 유사하지만, 세 가지 점에서 볼 때에 북아메리카에서 독자적으로 발생한 난방시설로 여겨진다. 첫째는 한반도 일대나 몽골 지역보다 시기가 이르다는 점이다. 둘째는 두 지역을 이어줄 수 있는 중간지대의 유적이 확인되지 않고 서로 너무 멀리 떨어져 있다는 점이다. 발굴자에 따르면, 당시에 가죽으로 만든 배를 사용했는데, 배가 물에 불기 때문에 300km 이상을 항해하지 못한다고 한다. 그렇기 때문에 육로를 통해서 전파되었을 것으로 추정하지만, 현재로서는 그 가능성도 희박하다. 셋째는 아시아의 두 지역에서는 ㄱ자형 쪽구들이 기본형인데, 여기서는 Y자형을 이루어 구조적 차이가 보인다는 점이다. 더구나 아궁이에서 고래를 고쳐 배연구로 연결되는 것이 일반적인데, 여기서는 공기 흡입구를 통하여 아궁이의 화기가 실내로 퍼지게 하여 역시 구조적 차이가 있다. 더구나 이 유적에서는 따로 배연구나 굴뚝이 확인되지 않는 것도 다른 점이다.

북아메리카 인디언에게는 전통적인 혼령 정화 움막(Indian Sweat Lodge)이란 것이 있다. 중요한 의례가 있을 때, 또는 사냥이나 전쟁에 나갈 때와 돌아올 때에 부정을 씻기 위해서 사용하는 움막으로 사우나처럼 땀을 내 정화한다. 이는 어머니의 자궁에 들어갔다 나오는 것을 상징하는 것이라 한다. 애머크낵 유적은 혹시 이런 용도로 사용된 시설이었던 것이 아닌가 생각되지만, 이 일대에는 나무가 없어서 불에 구운 돌에 물을 뿌려서 수증기를 증발시키는 정화 움막 사례가 없다고 하므로, 그 가능성은 낮다.

애머크낵 유적에서 발견된 고래 구조는 이보다 앞서서 알류산 동부의 마가렛만(Margaret Bay) 유적에서도 발굴된 적이 있었으나, 당시에는 성격을 제대로 이해하지 못했다고 한다. 이들보다 훨씬 시기가 올라가는 B.P.9,000년의 호그섬(Hog Island) 유적에서 구들 고래 모양의 토제 유구가 확인된 적이 있으나, 난방용인지도 불명확하고 시간적으로나 구조적으로나 온돌의 범위에 넣기는 어렵다.

그런데 이들은 그린란드(Greenland) 등의 극지에서 발견되는 직선형의 난방시설과 연관되어 있을 가능성이 있다. 릭 크넥 교수가 소개한 그린란드의 난방시설이 그것인데, 벽과 직교하게 되어 있어 연도부뚜막 또는 일직선형 화덕에 가깝다. 그린란드 디스코만(Disko Bay) 케케르타수숙(Qeqertasussuk)의 사칵(Saqqaq) 주거지에서 발견된 Mid-passage hearth 또는 axial feature라 부르는 난방시설이 그런 것이다. 그런데 이런 종류까지 온돌 범주에 넣으면 한반도와 만주에서 계승되어 온 문화전통의 독특성이 희석될 수밖에 없고, 온돌의 개념 자체도 혼란스럽게 된다. 다음 장에서 보듯이 이런 이유로 한반도에서도 연도부뚜막을 온돌 범주에 넣지 않았다.

한편으로 파키스탄의 모헨조다로(Mohenjo-daro) 유적에서도 로마시대 유적보다 2천 년이나 앞서는 하이퍼코스트 구조가 발굴되었고, 조지아(그루지아)의 드잘리시(Dzalisi) 고대 주거 유적에서도 기원전 200~400년에 조성된 하이퍼코스트 유구가 양호한 상태로 확인되었다고 한다.[33] 그러나 더 이상의 정보가 없어 이렇게 지적만 해두겠다.

33 Wikipedia, 「Hypocaust」, https://en.wikipedia.org/wiki/Hypocaust(검색일: 2019.5.10).

3장

부뚜막과 연도부뚜막

1) 노지와 부뚜막, 아궁이

취난시설과 관련하여 노지, 화덕, 부뚜막, 아궁이, 구들, 온돌 등 다양한 용어가 사용된다. 그런데 각 용어의 사전적 의미가 건축사나 고고학에서 실제 사용하는 용례와 괴리되는 경우가 많다. 더구나 고고학계에서는 연구자나 보고서마다 사용하는 용어가 제각각이어서 분류의 일관성을 유지하기가 무척 어렵다. 또한 중국 고고학에서는 노지, 부뚜막, 부엌을 모두 '조(灶)'로 일괄하고 있어서 취난시설 분류를 어렵게 한다. 따라서 본론에 앞서서 이 책에서 사용할 용어의 개념부터 정의해둘 필요가 있다. 다만 구들과 온돌에 대해서는 앞 장에서 이미 언급하였기에 생략한다.

주거지의 바닥을 약간 파서 불을 지피는 모닥불 수준의 시설을 흔히 '노지(爐址)' 또는 '화덕자리'라 부른다. 발굴된 노지는 거의 대부분 상부시설이 없이 얕은 구덩이 형태로 드러난다. 때로는 이러한 구덩이에 돌이나 점토 띠를 둘러 놓거나 돌을 고르게 까는 등 다양한 형식이 나타나기는 하지만, 기본적으로 '모닥불 자리'의 성격을 벗어난 것은 아니다. 일부에서는 땅을 파지 않고 평지에 바로 불을 때는 형식도 있다.

이런 구조를 가리켜 상부구조가 있는 입체시설을 의미하는 노(爐) 또는 화덕이라 부른 것은 애초부터 오해를 불러일으킬 소지를 안고 있다. 이를 의식하여 노지를 '수혈아궁이'로 바꾸어 부르자는 견해도 있다.[1] 그렇지만 노지란 용어가 너무 일반화되어 있으므로, 이 글에서는 선사시대 이래 사용되어 온 수혈 형태의 불 땐 자리를 그대로 '노지'라고 쓰겠다. '노(화덕)가 있던 자리'란 뜻이라서 최적의 용어는 아니지만, 지금으로서는 다른 대안이 없다. 다만 일본의 이로리처럼 온전한 형태에 대해서는 지(址)자를 붙이기 어려우므로, 어쩔 수 없이 '화덕'이란 말을 병용하겠다. 화덕은 노지나 아궁이, 부뚜막 등을 모두 아우를 수 있는 개념이지만, 여기서는 의미를 좁혀서 사용할 것이다.

다음은 화덕, 부뚜막, 아궁이다. 화덕과 부뚜막은 서로 혼용하는 경우가 많다. 한뎃부뚜막이나 딴솥부뚜막은 솥을 걸어 불을 때는 독립된 시설로서 화덕이라고도 부른다. 하지만 엄밀히 따지면 화덕은 부뚜막보다 조금 더 넓은 개념이다. 화덕은 기본적으로 난방을 위한 큰 화로로서 솥을 거는 시설이 되어 있는 경우도 있으므로, 난방이 주된 기능이면서 때로는 취사용으로도 사용된다. 이에 비해서 부뚜막은 취난용으로서 모두 솥을 걸게 되어 있다.

부뚜막에 대해서는 설명이 조금 더 필요하다. 표준국어대사전에서는 "아궁이 위에 솥을 걸어 놓는 언저리. 흙과 돌을 섞어 쌓아 편평하게 만든다."고 하여 가장 좁은 의미로 규정되어 있다. 부뚜막 하면 떠오르는 이미지는 연구자마다 지역마다 다른 것 같다. 첫째는 좁은 의미로서 이 사전처럼 솥걸이 주변의 편평한 곳을 가리키지만,[2] 둘째는 아궁이를 포함하여 솥을 거는 입체적 시설 전체를 의미한다. 이보다 더 넓게는 연도까지 포함하는 시설 전체를 의미하면서, 둘째 의미

1 이경복·전경아, 「조선시대 움집과 그 안에 살던 사람들」, 『白山學報』 69, 白山學會, 2004, 236쪽.

2 유기정, 「泗沘期 구들시설 建物址에 대한 一考: 扶餘 井洞里遺蹟 建物址를 中心으로」, 『國立公州博物館紀要』 3, 2003, 138쪽.

의 부뚜막은 아궁이부(部)로 설명하는 경우가 있다.[3] 더 나아가 부뚜막 즉 부엌(廚)이란 가장 넓은 의미로 사용하는 경우도 있다.[4]

혼란을 막기 위해서 여기서는 둘째 의미로 사용하겠다. 부뚜막신(竈王)이나 한뎃부뚜막, 딴솥부뚜막이란 말은 이런 의미에 가깝다. 첫째 의미의 솥 주변 편평한 자리로만 한정하는 것은 너무 좁고, 셋째 의미로 사용하면 연도(烟道)가 달린 부뚜막과 그렇지 않은 부뚜막을 구분하기가 어렵다.

사실 둘째 의미로는 화덕이란 말이 더 어울리는 것 같지만, 고고학계에서는 일본어 가마도(カマド)를 화덕 대신에 부뚜막으로 번역하여 차용하면서, 부뚜막이란 용어가 광범위하게 사용되고 있는 실정이다.

이런 개념들을 구체적으로 고고 자료에 적용할 때에는 이렇게 하기로 한다. 고대에는 '노지(화덕)'가 발전하여 입체적인 구조를 띠면서 아궁이와 솥걸이, 솥받침이 출현하므로, 이를 '부뚜막'이라 부르겠다. 노지는 모닥불처럼 사방이 트여 있어서 열기가 공중으로 흩어지지만, 부뚜막은 옆과 위를 에워싸서 열기 손실을 줄이고 솥을 걸 수 있게 발전한 것이다.

부뚜막의 솥받침은 하중을 지탱하고, 솥걸이는 솥이 쓰러지는 것을 방지하는 기능을 한다. 후대에는 솥 둘레에 전이 붙고 솥걸이도 튼튼하여 따로 필요하지 않은 솥받침이 사라지지만, 초기에는 솥을 받치기 위해서 물건으로 괴었다(그림 3-1). 솥받침은 돌 또는 점토를 이용하거나 토기 저부를 엎어서 사용했다.

부뚜막 뒤쪽으로 배연시설인 연도가 기다랗게 달린 것은 삼국시대에 등장했다가 사라지므로 이를 지칭할 만한 후대의 용어가 없다. 따라서 이를 따로 '연도부뚜막'이라 부르겠다. 배연시설이 아주 간단

3 오승환·이현숙, 「부뚜막의 炊事方式과 炊事空間」, 『계층 사회와 지배자의 출현』, 한국고고학회 창립 30주년 기념 한국고고학전국대회 발표문, 2006.11., 400-402쪽.
4 오승환, 「부엌의 考古學的 硏究(1): 原三國~三國時代를 中心으로」, 『聚落硏究』 1, 취락연구회, 2009, 102쪽.

해서 전체를 부뚜막으로 보아야 할지 짧은 연도가 달린 것으로 보아야 할지 경계가 모호한 경우도 있지만, 원론적으로 말해서 연도가 달린 것과 그렇지 않은 것에는 분명한 차이가 있다.

그림 3-1. 부뚜막 모형

고고학에서는 부뚜막과 유사한 용어로 '아궁이'를 쓰기도 한다. 아궁이는 원래 화덕이나 부뚜막에서 불을 넣어 땔 수 있도록 만든 구멍으로서 화구(火口)를 의미한다. 아마 아궁이는 아가리란 말에서 유추되었을 것이다. 『보한집』에서처럼 돌구(堗口)라고도 쓰는데, 원래 굴뚝 구멍이던 것이 온돌 구멍 즉 아궁이로 변한 것이다. 부뚜막 내부의 불 때는 공간은 따로 후렁이라고 부르기도 하나, 사전에 등재되어 있지는 않다. 발굴보고서에서는 이런 구멍뿐 아니라 후렁이까지 확대하여 '아궁이'로 부르는 경우가 많으므로, 여기서는 이 개념을 따르겠다.

사실 고대에는 취사와 난방이 대부분 분리되지 않고 겸용되었을 것이므로, 아궁이를 부뚜막에 포함하여 불러도 문제가 없다. 후대에 와서야 살림집이 아닌 정자, 서원, 향교, 객사, 궁궐 등에 단지 난방을 위해 불만 때는 아궁이 시설이 등장하는데, 이를 '함실아궁이'라고 한다. 부뚜막이 달린 경우에는 이곳에 화력이 집중되어 난방력이 약해지지만, 함실아궁이는 부뚜막이 없고 방 안쪽에 연소부가 있어서 화력이 난방에 집중되는 효과가 있다.

발굴 유적에서는 상부구조가 파괴되고 불을 지피는 공간만 남아 있는 경우가 대부분인데, 이런 경우에 '연소부'라고 하거나 '아궁이 후렁이'라고 하지만 여기서는 '아궁이'라고 부르겠다. 그리고 불을 때는 구멍은 '아궁이 입구' 또는 '화구'로 구별하겠다. 아궁이와 부뚜막을 아우를 수 있는 것으로 '화덕'이란 용어도 있으나, 다른 용어에 비해

표 3-1. 노지, 부뚜막, 아궁이의 개념

	구조	기능	유구
노지	평면적	난방과 취사	평면 또는 얕은 수혈인 경우
부뚜막	입체적	난방과 취사	솥걸이 또는 솥받침이 확인될 경우
아궁이	입체적	난방	부뚜막으로 추정되나 바닥만 확인될 경우도 포함

포괄적인 데다가 '노지' 즉 '화덕자리'와도 혼동될 염려가 있어 피하겠다.

이상의 내용을 간단히 표로 정리하면 〈표 3-1〉과 같다.

2) 부뚜막의 출현

신석기시대 이래 주거지에는 노지가 채택되었다. 처음에는 주거지 한가운데에 하나가 시설되지만, 청동기시대에 들어서 복수의 노지가 출현한다. 또 초기철기시대가 되면 노지가 출입구의 반대쪽인 안벽 쪽으로 옮겨가는 추세를 보인다.

호남지역의 노지 위치에 대한 조사를 보면, 신석기시대에 중앙 노지가 66.7%를 차지하던 것이 삼국1기(원삼국시대)[5]에 이르면 벽쪽 노지가 70.6%, 삼국2기에는 72.7%를 차지한다.[6] 이런 추세와 더불어 취난시설이 평면형에서 점차 입체형으로 바뀌어가는데, 입체형은 바로 부뚜막의 출현으로 이어진다.

5 고고학에서는 초기철기시대(기원전 300년경~기원전 100년경), 원삼국시대(기원전 100년경~기원후 300년경), 삼국시대(기원후 300년경~기원후 668년)로 구분하고 있는데(『개정신판 한국 고고학 강의』, 한국고고학회, 2010), 특히 원삼국시대는 철기시대, 삼한시대, 삼국시대 전기 등으로 다양하게 불릴 정도로 의견이 분분하다. 고고학 편년에 따르면 4세기 이후만 삼국시대가 되는데, 이것은 문헌 기록과 맞지 않아 문제가 있다. 따라서 이 책에서는 원삼국시대를 '삼국1기', 삼국시대를 '삼국2기'라 부르고, 전체를 아울러서 '삼국시대'라 부르겠다.

6 이민석, 「原始·古代의 爐施設과 住居構造와의 相關性 硏究: 湖南地域을 中心으로」, 『고문화』 62, 2003, 50쪽.

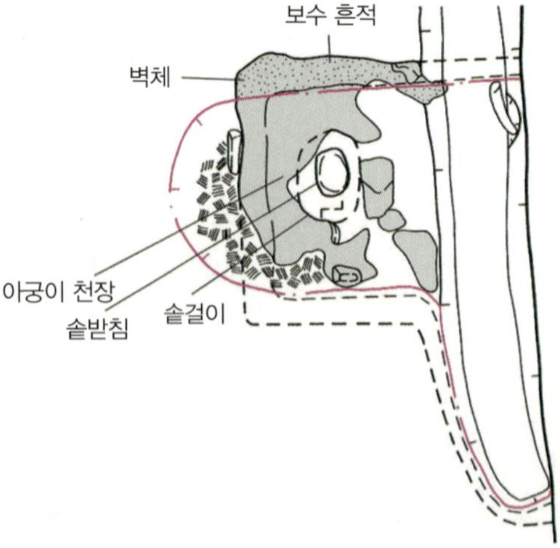

그림 3-2(좌). 부뚜막 부분 명칭(해남 신금 40호의 예)
그림 3-3(우). 감일동 부뚜막 명기

고대의 부뚜막은 아궁이, 솥걸이와 솥받침(支脚), 배연구가 달린 시설이다(그림 3-1 및 3-2).[7] 2016년에 하남 감일동의 백제 고분에서 이런 유형의 부뚜막 명기가 출토되었다.[8] 삼각형에 가까운 평면을 가진 부뚜막에 바닥이 뾰족하고 손잡이가 달린 솥이 끼워져 있는 모습이다(그림 3-3). 솥받침이 없는 대신에 솥 하부에 턱이 있어 솥걸이에 걸리게 되어 있다. 이후 발굴에서도 다른 부뚜막 명기가 출토되었는데, 여기에는 배연시설이 뚜렷이 표현되어 있고 시루가 얹혀 있다.

솥받침은 시간이 지나면서 사라진다. 이 점을 제외하면 후대의 한뎃부뚜막(그림 3-4)과 유사하다. 고구려 무덤에서 나온 부뚜막 명기(그림 1-11)나 벽화에 보이는 부뚜막도 이런 한뎃부뚜막과 유사하다.[9] 발굴 과정에서는 상부구조가 사라지고 아궁이와 솥받침 정도만 확인되는 경우가 많다.

7 이홍종의 논문에도 부뚜막 부분 명칭도가 제시되어 있다(이홍종, 「부뚜막 施設의 登場과 地域相」, 『영남고고학』 12, 1993, 2쪽).
8 고려문화재연구원, 「현장공개자료 하남 감일동 유적」, 2016.11.
9 궁성희, 「고구려무덤들에 보이는 부뚜막에 대하여」, 『조선고고연구』 1990-1.

부뚜막의 아궁이 입구를 장식했던 아궁이틀이 고구려, 백제나 일본 기나이(畿內) 지방에서 다수 발견되는데, 대개 삼국2기인 4~6세기 중반경에 해당하여 다소 늦은 시기에 등장한다.[10]

그림 3-4. 한뎃부뚜막의 사용

부뚜막이 한반도에 출현한 시기는 대체로 기원 전후 무렵으로, 삼국1기 초기에 해당한다.[11] 중국으로부터 영향을 받아 한반도에 출현한 것으로 보는 견해가 있다.[12] 사실 한나라 무덤에서 발굴된 부뚜막 명기만 해도 크게 아홉 종류로 분류할 수 있을 정도로 중국에서 부뚜막이 다양한 형태로 발달하였다.[13] 그러나 노지의 자체 발전 과정에서 출현했을 가능성도 배제할 수 없다. 한반도의 부뚜막은 3세기경 일본 열도로 처음 전파되어 5세기경부터 본격적으로 보급되었다.[14]

역사기록에는 변진(弁辰)에서 "집 서쪽에 부엌을 시설한다."고 하였고,[15] 신라에서는 "겨울에 집 가운데에 부엌을 만들고, ……"라고 하였는데,[16] 발굴 결과 영남 지방에서는 부뚜막 사용이 대세인 점을 감안하면 대체로 부엌이 아니라 부뚜막의 위치를 설명하는 것으로 볼 수

10 서현주, 「三國時代 아궁이틀에 대한 考察」, 『한국고고학보』 40, 2003; 노미선 · 조희진 · 하진영, 「삼국시대 아궁이틀의 연구: 아궁이틀의 제작과 사용실험으로 바탕으로」, 『호남고고학보』 35, 2010.

11 이형주, 「韓國 고대 부뚜막施設 研究」, 충남대학교 석사학위논문, 2001.

12 이홍종, 앞의 글, 19쪽; 이형주, 위의 글, 67-69쪽.

13 朱津, 「論漢墓出土陶灶的類型與區域特征」, 『中原文物』, 2015-2.

14 横川好富, 「竈の出現とその背景: 埼玉県を中心として」, 『埼玉の考古学』, 柳田敏司先生還暦記念論文集刊行委員会, 1987; 禹在柄, 「5世紀頃 日本列島 住居様式에 보이는 韓半島系 炊事 · 煖房시스템의 普及과 그 背景」, 『百濟研究』 41, 忠南大學校 百濟研究所, 2005.

15 『三國志』 권30, 魏書, 韓(弁辰) 「施竈皆在戶西.」

16 『新唐書』 권220, 新羅傳 「冬則作竈堂中, 夏以食置冰上.」

있다. 합천 대야리나 김해 부원동에서는 과연 서쪽 또는 남서쪽에 부뚜막을 시설한 사례가 있지만,[17] 전반적으로 보면 부뚜막 위치에서 정형성은 보이지 않고, 오히려 바람의 방향 등 지형적 조건이 위치 결정에 중요한 요인이었다.[18]

부뚜막의 평면에는 두 종류가 있으니, 하나는 ㄷ자형으로서 아궁이 입구를 제외한 3면이 막혀 있는 것이고, 다른 하나는 11자형[19]으로서 아궁이 입구 반대쪽도 열려 있는 것이다.

ㄷ자형은 위로 연통을 달아서 외부로 배연하거나 아니면 실내로 직접 배연했을 것이다. 11자형은 화구 반대쪽으로 배연하는 듯한 구조이지만, 뒤에 실제 사례에서 언급하듯이 ㄷ자형의 배연 방식과 차이가 별로 없었을 것이다.

고창 교운리 35호에서는 부뚜막이 동벽 중간에 시설되어 있으면서 부뚜막과 수혈 벽 사이에 벽구가 지나간다.[20] 유구 상태가 좋지 않아서 어떤 유형의 부뚜막인지 알 수 없지만, 벽구의 존재로 보아서 이 부뚜막은 상부로 배연했을 것이다. 고창 석교리 9호에서는 부뚜막이 주거지 한가운데에 위치하고 바닥에서 아무런 배연시설이 확인되지 않는 점으로 보아서[21] 역시 상부로 배연했을 것이다.

우선 ㄷ자형의 사례를 몇 개 들겠다. 첫째, 전주 마전 III-2구역 2호 주거지이다(그림 3-5).[22] 부뚜막은 점토로 만들었고 서벽 중간에 위치한다. 아궁이는 바닥을 굴착하지 않고 조성하였고, 솥받침은 발형토기 저부 2점을 놓아서 만들었다. 조리에 사용한 장란형토기편도 확

17 이형주, 앞의 글, 70쪽.

18 공봉석, 「경남 서부지역 삼국시대 수혈주거지의 구들 연구」, 『한국고고학보』 66, 2008, 101-103쪽.

19 여기서는 부뚜막 자체의 평면을 의미하며, 앞으로 언급할 부뚜막 연도의 11자형이나 八자형 평면과는 다르다.

20 호남문화재연구원, 『高敞 校雲里 遺蹟』, 2002, 117-118쪽.

21 호남문화재연구원, 『高敞 石橋里 遺蹟』, 2005, 71쪽.

22 호남문화재연구원, 『全州 馬田遺蹟(III區域)』, 2008, 392-393쪽.

인되었다. 점토로 만든 연통을 서쪽 벽면에 부착하여 배연시설로 삼았다. 부뚜막 크기는 길이 106cm, 너비 80cm, 점토벽 높이 15cm이다.

진주 평거동 3-1지구의 59호 주거지에서도 ㄷ자형 부뚜막의 구조를 볼 수 있다(그림 3-6).[23] 부뚜막은 주거지 남동쪽 모서리에서 수혈 벽에 붙어 있는데, C자형에 가깝게 점토띠를 둘러 만들었다. 부뚜막 가운데에는 높이 15cm 정도의 돌로 만든 솥받침이 있고, 그 주위에서 연질토기편이 다수 출토되었다.

77호 주거지의 부뚜막(그림 3-7)은 남동쪽 모서리에서 확인되었다.[24] 역시 C자형에 가깝게 점토띠를 둘러 솥걸이를 만들었고, 가운데에는 원저토기 1개를 뒤집어 놓은 높이 18cm 정도의 솥받침이 있다. 솥받침 주변에서는 연질토기편이 다수 출토되었다. 부뚜막의 크기는 길이 98cm, 너비 96cm이다.

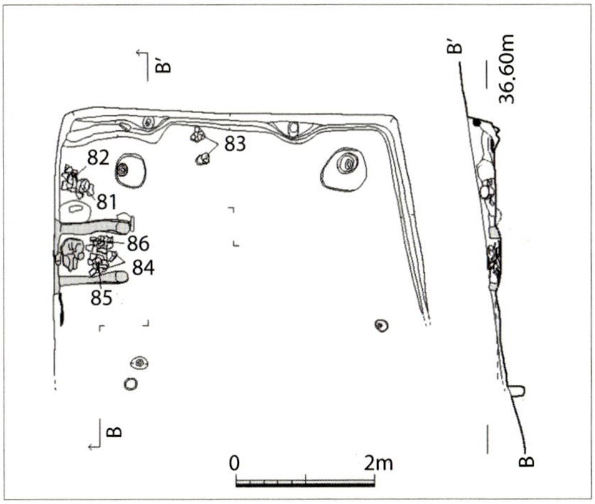

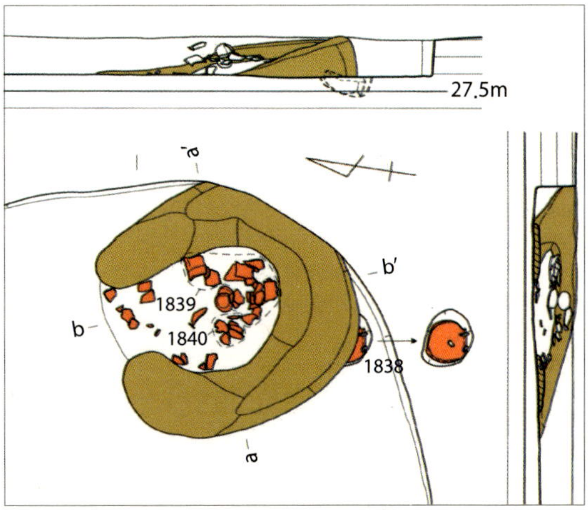

그림 3-5(상). 전주 마전 III-2구역 2호
그림 3-6(하). 진주 평거동 3-1지구 59호 주거지 부뚜막

건물 벽의 중간이나 모서리에 바짝 붙여 부뚜막을 만든 것이 대부분이지만, 때로는 벽에서 다소 떨어져 있는 경우도 있다. 함평 중랑

23 경남발전연구원 역사문화센터, 『진주 평거 3-1지구 유적』 II, 2011, 387-389쪽.
24 위의 책 III, 2011, 29-33쪽.

그림 3-7. 진주 평거동 3-1지구 77호 주거지 부뚜막

153호가 그러한데, 배연은 수직 방향으로 한 것으로 추정된다.[25]

다음은 11자형의 사례이다. 이것은 화구의 반대쪽으로 배연구가 있는 듯한 구조로서, 아궁이 입구는 건물 중앙을 향하고 배연구는 벽 쪽을 향하게 마련이다. 그렇지만 벽에 붙여서 만들기 때문에 뒤가 막혀서 실제로는 ㄷ자형 평면과 차이가 없다.

광주 동림동 28호, 60호 주거지가 그러하다.[26] 28호 주거지 부뚜막(그림 3-8)은 북서벽 중앙에 만들었는데, 벽체는 점토를 이용하여 좌우에 만들어 11자형을 이룬다. 내부에는 장란형토기 1개를 엎어서 만든 솥받침이 있고, 그 주변에서 솥으로 사용한 호형토기 1개체가 발견되었다. 부뚜막 크기는 길이 80cm, 너비 60cm, 벽체 높이 5cm, 벽체 너비 20cm이다.

60호 주거지 부뚜막(그림 3-9)도 대동소이하다. 북서벽 중앙에서 약간 남쪽으로 치우쳐 만들었다. 양쪽으로 11자형의 점토 벽체가 확인되었고, 내부에는 돌로 만든 솥받침 1개가 있으며, 주변에 토기편이 흩어져 있었다. 부뚜막 크기는 길이 90cm, 너비 50cm이다.

장흥 상방촌 유적[27]에서는 ㄷ자형과 11자형의 부뚜막 및 쪽구들이 공존한다. 2세기에서 6세기 초에 이르는 삼국시대 주거지 107기 가운데 57기에서 취난시설 구조가 비교적 명확히 보이는데,[28] 이 가운데

25 목포대학교박물관, 『함평 중랑유적』 I, 2003, 318쪽

26 호남문화재연구원, 『光州 東林洞遺蹟』 II, 2007, 67-68, 128-129쪽.

27 목포대학교박물관, 『장흥 상방촌A유적』 I, 2005, 259쪽.

28 보고서에서는 74기에서 화덕자리가 확인되었다고 하지만, 도면과 유구 설명이 비교

부뚜막은 53기이고 쪽구들은 4기이다. 이처럼 호남에서는 쪽구들에 비해 부뚜막의 비율이 매우 높다. 부뚜막은 출입구 반대쪽 벽의 중앙에 주로 위치하지만, A-1지구 17호처럼 모서리에 설치되기도 한다. 구조를 제대로 파악할 수 있는 것으로서 ㄷ자형은 A-1지구 3호, A-2지구 22호, 23호, 11자형은 A-1지구 36호, A-2지구 26호, 쪽구들은 A-1지구 14호, 22호, 39호, A-2지구 24호가 있다.

부뚜막은 아궁이 입구 방향이 주거지 벽선과 직교하는 것이 대부분이다. 직교하게 되면 벽을 바라보면서 불을 때게 되는데, 일부에서는 벽선과 평행을 이루거나 비스듬히 만난다. 전자는 위에서 보았듯이 호남에서 유행한 부뚜막 원형에 해당하고, 후자는 대체로 진주 평거동을 중심으로 발달한 C자형 구들 평면을 가진 쪽구들로부터 영향을 받아서 변형된 것으로 여겨진다.

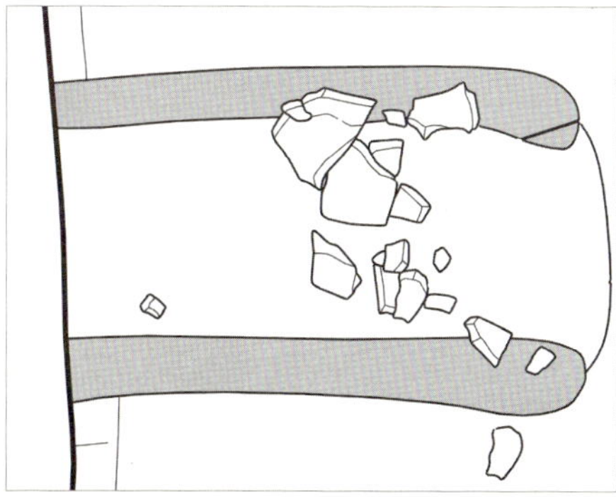

그림 3-8(상). 광주 동림동 28호 주거지 부뚜막
그림 3-9(하). 광주 동림동 60호 주거지 부뚜막

함양 화산리 유적에서는 직교하는 부뚜막과 평행하는 부뚜막이 함께 보인다. 진주 평거동 3-2지구 97호에서는 직교하는 부뚜막과 평행에 가까운 부뚜막이 한 주거지에 공존한다(그림 3-10). 또 50-1호에는 직교하는 부뚜막이 달려 있고(그림 3-11), 20호에서는 비스듬한 부뚜막이 달려 있는데(그림 3-12), 후자는 이 지역의 쪽구들과 유사한 구조를 하고 있다.

11자형 부뚜막에는 배연구에 연도가 부가되는 경우도 많다. 연도

적 명확한 것은 57기 정도이다. 또 보고서에서는 세 가지 유형으로 분류했지만, 쪽구들과 부뚜막을 구분하지 않았고 분류 기준도 달라서 재분류를 하였다.

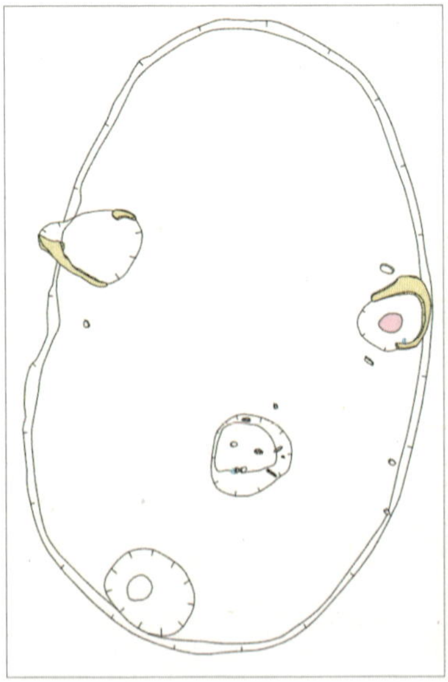

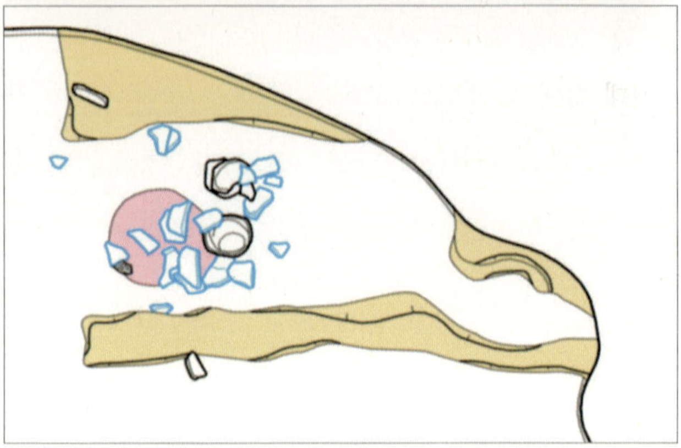

그림 3-10(좌상). 평거동 3-2지구 97호
그림 3-11(우상). 평거동 3-2지구 50-1호 주거지 부뚜막
그림 3-12(하). 평거동 3-2지구 20호

가 아주 짧은 경우에 발굴보고서만으로는 연도의 유무를 파악하기가 어려운 점이 있으니, 화성 발안리 유적처럼 연도가 있는 것과 없는 것이 공존하는 경우에는 양자의 분리가 쉽지 않다. 용인 마북동에서도 연도가 너무 짧아서 유무를 판단하기가 어렵다. 그렇지만 연도가 전혀 없는 것과 후술하는 대형 연도가 달린 구조는 분명히 구분되어야 한다.

부뚜막은 온돌과 경쟁하면서 근래까지도 꾸준히 사용되었다. 부뚜막이 주로 벽 쪽에 붙여서 만들어지는 점에서는 앞 시대와 동일하지만, 고려와 조선에서는 벽을 일부 파내어 배연 시설을 만들기 때문에 주거지 평면에서 이 부분이 튀어나와 있는 특징을 보인다. 화성 남양동 4-25호(그림 3-13)[29]에서 확인된 부뚜막을 예로 들 수 있다. 주거지 북동쪽 모서리에 설치되어 있고, 길이 90cm, 너비 50cm 규모로 풍화 암반층을 굴착하여 조성하였다.

그림 3-13. 남양동 4-25호

한 주거지에 복수의 부뚜막을 설치한 사례가 종종 나타나는데, 조선시대 수혈주거지를 보면 두 개인 경우가 대다수이고 세 개인 경우도 약간 있다.

3) 연도부뚜막과 쪽구들의 차이

부뚜막의 배연시설은 세 가지로 분류된다. 첫째는 직상방으로 배연하는 것으로서 '굴뚝(연통)'이 달려 있거나 아니면 아무 시설이 없는 경우이다. 이런 시설은 발굴에서는 드러나기 어렵다. 대체로 유구의 상부는 파괴된 채 발굴되기 때문이다. 둘째는 부뚜막 뒤쪽으로 뻗어 나온 배연시설이 곧바로 벽을 향하는 경우이다. 부뚜막이 대개 벽에 가까이 있기에 배연시설은 짧고 경사를 이루어 배연에 일차적인 목적을 두었으므로, '연도(烟道)'[30]라 부를 수 있다. 굴뚝(연통)이나 연도 모

29 한백문화재연구원, 『화성 남양동 유적』 II, 2014, 280쪽.
30 중국에서는 고래와 연도를 구분하지 않고 일반적으로 '연도(烟道)'라 부르고, 이따금

두 배연에 일차적 목적을 두었다는 점에서 일치하지만, 대형화된 연도 가운데는 난방시설 역할을 했던 것도 있다. 셋째는 배연시설이 실내에서 꺾여 벽을 따라가는 경우이다. 이것은 열기를 실내에 머무르게 하려고 고안된 것으로서 연도와 구분하여 '구들(고래, 火道)'로 부르겠다.

부뚜막에 연도나 구들이 달리지 않은 독립된 시설은 '독립부뚜막' 또는 그냥 '부뚜막'으로 부르고,[31] 연도가 달린 것은 '연도부뚜막', 구들이 달린 것은 '구들부뚜막' 즉 '쪽구들'로 부르고자 한다. 연도부뚜막은 부뚜막과 연도로 구성되어 있고, 쪽구들은 부뚜막과 연도(굴뚝) 사이에 구들이 추가된 구조이다.

난방 효과는 굴뚝, 연도, 구들의 순서로 높을 것인데, 굴뚝이나 연도와는 달리 구들은 열기를 머무르게 하려는 의도가 강하게 담긴 구조물이다. 그런 점에서 온돌의 요체는 구들(고래)에 있다. 구들의 유무에 따라 온돌인지 여부를 판단하여야 하는 것이다. 그렇지 않으면 세계 도처에서 발견되는 고대의 난방시설에서 온돌을 따로 구분해내기가 어렵다. 연도가 달린 난방시설은 곳곳에서 발견되므로, 온돌의 한국적 독자성이 희석될 우려가 있다.

연도와 구들의 용어는 온구들 구조에서 차용한 것이다. 온구들에서 뜨거운 연기가 통하는 통로는 '구들'이라 하고, 구들로부터 연기 배출구(굴뚝)로 연결되는 통로는 '연도'라고 한다. 구들은 열기를 실내로 받아들여 머물게 하기 위한 시설이라고 한다면, 연도는 연기를 배출하기 위한 시설이다.

쪽구들에서도 구들과 연도를 구분할 필요가 있으니, 포항 호동 II

'화도(火道)'라고도 한다. 그러나 여기서는 양자를 구분하여 고래는 한자어로 '화도', 연도는 그대로 연도라 쓰겠다.

31 이 책에서 '부뚜막'은 독립부뚜막을 의미하기도 하고, 연도부뚜막이나 쪽구들에 딸린 부속시설을 의미하기도 한다. 그러나 어느 쪽을 지칭하는지 혼동의 여지는 없을 것이다.

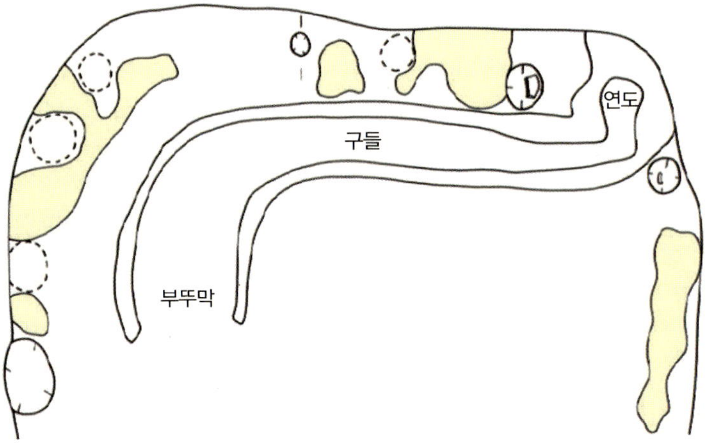

그림 3-14. 온돌의 부분 명칭(호동 II지구 5호)

지구 5호 주거지를 그 예로 들겠다(그림 3-14). 부뚜막에서 거의 수평으로 고래 바닥이 형성되어 진행되다가 마지막에 급격한 경사를 이루면서 배출구를 이루게 된다. 급경사 부분이 연도라 할 수 있으니, 연도부뚜막은 쪽구들에서 구들이 생략된 구조라고 할 수 있다. 예컨대 제8장에 소개한 용인 서천동 유적에서도 구들에 연도가 달린 모습을 확연히 볼 수 있다(그림 8-3, 8-4). 따라서 쪽구들의 핵심은 열기를 발산하는 구들에 있으므로, 연도부뚜막과 분명히 구별되어야 한다.

'고래'는 구들장 밑으로 불길과 연기가 통하는 길을 가리킨다. 고래 양쪽으로 고랫둥(고래둑)[32]을 만들고 그 위에 납작한 구들장을 덮어서 그 내부 공간으로 열기가 통하도록 되어 있는 시설 전체는 '구들'이라고 하겠다(그림 3-15). 여기에 부뚜막에서 배연시설까지 포함하여 전체를 아우르는 '온돌'과 구별하겠다.

고래의 수를 가리킬 때에는 외고래, 쌍고래, 세고래 등으로 부르겠다. 외고래인 경우에는 구들과 고래가 거의 동일한 의미로 쓰일 수

32 건축학이나 고고학에서는 고래둑이라 하지만, 고랫둥이 표준어로 되어 있어서 이를 따른다.

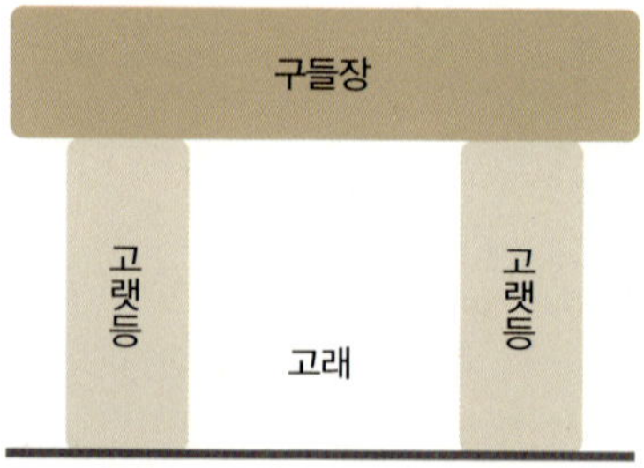

그림 3-15. 구들의 구조

있으나, 쌍고래 이상에서는 전체 구조물을 구들, 열기 통로 각각을 고래로 나누어 부르겠다.

연기 배출구는 상황에 따라 '굴뚝', '연통(煙筒)', '연돌(煙突)', '배연구(排煙口)' 등으로 부르겠다. 굴뚝은 추운 지방이나 난방 부하가 많이 걸릴 때에는 연소력과 배기력을 좋게 하기 위해서 높거나 크게 짓는데, 발굴 현장에서는 상부구조가 거의 발견되지 않으므로 여기서는 논외로 한다.

ㄱ자형 평면이 쪽구들의 기본인데, 대개 부뚜막 쪽 구들은 짧은 반면에 굴뚝 쪽 구들은 길게 만들어져 있다. 따라서 구들의 두 부분을 구분하여 언급할 때에는 '짧은 구들(고래)', '긴 구들(고래)'로 부르겠다.

온돌은 기본적으로 난방을 위한 시설이므로, 유형을 분류할 때에는 이 점을 우선적으로 고려해야 한다. 난방의 효율 내지 규모와 관련된 핵심 요소로는 구들의 길이와 너비를 들 수 있다. 구들의 길이는 기본적으로 주거지의 몇 개 벽을 따라 시설되는가 하는 점과 연결된다. 이것은 구들의 평면 유형과 관련된다. 1개 벽에는 1자형, 2개 벽에는 ㄱ자형, 3개 벽에는 ㄷ자형, 4개 벽에는 ㅁ자형이 일반적으로 시설된다. 실제의 구들 평면 유형은 이보다 좀 더 복잡한데, 이에 대해서는 제6장에서 다루겠다. 또 발굴 현장에서는 ㄱ자형과 역ㄱ자형, S자형과 역S자형을 구분하는 등 다양한 유형 분류 기준을 연구자마다 제시하고 있지만, 이것은 난방 효율과 직접 관련된 것들이 아니다.

다음으로 구들의 너비는 고래 수와 관련된다. 고래 수가 많을수록 넓어지기 때문이다. 외고래의 경우에는 그 위에서 생활하기가 용이하지 않았을 것이다. 그러나 제5장에서 언급하듯이 그 위에 나무 침상 시설이 있었다면 상황은 달라질 수 있다. 따라서 어느 정도 넓어졌을 때부터 사람들이 그 위에서 생활하기 시작했는지를 따지기는 현재로서 쉽지 않다. 위에서 생활할 수 있는 구들과 그렇지 못한 구들로 나누기도 하는데,[33] 이것은 분류 기준이 모호해서 의미가 없다. 다만 세고래 내지 네고래가 중심을 이루는 단계가 되면 그런 생활이 가능했을 것으로 생각된다.

연도부뚜막은 부뚜막시설[34]이나 1자형 부뚜막,[35] 1자형 쪽구들,[36] 1자형 외줄구들[37]로도 부른다. 그런데 부뚜막시설이란 말은 부뚜막에 '부가된' 시설이란 의미보다는 '부뚜막을 구성하는 시설'이란 의미가 있으므로 부뚜막과 부뚜막시설로 양분하기에는 용어가 적절하지 않다. 1자형 부뚜막도 부뚜막 자체가 1자형이란 의미가 되어 부뚜막에 1자형 연도가 부가되었다는 것을 설명하는 데 적절하지 않다. 또 1자형 쪽구들이나 1자형 외줄구들은 앞서 강조한 바와 같이 연도부뚜막이 쪽구들에 속하지 않으므로 타당하지 않다. 벽로(壁爐)란 용어를 제안한 경우도 있지만,[38] 우리에게 익숙지 않은 표현이다. 따라서 이 책에서는 '연도부뚜막'을 사용하겠다.

삼국시대, 즉 삼국1기(원삼국)·2기(삼국)에 한반도 남부에서 발굴된 취난시설을 유형별로 분류해보면(표 3-2), 지역별로 유행하는 시설이 다른 것을 알 수 있다. 서울·경기 지역은 연도부뚜막과 쪽구들이 비등하고, 강원도는 영서와 영동을 막론하고 노지가 우세를 점한다. 또 호서 지방에서는 부뚜막과 쪽구들이 비등하고, 호남 지방에서는 부뚜막이 절대 다수를 차지한다. 반면에 영남 지방에서는 쪽구들이 우세하다.

따라서 쪽구들은 서울·경기와 호서를 포함한 그룹과 영남 그룹

33 송만영, 「中島式 住居 외줄구들의 變化와 意味」, 『古文化』 85, 2015, 9쪽.
34 이홍종, 앞의 글.
35 한지선, 「한강을 통한 백제의 정치적 영역확장」, 『정치적 공간으로서의 한강』 I, 2009, 48쪽.
36 박중국, 「원삼국기~백제 한성기 중부지역 呂자형 주거지의 변천과 지역성: 쪽구들 주거지를 중심으로」, 『고고학』 10-1, 중부고고학회, 2011.
37 송만영, 앞의 글.
38 黃大一, 「蔚山地域 朝鮮時代 竪穴住居址에 대한 小考」, 『嶺南考古學』 52, 2010, 106쪽.

으로 양분할 수 있다. 이에 대해서는 제6장에서 자세히 설명하겠다. 이에 비해서 독립부뚜막은 호남 지방에서 발달하였고, 그 여파가 충남 일원에까지 미쳤던 것으로 보인다. 하지만 강원도에서는 전래의 노지 문화가 우세를 점하였다.

연도부뚜막에 초점을 맞추면, 서울과 경기를 중심으로 하면서 강원 영서, 충남, 호남까지 일부 분포하는 반면에 영남에서는 거의 찾아볼 수 없다. 전형적인 연도부뚜막은 서울, 경기도, 강원 영서에 밀집되어 있다. 반면에 호서와 호남에서 발견되는 연도부뚜막에는 형식적인 연도가 달려 있어서, 독립부뚜막이나 쪽구들로 분류할지 연도부뚜막으로 분류할지 모호한 경우가 대부분이다. 여기에는 11자형 부뚜막이 다소 길게 변형된 것도 있고, 영남에서 유행하던 C자형 쪽구들의 연도가 짧아진 것도 있기 때문이다. 따라서 연도부뚜막은 서울과 경기가 중심지라고 규정할 수 있다.

이에 비해서 연도가 달리지 않은 전형적인 부뚜막은 호남에 집중되어 있고, 경기, 호서, 영남에서는 훨씬 낮은 빈도로 발견된다. 이렇게 독립부뚜막과 연도부뚜막은 집중도에서 지역적 차이를 보이므로, 연도부뚜막은 중부형, 독립부뚜막은 호남형이라 부를 수 있겠다.

연도부뚜막은 부뚜막에 경사져 올라가는 연도가 달려 있다(그림 3-16, 그림 9-2우). 약수리 벽화고분에는 부뚜막과 연통 사이에 기다란 연도가 달려 있으니(그림 3-17), 이러한 것이 연도부뚜막에 해당한다. 그림으로만 보면 수평의 구들과 경사진 연도가 표현된 것처럼 보이지만, 취사 전용의 부엌인 점을 고려하면 전체가 연도에 해당한다.

연도부뚜막이 발굴에서 제대로 드러난 것은 1987년에서 1992년 사이에 발굴된 하남 미사리 유적에서다. 이전에 발굴된 승주 대곡리 유적에서도 부뚜막이 발견되었지만, 당시에는 구조를 제대로 밝히지 못했다. 미사리 유적이 발굴된 뒤에는 중부지방을 중심으로 부뚜막이 집중적으로 확인되기 시작하였다. 근래에 이루어진 대규모 발굴은 마을을 단위로 한 부뚜막의 사용 정보를 전해주고, 연도부뚜막의 구조

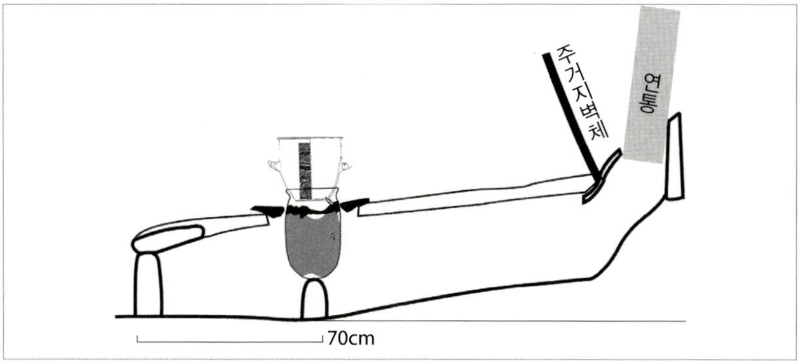

그림 3-16(상). 연도부뚜막 구조도
그림 3-17(하). 약수리 벽화의 연도부뚜막

도 세밀하게 이해할 수 있게 해주었다. 그런 대표적인 유적으로 화성 발안리 유적, 연천 삼곶리 및 강내리 유적, 화천 원천리 유적, 남양주 장현리 유적 등이 있다.

화성 발안리 28호 주거지에서 발굴된 연도부뚜막(그림 3-18)은 동벽과 직교하여 시설되어 있다. 부뚜막 부분에는 돌을 세운 뒤에 점토를 발랐고, 그 뒤의 연도는 점토만으로 만들었다. 남아 있는 연도부뚜막의 전체 길이는 약 2m이지만, 보고서에는 부뚜막과 연도의 크기를 구분하지 않은 채 기술되어 있다. 연도는 점차 경사져 올라가다가 주거지 밖으로 연결된다.

화천 원천리 21호(그림 3-19)[39]에는 연도부뚜막이 안벽에서 한쪽으로 약간 치우친 곳에 있으며, 안쪽이 약간 벌어진 八자형이다. 주거지 가운데에는 점토띠를 두르고 내부에 자갈을 깐 노지가 추가로 확인되었다. 연도부뚜막의 전체 길이는 2.34m이고, 아궁이 너비 1.04m, 배연구 너비 약 0.6m이다. 아궁이에서 배연구까지 완만한 경사를 이룬다.

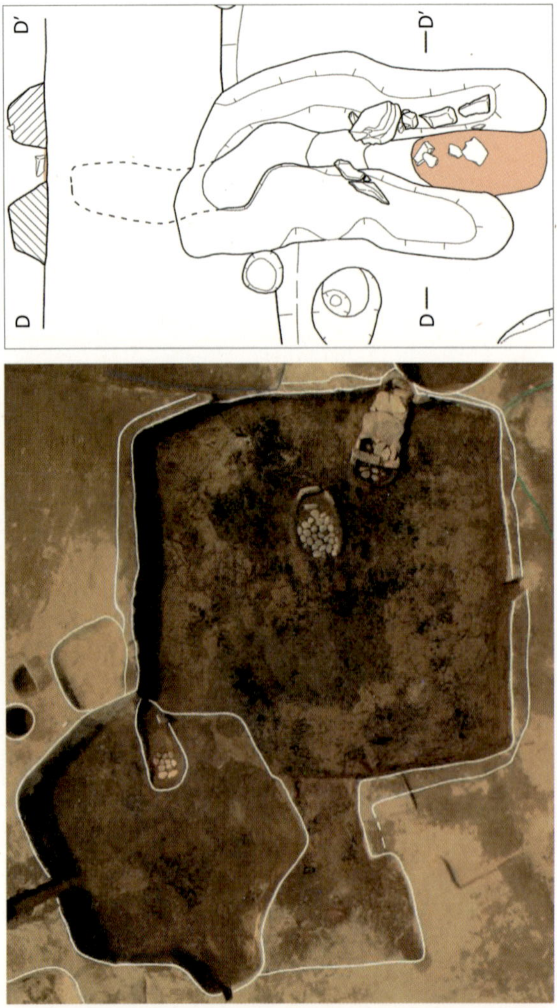

그림 3-18(상). 발안리 28호 주거지 연도부뚜막
그림 3-19(하). 원천리 21호(오른쪽)

남양주 장현리 40호 주거지에서도 연도부뚜막이 북쪽 모서리에 비스듬히 시설되어 있다(그림 3-20).[40] 부뚜막은 바닥에 강자갈을 깔고, 양쪽으로 봇돌을 세우고 이맛돌을 얹어 만들었다. 연도는 돌과 점토를 2열로 쌓아 만든 다음 덮개돌을 얹었고, 부뚜막에서 주거지 벽까지는 경사도 3도 정도로 완만하게 높아지다가 마지막에 70도 정도로 급경사를 이루며 주거지 외부로 빠져나간다. 길이 52cm, 너비 48cm의 굴뚝이 남아 있다. 굴뚝을 포함하여 전체 길이는 2.13m, 너비 78cm 정도이다. 원천리 21호처럼 주거지 중앙 부근에서 추가노지가 발견되었다.

39 예맥문화재연구원, 『華川 原川里遺蹟』 I, 2013, 222-227쪽.
40 중앙문화재연구원, 『南陽州 長峴里遺蹟』, 2010, 306-308쪽.

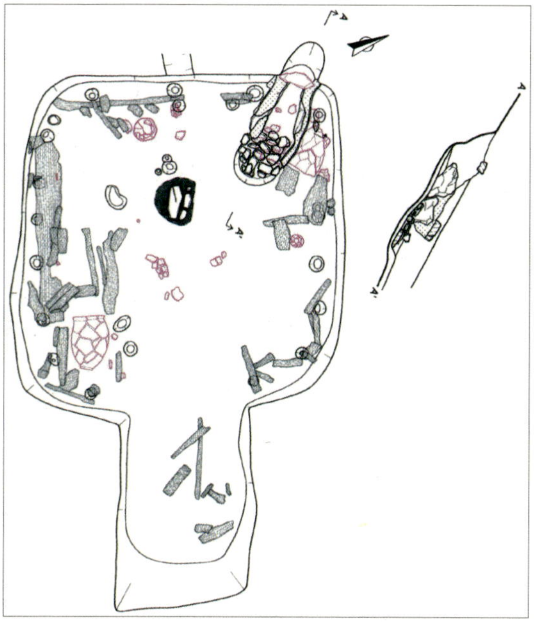

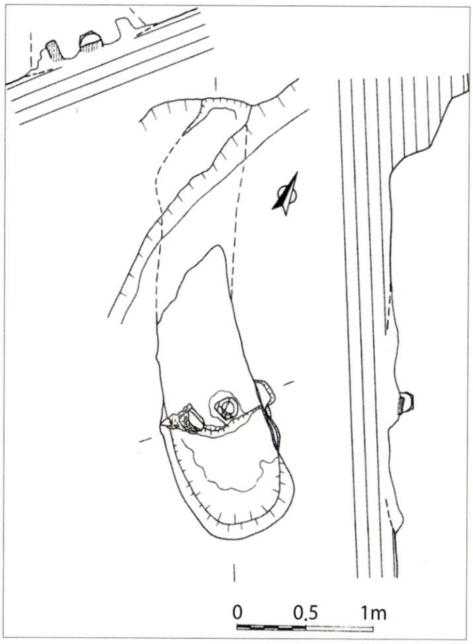

그림 3-20(좌). 장현리 40호
그림 3-21(우). 구성동 C-7호 주거지 연도부뚜막

장현리 40호처럼 연도부뚜막이 벽선과 직교하지 않고 비스듬하게 만나는 경우도 많은데, 장현리 유적에서는 쪽구들에서 비스듬한 연도부뚜막을 거쳐 직교하는 연도부뚜막으로 이행하는 것으로 보고되었다.

대전 구성동 C-7호(그림 3-21)는 반원형에 가까운 수혈주거지로서, 수혈 벽에서 안쪽으로 다소 떨어져 부뚜막을 만들고 여기서 1.3m 정도의 연도가 뻗어 있다. 부뚜막 중간에는 강돌과 토기 저부로 만든 솥받침이 있다. 이것은 남방으로부터 전래된 C자형 쪽구들의 영향을 받아 연도가 휜 것이니, 편의상 연도부뚜막으로 분류했으나 쪽구들에 가까운 것이다.

연도부뚜막은 백제 상층부의 주거지로 여겨지는 육각형 주거지와 결합하면서[41] 대형화되는 추세가 나타난다. 포천 자작리 유적, 풍납토성 미래마을 유적, 용인 고림동 유적에서 확인된 것처럼, 큰 주거지에 맞추어 연도부뚜막의 연도도 장대화된다. 이것은 일정한 지역, 일정한 계층에서 특징적으로 보이는 것으로서, 연도부뚜막의 최종 발전 단계를 보여준다. 이후 연도부뚜막은 사라지고 쪽구들만 남게 된다.

포천 자작리 2호 주거지(그림 3-22)는 출입시설을 포함하여 남북 길이 23.78m이고, 동서 너비는 12.35m(남) 내지 13.35m(북)로서 주거지 면적은 190여m^2에 달한다.[42] 북동쪽에 설치된 연도부뚜막은 부뚜막과 연도 및 배연구로 구성되어 있는데 전체 길이 5m, 폭 1.2m이다. 연도는 길이가 3.2m에 달하고, 내부 너비는 남쪽에서 75cm, 북쪽에서 50cm이다(그림 3-23). 중심선을 따라 돌을 쌓아 연도를 양분하여 쌍고래처럼 보이는데, 대형화된 연도의 천정을 받치기 위한 시설로 보인다. 연도 바닥은 경사도가 5도이고, 마지막 배연구에 이르러서는 27도에 이른다.

풍납토성 미래마을 가-30호 주거지는 남쪽의 일부가 멸실되었는데, 남아 있는 주거공간만 남북 잔존 길이 20.2m, 동서 너비 17.5m로 면적이 338m^2에 이르는 초대형 육각형 주거지이다. 건물의 내부 후면에서 북동쪽으로 약간 치우쳐 위치한 연도부뚜막은 아궁이 너비 1.44m, 배연부 너비 0.9m, 잔존 높이 0.45m로 전체 길이가 5.46m에 이른다.[43]

이런 대형주거지의 경우에 실내를 통과하는 연도가 5m가 넘을 정도로 길어서 구들만큼의 난방효과를 얻었을 것이다. 부뚜막에 긴 연도를 단 것은 열기가 바로 빠져나가지 않고 주거지 안에 머물게 하려는 의도일 것이다. 이런 경우에 연도가 난방기 역할도 했겠지만, 기본적으로 연기 배출에 중점을 둔 구조로부터 발달한 것이라는 점에서 쪽구들과 구분된다. 따라서 쪽구들에 가까운 '유사구들'이라 할 수 있을 뿐이지, 쪽구들에 넣기는 어렵다.

41 송만영, 「六角形 住居址와 漢城期 百濟 聚落」, 『한국고고학보』 74, 2010.
42 경기도박물관, 『抱川 自作里遺蹟』 I, 2004.
43 국립문화재연구소, 『風納土城』 XI, 2009, 232-235쪽.

그림 3-22(상). 자작리 2호
그림 3-23(하). 자작리 2호 주거지 연도부뚜막

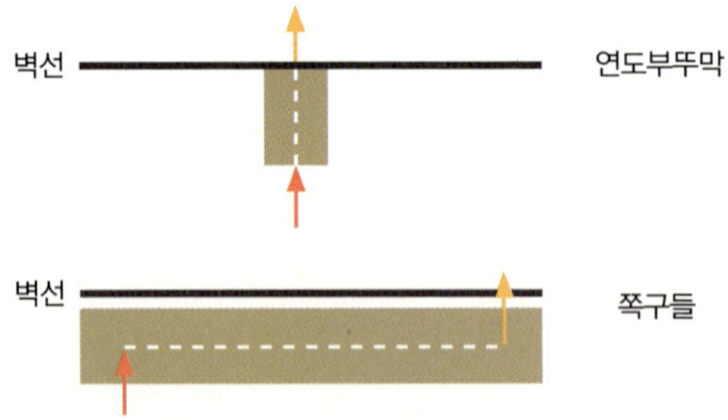

그림 3-24. 연도부뚜막과 쪽구들 비교 개념도

연도부뚜막과 쪽구들은 모두 비슷한 시기에 출현한 특색 있는 난방장치이다. 이리하여 고고학계에서 이들을 구분하지 않고 온돌로 통칭하는 경우가 많다.[44] 그러나 이들은 기본적으로 다른 연원과 기능을 가졌으므로 서로 구분해야 한다. 이미 지적했듯이 다른 지역에서도 유사한 구조를 찾을 수 있는 연도부뚜막까지 온돌에 포함하면, 전 세계의 난방시설에서 온돌만의 특색을 드러내기가 어렵다.

양자는 기본 구조에서 차이가 있다(그림 3-24). 첫째, 연도부뚜막의 연도는 주거지 벽선과 대부분 직교하고 일부는 비스듬히 만나는데 비해서, 쪽구들의 구들은 벽선과 평행하는 것이 일반적이다. 그런 다음에 벽선과 직교하면서 연도가 만들어지는데, 때로는 난로의 연통처럼 구들에서 직상방에 배연구가 바로 나 있기도 하다.

둘째, 연도부뚜막의 연도는 아궁이에서 배연구까지 경사를 이루는 데 비해서, 쪽구들의 구들은 배연 편의를 위해 약간의 경사가 있기는 하지만 주거지 바닥과 거의 수평을 이룬다. 따라서 연도는 배연에, 구들은 난방에 무게를 둔 것이다.

1자형 외고래가 연도부뚜막처럼 구들이 벽선과 직교하는 경우도 있는데, 이 경우에도 구들의 종단면을 보면 경사도에서 차이가 난다.

44 이런 연구는 많기에 일일이 지적할 수 없지만, 최근의 연구로 앞에서 인용한 박중국의 논문을 들 수 있다.

셋째, 연도부뚜막에서는 아궁이 입구가 연도의 방향과 일직선상에 놓이지만 쪽구들에서는 구들의 방향과 직교한다. 따라서 연도부뚜막은 연도가 1자형(一자형, 직선형) 평면을 이루지만, 쪽구들은 구들이 ㄱ자형 평면을 이루는 것이 기본이다. 쪽구들에서는 배연구, 즉 연도도 구들에서 꺾여 있기도 한다. 아궁이 입구와 굴뚝이 마주보게 되면, 외부의 바람에 쉽게 영향을 받을 뿐더러 불이 급히 타고 열기도 급속히 빠져나가게 된다. 이런 사실에서도 쪽구들이 연도부뚜막보다 난방의 효율 면에서 발전된 구조임을 확인할 수 있다.

다음 장에서 언급하듯이 쪽구들은 외부 즉 북방으로부터 전래한 것이다. 그렇다면 중부지방에 집중되어 있는 연도부뚜막은 호남의 전형적인 부뚜막이나 외래적인 쪽구들과 어떤 관계 속에서 등장한 것인가? 이를 규명할 수 있는 실마리는 남양주 장현리 유적, 화성 발안리 유적 등에서 찾을 수 있다.

장현리 유적에서는 삼국1기의 주거지가 85기 발굴되었다. 이 가운데 64기에서 취난시설이 확인되었으니, 노지 2기, 연도부뚜막 38기, 쪽구들 24기이다.[45] 그런데 유구의 중복관계를 통하여 쪽구들이 연도부뚜막보다 선행한다는 사실이 확인되었다. 쪽구들 주거지인 29호를 파괴하고 연도부뚜막 주거지인 49호가 들어섰고, 역시 쪽구들 주거지인 41호 위에 42호 주거지가 세워졌다. 쪽구들 주거지인 35호 위에도 연도부뚜막 주거지인 25호가 축조되었다. 이처럼 이곳에서는 쪽구들이 먼저 도입되었고, 나중에 연도부뚜막이 등장하였다.

이와 유사한 양상은 발안리 유적에서도 나타난다. 이 유적에서는 삼국1기 17기, 백제(삼국2기) 37기의 주거지가 발굴되었다. 삼국1기 주거지에서는 노지 3기, 부뚜막 2기, 연도부뚜막 1기, 쪽구들 8기가

45 보고서에서는 65기에서 온돌이 발견되었고, 쪽구들(A, B 유형)이 25기, 연도부뚜막(C1, C2, D 유형)이 40기, 미설치 11기, 확인 불가 9기로 분류하였지만, 도면과 본문 설명을 토대로 재분류하였다.

확인되었고, 백제 주거지에서는 노지 2기, 부뚜막 3기, 연도부뚜막 14기, 쪽구들 2기가 확인되었다.[46] 삼국1기에서는 쪽구들이 우세하다가 백제 단계에 들어서면 연도부뚜막이 주류가 된다. 이렇게 백제시기에 들어서 연도부뚜막이 부쩍 증가하는 반면에 쪽구들은 줄어든다.

이상의 두 유적에서는 시간의 흐름에 따라 쪽구들이 먼저 도입되었다가 연도부뚜막으로 대체되어가는 양상이 나타난다. 다른 유적에서도 예외 없이 쪽구들에서 연도부뚜막으로 전환되는 모습이 나타나는데, 변화 시점은 삼국1기에서 삼국2기로 넘어가는 4세기 전후라고 한다.[47]

난방구조에서 본다면 쪽구들이 연도부뚜막보다 발전한 것이다. 일반적으로 노지에서 독립부뚜막, 연도부뚜막을 거쳐 쪽구들로 발전한다고 상정할 수 있겠지만, 실제는 그렇지 않다. 연도부뚜막과 쪽구들이 서로 다른 계통으로서, 쪽구들로부터 영향을 받아 부뚜막에 연도가 부가되기 시작하였기 때문일 것이다.

연도부뚜막과 중부권 쪽구들의 분포지역은 서로 겹친다. 이들은 서울과 경기에 집중되어 있고, 영서와 충남 일대에도 일부 분포한다. 이 때문에 양자를 동일시하는 오류가 있었다.

호남에서는 삼국2기에 출현한 것을 제외하면 남해안에 가까운 곳인 장흥, 해남, 담양, 광주 등지에서 연도부뚜막이 보인다. 이것은 영남에서 발달한 쪽구들과 관련된 것처럼 보인다. 하지만 영남에서는 사천, 진주, 부산, 포항 등 해안가를 따라 쪽구들이 집중적으로 나타나지만, 연도부뚜막은 거의 등장하지 않는다. 영남의 쪽구들은 북방으로부터 동해안을 따라 전파된 것으로 여겨지는데, 이 쪽구들이 호남 일부 지역에도 유입되면서 호남에서 발달한 독립부뚜막에도 연도가

46 이 유적에서는 연도가 짧은 것이 많아서 부뚜막과 연도부뚜막을 명확히 구분하기 어려운 유구가 많은데, 어느 쪽에 속하는지 불분명한 부뚜막은 제외하였다.

47 박중국, 앞의 글, 60쪽.

달리기 시작한 것이다. 물론 호남에서는 부뚜막 전통이 강하게 내려오다가 쪽구들의 영향을 받으면서 구들 부분에 비해 상대적으로 부뚜막이 강조되는 경향을 보이니, 이것은 기왕의 부뚜막에 난방 기능을 형식적으로 추가하였기 때문이다.

따라서 연도부뚜막과 쪽구들의 중심지는 경기와 서울 일대이며, 쪽구들이 북방 내륙으로부터 전파되어 들어온 뒤에 그 영향을 받아서 독립부뚜막에 연도가 부가된 것으로 결론지을 수 있다.

연도부뚜막은 특정한 지역, 특정한 시기에 한정되어 발달했다는 점에서 전국적으로 사용되었던 쪽구들과 대비된다. 경기와 서울을 중심으로 한 백제 중심 지역에서 특징적으로 연도부뚜막을 선호하였고, 그것도 삼국2기의 백제 단계에 들어서 삼국1기에 비해 더욱 발달하게 된다. 그러면서 풍납토성에서 발견된 유구에서 알 수 있듯이 지배층에서도 이를 향유한 것이 주목된다. 후술하다시피 쪽구들이 지배층보다는 하층민 중심으로 발전하였던 것과 대조되기 때문이다. 이런 연도부뚜막은 통일신라에 들어서는 거의 사라지게 되는데, 다만 수원 호매실동·금곡동 유적에서 발굴된 나말여초 시기 2호 주거지[48]에는 부뚜막에 직선상의 연도가 달려 있어, 쪽구들이라기보다는 연도부뚜막의 잔영으로 판단된다.

제5장에서 언급하겠지만, 고구려의 부뚜막에서 아궁이 입구가 정면이 아닌 측면에 달려 있어 중국의 부뚜막과 구별되는 것은 쪽구들의 영향을 받았기 때문이다. 이렇게 쪽구들이 부뚜막에 영향을 준 결과, 한반도 북부와 중부에서 각각 다른 형태의 취난시설이 발생하였다.

쪽구들의 영향을 받아 연도부뚜막이 형성되면서 쪽구들과 연도부뚜막, 때로는 부뚜막과 연도부뚜막의 중간적인 성격을 띠는 유형도 나타난다. 용인 마북동 유적에서는 ㄱ자형, 1자형 외에도 구들이 구불

48 경기문화재연구원, 『水原 好梅實洞·金谷洞 遺蹟』, 2011, 228-229쪽.

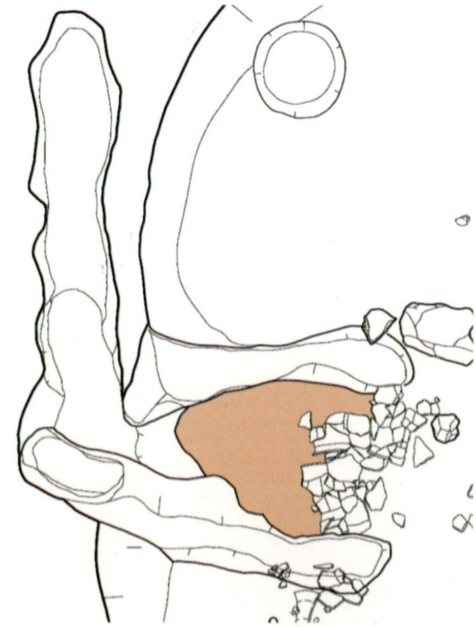

그림 3-25. 발안리 27호 주거지 연도부뚜막

구불하여 S(乙)자형으로 분류되는 것들이 있고, 연도부뚜막으로 분류되는 것도 있다.[49] 이런 유형들이 섞여 있다 보니, 연도부뚜막과 쪽구들의 경계가 모호할 수밖에 없다. 이 밖에도 여러 사례들이 보인다.

첫째, 구들과 유사하지만 연도부뚜막으로 분류한 화성 발안리 27호와 장흥 상방촌 A-2지구 27호이다. 발안리 27호를 예로 들면(그림 3-25),[50] 북동쪽 단벽에 부뚜막이 달려 있고, 수혈 벽 밖으로 연도가 달려 있되 20cm 진행한 뒤에 ㄱ자로 꺾여 나간다. 구들이 통상 수혈 벽 안에서 수평으로 만들어진 것과 다르게, 이 연도는 수혈 밖에서 ㄱ자형으로 꺾인다. 당시 주거 건축을 고려하면 수혈 벽 밖 20cm까지는 건물 내부였을 것이다. 따라서 이 시설은 부뚜막에 딸린 연도이면서 구들과 같은 역할도 한 것으로 판단된다.

상방촌 A-2지구 27호에서도 이와 거의 유사한 구조가 보인다.[51] 주거지 북벽 중앙에 붙여서 부뚜막이 설치되고, 연도는 북벽을 뚫고 90cm 정도 진행된 뒤에 ㄱ자형을 이루며 꺾인다. 90cm 정도의 거리까지 건물 내부였는지는 확인하기 어렵지만, 건물 밖이라면 연도를 굳이 ㄱ자로 꺾어 만들 필요가 있는가 하는 생각에서 일단은 건물 내부에 구들의 기능도 가진 연도가 시설된 사례로 보고자 한다. 하지만 제6장에서 언급하듯이 오산 내삼미동, 오산 가수동과 같은 구조로 본

49 경기문화재연구원, 『龍仁 馬北洞 聚落遺蹟』, 2009.
50 기전문화재연구원, 『華城 發安里 마을遺蹟』 본문1, 2007, 219-220쪽.
51 목포대학교박물관, 앞의 책(2005), 212쪽.

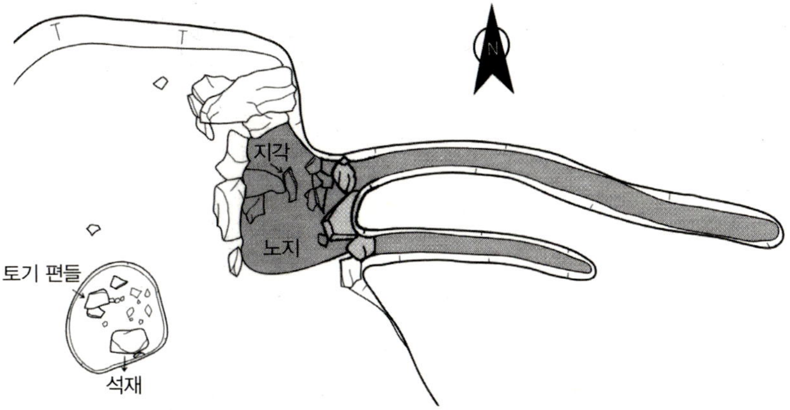

그림 3-26. 봉선리 3-I-21호

다면 쪽구들로 분류할 수도 있을 것이다.

익산 원수리 월곡 1호에서도 벽 쪽에 부뚜막이 있고, 거기서 수혈 밖으로 비정상적으로 긴 연도가 달려 있다.[52] 건물 내부 구조만 보면 부뚜막에 가깝지만 긴 연도를 감안하면 연도부뚜막이라 해도 무방할 듯하다. 서천 봉선리에서는 수혈 밖으로 굴토하여 '돌출고래'를 만든 것이 다수 보인다. 3-I-21호는 구들이라기보다 연도에 가깝게 두 갈래로 직선상으로 뻗어 나와 있다(그림 3-26).[53] 이 경우는 다른 유구들과 동일 계통으로 생각하여 쪽구들로 분류했으나, 연도부뚜막으로 분류해도 무방할 듯하다. 서천 송내리 I-23호(그림 3-27)는 부뚜막과 직교하는 구들이 달려 있어 쪽구들로 분류했지만, 구들이 거의 형식적

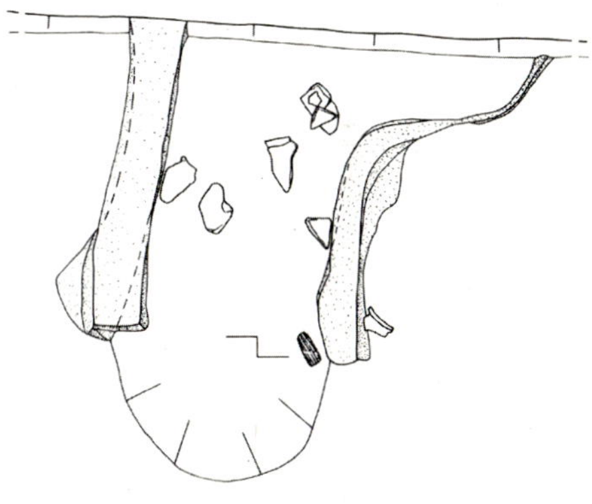

그림 3-27. 송내리 I-23호

52 호남문화재연구원, 『益山 源水里遺蹟』, 2004, 305-307쪽.
53 충청남도역사문화원, 『舒川 鳳仙里 遺蹟』 도면, 2005, 224쪽.

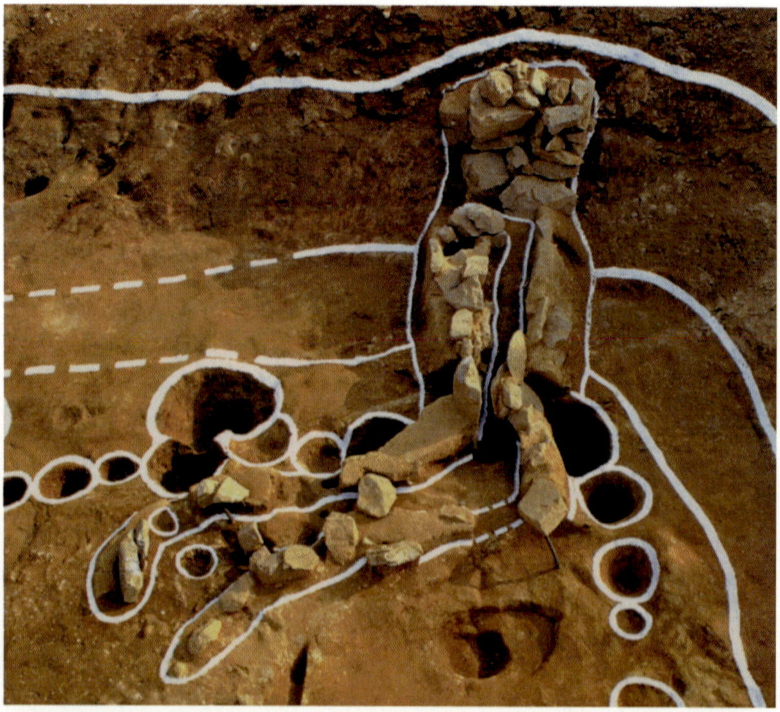

그림 3-28. 정동리 1호 건물지 쪽구들

일 만큼 짧다.[54] 이천 주미리 1호[55]도 이와 유사한데, 이 유적의 다른 쪽구들도 ㄱ자형이 거의 퇴화하여 연도부뚜막에 가까운 형태를 띤다.

둘째, 쪽구들이면서 연도부뚜막의 요소를 지니고 있는 것으로서 부여 정동리 유적을 들 수 있다. 이 유적에서는 백제 사비 시기(6세기 후반~7세기 초반)에 해당하는 지상건물지 7기, 수혈주거지 5기가 발굴되었는데,[56] 지상건물지 3기와 수혈주거지 2기에서 쪽구들이 확인되었다. 지상건물지 3기는 ㄱ자형 구들 평면에 쌍고래에서 외고래로 변하고, 수혈주거지 2기는 ㄱ자형 외고래 또는 1자형 외고래에 속한다.

54 충청매장문화재연구원, 『舒川 松內里 遺蹟』, 2001, 135-136쪽.
55 국방문화재연구원, 『이천 주미리유적』, 2012, 46-49쪽.
56 유기정, 앞의 글; 충청문화재연구원, 『扶餘 井洞里 遺蹟』, 2005.

1호 건물지를 예로 들면(그림 3-28), 할석을 세우고 점토를 입혀 부뚜막 벽체를 만들었는데, 길이 82cm, 너비 100cm 정도이다. 부뚜막 가운데에는 솥받침 자리가 확인된다. 구들과 연도는 판석과 점토로 만들었다. 구들은 길이 2.18m, 너비 75cm 규모로 쌍고래였던 것으로 추정되고, 경사지고 기다란 연도는 길이 2.94m 정도로 외고래 형식이다.

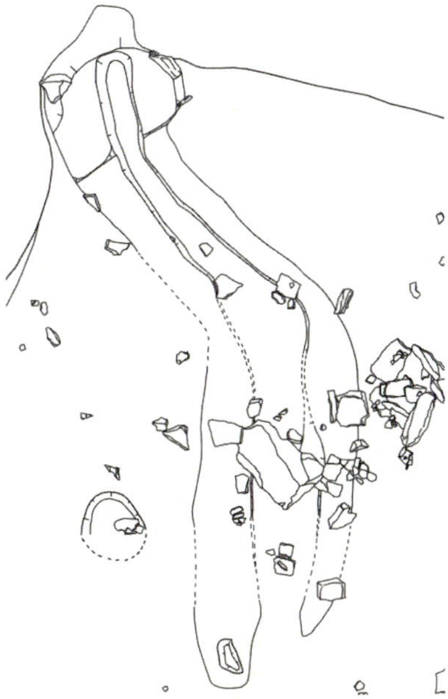

그림 3-29. 발안리 55호 주거지 쪽구들

나머지 4기 가운데 3기도 이와 동일한 구조를 하고 있다. 이들은 모두 부뚜막과 짧은 구들, 경사진 연도, 굴뚝으로 구성된 공통점이 있다. 아궁이 입구는 구들 방향과 직교하고, 구들과 연도가 만나는 곳도 꺾여 있어, 보고서에서는 이중굴절형이라고 설명하였다. 이 점에서 볼 때에 쪽구들로 분류할 수 있다. 그러면서 구들이 수혈 벽과 나란히 있지 않고 연도는 수혈 벽과 직교한다는 점에서는 연도부뚜막의 요소가 남아 있다고 할 수 있다. 다만 2호 수혈주거지 2차 온돌과 5호 수혈주거지의 경우는 구들이 수혈 벽을 따라 놓여 있어 전형적인 ㄱ자형 외고래 쪽구들에 가깝다.

이런 형식의 백제 주거지는 화성 발안리 유적에서도 확인된다. 55호(그림 3-29)는 정동리 유구와 구조가 매우 흡사하고, 44호도 그러하다. 연기 응암리 1호도 이와 유사하여 S자형의 구들(연도)이 달려 있다.[57] 용인 마북동 유적의 쪽구들도 정형에서 벗어나 이와 유사한 변형을 보이는데, 이들은 쪽구들로 분류하여 나중에 서술하고자 한다.

이들은 모두 연도부뚜막과 쪽구들의 중간적 성격을 띠고 있다. 이

57 공주대학교박물관, 『燕岐 鷹岩里 遺蹟』, 2008, 98-99쪽.

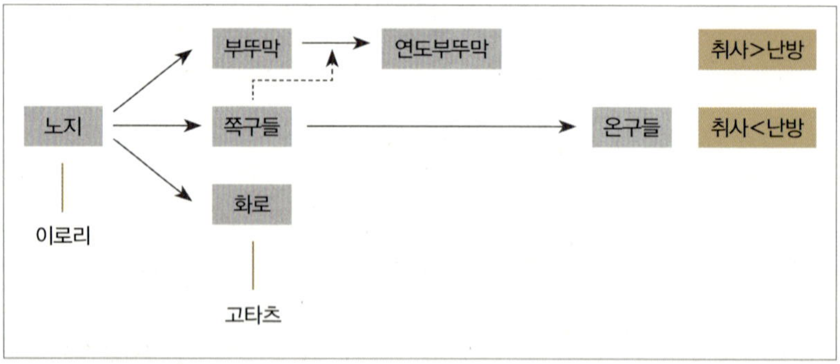

그림 3-30. 취난시설의 계통도

상과 같은 유적들이 충남을 중심으로 하면서 전북 익산과 경기 화성에도 보이는데, 호남의 부뚜막 문화와 서울·경기의 연도부뚜막·쪽구들 문화가 만나는 점이지대에서 나타나는 변이 현상으로 볼 수 있겠다.

지금까지 언급한 취난시설의 계통도를 정리하면 〈그림 3-30〉과 같다.

표 3-2. 삼국시대(1·2기) 노지, 부뚜막, 연도부뚜막, 쪽구들 통계

지역	유적명	노지	부뚜막	연도부뚜막	쪽구들	취난시설 합계
서울·경기	서울 풍납토성	1		11	1	13
	하남 미사리	6	1	12	1	20
	연천 강내리	13		13	42	68
	남양주 장현리	2		38	24	64
	가평 대성리	33		6	7	46
	가평 항사리	7		21	6	34
	양평 상석정마을	6	1		5	12
	용인 마북동		31	5	10	46
	용인 고림동	2		21	2	25
	화성 발안리	5	5	15	10	35
	화성 석우리 먹실			5	6	11
	오산 내삼미동				22	22
	(소계)	75	38	147	136	396
강원 영서	화천 원천리	14		88		102
	춘천 우두동 직업훈련원 A, B	17				17
	춘천 하중도 B, C	18		2		20

표 3-2 계속

지역	유적명	노지	부뚜막	연도부뚜막	쪽구들	취난시설 합계
강원 영서	춘천 신매리 일원	8				8
	홍천 성산리	33		6	2	41
	횡성 둔내	7				7
	평창 천동리	7		1		8
	영월 주천리	8	1			9
	영월 삼옥리	4			1	5
	정선 예미리	7				7
	원주 반곡동	13				13
	(소계)	136	1	97	3	237
영동	강릉 강문동		7			7
	강릉 교항리	9				9
	명주 안인리	5	4			9
	동해 송정동	4	1			5
	동해 망상동 II	19				19
	(소계)	37	12	0	0	49
대전·세종·충남	천안 용원리 A	8		3	1	12
	천안 두정동 B, D		6		3	9
	당진 가곡리	9	3			12
	연기 응암리 3곳		3		4	7
	연기 대평리 3-1-A	2	26	2	5	35
	대전 구성동		4	2	5	11
	대전 용계동	16	50	3	80	149
	대전 월평동	1	4			5
	대전 죽동 I	1			20	21
	계룡 입암리		13		5	18
	논산 원북리	9	8	3		20
	서천 봉선리	2	6		10	18
	서천 지산리		4		13	17
	(소계)	48	127	13	146	334
충북	중원 하천리	4				4
	단양 수양개	4				4
	(소계)	8	0	0	0	8
전북	완주 배매산		2	4	2	8
	전주 송천동 A, B		36			36
	전주 마전		13			13
	전주 장동		19		2	21

표 3-2 계속

지역	유적명	노지	부뚜막	연도부뚜막	쪽구들	취난시설 합계
전북	익산 사덕		33	2	32	67
	익산 광암리		5			5
	익산 송학동	15				15
	정읍 장수동		9			9
	정읍 관청리	5				5
	정읍 신면		26		4	30
	진안 와정				17	17
	고창 교운리		16			16
	고창 부곡리		7			7
	고창 남산리		15			15
	고창 봉덕		15			15
	임실 망월촌		20			20
	(소계)	20	216	6	57	299
광주·전남	광주 쌍촌동	40		6		46
	광주 동림동		68	2		70
	광주 향등		16			16
	담양 태목리 I·II		212	3	15	230
	담양 성산리		7			7
	장성 환교		35			35
	곡성 오지리	1	18		2	21
	해남 신금		26	6	14	46
	강진 양유동	3	1		1	5
	장흥 상방촌	1	52		4	57
	순천 성산리 대법	1	5	1		7
	순천 덕암동	12	18?	1	2	33
	순천 가곡동		5		7	12
	여수 둔전	3	14			17
	(소계)	61	477	19	45	602
대구·경북	대구 매호동 1008	3	1		8	12
	대구 봉무동	9	4		9	22
	대구 달성 평촌리	1			4	5
	성주 장학리 장골	20	3		2	25
	성주 가암리	10	1		9	20
	고령 지산동	3			9	12
	김천 모암동	6				6
	경산 임당동 208-2		1		8	9

표 3-2 계속

지역	유적명	노지	부뚜막	연도부뚜막	쪽구들	취난시설 합계
대구·경북	경산 임당 I		8		9	17
	경주 황성동 1, 2차	12	3		5	20
	포항 호동				144	144
	(소계)	64	21	0	207	292
부산·경남	부산 기장 가동	1	1		78	80
	함양 화산리		7		24	31
	진주 평거동 3-1, 3-2	2	52		143	197
	사천 늑도 A, C				48	48
	사천 봉계리	3	2	1	6	12
	양산 평산리	7				7
	(소계)	13	62	1	299	375
	(총계)	462	954	283	893	2,592

* 이 통계표에는 취난시설의 종류를 알 수 있는 것만 대상으로 삼고, 취난시설의 유형은 모르고 유무만 확인되는 것은 제외하였다. 정확을 기하기 위해서 유형을 단순히 추정한 것도 제외하였다. 또 본고의 논지를 기준으로 재분류하였으므로, 보고서의 숫자와 다를 수 있다.

4장

극동 온돌의 시작, 북옥저

한반도와 만주·연해주에 퍼져 있는 온돌을 다른 발상지와 구별하여 '극동 온돌'이라 부르겠다. 그런데 극동 온돌의 기원을 밝히는 것은 쉽지 않다. 그 분포 범위가 지금 세 나라에 걸쳐 있는 데다가 고대에 이 범위를 포괄하는 단일한 세력이 있었던 것도 아니다. 또 각국에서의 발굴 여건이 서로 달라서 발굴 정보가 균질하지 않다. 특히 분포상 중간 허리에 해당하는 북한에서의 발굴은 거의 공백에 가까워서 만주·연해주 지역과 한반도 남부를 연결해 분석하는 데에 걸림돌이 된다. 따라서 단순히 분포도만 작성한다면 발굴이 활발히 이루어진 한반도 남부에 초기 온돌이 집중된 것처럼 느껴질 수 있다.

쪽구들의 기원에 대해서는 두 가지 주장이 있다. 하나는 연도부뚜막과 쪽구들을 동일한 성격으로 이해하여 쪽구들이 부뚜막에서 발전한 것으로 보는 견해이다. 둘 다 난방을 위한 시설이 딸려 있다는 데 착안한 것으로서, 이럴 경우에 양자를 합쳐서 부뚜막, 구들, 터널식 등으로 부르고,[1] 발굴보고서나 연구 논문에서도 양자를 구분하지 않는

1 鄭相石, 「華城 發安里 마을遺蹟」, 『고구려고고학의 제문제』, 제27회 한국고고학대회 발표요지, 2003.11; 김동훈, 「韓國 터널式 爐施設에 관한 試論: 鐵器時代와 三國時代를 中心으로」, 성균관대학교 석사학위논문, 2005.

경우가 흔하다.

그렇지만 양자의 기원이 다른 것으로 추정한 견해도 존재한다.[2] 사실 이미 지적한 대로 두 구조는 서로 다른 곳에서 다른 계기로 출현하였다. 부뚜막이 집중적으로 발달한 곳은 호남지역인데, 쪽구들은 이곳에서 제일 미약하게 나타난다. 또 한반도 남부에서 쪽구들이 가장 이른 시기에 등장하는 곳은 사천 늑도 유적이다. 그런데 이곳에서는 부뚜막의 발달이 뚜렷하지 않으니, 부뚜막과는 무관한 것을 알 수 있다. 이곳의 쪽구들은 외부로부터 돌연히 유입되었을 것이고, 추정컨대 북방으로부터 해양을 통해 전파되었을 것이다.

다른 한편으로, 한반도 중남부에는 원형계와 방형계 주거지가 분포하는데, 쪽구들의 분포는 주거지 평면 유형과 무관하게 나타난다. 이것은 원형계 집단이나 방형계 집단과 같은 특정 집단이 발명한 것이 아니라 다른 지역으로부터 받아들인 것임을 암시한다. 또 구조에서 본다면 부뚜막에서 연도부뚜막을 거쳐서 쪽구들로 발전하는 것으로 상정할 듯하지만, 실제로는 부뚜막, 쪽구들, 연도부뚜막의 순서로 출현한다. 연도부뚜막이 쪽구들보다 늦게 나타나는 것이다. 그럼에도 그 뒤의 발전 과정을 보면 연도부뚜막은 사라지고 ㄱ자형 쪽구들만 살아남는다. 이것은 쪽구들의 영향을 받아 부뚜막에 연도가 붙게 되었지만, 연도부뚜막은 더 이상 발전하지 않고 사라진 것으로 해석할 수밖에 없다. 이런 점에서도 연도부뚜막과 쪽구들은 구별되어야 한다.

쪽구들의 기원지를 찾아내기 위해서는 다음과 같은 전제에서 출발해야 한다. 온돌은 기본적으로 추운 기후에 적응하기 위해서 고안되었다. 그렇다면 기원지는 초기 온돌의 분포 범위 가운데 남부보다는 북부에 있을 것이다. 이런 전제를 받아들인다면 만주·연해주나 한반도 북부로 눈을 돌려야 한다. 사실 북방의 쪽구들은 시기가 기원전

2 이형주, 「韓國 고대 부뚜막施設 硏究」, 충남대학교 석사학위논문, 2001, 69쪽; 김동훈, 위의 글, 19쪽.

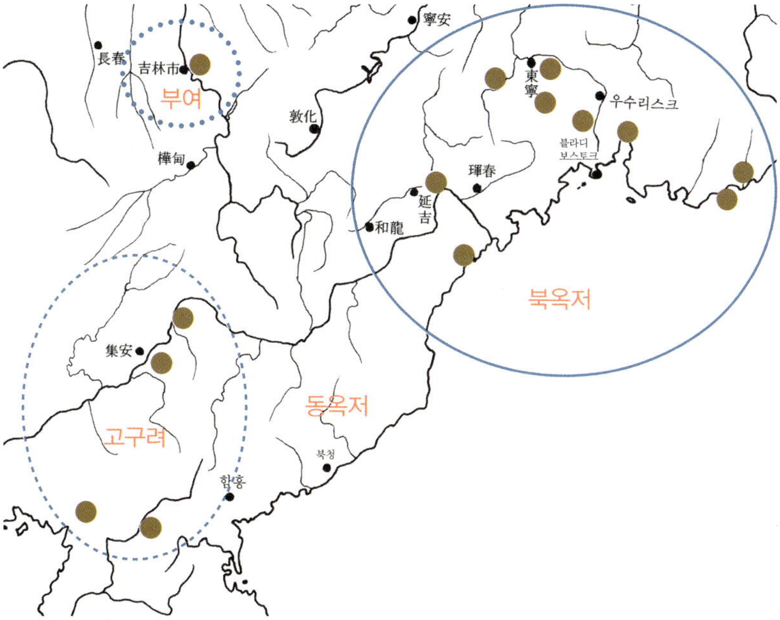

그림 4-1. 북옥저 및 그 주변의 쪽구들 분포

으로 올라가는 것이 많이 있지만, 한반도 남부의 쪽구들은 모두 기원후에 등장한 것들이다. 그런 점에서도 북방에서 기원지를 찾는 것이 옳다.

쪽구들은 '동북아 초기철기시대'[3]에 등장했으며, 이 시기 북방 지역의 세력 집단으로 주목되는 것은 고조선, 부여, 고구려, 옥저 등이다. 옥저는 함경도 지역의 동옥저(남옥저), 두만강 일대 및 그 이북의

3 한반도와 만주·연해주를 아우를 수 있는 편년 용어를 설정하기가 어려운 실정이다. 한반도에서는 초기철기시대를 기원전 3세기에서 기원전 1세기 정도로 잡고 있다. 그런데 연해주에서는 기원전 1천년기 초에 시작하는 얀콥스키문화부터 기원후 4세기 무렵에 끝나는 폴체문화까지로 설정하고 있고(홍형우, 「연해주 초기철기시대의 연구현황과 과제」, 『철기시대 한국과 연해주』, 주류성출판사, 2009), 중국에서는 같은 시기를 전국시대와 진·한시대, 삼국시대로 부른다. 이 글에서는 혼란을 피하기 위해서 한반도의 고고학에 한정할 때에는 '초기철기시대'로 쓰고, 한반도와 만주·연해주를 아우를 때에는 '동북아 초기철기시대'로 쓰고자 한다. 후자는 국내 고고학계에서 사용하는 전자의 연대 폭보다 더 넓어서, 대체로 기원전 1천년기 후반에서 기원후 3세기 무렵까지를 대상으로 삼는다.

북옥저로 나뉜다(그림 4-1).

지금까지 온돌의 기원지에 대해서 고구려설이나 북옥저설을 중심으로 하면서, 고조선설, 중원지방 기원설, 서방으로부터의 이입설, 다원설 등이 제시되었다. 그렇지만 대부분은 단순한 추정일 뿐으로 실증적인 자료를 토대로 한 것은 아니다. 이에 따라 필자는 고고 자료를 분석해서 북옥저 지역이 발상지인 사실을 밝혀낸 적이 있는데,[4] 이 고찰을 중심으로 해서 다시 한번 기원지 문제를 검토하겠다.

동북아 초기철기시대에 북방에 존재했던 세력 가운데, 우선 고조선은 온돌 발명자일 가능성이 제일 희박하여 일차적으로 제외할 수밖에 없다. 위만조선이 기원전 108년에 평양에서 멸망하고 한군현으로 대체되었는데, 평양에서는 초기 온돌의 흔적이 발견되지 않는다. 더구나 이른 시기 고조선의 실체는 고고학적으로 확인되지 않고, 부여에서도 쪽구들의 발생지라 여길 만큼 특별한 유적이 발굴되지 않았다.

그렇다면 쪽구들의 발명자는 고구려와 북옥저로 압축된다. 동옥저도 그 후보자로 거론할 수 있으나, 함경도 지역은 고고학적으로 공백지대나 마찬가지여서 논의 대상에서 제외할 수밖에 없다. 우선 〈그림 4-1〉의 지도에 표시된 쪽구들의 분포를 보면,[5] 고구려보다는 북옥저에 밀집되어 있는 것이 확인된다. 그런데 지금까지의 발굴 성과를 보면 고구려의 경우 주거지보다는 고분을 주요 대상으로 삼았다. 이에 비해 단결-크로우노프카문화에서는 주거지가 상대적으로 많이 조사되었다. 따라서 단순히 북옥저 지역에서 쪽구들이 많이 발굴되었다고 해서 이를 발상지로 바로 단정할 수는 없고, 좀 더 자세한 고찰이

4 송기호, 『한국 고대의 온돌』, 서울대학교출판부, 2006, 11-12, 45-48쪽.

5 〈그림 4-1〉의 쪽구들 분포도는 이미 작성했던 분포도(위의 책, 111쪽)를 바탕으로 하여 새로 체르냐티노 유적과 크로우노프카 유적을 추가한 것이다. 두 유적 자료는 한국전통문화학교 외, 『연해주 체르냐찌노 2 옥저·발해주거유적』 I·II, 2008·2009; 김재윤, 「동북한과 중국 연변지구의 초기 철기시대 문화: 단결-크로우노프카문화의 계통적 성격」, 『고고학으로 본 옥저문화』, 동북아역사재단, 2008, 119쪽에 있다.

그림 4-2. 오녀산성

필요하다.

고구려 건국지로 여겨지는 환인(桓仁) 오녀산성(五女山城)의 발굴 자료는 이 문제에 대한 해답을 준다. 고구려 초기의 평지 중심지인 홀본(卒本, 忽本)은 아쉽게도 댐 건설로 수몰되어 그 실체를 파악할 수 없고, 이와 짝을 이루는 산성 유적의 발굴 결과가 이목을 끈다.

오녀산성(그림 4-2)에서는 모두 5개 층위가 확인되었는데, 제1기는 신석기시대 만기, 제2기는 청동기시대 만기, 제3기는 고구려 조기(건국기), 즉 중국 전한과 후한 시기, 제4기는 고구려 중기, 즉 4세기 말에서 5세기 초 무렵, 제5기는 금나라 때에 속한다.[6] 이 가운데 제4기와 제5기에서만 쪽구들이 발굴되었으니(표 4-1), 고구려 조기에는 쪽구들을 사용하지 않다가 고구려 중기인 4세기 말~5세기 초에 비로소 이를 받아들인 것을 알 수 있다. 이것은 북옥저인들이 기원전에 이미 쪽구들을 사용한 것과 대비된다.

6 遼寧省文物考古研究所, 『五女山城』, 文物出版社, 2004, 12, 284-291쪽.

표 4-1. 오녀산성 주거지와 쪽구들

층위	연대	발굴 주거지	확인된 쪽구들
제1기	신석기 만기	1	0
제2기	청동기 만기	4	0
제3기	고구려 조기	5	0
제4기	고구려 중기	37	30
제5기	금	28	18 이상

『구당서(舊唐書)』와 『신당서(新唐書)』에 고구려인이 쪽구들을 사용한 기록이 있어서 이를 고구려인의 발명품으로 이해하는 경향이 있었다. 그러나 이 기록은 고구려 말기인 7세기 전반의 상황에 해당한다. 이에 비해 북옥저인의 쪽구들은 1천 년가량 앞서 있어서, 이 기록과 비교하는 것은 무의미하다. 따라서 쪽구들은 고구려의 발명품이 아니라 외래품일 가능성이 크다.

이런 사실은 집안(集安)의 국내성(國內城)과 환도산성(丸都山城)을 발굴한 자료에서도 드러난다.[7] 국내성과 그 부근의 민주(民主) 유적, 그리고 환도산성에서 발굴된 건물지에서는 쪽구들 유구가 전혀 확인되지 않았다. 국내성 유적에 현대 건물이 많이 들어서면서 파괴가 심한 점을 감안한다 해도, 쪽구들은 흔적조차 확인되지 않는 점에 주목해야 한다. 집안 일대에서 발굴된 유구 가운데 동대자(東台子)가 유일한 쪽구들 유적이다. 그런 점에서 동대자 건물지는 매우 이례적인 것인데, 평양 천도 이전의 종묘 유적으로 보는 종전의 견해와 달리 고구려 후기에서 발해 초기에 걸친 유적으로 판단된다.[8] 따라서 고구려의 두 번째 도읍지에서도 이른 시기의 쪽구들 유적을 찾을 수 없다.

고구려 초기의 쪽구들로 지목되는 것은 고구려의 중심지가 아니라 그 외곽에서 발굴되었다. 시중군 남파동 유적, 중강군 토성리 유적,

7 吉林省文物考古硏究所 · 集安市博物館, 『國內城』, 文物出版社, 2004; 吉林省文物考古硏究所 · 集安市博物館, 『丸都山城』, 文物出版社, 2004.

8 姜賢淑, 「中國 吉林省 集安 東台子遺蹟 再考」, 『한국고고학보』 75, 2010.

그림 4-3. 대두천(大肚川) 일대의 단결유적

녕변군 세죽리 유적, 북창군 대평리 유적 등이 그것이다. 이를 토대로 고구려 지배층이 아닌 지방민이 고안해낸 것으로 주장할 수도 있다. 하지만 그렇게 보기에는 이들 유적이 단결-크로우노프카문화 쪽구들보다 연대가 명확히 앞서지 않고, 또 유구 밀집도에서도 훨씬 뒤진다.

더구나 지금까지 고구려 쪽구들이라 여겨온 것 가운데는 고구려에 속한다고 판단하기 어려운 것도 있다. 고구려 전성기의 영역을 상정하고 여기서 발견된 초기의 쪽구들을 모두 고구려 것이라 판단하였기 때문이다. 이에 따라 고구려 초기의 영역에 속하지 않았던 유적들도 고구려 쪽구들로 단정하는 우를 범한 것이다.

쪽구들의 발상지는 고구려가 아닌 다른 곳에서 찾아야 한다. 그곳이 바로 북옥저인이 남긴 단결-크로우노프카문화이다.[9] 중국에서는 흑룡강성 단결(團結) 유적(그림 4-3)을 지표유적으로 삼고, 러시아에서는 연해주 크로우노프카(Кроуновка) 유적을 지표유적으로 삼는데, 이

9 단결-크로우노프카문화의 특징에 대해서는 강인욱 외, 『고고학으로 본 옥저문화』, 동북아역사재단, 2008, 31-39쪽 및 98-104쪽 참고.

들은 북옥저인이 남긴 동일 성격의 유적으로서 지금은 단결-크로우노프카문화라고 부른다.

이 문화는 수분하(綏芬河, Суйфун강)를 중심으로 하면서 두만강, 목릉하(穆棱河), 연해주 해안가에 분포한다. 다시 말해서 현재의 한·중·러 국경지대에 걸쳐 있으니, 북한의 함경북도, 중국의 길림성 동부 연변(延邊) 지역과 흑룡강성 동남부, 러시아 연해주 남부에 해당한다. 서쪽으로는 노야령(老爺嶺)을 넘지 않는다.

수혈주거지의 평면은 과반수가 장방형 내지 방형이지만, 그 외에 呂(여)자형과 凸(철)자형이 있어서 주목된다. 특히 呂자형 주거지는 주변의 다른 문화에서는 확인되지 않는다. 또 주거지 내부에서 쪽구들이 다수 발견되는 것도 특징적이다. 유물(그림 4-4, 4-5) 가운데는 외반구연호를 표지로 하는 경질 무문토기, 그루터기형(柱狀) 손잡이가 달린 심발형 토기, 시루, 대형 두(豆, 두형토기, 고배), 유단석부를 포함한 마제석기, 장방형 철부를 포함한 철제 도구 등이 특색을 보인다.

이 문화는 동북아 초기철기시대에 속하지만, 연대에 대해서는 이견이 아주 많다.[10] 상한은 기원전 9~8세기로 잡는 견해부터 늦게는 기원전 2~1세기로 잡는 견해까지 다양하다. 또 하한은 기원전 2세기로 잡는 견해부터 기원후 1세기나 2세기로 잡는 견해까지 있다. 대체로 기원전 3세기에서 기원후 1세기를 중심으로 하고 있어서, 기원전 1천년기 후반기 즉 중국의 전한시대가 중심 연대인 것은 분명하다.[11] 이 중심 연대는 앞에서 언급한 고구려 초기 유적보다 앞서는 것이므로,

10 김재윤, 앞의 글, 88쪽; 수보티나 A.L., 「한반도의 중도식 토기문화와 크로우노프카문화의 비교: 옥저문화와 한반도의 상호교류에 대한 실증적 비교연구」, 『고고학으로 본 옥저문화』, 동북아역사재단, 2008, 168-169쪽.

11 최근에 중국에서는 단결문화의 상한을 전국시대 말기 정도로 내려 보는 추세에 있다(張偉·田禾, 「挹婁, 勿吉文化的考古學考察: 以滾兔嶺文化與鳳林文化爲中心」, 『北方文物』 2017-3, 43쪽). 하한도 도문시 묘포 유적을 볼 때에 후한대까지 내려갈 가능성이 있다(吉林省文物考古研究所, 「吉林圖們市曲水苗圃遺址的發掘」, 『考古』 2013-11, 51쪽). 따라서 이 문화는 전한을 중심으로 하면서 후한까지 내려간다고 할 수 있다. 『後漢書』에 등장하는 북옥저는 바로 단결문화의 늦은 시기에 해당한다.

그림 4-4(상). 단결문화 토기
그림 4-5(하). 크로우노프카문화 유물

쪽구들의 발상지로 이 문화를 지목해도 문제가 없겠다.

다만 쪽구들이 이 문화의 어느 단계에서 발생했는지는 현재의 정보만으로는 알 수 없다. 그렇지만 연대 폭으로 보아서 기원전에 발생한 것으로 판단해도 무리는 없을 듯하다.

종전에는 선사시대 이래 한반도에의 문화 전파는 주로 서해안을 따라 중국 요령성으로부터 들어오는 경로에 집중적으로 주목하였다. 그러다가 1990년대 들어 러시아 연해주에 대한 발굴 정보가 알려지게 되면서, 2000년대부터 동해안을 따라 북쪽에서 내려오는 경로를 새롭게 인식하기 시작했다.[12] 한반도 중부의 중도식 무문토기문화(경질무문토기문화)의 원류를 연해주의 크로우노프카문화에서 찾게 된 것도 그 일환이다. 다만 함경도와 강원도 북부의 고고 자료가 매우 빈약하여 그 전파의 전모를 파악하는 데에 어려움이 있다.

북옥저인의 문화가 남쪽으로 내려온 계기로는 두 가지를 지적할 수 있다. 하나는 기후의 한랭화로 인하여 따뜻한 남쪽으로 북옥저인들이 이주해 내려왔을 가능성이다. 러시아 학자들은 특히 기원전 4~3세기경의 기후 변화에 주목하고 있다.[13] 그렇지만 이것만으로는 충분히 해명되지 않는다. 쪽구들은 추운 지방에 적응하기 위해 창안된 것이므로, 발상지를 중심으로 더 추운 북쪽으로 전파되어 가거나 아니면 동심원적으로 확산되는 것이 자연스럽다. 그런데 실제는 상대적으로 따뜻한 남쪽의 한반도로만 전파되었으니, 이와 반대 방향으로 움직였다고 하겠다. 아마도 북옥저인이 어쩔 수 없이 남쪽으로 밀려나게 되었고, 그에 따라 쪽구들이 한반도로 확산되었던 것 같다. 그런 의미에서 이 수수께끼의 해답을 종족 간의 문제에서 찾은 것은 옳은 방향이다.[14]

12 홍형우, 「연해주 초기철기시대의 연구 현황과 과제」, 『국가 형성에 대한 고고학적 접근』, 한국고고학회, 2007, 399-400쪽.
13 김재윤, 앞의 글, 131쪽; 수보티나 A.L., 앞의 글, 246-247쪽.
14 수보티나 A.L., 위의 글, 248-250쪽.

북옥저를 남쪽으로 밀어낸 세력은 그 북쪽에서 찾아야 한다. 그런 집단으로는 읍루(挹婁)가 있다. 문헌 기록만 봐도 북옥저와 읍루는 적대적이었다.

> 북옥저는 일명 치구루라고도 하는데, 남옥저와 800여 리 떨어져 있다. 그 습속은 남·북 옥저가 동일하다. 읍루와 접해 있으니, 읍루는 배를 타고 노략질하기를 좋아하여 북옥저가 이를 두려워한다. 여름에는 항상 산 속 바위나 깊은 굴에 살면서 방어를 하고, 겨울에 얼어서 뱃길이 통하지 않으면 마을에 내려와 산다.[15]

읍루인이 남긴 고고문화는 북옥저의 북쪽에서 찾아야 할 것이다. 러시아에서는 이를 폴체(Польце)문화(그림 4-6)라 부르는데, 중국 삼강(三江)평원에서 발견된 완연하(蜿蜒河)유형, 곤토령(滾兎嶺)문화도 동일 문화권에 속한다.[16] 이 문화에서는 성터가 발견되고 철제 무기의 비중이 높은 점에서 호전적인 집단으로 추정되며, 이 점에서 단결-크로우노프카문화와 대비된다. 아무르 중류의 폴체문화는 기원 전후 무렵에 연해주로 남하하여 '연해주 폴체문화' 즉 올가(Ольга)문화를 형성하였다.

이러한 읍루인의 남하는 필연적으로 북옥저인을 본거지에서 밀어냈고, 북옥저인은 불가피하게 서쪽이나 남쪽으로 이동하게 되었다.

15 『三國志』 魏書 東夷傳 「北沃沮一名置溝婁, 去南沃沮八百餘里. 其俗南北皆同. 與挹婁接. 挹婁喜乘船寇鈔, 北沃沮畏之. 夏月, 恒在山巖深穴中爲守備, 冬月, 冰凍船道不通, 乃下居村落.」

16 魏國忠, 「挹婁的考古學文化」, 『東北民族史研究』 2, 中州古籍出版社, 1995; 村上恭通, 「團結文化と滾兎嶺文化: 中國·朝鮮·ロシア國境地帶の初期鐵器時代」, 『東夷世界の考古學』, 青木書店, 2000; 楊虎·林秀貞, 「試論蜿蜒河類型與波尒采文化的關系」, 『北方文物』, 2006-4; 강인욱, 「동아시아 고고학·고대사 연구 속에서 옥저문화의 위치: 옥저·읍루 문화권의 제기를 중심으로」, 『고고학으로 본 옥저문화』, 동북아역사재단, 2008, 40-59쪽; 中國社會科學院考古研究所, 『中國考古學』 秦漢卷, 中國社會科學出版社, 2010, 850-852쪽.

그림 4-6. 폴체문화 유물

쪽구들의 전파도 결국 이 흐름에 따른 것이다. 이리하여 북방의 추운 기후에 적합한 쪽구들이지만 북쪽으로는 올라가지 못하고 오히려 남쪽의 한반도로 유입되었으며, 북옥저인이 밀려나면서 발상지에서는 쪽구들 문화가 시들어버리는 현상이 나타났다. 남쪽으로의 이동 여파로 강원도의 철기시대 유적에서 북옥저문화의 요소들이 등장하게 되었으니, 呂자형 및 凸자형 주거지, 경질무문토기 등이 그러한 요소에

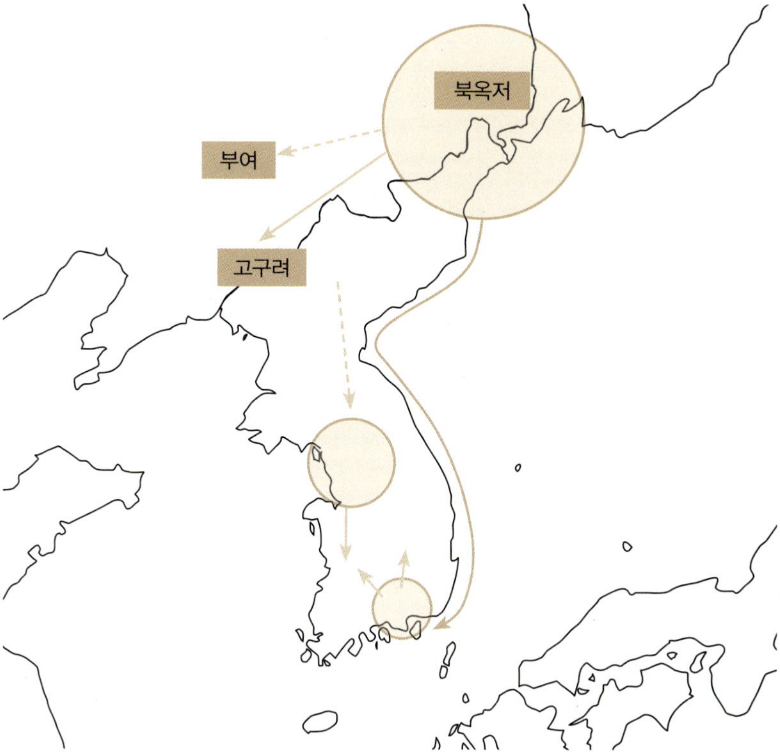

그림 4-7. 쪽구들의 전파 개념도

해당한다.[17]

남한 지역에서 쪽구들은 경상도 해안지대와 경기권에 집중되어 있다. 경상도 해안지대 가운데 사천과 진주 지역에 쪽구들이 밀집되어 있고, 이웃하는 전남 해안지대 및 부산 기장, 포항 호동 등에서도

17 유은식, 「연해주 초기철기문화와 한반도 중남부지방과의 관련성: 끄로우노프까문화를 중심으로」, 『아무르·연해주의 신비』, 한·러 공동발굴특별전 도록, 2006; 심재연, 「강원도 중도식토기 문화에 보이는 동북지방 요소」, 『국가 형성에 대한 고고학적 접근』 한국고고학회, 2007; 강세호, 「북한강 중상류지역 철기시대 취락의 전개 양상: 주거지 출토 토기를 중심으로」, 『강원고고학보』 12·13합, 2009.; 유은식, 「동북계토기로 본 강원지역 중도식무문토기의 편년과 계통」, 『韓國基督教博物館誌』 7, 2011; 유은식, 「한반도 북부지방 토기문화를 통해 본 중부지방 원삼국문화의 계통: 소위 '중도유형문화'를 중심으로」, 『고고학』 13-3, 2014.

발견된다. 특히 사천 늑도 유적에서는 남한에서 가장 이른 시기의 쪽구들이 발굴된 것이 주목되는데, 이곳에서 독자적으로 발명된 것이 아니라면 북방에서 해안을 따라 빠른 속도로 이곳에 도달한 것을 의미한다(그림 4-7).

경기권에서는 쪽구들이 다수 발견되지만, 강원도에서는 영서에서만 극히 일부가 발견되는 정도이다. 이것은 강원도 해안가를 통하여 내륙으로 전파해 들어온 것이 아니라, 경기권 북방으로부터 전파해온 것임을 암시한다. 다만 그것이 함경도 남부의 해안으로부터 들어온 것인지, 아니면 북방 내륙으로부터 들어온 것인지는 현재로서 판단하기 어렵다.

5장

북방의 온돌 수용, 초기철기~고구려

1) 북옥저

앞에서 밝혔듯이 쪽구들은 단결(團結)-크로우노프카(Кроуновка)문화의 주인공인 북옥저인이 발명하여 기원 전후 무렵에 부여, 고구려 및 삼한에 전해주었다. 발생기의 분포도(그림 4-1)를 보면 쪽구들은 러시아 연해주에 집중되어 있지만, 이것은 러시아 연해주에서 크로우노프카문화 유적을 활발히 발굴한 데 비해 중국이나 북한에서의 발굴은 원활하지 않아서 그런 것이다.

북옥저인의 주거지로는 중국 흑룡강성 동녕(東寧) 단결 하층유적, 동녕 소지영(小地營) 유적, 동녕 대성자(大城子) 유적, 길림성 왕청(汪清) 백초구(白草溝) 신안려(新安閭) 유적, 훈춘(琿春) 남산(南山) 유적, 길림성 도문(圖們) 묘포(苗圃) 유적, 러시아 연해주의 크로우노프카 유적, 코르사코프카(Корсаковка)2 유적, 올레니(Олений)A 주거유적, 페트로프(Петров)섬 유적, 키예프카(Киевка) 유적, 체르냐티노(Чернятино)2 주거유적, 함북 무산 호곡동 유적, 회령 오동 유적, 웅기 송평동 유적 등이 있다.[1]

이 문화에 속하는 모든 주거지에 쪽구들이 있는 것은 아니다. 신안려 유적, 남산 유적, 호곡동 유적에서는 쪽구들이 확인되지 않았고, 올레니A 유적이나 크로우노프카 유적에서는 쪽구들이 있더라도 극소수뿐이다. 이것은 같은 문화에 속하더라도 쪽구들을 선호한 집단과 그렇지 않은 집단이 공존한 것을 의미한다.

단결-크로우노프카문화의 주거지는 장방형이 주류를 이루면서 방형, 凸(철)자형, 呂(여)자형 등도 있고, 취난시설로는 수혈식 노지, 쪽구들과 함께 석상식(石箱式) 아궁이가 많이 확인된다.[2] 석상식 아궁이는 올레니A 유적, 크로우노프카 유적에서 다수가 발견되었다. 그 구조는 불로치카(Ђулочка) 1호 주거지를 예로 들 수 있으니,[3] 출입구 반대쪽인 북서벽 가까이에 판석을 장방형 상자 모양으로 짜서 만들었다(그림 5-1). 아궁이 입구는 남서쪽에 있고, 배연구는 북동쪽에 있다. 이런 아궁이는 말라야 포두쉐치카(Малая Подушечка) 유적처럼 선행하는 얀콥스키(Янковский)문화에서부터 등장한 것으로서, 데레비얀코 예.이.는 이를 쪽구들 발생의 출발점으로 판단하였다.[4] 특히 크로우노프카문화의 주거지에서는 나무침상이나 흙침상이 사용되다가 쪽구들로 대체되었던 것으로 여겨지고 있다.[5] 연해주의 말갈 주거지에서도 이런 침상이 확인되는데, 말갈 주거지 복원도(그림 5-2)에는 가운데의

1 김재윤, 「동북한과 중국 연변지구의 초기 철기시대 문화」, 『고고학으로 본 옥저문화』, 동북아역사재단, 2008, 117-120쪽; 吉林省文物考古研究所, 「吉林圖們市曲水苗圃遺址的發掘」, 『考古』 2013-11.

2 김재윤, 위의 글, 116-124쪽; 홍형우, 「연해주 초기철기시대의 연구현황과 과제」, 『철기시대 한국과 연해주』, 주류성출판사, 2009, 61-62쪽.

3 국립문화재연구소 · 러시아과학원 시베리아지부 고고학민족학연구소, 『연해주 불로치까 유적』 I, 2004, 79-83쪽.

4 Деревянко Е.И. К истории жилища с каном (по амурским материалам) // Археология юга Сибири и Дальнего Востока. Новосибирск, 1984: 데레비얀코 예.이., 「쪽구들(炕)이 달린 주거의 역사(아무르의 자료를 통하여)」, 『남부시베리아와 극동의 고고학』, 노보시비르스크, 1984, 154쪽.

5 N.G. 아르쪠미예바 지음, 정석배 옮김, 『연해주 여진의 주거 건축』, 학연문화사, 2011, 199-200쪽.

그림 5-1(상). 불로치카 1호 주거지 석상형 아궁이
그림 5-2(하). 말갈 주거지 복원도

노지와 오른쪽의 나무 침상이 보인다. 여진족의 주거지에서도 고래가 없는 흙침상 유구가 발견된다.

단결-크로우노프카 및 그 직후 연해주의 올가문화, 한반도 북부에서 고구려 초기 등으로 알려진 쪽구들 주거지는 20곳이다(표 5-1).[6] 이를 다시 구들 평면과 고래 수에 따라 재정리하면(표 5-2), ㄱ자형 외고래가 가장 많고, ㄷ자형 외고래가 그 뒤를 잇는 것이 확인된다. 그 외에 특이하게도 후대에 보이는 세고래, 네고래가 예외적으로 보인다. 따라서 쪽구들은 발생기부터 ㄱ자형 외고래가 중심을 이루면서 때로는 좀 더 진전된 ㄷ자형이 섞여 있었던 것을 알 수 있다. 구들은 거의가 돌로 축조했지만, 때로는 고랫등을 흙으로 쌓고 구들장을 올려놓은 사례가 있고, 암반이나 생토를 파내서 고래를 만든 사례도 있다.

6 구들 재료에서 '돌'은 돌, '점'은 점토를 의미하고, '점돌'은 고랫등과 구들장을 포함하여 부분적으로 돌과 점토를 혼용한 것을 의미한다. 일반적으로 '점돌'은 점토 고랫등에 돌 구들장을 의미하지만, 때로는 고랫등에 점토 부분과 돌 부분이 섞여 있는 경우도 있다. 여기서 '점'이란 점토를 쌓아 고랫등을 만든 것을 의미하며, 돌로 쌓으면서 메워넣는 점토는 포함되지 않는다. 기와나 굴착식과 달리 '점'과 '점돌'로 나눈 것은 삼국시대 영남권에 순수하게 점토로만 만든 구들이 존재하기 때문이다. '굴'은 생토나 암반을 파내는 굴착식 고래를 의미한다. 또 숫자 대신 '有'라 쓴 것은 쪽구들의 존재는 확인되나 자세한 정보가 공개되지 않은 경우이다. 또 '>'는 수량에서 큰 차이가 있는 것이고, ','는 엇비슷한 경우에 해당한다.
또 한 주거지(건물지)에 2개 이상의 쪽구들이 시설된 경우가 묘포 유적(단결-크로우노프카문화), 남파동, 동대자, 오녀산성, 아차산의 보루들, 남성골 유적, 신하리 집자리 등(이상 고구려), 상경성 궁궐지, 서고성, 금산건축지, 청해토성, 콕샤로프카-1성터, 크라스키노 성터 1호주거지 등(이상 발해), 서천 지산리 유적(삼국시대) 등에서 보이는데, 이를 복수병렬형과 복수결합형으로 나눌 수 있다.
복수의 쪽구들을 독립적으로 시설한 병렬형은 아차산 보루, 금산 건축지, 청해토성, 남성골 유적 등에서 확인할 수 있다. 다만 금나라 때에는 두 개가 마주보고 있는 유형이라서 상대형(相對型)이라 명명했다. 복수의 쪽구들을 연결시킨 결합형은 다시 신하리 집자리나 상경성 등에서 보듯이 기본구들(主突)과 보조구들(助突)이 구별되는 경우와 묘포 유적, 오녀산성, 콕샤로프카-1 성터 등에서 보듯이 서로 대등하게 연결된 경우로 나뉜다.
이렇게 유형이 다양한데, 여기서는 주거지와 쪽구들의 관계가 명확하고 쪽구들이 대등하게 연결된 묘포 유적, 오녀산성, 콕샤로프카-1 성터, 크라스키노 성터 1호주거지, 지산리 유적만 결합된 후의 전체 평면으로 분류하고, 나머지는 대표적인 쪽구들 유형 하나만 통계표에 반영했다. 평면이나 고래 수에서 서로 다른 쪽구들이 시설되었을 경우에는 제일 발달한 유형을 골랐다. 예를 들어 ㄱ자형과 1자형 평면이 공존하는 경우에는 ㄱ자형으로 처리했고, 외고래와 쌍고래가 공존할 경우에는 쌍고래로 처리했다. 이밖에 하나의 쪽구들에서 고래 수가 변하는 경우에는 많은 고래 수로 계산했다. 예를 들어서 외고래에서 쌍고래로 바뀔 경우에 쌍고래로 처리했다. 다만 결합형이 크게 증가하고 구조가 다양해진 금나라 때에는 전체 평면을 기준으로 삼았다.

표 5-1. 북옥저, 올가문화, 고구려 초기의 주거지 쪽구들

지역	유적명	전체 주거지	쪽구들 주거지	구들 형식	구들 재료	성격	출전
흑룡강성	東寧 團結하층	10	6	ㄱ-2, ㄷ-1	굴?, 점돌?	단결-크	『동녕단결…』(1978)
	東寧 小地營	3	3	ㄱ-1?		단결-크	『중국고고학연감』(1992)
	東寧 大城子	2	1	ㄱ?-1?	돌	단결-크	『고고』 1979-1, 『동북고고집성』10(1996)
	友誼 鳳林城址	13	0			곤토령문화(兩漢)	『고고』 2000-11, 『고고』 2004-12, 『고고학보』 2013-4, 『북방문물』 2016-4
		30	11	ㄱ-1, ㄱ-2	점돌, 굴	봉림문화(魏晋16국)	
길림성	圖們 苗圃	4	2	ㅁ-2, ㄷ-1	점돌, 굴?	단결-크	『고고』 2013-11
연해주	코르사코프카2	1	1	ㄷ-1		단결-크	브로쟌스키2000
	므노고우도브노예	1	1	?		단결-크	브로쟌스키2000
	키에프카	6	3	?		단결-크	데레비얀코1984,1991; 브로쟌스키2000
	페트로프섬	4	4	ㄱ-1, ㄱ-2, ㄱ-3	돌	단결-크	데레비얀코1984,1991; 브로쟌스키2000
	체르냐티노2	2	2	ㄱ-1	돌	단결-크	『연해주 체르냐찌노2 …』(2008, 2009)
	불로치카	5	3	ㄱ-1	돌	단결-크	『연해주 불로치카 …』 I~III, (2004~2006)
		15	15	ㄱ-1, ㄷ-1	돌, 굴	올가문화	
	센키나 샤프카	1	1	ㄷ-1		올가문화	데레비얀코1991
	말라야 포두쉐치카	7	6	1-1, ㄷ-1		올가문화	브로쟌스키2000, 크루샤노프1989
	루다노프스코예	13	13	1-1, ㄱ-1, ㄷ-1		올가문화	브로쟌스키2000
	노보고르데예프카 취락지	3	3	ㄷ-1		올가문화	겔만2002
북한	웅기 송평동	1	1	ㄱ-1	돌	단결-크	『청구학총』 2(1930)
	시중군 로남리 남파동	2	1	ㄱ-1	돌	고구려 초기	황기덕1975
	중강군 토성리	5	5	ㄱ-1, ㄱ-4	돌, 점?	고구려 초기	정찬영1983
	녕변군 세죽리	1	1	ㄱ-1	돌	고구려 초기	『문화유산』 1962-6, 김정문1964
	북창군 대평리	9	5	ㄱ-2	돌	고구려 초기	정찬영1974

표 5-2. 북옥저, 올가문화 등의 구들 유형

	외고래	쌍고래	세고래	네고래	계
ㄱ자형	22	4	1	1	28
1자형	有				
ㄷ자형	13				13
ㅁ자형		1			1
계	35	5	1	1	42

쪽구들 유적 가운데는 단결 하층유적, 묘포 유적과 페트로프섬 유적, 웅기 송평동 유적 정도가 유구 상황이 비교적 잘 알려져 있다.

단결 하층유적에서는 모두 10기의 주거지가 발굴되었는데,[7] 6기에서 쪽구들이 확인되었다. 그러나 오래전에 발굴되어 간략히 발표되었기에 유구 전모를 파악하기는 어렵고, 다만 F1과 F9의 쪽구들만 알 수 있다. F1은 남북 길이 9.3m, 동서 너비 7.2m의 장방형 수혈건물지로서, 서벽과 북벽에 쪽구들이 시설되어 있다(그림 5-3). 서벽 남쪽에 있는 부뚜막은 흙으로 만들되 아궁이는 돌로 쌓았다. 흙으로 쌓아 만든 구들은 ㄱ자형 평면에 외고래를 이루는데, 부뚜막에서부터 1m 정도는 쌍고래로 되어 있다. 온돌의 전체 길이는 11m, 너비 0.5~1m, 높이 0.3m이고, 고래의 너비는 12cm, 깊이 31cm이다.

F9는 남북 길이 7m, 동서 너비 5m의 장방형 수혈건물지로서, 서벽과 북벽 및 동벽에 쪽구들이 시설되어 있다(그림 5-4). 원형에 가까운 부뚜막은 서벽 중간에 있고, 이로부터 ㄷ자형의 외고래가 돌아간다. 구들은 도면으로 보아 F1처럼 토축으로 여겨진다. 온돌의 전체 길이는 10.4m, 너비 40~60cm이고, 고래의 너비는 20cm, 깊이 24cm이다.

나머지 주거지에서도 모두 서벽 남쪽에 부뚜막이 설치되고, 대부분은 서벽과 북벽으로 이어지는 ㄱ자형 외고래를 하고 있다. 이 유적

7 黑龍江省文物考古工作隊 · 吉林大學歷史系考古專業,『東寧團結遺址發掘報告』, 1978.

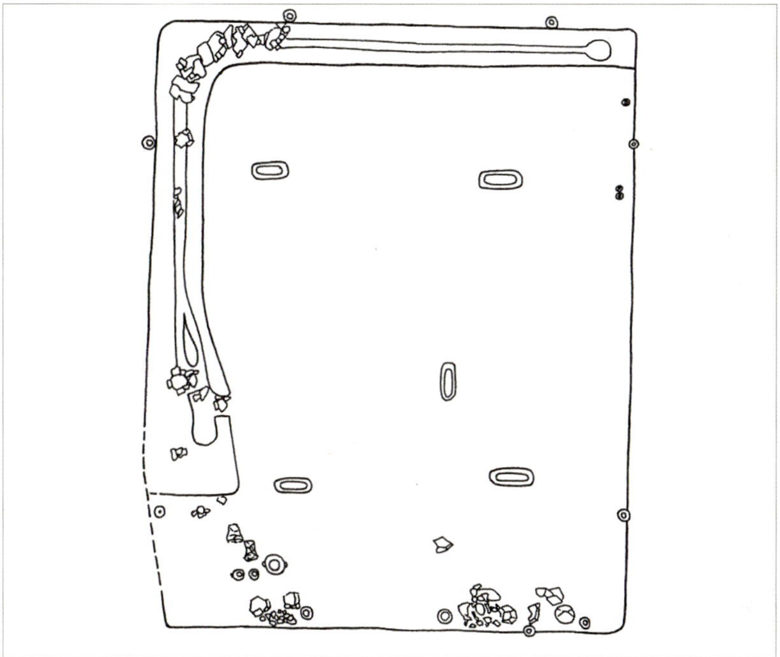

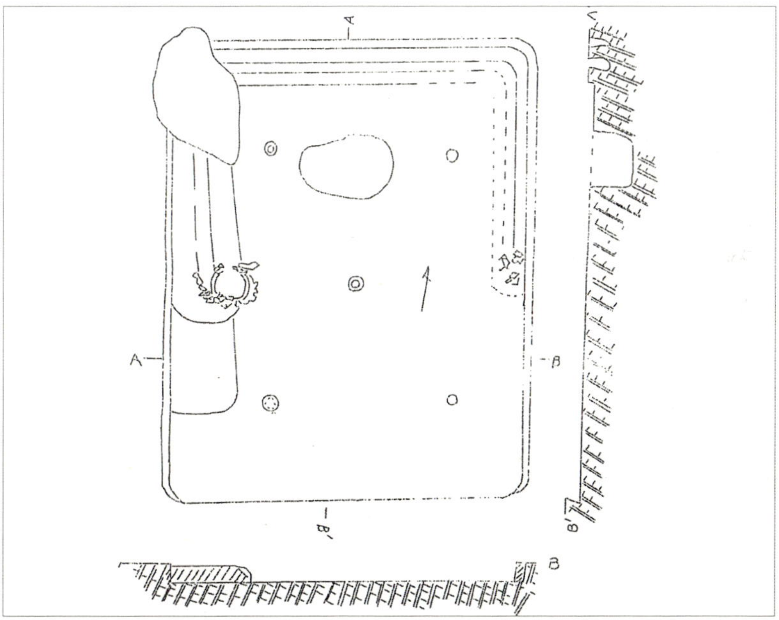

그림 5-3(상). 동녕 단결 F1
그림 5-4(하). 동녕 단결 F9

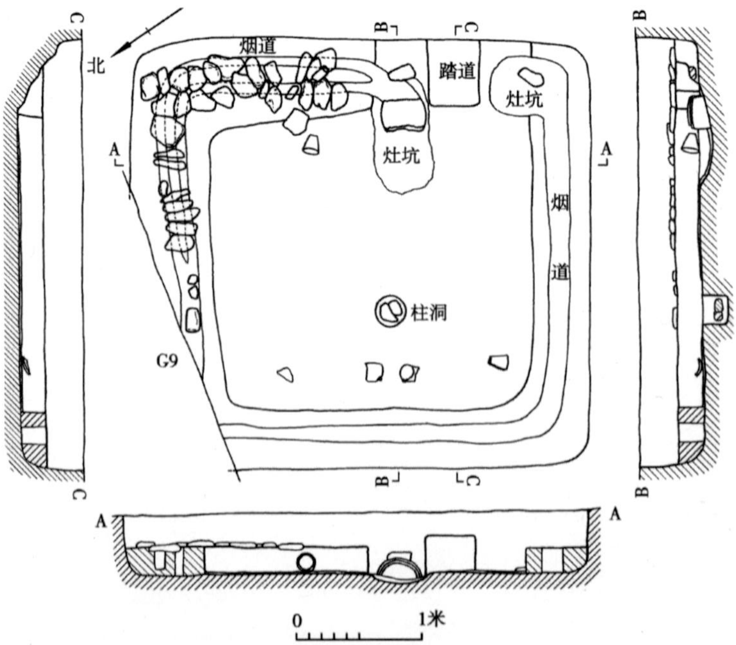

그림 5-5. 묘포 F2

은 다시 1기와 2기로 나뉘는데, F9는 하층1기, F1은 하층2기에 속한다. 보고서에서는 하층 1기는 춘추전국시대, 하층2기는 진한시기로 상정하고, 하한은 기원후 2세기로 잡았다. 이 자료를 따른다면 쪽구들은 하층 1기에 이미 출현한 것이 된다. 다만 제4장에서 이미 언급하였듯이 단결-크로우노프카문화의 상한에 대해서는 이견이 큰 실정[8]이라서 출현 시기를 언급하기는 어렵다.

단결문화 만기(晩期)[9]에 속하는 것으로 보고된 묘포 유적에서는 4기 가운데 2기에서 쪽구들이 확인되었다.[10] F2(그림 5-5)는 길이 3.6m,

8 상한에 대해서는 기원전 9~8세기로 보는 견해에서부터 기원전 2~1세기로 보는 견해까지 다양하다(김재윤, 앞의 글, 88쪽).

9 중국에서는 조기(早期)와 만기(晩期) 또는 조기, 중기, 만기로 시기를 구분하는데, 우리의 전기와 후기 또는 전기, 중기, 후기와 같다.

10 吉林省文物考古研究所, 앞의 글.

너비 3.3m, 깊이 0.5m의 방형에 가까운 주거지로서, 내부에 ㄱ자형 쪽구들 두 개가 딸려 ㅁ자형을 이룬다. 이런 복수결합형 쪽구들은 오녀산성 유적에서도 3기가 발굴되었고, 발해를 거쳐 금나라 때에 가서는 크게 확산된다. 동쪽 쪽구들은 부뚜막이 남동벽 가운데에 있고, 쌍고래가 남동벽과 북동벽을 따라가다가 북동벽 중간에서 합쳐져 외고래로 변한다. 배연구는 북동벽과 북서벽이 만나는 모서리에 만들어 두 쪽구들이 공유했을 것이나 잘려나간 상태이다. 구들은 불에 구운 땅에 고래를 파내서 만든 것으로 보이는데, 그 위에 판석을 덮었다. 서쪽 쪽구들은 부뚜막이 남동벽과 남서벽이 만나는 모서리에 있고, 구들은 외고래이다. 이 구들에서는 판석이 발견되지 않았다.

F4는 주거지 벽선을 찾지 못했는데, 구들은 역시 굴착식으로 만든 것으로 보인다. 주거지 동쪽에 부뚜막을 만들고, 여기서 외고래의 구들이 세 벽을 따라 도는데, 배연구 부분은 확인되지 않았다.

러시아 연해주의 페트로프섬 유적에서 4기의 주거지가 발굴되었는데, 모두 쪽구들이 시설되어 있었다.[11] 1호(그림 5-6)는 33m² 크기의 장방형 주거지로서 남서쪽에 아궁이가 있고, 이로부터 남벽과 동벽을 따라 쌍고래가 지나간다. 배연구는 동북쪽 모서리에 있다. 또 북서쪽 모서리에는 제련시설이 있어서, 청동 주조 공방으로 판단된다.

도면으로 보아서 2호는 ㄱ자형 외고래를 띠고, 3호도 그럴 것으로 추정된다. 다만 4호는 ㄱ자형 세고래를 하고 있어서 후대 것이 아닌지 의문이 제기된 적이 있지만, 이곳에서는 크로우노프카문화의 토기만 출토되었다고 하므로 의문점으로 남겨두겠다.

체르냐티노(Чернятино)2 주거유적에서도 2기의 쪽구들이 발굴되었는데, 중복되고 파괴된 상태여서 원상을 파악하기 어렵다. 보고서

11 데.엘. 브로댠스끼 저, 정석배 역, 『沿海州의 考古學』, 학연문화사, 1996, 332-335쪽; ディ・エリ・ブロジャンスキー, 「ロシア沿海地方の初期鐵器時代」, 『東夷世界の考古學』, 青木書店, 2000, 149-151쪽.

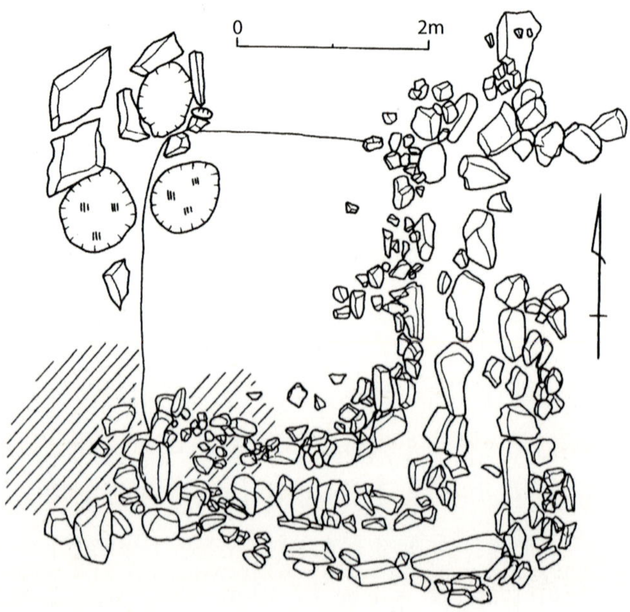

그림 5-6. 페트로프섬 1호

에서는 ㄷ자형 외고래라 하였으나,[12] ㄱ자형 외고래로 판단된다.

함경북도 웅기 송평동 유적은 일제강점기에 발굴되어 아주 간략히 보고되었다.[13] 부뚜막과 함께 두 가지 구들이 발굴되었으니, 하나는 ㄱ자형 외고래 쪽구들이고(그림 5-7), 다른 하나는 네고래의 온구들이다.[14] 전자는 분명히 단결-크로우노프카문화에 속하는 구조이지만, 후자는 일러도 고려시대 후기의 온돌로 여겨진다. 보고서에서도 다른 유구들은 1m 이상 아래에 있었지만 온구들은 이보다 위에 있었다고 기술하였으므로, 분명히 시기적 차이가 있다. 나머지 북한 서부의 유적은 다음 절에서 언급하겠다.

이 밖에 소지영 유적, 대성자 유적에서 발굴된 것은 ㄱ자형 외고

12 한국전통문화학교 · 극동국립기술대학교 · 역사학고고학민족학연구소, 『연해주 체르냐찌노 2 옥저, 발해주거유적』 I, 2008, 226-231쪽; II, 2009, 144-148쪽.

13 藤田亮策, 「雄基松坪洞石器時代遺蹟の發掘」, 『青丘學叢』 2, 1930.

14 藤田亮策, 「朝鮮考古學」, 『東洋史講座』 18, 雄山閣, 1942, 84쪽(第16圖 및 第17圖).

그림 5-7. 웅기 송평동 쪽구들

래로 추정된다. 코르사코프카2 유적은 ㄷ자형 외고래로서, 전체 길이가 13m에 이르는 대형이다.

이상으로 보건대, 단결-크로우노프카문화에서는 ㄱ자형 외고래가 기본을 이루되, 때로는 ㄷ자형 외고래도 보인다. 구들 규모는 1m 정도의 소규모에서 13m의 대형에 이르기까지 다양하다.

연해주에서 초기철기문화는 얀콥스키문화, 크로우노프카문화, 올가(Ольга)문화로 이어진다. 올가문화는 '연해주 폴체(Польце)문화'라고도 부른다. 크로우노프카문화에서 발생한 쪽구들은 올가문화에 계승되었다. 불로치카 유적을 예로 들면, 크로우노프카문화 단계의 주거지 5기 가운데 3기에서 쪽구들이 발견되었고, 그 다음 올가문화 단계의 주거지 15기 모두에서 쪽구들이 발견되었다(표 5-3).[15] 올가문화의 연대에 대해서도 다소 이견이 있는데, 대체로 상한은 기원전 3~2

15 국립문화재연구소·러시아과학원 시베리아지부 고고학민족학연구소, 『연해주 불로치카 유적』 I·II·III, 2004·2005·2006.

표 5-3. 불로치카 주거지 표

자이사노프카문화		크로우노프카문화		올가문화	
유적 번호	온돌 유무	유적 번호	온돌 유무	유적 번호	온돌 유무
9호	×	1호	×	2호	0(ㄱ-1)
10호	×	8호	×	3호	0(ㄷ-1)
13호	×	14호	0(?-1)	4호	0(ㄱ-1)
		15-나호	0(ㄱ-1)	5호	0(ㄷ-1)
		19-나호	0(ㄱ-1)	6호	0(ㄷ-1)
				7호	0(ㄷ-1)
				11호	0(ㄱ-1)
				12호	0(ㄷ-1)
				15-가호	0(ㄷ-1)
				16호	0?
				17호	0(ㄷ-1)
				18호	0(ㄱ-1)
				19-가호	0(ㄷ-1)
				20호	0(?-1)
				21호	0(ㄱ?-1)

세기, 하한은 기원후 3~4세기 정도로 보고 있다.[16] 불로치카 유적은 탄소연대측정 결과로 보아 5~6세기로 편년되어 아주 늦은 시기의 유적에 속하는데, 여기에서도 쪽구들의 전통이 살아 있는 것을 볼 수 있다.

말라야 포두쉐치카 유적, 루다노프스코예(Рудановское) 유적, 노보고르데예프카(Новогордеевка) 취락지, 센키나 샤프카(Сенькина Шавка) 유적 등에서도 쪽구들이 발굴되었다. 쪽구들은 모두 ㄱ자형 또는 ㄷ자형 구들 평면에 외고래를 하고 있는데, ㄷ자형이 이전보다 증가한 면이 보인다.

중국 흑룡강성 우의(友誼) 봉림성지(鳳林城址)에서 발굴된 주거지는 조기와 만기로 양분된다. 만기 주거지에서 ㄱ자형 외고래를 기본으로 하는 주거지 11기가 발굴되었는데, 한나라 이후인 3~5세기에 해당하는 봉림(鳳林)문화로 설정하였다.[17] 이 문화보다 이른 곤토령(滾兎

16 홍형우, 앞의 글, 73쪽.

17 黑龍江文物考古研究所, 「黑龍江友誼縣鳳林城址1998年發掘簡報」, 『考古』 2000-11; 黑

嶺)문화 단계에서는 구들이 확인되지 않고, 지역적으로 단결문화의 분포 범위 밖에 있으며, 시기도 늦은 것으로 보아서, 봉림문화는 단결문화로부터 전수받은 문화이며, 연해주 올가문화와 연계되어 있을 가능성이 있다.

봉림성지 1998F2와 2001F1은 모두 ㄱ자형 외고래의 쪽구들이지만, 전자는 구들을 토축한 다음에 구들장을 얹은 데 비해서 후자는 생토를 굴착한 다음에 구들장을 얹었다. 다시 말해서 후자는 주거지 조성 시 ㄱ자형의 침상을 남기고 나머지 부분을 파내어 수혈 바닥을 조성하고, 남겨진 침상 형태의 생토에 고랑을 파서 구들을 만든 것이다. 이런 구들 축조 방식은 이미 단결 유적에서도 보이지만, 나중에 여진 시기가 되면 많이 유행하게 된다.

봉림성지 2000YFiIIIF34(그림 5-8)는 황토를 쌓아 구들을 만든 다음에 구들장을 얹었다. 전체적으로 ㄱ자형 외고래이지만, 단결 F1처럼 부뚜막에 가까운 곳은 일부 쌍고래를 이룬다.

이상으로 단결-크로우노프카문화를 중심으로 하는 북방의 초기철기문화에서 발굴된 주거지 138기 가운데 쪽구들 주거지가 88기로 63.8%를 차지하는데(표 5-1), 고구려는 62.8%(108/172, 표 5-4), 발해는 48.8%(126/258, 표 7-1)가 되어 시간의 흐름에 따라 조금씩 떨어지기는 하지만 큰 차이를 보이지는 않는다. 같은 시기 남쪽의 삼국 시기 비율 22.3%(1085/4869, 표 6-2, 6, 9)보다는 크게 높고, 통일신라 시기의 비율 57.5%(518/901, 표 8-3)와는 비슷하다. 삼국시대의 비율이 현저히 떨어지는 것은 상대적으로 따뜻한 지역에 구들이 도입되어 다른 취난시설과 경쟁하는 과정에 있었기 때문이 아닌가 생각된다.

龍江文物考古研究所, 「黑龍江友誼縣鳳林城址二號房址發掘報告」, 『考古』 2000-11; 黑龍江省文物管理委員會, 「黑龍江友誼縣鳳林古城址的發掘」, 『考古』 2004-12; 黑龍江省文物考古研究所, 「黑龍江友誼鳳林城址2000年發掘報告」, 『考古學報』 2013-4; 黑龍江省文物考古研究所, 「黑龍江友誼縣鳳林城址1999年發掘簡報」, 『北方文物』 2016-4.

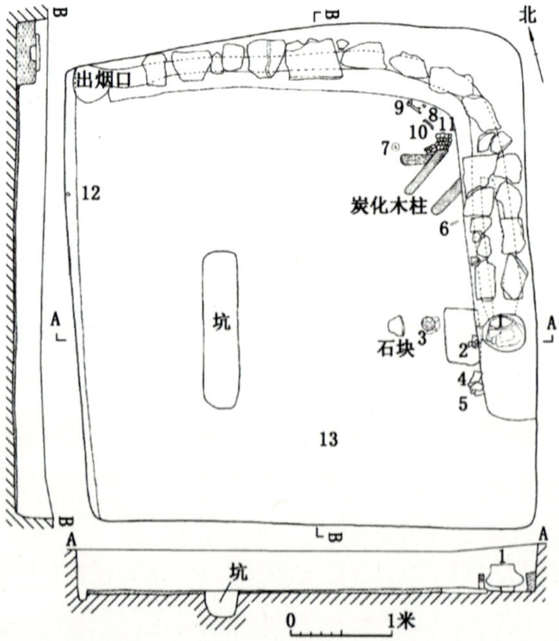

그림 5-8. 봉림성지 2000YF III F34

2) 부여와 고구려

북옥저의 쪽구들 문화는 후속하는 봉림문화나 올가문화에 전수되었고, 다른 한편으로는 동시대에 주변 지역으로도 전파되었다. 고구려 중심에서 다소 거리를 둔 외곽지역에서 발굴된 자강도 중강군 토성리 유적, 시중군 로남리 남파동 유적, 평북 녕변군 세죽리 유적, 평남 북창군 대평리 유적(이상 표 5-1)이 후자에 속한다. 동일 시기에 속하는 무순(撫順) 연화보(蓮花堡) 유적이나 요양(遼陽) 삼도호(三道壕) 유적에서는 노지만 확인되었다.

토성리 유적은 교란이 심하여 쪽구들 유구만 겨우 드러났는데, 4개의 쪽구들은 모두 ㄱ자형 외고래가 기본을 이룬다. 다만 5호 시설물은 ㄱ자형(또는 ㄷ자형) 네고래로 보여서 시기가 떨어질 가능성이 크고, 혹은 구들마다 다른 아궁이가 있는 것처럼 서술되어 있는 것으로 보아서 중복의 가능성도 있다.[18] 남파동 2호 주거지는 동서 12m, 남북 10m 크기의 장방형으로서, ㄱ자형 외고래 쪽구들 2기가 설치된 것으로 보고되었는데,[19] 이 역시 중복의 가능성이 있다. 세죽리 유적에서도 ㄱ자형 외고래 주거지 1기가 확인되었다.[20]

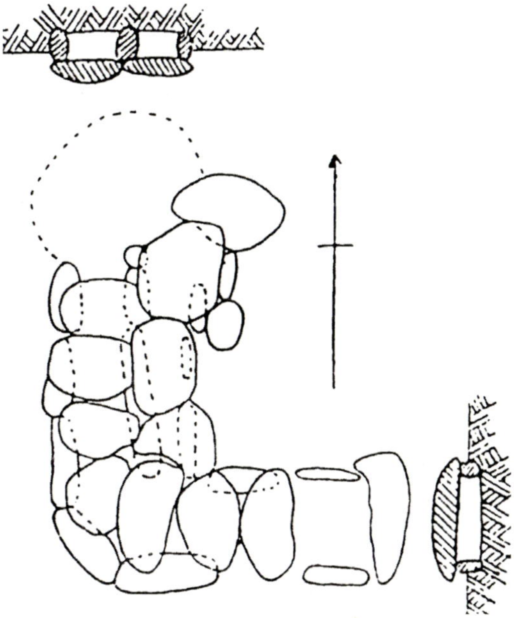

그림 5-9. 대평리 2호 쪽구들

대평리 유적 2지점에서 확인된 9기의 주거지에는 대부분 쪽구들이 있었지만, 2호 주거지만 자세한 구조가 알려져 있다.[21] 구들은 ㄱ자형 평면으로 북쪽에 아궁이가 있고, 여기서 남쪽으로 1.2m 길이의 쌍고래가 이어진 뒤에 동쪽으로 꺾이면서 외고래로 바뀐다(그림 5-9). 외고래의 길이는 보고되어 있지 않다. 구들의 높이는 10cm, 너비는 35cm 정도이다.

이상으로 보건대, 고구려 외곽 지역에서 발견된 쪽구들은 구조적으로 단결-크로우노프카문화와 다르지 않다. 이것은 독자적인 발생이 아니라 북옥저로부터 이입된 것을 의미한다. 다만 이들 유적의 연대가 정확하지 않아서 어느 시기에 전파되었는지를 파악하기는 어렵다.

북옥저인의 쪽구들은 부여 지역으로도 전파되었다. 길림시는 부

18 정찬영, 『압록강, 독로강 류역 고구려유적발굴보고』 유적발굴보고 13, 과학,백과사전출판사, 1983, 129-131쪽.

19 위의 책, 48-50쪽.

20 김정문, 「세죽리 유적 발굴 중간 보고(1)」, 『고고민속』 1964-2, 54쪽.

21 정찬영, 「북창군 대평리유적 발굴보고」, 『고고학자료집』 4, 사회과학출판사, 1974, 141-142쪽.

그림 5-10. 동단산 쪽구들

여 전기의 도읍지로 지목되는데, 그 중심 유적으로 보이는 동단산(東團山)에서 쪽구들이 발굴되었다. 2001년에는 4개의 ㄱ자형 쪽구들 유구가 발굴되었고, 2002년에는 세고래의 쪽구들이 발굴되었다.[22] 발굴 보고자는 이들이 한·위(漢魏) 시기에 해당한다고 했는데, 대체로 후한 이후의 부여 유적으로 판단된다. 또 세고래로 보건대(그림 5-10), 이는 이른 시기에 속할 가능성이 적다. 오녀산성의 발굴 자료와 비교한다면, 세고래는 고구려 중기에나 볼 수 있다. 부여 유적에서는 더 이상 보고된 것이 없는데, 길림시 일대에는 쪽구들이 늦은 시기에 유입된 것으로 판단된다.

고구려의 쪽구들은 지금까지 유적 20곳에서 확인되었는데, 남한에서 발굴된 보루 유적이 주류를 이룬다(표 5-4).[23] 여기에서 발굴된

22 唐音·翟敬源·張寒冰, 「吉林市東團山漢魏時期及明代遺址」, 『中國考古學年鑒(2002)』, 文物出版社, 2003, 179쪽; 唐音·丁宏毅·劉利, 「吉林市東團山漢魏時期遺址」, 『中國考古學年鑒(2003)』, 文物出版社, 2004, 148-149쪽.

23 고구려 동대자 유적, 발해 상경성 궁전지처럼 다실(多室) 구조가 명확할 경우에는 건

표 5-4. 고구려 주거지 쪽구들

지역	유적명	전체 주거지	쪽구들 주거지	구들 형식	구들 재료	출전
중국	集安 東台子(지상)	4	2	ㄱ-1, ㄱ-2	돌	『고고』 1961-1
	桓仁 五女山城	37	30	ㄱ-1, ㄱ-2, ㄱ-3, ㄷ-3	돌	『오녀산성』(2004)
	通化 万發撥子	4	4	ㄷ-2	돌	김욱동2005
	新賓 黑溝山城	5	1	?		『문물』 1985-2
	撫順 高尒山城	4	3	1?-1, ㄱ-1	돌	『요해문물학간』 1987-2, 『북관산성』(1993)
	瀋陽 石台子山城	41	25	1-2, 1-3, ㄱ-2, ㄱ-3, ㄱ-4, ㄷ-1, ㄷ-2, S-3	돌, 점토, 굴	『요해문물학간』 1993-1, 『고고』 1998-10, 『북방문물』 2007-3, 『심양고고문집』 1(2007), 『석대자산성』(2012)
북한	평양 정릉사지(지상)	16	4	1-1, ㄱ-1	돌	한인호1984, 전제헌1994
	함주 신하리(지상)	3	2	ㄱ-1	돌	『조선고고연구』 2007-1·2, 2008-1
남한	서울 구의동보루(지상)	1	1	1-1	돌	『한강유역의 …』(1997)
	서울 홍련봉1보루(지상)	17	7	1-1, ㄱ-1	돌	『홍련봉 제1보루』(2007)
	서울 홍련봉2보루(지상)	3	3	1-1, ㄱ-1	돌	『홍련봉 제2보루』(2007)
	서울 몽촌토성(지상)	1	1	ㄱ-1	돌	『몽촌토성』(1989)
	구리 아차산3보루(지상)	8	7	1-1, ㄱ-1, ㄱ-2	돌	『아차산 3보루』(2007)
	구리 아차산4보루(지상)	8	6	1-1, ㄱ-1	돌	『아차산성 제4보루』(2000)
	구리 시루봉보루(지상)	12	7	1-1, ㄱ?-1	돌	『아차산 시루봉 보루』(2002), 『시루봉보루』II(2013)
	연천 호로고루		1	?	돌	『연천 호로고루』III(2007)
	연천 무등리2보루	有?			돌	『연천 무등리 2보루』(2015)
	양주 천보산2보루	2	2	?-1	돌	『양주 천보산 2보루』(2014)
	청원 남성골(지상)	7	4	1-1, ㄱ-1	돌	『청원 남성곡…』(2004), 『청원 부강리 남성곡…』(2006), 『청원 남성곡…』(2008)
	충주 탑평리	1	1	1-2	돌	『충주 탑평리유적…』 (2013)

쪽구들 가운데 평면 구조와 고래 수가 비교적 명확한 것을 대상으로 통계를 내면(표 5-5), 앞 시대와 동일하게 ㄱ자형 외고래가 주류를 이

축물 하나가 아니라 실(室) 단위 개수로 산입하였다. 최근 논문에는 이 밖에도 충주 두정리 1기, 의정부 낙양동·민락동 2기, 홍천 역내리 1기, 양구 고대리 2기를 고구려 구들에 포함하였다(박천택, 「중부지역 고구려계 구들의 형식과 변화양상」, 『고고학』 17-1, 중부고고학회, 2018).

표 5-5. 고구려의 구들 유형

	외고래	쌍고래	세고래	네고래	계
ㄱ자형	26	4	2	3	35
1자형	14	3	4		21
ㄷ자형	1	5			6
S자형			1		1
계	41	12	7	3	63

루는 것을 알 수 있다. 발해 단계가 되어야 외고래에서 쌍고래로 무게 중심이 옮겨가게 된다.

고구려 시기에는 지상 건물지에 쪽구들이 시설되기 시작한다. 아울러 한 건물에 복수의 쪽구들이 서로 결합되거나 아니면 독립적으로 시설되는 사례가 다수 보인다. 특히 군대 막사로 사용된 아차산의 보루들에서 이런 사례가 많다.

고구려 외곽에 들어온 쪽구들은 중기에 와서야 중심지인 환인, 집안 등으로 유입되는데, 그 정황은 제4장에서 언급한 바와 같이 오녀산성 유적에서 확인된다. 고구려 초기에는 쪽구들이 없다가 중기인 4세기 말 이후에야 비로소 쪽구들이 사용되기 시작한 것이다.

고구려 쪽구들의 분포를 보건대, 집안 일대에서는 동대자(東台子) 유적을 제외하면 쪽구들이 전혀 발견되지 않고, 평양 일대에서도 정릉사지를 제외하면 안학궁지 등에서 전혀 확인되지 않는다. 특히 집안 평지와 환도산성을 발굴하여 다수의 건물지가 조사되었지만, 쪽구들에 대한 보고는 전무하다.[24] 오히려 외곽지대인 통화 만발발자(万發撥子) 유적, 신빈 흑구산성(黑溝山城), 무순 고이산성(高尒山城), 심양 석대자산성(石台子山城), 서울 구의동유적 · 아차산유적 · 몽촌토성, 청원 남성골유적 등에서 많이 발견되었다(그림 5-11).

쪽구들이 환도산성 궁전 자리에서 확인되지 않고, 고구려 벽화에

24 吉林省文物考古研究所 · 集安市博物館, 『國內城』, 文物出版社, 2004; 吉林省文物考古研究所 · 集安市博物館, 『丸都山城』, 文物出版社, 2004.

도 등장하지 않는 것은 신분이 낮고 가난한 사람들이 쪽구들을 사용하였다는 고구려 말기의 문헌 기록과 일치한다. 이를 좀 더 부연한다면, 고구려 중심지보다는 외곽의 군사주둔지, 평지보다는 산성에서 주로 발견되는 것으로 보아서 하층민과 더불어 변경의 병사들이 선호했던 것으로 보인다. 온돌 사용의 계층성 문제는 제12장에서 따로 상술하겠다.

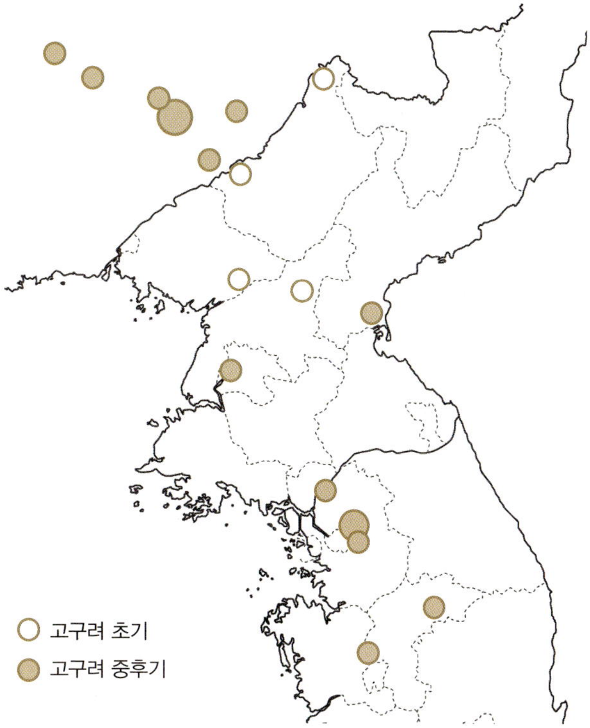

그림 5-11. 고구려 쪽구들 분포도

고구려 쪽구들은 북옥저의 ㄱ자형 외고래를 기본으로 하고, 다른 한편으로 쌍고래와 세고래가 다소 증가하면서 복수 고래로 나가는 추세를 보인다. 오녀산성에서 이런 변화를 엿볼 수 있다.[25] 고구려 중기인 제4기 주거유적으로 37기가 발굴되었는데, 이 가운데 30기에서 쪽구들이 확인되었다.[26] 30기 가운데 쪽구들 구조가 비교적 명확한 것만 대상으로 하면, 〈표 5-6〉과 같다.

이를 보면 ㄱ자형 외고래가 다수를 차지하지만 세고래도 제법 많다. 이러한 복수 고래의 증가와 더불어 복수의 쪽구들이 결합된 결합형이 등장하는 것도 특징적이다. 결합형 쪽구들은 단결문화 만기에

25 遼寧省文物考古硏究所, 『五女山城』, 文物出版社, 2004.
26 보고서에는 대형건축지 2기, 병영 21기, 초소 6기, 거주지 8기라 하여 용도별로 나누었으나, 주거지 구조에서는 큰 차이를 보이지 않는다. 또 취난시설로 화항(火炕)과 화장(火墻)으로 구분했으나, 구분 기준에 대한 설명이 없고 도면상으로도 차이를 발견하기 어려우므로 둘 다 쪽구들로 부르겠다.

표 5-6. 오녀산성 고구려 쪽구들

	외고래	쌍고래	세고래
ㄱ자형	9	1	6
ㄷ자형			3

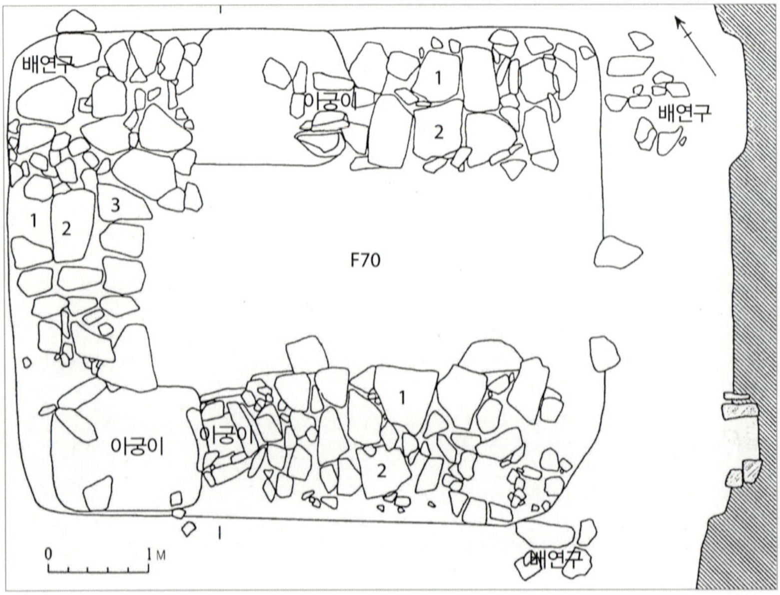

그림 5-12. 오녀산성 F70

해당하는 묘포 유적에서 이미 등장한다.

복수결합형으로 주목되는 것은 산성 아래 동벽 부근에서 발굴된 3기의 초소 유적이다. F70(그림 5-12)은 1자형 쪽구들 3기를 서, 남, 북 벽에 각각 배치하여 전체적으로 보면 ㄷ자형을 이룬다. 북벽과 남벽의 쪽구들은 쌍고래이고, 서벽의 쪽구들은 세고래로 다르다. 북벽 쪽구들의 아궁이는 북벽 중앙에 있고 배연구는 북동 모서리 밖에 있으며, 서벽과 남벽의 쪽구들은 아궁이가 남서 모서리에 별도로 있고 배연구는 각각 북서 모서리와 남동 모서리에 있다. F71에서는 ㄱ자형 세고래의 쪽구들 2기가 만나고, F72에서는 1자형 쌍고래와 ㄱ자형 세고래가 만난다. 이렇게 3기는 세부적인 구조가 다르지만 복수의 쪽구

그림 5-13. 오녀산성 ㄷ자형 쪽구들 복원

들이 복합되어 구들이 ㄷ자형에 가까운 평면(그림 5-13)을 하고 있다는 점에서 공통된다.

오녀산성 유적이 4세기 말에서 5세기 초 무렵으로 편년된다고 한다면, 한반도 중부의 아차산 일대에서 발견되는 고구려 보루는 6세기 전반으로 편년되어 이보다 약간 늦다. 그렇지만 쪽구들의 구조 면에서는 오녀산성보다 덜 발달된 모습을 보이는데, 아마 추위가 상대적으로 덜한 지역이라서 그런 것 같다. 아차산 일대에서는 구의동 보루를 비롯하여 아차산 3, 4보루, 시루봉 보루, 홍련봉 1, 2보루가 발굴되었다.[27] 이 밖에 몽촌토성[28]과 청원 남성골 유적[29]에서도 고구려 쪽구

27 간행위원회, 『한강유역의 고구려요새: 구의동유적 발굴조사 종합보고서』, 소화, 1997; 서울대학교박물관, 『아차산성 제4보루』 2000; 서울대학교박물관, 『아차산 시루봉 보루』, 2002; 고려대학교 고고환경연구소, 『峨嵯山 第3堡壘』, 2007; 고려대학교 고고환경연구소, 『紅蓮峰 第1堡壘』, 2007; 고려대학교 고고환경연구소, 『紅蓮峰 第2堡壘』, 2007; 서울대학교박물관 · 구리시, 『시루봉보루』 II, 2013.

28 서울대학교박물관, 『夢村土城: 西南地區發掘調査報告』, 1989, 30-31쪽.

29 충북대학교박물관, 『清原 南城谷 高句麗遺蹟』, 2004; 중원문화재연구원, 『清原 芙江里 南成谷 遺蹟 2次 發掘調查』, 2006; 중원문화재연구원, 『清原 南城谷 高句麗遺蹟』, 2008.

그림 5-14. 구의동 보루 부뚜막

들 주거지가 발굴되었고, 연천 호로고루[30]와 양주 천보산 2보루[31] 등에서도 쪽구들이 확인되었으며, 충주 탑평리에서도 1자형 쌍고래의 쪽구들이 발굴되었다.[32] 구의동 보루에서는 부뚜막에 쇠솥과 쇠항아리가 원형을 유지한 채 발굴되었다(그림 5-14).

연천 무등리 2보루에서는 시굴만 했기 때문에 쪽구들이 발굴되지 않았지만,[33] 다른 유적 사례로 보아서 분명히 있었을 것이다.

한반도 중부에서 발견된 고구려 유적은 파괴가 심하여 정확한 주거지 숫자를 파악하기 어려운 형편이다. 이에 따라 주거지와 쪽구들을 서로 대응시키는 것이 쉽지 않아서, 〈표 5-4〉의 주거지 수는 보고서의 판단을 그대로 따른 것이다.

아차산 일대의 쪽구들에서도 몇 가지 특징이 드러난다. 첫째, 전래의 ㄱ자형 외고래(그림 5-15)가 다수를 차지하는 한편으로 1자형 외고래도 여럿 보인다는 점이다. 1자형 평면은 구들이 꺾이지 않고 직선형을 띠지만, 이것은 ㄱ자형의 한쪽 구들이 생략된 형태라고 설명할 수 있다. 구의동 보루는 원형 주거지인데도 불구하고, 한반도 남부에서 원형 주거지 벽면을 따라 C자형 평면을 이룬 것과는 다르게 구들

30 한국토지공사 토지박물관, 『漣川 瓠蘆古壘』 III, 2007, 94쪽.
31 서울대학교박물관, 『양주 천보산 2보루』, 2014.
32 國立中原文化財研究所, 『忠州 塔坪里遺蹟(中原京 추정지) 발굴조사보고서』, 2013, 89-90쪽.
33 서울대학교박물관, 『연천 무등리 2보루』, 2015.

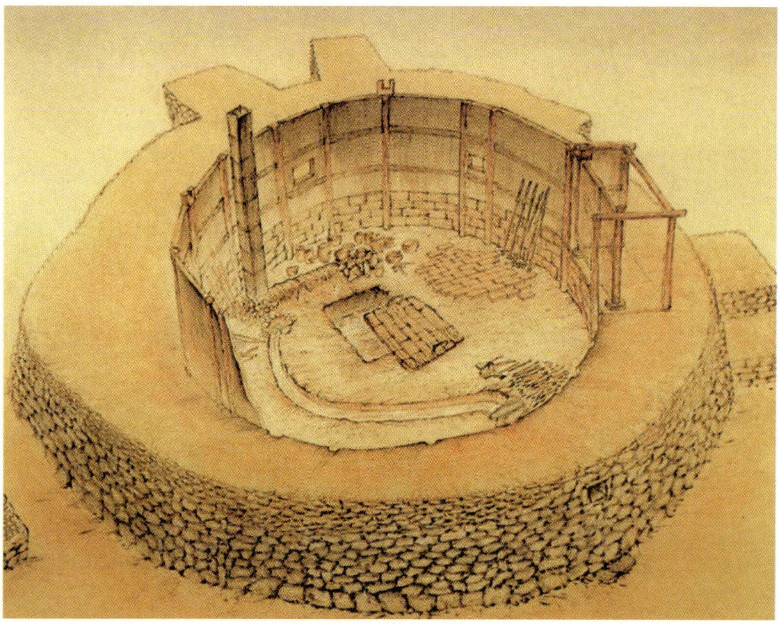

그림 5-15(상). 아차산 4보루 쪽구들 복원
그림 5-16(하). 구의동 보루 복원도

이 1자형을 띤다(그림 5-16).

평면이 1자형이라 해도 아궁이 입구가 구들 측면에 달려 있거나

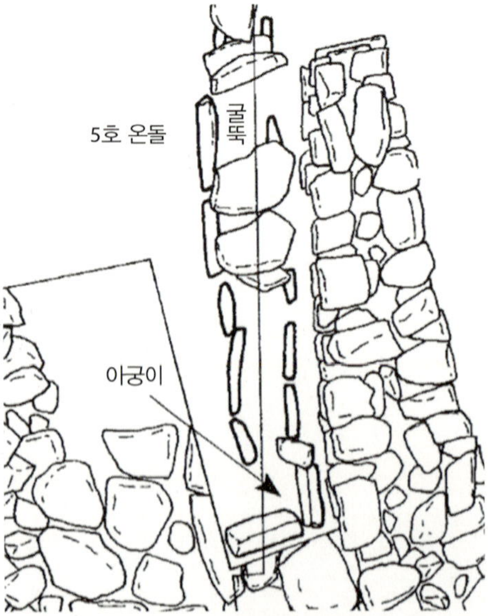

그림 5-17. 아차산 시루봉 5호 쪽구들

(그림 5-17, 5-18), 배연구가 휘어서 달려 있거나, 아니면 구들 자체가 휘어 있기도 하다. 이 점은 연도부뚜막에서 아궁이 입구가 배연구와 마주 보도록 구들 정면에 달려 있는 것과 구별된다.

둘째, 한 건물에 다수의 쪽구들이 시설되는 사례가 보인다는 점이다. 예를 들어서 4보루 3호 건물지에 3기, 6호 건물지에 4기, 1호와 7호 건물지에 2기가 있었고(그림 5-19), 시루봉 유적 8호 건물지에 3기, 2호 건물지에 2기가 있었다. 4보루 3호나 6호는 공공장소나 군인들이 기거하던 대형 막사 건물에 해당한다. 이런 정황은 오녀산성과 차이가 있어서, 양쪽 모두 군사들이 주둔하던 곳이었지만 건물 구조는 달랐다.

셋째, 특이한 구조가 확인되는 점이다. 아차산 3보루 3호의 경우에 방 중간에 쌍고래 쪽구들이 지나면서 격벽 역할을 한다. 쪽구들 남서쪽에 부뚜막이 있고, 여기서 쌍고래의 구들이 나와서 건물지 가운데를 통과한 다음에 한 고래씩 좌우로 갈라져 각각 별도의 구들을 형

그림 5-18. 구의동 보루 쪽구들

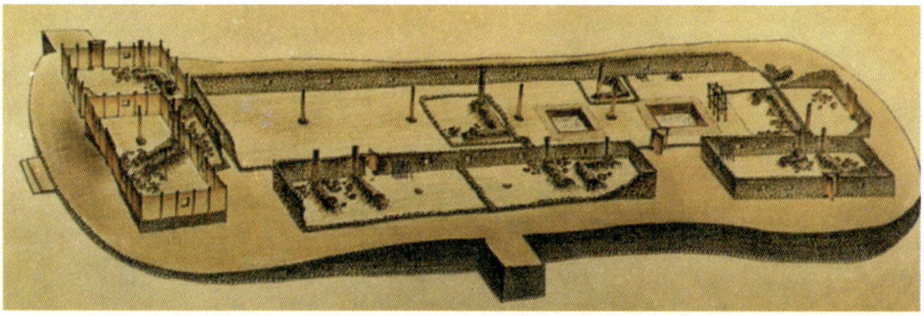

그림 5-19(상). 아차산 4보루 복원도
그림 5-20(하). 아차산 3보루 3호 쪽구들

성한다. 사진에서 보면 오른쪽 위에서 시작하여 가운데를 가로지른 다음에 왼편에서 상하로 각각 갈라진다(그림 5-20). 격벽을 사이에 두고 쪽구들이 붙어 있는 백제 능사 공방지I 유적이 이와 유사하다고 할 수 있다. 다만 3호는 아궁이를 공유하고 배연구를 달리하는 반면에, 공방지I은 아궁이를 달리하고 배연구를 공유하는 차이가 있다.

홍련봉 1보루 12호 건물지는 지하식인데, 구들이 북벽(사진 오른쪽)을 따라 동쪽에서 서쪽으로 간 다음에 서북 모서리(사진 위쪽)에서 지상으로 올라와 남서쪽으로 계속 이어진다(그림 5-21). 아궁이와 굴뚝은 교란되었지만, 구들이 외부에까지 이어진 것은 특이하고 기와를 사용한 건물이었던 것으로 보여서 어떠한 용도의 건물이었는지 알 수 없다.

홍련봉 2보루 1호 건물지에서 발견된 ㄱ자형 외고래는 건물 벽을 따라 시설된 것이 아니라 건물지 가운데를 통과하고 있어 특이한데(그림 5-22), 이 또한 어떠한 용도의 건물이었는지 알 수 없다.

그림 5-21(상). 홍련봉 1보루 12호 건물지
그림 5-22(하). 홍련봉 2보루 1호 건물지

심양 석대자(石台子) 산성에서도 여러 기의 주거지가 발굴되었다. 45기 가운데 명대(明代) 4기를 제외한 41기가 고구려 주거지이고, 25기에서 쪽구들이 확인되었다.[34] 비교적 쪽구들 구조가 명확한 것만 대상으로 하면, 〈표 5-7〉[35]처럼 분류할 수 있다. 전체적으로 ㄱ자형이 기본을 이루나, 전형적인 평면 구조에서는 다소 벗어나 있다. 1자형은 ㄱ자형에서 축소된 것이고, ㄷ자형도 1자형에 가까운 변형이다. 그러면서 고래의 수는 오녀산성보다 증가하는 경향을 보여, 시기적으로 늦은 것으로 추정된다.

SIF16호는 40cm 정도의 연도에 1.6m 깊이의 연통이 달려 있어 쪽구들로 분류하기 어렵고, 오히려

34 遼寧省文物考古究所·沈陽市文物考古研究所, 『石台子山城』 上, 文物出版社, 2012, 186-234, 371-374쪽.

35 SIF25는 상층과 하층에 각각 ㄱ자형 세고래의 석축 쪽구들이 시설된 것으로 보고되었는데, 중복된 것이 아닌가 생각되나 일단 ㄱ자형 세고래 쪽구들 1기로 계산했다.

표 5-7. 석대자 산성 고구려 쪽구들

	외고래	쌍고래	세고래	네고래
ㄱ자형		4	2	3
1자형		2	4	
ㄷ자형	1	1		
S자형			1	

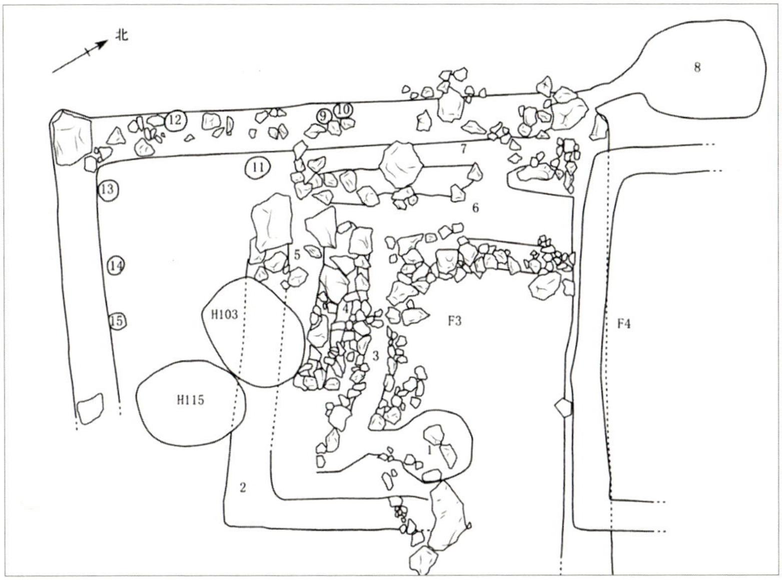

그림 5-23. 석대자 SIF3

부뚜막이나 연도부뚜막에 가깝다고 하겠다. 구들의 재료 면에서는 돌로 고랫둥을 쌓은 것과 생토를 굴착하여 고래를 만든 다음에 판석을 올려 놓는 두 종류가 있는데, 석축 구들이 다소 많다.

ㄱ자형 쌍고래의 사례로 SIF3호(그림 5-23)를 들 수 있다. 장방형 주거지 내부에 다시 격벽(炕墻, 2)이 있고, 그 안쪽으로 쪽구들이 시설되어 있다. 북동쪽 문지 부근에 아궁이(1)가 있고, 여기서 고래가 남벽과 서벽을 따라 가다가 북서쪽 모서리에 있는 배연구(8)로 이어진다. 구들은 쌍고래(3~7)인데, 일부에서는 고래와 고래가 통하기도 한다.

1자형 세고래의 사례로는 SIF13호(그림 5-24)가 있다. 방 가운데에 아궁이(1)가 있고, 여기서 굴착해서 만든 세고래(2~4)가 나온 다음

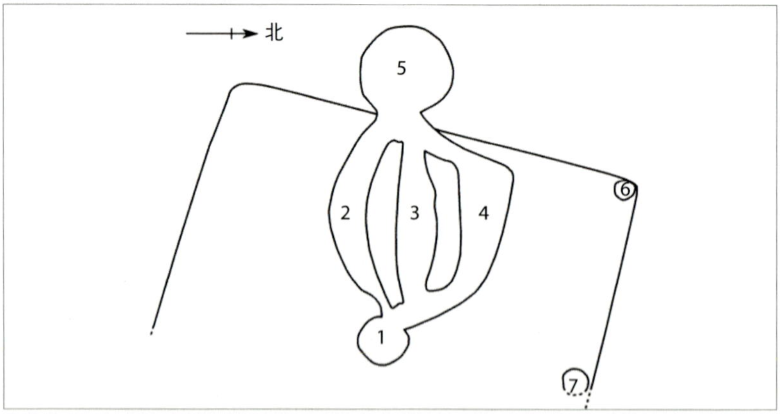

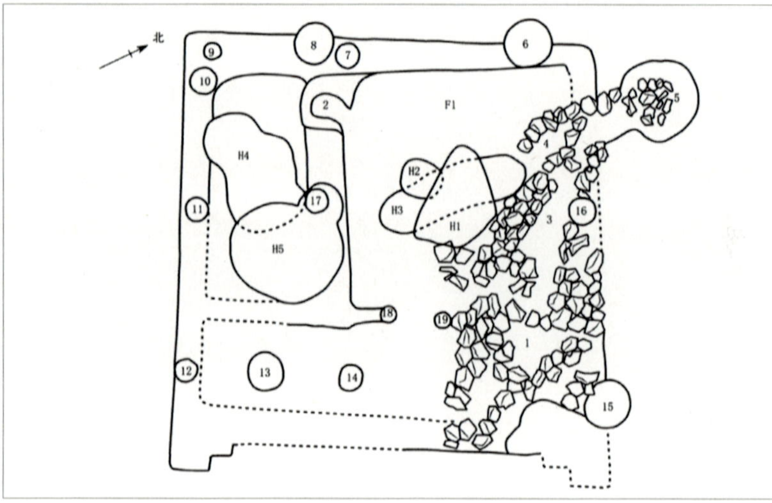

그림 5-24(상). 석대자 SIF13
그림 5-25(하). 석대자 SIF1

에 바로 배연구(5)로 이어진다. SIF1호(그림 5-25)는 1자형 쌍고래로서, 아궁이(1)에서 쌍고래(3, 4)의 석축 구들이 나와 배연구(5)로 이어진다.

ㄷ자형은 일반적인 유형(그림 6-1)과 다르다. SIII02DF1호(그림 5-26)가 그러한데, 북동쪽 모서리 부근에 아궁이(1)가 있고, 여기서 외고래(2, 3)가 북벽을 따라가다가 다시 방향을 정반대로 바꾸어 북동쪽 모서리로 되돌아와 배연구(4)가 형성되어 있어, 전체적으로 보면 1자

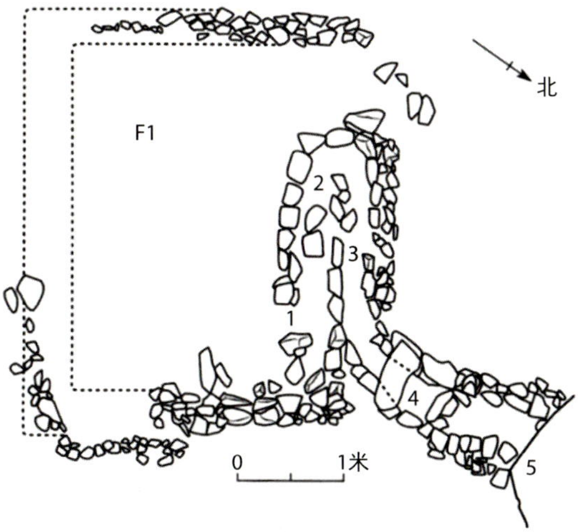

그림 5-26. 석대자 SIII02DF1

형 쌍고래 형태 비슷하게 되어 있다. SIIIXF1호도 쌍고래가 꺾이면서 외고래로 바뀐다는 점 외에는 구조가 이와 유사하다.

S자형으로 분류한 것은 SIF25호(그림 5-27) 하나뿐인데, 아궁이(1)에서 S자로 굴곡진 세고래(11~13)가 나온 뒤에 배연구(2)로 이어진다.

평양 정릉사지에서 4기의 쪽구들이 발굴되었는데, 1구역 10호 건축지의 구들이 1자형 평면처럼 보이지만 아궁이 쪽이 잘려나간 채 8m 길이만 남아 있는 것으로서 2구역 1호, 5구역 1, 2호의 구들과 마찬가지로 원래 ㄱ자형 외고래였을 것이다. 2구역 1호 건축지(그림 5-28)에는 정면 6칸 측면 5칸 건물에 상당히 긴 구들이 있는데, 남동쪽에 아궁이가 있고, 동벽과 북벽을 따라 구들이 이어져 건물 서북 모서리로 배연하게 되어 있다.[36] 이처럼 지상식 주초건물지에서도 쪽구들이 도입되기 시작한다.[37] 주초와 줄기초를 이용한 동대자 건물지에서도 남

36 전제헌, 『동명왕릉에 대한 연구』, 사회과학출판사, 1994, 106쪽.
37 정릉사지 온돌이 과연 고구려 것인지는 북한의 발굴 보고서만으로는 따지기 어렵다.

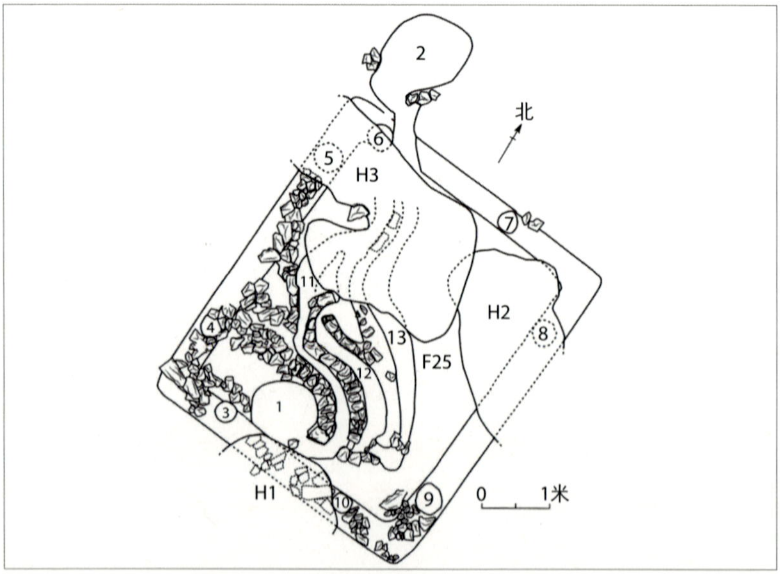

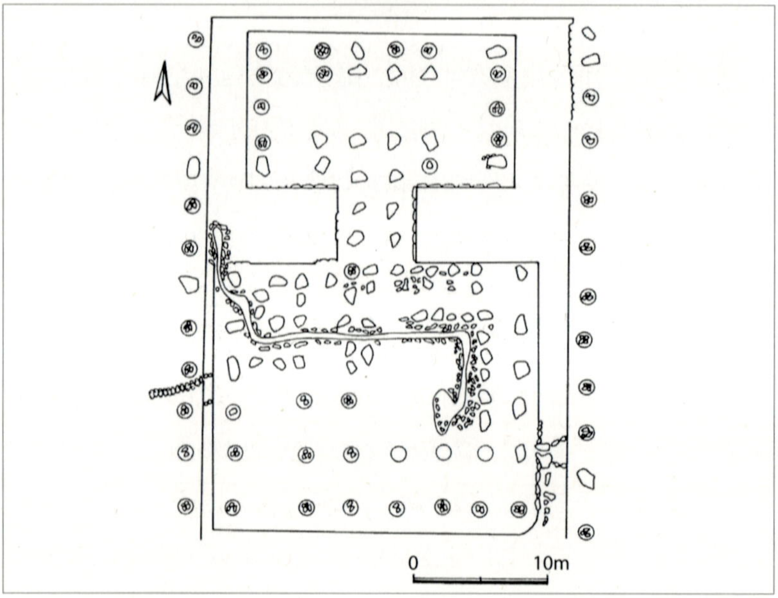

그림 5-27(상). 석대자 SIF25
그림 5-28(하). 정릉사지 2구역 1호

안학궁지에서 고려 유물이 다수 발견되었듯이, 이것도 정릉사를 폐기한 시기인 후대(아마도 고려?)의 산물일 수 있다. 정릉사지는 여러 시대에 걸쳐 재건, 증축된 결과물이라고 한다(김정기, 「고구려 정릉사지 및 토성리사지 발굴보고 개요와 고찰」, 『수혈주거지와 사지』 창산 김정기 저작집 1, 국립경주문화재연구소, 2016, 216, 222쪽).

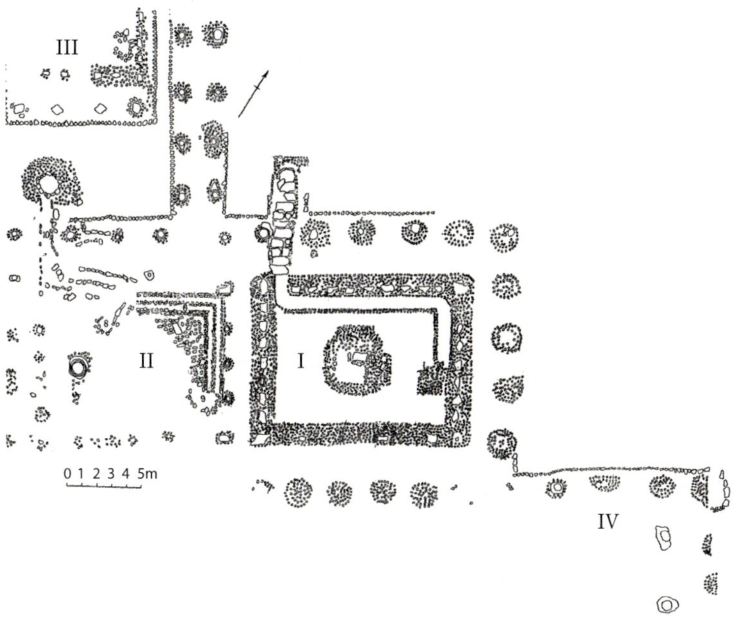

그림 5-29. 동대자 건물지

동쪽에 아궁이, 북서쪽에 굴뚝을 두어 유사한 모습을 보인다. 이런 지상식 쪽구들 건물은 한반도 남부에서는 아차산 보루 유적, 능산리 사지 등에서 나타난다.

동대자 유적(그림 5-29)은 1958년에 발굴되어 일찍부터 고구려의 대표적인 건축물로 알려져 왔다. 발굴 보고가 너무 간략하지만,[38] 추후 발표된 논문에서 고국양왕 9년(392)에 세운 종묘사직으로 추정한 견해[39]를 따라서 대체로 국내성 시기의 종묘사직 관련 유적으로 보아 왔다.

동대자 건물은 후술하는 바와 같이 백제 능산리 사지의 강당지와 유사한데, 김길식은 처음에 시조묘(始祖廟)로 사용되었다가 나중에 사

38 吉林省博物館, 「吉林輯安高句麗建築遺址的淸理」, 『考古』 1961-1.
39 方起東, 「集安東台子高句麗建築遺址的性質和年代」, 『東北考古與歷史』 1, 1982.

찰 건축이 부가되어 묘사(廟寺)로 바뀌었다고 추정하였다.[40] 동대자 유적이 과연 사직이나 종묘 시설인지 아니면 사찰 건물이었는지는 더 이상 확인하기는 어려운 실정이다.

연대에 관한 근래의 연구에 따르면,[41] 여기서 출토된 귀면문 와당과 인동문 와당 등의 연대가 5세기 말이나 6세기대 이후부터 발해까지 걸쳐 있고, I실과 II실의 두 건물지는 구조에서 볼 때에 서로 다른 시기에 축조된 것으로 보인다. I실은 줄기초 건물 안에 ㄱ자형 외고래가 달려 있지만, II실은 적심석 건물 안에 ㄱ자형 쌍고래가 달려 있다. 그리고 I실과 II실 쪽구들은 모두 기와와 판석을 재료로 삼았는데, 이것은 발해 유적에서 많이 보이는 것이다. 이와 함께 1963년에 출토된 다공패식(多孔牌飾, 과판2형)도 대표적인 발해시대의 유물에 속한다. II실 북서 모서리 부근에는 후대의 쪽구들 2기가 중복되어 있다. II실 북벽과 중복된 것은 ㄱ자형 쌍고래 형식이고, 회랑에도 쪽구들 일부가 드러나 있다.

동대자 유적은 고구려 후기에서 발해 초기 사이에 축조된 건물지로서, 사용 연대로 보아서 고구려와 발해를 연결하는 고리가 된다. 발해 고유의 기와 양식이 출현하기 전인 발해 초기에는 고구려식 기와를 사용하였을 가능성을 염두에 둔다면, 발해 초기에 축조되었을 수도 있다. 또 고구려에서는 가난한 사람들이 온돌을 사용했다는 기록을 상기하더라도 고구려보다는 발해에 속할 가능성을 배제할 수 없다. 발해는 고구려와 달리 지배층에서도 온돌을 사용했기 때문이다.

좌우 2실을 배치하고 각각 쪽구들을 시설한 것은 발해 유적에서 많이 보이는 曲(곡)자형 건물지와 유사하다. 따라서 1실로 된 정릉사지 1구역 10호에서 2실로 된 동대자 유적을 거쳐서 상경성 제4궁전

40 金吉植, 「百濟 始祖 仇台廟와 陵山里寺址: 仇台廟에서 廟寺로」, 『韓國考古學報』 69, 2008.

41 姜賢淑, 「中國 吉林省 集安 東台子遺蹟 再考」, 『한국고고학보』 75, 2010.

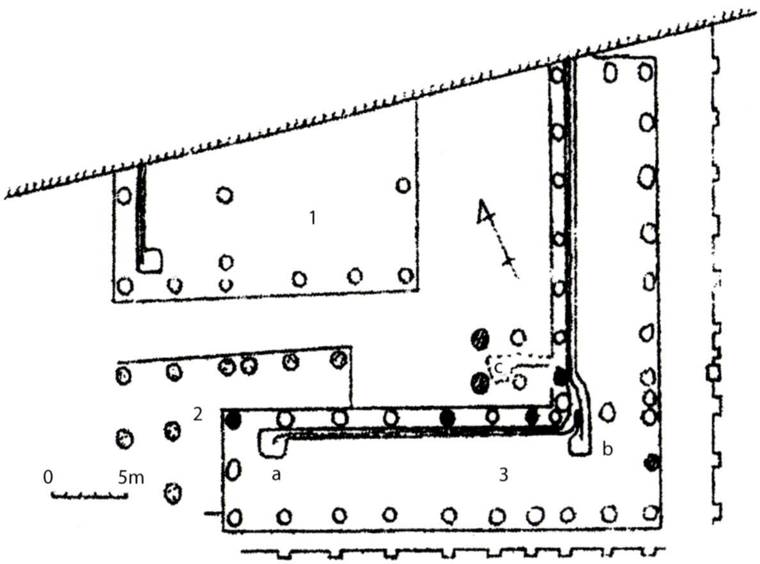

그림 5-30. 신하리 집자리 배치도

지 서전지와 같은 발해의 曲자형 건물지로 발전한 것이 아닌가 여겨진다. 쪽구들의 평면에서 볼 때에 세 유적 모두 아궁이가 동벽에 있고 구들이 동벽과 북벽을 돌아 북서 모서리에서 건물 밖으로 뻗어 나가 굴뚝을 만들고 있는 공통점이 보인다. 발해의 曲자형 건물지에는 이처럼 좌우 동형 외에 좌우 대칭형으로 굴뚝이 배치된 것도 있다.

함경남도 함주군 신하리에서도 쪽구들이 있는 지상건물지가 발굴되었다.[42] 이 유적은 두 개의 층위로 나뉘는데, 건물지는 5세기 말~6세기 초로 편년되는 상층에서 발굴되었다. 모두 3기로서, 1호와 3호에 쪽구들이 있었다(그림 5-30). 1호 건물지에서는 서벽 부근에 1자형에 가까운 ㄱ자형 외고래의 쪽구들이 있었지만, 북부는 파괴되어 전모를 알 수 없다. 남은 구들은 길이가 6m 정도이다.

2호를 파괴하고 세운 3호는 ㄱ자형 평면을 하고 있으며, 기본아궁

42 「함주군 신하리집자리유적 발굴보고」(1) · (2) · (3), 『조선고고연구』 2007-1 · 2, 2008-1.

이(a)나 보조아궁이(b, c)와 연결된 각각의 구들은 하나로 합쳐진다. 기본아궁이에서 직각으로 꺾여 구들이 동쪽으로 진행되는데, 구들 길이는 18m에 이르고, 다시 북쪽으로 꺾인다. 건물이 꺾이는 부분에 보조아궁이(b)가 있으며, 여기서 나온 3m 정도의 곁구들은 기본구들로 연결된다. 또 하나의 보조아궁이(c)는 건물 밖에 만들어져 있는데, 추후에 보충한 시설로서 이를 위해서 부속건물을 따로 덧지었다. 여기서 출발한 3m 정도의 곁구들도 기본구들로 연결된다. 이런 곁구들은 발해 궁전지에서 보이는 보조구들(助突)과 통하는 것이다. 배연과 관련된 부분은 세 구들이 만나는 곳 부근에 있었을 터인데, 파괴되어서인지 자세한 언급이 없다.

두 건물지의 쪽구들 모두 바닥을 15cm 정도 깊이로 파고, 여기에 5cm 정도 두께로 진흙 다짐을 한 다음에 고래 양쪽에 기와편을 겹쳐 쌓아서 고랫둑을 마련하였다. 구들장도 돌 대신에 암키와를 2~3겹 정도 겹쳐 놓아 만들었다. 이렇게 돌 대신에 전적으로 기와만 사용한 예는 다른 곳에서 찾기 어렵고, 동해안 지역에서 처음으로 고구려 쪽구들이 발굴된 것도 특기할 만하다. 어쩌면 발해 초기의 건물지인지도 모르겠다.

고구려 쪽구들은 부뚜막의 구조도 바꾸어놓았다. 고구려의 부뚜막은 벽화나 실물 및 명기로 다수가 확인되는데, 아궁이 입구가 측면에 있는 공통점이 있으며, 나아가 아궁이 입구와 굴뚝이 대각선 방향으로 달려 있다.[43] 이것은 중국의 부뚜막이 정면에서 굴뚝을 마주 보면서 불을 때도록 되어 있는 것과 구별된다(그림 5-31). 중국과 고구려의 부뚜막은 쪽구들처럼 모두 벽을 향해서 불을 때게 되어 있는데, 중국의 부뚜막은 2세기 후반의 화상석 그림(그림 5-32)처럼 후면을 벽에 붙여서 사용하고, 고구려의 부뚜막은 측면을 벽에 붙여서 사용한다

43 궁성희, 「고구려 무덤에 보이는 부뚜막에 대하여」, 『조선고고연구』 1990-1, 31쪽; 박경신, 「高句麗의 炊煖施設 및 煮沸容器에 대한 一硏究」, 『숭실사학』 19, 2006, 240쪽.

그림 5-31. 중국 서진 부뚜막(상)과 고구려 삼실묘 부뚜막(중)
그림 5-32. 산동성 가상현 송산 화상석의 부뚜막(하)

(그림 3-17). 따라서 고구려 부뚜막이 중국 문화를 수용했다고 하더라도, 쪽구들의 영향을 받아서 변모한 것을 알 수 있다. 물론 후대에는 중국의 부뚜막처럼 아궁이 입구가 굴뚝을 마주 보는 경우도 있다(그림 3-4).

6장

남방의 온돌 수용, 초기철기~삼국

남한 지역에는 삼국1기인 기원 전후 무렵에 쪽구들이 북방으로부터 전파되었고, 삼국1기와 삼국2기[1]를 거치면서 확산되었다. 그런데 두 시기 사이에는 온돌 구조에 큰 변화가 나타나지 않으므로, 기본적으로는 양자를 통합하여 삼국시대로 서술하겠다. 이것이 가능한 것은 쪽구들의 사용자 성격 때문이다. 쪽구들은 삼국의 지배층이 아니라 그 외곽의 집단 내지 피지배층이 애용하였다. 앞서 고구려에 관해 서술하였듯이 중앙 권력의 확산과는 무관하게 쪽구들이 전파되고 사용된 것이다. 다만 풍납토성이나 부여 능사, 익산 미륵사지에서 온돌이 조사된 것으로 보아서 고구려, 신라보다 백제에서 온돌 문화가 상층부에 좀 더 가까이 다가갔던 면은 보인다. 따라서 삼국의 국가 권력에 편입되었는지 여부는 쪽구들 변화에 그다지 중요한 변수가 되지 못

1 고고학계에서는 백제나 신라에의 편입 여부를 기준으로 원삼국과 삼국의 경계를 설정한다. 그런데 경기도와 충청도, 전라도는 백제 세력에 편입된 시기가 각각 달라서 삼국1기와 삼국2기의 경계 시점도 지역에 따라 달라지게 된다. 영남권에서도 사정은 마찬가지이다. 그렇지만 전국을 대상으로 할 때에는 어느 정도 통일할 필요가 있다. 따라서 편의적으로 기원전 100년경부터 기원후 300년경까지를 삼국1기(원삼국), 그 이후를 삼국2기(삼국)로 나누고자 한다. 사실 삼국1기는 열국기(列國期), 삼국2기는 삼국기가 더 적절하다. 여기서는 어느 유적이 어느 시기에 속하는가가 중요한 것이 아니고, 상대적인 선후 관계를 나타내는 데에 주된 목적이 있을 뿐이다.

표 6-1. 중부권과 영남권 쪽구들 비교

	주거지 평면	구들 형식	구들 재료	크기	특징
중부권	방형계	ㄱ-1	돌>점토	부뚜막=구들	연도부뚜막, 지상건물지 쪽구들 등장
영남권	원형계>방형계	C-1>ㄱ-1	점토>돌	부뚜막>구들	C자형 점토 구들 등장

한다. 삼국통일 이전까지를 통합하여 한 시기로 다룰 수 있는 것은 이 때문이다.

삼국시대 취난시설을 정리한 〈표 3-2〉에서 보듯이 삼국시대 쪽구들은 영동, 영남 북부, 충북에서 거의 보이지 않는데, 이를 제외하면 전국적으로 분포한다. 그러면서도 쪽구들은 두 지역에서 집중도를 보인다. 경기도를 중심으로 하면서 강원도 영서지방과 충남 일원을 포함하는 중부권, 그리고 경상도를 중심으로 하면서 일부 호남 남부 해안까지 포함하는 영남권이다. 이에 비해서 호남권에서는 부뚜막이 주로 유행하고, 강원권에서는 노지가 주류를 이루었다. 이렇게 삼국시대 취난시설은 쪽구들 중심지 두 곳, 부뚜막 중심지 한 곳, 노지 중심지 한 곳으로 모두 네 개의 큰 권역으로 나뉜다.

중부권과 영남권의 쪽구들은 기본 구조에서 차이를 보인다(표 6-1). 중부권에서는 북방의 쪽구들을 거의 그대로 수용하였으니, 방형계 주거지에 돌로 쌓고 점토를 바른 ㄱ자형 외고래가 주류이다. 아울러 부뚜막 문화에도 영향을 주어서 연도부뚜막을 발생시키고, 삼국2기로 들어서면서는 지상건물지에도 쪽구들이 도입되기 시작한다.

영남권에도 처음에 북방식 쪽구들이 유입되었지만, 곧바로 원형계 주거지 및 부뚜막 문화와 결합되면서 다른 양상을 띠게 된다. 원형계 주거지에 점토로 터널식 구들을 만든 C자형 외고래가 주류로 자리잡았다. 영남권의 방형계 주거지에서는 ㄱ자형에 가까운 모습을 띠기도 하지만, 구들의 꺾이는 부분이 직각보다는 둔각(鈍角)이나 호형(弧形)에 가깝다. 또한 중부권에서는 부뚜막과 구들이 크기에서 큰 차이를 보이지 않지만, 영남권에서는 부뚜막이 강조된 반면에 구들은 상대적으로 좁고 빈약하다. 큰 부뚜막에서 작은 구들로 연결되다보니,

연결 부위에서 급격히 좁아지는 양상이 보인다.

이에 따라 경기·영서권에서는 ㄱ자형 89%, C자형 0%(표 6-3), 영남권에서는 ㄱ자형 42%, C자형 52%(표 6-7), 점이지대인 충남권에서는 ㄱ자형 61%와 C자형 27%(표 6-5)의 비율을 보인다.

또 하나 지적할 것은 중부권에서는 다양한 변형이 발생하였으나, 영남권에서는 이런 움직임이 별로 없어서 구조적인 다양성이 적다는 점이다. 그런 점에서 영남권보다는 중부권이 쪽구들 발달에서 중심적인 역할을 하였다고 할 수 있다. 통일신라 시기에 영남권은 쇠퇴하고 중부권을 중심으로 쪽구들이 발달하는 단초가 이미 이때에 잉태된 것이다.

이상과 같이 북방에서 발원한 쪽구들은 한반도 남부에 두 갈래로 전파되었으니, 하나는 북방 내륙으로부터 경기도 일원을 중심으로 퍼진 것이고, 다른 하나는 해로를 통하여 사천 늑도를 비롯한 영남 해안 일대를 중심으로 퍼진 것이다. 한반도 남부에서 발굴된 온돌의 변천 과정이나 계통에 대해서 몇 가지 연구가 있지만,[2] 큰 흐름에서 보면 이 두 갈래로 수렴된다.

본론에 들어가기 앞서 쪽구들의 평면 유형에 대해 간략히 정리할 필요가 있다. 삼국시대에 한반도 남부에서 다양한 쪽구들이 등장하기 때문이다. 쪽구들은 ㄱ자형이 기본을 이루고, 생략형(퇴화형)으로 1자형, 확대형(발전형)으로 ㄷ자형과 ㅁ자형이 나타나고, 변화형으로 T자형이 나타나며, 원형 주거지에 적응하면서는 C자형이 등장한다(그림 6-1).

ㄱ자형과 ㄷ자형은 각각 몇 가지 세부 유형이 상정된다. 먼저

2 송만영, 「中島式 住居 외줄구들의 變化와 意味」, 『古文化』 85, 2015; 유은식, 「동북아시아 초기 쪽구들의 발생과 전개」, 『고고학』 14-3, 2015; 박중국, 「중부지역 쪽구들 문화의 계통과 전개: 원삼국~백제 한성기를 중심으로」, 『고고학』 15-1, 중부고고학회, 2016; 박경신, 「중부지역 원삼국시대 외줄구들의 편년과 전개양상」, 『고고학』 15-3, 2016.

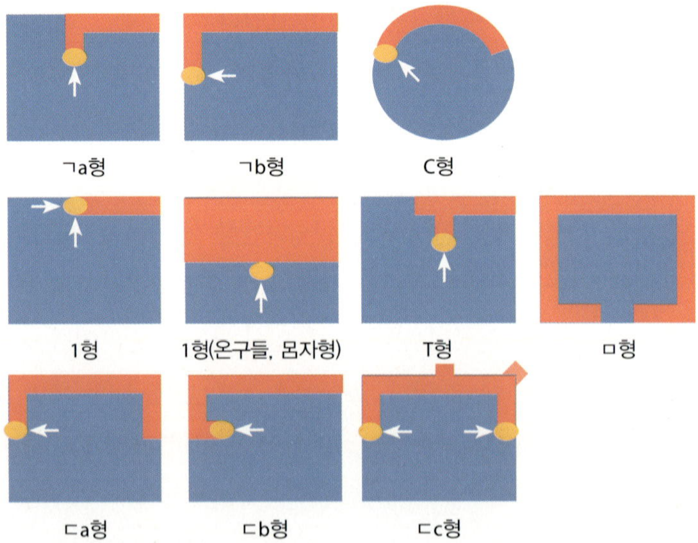

그림 6-1. 구들 평면 유형

ㄱ자형은 두 종류로 대별할 수 있겠다. 짧은 구들이 주거지 내부에 있는 경우(ㄱa형)와 짧은 구들도 벽에 붙어 있는 경우(ㄱb형)이다. 전자는 아궁이가 벽에서 떨어져 있어서 아궁이 입구 즉 화구(火口)가 구들 정면에 시설되고, 후자는 아궁이가 벽에 붙어 있어서 구들 측면에 시설된다. 따라서 후자는 화구에서 구들이 한 번 더 꺾여 있는 것처럼 보인다. 두 유형 모두 화구가 주거지 내부로 향하게 되어 있으니, 이것은 불을 땔 때의 편의성 때문일 것이다. 다만 후자와 거의 동일한 구조이면서 짧은 구들이 하나 더 달려서 아궁이가 주거지 내부로 들어와 있는 경우(ㄷb형)와는 구분할 필요가 있다.

1자형은 ㄱ자형에서 짧은 구들이 생략되어 아궁이가 1자형 고래 안에 놓인 것이다. 다만 발굴보고서만으로는 짧은 구들이 존재하는지 여부를 판단하기 곤란한 경우가 있어 실제 분류에서는 다소 어려움이 있다. 구들의 안쪽 고랫등(내벽)이 꺾이는지 여부에 따라 ㄱ자형이나 1자형으로 분류할 수 있으나, 보고서에서는 이 부분이 명확하지 않은 경우가 대부분이다. 1자형에는 화구가 구들 측면에 있는가 하면 전면에 있는 경우도 있으나, 여기서는 따로 구별하지 않겠다. ㄱ자형의 생략형인 1자형에서는 화구가 측면에 있다가 온구들로 전환되면서 전면으로 옮겨가는 경향을 보인다.

T자형은 열린 고래와 닫힌 고래로 구성된 것으로서 삼국시대 말기에 등장하여 통일신라 때에 유행하다가 그 후에 사라진다. 이 밖에 조선시대에 등장하는 呂(여)자형 평면도 있으나, 실제로는 1자형의 한 유형이기에 따로 제시하지 않았다.

ㄷ자형에는 세 가지 종류가 있다. 구들 전체가 벽 3면에 붙어 있는 경우(ㄷa형), 짧은 구들이 주거지 내부로 들어와 있는 경우(ㄷb형), ㄱ자형 두 개가 대칭형으로 마주 보며 붙어 있어 연도와 배연구를 공유하는 연결형(ㄷc형)이다. ㄷc형은 발해가 멸망한 뒤에 여진족 사이에서 보편적으로 유행하는데, 서천 지산리 유적에서처럼 연결형이면서 배연구가 주거지 모서리 쪽에 치우쳐 있어서 ㄱ자형과 1자형이 연결된 양상을 보이는 것도 있다. 오녀산성에서는 1자형 3개가 결합되거나 1자형과 ㄱ자형이 결합되어 ㄷ자형을 이룬 사례가 있다.

구들의 축조 재료는 돌 또는 점토이다. 크게 보면 돌로 쌓고 점토를 바른 것과 점토만으로 만든 것으로 양분된다. 일부는 돌, 나머지는 점토를 사용한 혼합형도 있다. 축조 재료의 분석 대상으로는 부뚜막, 고래둑, 구들장이 있다. 부뚜막은 거의 대부분 돌로 축조했지만, 점토로만 만든 것도 일부 있다. 고래둑은 다양하여 전체를 돌 또는 점토를 사용한 것이 있는가 하면, 구들의 일부는 돌, 나머지는 점토를 사용한 것도 있다. 또는 고래둑의 하부는 점토로 쌓고 상부는 돌로 쌓은 사례도 있다. 점토 구들의 경우에 구들장 부분까지 점토로 쌓아서 터널형으로 만든 것이 있지만, 구들장은 판석을 사용한 것이 대부분이다.

실제 발굴에서는 상부가 파괴되어 고래둑 상부나 구들장 부분이 어떠하였는지 알 수 없는 경우가 있어 유형 분류가 쉽지 않은데, 이럴 때에는 남아 있는 것만 대상으로 삼을 수밖에 없다. 이 밖에 굴착형이 있으니, 고래둑을 쌓은 것이 아니라 생토를 파내서 고래를 만들었다.

이 경우에도 고랫등 전체를 굴착한 것이 있는가 하면, 고랫등 하부만 굴착하고 그 위에 돌이나 점토를 쌓은 것도 있다.

따라서 세부적으로 분류하자면 경우의 수가 너무 많아져 통사적인 서술에서 다루기가 어려우므로, 여기서는 제5장 각주6 정도의 분류에 그치겠다.

1) 경기 · 영서권

중부권[3] 가운데 경기 · 영서권에서 발굴된 쪽구들은 〈표 6-2〉[4]와 같다. 이 가운데 대전 · 세종까지 포괄하는 충남권은 경기 · 영서권에 속하면서도 영남권 쪽구들도 수용한 점이지대에 속하므로 별도로 다루겠다.

한반도 남부에서 발굴된 쪽구들은 경기권과 충남권에 집중되어 있다. 현재의 자료만 본다면, 북방으로부터 전파된 쪽구들이 경기권과 충남권을 주축선으로 하여 확산되어 나갔던 정황을 유추할 수 있다.

영서에서는 쪽구들이 일부 발견된 반면에 영동에서는 거의 확인되지 않는다. 영동에서는 동해 송정동 취락 유적에서 발굴된 II-2호 주거지에서 구들의 일부로 여겨지는 유구가 확인되었다.[5] 최근에는 동해 망상동 유적에서 삼국2기에 해당하는 1자형 쪽구들 1기가 예외적으로 조사되었다.[6] 강원도는 여전히 노지가 많이 사용되던 곳으로

3 중부권은 서울과 인천, 경기도 및 강원도 영서, 대전 · 세종 · 충남까지 포괄하는 개념으로 사용하고, 서울 · 인천 · 경기도는 경기권, 대전 · 세종 · 충남은 충남권이라 부르겠다. 뒤에 영남권, 호남권도 광역시를 포괄하는 개념으로 사용하겠다.

4 한반도 남부의 삼국시대 쪽구들은 기본적으로 2012년 말까지 배포된 발굴보고서를 토대로 작성하였고, 그 후의 자료를 일부 추가하였다.

5 강원고고문화연구원, 『東海 松亭洞聚落』 I, 2011, 85-86, 165-166쪽.

6 예맥문화재연구원, 『東海 望祥洞遺蹟』 III, 2019, 439-440쪽. 보고서는 1호 주거지에 ㄱ자형, 2호 주거지에 1자형 구들이 있다고 하였으나, 이 책의 분류에 따르면 전자는 1자형 구들이고 후자는 연도부뚜막으로 여겨진다. 구들이 1자형으로 퇴화된 것으로 보아서 늦은 시기에 속한다.

표 6-2. 중부권의 삼국시대 쪽구들

유적명	중심 연대	전체 주거지	쪽구들 주거지	구들 형식	구들 재료	출전
서울 풍납토성	삼2	82	6	ㄱ-1	돌	『풍납토성』(I · XI · XIII · XIV · XV, 2001 · 2009 · 2012 · 2012 · 2013)
하남 미사리	삼1	34	1	ㄱ-1	돌	『미사리』 2 · 3 · 4 · 5(1994)
	삼2	9	0			
하남 이성산성	삼2	?	4	1-1, ㄱ-1	돌	『이성산성』 9차(2002), 11차(2006)
개성 봉동	삼1	1	1	ㄱ-1	돌	『개성공업지구 1단계 문화유적 남 · 북 공동조사 보고서』(2005)
연천 강내리	삼1	71	42	ㄱ-1	돌>점돌>점	『연천 강내리 유적』(2012)
연천 삼곶리	삼1	20	9	ㄱ-1	돌	『연천 삼곶리 유적: 제2차 현장설명회 자료집』(2010)
남양주 장현리	삼1	85	24	ㄱ-1	점>점돌, 돌	『남양주 장현리 유적』(2010)
가평 대성리	삼1	54	7	ㄱ-1	돌>점	『가평 대성리 유적』(2009), 『가평 대성리 유적』 II(2011)
가평 항사리	삼1	40	6	ㄱ-1	돌, 점	『가평 항사리 유적』(2010)
	삼2	3	0			
양평 상석정마을	삼1	22	5	ㄱ-1, ㄱ-2	돌	『경기도 양평군 양수리 상석정마을 발굴조사 보고서(철기시대 전기편)』(2008)
용인 마북동	삼2	71	10	1-1, ㄱ-1, S-1	굴, 돌	『용인 마북동 취락유적』(2009)
용인 고림동	삼1 · 2	32	2	ㄱ-1	돌	『용인 고림동 유적 발굴조사 2차 지도위원회의 자료』(2009)
용인 서천동	삼2	6	1			통일신라에서 다룸
수원 서둔동	삼1	6	1	ㄱ-1	돌	『수원 서둔동 유적』(2010)
화성 발안리	삼1	17	8	ㄱ-1	점>돌	『화성 발안리 마을유적』(2007)
	삼2	37	2	ㄱ-1	점	
화성 석우리 먹실	삼2	19	6	ㄱ-1, ㄱ-2	점>점돌	『화성 석우리 먹실유적』(2007)
화성 왕림리	삼2	9	1	ㄱ-1	돌	『화성 왕림리 유적』(2004)
화성 감배산	삼1 · 2	45	1	ㄱ-1	?	「화성 감배산유적…」, 『경기지역 주거지유적의 연구』(2009)
오산 내삼미동	삼2	31	22	ㄱ-1, ㄱ-2	굴	『오산 내삼미동 유적』(2011)
오산 가수동	삼2	23	10			통일신라에서 다룸
여주 금당리	삼2	10	10			통일신라에서 다룸
여주 연양리	삼2	28	5	?	점>점돌	『여주 연양리 유적』(2009)
춘천 율문리 75-2	삼1	1	1	ㄱ-2	돌	『춘천 율문리 유적』 I(2008)
춘천 경춘선역	삼2	85	36			통일신라에서 다룸
홍천 성산리	삼1	47	2	ㄱ-1	돌, 점	『홍천 성산리 유적』(2012)
홍천 역내리	삼2	5	1	?	돌	『하화계리 · 철정리 · 역내리 유적』 I(2005)
횡성 학담리	삼1	3	1	ㄱ-1	점	『횡성 학담리 유적』(2007)
영월 팔괴리	삼1	1	0			『영월 팔괴리 유적』(2006)
	삼2	1	1	ㄱ-1	돌	

표 6-2 계속

유적명	중심 연대	전체 주거지	쪽구들 주거지	구들 형식	구들 재료	출전
영월 삼옥리	삼1	6	1	ㄱ-2	점돌	『영월 삼옥리 유적』(2009)
정선 아우라지2차	삼1	1	0			『정선 아우라지 유적(2차)』(2011)
	삼2	3	1	T-1	돌	
충주 탑평리	삼2 백제	37	0			『충주 탑평리유적』(2013), 『충주 탑평리 유적 …』(2013)
	삼2 신라	53	33	ㄱ-1, ㄱ-2, T-1, 1-1	돌	
청주 송절동 Ⅰ·Ⅶ지구	삼1·2	514	381	C-1, ㄱ-1, ㄷ-1	점>굴	『청주 송절동 유적』 Ⅱ·Ⅷ~Ⅺ·XIII(2018) *통계 미반영
천안 용원리A	삼1	118	1	ㄱ-2	돌	『천안 용원리 유적: A지구』(1999)
천안 두정동B·D	삼1·2	16	3	ㄱ-1	점	『두정동유적』(2000), 『천안 두정동 유적: C·D지구』(2001)
아산 신법리	삼1	3	1	?	?	『아산 와우리·신법리 유적』(2001)
연기 응암리	삼1·2	16	3	ㄱ-1	점	『연기 응암리 유적』(2008)
연기 응암리 가마골A	삼1	26	1	ㄱ-1	점?	『연기 응암리 가마골 유적(A지구)』(2010)
연기 대평리3-1-A	삼1	41	5	ㄱ-1	점?	『연기 대평리유적(3-1-A지점)』(2012)
대전 구성동	삼1	29	5	C-1	점	『대전 구성동 유적』(1997)
대전 오정동	삼1	5	1	C-1	점	『대전 오정동 유적』(1998)
대전 용계동	삼1	443	80	ㄱ-1, C-1	점	『대전 용계동 유적』(2011)
대전 죽동1	삼1	47	20	C-1	점	「대전 죽동 유적」 『2012년 유적조사 발표회』(2012)
대전 추목동	삼1	2	1	ㄱ-1	점	『대전 백운동·추목동 유적』(2004)
대전 복용동 당산	삼2	42	6	ㄱ-1	점	『大田 伏龍洞 堂山마을 遺蹟』(2012)
계룡 입암리	삼1·2	26	5	ㄱ-1	점>돌	『계룡 입암리 유적』(2008)
공주 내촌리168-3	삼1	32	29?	?	점	『천안-논산간 고속도로 건설구간내 문화유적 발굴조사 현장설명회 자료』(1999)
논산 내동	삼1·2	223	2	ㄱ-1	점, 돌	『논산 내동 유적』(2011)
부여 능산리 사지	삼2(지상)	?	7	ㄱ-1, 1-1	돌	『능사』(2000), 10차(2008), 『능산리사지』 9차(2010), 11차(2011)
부여 부소산성	삼2	18	2	1-1	돌	『부소산성(1983~1987)』(1996), 『부소산성』Ⅴ(2003)
부여 정동리	삼2 수혈	5	2	1-1, ㄱ-1	점, 점돌	『부여 정동리 유적』(2005)
	삼2 지상	7	3	ㄱ-2	돌	
부여 석목리	삼2	5	1	?	돌	『부여 석목리 나성 유적』(2009)
부여 쌍북리 두시럭골	삼2 수혈	6	1	ㄱ-1	점	『부여 쌍북리 두시럭골 유적』(2008)
	삼2 지상	21	2	ㄱ-1	돌	
부여 가탑리 가탑들	삼1	5	2	ㄱ-1, ㄷ-1	점	『부여 가탑리 가탑들 유적』(2012)
서천 봉선리	삼1	10	0			『서천 봉선리 유적』(2005)
	삼2	39	10	1-1, 1-2, ㄱ-1, T-1	굴>돌	
서천 지산리	삼1·2	75	13	ㄱ-1, ㄷ-1	점	『서천 지산리 유적』(2005)
서천 송내리	삼1	28	2	ㄱ-1	점	『서천 송내리 유적』(2001)

표 6-2 계속

유적명	중심 연대	전체 주거지	쪽구들 주거지	구들 형식	구들 재료	출전
서천 추동리I	삼2	9	2	ㄱ-1	돌, 굴	『서천 추동리 유적 I지역』(2006)
서천 옥남리	삼2	12	1	ㄱ-1	굴	『서천 옥남리 유적』(2008)

표 6-3. 경기·영서권의 구들 유형

	외고래	쌍고래	계
ㄱ자형	151	12	163
C자형			
1자형	14		14
ㄷ자형			
T자형	7		7
계	172	12	184

서, 쪽구들이 많이 발굴된 반면에 충북에서는 거의 확인되지 않는다. 충주 탑평리 유적 이외에는 청주 송절동(테크노폴리스), 가경4지구, 명암동II, 봉명 V지구, 청원 풍정리II 등[7] 청주 일원에서 쪽구들이 확인된 것으로 보아서는 지역적 개발의 차이에 따른 발굴 편차가 원인일 수도 있다.

강원도 영동에서는 함경도 및 연해주와 통하는 토기가 발견되지만 쪽구들은 거의 확인되지 않는다. 이것은 쪽구들이 동해안에서 강원도를 거쳐 경기도로 전파되지 않은 것을 의미한다. 경기권의 쪽구들은 동해안이 아니라 내륙을 통하여 내려온 것이다.

〈표 6-3〉과 〈표 6-5〉를 보면, 중부권에서는 ㄱ자형 외고래가 72%나 되어 압도적으로 많다. 경기권과 영서만 대상으로 하면 전체 82%에까지 이른다. 충남권에서는 경기·영서권에 비해 C자형 등 이질적인 요소가 많이 나타나기 때문이다. 두 표만 보아도 C자형, ㄷ자형 등의 변형들이 남쪽에 더 많이 포진한 것을 알 수 있다.

7 충북대학교박물관 외, 『淸州 松節洞 遺蹟』 XIII, 2018, 184-185쪽 〈표 35〉.

그림 6-2. 율문리 1호 쪽구들

또 구들을 점토로 만든 사례도 일부 있지만 돌로 만든 것이 대부분인데, 북방의 쪽구들을 거의 그대로 계승하였기 때문이다. 다만 점토로 만든 구들이 한반도 남부에서 새롭게 발생한 것인지, 아니면 원래 북부에도 있었으나 발굴이 제대로 되지 않은 것인지는 자료가 부족하여 판단하기 어렵다. 그렇지만 영남권에서 점토 구들이 크게 유행한 점으로 보아서 남쪽으로 갈수록 점토 구들을 선호했던 것은 분명하다.

ㄱ자형 쪽구들을 구조 면에서 거의 완벽하게 보여주는 것으로 춘천 율문리 75-2 유적 1호(그림 6-2)[8]가 있다. 주거지는 凸(철)자형 평면에 남북 길이 5.6m, 너비 4.3m로서 면적은 $24m^2$이다. 연대는 기원

8 예맥문화재연구원, 『春川 栗文里遺蹟』 I, 2008.

후 2세기 전반경으로 여겨진다. 이 유적에서는 단결 유적에서 발견된 토기와 흡사한 것으로서 그루터기 손잡이가 달린 외반구연호가 2점 출토되었다.

그림 6-3. 율문리 1호 부뚜막 상부

부뚜막은 동벽 중간(사진 오른쪽)에 설치하고, 여기서 구들이 동벽과 북벽에 ㄱ자형으로 연결되고, 북서쪽 모서리에 굴뚝이 있다. 아궁이는 판석을 세우고 점토를 발라서 마감했다. 아궁이 입구는 좌우로 높이 20cm 정도의 봇돌을 세우고 그 위에 강돌로 이맛돌을 얹었으며, 요철 형태로 된 아궁이틀이 붙어 있다. 아궁이 바닥은 안으로 완만한 경사를 이루고, 진흙 다짐한 바닥은 불에 구워져 단단하다. 바닥에는 그릇 받침돌 두 개가 있다. 솥걸이 구멍(그림 6-3)은 약 40cm×40cm 크기이다.

판석과 점토로 만든 구들은 처음에 쌍고래였다가 ㄱ자로 꺾인 뒤에는 외고래가 된다. 동쪽 고래의 폭은 24cm, 서쪽 고래의 폭은 17cm로 차이가 있다. 쌍고래에는 모두 네 개의 판석 구들장이 덮여 있었다.

보고서에서는 쌍고래 부분을 부뚜막으로 표현하였는데, 널찍한 윗면을 조리활동 공간으로 생각했기 때문이다. 쌍고래는 길이 2m, 폭 72cm이고, 외고래는 길이 4.3m, 폭 20cm, 깊이 18cm 정도이다. 외고래는 점토판을 얹어서 구들장을 삼았다. 배연구는 토기를 이용하여 기본틀을 만들고 내부를 파낸 통나무를 세워서 굴뚝으로 삼았다(그림 6-4).

영월 삼옥리 3호 주거지[9]에서도 배연부를 제외하면 거의 완벽한

9 예맥문화재연구원, 『寧越 三玉里遺蹟』, 2009, 91-95쪽.

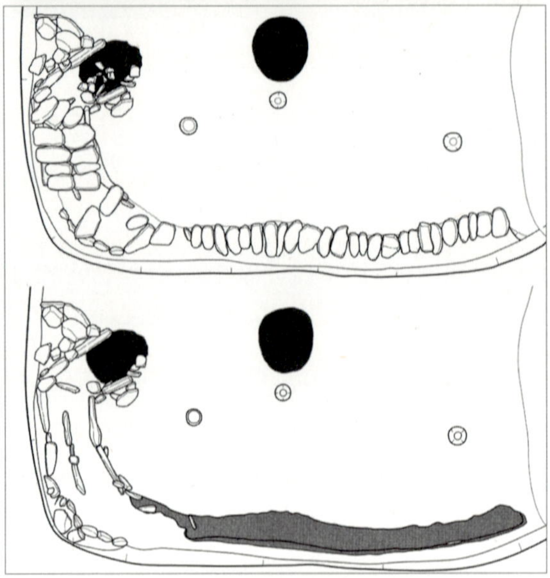

그림 6-4(상). 율문리 1호 배연시설
그림 6-5(하). 삼옥리 3호 쪽구들(상→하 발굴)

쪽구들이 발굴되었다. 쪽구들 부분만 보면(그림 6-5), 부뚜막이 구들과 직각을 이루지 않고 둔각을 이룬다. 부뚜막은 상부가 파괴되었지만, 역시 이맛돌을 얹어 점토로 마감하였을 것으로 추정된다. 아궁이에서 구들로 넘어가는 곳에는 납작한 돌을 쌓아서 부넘기를 만들었다. 짧은 구들은 냇돌로 고랫둥을 쌓고 또 납작한 냇돌을 구들장으로 얹은 쌍고래이고, 긴 구들은 점토로 고랫둥을 만들고 납작한 냇돌을 구들장으로 얹은 외고래이다. 따라서 돌을 쌓은 부분과 점토만 쌓은 부분이 있는 혼합형 구들이다.

율문리와 삼옥리에서는 쌍고래에서 외고래로 바뀌지만, 중부권에서는 '돌로 만든 ㄱ자형 평면의 외고래 쪽구들'이 가장 보편적이다. 이런 쪽구들은 연천 강내리, 연천 삼곶리, 남양주 장현리, 가평 대성리, 가평 항사리 등 주로 경기도 북부에서 집중적으로 발굴된다. 그리고 이보다 남쪽으로 갈수록 변형된 쪽구들이 동반되어 나타나고 점토 구들의 비율도 높아진다. 이것은 쪽구들이 북쪽에서 남쪽으로 전파되면서 지역 실정에 맞게 변형되어 적응하였던 사실을 반영한다.

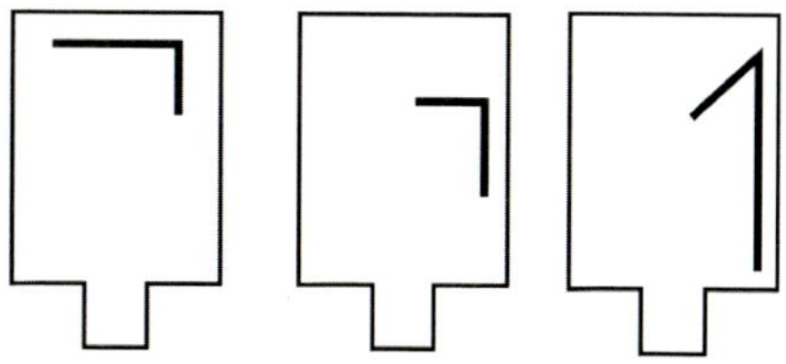

그림 6-6. 강내리 쪽구들의 유형

강내리 유적[10]에서는 거의 대부분 凸자형 주거지에 ㄱ자형 외고래 쪽구들이 달려 있고, 여기에 독립된 추가노지(追加爐址)가 1개 때로는 2개가 딸렸다. ㄱa형의 쪽구들이 대부분인데, 긴 구들이 동쪽 장벽에 달려 있는 것이 36기로 가장 많고, 북쪽 단벽에 달려 있는 것은 4기, 짧은 구들이 긴 구들과 직교하지 않고 예각을 이루는 것이 2기가 있다(그림 6-6). 구들의 축조 재료 면에서 고랫등에 돌만 사용한 것이 11기, 점토만 사용한 것이 1기, 구간에 따라 돌과 점토를 혼용한 것이 18기이다.

잘 남아 있는 ㄱ자형 외고래의 사례로 1호와 14호 주거지가 있다(그림 6-7). 1호는 구들이 거의 직각을 이루고, 14호는 예각을 이룬다. 1호는 짧은 구들이 길이 1.8m, 너비 54cm이고, 긴 구들이 길이 4.32m, 너비 20cm여서, 부뚜막에서 짧은 구들이 넓어지다가 긴 구들에 가서는 다시 좁아지는 모습을 보인다. 고랫등은 짧은 구들의 경우 돌을 쌓았고, 긴 구들의 경우 점토를 사용하여 혼합형 구들을 이룬다. 긴 구

10 고려문화재연구원, 『漣川 江內里 遺蹟』, 2012.

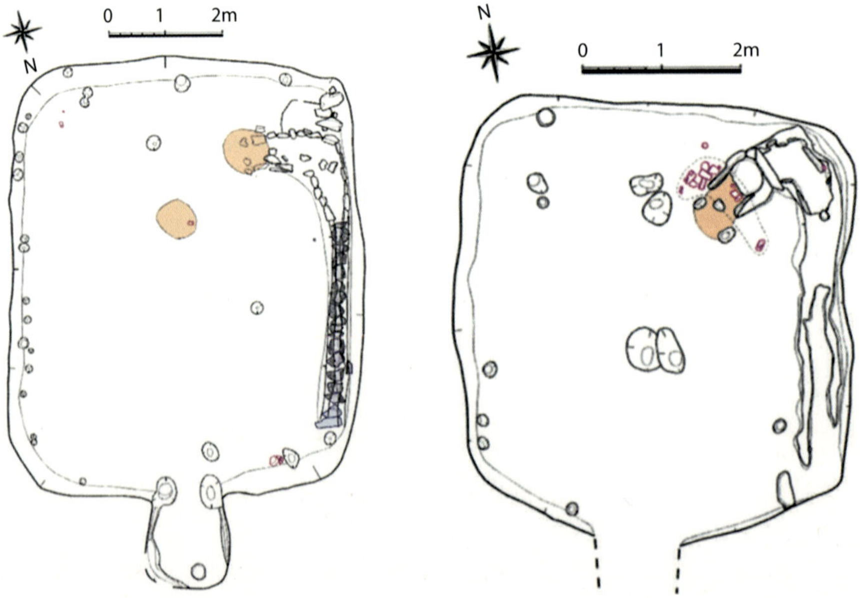

그림 6-7. 강내리 1호(좌), 14호(우)

들은 구들장으로 강돌을 얹고 점토로 마무리했다. 배연부의 개자리 흔적도 발견되었는데, 벽체를 타고 밖으로 연기를 배출했던 것으로 보인다. 지름 70cm 정도의 추가노지가 주거지 가운데에 있다. 추가노지에 대해서는 뒤에 언급하겠다. 14호는 구들이 60도 정도로 꺾이는 것 외에는 구조나 재료에서 1호와 차이가 없다.

강내리에서 가까운 삼곶리에서 발굴된 9기의 쪽구들은 모두 돌로 만든 ㄱ자형 외고래이다.[11]

대성리 유적[12]에서는 6기가 확인되는데, 모두 ㄱ자형 외고래이다. 다만 석제 구들이 많으면서 점토제 구들도 섞여 있다. 원30호와 원31

11 한양대학교 문화재연구소, 『연천 삼곶리 유적: 원삼국시대 마을유적』, 2010.5(지도위원회 자료집).

12 경기문화재연구원, 『加平 大成里遺蹟』, 2009; 겨레문화유산연구원, 『가평 대성리유적』 II, 2011.

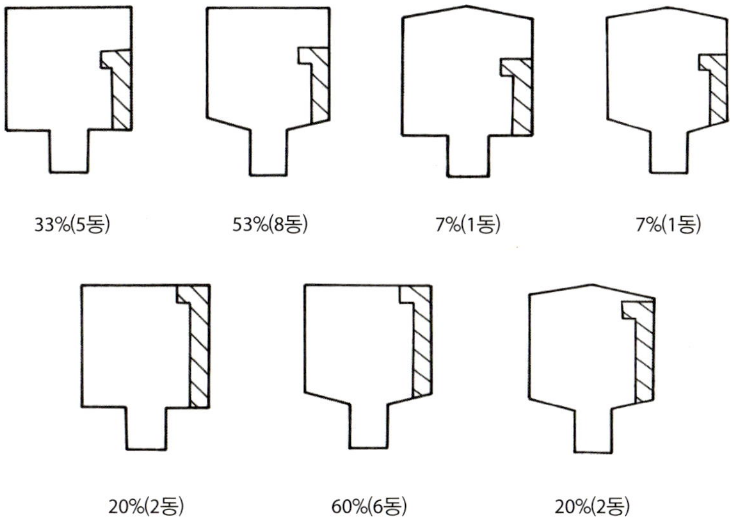

그림 6-8. 장현리 쪽구들의 변천(상→하)

호에서는 고래 바닥이 주거면보다 높아서 바닥을 높인 뒤에 구들을 만들었던 것으로 추정되는 특이한 구조를 보이는데, 이런 독립공간은 통일신라 때에 많이 출현한다.

장현리 유적[13]에서는 연도부뚜막이 압도적으로 많고 쪽구들의 비율도 강내리 유적과 함께 높은 편이다. 쪽구들은 미사리 한1호나 발안리 11호처럼 출입구에서 보았을 때에 우측 장벽에 설치되는 공통점이 보인다. 처음에는 구들이 짧아서 ㄱa형을 이루다가 뒤에는 구들이 길어져 ㄱb형으로 전환하는 모습이 보여서 주목된다(그림 6-8).

이런 전환을 잘 보여주는 것이 구들을 확장한 1호 주거지이다. 처음에는 우측 장벽 중간에 아궁이를 설치하여 3.04m 길이의 구들을 만들었다가 나중에 아궁이를 더 안쪽(사진 왼쪽)으로 이동시켜 5.02m 길이가 되게 한 것이다(그림 6-9). 이런 현상은 이 유적에서 일반적으로

13 중앙문화재연구원, 『南陽州 長峴里遺蹟』, 2010; 홍지윤, 「中部地方 原三國~百濟 住居變遷」, 『마한·백제인들의 일본열도 이주와 교류』, 서경문화사, 2012.

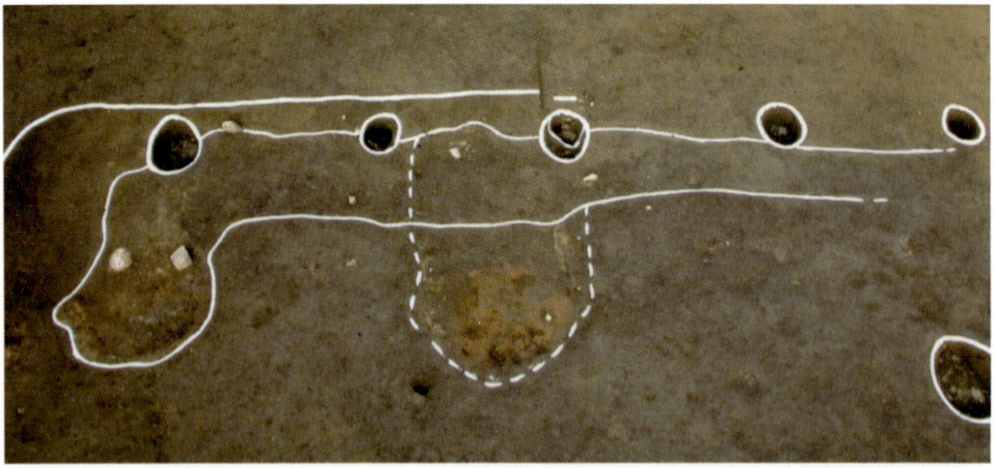

그림 6-9. 장현리 1호 쪽구들

나타나서 아궁이를 장벽 중간에 설치한 것이 더 안쪽에 설치한 것보다 시기적으로 이르다.

축조 재료를 볼 때에 돌을 이용한 것, 점토만 이용한 것과 함께 부뚜막은 돌, 구들은 점토를 이용한 것도 발견된다. 쪽구들 전체에서 재료를 알 수 있는 것에 한정해볼 때에 석제 쪽구들은 1기, 점토제 쪽구들도 1기이지만, 석제 부뚜막과 점토제 구들이 결합된 것은 13기에 달하여 대다수를 차지한다. 14호의 경우에 부뚜막은 돌로 만들고, 점토로 고랫등을 쌓은 뒤에 판석을 구들장으로 삼았다.

추가노지의 존재도 주목된다. 부뚜막, 연도부뚜막, 쪽구들이 주거지 벽 가까이에 시설되고, 이와 함께 주거지 중앙 부근에 노지가 별도로 설치된 것을 '추가노지'라 부르겠다. 추가노지가 부뚜막에 설치된 사례는 미사리, 발안리 등에서 볼 수 있고, 연도부뚜막에 설치된 사례는 발안리, 장현리, 화천 원천리 등에서 볼 수 있으며, 쪽구들에 설치된 사례는 미사리, 발안리, 장현리, 대성리, 삼곶리, 강내리, 장흥 지천리, 사천 늑도 등에서 볼 수 있다.

이런 추가노지는 대성자 F2, 페트로프섬 1호, 2호 등의 단결-크로

그림 6-10. 발안리 1호 출토품(좌)과 대성자 F2 출토품(우)

우노프카문화 유적에서 보이는 것이고, 이 전통은 소지영(小地營) 유적처럼 발해까지 이어진다. 발안리 1호 부뚜막에서 출토된 단경호와 시루의 결합, 그리고 시루에 달린 그루터기형 손잡이가 대성자 F2에서 발굴된 유물 세트와 유사하므로(그림 6-10), 추가노지도 역시 북으로부터 전해진 것으로 보인다. 추가노지의 용도에 대해서는 잘 알 수 없지만, 겨울에는 벽 쪽에 붙은 취난시설을 이용하고 여름에는 추가노지만 사용했던 것이 아닌가 생각된다.

장현리 유적에서 또 하나 주목할 것은 연도부뚜막과 쪽구들의 시간적 선후 관계이다. ㄱa형에서 ㄱb형으로 구들이 확장되다가 갑자기 쪽구들은 사라지고 오히려 구조가 단순한 연도부뚜막으로 돌연히 대체되어간다. 상대 편년을 통하여 연도부뚜막이 쪽구들보다 후행하는 것으로 밝혀졌으니, 쪽구들을 도입하여 사용하다가 이를 대체하여 기왕의 부뚜막 전통에 연도를 달아 사용하는 방식으로 바뀐 것이다. 이것은 백제 지배층과 연관된 이곳 집단의 선호도와 관련된 것으로 여겨진다.

표 6-4. 주거지 취난시설 분류

유적명	연대	전체 주거지	노지	부뚜막	연도부뚜막	쪽구들
미사리	삼국1	34	6	1	3	1
	삼국2	9			9	
발안리	삼국1	17	3	2	1	8
	삼국2	37	2	3	14	2
장현리	삼국1	85	2		38	24
대성리	삼국1	43	26		4	5
삼곶리	삼국1	20	2		4	9
강내리	삼국1	71	13		13	42
원천리	삼국2	117	14		88	
구성동	삼국1	29		4	2	5

이런 변화는 하남 미사리 유적이나 화성 발안리 유적에서도 확인된다. 이 유적들은 삼국1기와 삼국2기로 구분되어 보고되어서 시간적 흐름에 따른 변화를 엿볼 수 있다. 미사리 유적에서는 삼국1기 주거지에서 연도부뚜막 3기, 쪽구들 1기가 확인되었고, 삼국2기 주거지에서는 연도부뚜막 9기가 확인되었다(표 6-4). 이 유적에서는 연도부뚜막이 삼국 전 시기에 걸쳐 우세를 점하고, 쪽구들은 예외적으로 삼국1기에 1기가 보이다가 2기에 사라진다. 유일한 쪽구들인 한1호(그림 6-11)[14]는 몸(여)자형 주거지로서 생활공간은 장축 10m, 단축 7.3m이고 출입구 시설은 장축 4.7m, 단축 3.2m이며, 전체 면적은 약 90m^{2}이다. 내부 중앙 부근에 추가노지가 있고, 동벽에 붙여서 아궁이와 3.7m 길이의 구들, 목제 굴뚝으로 이루어진 쪽구들이 있다.

발안리 유적[15]에서도 삼국1기 주거지에서 연도부뚜막 1기, 쪽구들 8기가 확인되고, 삼국2기 주거지에서 연도부뚜막 14기, 쪽구들 2기가 확인되었다. 삼국1기에서 쪽구들이 비교적 잘 남아 있는 주거지가 몇 기 있다. 11호(그림 6-12)를 예로 들면 장축 1.02m, 단축 6.4m 크기의 凸자형 주거지에 추가노지와 쪽구들이 있는데, 구들의 길이는

14 미사리선사유적발굴단, 『渼沙里』 2, 1994, 235-237쪽.

15 기전문화재연구원, 『華城 發安里 마을遺蹟』, 2007.

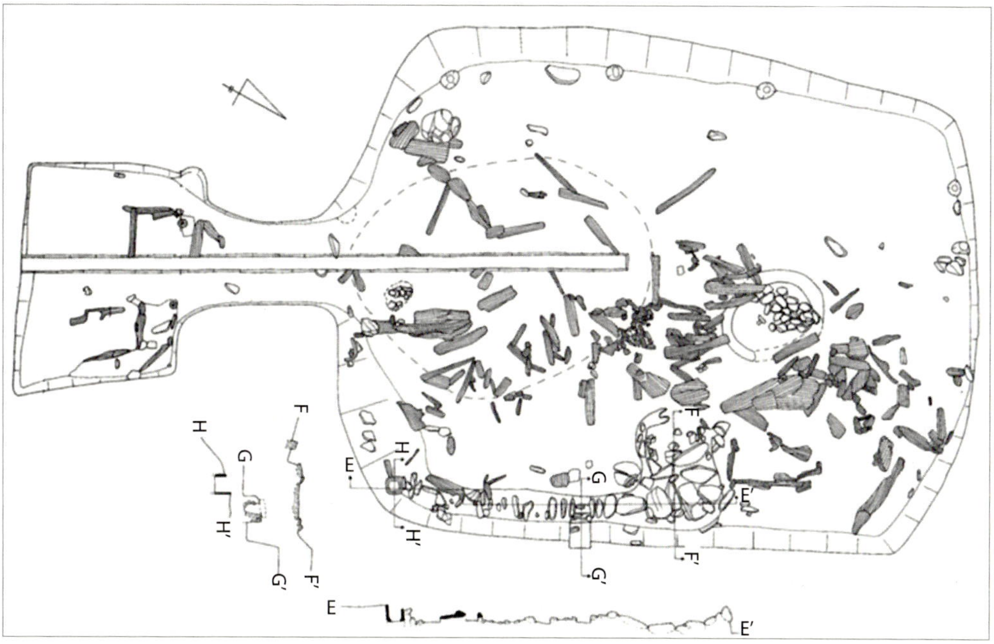

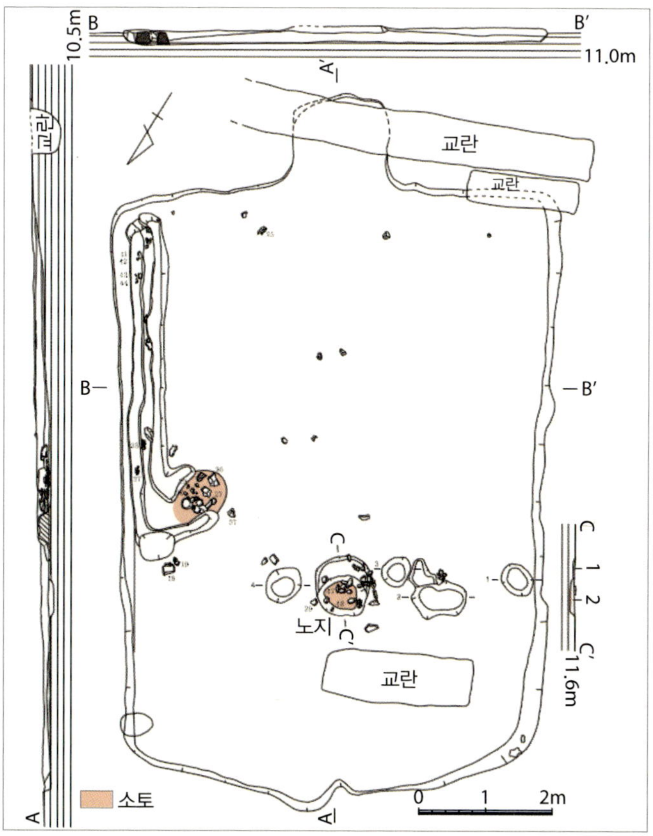

그림 6-11(상). 미사리 한1호
그림 6-12(하). 발안리 11호

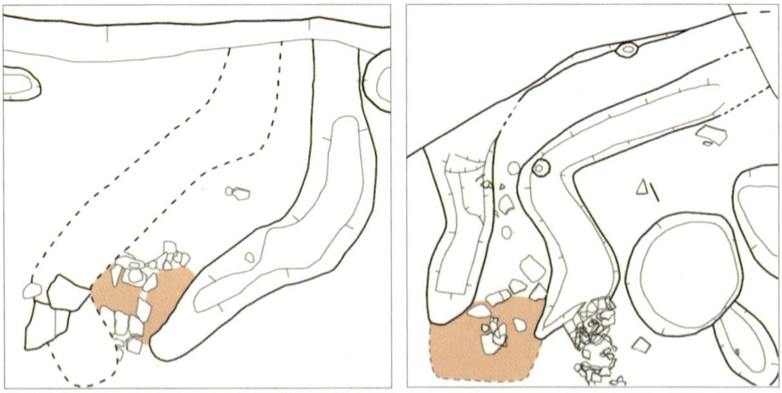

그림 6-13. 발안리 44호(좌), 51호(우)

4~4.5m 정도이다. 17호는 장축 5.8m, 단축 5.38m 크기의 방형에 가까운 주거지에 쪽구들만 있는데, 쪽구들 규모는 기술되어 있지 않다. 19호는 장축 9.1m, 단축 6.1m 크기의 凸자형 평면에 추가노지와 쪽구들이 있는데, 쪽구들 규모는 역시 기술되어 있지 않다. 동쪽 장벽 중간에 있는 아궁이로부터 나온 구들이 동남쪽 모서리까지 이어져 배연되는 면에서 공통점을 보인다.

삼국1기에서는 쪽구들이 주류라 한다면 삼국2기에서는 연도부뚜막이 주류이다. 이런 가운데 연도부뚜막과 쪽구들의 경계선상에 있어서 분류가 쉽지 않은 변형들이 보이는데, 백제 주거지인 44호, 51호, 55호가 그러하다. 편의상 44호는 쪽구들에 가까운 연도부뚜막, 51호와 55호는 연도부뚜막에 가까운 쪽구들로 분류했을 뿐이나(그림 3-29, 6-13), 기본적으로 양자의 중간적 성격을 띠고 있다.

더욱 특징적인 것은 9기의 쪽구들 가운데 석제는 1기에 불과하고 8기는 점토제라는 사실이다. 이렇게 점토 쪽구들은 남쪽으로 내려올수록 증가한다.

지금까지 살펴보았듯이 경기도 일원에서는 삼국1기에 쪽구들이 중심을 이루다가 삼국2기로 넘어가면서 쪽구들은 오히려 주춤하고 연도부뚜막이 성행하는 현상이 나타난다. 또 백제 지배층은 쪽구들보다는 이를 변형시킨 연도부뚜막을 선호하였고, 이에 따라 백제의 세력 범위를 중심으로 연도부뚜막이 확산되는 현상이 나타난다. 서울 풍납토성에서도 연도부뚜막(부뚜막)이 중심을 이루면서, ㄱ자형 외고래 쪽구들도 6기가 확인되었다.[16]

연도부뚜막은 쪽구들과 달리 난방과 조리, 조명의 기능을 일원적으로 수행할 수 있어 상대적으로 우수하다고 평가하기도 하지만,[17] 온돌의 역사에서 보면 오히려 구조적으로 퇴보한 것이다. 삼국시대의 종말과 더불어 사라지는 점도 이를 뒷받침한다.

주로 삼국2기에 속하는 화천 원천리 유적[18]에서는 117기의 주거지가 발굴되었는데, 대부분 呂자형 또는 凸자형 평면이다. 주거지 내부에는 점토띠식 노지나 연도부뚜막이 시설되어 있는데, 점토띠식 노지 13기, 부뚜막식 노지 1기, 연도부뚜막 85기, 점토띠식 노지와 연도부뚜막 공존 3기로서, 연도부뚜막이 대다수를 차지한다. 연도부뚜막 주거지가 점토띠식 노지의 주거지를 파괴하고 조성된 경우가 많아서, 연도부뚜막 주거지가 점토띠식 노지보다 후행한다. 쪽구들은 하나도 발굴되지 않았으니, 이처럼 연도부뚜막을 사용하면서 쪽구들을 아예 도입하지 않은 집단도 있다.

ㄱ자형 구들 평면에 외고래를 한 삼국1기의 쪽구들은 북옥저인의 것과 상통한다. 다만 같은 시기 북방의 쪽구들에서는 ㄷ자형 평면이나 쌍고래도 있는 데 비해서, 경기도 일원에서는 거의 단일한 구조를 이룬다. 이것은 발생 중심지에서는 변화·발전하는 데 비해서 주변부에서는 지체현상을 보이는 것으로 볼 수 있고, 다른 한편으로는 상대적으로 따뜻한 남쪽에서는 다양한 구조로의 발전이 굳이 필요하지 않

16 주거지의 구조가 제대로 확인되지 않은 경당지구 20여 기를 제외하고 풍납토성에서 발굴된 82기 가운데 노지만 있는 주거지 12기, 부뚜막 46기, 쪽구들 6기이다.

17 한지선, 「고고학을 통해 본 백제인의 생활문화: 한성백제기를 중심으로」, 『동아시아 속의 한국고대생활사』, 한국고대사학회 하계세미나 발표문, 2011.7.28~29, 56쪽.

18 예맥문화재연구원, 『華川 原川里遺蹟』 IV, 2013, 27-33, 45쪽.

았을 수도 있다.

북방에서는 석제 쪽구들 일색이지만, 중부권에서는 점토제도 보이는 차이가 있다. 두 가지 가능성이 있는데, 하나는 북방에도 점토제 쪽구들이 있는데 제대로 발굴되지 않은 경우이고, 다른 하나는 중부권에서 점토제 쪽구들이라는 새로운 양식이 출현한 경우이다. 어느 쪽이든 중부권에서는 석제 쪽구들이 우세하고, 영남권에서는 점토제 쪽구들이 우세하여, 석제 쪽구들은 북방적 속성을 지닌 반면에 점토제 쪽구들은 남방적 속성을 지닌 것으로 볼 수 있다.

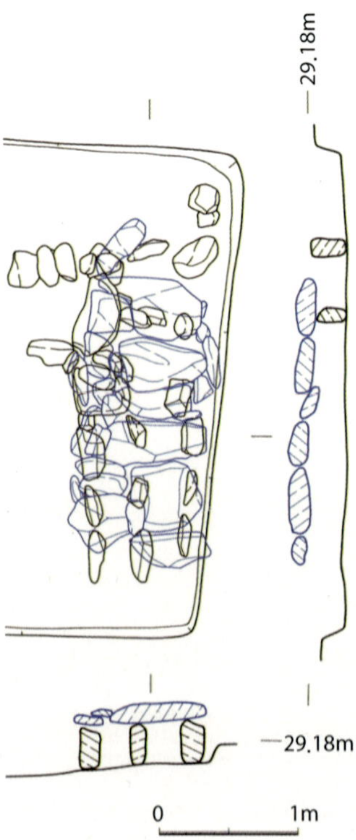

그림 6-14. 상석정마을 15호 쪽구들

경기도와 영서 지방에서는 구조에서 대체로 ㄱ자형 외고래의 쪽구들이란 정형성을 띠고 있으나, 발안리 유적에서 볼 수 있는 것과 같이 변형된 것도 등장한다. 이를 통하여 지역에 따라 구조를 변형 또는 발전시키려는 다양한 시도들을 읽을 수 있다.

우선, ㄱ자형 쌍고래가 있다. 구들 전체가 쌍고래로 된 것이 일반적이지만, 앞서 율문리 유적과 삼옥리 유적에서 보았듯이 전반부는 쌍고래이고 후반부는 외고래인 경우도 있다. 부여 정동리 건물지에서도 후자와 같은 구들이 발굴되었는데, 이런 것은 외고래에서 쌍고래로의 과도적 모습을 띠는 것이다.

전체가 쌍고래인 것은 양평 양수리 상석정마을과 오산 내삼미동에서 각각 3기, 4기씩 복수로 발굴되었다. 상석정마을 15호(그림 6-14)에서 ㄱ자형 쌍고래의 석제 쪽구들이 동벽에 시설되어 있는 모습을 잘 볼 수 있으니,[19] 쌍고래인 것 외에는 ㄱ자형 외고래와 차이가 없다. 그렇지만 시간이 흐르면서 다수 고래로 변모하는 추세를 감안하면,

19 성균관대학교박물관, 『경기도 양평군 양수리 상석정마을 발굴조사 보고서(철기시대 전기편)』, 2008, 101-102쪽.

일견 발전된 모습을 보이는 것이라 평가할 수 있다.

이에 비해서 오산 내삼미동에서는 굴착식의 ㄱ자형 쌍고래가 발견되었으니, 삼28호(그림 6-15)를 예로 들 수 있다.[20] 집자리를 만들 때에 쪽구들 부분을 바닥보다 높게 파서 단(段)을 지은 뒤, 지면을 굴착하여 쌍고래를 만들고 장방형의 얇은 할석을 구들장으로 삼았다.

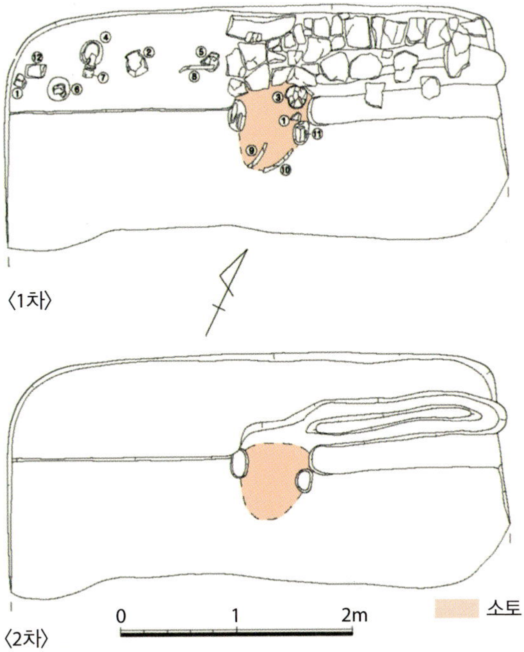

그림 6-15. 내삼미동 삼28호

이상과 같은 ㄱ자형 쌍고래 구들은 화성 석우리 먹실, 오산 가수동, 천안 용원리A지구에서도 1기씩 발견되었다.

오산 내삼미동에서는 두 가지 새로운 유형이 추가로 나타난다. 하나는 구들을 주거지 내부가 아니라 밖으로 돌출시켜 굴착한 유형이다. 삼2호(그림 6-16)를 예로 들 수 있으니, 수혈 벽 밖으로 북벽과 평행하게 고래를 굴착하여 만들었다. 구들 길이는 2.9m, 너비 28~46cm이고, 배연구로 갈수록 서서히 높아진다.

이런 '돌출고래'는 오산 가수동, 서천 봉선리, 서천 추동리, 익산 부송리 등에서도 보이는 것으로서, 통일신라를 거쳐 조선시대까지도 나타난다. 제3장에서 언급한 화성 발안리 27호(그림 3-25), 장흥 상방촌 A-2지구 27호 등도 이런 유형에 속한다고 할 수 있다.

다른 하나는 구들 좌우로 잔가지가 여러 개 달린 것처럼 보이는

20 경기문화재연구원, 『烏山 內三美洞 遺蹟』 본문, 2011, 344-346쪽.

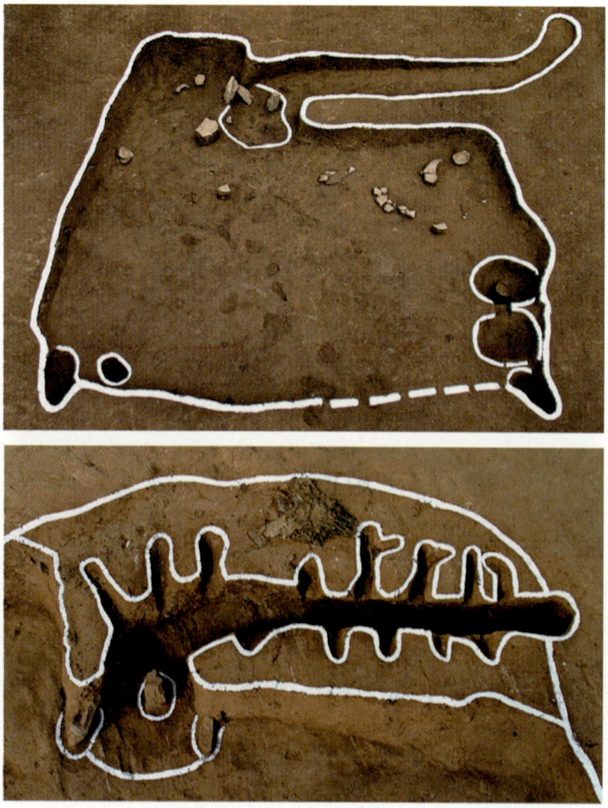

그림 6-16(상). 내삼미동 삼2호
그림 6-17(하). 내삼미동 삼5호 쪽구들

유형으로서, 이 유적에서 처음으로 다수가 확인된다. 보고서에서는 나뭇가지와 유사하다고 하여 '가지고래'라고 명명하면서 구들장 전체에 열이 고르게 전달하도록 고안된 것으로 해석하였다.[21] 삼5호(그림 6-17)의 경우에 위로 8개, 아래로 5개가 서로 엇갈리게 하여 도합 13개의 가지고래가 부가되어 있고, 그 위에 얇은 장방형 할석을 조밀하게 덮어 연기가 새지 않도록 했다. 고래는 배연구 쪽으로 완만한 경사를 이루도록 굴착하여 길이 2.14m, 너비 28~36cm이며, 가지고래는 길이 13~34cm, 최대 너비 12~20cm, 최대 깊이 12~22cm이다. 굴뚝개자리는 타원형을 이루며 주거지 밖으로 약간 돌출되어 있다.

구들에 부가된 시설은 화성 석우리 먹실 유적[22]에서도 찾을 수 있다. 이곳의 쪽구들은 ㄱ자형 외고래의 점토제가 주류를 이루는데, 구조에서 화성 발안리의 쪽구들과 유사한 것이 보인다. 그런데 9호 주거지(그림 6-18)에는 쌍고래에 ㅁ자형 고래가 부가되어 있어 특이한 구조를 하고 있다. 앞의 가지고래와 함께 이것은 제9장 각주26에서 설

21 위의 책, 508쪽.
22 경기문화재연구원, 『華城 石隅里 먹실遺蹟』, 2007.

명한 '보조고래'에 속한다.

또한 1자형과 T자형도 있는데, 1자형은 ㄱ자형에서 짧은 구들이 생략된 형식이므로 구조적으로 특별한 의미는 없고, 통일신라식 쪽구들이라 할 수 있는 T자형은 제8장에서 다루겠다. 이 밖에 제3장에서 언급했듯이 용인 마북동에서는 고래가 구불구불하여 S자형으로 분류되는 변형도 보인다.

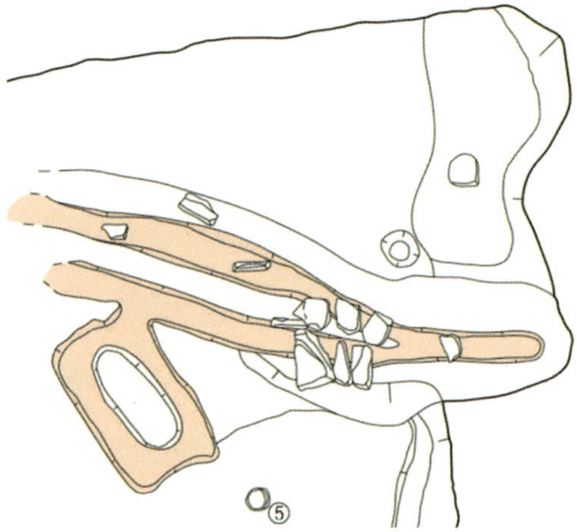

그림 6-18. 석우리 먹실 9호 쪽구들

충주 탑평리 유적[23]은 충남권보다 경기권에 더 가까운데, 삼국시대 세력의 각축장이었던 만큼 백제, 고구려, 신라, 그리고 통일신라의 주거지가 차례로 발굴되어 주목된다. 이 가운데 고구려와 신라 주거지는 거의 쪽구들 일색인 반면에 백제와 통일신라 주거지에서는 노지나 부뚜막만 확인되었다. 고구려와 통일신라 주거지는 1기만 조사되어 한계가 있지만, 이 지역에서 세력의 향배에 따라 부뚜막 문화와 쪽구들 문화가 교차하는 것을 확인할 수 있다.

이상으로 경기·영서 지방의 쪽구들을 정리해보았다. 유적의 분포 상황을 보면 삼국1기와 삼국2기가 뚜렷한 차이를 보이지 않지만, 대체로 삼국1기에는 경기 북부로 퍼져 있는 반면에 삼국2기가 되면서 경기 남부에 몰려 있는 인상을 준다. 이것은 북방에서 남방으로의 전파 과정과도 대체로 일치한다. 또 구조 면에서 삼국1기에는 ㄱ자형 외고래가 주류를 차지하지만 삼국2기가 되면 변형이 많이 등장한다. 따

23 國立中原文化財硏究所, 『忠州 塔坪里遺蹟(中原京 추정지) 발굴조사보고서』, 2013; 中央文化財硏究院, 『忠州 塔坪里遺蹟』, 2013. 탑평리에서 발굴된 쪽구들의 통계(ㄱ-1 6기, ㄱ-2 1기, T-1 3기, 1-1 9기)는 경기권에 산입하였다.

라서 삼국1기는 정형의 시대였다고 한다면 삼국2기는 다양한 실험이 시작된 변형의 시대였다고 규정할 수 있다.

2) 충남권

이제 대전·세종을 포함한 충남권으로 내려가보겠다.[24] 전체적으로는 경기권 쪽구들이 주류이면서 영남권 쪽구들도 뒤섞이는 양상이 보인다. 그런데 〈표 6-5〉를 〈표 6-3〉과 비교하면, 경기·영서권보다 이질적인 요소들이 많이 보인다. 쪽구들이 남쪽으로 내려오면서 자체적으로 변질되었고, 다른 한편으로는 남방에서 전래된 요소가 복합되어 나타났기 때문이다. 대체로 충남권 북부에서는 북방적 요소가 강한 반면에 남부에서는 영남으로부터의 영향이 보인다. 여기서는 북방의 정형성을 띠는 쪽구들에 대한 언급은 생략하고 이질적인 요소들만 다루겠다.

우선, 영남권으로부터의 영향을 보여주는 것으로서 대전 구성동 유적, 오정동 유적, 용계동 유적, 복용동 당산 유적, 청주 송절동(테크노폴리스) 유적, 천안 두정동 유적 D지구를 들 수 있다.

구성동 유적[25]은 주로 반원형 주거지로 구성되어 있는데, 원형계 주거지에 쪽구들이 시설되는 것은 방형계 주거지에만 쪽구들이 시설되는 경기도 일원의 양상과 다르다. 취난시설은 부뚜막, 연도부뚜막, 쪽구들이 모두 있으나, 정형성을 띠지 않아서 명확히 분류하기가 어렵다. 보고서에서는 네 가지 유형으로 취난시설을 분류했는데, Ia식은 C자형 외고래에 해당하고, Ib식은 부뚜막에 직선형 연도가 달린 연도부뚜막으로 분류할 수 있고, IIa식은 벽선과 직교하는 부뚜막, IIb식

24 충북은 자료가 적어서 충남권만 설정하였다.
25 한남대학교박물관, 『大田九城洞遺蹟』, 1997.

표 6-5. 충남권의 구들 유형

	외고래	쌍고래	계
ㄱ자형	77	4	81
C자형	36		36
1자형	3	1	4
ㄷ자형	11		11
T자형	1		1
계	128	5	133

은 벽선과 평행하는 부뚜막으로 분류할 수 있다.

주거지 중복관계로 본다면, 구들은 점차 짧아져 쇠퇴하는 방향으로 변화했다. 이것은 경기도 지방에서 쪽구들로부터 연도부뚜막으로 변화하는 방향과 대체로 일치한다.

이런 C자형 외고래 쪽구들은 대전 오정동 유적에서도 발견되었다. 발굴된 주거지 5기 가운데 반원형 주거지인 1호(그림 6-19)[26]에서 점토로 만든 쪽구들이 확인되었는데, 부뚜막은 동벽에 붙여서 비스듬히 만들고 내부에는 솥받침을 두었다. 전형적인 쪽구들과는 달리 아궁이 입구가 주거지 중심을 향하지 않는다. 구들은 북벽을 따라 좁고 길게 뻗어 있는데, 전체 길이는 3m, 고래 너비는 8~13cm이다. 끝에는 굴뚝 자리가 만들어져 있다. 부뚜막에서 구들을 거쳐 굴뚝에 이르면서 바닥이 점점 높아져 배연을 원활하게 하였다. 이런 쪽구들은 후술하는 바와 같이 경남 서부의 진주 평거동, 함양 화산리 등에서 그 전형을 볼 수 있다. 직교부뚜막인 IIa식과 평행부뚜막인 IIb식도 함양 화산리 유적에서 찾을 수 있다.

대전 용계동 유적[27]에서는 443기의 주거지가 발굴되어 80기 정도의 쪽구들이 조사되었다.[28] 원형계 주거지는 213기, 방형계 주거지는

26 한남대학교박물관, 『大田梧井洞遺蹟』, 1998, 26-29쪽.
27 중앙문화재연구원, 『大田 龍溪洞遺蹟』, 2011.
28 보고서에서 종합적인 고찰이 없이 간단한 기술과 함께 단지 '주거지 속성표'만 제시하고 있어서 정확히 분류하기가 어렵다. 또 '주거지 속성표'에서 부뚜막부터 쪽구들까지

그림 6-19. 오정동 1호

165기가 확인되는데, 대체로 방형계는 ㄱ자형 외고래, 원형계는 C자형 외고래를 띠고 있다. 방형계 주거지의 쪽구들도 구조 면에서 후술하는 바와 같이 영남권의 쪽구들 양상을 띠고 있다. 모두가 점토 쪽구들인 것도 이를 뒷받침한다.

대전 복용동 당산 유적[29]에서 발견된 주거지는 모두 방형계로서 대부분 부뚜막이 시설되어 있다. 그 가운데 일부는 부뚜막의 연도가 ㄱ자로 꺾여서 쪽구들처럼 보이기도 한다. 점토를 주재료로 사용하고, 부뚜막이 큰 반면에 연도는 작아서 아궁이에서 고래로 갈수록 급격히 좁아지는 점은 영남권의 쪽구들과 흡사하다. 영남권의 쪽구들이 방형계 주거지와 만난 결과물로 여겨진다.

청주 테크노폴리스 조성 부지 I · VII지구 송절동 유적[30]에서는 원

모두 '구들 시설'로 기술한 것도 유형 분류를 어렵게 한다.

29 錦江文化遺産硏究院, 『大田 伏龍洞 堂山마을 遺蹟』, 2012.

30 한국선사문화연구원, 『淸州 松節洞 遺蹟』 VIII, 2018, 672-673쪽; 충청북도문화재연구원, 『淸州 松節洞 遺蹟』 X, 제2권, 2018, 588-591쪽; 충북대학교박물관 외, 「청주 송절동 유적 원삼국~삼국시대 주거지 검토」, 『淸州 松節洞 遺蹟』 XIII, 2018. 이 보고서들이 뒤늦게 간행되어 본문의 통계들에는 미처 반영하지 못하였다.

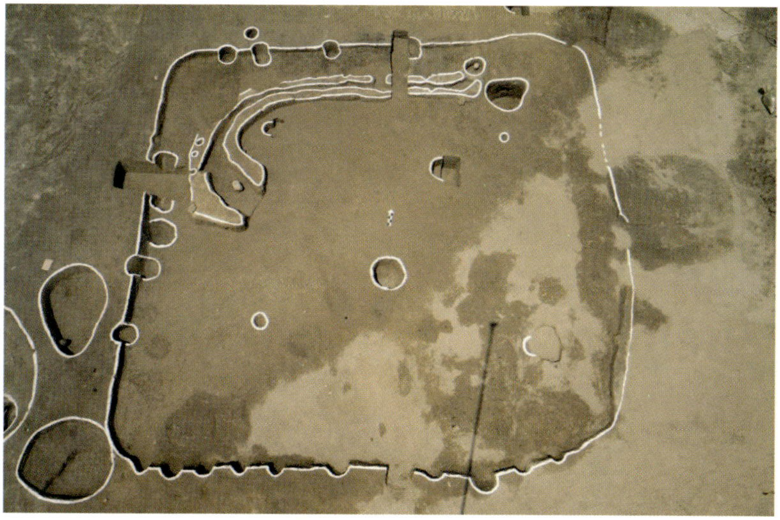

그림 6-20. 송절동 VII-2-12호 주거지

형계, 방형계, 凸(呂)자형 주거지 514기가 조사되었다. 노지나 부뚜막은 극히 일부이고, 쪽구들은 381기가 확인되어 대부분을 차지한다. 원형계 주거지에서는 점토로 만든 C자형 외고래를 이루고, 그 다음에 등장하는 방형계 주거지에서는 점토로 만든 ㄱ자형 또는 ㄷ자형 외고래를 이룬다. 고래는 대부분 점토를 쌓아 터널형으로 만들었지만, 바닥을 파내서 만든 것도 극소수 있다.

원형계 주거지에서 보이는 점토제 외고래 쪽구들은 영남권에서 유입된 것임을 반영한다. 뒤이어 등장한 방형계 주거지에도 이 전통이 계승되었으니, 고랫등이 점토제인 데다가 ㄱ자형이나 ㄷ자형의 꺾이는 부분이 직각을 이루지 않고, 부뚜막과 고래도 비스듬히 연접되어 있으며, 고래보다 부뚜막이 상대적으로 크게 강조되어 있다(그림 6-20). 구들은 벽과 40~50cm 정도 이격하여 조성하였다. 이런 점들은 후술하는 포항 호동과 기장 가동에서도 보인다. 그러면서도 수백 기에 이르는 주거지에서 쪽구들의 위치가 일률적인 점은 이 유적의 특색으로 지적할 수 있다.

이상과 같은 쪽구들은 대전 죽동 유적[31]에서도 보이고, 나아가 북쪽으로 천안 두정동 유적[32]에서도 보인다. 이곳에서도 방형계와 원형계 주거지가 섞여 있는데, 방형계 주거지는 ㄱ자형 외고래 쪽구들(보고서의 터널형 노지)이 시설되어 있지만, 경기도의 전형적인 쪽구들과 달리 부뚜막이 강조되고 구들은 부수적이며 점토로 축조하였다. 원형계 주거지에는 주로 부뚜막(보고서의 화덕형 노지)이 달려 있는데, 역시 점토로 축조하였다. 벽선과 직교하는 것이 있는가 하면 비스듬히 만나는 것도 있다. 이런 점들은 경기도 일대의 쪽구들과 다른 양상으로, 대전 구성동, 오정동의 쪽구들 문화와 연결된다.

이렇게 볼 때에 영남권의 쪽구들 문화는 천안 지역까지 영향을 끼쳤던 것으로 판단할 수 있다. 다만 화성 감배산 유적[33]에서도 남방적 요소가 발견되므로 조금 더 북쪽까지 영향을 주었을 가능성도 있다. 감배산 유적의 타원형 주거지에서 ㄱ자형 외고래의 백제 쪽구들이 발굴되었는데, 이곳에서 다수 발견된 장타원형 주거지들은 서울·경기 지역에서는 처음 발견된 것이라고 한다. 정확한 정보가 없어서 쪽구들이 중부권 형식인지 영남권 형식인지는 판단할 수 없다.

경기권과는 대조적으로 삼국1기에 이미 다양한 변형들이 등장하면서 실험이 시작되었는데, 서천을 중심으로 부여, 연기 등 주로 충남 남부에서 이런 현상이 많이 발견된다.

서천 지산리 유적[34]에서는 대다수가 정형에서 벗어난 특이한 구조를 띠어 눈길을 끈다. 첫째, ㄷc형에 속하는 쪽구들이 다수 발굴되었다. 여기서는 배연구가 모서리에 가깝게 또는 아예 모서리에 설치되어 대칭형을 이루지 않는다. 모서리에 가깝게 설치된 것은 ㄱ자형

31 하은정, 「대전 죽동 유적: 1지점 원삼국시대 취락」, 『2012년 유적조사 발표회 발표자료집』, 한국고고학회, 2012.7.7.

32 충청매장문화재연구원, 『天安 斗井洞 遺蹟(C·D地區)』, 2001.

33 유태용·강아리, 「화성 감배산유적 장타원형 住居址의 性格과 編年의 검토」, 『京畿地域 住居址遺蹟의 硏究』 I, 서경문화사, 2009.

34 공주대학교박물관, 『舒川 芝山里遺蹟』, 2005.

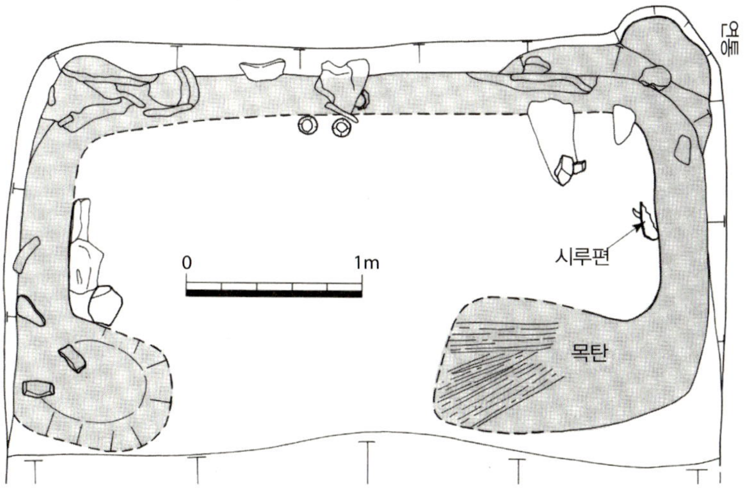

그림 6-21. 지산리 II-6호

과 ㄱ자형이 결합된 유형으로서 1기, 모서리에 설치된 것은 ㄱ자형과 1자형이 결합된 유형으로서 4기가 확인된다. 후자의 사례로서 II-6호(그림 6-21)를 보면, 동벽과 서벽 가까이에 각각 부뚜막이 하나씩 마련되어 있고, 여기서 북동쪽 모서리에 돌출되어 있는 타원형 연통까지 구들이 이어져 있다. 그림으로는 유구가 뚜렷한 듯하지만 사실은 쪽구들이 거의 파괴되어 정확한 구조를 알 수 없다. 다만 두 개의 쪽구들이 결합되어 전체적으로 ㄷ자형(또는 ㅁ자형)에 가까운 평면을 이룬 것은 분명하다. 이에 비해서 II-9호는 배연구가 모서리에 있지 않고 북쪽 장벽에서 서쪽으로 치우친 지점에 조성되어 있다.

둘째, ㄱ자형 쪽구들과 함께 독립된 부뚜막이 부가된 사례로서 5기가 확인되었다. II-11호(그림 6-22)를 예로 들 수 있으니, 북서쪽 단벽(사진 위쪽)의 부뚜막에서 출발하여 북동쪽 장벽(사진 오른쪽)으로 이어지는 쪽구들과 함께 남동쪽 단벽(사진 아래쪽) 중앙에 설치된 독립된 부뚜막 즉 '추가부뚜막'이 보인다.

이상의 두 가지 유형에는 모두 부뚜막이 두 개씩 있는 셈인데, 이들의 용도는 불명이다. 혹시 여름철에는 짧은 쪽구들이나 추가부뚜

그림 6-22. 지산리 II-11호

막만 사용하고, 겨울철에는 다른 쪽을 사용한 것이 아닌가 모르겠다. 이와 유사한 여진족의 결합형 쪽구들은 계절에 따라 달리 사용한 것으로 여겨지고 있다.

지산리 유적의 쪽구들은 영남권의 쪽구들을 닮았다. 우선 대부분의 부뚜막과 구들을 점토로 만든 점이 그러하다. 특히 이 유적에서는 점토 구들의 성형 수법이 확인되었다. 두께 2~3cm 내외의 나무를 칡덩굴과 같은 끈으로 엮어서 구들의 틀을 만들고, 겉에 짚이나 풀을 섞어 이긴 점토를 덧바른 다음에 불을 때서 단단하게 굳혔다. 다음으로 중부권에서는 쪽구들에 '추가노지'가 달린 사례는 많지만 '추가부뚜막'이 달린 것은 찾기 어렵다. 이런 형식도 역시 영남권에서 보인다. 마지막으로 부뚜막이 구들에 비해서 상대적으로 크게 조성된 점도 영남권 쪽구들의 특징이다.

서천 봉선리 유적에서는 돌출고래도 다수 보이고 이질적인 변형도 다수 보인다. 제3장에서 이미 언급한 것 외에도 3-I-1호(그림 6-23)를 예로 들면,[35] 벽 가까이에 부뚜막을 만들고 배연부를 수혈 벽면 밖으로 두 가닥 냈다. 하나는 바로 배연되는 구조로 연도부뚜막에 가깝고, 다른 하나는 구들을 형성한 뒤에 배연을 하게 되어 있어 쪽구들에 해당한다. 이와 유사한 두 개의 배연구는 3-I-21호에서도 보인다. 그런가 하면 T자형에 가까운 구조도 1기가 확인된다.

35 충청남도역사문화원, 『舒川 鳳仙里 遺蹟』 본문, 2005, 180쪽 및 도면, 191쪽.

서천 송내리 유적에서는 I-6호(그림 6-24)가 주목된다.[36] 하나의 쪽구들에 두 개의 부뚜막이 인접하여 달려 있는데, 보고자는 같은 시기의 것으로 추정하였다. 제3장에서 지적했듯이 I-23호 쪽구들(그림 3-27)에는 아주 형식적인 고래가 달려 있다.

그림 6-23. 봉선리 3-I-1호 쪽구들

부여 가탑리 가탑들 1호(그림 6-25)에서는 ㄷb형에 속하는 쪽구들이 발굴되었다.[37] 연기 응암리 유적에서는 구들이 벽에서 떨어져 있어서 직각을 이루는 연도까지 포함하면 이중굴절형을 이루는데, 2호(그림 6-26)의 경우에 부뚜막에서 ㄱ자형 구들을 이룬 다음에 다시 벽 쪽으로 꺾인다.[38] 이들은 ㄱ자형의 변형에 넣을 수 있겠다. 2호에는 부뚜막 시설이 잘 남아 있었다.

충남권에서 삼국2기가 되면 지상건물지에서도 쪽구들이 등장하기 시작하여 지상화의 경향이 나타난다. 특히 부여 일대의 부소산성과 정동리, 능산리 사지, 미륵사지 등에서 사비시대의 쪽구들이 다수 발굴되었다.

부여 부소산성에서는 2기의 쪽구들이 발굴되었다. 1983-3호 수혈주거지(그림 6-27)[39]는 병영 시설로 여겨지는데, 한 변이 4m 정도인 방형으로서 남벽 중앙에 출입구 계단이 있다. 동벽(사진 오른쪽) 가까이에 1자형 외고래 쪽구들이 있으며, 동벽 중간에 서쪽으로 입구가 나 있는

36 충청매장문화재연구원, 『舒川 松內里 遺蹟』, 2001, 35-39쪽.
37 금강문화유산연구원, 『扶餘 佳塔里 가탑들 遺蹟』, 2012, 49-51쪽.
38 공주대학교박물관, 『燕岐 鷹岩里 遺蹟』, 2008, 104-105쪽.
39 국립문화재연구소, 『扶蘇山城 發掘調查報告書』, 1996, 120-123쪽.

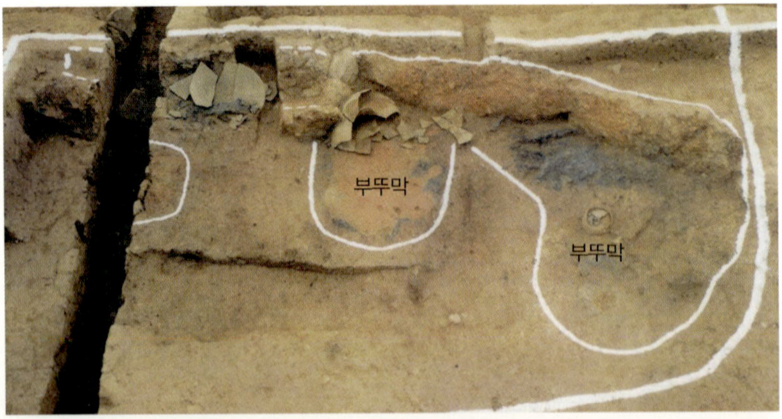

그림 6-24. 송내리 I-6호
그림 6-25. 부여 가탑리 가탑들 1호

아궁이가 있고, 이로부터 북쪽으로 경사져 올라가면서 돌과 흙으로 구들을 만들었다. 전체 길이는 3.6m, 폭 30cm, 깊이 30cm이다. 서벽과 북벽에는 침상으로 여겨지는 시설이 있다. 2002년에 발굴된 다-2호[40]에서도 1자형 외고래 쪽구들로 여겨지는 시설이 파괴된 채 발굴되었다.

부여 정동리 유적에서는 다수의 쪽구들이 조사되었다.[41] 지상건물

40 국립부여문화재연구소, 『扶蘇山城 發掘調査報告書』 V, 2003, 144-145쪽.
41 유기정, 「泗沘期 구들시설 建物址에 대한 一考: 扶餘 井洞里遺蹟 建物址를 中心으로」,

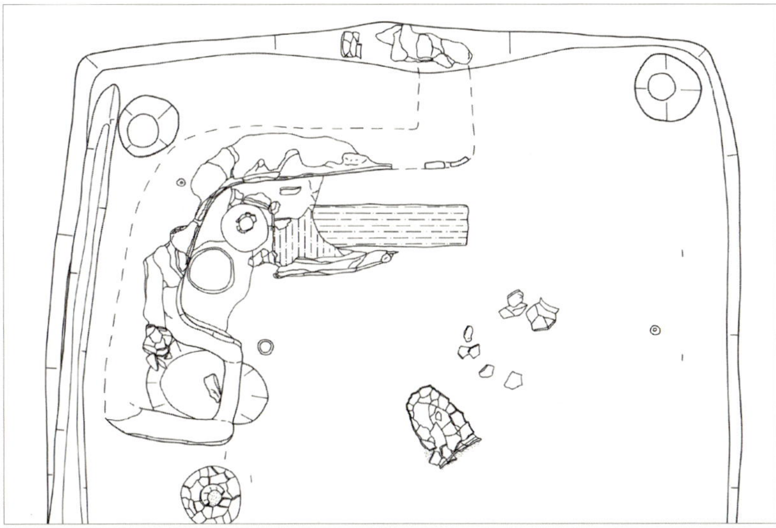

그림 6-26. 연기 응암리 2호
그림 6-27. 부소산성 1983-3호 수혈주거지

지 7기 및 수혈주거지 5기에서 각각 3기와 2기의 쪽구들이 확인되었다. 1호, 3호, 4호 지상건물지에서 발견된 쪽구들은 구조가 동일한데,

『國立公州博物館紀要』 3, 2003; 충청문화재연구원, 『扶餘 井洞里 遺蹟』, 2005.

이미 제3장에서 지적했듯이 돌과 흙으로 만든 구들이 ㄱ자형을 이루지만 벽과 평행하지는 않는 점에서 전형적인 쪽구들과 다르고 연도부뚜막의 모습도 띤다(그림 3-28). 구들은 아궁이로부터 시작하여 꺾이는 지점까지의 제1단은 내부에 둑을 만들어 쌍고래이고, 꺾인 다음의 제2단은 합쳐져 외고래가 된다. 제1단은 수평을 이루는 데 비해서 제2단은 연도처럼 급경사를 이룬다. 이런 점에서도 쪽구들과 연도부뚜막의 중간 성격을 띠고 있다고 하겠다.

2, 5호 수혈주거지의 쪽구들은 성격이 다르다. 2호에서는 점토로 만든 1차와 2차 쪽구들이 발굴되었는데, 1차는 ㄱ자형처럼 구들이 휘어 있고, 2차는 1자형을 이룬다. 5호에서는 돌과 점토로 만든 1자형 쪽구들이 발굴되었는데, 그 구조는 부소산성 1983-3호의 쪽구들과 흡사하다.

567년에 완성되어 백제 말에 폐사된 능산리 사지에서는 1탑 1금당식 가람 배치의 ㄷ자형 건물군이 노출되었고, 그 북서편인 강당지 본채 서실(西室)과 공방지I · II의 세 건물지에서 쪽구들이 각각 발굴되었다(그림 6-28). 강당지 본채 서실[42]의 경우에 동벽 중간에 있는 아궁이에서부터 동벽과 북벽을 따라 기와와 흙으로 ㄱ자형 외고래를 만들고 그 위에 판석을 덮었다. 굴뚝은 북서 모서리에 있다.

쪽구들의 배치나 구들 축조 시 기와를 사용한 것은 고구려 동대자 유적(그림 5-29)과 흡사하고, 방 중앙에 대석(臺石)이 놓여 있는 점도 유사하다.[43] 이들과 비슷한 쪽구들은 정릉사지에서도 발굴되었다. 다만 굴뚝이 동대자 유적에서는 건물 기단 밖에 설치되고 능사에서는 기단 안에 설치되어 차이가 있다. 이러한 건물 구조의 유사성과 함께 고구려계 유물이 다수 출토된 점은 고구려로부터의 영향을 느끼게

42 국립부여박물관, 『陵寺: 扶餘 陵山里寺址發掘調査 進展報告書』, 2000, 32-33쪽.

43 김길식, 「백제 시조 九台廟와 능산리사지: 九台廟에서 寺廟로」, 『한국고고학보』 69, 2008, 70쪽.

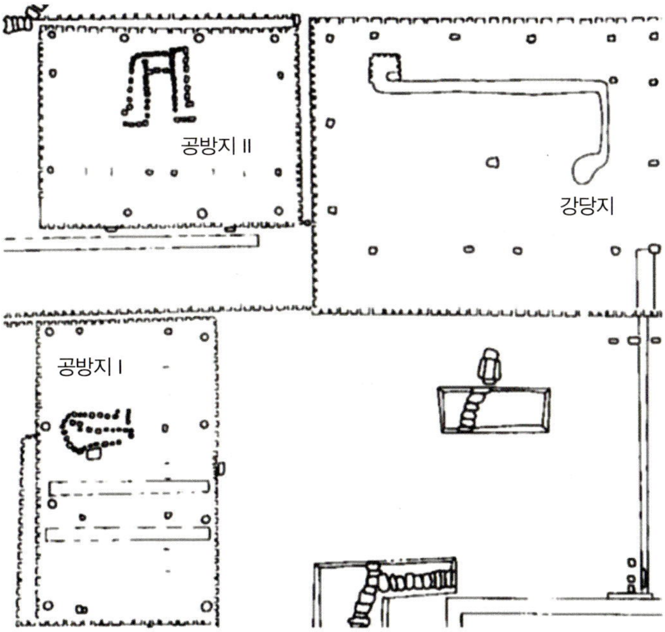

그림 6-28. 능산리 사지 쪽구들 건물지

해준다. 강당지 쪽구들이 충남권에서 발견되는 다른 백제 쪽구들과도 구조에서 차이를 보이는 것도 이 때문일 것이다.

공방지I[44]은 남북향 3실로 이루어졌는데, 중실 북벽과 북실 남벽에 해당하는 격벽을 사이에 두고 두 개의 쪽구들이 시설되어 있다. 서쪽 방 바깥에 만든 배연구를 공유하고 있어서 전체적으로 U자형처럼 보인다. 중실 북벽의 구들은 길이 3m로서 1자형에 가깝게 기와를 쌓아 만들고 그 위에 판석을 덮었다. 북실 남벽의 구들은 길이 2.4m 정도로서 역시 1자형에 가까운 모습을 띤다.

공방지II[45]는 가운데 통로와 동실 및 서실로 나뉘는데, 동실 서벽에 설치된 1자형 쪽구들과 서실 동벽에 설치된 ㄱ자형 쪽구들이 공방

44 국립부여박물관, 앞의 책, 43-44쪽.
45 위의 책, 46-47쪽.

지I처럼 북벽 바깥에 마련된 하나의 굴뚝으로 연결된다. 동실 서벽은 쪽구들의 길이가 2.88m이고, 서실 동벽은 3.12m인데, 모두 작은 돌로 고랫등을 쌓고 판석으로 덮었다.

공방지I, II의 쪽구들은 다른 곳에서 볼 수 없는 구조이므로, 난방 시설이라기보다는 공방(工房)과 관련된 시설이 아닌가 여겨진다. 공방과 관련된 쪽구들은 페트로프섬 1호 주거지(그림 5-6)에서 찾을 수 있다.

나성 부근에 있는 3호 건물지에서도 ㄱ자형 외고래 2기가 확인되었다.[46] 1호는 구들이 비스듬히 휘어 있어 ㄱ자형에 가까운데, 암반층을 약간 굴착한 뒤 돌을 쌓아 3.6m 길이의 구들을 만들었고, 굴뚝에는 개자리를 두었다. 2호는 굴착하지 않고 돌을 쌓아 만든 ㄱ자형으로 길이 3.4m이다. 둘 다 고래 바닥이 굴뚝 쪽으로 높아지게 만들었다. 이들은 절터 본채의 쪽구들과는 구조에서 차이를 보인다.

3) 영남권

영남권은 해안 지대를 중심으로 하면서 영남 전체를 포괄하는데, 발굴된 삼국1기와 삼국2기의 주요 쪽구들은 〈표 6-6〉과 같다.

영남권에서는 해안 일대 및 대구를 중심으로 한 경북 남부에 몰려 있고, 반면에 경북 북부는 거의 공백으로 남아 있다. 이것은 영남권의 쪽구들이 북방으로부터 전래된 것이 아니라 후술하는 바와 같이 경남 해안에서 출발하여 내륙으로 확산되어 간 정황을 반영할 것이다.

쪽구들의 구조 면에서 보면(표 6-7), 경기·영서권에서 전혀 보이지 않는 C자형 쪽구들이 주류를 이루는 것이 특징이다. 또 쌍고래

46 국립부여문화재연구소, 『陵寺: 부여 능산리사지 10차 발굴조사보고서』, 2008, 44-51쪽.

표 6-6. 영남권의 삼국시대 쪽구들

유적명	중심 연대	전체 주거지	쪽구들 주거지	구들 형식	구들 재료	출전
부산 기장 가동	삼2	151	78	ㄱ-1, ㄷ-1	점	『기장 가동 유적』(2009)
함양 화산리	삼1	43	24	C-1	점	『함양 화산리 유적』(2007)
진주 평거동3-1	삼2	95	26	C-1	점	『진주 평거 3-1지구 유적』 II · III(2011)
진주 평거동3-2	삼2	137	117	C-1	점	『진주 평거동 유적I(3택지2지구)』 (2010)
사천 늑도A	삼1	90	41	C-1, 1-1	돌	『늑도패총』(2003), II(2006)
사천 늑도C	삼1	14	7	C-1	돌	『사천 늑도 CI』(2005)
사천 봉계리	삼2	149	6	C-1, ㄱ-1	점	『사천 봉계리 삼국시대 취락』(2002)
창원 남산	삼1	35	3	C-1	점	『창원 남산 유적』(2003)
창원 신방리	삼1 · 2	2	2	ㄱ-1	점	『창원 신방리 유적』(2008)
창원 외동	삼1	3	1	C-1	점	『창원 외동 유적』(2005)
창원 가음정동	삼2	3	1?		돌	『'94 창원 가음정동 유적』(2001)
진해 용원	삼2	21	2?		점	『진해 용원 유적』(1996)
울산 사연리 늠네	삼1	1	1	C-1	점	『울산 사연리 늠네 유적』(2003)
울주 명산리 314-1	삼1	11	4	C-1	점	『울주 명산리 314-1 유적』(2009)
대구 상동	삼2	20	20			*통일신라에서 다룸
대구 매호동 1008	삼1 · 2	29	8	ㄱ-1, ㄷ-1, ㅁ-1	점	『대구 매호동 1008번지 유적』(2009)
대구 봉무동	삼1	17	4	?	점	『대구 봉무동 유적』 V(2011)
	삼2	20	5	?	점	
대구 달성 평촌리	삼1	6	4	C-1	돌	『달성 평촌리 · 예현리 유적』(2010)
성주 장학리 장골	삼2	69	2	ㄱ-1, T-1	돌	『성주 장학리 장골 유적』 1 · 2(2008)
성주 가암리	삼2	48	9	ㄱ-1, C-1	점	『성주 가암리 유적』(2008)
성주 상언리	삼1	2	2	ㄱ-1	점	『성주 상언리 유적』(2008)
고령 지산동	삼2	13	9	T-1	돌	『고령 지산동 유적』(2007)
경산 임당I	삼1 · 2	60	9	ㄱ-1, ㄷ-1	점	『경산 임당동 마을 유적』 I · II(2008)
경산 임당동 208-2(원룸부지)	삼1	17	8	ㄱ-1, C-1	점	『경산 임당동 환호 유적』(2010)
경주 황성동 1 · 2차	삼1	46	5	C-1	점	『경주 황성동 유적』 I · III · V(2000)
포항 호동	삼1 · 2	281	144	ㄱ-1	점	『포항 호동 유적』 (2005)

가 보이지 않는 반면에, ㄷ자형이 등장하는 것도 지적할 수 있다. 이런 차이는 두 지역의 쪽구들 연원이 다른 것을 의미한다. 영남권에서의 기원을 논하려면, 가장 이른 시기에 속하는 사천 늑도 유적[47]을 언

47 경남고고학연구소, 『勒島貝塚』 A地區 · 住居群, 2003; 동아대학교박물관, 『泗川 勒島 CI』 2005; 경남고고학연구소, 『勒島貝塚』 II, A地區 住居群, 2006.

표 6-7. 영남권의 구들 유형

	외고래	쌍고래	계
ㄱ자형	168		168
C자형	206		206
1자형	14		14
ㄷ자형	4		4
T자형	6		6
계	398		398

급해야 할 것이다. 늑도에서는 방형계와 원형계 주거지가 나타나는데, 중복 관계로 보아서 방형계가 선행하며, 후행하는 원형계가 다수를 차지한다. 쪽구들은 두 유형에서 모두 나타난다. 원형계 주거지에서 쪽구들이 등장하는 것은 경기권과 다른 양상이다.

방형계 주거지에 쪽구들이 달린 것으로 A지구 가17호, 가42호, 나65-1호 등이 있는데, 가17호, 가42호의 경우에 아궁이가 고래에서 약간 벗어나 있어서 구들은 ㄱ자형에 가까운 1자형을 이룬다. 나65-1호는 원형에 가까운 방형 주거지로서 구들이 북벽을 따라 약하게 휘어 있는 1자형 외고래이다.

원형계 주거지에서는 구들을 주거지 벽면에 붙여서 둥글게 만든 C자형 외고래가 주류를 이루니, A지구 나30호, 나41호(그림 6-29), C지구 13호, 14호에서 그 구조를 잘 볼 수 있다. 이런 유형은 원형계에 맞추어 ㄱ자형 구들이 변형된 것이다. C자형에는 두 가지가 있다. 가장 많이 발견되는 유형은 내측 고랫둑만 만들고 외측 고랫둑은 주거지 벽을 이용하여 구들 단면이 러시아 문자로 Г(게)자형을 이루는 것이고, 이 밖에 내외측 고랫둑을 모두 만들어 구들 단면이 П(페)자형을 이루는 것도 있다.

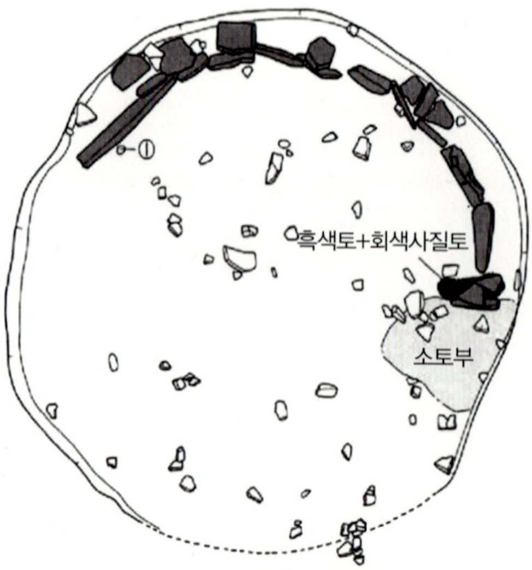

그림 6-29. 늑도 A지구 나41호

그림 6-30. 늑도 A지구 다2-4호

다2-4호(그림 6-30)는 부뚜막 가까이에서 Π자형을 이루다가 이후는 Γ자형을 이루는데, 이런 구조는 평거동 등의 점토제 쪽구들에서도 보인다. 가11호, 가65호처럼 벽에서 일정한 거리를 두고 1자형 평면에 가까운 구들을 만든 것도 일부 보인다.

고랫등은 대부분 판석을 세워서 만들었지만, 점토를 이용한 것도 있다. 가50호는 내측 고랫등을 점토로 만들고 외측 고랫등은 판석을 세워 만들었고, 나36호는 점토로 양쪽 고랫등을 만들고 판석으로 구들장을 얹었다. 부뚜막도 대부분 돌로 만들었지만, A지구 나5호에서는 점토로 만들었다. 가42호와 가50호에는 아궁이 부근에 판석을 세워 조리 관련 시설을 만든 것으로 여겨진다.

늑도에서는 삼각형 점토대 토기 단계에서 쪽구들이 등장하는데, 그 출현 시기는 기원 전후 무렵으로 추정된다.[48] 남한에서 가장 이른

48 이재현은 늑도 유적의 중심 시기를 기원전 1세기~기원후 1세기로 잡았고, 김현은 쪽구들의 출현 시기를 기원전 1세기~기원 전후로 잡았다(김현, 「南海岸 쪽구들住居址 登場

그림 6-31. 늑도 출토 단결-크로우노프카문화 계통 토기

쪽구들이 한반도 제일 남쪽에서 발견된 것이다. 북옥저 지역처럼 추운 환경에 적응하기 위해 고안된 쪽구들이 한반도 남부에서 제일 따뜻한 곳에 처음 출현하였으니, 이 사실은 현지에서 새롭게 발명된 것이라기보다 북방으로부터 해상을 통해서 전파되었을 가능성을 보여준다. 늑도 유적에서는 왜계 유물이나 낙랑 및 한식 유물 등 외래계 유물이 다수 발굴되었고, 늑도B지구에서는 단결-크로우노프카 문화와 연결시킬 수 있는 토기도 확인되었다(그림 6-31).[49]

이런 점을 볼 때에 연해주 일대로부터 해로를 통하여 신속히 쪽구들이 유입되었을 것이다. 그런 다음에 가까운 육지로 퍼져나가는 쪽구들의 확산 거점이 되었던 것으로 판단된다. 진주 평거동, 사천 봉계리, 함양 화산리 등이 그런 확산의 결과물이다.

진주 평거동 유적[50]은 삼국2기 초를 중심에 두면서 일부는 삼국1기 말에 걸쳐 있다. 3-1지구는 방형계 수혈주거지가 다수 확인되었으나, 3-2지구는 모두가 원형계 수혈주거지이고, 지상건물지에서는 취난시설이 확인되지 않았다. 방형계 주거지에서는 노지나 부뚜막이 발

에 대한 小考: 勒島 住居址를 중심으로」, 『석헌 정징원 교수 정년퇴임기념논총』, 부산고고학연구회 총서간행위원회, 2006, 366쪽; 이재현, 「원삼국시대 남해안 해상교류 시스템: 늑도유적의 발굴성과와 연구과제를 중심으로」, 『대구사학』 91, 2008, 7-9쪽).

49 이재현, 위의 글, 9-10쪽.

50 공봉석, 「진주 평거동 유적(II지구)」, 『국가 형성에 대한 고고학적 접근』, 제31회 전국고고학전국대회, 2007; 경남문화재연구원, 『진주 평거 3택지 개발사업지구(2지구) 진주 평거동 유적』 I, 2010; 경남발전연구원 역사문화센터, 『진주 평거 3-1지구 유적』 II · III, 2011.

견되고, 원형계 주거지에서는 부뚜막이나 쪽구들이 발견되어, 원형계 주거지에서만 쪽구들을 채택한 것을 알 수 있다. 방형계와 원형계는 구역을 달리하면서 배치되어 있다.

쪽구들의 부뚜막은 점토로 축조하였고, 타원형 내지 원형을 띤다. 크기는 다양하지만 주거지 규모와는 무관하다. 부뚜막 주변에는 점토로 만든 조리대 시설이 있었던 듯하다. 아궁이 입구는 주거지 벽선과 직교하지 않고 평행하는 것에 가까운데, 이것은 중부에서 보는 전형적인 쪽구들과 다른 양상이다. 늑도에서도 주로 직교하지만, A지구 가72호에서는 비스듬히 연결되고, 다2-4호에서는 평행하는 모습이 일부 보인다. 특히 다2-4호는 축조재료만 다를 뿐이지, 평거동, 봉계리, 화산리 등에서 보이는 점토제 쪽구들의 구들 평면과 아주 유사하다. 이런 점에서 늑도의 판석 쪽구들에서 영향을 받아서 점토 쪽구들이 형성된 것으로 보인다.

부뚜막에서 갑자기 좁아지면서 구들로 연결되는데, 아궁이 수혈 바닥에서 구들로 올라서면서 자연스럽게 부넘기가 형성되어 있다. 점토로 만든 구들은 C자형 평면을 이루고, 전체 길이는 보통 주거지 벽의 4분의 1 정도를 차지하지만 아주 짧게 마무리되는 경우도 있다. 구들은 대부분 북쪽의 배연구를 향하여 서벽의 부뚜막에서 시계 방향으로 진행하지만 일부는 동벽의 부뚜막에서 시계 반대 방향으로 진행한다.

구들의 단면은 벽에 붙여서 Γ자형을 이루지만, 일부는 벽쪽에도 점토를 덧대어 Π자형을 이루는 것도 있다. 고래 바닥은 배연구로 갈수록 약간 높아지도록 만들었고, 구들 끝에는 내측 고랫둥을 주거지 벽으로 좁혀 붙여서 V자형으로 마무리하거나(그림 6-32), 점토덩어리나 토기 저부 등으로 막아서 마무리했다. 3-2지구 74호에서는 배연구가 원형의 점토띠를 이루는데(그림 6-33), 아마 수직의 배연시설이 마련되었을 것이다.

C자형 외고래의 사례로 3-2지구 93호(그림 6-34)를 들 수 있다. 부

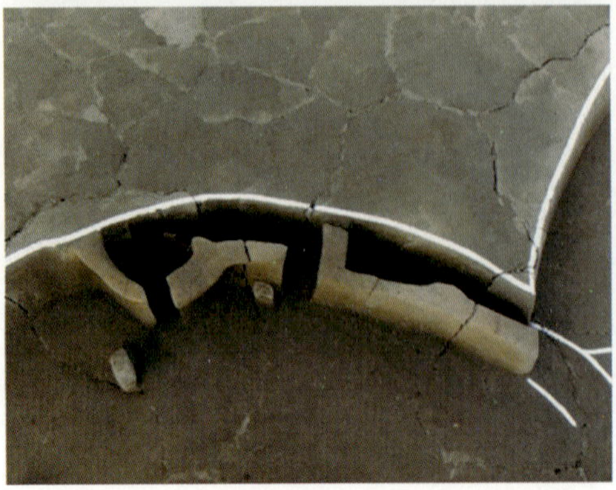

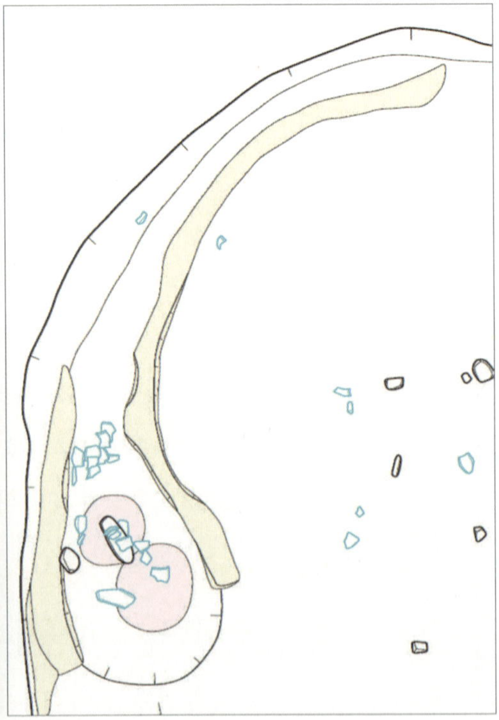

그림 6-32(좌상). 배연구
그림 6-33(좌하). 평거동 3-2지구 74호 배연구
그림 6-34(우). 평거동 3-2지구 93호 쪽구들

뚜막에는 솥받침 한 개가 있는데, 보수하면서 부뚜막을 앞쪽으로 이동한 흔적이 보인다. 구들은 서벽 중앙에 놓인 부뚜막에서 시계 방향으로 C자형을 이룬다. 고래는 부뚜막에서 급격히 좁아져 일정한 너비로 벽을 따라 북쪽으로 가다가 북벽 중앙에서 좁아져 마무리된다. 전체 길이는 4.8m, 부뚜막 너비 1.3m, 고래 너비 35~75cm이다. 20-1호(그림 6-35)는 동일한 구조이면서 시계 반대 방향으로 만들어져 있다.

평거동 유적은 부뚜막과 구들을 모두 점토로 만들고, 독립된 형태의 부뚜막도 발견된다는 점에서 늑도 유적과 구별된다. 이것은 재래의 부뚜막 문화에 늑도의 쪽구들이 영향을 주면서 새롭게 형성된 결과물로 보인다. 원형계 주거지에 C자형 평면의 쪽구들이 시설된다는 점에서는 양자가 서로 통한다. 늑도 A지구 다2-4호의 쪽구들이 평거

그림 6-35. 평거동 3-2지구 20-1호

동 쪽구들과 유사한 것도 이런 연결고리를 보여준다. 다만 늑도에서는 아궁이 입구가 벽선과 직교하지만, 평거동에서는 벽선과 평행하거나 비스듬히 만나는 방식으로 변형되어 있다.

평거동 유적에서 방형계 주거지의 부뚜막 문화는 전래의 문화를 반영하는 것이고, 원형계 주거지의 쪽구들 문화는 신생 문화를 반영하는 것이다. 그러면서 전형적인 쪽구들과는 달리 부뚜막이 강조되고 상대적으로 구들은 여기에 부수된 시설처럼 빈약하게 나타난다.

진주 내촌리[51]에서도 비슷한 시기의 주거지 44기가 발굴되었는데, 일부 주거지에 쪽구들이 시설된 것으로 보는 경우도 있지만 유구 설명이 명확하지 않은 보고서만으로는 그렇게 판단하기 어려워 제외한다.

51 한양대학교박물관, 『晋州 内村里 住居址 및 舊石器遺蹟』, 1999; 동아대학교박물관, 『晋州内村里遺蹟』, 2001.

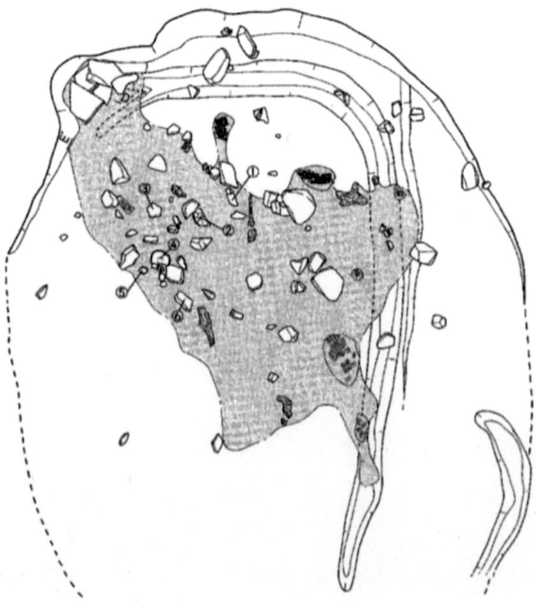

그림 6-36. 봉계리 50호

평거동 유적과 같은 시기에 속하는 사천 봉계리 유적[52]에서는 노지, 부뚜막, 연도부뚜막, 쪽구들이 발굴되어 평거동과 대비된다. 이것은 부뚜막 문화와 쪽구들 문화가 만나면서 다양한 취난시설이 만들어진 결과로 보인다.

파괴된 것이 많아 전모를 파악하기 어렵지만, 48호에서는 부뚜막, 36호에서는 연도부뚜막, 50호에서는 ㄱ자형 외고래 쪽구들, 29호 등 5기에서는 C자형 외고래 쪽구들이 분명히 확인된다. 50호(그림 6-36)는 원형계 주거지이지만, 구들이 벽을 따라가지 않고 주거지 안쪽에서 ㄱ자형으로 배치된 변형된 모습을 보인다. 구들은 모두 점토로 만들었다는 점에서 특색을 보이고, 50호와 63호에서는 부뚜막이 주거지 바깥으로 돌출되어 조성된 것도 특징적이다.

52 경남고고학연구소, 『泗川 鳳溪里 三國時代 集落』, 2002.

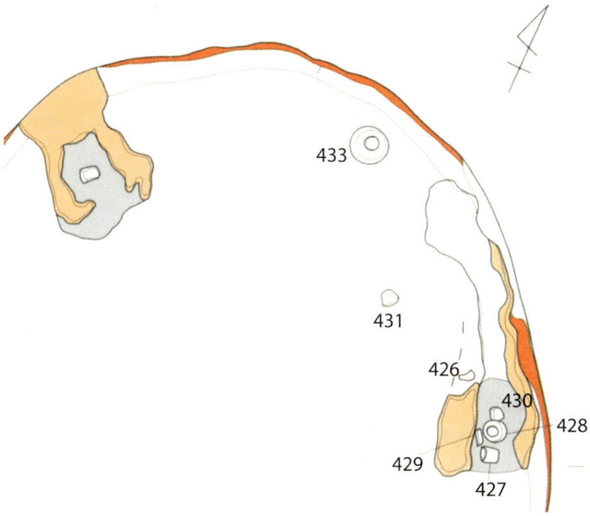

그림 6-37. 화산리 25호 쪽구들과 추가부뚜막

평거동이나 봉계리에 비해 함양 화산리 유적[53]은 내륙으로 들어와 있지만, 원형계 주거지에 C자형 외고래가 달리는 유구 양상이나 연대로 보아서 해안지대로부터 영향을 받은 것이 분명하다. 그러면서도 약간의 차이가 보이는데, 평거동 유적에서는 초본류를 섞은 점토를 사용한 데 비해서 이곳에서는 순수한 점토를 사용하였다.

화산리 25호(그림 6-37)에서는 쪽구들과 함께 벽에 붙인 부뚜막이 부가되어 있는데, 벽에서 다소 떨어져 있기는 하지만 부뚜막이 부가되어 있는 평거동 3-2지구 32호의 양상과 유사하다. 이렇게 쪽구들에 독립된 부뚜막인 '추가부뚜막'이 따로 부가되는 사례는 많지 않다. 하지만 서천 지산리 유적에서도 이런 사례를 찾을 수 있다. 이것은 중부권에서 부뚜막, 연도부뚜막, 쪽구들에 '추가노지'로서 수혈식 노지가 부가되는 것과 대비된다.

결국 늑도 유적으로부터 영향을 받아서 경남 서부 해안지대에서

53 경남발전연구원 역사문화센터, 『咸陽 花山里遺蹟』, 2007.

원형계 주거지의 C자형 점토제 쪽구들이 출현하게 된다. 늑도 유적에서는 부뚜막과 고래의 너비가 비슷하지만, 그 뒤로는 부뚜막에서 고래로 연결되는 지점이 급격히 좁아지는 구조적 차이가 보인다.[54] 이것은 부뚜막이 강조된 구조로서, 재래의 부뚜막 시설에 구들이 도입된 양상을 반영하는 것이니, 중부권의 쪽구들과 기본적으로 다른 출발을 보인다.

이 유형의 쪽구들은 다른 먼 지역까지 전파되었다. 순천 가곡동, 대전 구성동, 오정동, 용계동, 천안 두정동, 포항 호동, 기장 가동 등이 그런 예이다. 뒤에 자세히 서술하겠지만, 익산 사덕은 방형계 주거지에 쪽구들이 달린 것으로서 원형계 주거지의 C자형 쪽구들이 방형계 주거지에 채택되면서 나타난 현상으로 생각된다. 그러면서 부뚜막이 강조되고 상대적으로 구들이 빈약한 것은 중부권의 쪽구들과 다른 것으로서, 오히려 영남 서부의 쪽구들과 상통한다.

대전에서 발굴된 구성동과 오정동에서도 원형의 주거지에 C자형 점토제 쪽구들이 달려 있는데, 중부권에서 발견되는 방형계 주거지, 석제의 ㄱ자형 쪽구들과 비교해볼 때 이질적이고, 오히려 영남 서부에서 발견되는 구조와 흡사하다. 따라서 이런 쪽구들은 진주에서 함양, 대전을 거쳐 천안까지 퍼져나간 것으로 볼 수 있다.

가장 전형이라 할 수 있는 원형계 주거지의 C자형 점토 쪽구들은 경남 서부 지역에서 집중적으로 확인되는 반면에, 여기서 멀어지게 되면 방형계 주거지에서도 C자형 또는 ㄱ자형에 가까운 C자형, 나아가 청주 송절동처럼 ㄱ자형 쪽구들이 도입된다. 따라서 C자형 점토 쪽구들은 정형성이 나타나는 경남 서부 지역에서 출현한 것이다. 방형계 주거지에 ㄱ자형 석제 쪽구들이 경기권에서 정형성을 보이는 것과 비교된다. 따라서 ㄱ자형 쪽구들이 경기권에서 C자형으로 변형되

54 신준섭, 「기장 가동유적의 주거 구조에 대한 小考: 발굴보고 결과를 중심으로」, 『蔚山史學』 14, 2009.

어 남부 지역으로 전파되었을 가능성은 낮다.

영남 동부에서는 포항 호동과 기장 가동의 마을유적에서 동일 계통의 쪽구들이 발굴되었다. 호동[55]에서는 지상식에 가까운 주거지가 좁은 지역에서 중복되어 있기 때문에 원래의 모습을 유지하고 있는 것이 많지 않다. 대부분 방형계이고 원형계도 약간 있는데, 비슷한 시기에 조성되었지만 원형계가 주류를 이루는 영남 서부의 화산리, 내촌리, 대야리, 봉계리 유적과 대조적이다. 하지만 점토로 만든 쪽구들을 사용한다는 점에서는 상통한다. 나무나 대나무 등으로 터널형 틀을 짠 다음에 점토를 발라서 구워 만든 것으로 추정된다. 북벽을 따라서 벽에서 떨어져 쪽구들을 시설한 것이 대부분이다. 전체 281기 가운데 쪽구들이 확인되는 것은 144기인데, ㄱ자형 외고래가 92기, S자형 외고래가 9기 정도이다.

S자형으로는 II지구 79호(그림 6-38)를 들 수 있는데, 서쪽에 부뚜막이 달리고 직각에 가깝게 꺾여서 구들이 이어진다. 그러면서 마지막에 배연부가 다시 꺾이는데, 이 점에서는 앞에서 언급한 연기 응암리의 이중굴절형과 통한다. 그런데 ㄱ자형 외고래라 해도 배연구가 구들과 꺾여서 시설된 것이 많고, 이 유적에서도 배연구 부분이 파괴된 경우에는 ㄱ자형인지 S자인지 구분하기가 어려운 난점이 있다. 또 이런 S자형은 고래가 S자를 이루는 경우와 다르므로 모두 ㄱ자형으로 통합하여 분류할 수 있다.

ㄱ자형도 중부지방에서 보이는 전형적인 구조와 다르다. 부뚜막과 구들이 직각으로 만나는 경우도 있지만 C자형에 가깝게 호형을 이루는 경우도 보인다. 방형계 주거지가 모서리가 둥근 말각을 많이 띠고 있고 구들은 이런 주거지 벽과 평행하게 만들면서 호형을 이루게 된다. 더구나 원형계 주거지인 경우에는 이런 모습이 더욱 뚜렷하게

55 경상북도문화재연구원, 『浦項 虎洞遺蹟』 I~VIII, 2005~2008.

그림 6-38(상). 호동 II지구 79호
그림 6-39(하). 호동 II지구 124호

나타난다. 호동 II지구 124호 주거지(그림 6-39)가 그러한데, 서쪽에 부뚜막이 있고 구들은 여기서 비스듬히 북벽으로 꺾인 다음에 북벽을 따라 지나간다. 구들이 양호하게 남아 있는 편인데, 부뚜막은 최대 너비 68cm, 구들 최대 길이 2.5m, 고래의 너비 20cm이고, 고랫둑은 두께 6~10cm, 잔존 높이 10~25cm이다. 따라서 이 유적의 쪽구들은 기본적으로 영남 서부에서 해안을 따라 전파되어 온 것이며, 다만 방형계 주거지에 적응하면서 ㄱ자형에 가까운 평면으로 변형된 것으로 볼 수 있다.

이런 양상은 기장 가동 마을유적[56]에서도 확인된다. 4~6세기에 조성된 것으로 추정되는 이 유적에서는 3~5세기에 조성된 것으로 보이는 포항 호동 유적보다 약간 늦기는 하지만 조성 시기에 큰 차이는 없다. 말각방형 주거지에 역시 점토제 쪽구들이 시설되어 있다. 구들은 볏짚을 섞은 점토로 만들고 불로 경화시켰다.

75기 굴립주건물지를 제외한 151기 수혈주거지에서 노지 1기, 부뚜막 1기와 함께 77기에서 쪽구들이 발굴되었다. 구들 형식이 확인된 것으로는 ㄱ자형 외고래 45기, ㄷ자형 외고래 1기가 있다. 77호(그림 6-40)에서 발굴된 ㄷ자형은 예외적인 것이지만, 이미 북방의 단결 유적에서 그 출현이 확인된 바 있다.

말각의 방형 주거지에 점토제 ㄱ자형 외고래인 점은 포항 호동과 유사하다. 따라서 ㄱ자형이라 해도 역시 호형에 가깝게 꺾이는 것을 볼 수 있다. 고랫둑이 잘 남아 있는 35호(그림 6-41)를 보면 이를 알 수 있다. 또한 호동에서처럼 구들이 벽체에서 떨어진 것이 있는가 하면 벽체와 붙어 있는 것도 있다.

해안으로부터 대구 방향으로도 전파되어 들어갔으니, 이런 사례로 비교적 이른 시기에 속하는 달성 평촌리 유적[57]을 들 수 있다. 삼국 1기에 속하는 원형계 주거지 6기 가운데 4기에서 C자형 외고래 쪽구들이 발굴되었는데, 이들은 모두 돌로 쌓아 만들었다. 1호(그림 6-42)를 예로 들면, 동쪽에 부뚜막을 두고 주거지 벽선을 따라 C자형으로

56 울산대학교박물관, 『기장 가동유적』 II, 2009; 신춘섭, 앞의 글.
57 경상북도문화재연구원, 『달성 평촌리 · 예현리 유적』, 2010.

그림 6-40(상). 가동 77호
그림 6-41(중). 가동 35호
그림 6-42(하). 평촌리 1호

표 6-8. 임당동 I지구 쪽구들 분류

	ㄱ-1(C-1)쪽구들	ㄷ-1쪽구들
방형계	10호, 29호?, 42호, 50호	40호, 57호
원형계	35호, 44호, 60호	

북행한 뒤에 북서쪽에 배연시설이 마련되어 있다. 구들은 길이 4.1m, 너비 25cm 정도로서, 외벽은 주거지 벽면을 그대로 사용하고 내벽은 점판암 판석을 세운 다음 점토를 덧발라서 만들었다.

경산 임당동 I지구 마을유적[58]에서는 삼국1기에서 삼국2기 전기에 걸치는 주거지 60기가 발굴되었는데, 이 가운데 9기에서 점토제 쪽구들이 확인되었다. 전반적으로 구조물 잔존 상태가 좋지 않은데, 방형계와 원형계 주거지에서 모두 쪽구들이 확인되었다(표 6-8).

쪽구들의 구조는 44호에서 일부 확인할 수 있는데, 구들은 점토제의 터널형이며, 부뚜막에서 다소 좁아지는 형태를 띠고, 주거지 벽선을 따라 부뚜막에서 구들로 둔각을 이루며 꺾인다. 이런 형상은 영남서부에서 발견되는 쪽구들과 유사하다. 따라서 임당동 유적은 원형계 C자형 점토제 쪽구들이 전래되어 형성된 것이며, 다른 한편으로는 방형계 주거지에서도 이런 쪽구들이 채택되어가던 상황이 반영된 것이다.

3세기 후반에서 4세기 후반으로 편년되는 대구 매호동 유적[59]에서는 방형계 주거지 29기가 발굴되었는데, 분포도를 보면 구들을 갖춘 주거지와 그렇지 않은 주거지가 각각 구분되어 군집을 이루는 것처럼 보인다.

이 유적에서는 ㄱ자형 외고래의 점토제 쪽구들이 주류를 이루는 가운데 ㄷ자형 또는 ㅁ자형으로 변형된 것도 있어 주목된다. 5호(그림 6-43)의 경우에 남벽(사진 위쪽)-동벽-북벽으로 구들이 수혈 벽에 접

58 영남문화재연구원, 『慶山 林堂洞 마을遺蹟』 I · II, 2008.
59 영남문화재연구원, 『大邱 梅湖洞 1008番地遺蹟』, 2009.

그림 6-43. 매호동 5호

해서 ㄷ자형을 이루는데, 전체 길이는 약 10m, 너비 54cm에 이른다. 이는 ㄷa형에 속한다.

12호(그림 6-44)는 거의 4면에 걸쳐 구들이 돌아가서 ㅁ자형에 속하는데, 구들은 잔존 길이 16.4m, 너비 22~32cm이다. 보고서에서는 이런 말각방형 수혈주거지에 쪽구들이 시설된 모식도(그림 6-45)가 제시되어 있어 주거지와 쪽구들의 구조를 이해하는 데 참고가 된다.

고령 지산동 유적[60]에서는 삼국 말기에 등장하는 T자형 외고래의

60 경상북도문화재연구원, 『高靈 池山洞遺蹟』, 2007.

그림 6-44(상). 매호동 12호
그림 6-45(하). 매호동 주거지 모식도

석제 쪽구들이 보인다. 이에 대해서는 통일신라 시기에서 다루겠다.

영남권의 쪽구들은 중부권에 비해서 변형이 다양하지 않고 단일한 편이다. 원형 주거지에서 C자형 외고래, 그리고 방형 주거지에서는 ㄱ자형 외고래라는 정형성을 고수한 것이다. 다양한 변형은 영남권보다는 중부권에서 시도되었다. 통일신라 시기에 들어 영남권 쪽구들은 시들해진 반면에 중부권 쪽구들은 발전하면서 새로운 유형을 탄생시킨 배경을 여기서 찾을 수 있겠다.

4) 호남권

호남권에서 발굴된 주요 쪽구들은 〈표 6-9〉와 같다. 호남권에서는 부안 장동리, 고창 교운리, 남산리, 봉덕, 전주 송천동, 마전, 익산 사덕, 광암리, 임실 망월촌, 광주 동림동, 향등, 함평 중랑, 장성 환교A, 장흥

표 6-9. 호남권의 삼국시대 쪽구들

<table>
<tr><th>유적명</th><th colspan="2">중심 연대</th><th>전체 주거지</th><th>쪽구들 주거지</th><th>구들 형식</th><th>구들 재료</th><th>출전</th></tr>
<tr><td>완주 배매산</td><td colspan="2">삼2</td><td>32</td><td>2</td><td>ㄱ-1</td><td>돌</td><td>『배매산』(2002)</td></tr>
<tr><td rowspan="2">전주 장동</td><td colspan="2">삼1</td><td>50</td><td>2</td><td>ㄱ-1</td><td>점</td><td rowspan="2">『전주 장동 유적』 II · III(2009)</td></tr>
<tr><td colspan="2">삼1·2</td><td>19</td><td>0</td><td></td><td></td></tr>
<tr><td>익산 사덕</td><td colspan="2">삼2</td><td>105</td><td>32</td><td>ㄱ-1, ㄱ-2, T-1</td><td>점</td><td>『익산 사덕 유적』 I · II(2007)</td></tr>
<tr><td>익산 원수리 월곡</td><td colspan="2">삼2</td><td>3</td><td>2</td><td>ㄱ-1</td><td>돌, 점돌</td><td>『익산 원수리 유적』(2004)</td></tr>
<tr><td>익산 부송동 242-73</td><td colspan="2">삼2</td><td>2</td><td>1</td><td>ㄱ-1</td><td>굴</td><td>『익산 부송동242-73 유적』(2008)</td></tr>
<tr><td>익산 미륵사지</td><td colspan="2">삼2</td><td></td><td>有</td><td></td><td>돌</td><td>『미륵사』 II(1996)</td></tr>
<tr><td>정읍 신면</td><td colspan="2">삼2</td><td>33</td><td>4</td><td>ㄱ-1</td><td>점</td><td>『정읍 신면 유적』(2011)</td></tr>
<tr><td>진안 와정</td><td colspan="2">삼2</td><td>18</td><td>17</td><td>ㄱ-1, T-1</td><td>돌</td><td>『와정 유적』(2001)</td></tr>
<tr><td>고창 석교리</td><td colspan="2">삼2</td><td>13</td><td>1</td><td>ㄱ-1</td><td>점</td><td>『고창 석교리 유적』(2005)</td></tr>
<tr><td>담양 태목리 I · II</td><td colspan="2">삼1 · 2</td><td>326</td><td>15</td><td>ㄱ-1, T-1</td><td>점</td><td>『담양 태목리 유적』 I(2007) · II(2010)</td></tr>
<tr><td>곡성 오지리</td><td colspan="2">삼1</td><td>47</td><td>2</td><td>ㄱ-1</td><td>점</td><td>『곡성 오지리 유적』(2008)</td></tr>
<tr><td>함평 노적</td><td colspan="2">삼2</td><td>7</td><td>4</td><td>ㄱ-1</td><td>점>돌</td><td>『함평 노적 유적』(2005)</td></tr>
<tr><td>해남 신금</td><td colspan="2">삼2</td><td>72</td><td>14</td><td>ㄱ-1</td><td>점</td><td>『해남 신금 유적』(2005)</td></tr>
<tr><td>강진 양유동</td><td colspan="2">삼2</td><td>14</td><td>1</td><td>ㄱ-1</td><td>점</td><td>『강진 양유동 유적』(2010)</td></tr>
<tr><td>장흥 상방촌</td><td colspan="2">삼1 · 2</td><td>107</td><td>4</td><td>ㄱ-1</td><td>점</td><td>『장흥 상방촌A유적』 I(2005)</td></tr>
<tr><td rowspan="2">장흥 지천리</td><td colspan="2">삼1</td><td>22</td><td>0</td><td></td><td></td><td rowspan="2">『장흥 지천리 유적』(2000)</td></tr>
<tr><td colspan="2">삼2</td><td>21</td><td>2</td><td>ㄱ-1, ㄱ-2</td><td>돌</td></tr>
<tr><td>순천 덕암동</td><td colspan="2">삼1·2</td><td>238</td><td>2</td><td>1-1</td><td>?</td><td>『순천 덕암동 유적』 II(2010)</td></tr>
<tr><td>순천 가곡동</td><td colspan="2">삼2</td><td>32</td><td>7</td><td>C-1</td><td>돌>점</td><td>『순천 가곡동 유적』(2009)</td></tr>
<tr><td rowspan="2">순천 검단산성</td><td rowspan="2">삼2</td><td>수혈</td><td>4</td><td>0</td><td></td><td></td><td rowspan="2">『순천 검단산성』 I(2004)</td></tr>
<tr><td>지상</td><td>4</td><td>1</td><td>?</td><td>돌</td></tr>
<tr><td rowspan="2">광양 칠성</td><td colspan="2">삼1</td><td>25</td><td>0</td><td></td><td></td><td rowspan="2">『광양 칠성리 유적』(2007)</td></tr>
<tr><td colspan="2">삼2</td><td>41</td><td>1</td><td>ㄱ-1</td><td>돌</td></tr>
</table>

표 6-10. 호남권의 구들 유형

	외고래	쌍고래	계
ㄱ자형	82	2	84
C자형	4		4
1자형	1		1
ㄷ자형			
T자형	2		2
계	89	2	91

상방촌, 해남 신금, 담양 태목리 등의 유적에서 보듯이 연도가 달리지 않은 부뚜막이 절대 우세를 보인다. 그런가 하면 광주 쌍촌동에서는 노지가 대다수를 차지한다.

이런 가운데 완주 배매산, 익산 사덕, 광주 쌍촌동, 동림동, 해남 신금 등의 일부 유적에서 연도부뚜막도 보이지만 수량은 많지 않고, 쪽구들도 역시 예외적으로 발견된다. 연도부뚜막이나 쪽구들은 중부나 영남에서 보이는 전형적인 모습과는 거리가 있고, 부뚜막이 중심이 되면서 연도나 구들이 형식적으로 부가된 양상을 보인다. 더구나 쪽구들은 거의가 삼국2기에 속하므로 뒤늦게 중부권이나 영남권으로부터 영향을 받아 도입된 것으로 판단된다. 〈표 6-10〉을 보면 ㄱ자형이 대다수인데, 여기에는 중부권으로부터 영향을 받은 것이 있는가 하면, 영남권의 쪽구들이 방형 주거지에 적응하면서 나타난 것도 있다.

먼저 전북 지역에는 삼국1기에 속하는 것으로서 전주 장동 43호, 49호가 있으나,[61] 43호만 ㄱ자형이 확인될 정도로 보존 상태는 양호하지 않다. 나머지는 모두 삼국2기에 속한다.

진안 와정 유적[62]은 5세기를 전후한 시기에 형성된 것으로 추정되어 부여의 사비시대 유적보다 이르지만, 충남권의 삼국2기 유적의 연장선에서 등장한 것이다. 1차 조사 시에 ㄱ자형 외고래가 대세였던 점을 감안하면, 2차 조사 시에 1자형 외고래로 분류된 것 가운데에도

61 전북문화재연구원, 『全州 長洞遺蹟』 II, 2009.
62 전북대학교박물관·군산대학교박물관, 『臥亭遺蹟』, 2001.

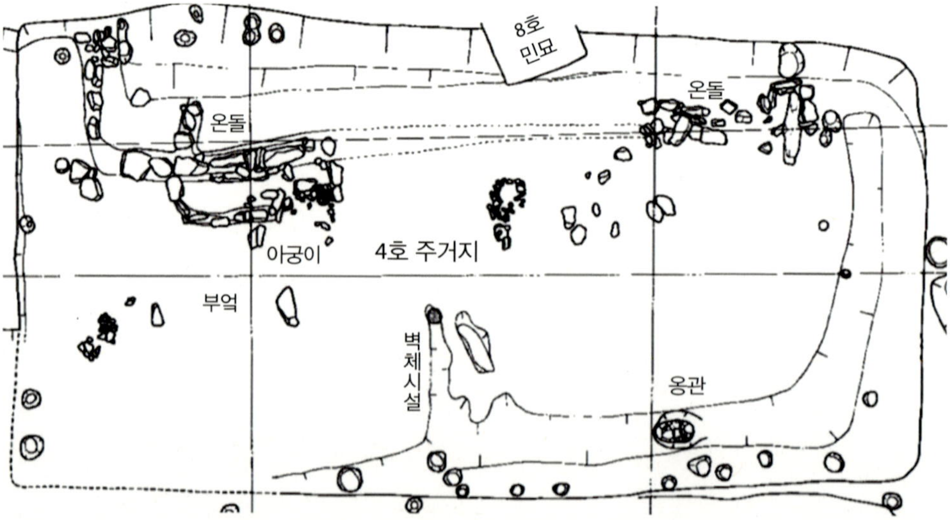

그림 6-46. 와정 4호

ㄱ자형 외고래가 있을 것으로 판단된다.[63]

4호 주거지(그림 6-46)는 T자형 외고래를 이루는 특이한 구조이다. 보고서에 따르면, 벽체시설을 중심으로 부엌과 주거공간이 구분되며, 부엌에 마련된 아궁이에서 시작된 구들은 북벽을 따라 좌우로 나뉘어 모서리에 있는 굴뚝에 각각 이른다고 되어 있다. 따라서 구들은 T자형 평면을 이루고 복수 고래라 했다.[64] 또 아궁이 좌측에 조리시설 내지 저장소로 보이는 U자형 부가시설이 있다고 한다.

이 T자형은 ㄱ자형 두 개를 합친 것이라 할 수 있다. 하지만 고구려에서 ㄱ자형 두 개를 합쳐 ㄷ자형을 이루는 것과는 차이가 있다. 또

63 1차 조사 시에는 주거지와 쪽구들이 대응되어 발굴된 데 비해서, 2차 조사 시에는 피트 별로 쪽구들이 확인되어 전체적으로 몇 개의 주거지가 있었는지는 불명이다.

64 보고서를 자세히 보면 의문이 든다. T자형 쪽구들은 이 시기에 처음 등장하는데, 보고서에는 "주거부분 중앙은 완전히 유실되었다."고 하여 우측의 쪽구들이 과연 좌측 부엌의 아궁이까지 연결되는지 명확하지 않다. 벽체시설이 남벽에서 북벽까지 이어졌는지, 이어졌다면 쪽구들은 그 아래로 지나간 것인지 등도 설명하지 않았다. 또 복수 고래라 설명했지만, 도면을 보면 외고래이다. 보고자는 좌우로 나뉘어 나간 것을 두고 복수 고래라 한 것 같다.

통일신라 시기에 한쪽이 막혀 있는 T자형이 유행하는데, 굴뚝이 두 군데에 있다는 점에서 이것과도 차이가 있다. 아울러 부엌 공간이 분리된 유구로서 주목된다. 서천 지산리 유적 II-39호에서는 단(段)을 지어 공간을 분리했는데,[65] 수혈주거지에서 공간이 분리된 사례는 아주 드물다.

완주 배매산[66]에서도 백제시대 석제 쪽구들이 발굴되었다. 32기 주거지에서 연도부뚜막이 주로 발견되었지만, 다-1지구 4호와 6호에는 쪽구들이 시설되어 있다. 6호는 1자형에 가까운 외고래로 보이나 사용 흔적은 없고, 4호는 ㄱ자형 외고래이다.

4~7세기에 속하는 익산 사덕[67]에서는 105기 주거지 가운데 부뚜막 33기, 연도부뚜막 2기, 쪽구들 32기가 확인되어, 호남권에서 쪽구들의 비율이 가장 높은 유적이다. 쪽구들의 형태는 다양하여 ㄱ자형 외고래 30기, ㄱ자형 쌍고래 1기, T자형 외고래 1기이다. 부뚜막은 거의 대부분 점토제이되 석제가 간혹 섞여 있지만, 구들은 모두 점토로 만든 것으로 여겨진다. 또 부뚜막이 크고 구들은 상대적으로 작은데, 이는 영남권에서 보이는 현상이다. 30호에서는 부뚜막 뒤쪽에 좌우로 구멍이 나 있어 T자형일 가능성이 있고, 95호(그림 6-47)는 ㄱ자형 쌍

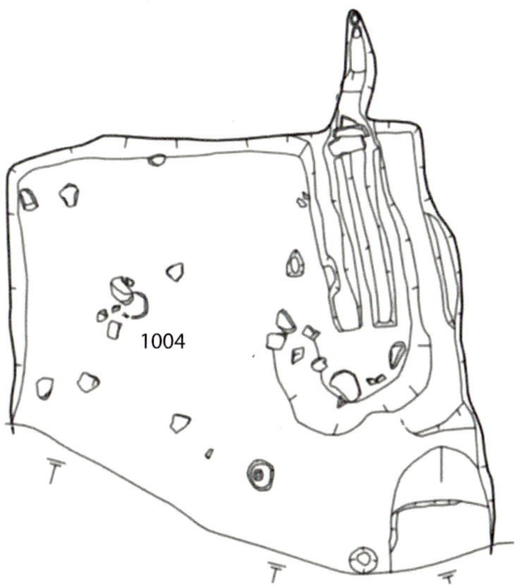

그림 6-47. 사덕 95호

65 오승환, 「부엌의 考古學的 硏究(1): 原三國~三國時代를 中心으로」, 『聚落硏究』 1, 취락연구회, 2009, 123쪽.

66 전북대학교박물관, 『배매산』, 2002.

67 호남문화재연구원, 『益山 射德遺蹟』, I·II, 2007. 이 보고서에서는 배연방법에 따라 1자형, ㄱ자형1, ㄱ자형2, 터널형으로 구분했는데, 대체로 1자형은 부뚜막 또는 연도부뚜막, ㄱ자형1과 터널형은 1자형, ㄱ자형2는 ㄱ자형에 해당한다. 하지만 일부는 발굴자와 다르게 분류했다.

그림 6-48. 오지리 철10호 쪽구들

고래이다.

익산 부송동 유적[68]에서는 돌출고래로 된 쪽구들 1기가 발굴되었다. 미륵사지[69]에서도 백제 때에 온돌이 시설된 것으로 보이는 유구가 조사되었다.

다음으로 전남 지역에서는 전북과 마찬가지로 석제와 점토제가 섞여 나타난다. 삼국1기에 속하는 것으로는 곡성 오지리 유적[70]이 있다. 여기서는 2기에서 점토제 외고래 쪽구들이 확인되었다. 철10호(그림 6-48)는 타원형 주거지이면서 쪽구들은 ㄱ자형으로 만들었다.[71] 구들은 길이 0.9m, 너비 16cm이다.

나머지는 모두 삼국1·2기에 걸쳐 있거나 삼국2기에 속하는 것이

68 전북문화재연구원, 『益山 富松洞242-73遺蹟』, 2008.
69 國立扶餘文化財硏究所, 『彌勒寺』 II, 1996, 513-514쪽.
70 마한문화연구원, 『곡성 오지리유적』, 2008.
71 사진과 도면으로 보면 구들 가운데에 격벽이 있는 것처럼 보여 쌍고래가 아닌가 여겨지지만 더 이상의 정보를 얻을 수 없어 외고래로 분류했다.

다. 담양 태목리 유적[72]에서는 점토제 쪽구들이 15기 발굴되었는데, 평면이 확인되는 것으로는 ㄱ자형 외고래 12기, T자형 외고래 1기이다. ㄱ자형은 벽 중간에 부뚜막을 크게 만들고 벽을 따라서 구들을 만들었다. 4호가 T자형이다.

해남 신금 유적[73]에서는 점토제 ㄱ자형 외고래 14기가 확인되었으나, 잔존 상태가 양호하지 못하다. 역시 큰 부뚜막에 작은 구들이 딸린 형태이다. 보고서에서는 이 밖에도 연도가 1자형인 부뚜막 6기를 적시해놓았다. 벽 중간에 부뚜막을 설치하고 곧바로 뒤쪽으로 배연하는 경우이지만, 도면으로는 파악하기 어려울 정도여서 중부권의 연도 부뚜막과 차이를 보인다. 쪽구들과 연도부뚜막 모두 중부권이나 영남권의 전형적 모습과는 거리가 있다. 부뚜막에 철부, 철겸 등 철기류를 매납하는 행위가 확인되었는데, 이런 의례행위는 태목리, 함평 중랑 유적에서도 보인다고 한다.

장흥 상방촌 유적[74]에서도 점토로 만든 ㄱ자형 외고래 쪽구들 3기, T자형 외고래 쪽구들 1기가 확인되었으나, 역시 잔존 상태가 좋지 않다, ㄱ자형은 태목리나 신금 유적과 동일한 구조이다. 22호는 서벽 중앙에 부뚜막이 있고 그 양쪽으로 검게 그을린 흙과 목탄, 재가 섞여 연결되어 나타나기 때문에 T자형으로 분류하였으나, 정확한 구조는 알 수 없다. 이 밖에 연도가 달린 주거지가 하나 더 있으니(A-2지구 27호), 쪽구들과 다른 것이라서 제3장에서 이미 소개하였다.

함평 노적 유적[75]과 순천 가곡동 유적[76]에서는 점토제와 석제가 함께 나타난다. 노적 유적은 모두 ㄱ자형 외고래인 데 비해, 가곡동 유적은 C자형 외고래로서 경남 서부의 유구와 유사하다.

72 호남문화재연구원, 『潭陽 台木里遺蹟』 I · II, 2007 · 2010.
73 호남문화재연구원, 『海南 新今遺蹟』, 2005.
74 목포대학교박물관, 『장흥 상방촌A유적』 I, 2005.
75 호남문화재연구원, 『咸平 老迪遺蹟』, 2005.
76 마한문화연구원, 『순천 가곡동유적』, 2009.

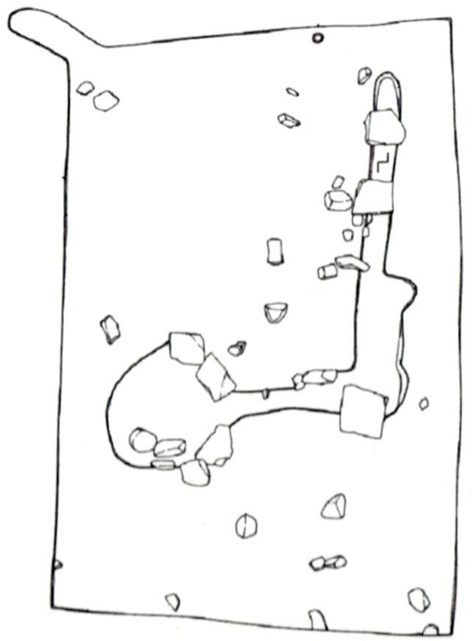

그림 6-49. 칠성 12호

석제 쪽구들은 광양 칠성, 장흥 지천리에서 발굴되었다. 칠성[77]에서는 삼국1기 25기, 삼국2기 16기의 주거지가 발굴되었는데, 삼국2기에서 ㄱ자형 외고래 석제 쪽구들 1기가 확인되었다. 장방형 주거지 안에 ㄱ자형 외고래가 시설된 12호(그림 6-49)는 전형적인 쪽구들과 거리가 있다. 아궁이를 서벽 중앙에서 약간 떨어진 곳에 만들고, 여기서 단면 U자형으로 바닥을 파서 ㄱ자형 고래를 만든 뒤에 판석을 덮은 것이다. 1기만 발견된 것으로 보아서 매우 예외적이다.

이런 예외적 현상은 지천리[78]에서도 나타난다. 2기에서 석제 쪽구들이 발굴되었는데, 나지구 18호는 바닥을 파서 쌍고래를 만든 다음에 판석을 덮었다(그림 6-50). 나지구 20호는 동벽에 붙여서 만들었는데, 동벽 중간에 부뚜막을 만들고 구들은 동북 모서리를 지나 외부까지 연결되며, 고랫등과 구들장은 모두 판석으로 만들었다. 이곳에서 발굴된 유적은 3세기대, 4~5세기대, 6~7세기대로 삼분되는데, 쪽구들 유구는 가장 늦은 시기에 해당한다고 한다.[79] 따라서 칠성, 지천리에서도 매우 늦은 삼국2기에 석제 쪽구들이 도입된 모습을 보여준다.

순천 덕암동 유적[80]에서도 1자형 외고래 쪽구들이 발굴되었으나, 자세한 정보가 없다.

77 순천대학교박물관, 『광양 칠성리 유적』, 2007.
78 목포대학교박물관, 『장흥 지천리유적』, 2000.
79 위의 책, 212쪽; 김영훈, 「탐진강유역의 고대문화: 기원후 3~6세기 상류권역의 주거유적을 중심으로」, 『한국대학박물관협회 제60회 춘계 학술발표대회』, 순천대학교박물관, 2009.4., 128쪽.
80 마한문화연구원, 『순천 덕암동 유적』 II, 2010.

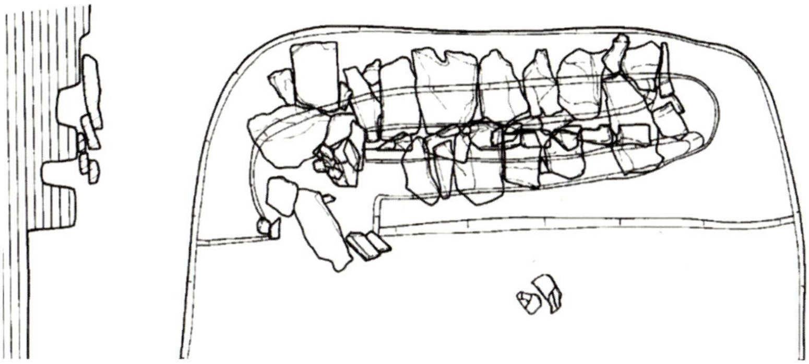

그림 6-50. 지천리 나지구 18호

전체적으로 호남권에서는 영남권 쪽구들의 영향을 강하게 받으면서 일부 북방으로부터도 영향을 받은 것으로 판단된다. 호남권에서 쪽구들이 발견된 사례가 상대적으로 적고, 주거지에서 쪽구들이 차지하는 비율도 높지 않은 것은 호남 지역이 온돌문화의 변방인 사실을 반영한다. 이런 상황은 이후 통일신라와 고려를 거쳐 오랜 기간 지속된다.

북방 온돌의 발달, 발해

남북국시대에는 북국과 남국의 온돌이 각각 다른 경로로 발전하기 시작했다. 발해는 고구려의 전통을 계승하면서도 지배층이 애용함에 따라 지상건물지에서 쪽구들이 대거 채용되었다. 구조 면에서는 여전히 ㄱ자형 구들 평면이 중심이지만, 쌍고래가 우위를 점하면서 복수 고래로의 발전이 본격화되었다. 반면에 통일신라에서는 온돌의 발전이 다소 움츠러드는 면을 보이면서도 새로운 유형인 T자형 구들이 유행하였다.

발해 유적에서 쪽구들이 발굴된 곳은 중국과 러시아 및 북한에 걸쳐 30곳 정도가 된다(표 7-1).[1] 발굴된 쪽구들 가운데 평면 형태와 고

1 중국, 북한, 러시아에서는 발굴 보고서에서 개별 유적에 대한 정보를 모두 공개하지 않고, 대표적인 유적만 선별적으로 공개하고 있다. 따라서 이 표는 공개된 자료에 국한하여 작성하였으므로, 정보가 불충분할 수 있다.
서고성 제2, 제3궁전지 및 팔련성 제2궁전지에서는 쪽구들이 확인되지 않았으나, 曲자형 평면으로 보아 일시 쪽구들이 시설되어 있었던 것으로 판단하여 표에 포함하였다.
팔련성의 경우에 사이토 마사루(齋藤優)는 8개 궁전지와 3개 폐사지를 보고했고, 2014년 발굴보고서에서는 4개 건축지와 2개 건축유적을 보고했다. 도면을 비교해본 결과 전자의 1호, 2호, 3호, 4호, 6호 궁전지가 각각 후자의 1호, 2호, 3호, 4호 건축지 및 2호 건축유적과 동일한 것처럼 보인다. 이를 감안하고 폐사지를 포함하여 12개 건물지로 산정하였다.
또 축조 재료에 흙(굴착 포함)이라 했어도 판석으로 구들장을 삼았으므로, 한반도 남부의 터널형 점토구들과는 차이가 있다.

표 7-1. 발해의 쪽구들

지역	유적명	전체 주거지	쪽구들 주거지	구들 형식	구들 재료	출전
흑룡강성	寧安 上京城(지상)	97	35	1-2, ㄱ-1, ㄱ-2, ㄷ-2	돌, 점돌, 벽돌, 기와, 회칠	『동경성』(1939), 『북방문물』 1987-1, 『육정산여발해진』(1997), 도강·강옥가2003, 『발해상경성』(2009)
	海林 渡口	4	1	ㄱ-2	돌	『고고』 1997-7
	海林 河口	6	3	ㄷ-3, ㄱ-3	굴착	『하구여진흥』(2001)
	海林 振興	4	2	?-1	굴착?, 돌	『하구여진흥』(2001)
	海林 木蘭集東	1	1	ㄷ-2	굴착+돌	『북방문물』 1996-2
	海林 鷹嘴峰3호			ㄷ-2	?	『중국고고학연감』(1997), 『발해유적』(2002)
	海林 興農	3	1	ㄱ-2	흙	『고고』 2005-3
	東寧 團結	4	2	ㄱ-2	돌, 굴착	『동녕단결…』(1978)
	東寧 小地營	3	2	1-1	돌	『고고』 2003-3
길림성	和龍 西古城(지상)	9	5	ㄱ-2	돌	『간도성고적조사보고』(1942), 鳥山喜一1968,『서고성』(2007)
	琿春 八連城(지상)	12	1	?	?	『반랍성』(1942), 駒井和愛1960, 『팔련성』(2014)
	琿春 亭岩山城			ㄷ?-3	?	『훈춘현문물지』(1984)
	敦化 六頂山	2	2	ㄱ-2, ㄷ-2	돌	『육정산발해묘장』(2012)
	撫松 新安	5	5	ㄱ?-1, ㄱ?-2, ㄱ?-3		『고고학보』 2013-3
	集安 民主	1	1	?	?	『북방문물』 1985-4
연해주	콕샤로프카-1 성터(지상)	13	8	ㄷ-2	돌	『연해주 콕샤로프카-1 평지성』(2012), 『연해주 콕샤로프카 유적』(2015)
	크라스키노 성터	28	16	ㄷ-2	돌	『…크라스키노…발굴보고서』(2004~2015)
	콘스탄티노프카 취락지	9	5	ㄱ-1, ㄱ-2, 쌍1-2, 1-1	굴착, 돌	『…콘스딴찌노브까 1 주거유적』(2010), 『고구려발해연구』 38, 2010
	스타로레첸스코예 취락지	1	1	1-2	?	아르체미예바1987, 샤프쿠노프1994
	체르냐티노2 주거유적	1	1	ㄱ-2	굴착	『연해주 체르냐찌노 2…』 I(2008)
	코르사코프카 취락지	1	1	?-2	?	아르체미예바1987, 샤프쿠노프1994
	고르바트카 터	10	1	?	?	『2004년도 러시아 연해주…』(2005)
	아우로프카 성터	7	7	ㄱ-2	돌	샤프쿠노프2001, 샤프쿠노프 외2002
	노보고르데예프카 성터	14	7	ㄷ, ㄱ, 1; 1, 2	?	아르체미예바1987, 샤프쿠노프1994
	노보고르데예프카 성터 밖 북쪽 취락지	1	1	ㄱ-2	?	아르체미예바1987, 샤프쿠노프1994
	노보고르데예프카 취락지	5	3	?	?	아르체미예바1987, 샤프쿠노프1994

표 7-1 계속

지역	유적명	전체 주거지	쪽구들 주거지	구들 형식	구들 재료	출전
북한	신포 오매리 절골(지상)	2	2	ㄱ-2	돌	『조선고고연구』 1990-2, 『동해안 일대의…』(2002)
	신포 금산건물지(지상)	3	2	1-2	돌	『조선고고연구』 1989-2, 1991-3, 『동해안 일대의…』(2002)
	신포 청해토성	11	9	ㄱ-2, ?-3	?	『조선고고연구』 1997-1, 『동해안 일대의…』(2002)
	김책 성상리토성	1	1	ㄱ-2	?	『조선고고연구』 1993-1, 1997-1

표 7-2. 발해의 구들 유형

	외고래	쌍고래	세고래	계
ㄱ자형	3	41	1	45
1자형	2	9		11
ㄷ자형		13		13
계	5	63	1	69

래 수가 비교적 명확한 것만 대상으로 통계를 작성하면(표 7-2), ㄱ자형 쌍고래가 다수를 이루어 고구려 시기의 ㄱ자형 외고래보다 진전된 것을 알 수 있다. 발해 쪽구들의 특징에 대해서는 이 장의 마지막에서 재정리하겠다.

쪽구들의 분포도(그림 7-1, 7-2)를 보면, 대부분 고구려 영역 밖에 속하는 곳이면서 북옥저 쪽구들의 분포 범위와 겹친다. 게다가 발해는 고구려인과 말갈인으로 구성된 다종족국가였다. 따라서 발해 쪽구들은 고구려, 북옥저, 말갈의 어느 한 곳으로부터 전수되었을 가능성이 있다.

그런데 말갈족은 노지를 사용하였을 뿐이다. 지금까지 발굴된 말갈 주거지에서는 쪽구들이 거의 발견되지 않았다.[2] 최근에 보고된 해림(海林) 세린하(細鱗河) 유적의 8기 주거지에서도 노지만 확인되었다.[3] 연해주의 체르냐티노(Чернятино) 고분군 주변의 말갈 주거지 2기에서

2 송기호, 『한국 고대의 온돌』 서울대학교출판부, 2006, 102-106쪽.
3 黑龍江省文物考古研究所 · 吉林大學邊疆考古研究中心, 「黑龍江海林市細鱗河遺址發掘報告」, 『北方文物』 2018-1.

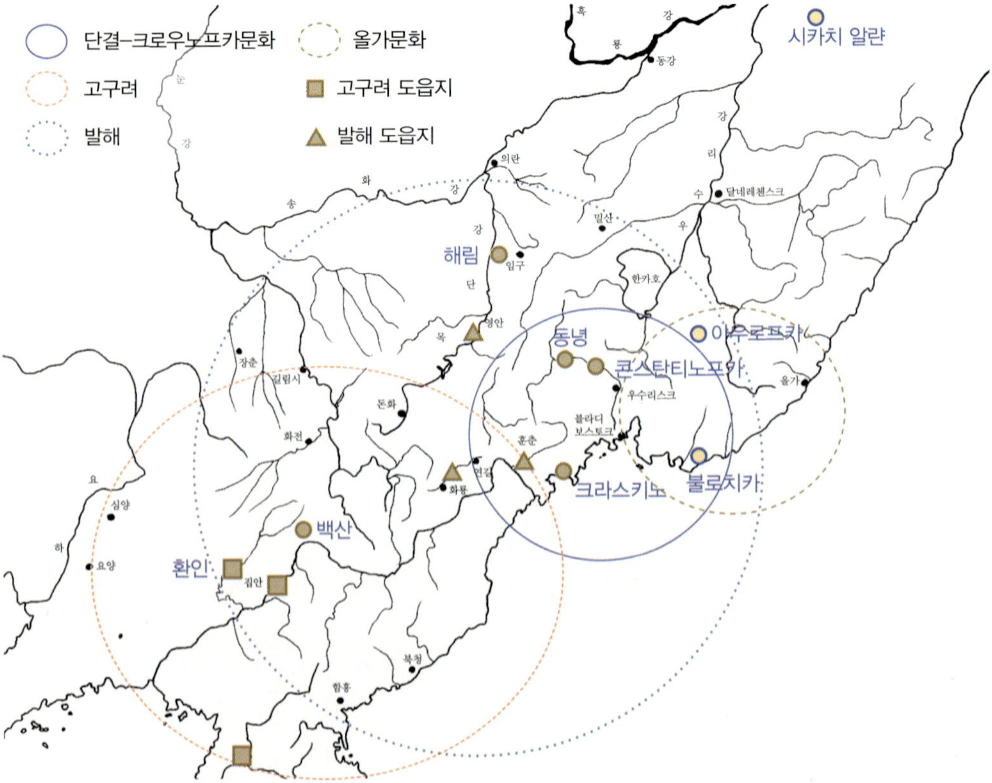

그림 7-1. 쪽구들 분포 개념도

도 노지만 확인되었을 뿐이다.[4]

발해 건국 전후 시기에 걸쳐 있으면서 말갈 전통이 강하게 나타나는 시넬니코보(Синельниково)-1 산성에서 발굴된 20기 주거지 가운데 발해 시기의 지상주거지 1기에서 쪽구들 흔적이 확인되었을 뿐이고, 나머지는 노지만 조사되었다.[5] 말갈인들이 노지만 사용하다가 발해 건국 후에 쪽구들을 받아들인 것을 알 수 있다.

그동안 말갈인의 유적으로 생각해 온 시카치 알랸(Сикачи-Алян)

4 한국전통문화학교·극동국립기술대학교, 『연해주 체르냐찌노 5 발해고분군』 II, 2006, 250-255쪽; III, 2007, 323-334쪽.

5 국립문화재연구소·러시아과학원 극동지부 역사학고고학민족학연구소, 『연해주 시넬니코보-1 산성』, 2018.

그림 7-2. 발해 쪽구들 분포도

성터의 쪽구들은 금대(金代) 여진인의 것으로 여겨진다. 또한 아우로프카(Ауровка) 성터 10호 주거지(그림 7-22)에서 발견된 ㄱ자형 외고래의 쪽구들은 후술하다시피 편년이 잘못되었거나,[6] 올가문화 또는 크

6 최근에 콘스탄티노프카1 취락지의 층위 편년이 바뀐 것이 비근한 예이다(정석배, 「꼰스딴찌노프까1 주거유적 쪽구들 연구」, 『고구려발해연구』 38, 2010). 최하층에 크로우노프카문화, 그 위에 중세의 발해 층위와 여진 층위로 비정되어 왔으나, 최근에 발굴보고를 재정리하여 출간하면서 중세의 두 층위가 모두 발해 시기에 속하는 것으로 결론지었다.

로우노프카문화와 접촉하면서 쪽구들을 받아들인 극히 예외적인 사례로 생각된다.

북옥저의 단결-크로우노프카문화는 연해주 폴체(Польце)문화, 즉 올가(Ольга)문화(그림 7-1)로 계승되었다. 불로치카(Ђулочка) 유적에서 수혈주거지 21기가 발굴되었는데,[7] 크로우노프카문화에 속하는 주거지 5기 가운데 3기, 올가문화에 속하는 주거지 15기 모두에서 쪽구들이 발굴되었다. 이것은 올가인이 북옥저인으로부터 쪽구들을 수용한 결과로 여겨진다. 이곳 올가문화의 주거지는 5~6세기로 편년되어 발해 건국 이전의 말갈과 공존했을 가능성이 있다. 말갈인은 쪽구들을 수용하지 않은 반면에 올가인은 이를 수용하였는데, 아마 생활 양식이 달랐던 데에 기인하는 것 같다. 여기서 올가인이 발해인에게 전수했을 가능성을 생각해볼 수 있지만, 이들은 연해주 일대에 치우쳐 있었으므로 발해 쪽구들의 확산 주체로 보기 어렵다.

사실 발해 쪽구들은 이보다 훨씬 널리 광범위하게 확산되어 있는 데다가 발해 지배층을 중심으로 발전하였으므로, 다른 곳에서 유래를 찾을 필요가 있다. 발해 쪽구들은 중앙으로부터 지방으로 확산되는 양상이 보이는데, 이것은 쪽구들이 지배층의 문화였음을 반영한다. 그런 점에서 발해 건국을 주도한 고구려인의 역할에 주의를 기울일 필요가 있다.

북옥저 지역에서 탄생한 쪽구들은 고구려로 유입되었다가 고구려 멸망 후에는 그 전통이 발해 중심지로 이동하여 계승되었다. 그 결과로 고구려 영역 밖의 말갈 땅이었던 발해 상경성에서 쪽구들이 등장하게 되었다. 그런 다음에 중앙에서 지방으로 확산되는 과정을 밟았다. 연해주에서도 올가문화의 영향을 받아 쪽구들이 지속되었을 수도 있지만, 그것보다는 기본적으로 발해 중심으로부터 새롭게 전파되어

7 국립문화재연구소·러시아과학원 시베리아지부 고고학민족학연구소, 『연해주 불로치카 유적』 I·II·III, 2004·2005·2006.

들어간 것으로 생각된다.

상경성 일대에 쪽구들이 전해진 시기가 발해 건국 이후라는 사실은 흑룡강성 해림시(海林市)에서 발굴된 하구(河口) 유적과 진흥(振興) 유적에서 확인된다.[8] 수몰지구에서 구제 발굴된 두 유적은 제1층 신석기, 제2층 곤토령(滾兎嶺)문화 및 단결문화와 동일 시기, 제3층 동강(東康) 유형과 동일 시기(2~5세기), 제4층 말갈문화(5~7세기), 제5층 발해문화의 5개 문화층으로 나뉘는데, 마지막 발해문화 단계에 와서야 비로소 쪽구들이 등장한다. 이것은 발해 건국 후에 외부로부터 쪽구들이 유입된 것이지, 그 앞 시기의 말갈문화나 그 이전의 단결문화에서 전승된 것이 아님을 보여준다.

북옥저의 범위 안에 드는 연해주의 크라스키노(Краскино) 성터가 지속적으로 발굴되고 있는데,[9] 34구역에서 4개의 발해 문화층과 더불어 그 아래 이른 문화층이 확인되었다. 지금까지의 발굴 결과를 보면, 최상층으로부터 제3층까지의 주거지에서는 쪽구들이 확인되는 반면에 제4층과 맨 아래층의 주거지에서는 확인되지 않았다. 이곳이 원래 북옥저 지역임에도 불구하고 이곳의 쪽구들이 북옥저로부터 면면히 내려온 것이 아니며, 발해가 건국된 뒤에도 어느 정도 시간이 흐른 다음에 도입된 것을 의미한다. 이상의 사실로 보건대, 발해 쪽구들은 건국 세력인 고구려 유민들과 함께 유입된 것으로서 말갈이나 북옥저와는 무관하다.

발해 시기에는 상경성(上京城), 서고성(西古城) 등의 궁궐 유적에서 쪽구들이 발견된다는 사실이 무엇보다도 특징적이다. 이처럼 왕실에

8 黑龍江省文物考古研究所 · 吉林大學考古學系, 『河口與振興: 牡丹江蓮花水庫發掘報告(一)』, 科學出版社, 2001.

9 고구려연구재단 · 러시아극동 역사고고민속학연구소, 『2005년도 러시아 연해주 크라스키노성 발굴 보고서』, 고구려연구재단, 2006; 동북아역사재단 · 러시아극동 역사고고민속학연구소, 『2006~2013년도 러시아 연해주 크라스키노 성 발굴보고서』, 동북아역사재단, 2007~2014.

서 쪽구들을 사용한 것은 발해에서 처음 나타난 현상이다.

이것은 두 가지 사실을 의미한다. 첫째는 쪽구들이 처음으로 지배층의 문화에 편입된 것이니, 이전에 하층민을 중심으로 보급되었던 것과 차이가 있다. 고구려 하층민의 생활문화가 발해 때에 왕실에까지 도입된 것은 발해 건국 세력이 고구려 최고 지배층과 거리가 있다는 사실을 반영하는 것인지도 모른다.

둘째는 지상건물지에서도 쪽구들이 본격적으로 사용된 것이다. 고구려의 집안 동대자 유적이나 평양 정릉사지, 백제의 정동리 유적처럼 지상건물지에서 쪽구들이 채용된 사례가 있지만, 발해에 와서 더욱 보편적으로 확산되었다. 이것은 수혈주거지 중심으로 전개된 통일신라까지의 남방 쪽구들과 대비된다.

상경성에서는 제4궁전지, 제4궁전지 서전지(西殿址), 제4-1궁전지, 서구(西區) 침전지(寢殿址)의 발굴을 통하여 평면 曲(곡)자형 건물지가 확인되었다.[10] 건물 내부가 두 방과 중간 복도로 나뉘어 있고 건물 뒤편으로 두 줄의 연도가 빠져나와 있어 전체 평면이 曲자 형을 이루는 것으로서, 발해 건물지에서 특징적으로 보이는 구조이다. 연도의 길이는 제4궁전지 동쪽의 경우 11.4m이고, 제4-1궁전지의 경우 약 7.9m이다. 제4궁전지를 중심으로 그 좌우에 제4-1궁전지와 서전지가 마주보며 배치되어 있고, 이들에 딸린 건물에서도 쪽구들이 다수 발견되어, 쪽구들 건물군을 이룬다(그림 7-3). 이 일대가 숙식을 비롯한 왕실의 일상생활이 이루어지는 공간임을 짐작할 수 있다. 침전지는 제4궁전지로부터 서쪽으로 200여m 떨어져 있다.

제4궁전지(그림 7-3-A, B)는 북쪽에서 두 개의 연도가 확인되어 쪽구들이 시설되어 있었을 것으로 판단되지만, 건물 내부는 파괴가 심

10 東亞考古學會, 『東京城』, 東京 · 京都, 1939; 조중공동고고학발굴대, 『중국 동북지방의 유적 발굴 보고(1963~1965)』, 사회과학원출판사, 1966; 中國社會科學院考古研究所, 『六頂山與渤海鎮』, 中國大百科全書出版社, 1997; 黑龍江省文物考古研究所, 『渤海上京城』 上 · 下, 文物出版社, 2009.

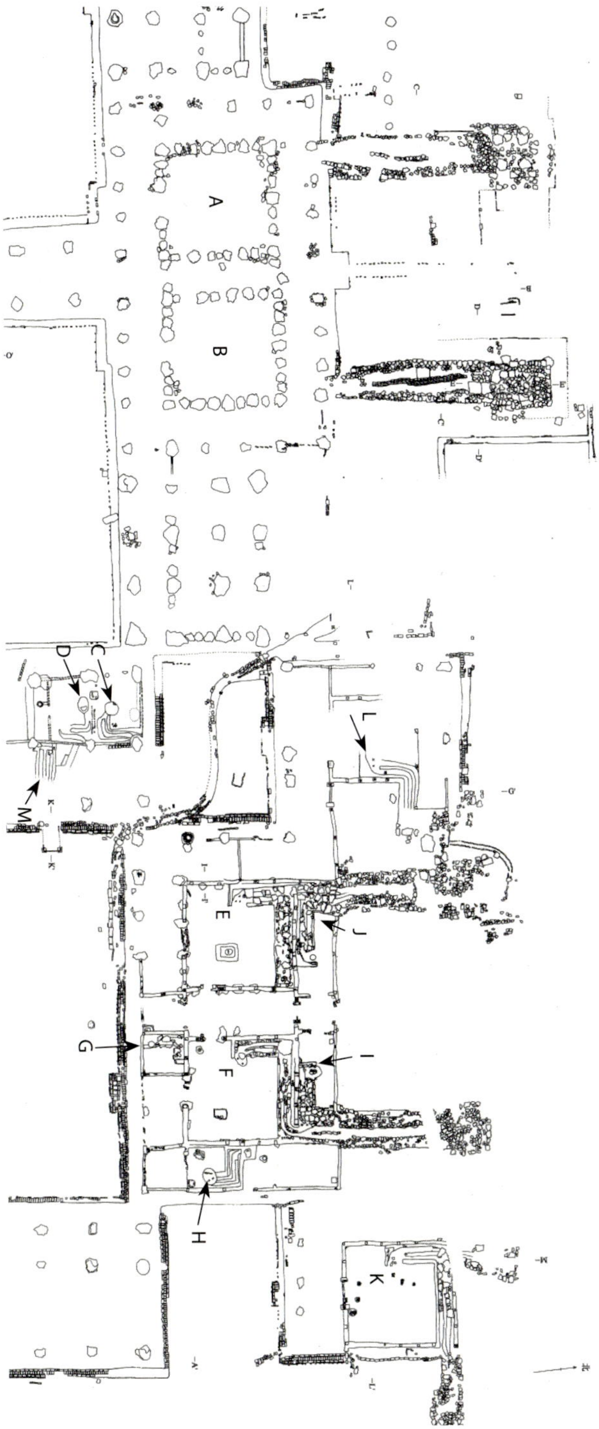

그림 7-3. 상경성 제4, 제4-1궁전지 및 부속건물 쪽구들 배치

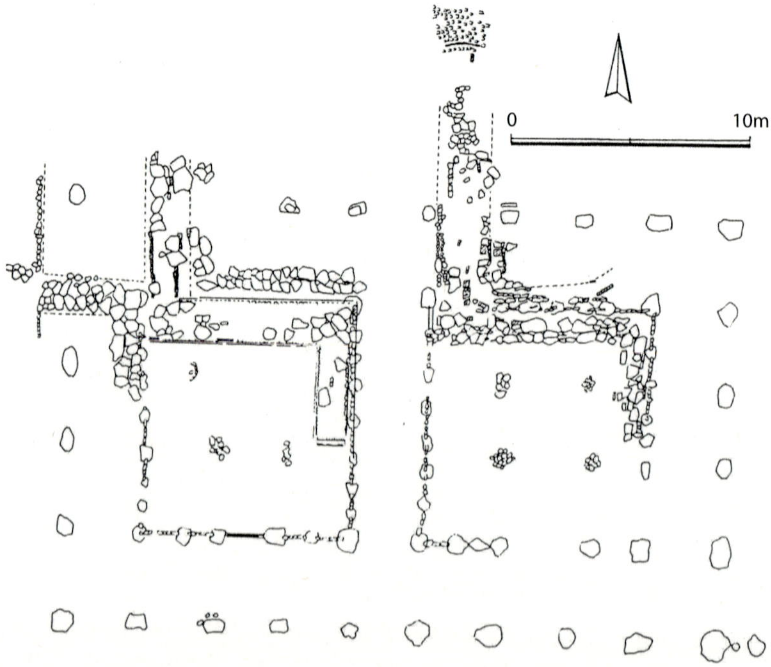

그림 7-4. 상경성 제4궁전지 서전지

하여 구조를 파악하기 어렵다. 연도는 양쪽 모두 가운데에 격벽을 쌓아서 쌍고래로 배연하게 되어 있다. 동남쪽에 붙어 있는 동쪽의 부속실(廂房) 두 곳(그림 7-3-C, D)에서도 ㄱ자형 쌍고래의 잔존 유구가 조사되었다.

제4궁전지 서전지, 즉 제4-2궁전지(그림 7-4)의 공간 배치는 제4궁전지처럼 두 개의 방과 중간 복도로 나뉘어 있고, 두 방에 쪽구들이 시설되어 있다. 동실과 서실 각각의 동벽 중간에 아궁이가 있고, 이로부터 북쪽으로 나아가다가 북벽을 만나면 구부러져 ㄱ자형을 이룬 다음에 마지막에 북쪽의 연도로 다시 꺾인다. 기와와 벽돌로 고랫둥을 쌓고 그 위에 판석으로 구들장을 삼고 회를 발랐다. 구들 중간에는 격벽이 있어 쌍고래를 이룬다. 이 밖에 동실과 서실 각각의 북쪽 회랑과 서실 서쪽 회랑에도 쪽구들이 있고, 이들은 북쪽의 연도를 공유한다.

제4-1궁전지(그림 7-3-E, F, 7-5)도 동·서실과 중간 복도로 이루

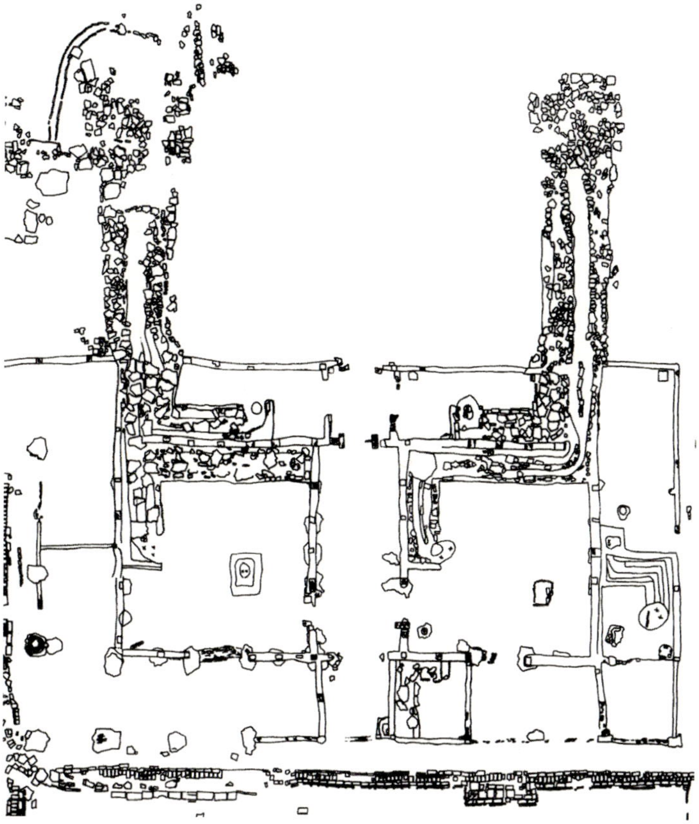

그림 7-5. 상경성 제4-1궁전지

어지고 동·서실 및 동·서실 북쪽 회랑에 각각 쪽구들이 시설된 것은 서전지와 같지만, 세부 구조에서는 다른 점도 있다. 동·서실 모두 아궁이가 서벽 중간에 있고 ㄱ자형 평면을 이루면서 동실에서는 북동 모서리에서 연도로 연결되는 반면에 서실에서는 북서 모서리에서 연도로 연결된다. 흙과 돌 및 벽돌로 고랫등을 쌓고 그 위에 판석을 덮은 다음에 회를 발랐다. 구들에는 격벽이 있어 쌍고래를 이룬다. 실내 동남쪽에서는 따로 화덕이 확인되었다.

이 밖에 이 건물의 부속건물들에서도 이들과 구조가 같은 쪽구들이 확인되었다. 동실 남서쪽에 붙어 있는 방(그림 7-3-G)에서 북벽의 아궁이, 북벽과 서벽의 ㄱ자형 구들, 남서쪽 밖의 굴뚝이 확인되었다.

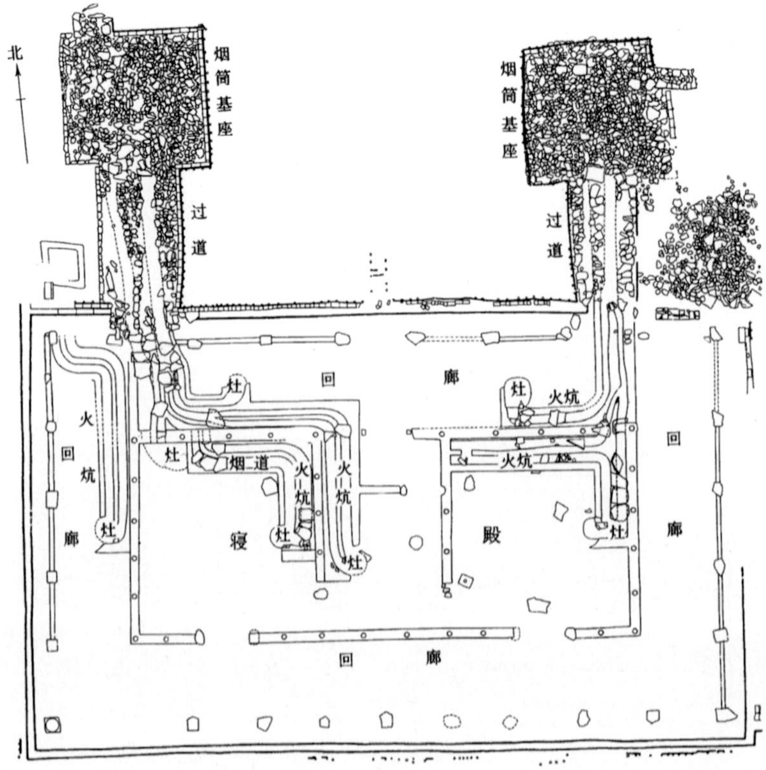

그림 7-6. 상경성 서구 침전지

동실 동쪽에 붙어 있는 방(그림 7-3-H)에서도 동벽의 아궁이, 동벽과 북벽의 ㄱ자형 쌍고래, 북서쪽 밖의 굴뚝이 확인되었다. 동실과 서실의 북쪽에 각각 붙어 있는 방(그림 7-3-I, J)에서도 각각 1자형 쪽구들이 연도와 접합되어 있다. 제4-1궁전지 동북쪽에 붙어 있는 F1(그림 7-3-K)과 북서쪽에 붙어 있는 F2(그림 7-3-L)에서도 ㄱ자형 쌍고래의 쪽구들이 발굴되었다. F1에서는 1실에 시설되어 있지만, F2에서는 서실에서 동실을 통과하며 시설되어 있다. 서쪽의 부속실(廂房, 그림 7-3-M)에서도 쌍고래 쪽구들 일부가 발굴되었다.

서구 침전지(그림 7-6)의 쪽구들 배치는 제4-1궁전지와 유사하다. 다만 중간 방과 서쪽 회랑에도 쪽구들이 달려 있다는 점에서 차이가 있을 뿐이다. 서실에는 아궁이(灶) 2개가 있어서 쪽구들이 2개 있었던 것으로 계산했다. 북쪽 회랑에 설치된 두 쪽구들만 외고래이고, 나머지는 쌍고래이다. 6개 쪽구들은 각각 동서로 나뉘어 연도와 굴뚝을 공유하지만, 서쪽 회랑의 쪽구들은 독립적으로 배연했던 것 같다.

방 안의 쪽구들은 쌍고래인 데 비해 회랑의 쪽구들은 외고래이다. 또 서쪽 회랑의 쪽구들을 제외하면 쌍고래 쪽구들에 외고래 쪽구들이 붙어 있는 형식이다. 이에 대해서 외고래 쪽구들은 쌍고래 쪽구들에 불이 잘 들게 하기 위한 보조구들(助突)로 보는 견해가 있다.[11] 구들이 길면서도 개자리나 부넘기가 발달되지 않은 상태에서는 온돌에 처음 불을 넣으면 불길이 역류하는 현상이 일어나는데, 이런 현상을 막기 위해서 굴뚝 쪽에 따로 보조구들을 만들어 불을 지피게 된다. 이런 보조구들은 발해 궁전지에서 다수 발견되는데, 신하리 고구려 유적에서도 보이므로 고구려 구들을 계승했을 가능성도 있다.

이상과 같이 중심건물인 제4궁전지 및 동쪽의 제4-1궁전지, 서쪽의 서전지(제4-2궁전지), 서구 침전지는 공통적으로 曲자형 평면을 이룬다. 다만 서전지 동실의 연도 위치가 다른 건물지와 달리 북서쪽에 붙어 있어 변형된 曲자형을 이룬다.

상경성에서는 이 밖에 궁성 서구 도기 퇴적장(堆房)에서도 쪽구들 일부가 발굴되었다.[12] 또 궁성 정문의 서쪽에 있는 3호 문지 부근에서도 문지기의 숙소로 보이는 지상건물지가 발굴되었는데, ㄱ자형에 가까운 쌍고래 쪽구들이 있었다.[13] 이처럼 발해 상경에서는 왕부터 문지기까지 계층을 가리지 않고 온돌을 상용하였다.

상경성에서는 구들 축조에 돌과 진흙뿐 아니라 벽돌과 기와까지

11 김준봉·방학봉, 「발해 온돌(구들)관련 유적의 재해석」, 『발해건축』, 한국건축역사학회 2011년 10월 월례학술회의 자료집, 2011.10.15., 58-59쪽(김준봉·방학봉, 「중국 옛 발해 지역 난방시설유적의 재해석」, 『온돌과 구들문화』, 어문학사, 2014, 재수록, 192쪽.)

12 中國社會科學院考古研究所, 『六頂山與渤海鎮』, 中國大百科全書出版社, 1997, 70-71쪽.

13 黑龍江省文物考古研究所, 「渤海上京宮城內房址發掘簡報」, 『北方文物』 1987-1, 38쪽.

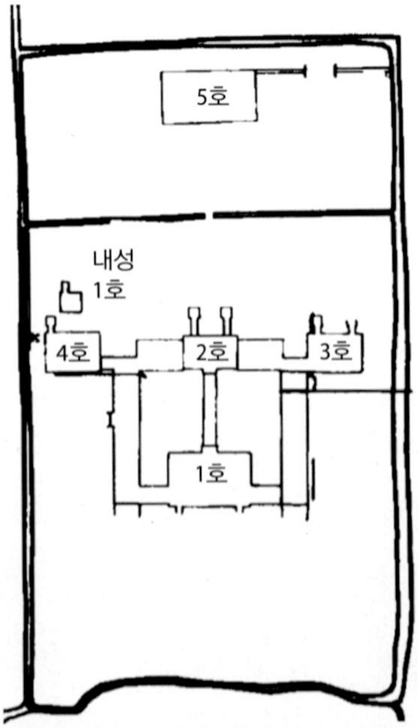

그림 7-7. 서고성 내성 평면도

사용하였고, 격이 높은 건물에는 쪽구들 표면에 회를 칠하였다.

서고성(西古城)에서도 최근의 발굴을 통하여 궁전의 구체적 정황이 드러났다.[14] 5개 궁전지 가운데 제2, 제3궁전지는 曲자형 평면이고, 제4궁전지와 내성 1호 건물지는 연도 하나가 서쪽에 치우쳐 달린 由(유)자형 평면이다(그림 7-7). 제2궁전지를 중심으로 동서에 제3, 제4궁전지가 좌우 대칭형으로 배치되어 있어, 상경성의 제4궁전지와 동일한 용도로 사용된 것을 알 수 있다.

서고성도 상경성처럼 전조후침(前朝後寢)의 배치로서 정전인 제1궁전지를 앞에 두고 있다. 제2궁전지는 뒤쪽으로 두 개의 시설물이 튀어나와 있어서 마치 曲자형 쪽구들 건물지처럼 보인다. 제3궁전지도 동·서실과 중간 복도의 세 공간으로 나뉜 曲자형 쪽구들 건물지처럼 보인다.

그러나 보고서에서는 제2궁전지와 제3궁전지의 건물 뒤편 시설물이 굴뚝과 관련된 것인지 명확히 밝히지 않았다. 건물지 안에서 쪽구들과 관련된 시설이 확인되지 않았기 때문인 것 같다. 발굴자는 과거 발굴로 궁전지 상면이 이미 파괴되어 구들을 확인할 수 없었다고 한다.

그런데 상면이 심하게 파괴된 제2궁전지는 차치하더라도, 제3궁전지에서는 주초의 배치 정황을 알 수 있을 정도인데도 구들 흔적이 보이지 않는 것은 이상하다. 팔련성(八連城) 제2궁전지도 본전의 주초 자리와 뒤편의 굴뚝 추정 시설이 남아 있다는 점에서 서고성 제3궁전

14 吉林省文物考古研究所·延邊朝鮮族自治州文化局·延邊朝鮮族自治州博物館·和龍市博物館,『西古城』, 文物出版社, 2007.

지와 유사하다.

이런 건물들에는 혹시 일정 기간 曲자형 쪽구들이 시설되어 사용되다가 용도가 바뀌면서 제거되어 굴뚝 시설만 남아 있을 가능성이 없는지 검토해볼 일이다. 상경성 제4궁전지에도 구들 흔적만 남아 있는 것이 이와 같은 이유일지 모른다.

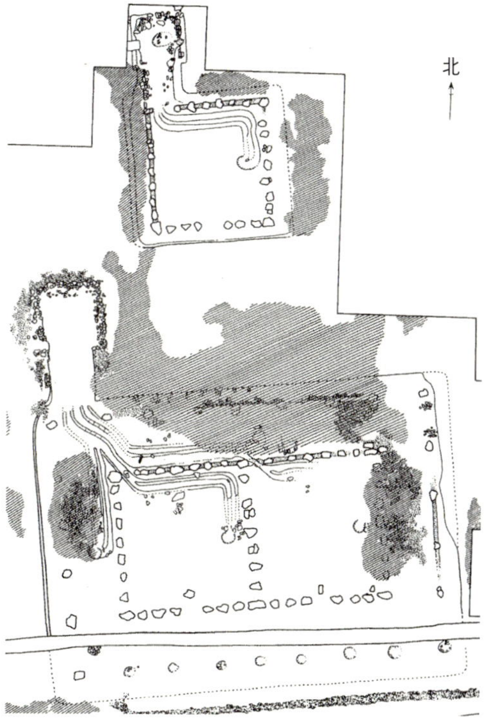

그림 7-8. 서고성 제4궁전지(하)와 내성 1호 건물지

서고성 제4궁전지(그림 7-8 아래)는 본채가 동·서실의 두 공간으로 나뉘어 있고, 연도는 북서쪽 모서리에 하나만 있어서, 연도가 서쪽에 치우친 由(유)자형 평면을 이룬다. 본채의 쪽구들은 모두 네 개로서, 동실과 서실 동벽에서 각각 시작된 것은 ㄱ자형 쌍고래이고, 서쪽 회랑과 북쪽 회랑에 설치된 것은 1자형 쌍고래이다. 이들은 모두 합쳐져 북서쪽의 연도로 연결된다.

내성 1호 건물지(그림 7-8 위)는 제4궁전지 북쪽에 독립적으로 세워졌다. 본채는 단실로서 동벽의 아궁이에서 시작된 ㄱ자형 쌍고래가 북서쪽 모서리의 연도로 연결된다.

궁전 배치와 규모에서 서고성은 상경성의 축소형이라 한다면, 팔련성은 서고성의 축소형이다. 팔련성 내성에는 제1궁전지와 제2궁전지가 있는데, 제2궁전지의 평면도 曲자형이다. 그러나 여기서도 서고성 제2 및 제3궁전지의 정황과 동일하게 건물 뒤편의 시설물만 남아 있다.[15]

15 吉林省文物考古研究所·吉林大學邊疆考古研究中心, 「吉林琿春市八連城內城建築基址的發掘」, 『考古』 2009-6; 吉林省文物考古研究所; 吉林大學邊疆考古研究中心·琿春市文

그림 7-9. 콕샤로프카-1 성터의 쪽구들 건물지

이상의 도성 외에 연해주의 콕샤로프카(Кокшаровка)-1 발해 성터에서도 유사한 쪽구들이 발굴되었다.[16] 담장을 두른 장방형 구획 안에서 평면 由자형의 건물지 7기가 나란히 발굴되었다(그림 7-9). 개별 건물은 정면 5칸, 측면 5칸으로 동일하지만, 크기에서는 세 가지로 분류된다. 가운데 건물이 제일 크고 양쪽으로 갈수록 작아진다. 건물마다 동서 양쪽 벽에 아궁이가 있고 여기서 출발한 쌍고래의 구들이 북벽 중간에서 만나 북쪽의 연도로 빠져나간다. ㄱ자형 쪽구들 두 개가 합쳐진 형태로서 전체적으로 보면 ㄷ자형이다. 구체적으로는 제6장에서

物管理所, 『八連城: 2004~2009年度渤海國東京故址田野考古報告』, 文物出版社, 2014, 131-136쪽.

16 송기호, 「발해건축사 연구 동향과 콕샤로프카1 성터 건물지의 성격」, 『건축역사연구』 80, 한국건축역사학회, 2012; 국립문화재연구소·러시아과학원 극동지부 역사학고고학민속학연구소, 『연해주 콕샤로프카-1 평지성』 I, 2012.

분류한 ㄷc형으로서, 금나라 때의 여진족 쪽구들에서 많이 보이는 구조이기도 하다. 다만 여진족 쪽구들은 양쪽의 구들이 크기에서 차이가 나는 경향이 있는데, 여기서는 대등하다.

이 성은 15부의 하나인 안변부(安邊府)의 소재지로서, 이 건물지는 발해 멸망 후 유민 세력이 독자적으로 세운 종묘(宗廟)시설로 생각된다. 7개의 건물이 위계를 달리하며 독립적으로 나란히 서 있는 데다가 제사 용기로 사용된 기대(器臺)들이 발견된 점이 이를 뒷받침한다. 현재 태조 이성계의 어진을 모신 전주 경기전 본전에 온돌이 시설되어 있고, 세종 21년(1439)에 태조의 어진을 모신 개성과 영흥(永興)의 전각 안에 난방시설(突)을 설치한 기록으로 보아, 종묘시설에 난방시설이 있는 것은 특이한 일이 아니다.

2012년 이후에는 북편에서 건물지 4기, 남서쪽 대지에서 건물지 2기가 발굴되었는데, 남서 1호에서도 ㄷ자형 쌍고래의 쪽구들이 확인되었다.[17] 여기서는 지면을 굴착하고 점토만으로 조성한 것으로 보여서 재료에서 차이가 난다. 이런 점에서 북편건물지군보다 격이 떨어지는 생활용 건물이 있었던 것으로 추정된다.

이상은 발해 상층부에서 사용된 쪽구들이다. 중요 건물은 曲자형이나 由자형 평면이다. 둘 다 전형적인 것이 있는가 하면 연도가 한쪽으로 치우친 변형도 있다. 상경성 제4궁전 서전지가 변형 曲자형이고, 서고성 제4궁전지 및 내성 1호 건물지는 변형 由자형이다. 이렇게 발달된 쪽구들 건물지가 있는가 하면, 여전히 수혈식 쪽구들을 중심으로 하는 재래의 주거지도 많다. 이런 주거지 가운데 콘스탄티노프카 주거지나 하구 F1003처럼 지상식으로 보고된 것도 있지만, 수혈식 주거지의 모습에서 크게 벗어난 것은 아니다. 이제 잘 남아 있는 유구를 중심으로 살펴보겠다.

17 국립문화재연구소·러시아과학원 극동지부 역사학고고학민속학연구소, 『연해주 콕샤로프카 유적』, 2015, 129-133쪽.

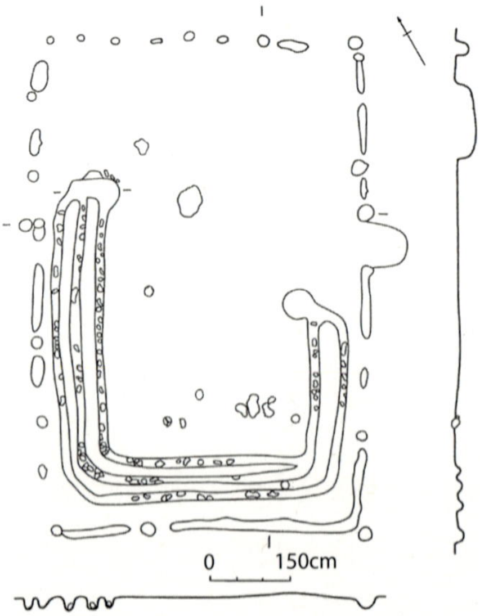

그림 7-10. 하구 F1003

중국 흑룡강성 해림시(海林市) 일대에서 연화(蓮花)댐이 건설되면서 여러 기의 쪽구들 건물지가 발굴되었다. 우선 도구(渡口) 유적에서 발굴된 발해시기 주거지 4기 가운데 F2[18]만 보고되었는데, F2는 방형의 수혈식 주거지로서 북벽을 따라 ㄱ자형 쌍고래 쪽구들이 시설되어 있다. 동벽 중간에서 두 개의 아궁이가 확인되었으나, 구들과의 연결 부위가 파괴되어 있다.

하구(河口) 유적에서는 발굴된 6기 가운데 F1003(그림 7-10, 7-11)[19] 1기만 보존 상태가 양호하다. 지상식 장방형 건물지로서, ㄷ자형 평면의 쪽구들이 있다. 서벽 중간의 아궁이와 연결된 세고래가 남벽까지 지난 다음에 쌍고래로 줄어들어 동벽 중간에서 배연된다. 구들은 지면을 굴착하여 밭고랑처럼 만들고 그 위에 아마 판석을 덮었을 것이다. 고래에는 보온용으로 보이는 자갈을 깔았다.

진흥(振興) 유적에서 발굴된 4기는 보존 상태가 좋지 않다. 다만 F8[20]은 말각장방형의 수혈주거지에 외고래가 C자형에 가깝게 잔존해 있는데, 생토를 굴착한 고래처럼 보인다.

역시 수몰지구 조사로 확인된 해림시 목란집동(木蘭集東) 유적 F1(그림 7-12)[21]은 ㄷ자형 쌍고래 쪽구들 주거지로서, 주거지 바닥에 쌍고래를 굴착한 다음 돌을 쌓아 고랫등을 만들었으며, 그 위에 큰 돌

18 黑龍江省文物考古硏究所 · 吉林大學考古學系, 「黑龍江海林市渡口遺址的發掘」, 『考古』 1997-7, 21쪽.
19 黑龍江省文物考古硏究所 · 吉林大學考古學系, 앞의 책, 46-47쪽.
20 위의 책, 129-130쪽.
21 黑龍江省文物考古硏究所, 「黑龍江省海林木蘭集東遺址」, 『北方文物』 1996-2.

그림 7-11(상). 하구 F1003
그림 7-12(하). 목란집동 F1

을 덮어 구들장을 삼았다.

해림시 흥농(興農) 유적 F3(그림 7-13)[22]은 원각 방형 주거지로서, ㄱ자형 쌍고래가 발굴되었다. 고랫등은 토축한 다음에 작은 돌로 쌓았다. 구들 중간에 고랫등이 터져 있는 점이 특이하고, 쌍고래는 끝부분에 가서 외고래로 합쳐진 다음에 굴뚝으로 이어진다.

중국과 러시아의 접경지대 부근인 흑룡강성 동녕현(東寧縣)에서는

22 黑龍江省文物考古研究所 · 吉林大學考古學系, 「黑龍江海林市興農渤海時期城址的發掘」, 『考古』 2005-3.

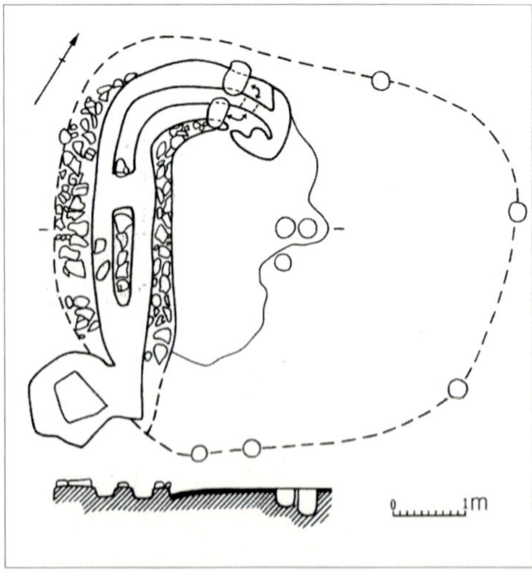

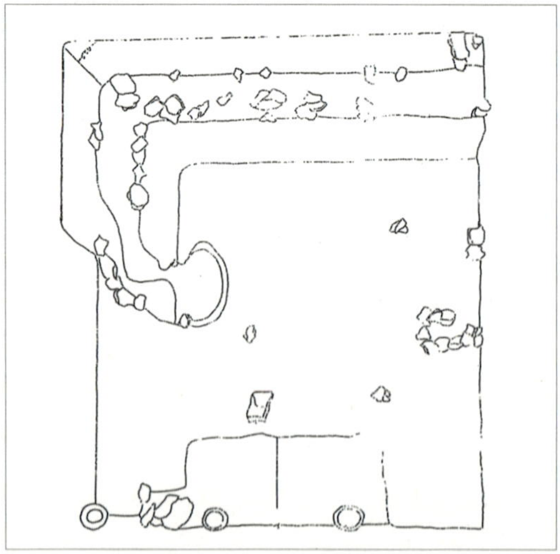

그림 7-13(좌). 훙농 F3
그림 7-14(우). 단결 F14

두 곳에서 쪽구들 유적이 발굴되었다. 단결(團結) 유적[23] 상층의 F14호(그림 7-14)는 장방형 반지하식으로서 서벽 북부에 아궁이가 있고, 이로부터 북동쪽 모서리까지 ㄱ자형 외고래가 이어진다. 고래는 굴착식이고, 판석으로 덮은 다음에 풀 섞은 점토를 발라 마감했다. F10은 자갈과 돌덩이로 고랫둥을 만든 점을 제외하면 F14와 구조가 동일하다.

소지영(小地營) 유적[24]의 F1(그림 7-15, 7-16)은 방형의 수혈주거지로서, 서벽에 아궁이와 1자형 외고래를 시설하였다. 고랫둥은 자갈을 쌓아서 만들었다. 굴뚝은 지상으로 올라와 70cm 높이까지 남아 있었다. 방 가운데에는 추가노지가 있다. F2의 쪽구들(그림 7-17)도 구조가 동일하다.

돈화 육정산(六頂山) 고분군에서도 2기의 주거지가 발굴되었는데,[25]

23 黑龍江省文物考古工作隊 · 吉林大學歷史系考古專業, 『東寧團結遺址發掘報告』, 1978.
24 黑龍江省文物考古研究所, 「黑龍江東寧縣小地營遺址渤海房址」, 『考古』 2003-3.
25 吉林省文物考古研究所 · 敦化市文物管理所, 『六頂山渤海墓葬: 2004~2009年清理發掘報告』, 文物出版社, 2012, 146-150쪽.

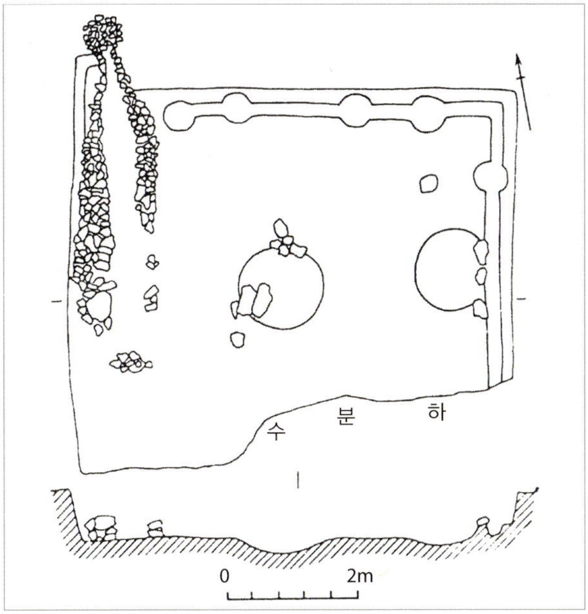

그림 7-15(좌상). 소지영 F1
그림 7-16(하). 소지영 F1
그림 7-17(우상). 소지영 F2 쪽구들

그림 7-18. 크라스키노 1호

DLIF1에는 ㄷ자형이면서 밖으로 한 번 더 꺾인 형태의 쌍고래 쪽구들이 있고, DLIF2에는 ㄱ자형 쌍고래 쪽구들이 있다. 모두 돌로 쌓았다.

연해주에서도 쪽구들 주거지가 다수 발굴되었다. 우선, 크라스키노 성터에서 다년간 발굴을 통하여 15기의 쪽구들 건물지가 조사되었으나, 쪽구들 전모가 드러난 것은 2005년에 발굴한 1호 주거지 정도이다. 1호 주거지(그림 7-18)[26]는 장방형 수혈주거지로서, 동벽과 서벽에 아궁이가 하나씩 있는 ㄷ자형 쌍고래 쪽구들이 노출되었다. 북서쪽 모서리에 굴뚝 흔적이 확인되었으므로, 1자형과 ㄱ자형이 결합된 형식이다. 고랫등은 돌과 점토로 만들었다. 아궁이에서 석탄이 발견되어 연료로 사용되었던 것을 추정할 수 있다.

중국의 동녕현에 가까운 콘스탄티노프카(Константиновка) 취락지[27]

26 고구려연구재단 · 러시아극동 역사고고민속학연구소, 앞의 책, 28-30쪽.

27 Болдин В.И. · Ивлиев А.Л. · Хорев В.А. · Шавкунов В.Э., Новый тип бохайского жилища в Приморье // Материалы по срдневековой археологии и истории Дальнего Востока СССР. Сборник научных трудов, Владивосток, 1990: 볼딘 붸.이. · 이블리예프 아.엘. · 호레프 붸.아. · 샤프쿠노프 붸.에., 「연해주 발해 집자리의 새로운 유형」, 『소련 극동의 중세 고고 및 역사 자료』 연구논문집, 블라디보스토크, 1990; 한국전통문화학교 · 러시아극동 역사학고고학민족학연구소, 『연해주의 발해유

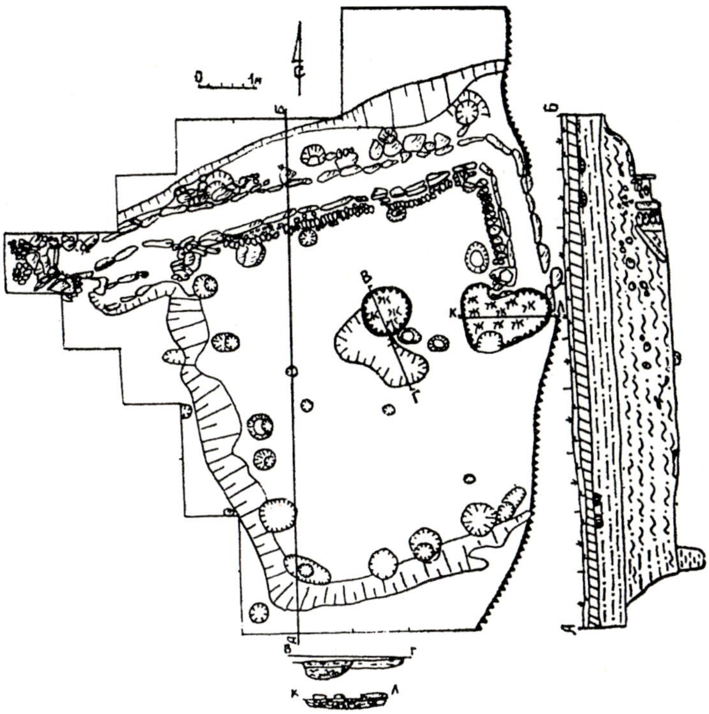

그림 7-19. 콘스탄티노프카 4호

에서는 5기의 쪽구들 주거지가 발굴되었다. 이 가운데 1991-1호와 4호는 하층에 속하고, 1호, 2호, 3호는 상층에 속한다. 상층은 모두 지상식, 하층 4호는 수혈식으로 보고되었다. 또 상층은 모두 쌍고래이고, 하층은 모두 외고래이다.

4호 주거지(그림 7-19)가 비교적 온전하게 남아 있는데, 동벽의 아궁이로부터 북벽을 거쳐 북서쪽 모서리 밖에 있는 굴뚝으로 연결되어 있어, ㄱ자형 평면에 외고래를 이룬다. 구들은 장방형 사암 판석을 세워서 만들었고, 방 안쪽으로 고랫등 바깥에는 큰 자갈돌로 보강하여 쌓았다. 굴뚝은 큰 사암 판석을 쌓아서 만든 돌상자 모양이다. 방 안

적과 꼰스딴찌노브까 1 주거유적』, 2010; 정석배, 앞의 글(각주5).

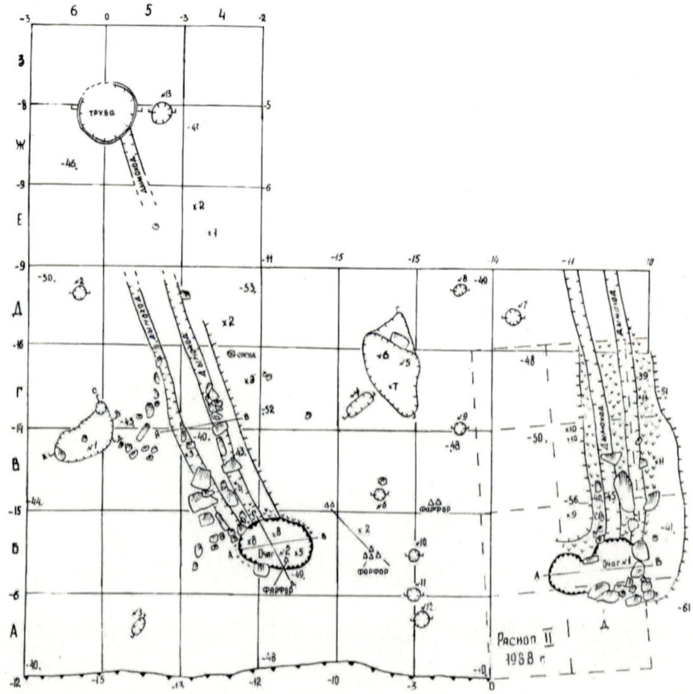

그림 7-20. 콘스탄티노프카 3호

에는 추가노지가 있다. 1991-1호도 판석을 세워서 구들을 만들었다.

1호와 2호는 ㄱ자형으로 추정되는 쌍고래로서, 지면을 굴착하여 고래를 만들고 그 위에 판석 구들장을 덮었다. 3호(그림 7-20)에는 1자형 쌍고래 쪽구들 2기가 남벽과 북벽을 따라 나란히 마주 보게 시설되어 있다. 남쪽 쪽구들(그림 왼쪽)은 중간이 훼손되어 굴뚝 부근이 외고래와 어떻게 연결되는지 알 수 없다. 북쪽 쪽구들(그림 오른쪽)은 아궁이와 구들 일부만 발굴되었다.

체르냐티노(Чернятино)2 주거유적에서도 1기의 쪽구들 주거지가 발굴되었다. 2호 주거지(그림 7-21)[28]에서 ㄱ자형 쌍고래가 아궁이와

28 한국전통문화학교 · 극동국립기술대학교 · 역사학고고학민족학연구소, 『연해주 체르냐찌노 2 옥저, 발해주거유적』 I, 2008, 163-167쪽.

그림 7-21. 체르냐티노2 2호

함께 잔존해 있었지만 굴뚝 쪽은 이미 파괴되었다. 구들은 지면을 굴착하여 만들었고, 판석으로 구들장을 삼았다. 고래의 폭은 22~30cm이고, 깊이는 24cm이다. 현존 구들의 길이는 4.5m이다. 이보다 1m 깊은 곳에서는 크로우노프카 문화의 쪽구들 주거지들이 발굴되었다.

아우로프카(Ауровка) 성터[29]에서는 발해 말기 내지 멸망 직후의 늦은 시기에 해당되는 주거지들(그림 7-22)이 발굴되었다. 이 시기에 속하는 상층 주거지 7기에는 판석으로 만든 ㄱ자형 쌍고래가 시설되

29 Шавкунов В.Э., Раскопки Ауровского городища // Древняя и средневековая история Восточной Азии -К 1300-летию образования государства Бохай: Материалы междунар. науч. конф.(Владивосток, 21~26 сентября 1998г.)-, Владивосток, 2001: 샤프쿠노프 볘.에., 「아우로프카 성터의 발굴」, 『동부 아시아의 고대사와 중세사 -발해 건국 1300주년에 부쳐: 국제학술회의(블라디보스토크 1998년 9월 21~26일) 자료집』, 블라디보스토크, 2001.
Шавкунов В.Э.· Гельман Е.И., Многослойный памятник Ауровское городище // Труды Ин-т ИИАЭ ДВО РАН, Т.XI, Актуальные Проблемы Дальневосточной Археологии, Дальнаука, Владивосток, 2002: 샤프쿠노프 볘.에.· 겔만 예.이. 「아우로프카 성터의 다층 유적」, 『러시아과학원 극동지부 역사학·고고학·민족학연구소 기요: 극동고고학의 당면 문제들』 제11권, 극동과학출판사, 블라디보스토크, 2002.

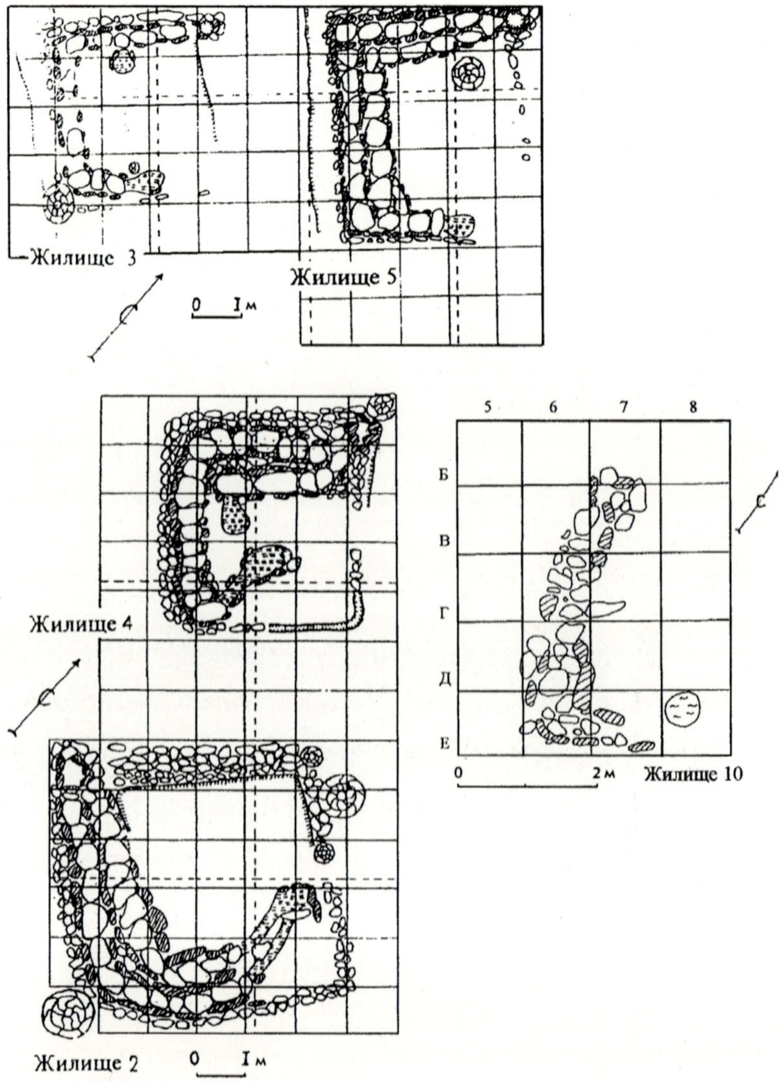

그림 7-22. 아우로프카 2~5호, 10호 주거지

어 있었다. 중층에 속하는 10호 주거지에서는 ㄱ자형 외고래가 발굴되었는데, 발해 건국 이전인 1천년기 중반의 말갈 유적으로 편년하였으나 발해에 속할 가능성이 크다.

노보고르데예프카(Новогордеевка) 성터와 그 주변에서도 다수의

그림 7-23. 청해토성 1호(좌), 2호(우) 건물지 쪽구들

쪽구들 건물지가 발굴되었으나,[30] 자세한 정보를 알 수 없다. 노보고르데예프카 취락지 3호 정도만 간단한 도면이 제시되었을 뿐이다.

북한에서는 남경남해부의 소재지인 청해토성과 그 주변, 김책시 성상리토성에서 쪽구들이 발굴되었으나, 발굴 정보가 매우 불충분하다. 청해토성 안에서는 ㄱ자형 쌍고래가 다수 발굴되었고, 세고래도 1기 확인되었다.[31] 이 가운데는 생토를 굴착한 굴착식 구들도 포함되어 있다(그림 7-23).

오매리 절골 유적에서는 절골 1호, 2호 건물지에서 쪽구들이 확인되었다.[32] 절골 1호 건물지(그림 7-24)는 동실과 서실로 나뉘어 있고,

30 Артемьева Н.Г., Раннесредневековые жилища Приморья // Сов. археология, No.1, 1987: 아르체미예바 엔.게., 「연해주의 중세 초기 집자리」, 『소련 고고학』 1987-1. Болдин В.И., Итоги изучения бохайского слоя на Новогордеевском городище в 1987 г. // Новые материалы по средневековой археологии Дальнего Востока СССР. Ин-т истории, археологии и этнографии народов Дальнего Востока ДВО АН СССР, Владивосток, 1989: 볼딘 붸.이., 「1987년 노보고르데예프카 성터 발해 층위의 연구 결과」, 『소련 극동의 중세 고고학에 관한 새로운 자료』, 소련과학원 극동지부 극동민족 역사학·고고학·민족학 연구소, 블라디보스토크, 1989.

31 한용걸, 「발해건축의 고구려적성격에 대하여」, 『조선고고연구』 1997-1; 김종혁, 『동해안 일대의 발해 유적에 대한 연구』, 중심, 2002.

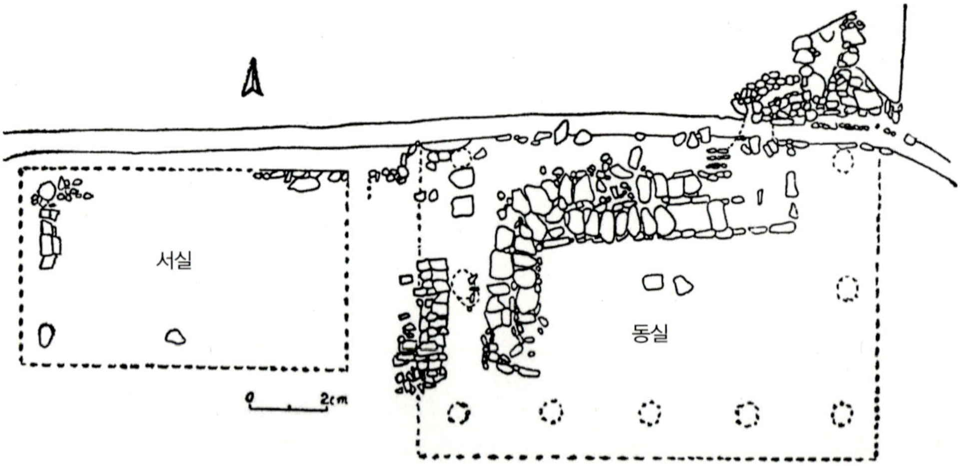

그림 7-24. 절골 1호

동실에만 판석과 강돌로 고랫둥을 세우고 판석으로 덮은 ㄱ자형 쌍고래가 있었다. 절골 2호는 돌로 쌓은 ㄱ자형으로서 쌍고래에서 외고래로 바뀐다.

금산 1호 건물지(그림 7-25)는 가운데에 통로를 두고 좌우에 동실, 서실이 있는 구조로서,[33] 도성 유적지에서 보이는 건물 구조와 유사하다. 동실과 서실은 각각 2칸 너비로 되어 있다. 동실 동쪽에는 화강암 판석으로 쌓고 진흙으로 마감한 1자형 쌍고래가 있고, 서실 중간쯤에도 역시 동일한 형태의 쪽구들이 있다. 다만, 동실에서는 아궁이가 서쪽을, 서실에서는 아궁이가 동쪽을 향하여 있고, 서실 쪽구들의 연도는 구들과 비스듬하게 만든 차이가 보인다.

발해 쪽구들은 고구려 것을 계승하면서 이를 더욱 발전시켰다. 구들의 평면은 고구려와 발해 모두 ㄱ자형이 주류이지만, 1자형과 ㄱ자

32 김종혁·김지철, 「신포시 오매리 절골1호 발해건축지 발굴보고」, 『조선고고연구』 1990-2; 김종혁, 위의 책.

33 김종혁·김지철, 「신포시 오매리 금산발해건축지 발굴중간보고」, 『조선고고연구』 1989-2.

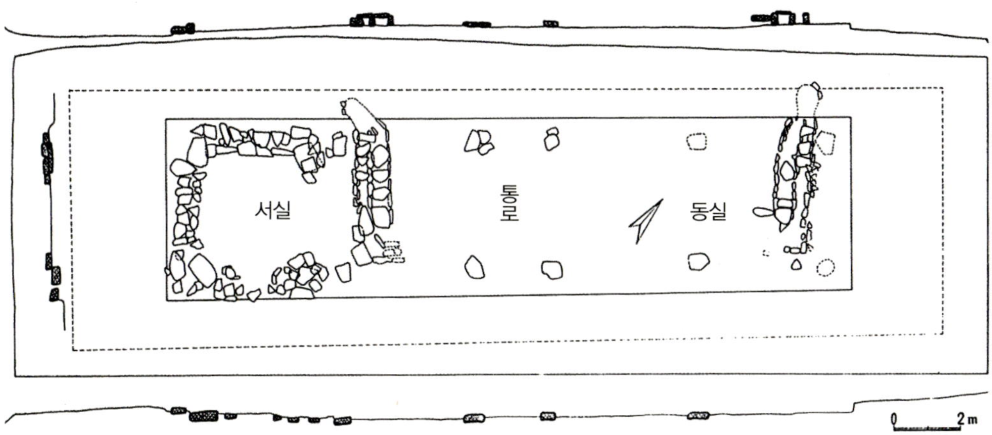

그림 7-25. 금산 1호 건물지

형이 줄어들고 ㄷ자형이 늘어나는 추세가 보인다.[34] ㄷ자형은 발해 멸망 후 여진족의 쪽구들에서 대세를 이루게 된다.

ㄷ자형은 보통 두 가지가 있다. 동녕 단결 F9(그림 5-4)나 하구 F1003(그림 7-10, 7-11)처럼 구들의 한쪽 끝에 아궁이가 있고 반대쪽 끝에 배연구가 있는 것이 ㄷ자형의 기본이라 한다면, 콕샤로프카-2 성터 건물지(그림 7-9)에서 보이는 결합형 ㄷ자형은 구들 양쪽 끝에 각각 아궁이가 있고 구들 중간에 공용의 배연구가 있는 구조이다. 이처럼 복수의 쪽구들이 결합된 양상은 묘포 유적, 오녀산성 유적에서 이미 출현하였다. 묘포 F2는 ㄱ자형 2기가 모여 ㅁ자형을 이루는 데 비해서, 오녀산성 F70(그림 5-12)은 1자형 3기가 모여 ㄷ자형을 이루고, F71은 ㄱ자형 2기가 모여 ㄷ자형을 이루고, F72는 1자형과 ㄱ자형이 결합되어 ㄷ자형을 이룬다. 이와 같은 다양한 결합 형식은 발해 때에 와서 ㄱ자형 2기가 결합되어 ㄷ자형을 이루는 방식으로 단일화되고, 이후 여진족 사이에서 유행하게 된다.

34 송기호, 「발해 쪽구들의 유래」, 『발해 사회문화사 연구』, 서울대학교출판문화원, 2011, 335쪽.

복수의 쪽구들이 결합된 구조는 도성의 궁전지에서도 나타난다. 상기 유형은 복수의 쪽구들이 대등하게 결합된 것이라 한다면, 이 유형은 기본구들(主突)과 보조구들(助突)로 구성되어 있다. 발해 유적에서 특징적으로 발견되는 曲자형 평면을 가진 건물들이 그러하다. 상경성 제4궁전지 서전지는 5개, 제4-1궁전지는 4개, 서구 침전지는 7개, 서고성 4호 궁전지는 4개의 쪽구들이 시설되어 있다. 이런 건물지의 원형은 집안 동대자(東台子) 유적에서 찾을 수 있다.

고래의 수에서는 고구려에서 발해로의 변천이 뚜렷하게 나타나는데, 고구려 때에는 외고래가 다수이다가 발해에서는 쌍고래가 다수가 된다. 이 점에서 발해는 고구려의 쪽구들을 더욱 발전시켰다고 할 수 있다.

지면을 굴착[35]하여 고래를 파고 그 위에 판석 구들장을 얹는 형식도 이미 앞 시기에 보이기 시작하는데, 발해에서 다수 등장한 뒤에 여진족 주거지에서 대세를 이루게 된다. 중국의 하구, 목란집동, 단결, 러시아의 콘스탄티노프카, 체르냐티노2 등에서 이런 구조가 확인된다.

초기철기시대의 단결 유적에서 이미 토제 쪽구들이 확인되었는데, 보고가 부실하여 지면을 굴착한 것인지 명확하지 않다. 묘포 유적에서도 굴착식 구들로 생각되는 주거지들이 있다. 고구려 석대자 주거지에서도 굴착식 구들이 확인된다. 다른 한편으로 단결 유적에서 보이는 토제 쪽구들은 영남지방의 토제 쪽구들 형성에도 영향을 주었을 가능성이 있다. 다만, 영남지방에서는 흙을 터널 모양으로 쌓아서 만들었으므로 축조 방식에서 다르다. 통일신라 이후에 한반도 중부에서도 굴착식 쪽구들이 유행한다.

이미 언급하였듯이 발해에서는 왕을 비롯한 지배층에서도 쪽구들

35 굴착식 구들에는 두 가지가 있으니, 하나는 지면을 얕게 파낸 뒤에 돌이나 점토로 고랫둑을 쌓는 방식이고, 다른 하나는 지면을 깊게 파낸 뒤에 바로 판석을 덮는 방식이다. 가장 전형적인 것은 후자로서 여진시기에 보편적으로 보인다. 다만 발굴보고서만으로는 전자와 후자를 구분하기가 어려우므로, 여기서는 둘 다 '굴착식'으로 부르겠다.

을 애용하였다. 이에 따라 도성 유적을 포함하여 전국에서 골고루 쪽구들 유적이 발견된다. 더구나 발해 건국 후에는 지배층에서 피지배층으로, 중앙에서 지방으로 확산된 것 같다. 이것은 고구려 때에 하층민이나 변방의 병사들이 선호하여 주로 변경이나 산 위 보루에서 발견되는 것과 대조를 이룬다. 다만 사찰에서의 쪽구들 사용은 고구려에서 시작하여 발해에서도 지속되었다. 쪽구들은 발해 지배층이 사용함에 따라 지상건물지에서도 성행하게 되었다.

마지막으로, 발해가 멸망한 뒤에는 쪽구들의 사용 범위가 이민족에게로 처음 확대되었다. 발해 멸망 후에 여진족으로 편입된 발해 유민이 여전히 쪽구들을 사용함으로써, 만주 지역에 그 전통이 온존하게 되었고, 지금까지도 중국 북방에서 만주족을 중심으로 항(炕)을 사용하게 되는 계기가 마련되었다. 이에 대해서는 제9장에서 서술하겠다.

8장

남방 온돌의 변화, 통일신라

통일신라 때에는 삼국시대에 비해 조사된 주거지가 적고 그에 따라 연구도 빈약한 편이다. 수혈주거지가 줄어드는 대신에 상대적으로 파괴가 많이 되어 확인이 어려운 지상건물지가 증가하는 추세에도 원인이 있고, 고고학계의 관심이 삼국까지에 집중되어 있는 상황과도 무관하지 않다.

통일신라의 주거유적으로는 수혈주거지와 지상건물지가 있다. 발해에서는 지상건물지가 주로 발굴되었고, 이에 비해 통일신라에서는 수혈주거지가 주로 발굴되었다. 그리고 현재까지 발굴된 유적이 중부권에 편중되어 있는 편이어서, 통일신라의 중심지보다는 변경의 상황을 알려준다.

통일신라의 주거유적은 1990년대 후반부터 본격적으로 모습을 드러내기 시작하였지만 대부분 5기 이내에 불과하였다. 다행히 2000년대 들어 경기권에서 대규모 발굴이 이루어지면서 취락 수준의 이해가 가능하게 되었다.

1) 수혈주거지

통일신라의 수혈주거지는 절대 다수가 방형계 평면이다. 취난시설로는 노지, 부뚜막, 쪽구들이 있으니, 〈표 8-1〉에서 보듯이 노지가 8%, 부뚜막이 14.5%, 쪽구들은 77%를 차지하여 앞 시대에 비해서 노지와 부뚜막 비율은 대폭 줄어들면서 쪽구들 비율은 매우 높아진다. 또한 부뚜막 가운데서도 연도부뚜막은 이천 갈산동, 평택 도일동, 평택 대추리, 수원 호매실동·금곡동에서 1기씩만 발견되었다. 이처럼 삼국시대에 중부권에서 유행하던 연도부뚜막은 통일신라에 들어서 자취를 감추기 시작하고, 그 대신에 새로운 유형으로 T자형 쪽구들이 출현하였다.

자세한 사정은 알 수 없으나, 중부권 이외에서는 쪽구들이 점차 퇴조의 기미를 보였다. 다시 말해 영남권 쪽구들은 쇠퇴하고, 중부권 쪽구들만 남아서 나름의 발전을 하게 된 것이다. 영남권에서 발굴되는 쪽구들이 삼국시대까지는 원형계 주거지에 C자형 점토제 쪽구들이 주종을 이루다가 통일신라에 와서는 방형계 주거지에 석제 쪽구들이나 굴착식 쪽구들이 일부 나타나는 것은 자체 변화의 결과가 아니라 중부권으로부터 유입된 것으로 여겨진다. 따라서 경주의 중앙 권력과 무관하게 지방의 문화로서 지속되었다.

통일신라의 쪽구들 가운데 불확실한 것은 제외하고 구들 유형에 따라 분류하면 〈표 8-2〉와 같다. 삼국시대까지는 ㄱ자형 내지 C자형이 압도적이고 극히 일부에서 1자형과 ㄷ자형이 나타나는데, 통일신라에서는 ㄱ자형과 1자형, T자형이 엇비슷하다. 동시기인 발해에서 ㄱ자형이 압도적이고 1자형과 ㄷ자형이 일부 나타나는 현상과 대조적이다.

고래의 수에서도 앞 시대와 비교하여 변화가 나타난다. 삼국시대까지는 외고래가 절대 다수를 차지하는데, 통일신라에 들어서 쌍고래가 크게 증가한다. 하지만 발해에서는 쌍고래가 주류로 올라선 데 비

표 8-1. 통일신라 수혈주거지 취난시설 구성

유적명	노지	부뚜막	쪽구들	취난시설 합계
서울 아차산성		1	5	6
서울 몽촌토성			8	8
고양 도내동	1		6	7
김포 마송리		6	14	20
남양주 별내	1		12	13
시흥 오이도		3	6	9
화성 수영리	2		4	6
화성 화산동			8	8
화성 청계리	2	14	45	61
오산 가수동		4	10	14
용인 영덕동	5	2	15	22
용인 서천동		5	16	21
여주 금당리			10	10
이천 갈산동	2	1	24	27
이천 주미리			12	12
평택 도일동	4	7	5	16
춘천 근화동		21	55	76
춘천 송암동			24	24
홍천 성산리		1	55	56
홍천 동막리			10	10
영월 삼옥리			8	8
동해 지흥동		4	8	12
충주 본리 · 완오리			9	9
연기 대평리 3-1-A	10	5	28	43
상주 복룡동 230-3	18	1	15	34
상주 복룡동 256	2	9	3	14
대구 상동			20	20
산청 읍청정			14	14
계	47	84	449	580

표 8-2. 통일신라의 구들 유형

	외고래	쌍고래	세고래 이상	계
ㄱ자형	96	45		141
1자형	90	9	5	104
T자형	106	27		133
ㄷ자형	2			2
계	294	81	5	380

해서 통일신라에서는 여전히 외고래가 다수를 차지한다. 이 밖에 세고래 이상, 즉 세고래(1기)와 5고래(2기) 등의 사례도 찾을 수 있다.

다른 시대보다 취난시설에서 구들이 차지하는 점유율이 높지만, 분포 범위는 축소된다. 구조 면에서는 평면이 1자형으로 간략화 되면서, 다른 한편으로 T자형을 고안해내고 고래 수에서도 쌍고래로 증가하는 경향이 나타난다. 이 점에서 볼 때에 북방의 발해와 대조적으로 통일신라는 온돌이 쇠퇴와 발달의 기로에 있었던 시기로 판단된다.

구들의 축조 방식에서도 변화가 보인다. 앞 시기에는 돌로 쌓는 방식이나 점토로 터널처럼 쌓는 방식이 유행했는데, 통일신라에서는 돌로 쌓는 방식과 함께 생토를 파서 골을 만드는 방식이 확산되었다. 일부에서는 기와나 전돌을 보조적으로 사용한 경우도 있고, 오산 가수동이나 춘천 송암동처럼 점토를 쌓아 고랫둥을 만든 사례도 있다. 통일신라의 쪽구들이 주로 중부권에서 발견되는 것을 감안하면 돌을 쌓는 방식은 삼국시대 이래의 전통이 지속된 것이고, 굴착하는 방식은 삼국시대에 간헐적으로 보이던 것이 새롭게 확산된 것이다. 같은 시기에 발해에서도 굴착 방식이 확산되기 시작하는 것과 궤를 같이 한다.

굴착식 구들과 관련해서 주목되는 것은 지열석(持熱石)의 출현이다.[1] 생토를 굴착하여 구들을 만든 뒤에 고랫둥 벽체에 일정한 크기의 할석을 기대 놓은 것으로서, 고랫둥의 역할보다는 열기를 장기간 지속시키기 위한 것으로 판단된다고 한다. 그리고 이런 시설은 화성 봉담 수영리, 평택 도일동, 충주 완오리 법고개 등 통일신라 유적에서 처음 등장한다고 한다.

화성 청계리, 이천 갈산동, 오산 가수동 등에서는 구들을 생활면보다 높은 곳에 따로 조성하여 좀 더 독립된 공간으로 만드는 경향을 볼 수 있다. 연기 대평리 3-1-A지점 65호도 생활공간보다 높은 곳에

1 이상복, 「중서부지역 통일신라시대 수혈주거지의 분류와 편년: 'ㄱ'자형 구들시설을 中心으로」, 『中央考古研究』 9, 2011, 148-149쪽.

쪽구들을 만들었다.[2]

여주 금당리에서는 불에 탄 흔적으로 보아서 소형 쪽구들이나 부뚜막 시설로 보이지만 주거지 밖에 독립적으로 시설된 1자형 또는 ㄱ자형 석제 유구가 23기 발굴되었다. 아마 야외 취난시설이 아닌가 생각되지만 성격을 정확히 알 수 없다.

〈표 8-3〉은 통일신라 유적에서 발굴된 쪽구들 자료를 정리한 것이다.[3] 수영리, 화산동, 영덕동, 주미리에서는 1자형과 ㄱ자형이 공존하고, 동해 지흥동에서는 1자형만 보인다. 이에 비해서 원흥동·신원동, 별내, 오이도, 마송지구, 청계리, 가수동, 서천동, 갈산동, 연양리, 금당리, 도일동, 경춘선역, 현암리, 동막리, 성산리, 대평리, 상동, 읍청정 등에서는 새로운 유형인 T자형이 1자형이나 ㄱ자형과 공존한다. 그리고 ㄷ자형이나 ㄹ자형이 예외적으로 있다.

표 8-3. 통일신라 주거지 쪽구들

유적명	연대	전체 주거지	쪽구들 주거지	구들 형식	구들 재료	출전
서울 아차산성	통일신라	8	5	1?-1, ㄱ?-1	돌	『아차산성(시굴)』(2000)
서울 몽촌토성	통일신라	18	8	1-2, ㄱ-1, T-1	돌	『몽촌토성』 I(2016)
고양 도내동	통일신라	9	6	ㄱ(C)-1	돌	『고양 도내동 유적』(2012)
고양 원흥동·신원동	통일신라	5	5	ㄱ-1, ㄱ-2, T-2	굴, 돌	『고양 원흥동·신원동 유적』(2012)
파주 야당리	통일신라	4	4	ㄱ-2, T-1	굴>돌	『파주 야당리I 유적』(2011)
남양주 별내	통일신라	14	12	1-1, ㄱ-1, T-1	돌	『남양주 별내 유적』(2012)
시흥 오이도C	통일신라	14	6	1-1, T-1, T?-2	돌	『오이도』(2003)
김포 마송지구	통일신라	23	14	ㄱ-1, ㄱ-2, T-2	돌, 굴	『김포 마송유적』 II(2010)
김포 대능리	통일신라?	1	1	ㄱ?-1	돌	『김포 대능리유적』(2007)
화성 봉담 수영리	나말여초	10	4	1-5, ㄱ-1, ㄷ-1	굴	『봉담 수영리 유적』(2007)
화성 화산동	통일신라	3	3	1?-1, ㄱ-1	돌	『화성 화산동 유적』(2010)
	나말여초	7	5	1-1, 1-3, ㄱ-1	돌, 굴	
화성 청계리	통일신라	75	45	1-1, 1-2, ㄱ-1, ㄱ-2, T-1, T-2	돌, 굴, 점	『화성 청계리 유적』(2013)

2 백제문화재연구원, 『行政中心複合都市敷地內 3-1-A地點 燕岐 大平里遺蹟』 본문, 2012, 505쪽.

3 한반도 남부의 통일신라 쪽구들은 기본적으로 2012년 말까지 배포된 발굴보고서를 토대로 작성하였다. 이 표에는 삼국 말기나 고려 초기에 걸치는 것도 일부 포함되어 있다.

표 8-3 계속

유적명	연대	전체 주거지	쪽구들 주거지	구들 형식	구들 재료	출전
화성 남양동	통일신라(지상)	1	1	1-2, 결합형	돌	『화성 남양동 유적』(2009)
수원 광교3지구	통일신라	2	1	ㄱ-1	돌	『광교 신도시 문화유적』 V(2011)
수원 호매실동·금곡동	통일신라	1	1	?-1	돌	『수원 호매실동 · 금곡동 유적』(2011)
오산 가수동	삼국말-통일신라초	23	10	ㄱ-1, ㄱ-2, T-1	점돌, 굴	『오산 가수동 유적』(2007)
용인 영덕동	통일신라	25	15	1-1, 1-2, 1-多, ㄱ-1, ㄱ-2	돌	『용인 영덕동 유적』(2010)
용인 서천동	삼국-통일신라	6	1	?	점	『용인 서천동 유적』(2011)
	통일신라	22	16	ㄱ-1, ㄱ-2, T-2	굴>돌	
이천 갈산동	통일신라	28	24	1-1, ㄱ-1, ㄱ-2, T-2	굴>돌	『이천 갈산동 유적(2지구)』(2007), 『이천 갈산동 유적(현진에버빌아파트부지)』(2007)
이천 주미리	통일신라	19	12	1-1, ㄱ-1	굴>돌, 점	『이천 주미리유적』(2012)
여주 연양리	통일신라	3	2	T-1	돌	『여주 연양리 유적(생태공원)』(2009)
여주 금당리(지상)	삼국-통일신라	10	10	1-多, T-1, T-2	돌	『여주 금당리 유적』(2009)
안성 만정리II	나말여초 이후	3	2	ㄱ-2	굴	『안성 만정리II 유적』(2009)
평택 지산동	통일신라	1	1	?-2	굴	『평택 지산동 유적(2차)』(2007)
평택 소사벌	통일신라	7	4	ㄱ-1, ㄱ-2	굴	『평택 소사벌 유적』(2011)
평택 도일동	통일신라	27	5	ㄱ-1, ㄱ-2, T-1, T-2	굴	『평택 도일동 유적』(2007)
춘천 근화동	삼국말-통일신라	96	55	1-1, ㄱ-1, T-1	돌	『춘천 근화동 유적』 A지구(2011), B지구(2011), C지구(2011)
춘천 현암리	삼국-통일신라	6	5	ㄱ-1, T-1	돌	『춘천 현암리유적』(2011)
춘천 송암동	삼국-통일신라	26	24	1-1, T-1	돌>점	『춘천 송암동 유적』(2010)
춘천 우두동 711-1	나말여초		有			*고려에서 다룸
홍천 성산리	통일신라	66	55	1-1, 1-2, T-1, T-2	돌	『홍천 성산리 유적』(2012)
홍천 동막리	통일신라	11	10	T-1	돌	『홍천 동막리유적』(2013)
영월 문산리	나말여초	6	6	T-1	굴	『영월 문산리 유적』(2008)
영월 삼옥리	나말여초	8	8	T-1	돌	『영월 삼옥리 유적』(2010)
동해 지흥동	통일신라	15	8	1-1	돌	『동해 지흥동 유적』(2012)
충주 본리·완오리	나말여초	13	9	ㄱ-1, ㄱ-2, T-1	굴, 돌	『충주 본리·영평리 · 완오리 유적』(2009)
청원 양촌리	통일신라	1	1	1-1	돌	『청원 양촌리 유적』(2003)
증평 미암리II	통일신라	1	1	ㄱ-2	굴	『증평 미암리 유적』 II(2009)
행복도시-오송역 구간	통일신라		有			행복도시발굴보고서2010 사진

표 8-3 계속

유적명	연대	전체 주거지	쪽구들 주거지	구들 형식	구들 재료	출전
천안 신방동II	통일신라	1	1	T-1	굴	『천안 신방동 유적(II지구)』(2008)
천안 용정리	통일신라	1	1	ㄱ-1	돌	『천안 용정리 유적』(2008)
천안 명덕리	통일신라	1	1	ㄱ-1	돌, 기와	『천안 명덕리유적』(2010)
아산 신법리 토루	나말여초?(지상)	11	3	ㄱ-1, ㄱ-2	돌	『아산 신법리 토루 유적』(2010)
연기 대평리 3-1-A	통일신라	70	28	1-1, 1-2, ㄱ-1, ㄱ-2, T-1, T-2	돌>굴	『연기 대평리 유적(3-1-A지점)』(2012)
대전 원신흥동	나말여초	8	4	1-1, 1-2	돌	『대전 원신흥동 유적』(2011)
부여 부소산성	통일신라(수혈)	3	3	ㄱ?-1	돌, 점	『부소산성』 발굴조사보고서 V(2003)
	통일신라(지상)	3	1	ㄱ?-1	돌	『부소산성』 발굴중간보고서 III(1999)
부여 중정리	통일신라	4	3	ㄱ-1	돌	『부여 중정리(85·86-3번지)…』(2008)
서천 추동리I	통일신라	2	1	ㄱ-1	돌	『서천 추동리 유적: I지역』(2006)
진안 삼락리 구곡마을	통일신라	3	2	ㄱ-1	돌	『진안 용담댐 수몰지구내…』 III(2001)
상주 복룡동 230-3	통일신라	89	15	ㄱ-1, ㄷ-1	돌	『상주 복룡동 230-3번지유적』(2009)
상주 복룡동 256	통일신라	35	3	ㄱ-1	돌	『상주 복룡동 256번지유적』(2008)
대구 상동(수성초교)	통일신라	4	4	ㄱ-1, T-1	돌	『대구 수성초등학교 부지내 상동 유적…』(2004)
대구 상동(우방아파트)	삼국-통일신라	16	16	1-1, ㄱ-1, T-1	돌	『대구 수성구 상동 우방아파트 건립부지내 상동 유적…』(2002)
문경 모전동	통일신라	2	1	T-1	굴	『문경 모전동 유적』(2004)
경산 산양리	통일신라	4	2	ㄱ-1	돌	『경산 산양리 유적』(2009)
청도 봉기리	통일신라	5	5	1-1	돌	『청도 봉기리 유적』(2006)
경주 동천동793	통일신라	2	2	1?-1	돌	『경주 동천동793번지 유적』(2004)
경주 모량리530	통일신라(지상)	2	2	ㄱ-1, ㄹ-1	돌	『경주 모량리530번지 유적』(2011)
산청 읍청정	통일신라	16	14	1-1, T-1	돌	『산청 읍청정 부지 및 …』(2012)
진주 창촌리	통일신라-고려	1	1	?	돌	『진주 창촌리 유적』(2008)

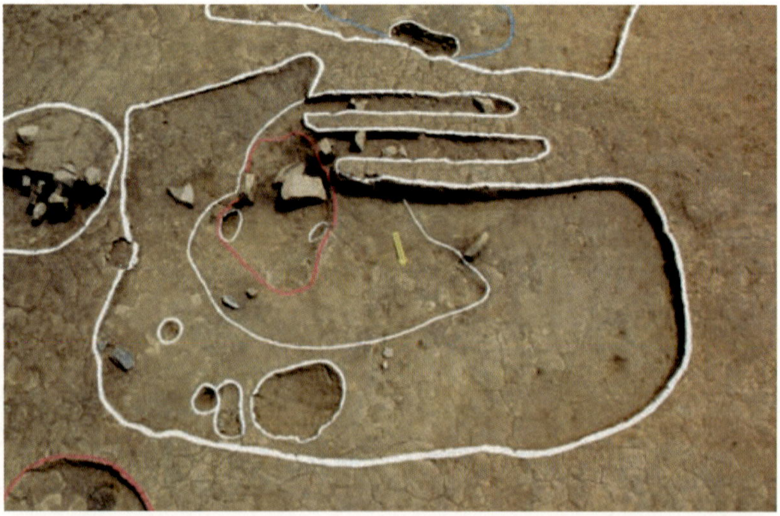

그림 8-1. 마송 III-1호

이제 ㄱ자형부터 살펴보겠다. ㄱ자형이 가장 많이 발견된 곳은 김포 마송리로서, 대부분이 ㄱ자형 쌍고래이고 일부는 외고래이다. 돌을 쌓거나 굴착식으로 축조하였다. 잘 남아 있는 ㄱ자형 쌍고래로는 III-1호(그림 8-1)[4]를 들 수 있으니, 남벽 밖에 ㄱ자형으로 돌출되게 생토를 굴착하여 돌출고래를 만들었다. 이처럼 ㄱ자형 쌍고래는 평면이 마치 ㅋ자처럼 보인다. 부뚜막은 구들과 직교하고, 고래 바닥은 연도에 가까울수록 높아진다. IV-1호는 이와 동일하면서도 두 개의 부뚜막이 연접하여 달려 있으니, 하나는 구들과 동일한 방향이고, 다른 하나는 구들과 직교한다.[5]

안성 만정리II는 나말여초 이후로 편년되어 고려 유적일 가능성도 있는데, II-1호(그림 8-2)[6]에서는 한 주거지에 3개의 쪽구들이 시설되어 특이하다. 가운데는 ㄱ자형 쌍고래이고, 그 좌우로는 ㄱ자형 외

4 기호문화재연구원, 『金浦 馬松遺蹟』 II, 2010, 13-14쪽.
5 위의 책 III, 19쪽 및 도면 6.
6 중앙문화재연구원, 『安城 萬井里II 遺蹟』, 2009, 144-145쪽.

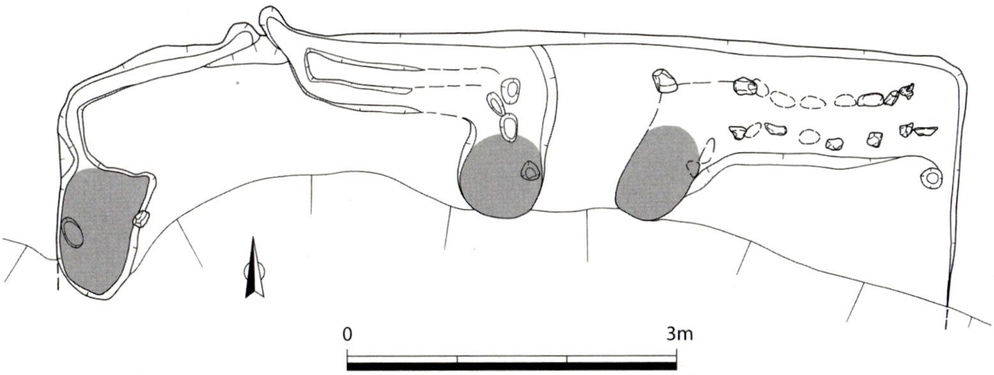

그림 8–2. 만정리II–1호

고래가 배치되어 있다. 동쪽은 할석제인 반면에 나머지는 굴착식이다. 세 구들에 시간적 선후 관계가 있는지 여부는 보고서에 언급되어 있지 않다. 만정리II-3호의 쪽구들은 ㄱ자형 평면이면서 부뚜막 쪽은 쌍고래이고, 연도 쪽으로 꺾인 뒤에는 외고래로 변한다.[7]

구들과 연도의 연접 모습을 잘 보여주는 사례는 용인 서천동 유적에서 찾을 수 있다. 부뚜막과 구들이 직교하고, 연도는 구들과 직교하거나 45도로 만난다. 1지역 3구역 1호 주거지(그림 8-3)[8]는 90도로 직교하고, 2지역 1구역 2호 주거지(그림 8-4)[9]는 45도로 만난다. 전자는 특히 연도가 비정상적일 정도로 크게 확장되어 있다.

이천 갈산동 18호(그림 8-5)[10]는 장방형 주거지로서, 최대 깊이가 87cm에 이를 정도로 깊은 수혈을 이룬다. 쪽구들은 주거지 상단부 즉 동벽을 따라 조성되었는데, 주거지 바닥보다 5cm 내외로 높게 만든

7 위의 책, 146-147쪽.
8 위의 책, 95-97쪽.
9 경기문화재연구원, 『龍仁 書川洞遺蹟』 본문2, 2011, 200-201쪽.
10 중앙문화재연구원, 『갈산2지구 주택건설사업부지내 利川 葛山洞遺蹟』 본문, 2007(이하 2007a), 102-104쪽.

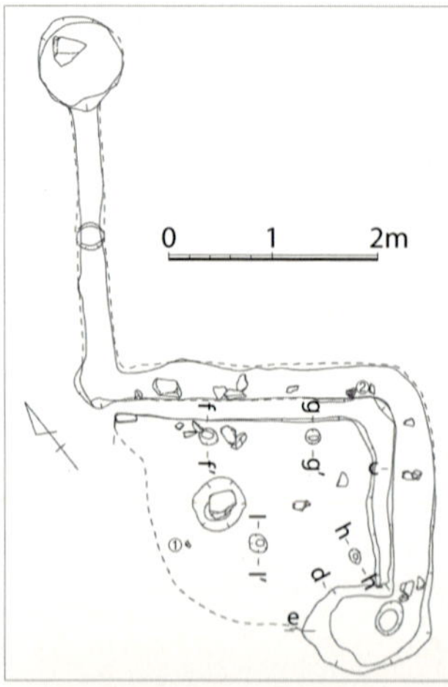

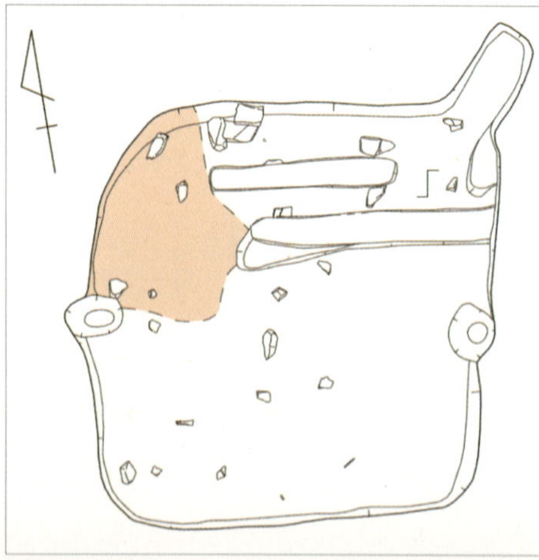

그림 8-3(좌상). 서천동 1지역 3구역 1호
그림 8-4(우상). 서천동 2지역 1구역 2호
그림 8-5(하). 갈산동 18호

ㄱ자형 쌍고래이다. 구들은 길이가 2.7m로서 생토를 굴착하여 만들었고, 바닥이 연도까지 완만하게 올라간다. 구들에서 부뚜막 쪽과 연도 쪽의 높이 차이는 10cm이다. 뒤의 구들이 앞의 구들보다 약간 높고 넓게 만들었다. 연도는 직각으로 꺾여 올라간다.

고양 도내동 3지점에서 발굴된 ㄱ자형 쪽구들은 다소 이질적이다. 수혈주거지 9기 가운데 6기에서 쪽구들이 발굴되었는데, 9호를 제외한 나머지는 구들의 꺾이는 부분이 호형을 이루어 마치 C자형 구들에 가까운 것처럼 보인다. 비교적 잘 남아 있는 3-3호(그림 8-6)[11]를 예로 들면, 원형에 가까운 주거지 벽선을 따라 둥글게 꺾이고 있다. 마치 삼국시대 영남권에서 볼 수 있는 원형계 주거지의 C자형 평면을 보는 듯하다. 하지만 9호에서는 오히려 예각을 이루며 급히 꺾여서, 이곳에서 독자적으로 변형된 ㄱ자형 쪽구들로 판단된다.

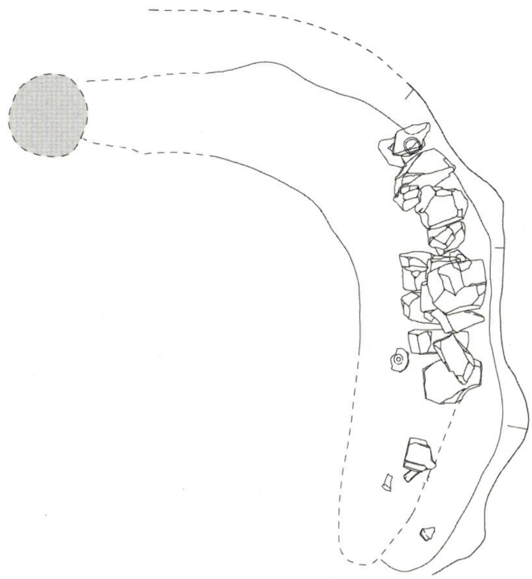

그림 8-6. 도내동 3-3호 쪽구들

연기 대평리에서도 ㄱ자형이 변형된 모습을 보이는 것이 있다. 3호, 14호, 24호 등은 구들을 벽에 바짝 붙여서 만들어 전형적인 ㄱ자형을 이루지만, 12호, 22호, 25호 등은 다소 이질적이다. 특히 22호는 연도부뚜막에 가까울 정도로 간단하지만, 일단 벽을 따라 배연이 되므로 쪽구들로 분류한 경우이다. 67호는 외고래였다가 구들이 꺾인 다음에는 쌍고래로 변한다.

쪽구들의 기본 구조를 이루는 ㄱ자형은 부뚜막에 '짧은 구들'과 여기서 꺾인 '긴 구들'이 연결된 것이고, 1자형은 짧은 구들이 생략된 형태이다. 1자형이라도 아궁이 입구는 구들과 직교하므로, 때로는 ㄱ자형과 구별하기 어려울 정도로 양자의 경계에 있는 사례가 많다. 짧더라도 구들의 안쪽 고랫둥(내벽)이 꺾이는 모습이 보이면 ㄱ자형으

11 겨레문화유산연구원, 『고양 도내동 유적』, 2012, 161-163쪽.

그림 8-7. 성산리 6호 쪽구들

로 분류할 수 있겠지만, 이 부분이 제대로 남아 있지 않은 경우가 많아서 분류에 어려움이 있다. 화성 청계리나 남양주 별내만 해도 ㄱ자형이나 1자형 가운데 어느 쪽으로 분류해도 무방한 것이 여러 기 있다.

이런 1자형 쪽구들은 앞 시대에도 있었지만 통일신라에 와서 크게 증가하였으니, 이것은 ㄱ자형의 퇴화형에 해당한다. 1자형은 홍천 성산리에서 다수 발굴되었다. 방형 주거지인 6호(그림 8-7)[12]의 경우에, 쪽구들은 동벽을 따라 직선상으로 설치되었다. 쪽구들 길이는 2.38m, 고래의 너비는 30cm이다. 고랫둥은 돌을 세워서 쌓았다. 대구 상동 I차 4호 주거지(그림 8-8)[13]의 쪽구들도 이와 다르지 않다. 쪽구들은 길이 2.28m, 고래 너비 30cm로서, 강돌과 할석으로 쌓았다. 연기 대평리에서도 1자형 외고래가 6기, 1자형 쌍고래가 2기 발굴되었다.

춘천 송암동에서도 10기의 1자형 외고래 쪽구들이 발굴되었는데, 아궁이의 위치가 구들 밖으로 약간 튀어나와 ㄱ자형의 모습도 띠고 있다. 이 가운데 16호(그림 8-9)는 북벽에 1자형 석제 쪽구들이 달려 있고, 동벽에 추가로 1자형에 가까운 점토제 쪽구들이 달려 있어서 특

12 강원문화재연구소, 『洪川 城山里遺蹟』 2권, 2012, 45쪽.

13 경상북도문화재연구원, 『대구 수성구 상동 우방아파트 건립부지내 上洞遺蹟發掘調査報告書』 본문, 2002, 123-124쪽.

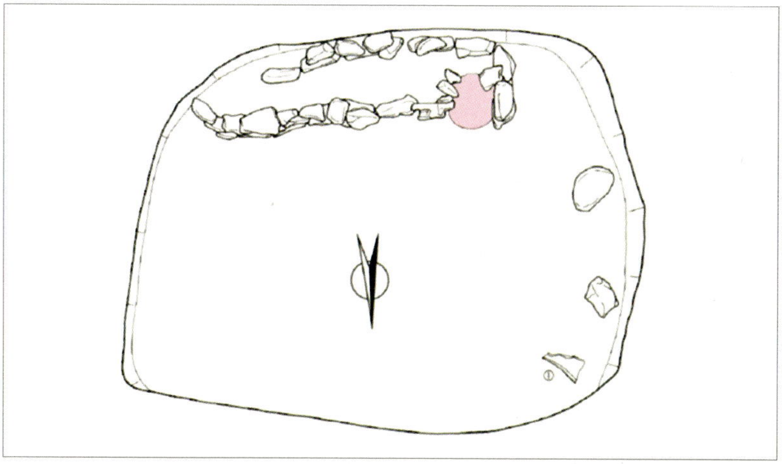

그림 8-8(상). 상동 1차 4호
그림 8-9(하). 송암동 16호

색을 이룬다.[14] 혹시 주거지가 중복된 것이 아닌지 모르겠다.

1자형 쌍고래 사례는 매우 적다. 연기 대평리 19호(그림 8-10), 44

14 예맥문화재연구원, 『春川 松岩洞遺蹟』, 2010, 132-133쪽.

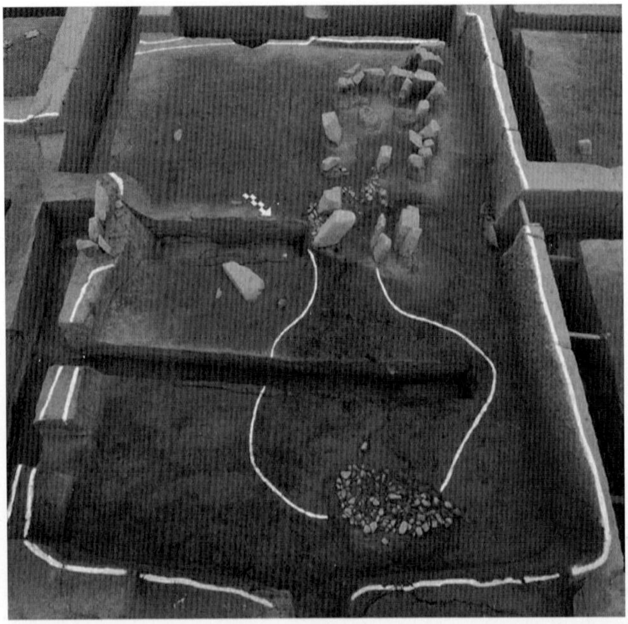

그림 8-10. 대평리 19호

호에는 부뚜막과 일직선을 이루면서 쌍고래가 달려 있다.[15] 이것은 후술하다시피 1자형 복수 고래에서 나타나는 중요한 변화이다.

다음은 T자형이다. 북방에서는 ㄱ자형의 확대형인 ㄷ자형이 발달하지만, 통일신라에서는 그 대신에 T자형이 삼국 말기에 처음 등장한다. 1자형이나 ㄱ자형에서 구조적으로 변형된 것인데, 퇴화형인 1자형에서 변형된 것인지, 아니면 ㄱ자형에서 더욱 발전된 것인지는 보기에 따라 달리 해석될 것 같다.

이른 시기의 것은 충주 탑평리와 오산 가수동에서 발굴되었다. 탑평리에서 발굴된 삼국 말기의 신라 주거지에서는 1자형, ㄱ자형과 함께 T자형이 확인되었다.[16] 6세기 후반에서 7세기 후반에 속하는 것으로 보고된 오산 가수동 유적에서도 T자형 쪽구들 3기가 발굴되었다.[17] 이 밖에 정선 아우라지 2호 주거지,[18] 성주 장학리 장골 I-9호 주거지,[19] 고령 지산동 2호, 9호, 13호 주거지[20]에서도 삼국 말기에 해당하는 T자형 쪽구들이 발굴되었다.

15 백제문화재연구원, 앞의 책, 370, 439-440쪽.
16 國立中原文化財硏究所, 『忠州 塔坪里遺蹟(中原京 추정지) 발굴조사보고서』, 2013; 中央文化財硏究院, 『忠州 塔坪里遺蹟』, 2013.
17 기전문화재연구원, 『烏山 佳水洞 遺蹟』 본문2, 2007, 323쪽.
18 강원문화재연구소, 『정선 아우라지 유적』, 2011, 466쪽.
19 경상북도문화재연구원, 『성주 장학리 장골유적』 I, 2008, 52-55쪽.
20 경상북도문화재연구원, 『高靈 池山洞遺蹟』, 2007, 37-38, 73-74, 88-89쪽.

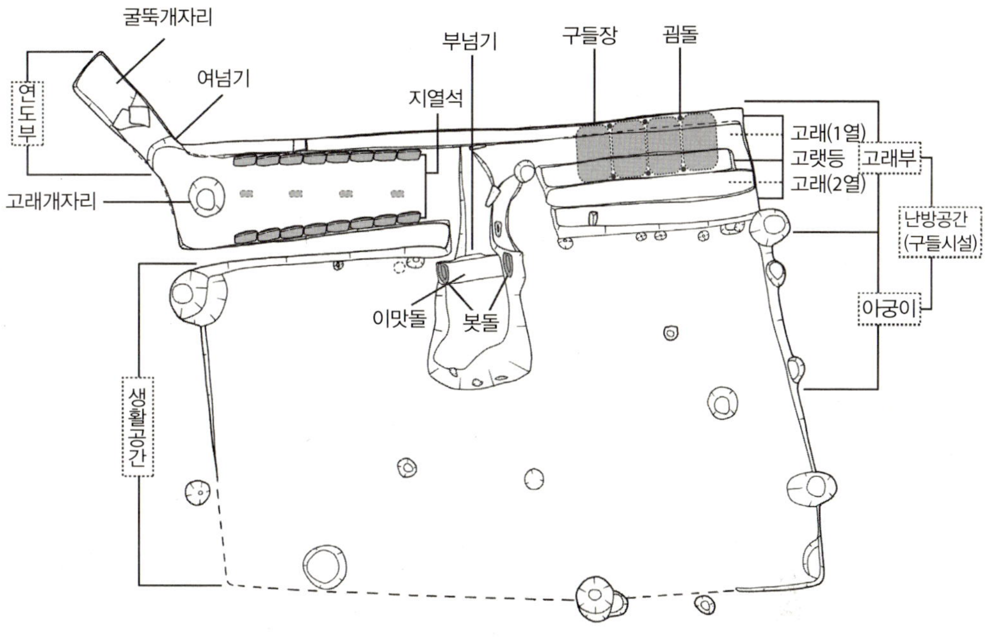

그림 8-11. T자형 쪽구들의 구조(갈산동 12호)

제6장에서 언급했듯이 삼국시대에 속하는 담양 태목리와 장흥 상방촌에서도 T자형이 보이지만, 이것은 매우 예외적인 것으로서 통일신라의 T자형과 계승관계를 가지는 것은 아니다.

T자형은 구들의 중간에 부뚜막이 있고, 이를 기준으로 한쪽은 끝이 막혀 있는 '닫힌 고래'이고, 다른 한쪽은 연도로 이어지는 '열린 고래'로 되어 있다(그림 8-11). 일반적으로 열린 고래가 닫힌 고래보다 긴 편이다.

여기서 닫힌 고래의 기능이 궁금한데, 열기를 일시 저장하는 역할을 하였을 것이며, 후대의 헛고래와 연관성이 있는지 모르겠다. 쌍고래의 경우에 닫힌 고래의 끝에서 앞과 뒤의 고래가 서로 통하게 되어 있는 것은, 앞의 고래에서 뒤의 고래를 거쳐 다시 열린 고래로 열기가 순환되게 한 조치일 것이다. 이천 갈산동 23호의 경우에 이 부분이 쌍고래로 되어 있으면서 가운데 고랫등은 일정한 간격으로 띄워서 돌을

그림 8-12(상). 오이도 C-2호 쪽구들
그림 8-13(하). 오이도 C-5호 쪽구들

놓아 열이 지그재그로 순환하도록 배려하였다.[21]

21 중앙문화재연구원, 앞의 책(2007a), 본문, 458쪽.

그러나 다른 한편으로는 배연구가 없는 이곳에 열기가 잘 통할 수 있을지 의문이 들기도 한다. 발해 유적 가운데 상경성 제4-1궁전지 서실, 서구 침전지 동실 등에서도 북벽 내부의 구들에서는 한쪽 끝이 막혀 있어 열기가 돌아 나왔을 것이니, T자형 닫힌 고래와 유사한 기능을 하였을 것이다. 그러나 발해 유적에서는 의도적으로 열기가 그곳을 돌아 나오게 한 데에 비해서, 통일신라 유적에서는 닫힌 고래 쪽으로 돌지 않고 바로 빠져나가기 쉬운 구조라서 양자에 차이도 보인다.

2001년에 시흥 오이도 C지구에서 6기의 쪽구들이 발굴되었는데,[22] 여기서 C-2호 쪽구들(그림 8-12)과 같은 T자형이 최초로 확인되었다. C-5호(그림 8-13)[23]에서는 두 개의 쪽구들이 상단과 하단에 시설되어 있는데, 하단은 T자형을 이루면서 ㄱ자형으로 꺾여 있어 뒤에서 소개하는 유형과 통한다. 상단은 파괴되어 있으나, ㄱ자형으로 추정된다. 보고서에서는 주거지의 중복 가능성을 언급하였으나, 하단에서 불을 피워 상단까지 불길이 연결되는 일체형 구조였을 가능성도 있다.

홍천 성산리와 춘천 송암동에서도 T자형 외고래의 쪽구들이 다수 발굴되었다. 성산리 32호(그림 8-14)는 장방형 주거지로서, 쪽구들은 북벽을 따라 조성하였다. 길이 3.84m, 너비 40cm이며, 고랫등은 강돌을 쌓아 만들었다. 송암동 5호(그림 8-15)에서도 이와 거의 동일한 구조를 볼 수 있는데, 다만 할석을 쌓아 만든 차이가 있다.

또 영월 문산리 4, 5호(그림 8-16)에는 연도도 잘 남아 있다. 방형 주거지인 4호에는 길이 3.4m, 너비 45cm의 쪽구들이 북벽을 따라 설치되었다. 부뚜막과 구들이 연결되는 부넘기에는 돌을 세워 열기를 양분하였다. 연도는 60도 정도 꺾여서 연결되었다. 4호와의 중복으로 일부가 파괴된 5호에는 길이 4.8m, 너비 40cm의 쪽구들이 서벽을 따

22 서울대학교박물관, 『시흥 오이도유적』, 2013.
23 위의 책, 97쪽.

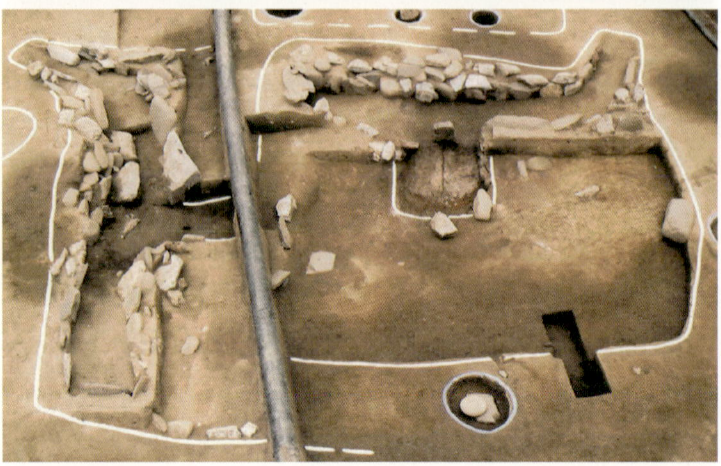

그림 8-14(상). 성산리 32호
그림 8-15(중). 송암동 5호
그림 8-16(하). 문산리 4호(우), 5호(좌)

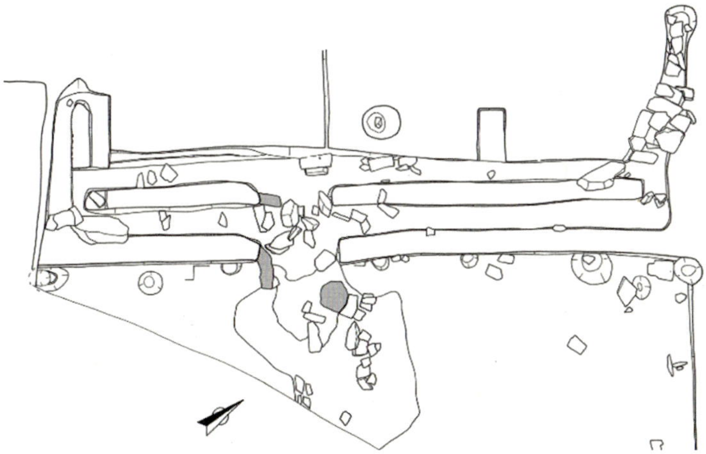

그림 8-17. 갈산동 26호 쪽구들

라 설치되었다. 홍천 동막리 3호에서는 아궁이 두 개가 좌우로 나란히 달려 있었다.[24]

T자형 쌍고래는 이천 갈산동에서 제일 많이 발굴되었다. 26호(그림 8-17)[25]를 예로 들 수 있으니, 쪽구들은 북서벽을 따라 생토를 굴착하여 축조하였다. 구들 길이는 아궁이를 기준으로 열린 고래는 4m, 닫힌 고래는 3.3m이다. 뒤의 고래가 앞의 고래보다 5cm 정도 높지만, 27호에서는 18cm의 차이를 보인다. 남쪽의 닫힌 고래 끝에는 U자형 수혈이 파여 있는데, 북쪽의 연도와는 다른 성격으로 보인다.

이천 갈산동에서는 T자형 평면에 쌍고래와 외고래가 결합된 사례도 3기 이상 나타났다. 쌍고래는 열린 고래에 있기도 하고 닫힌 고래에 있기도 하다. 갈산동 12호(그림 8-11, 8-18)는 닫힌 고래가 쌍고래이고, 13, 14호(그림 8-19)는 열린 고래가 쌍고래이다.[26] 연기 대평리

24 예맥문화재연구원, 『洪川 東幕里遺蹟』, 2013, 55-56쪽.
25 중앙문화재연구원, 『현진에버빌아파트부지내 利川 葛山洞遺蹟』, 2007(이하 2007b), 477-482쪽.
26 중앙문화재연구원, 앞의 책(2007a), 72-75, 79-82, 86-89쪽.

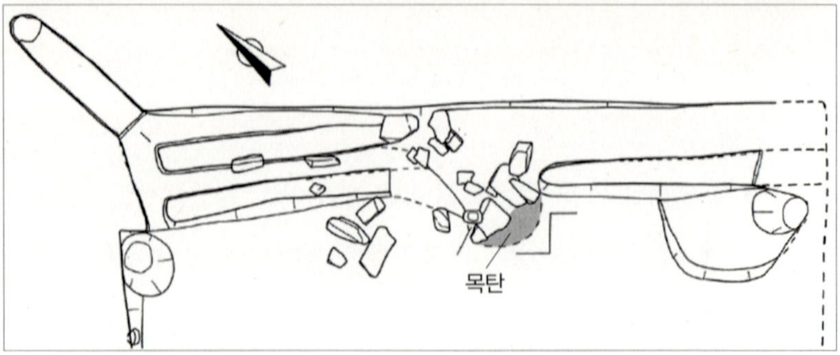

그림 8-18(상). 갈산동 12호
그림 8-19(하). 갈산동 14호 쪽구들

58호도 열린 고래는 쌍고래, 닫힌 고래는 외고래이다.[27]

세종시의 행복도시-오송역구간에서도 ㄱ자형 외고래, T자형 외고래 등 다양한 통일신라 쪽구들이 발굴되었다.[28]

춘천 송암동 10호 주거지(그림 8-20)는 T자형과 ㄱ자형의 결합 양상을 띠고 있어 특이하다.[29] 아궁이가 구들 시작 지점이 아니라 꺾이

27 백제문화재연구원, 앞의 책, 489쪽.
28 행정중심복합도시건설청, 『행정중심복합도시 문화유적발굴』, 2010, 212-215쪽.
29 예맥문화재연구원, 앞의 책(2010), 117-118쪽.

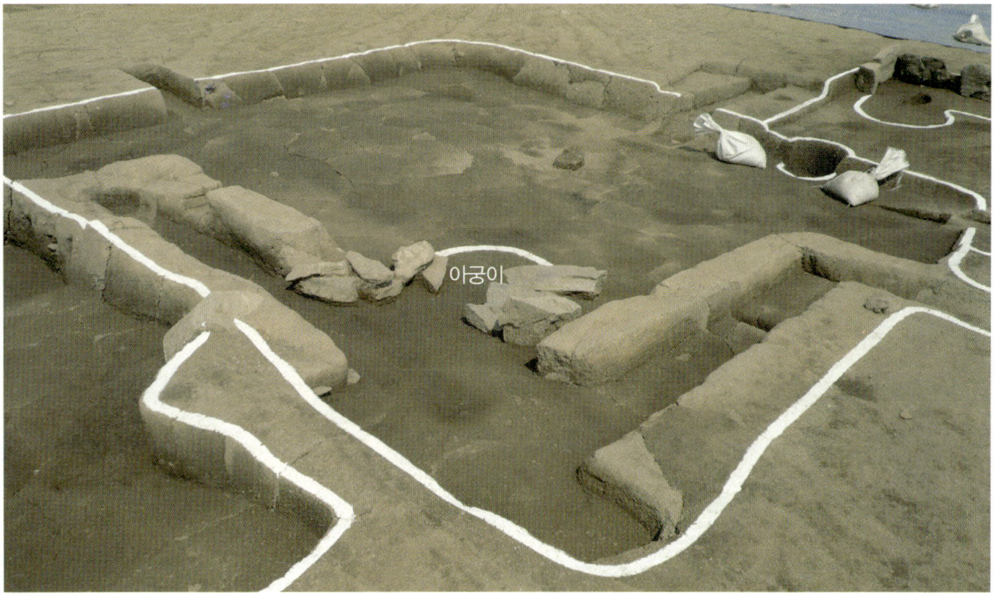

그림 8-20. 송암동 10호

는 지점 가까이에 달려 있다. 송암동의 다른 쪽구들이 석제인 데 비해 이것은 점토제라는 점에서도 남다르다. 홍천 동막리 9호도 '열린고래'가 ㄱ자형으로 꺾여 있어서 T자형과 ㄱ자형이 결합된 모습을 띠고 있다.[30] 앞에서 설명한 바와 같이 시흥 오이도 C-5호의 하단 구들도 이런 구조이고, 제10장에서 소개하는 춘천 우두동 711-1번지의 5호도 역시 그러하다. 정확히는 F자형 평면을 띠고 있지만, 사례가 많지 않아서 T자형으로 분류하였다.

춘천 송암동 22호[31]에서도 T자형 변형 또는 ㄷ자형과 비슷하나 구조를 파악하기 어려운 고래가 조사되었다. 남양주 별내 덕송리 1-1-5호[32]는 언뜻 ㄱ자형 쌍고래로 보이나, 뒤쪽 고래가 막혀 있어서

30 예맥문화재연구원, 앞의 책(2013), 74-77쪽.
31 예맥문화재연구원, 앞의 책(2010), 147-148쪽.
32 한백문화재연구원, 『남양주 별내 유적』 III, 2012, 93-94쪽.

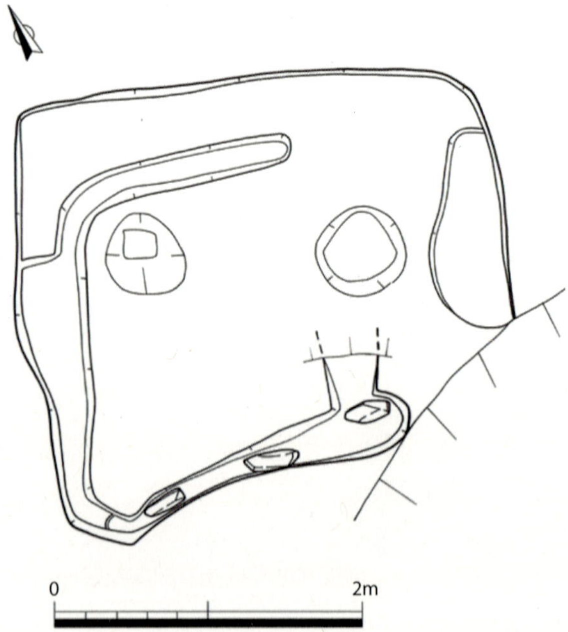

그림 8-21. 수영리 10호

열린 고래와 닫힌 고래가 결합된 T자형의 변형처럼 보인다.

T자형이 퇴화된 구조로 보이는 구들도 있다. 홍천 동막리 5호와 6호[33]의 경우에 아궁이가 구들 끝에 달려 있지 않고 약간 들어와 있어서, 닫힌 고래가 흔적으로 남아 있다. 제10장에서 다룰 춘천 우두동 711-1번지에서는 닫힌 고래가 거의 생략되어 있으면서도 이보다는 뚜렷하게 남아 있다.

T자형 쪽구들은 통일신라에서 특징적으로 보이는 구조이다. 시간적으로는 탑평리나 가수동에서 보듯이 삼국 말기에 등장하고, 영월 문산리나 춘천 우두동 707-1·35에서 보듯이 고려 초기까지 계속된다. 공간적으로는 경기·영서권을 중심으로 하면서 천안, 문경, 산청, 대구에까지 걸쳐 있다. 하지만 삼국 말기에 새롭게 시도된 T자형 쪽구들은 고려시대에 들어서 사라지기 시작하여 일시적인 현상에 그치고, 그 노력은 고려시대에 온구들이라는 새로운 형식으로 대체되었다.

한편으로 ㄷ자형이나 ㄹ자형과 유사한 쪽구들도 보인다. 화성 수영리 10호는 ㄷ자형으로 생토를 굴착하였다(그림 8-21).[34] 상주 복룡동 230-3번지에서는 돌로 쌓은 ㄷ자형 외고래가 하나 조사되었다.[35]

33 예맥문화재연구원, 앞의 책(2013), 65-69쪽.
34 중앙문화재연구원, 『峰潭 水營里遺蹟』, 2007(이하 2007c), 29-30쪽.
35 영남문화재연구원, 『尙州 伏龍洞 230-3番地遺蹟』 II, 2009, 176-178쪽.

2018년에 발굴된 춘천 소양로 1가 93-8번지 유적 4호에서도 ㄷ자형으로 보이는 쪽구들이 발견되었는데,[36] 배연구가 고래 끝이 아니라 두 번째로 꺾이는 모서리에 있어서, ㄱ자형에 1자형 '닫힌 고래'가 달린 형식이다. 경주 모량리 530번지 C-4호[37]에서는 ㄹ자처럼 구불구불한 고래가 발굴되었으나, 도면만으로는 자세한 구조를 파악하기 어렵다.

2) 지상건물지

고려시대에 출현한 지상건물지의 온구들은 이미 통일신라 때에 배태되기 시작하였으니, 수혈주거지에서 다수 고래, 즉 세고래 이상으로 발전한 1자형 쪽구들이 그것이다. 고려시대와 조선시대에 많이 보이는 것으로서, 일부 보고서에서 방사상이라 표현한 구들이 이것이다. 이런 구조는 통일신라에서 비교적 늦은 시기에 나타났을 것이니, 보고서에서 8세기 중반에서 9세기 중후반으로 편년한 용인 영덕동에서 1기, 나말여초로 편년한 화성 수영리와 화산동에서 각각 1기가 발견되었고, 연대를 특정하기 어려운 여주 금당리에서도 3기 이상이 발견되었다. 대체로 세고래에서 5고래 사이인데, 구들 양쪽에 달린 부뚜막과 배연구로 오므라들면서 고래가 수렴되어서 전체 평면은 장타원형을 이룬다. 고래의 모습까지 고려하면 참외 또는 통마늘 모양이라 할 수 있다. 수혈주거지란 특성 때문에 주거지의 전체가 아닌 일부분을 차지하게 되는데, 이런 쪽구들이 장차 지상건물지와 결합하게 되면 온구들로 탄생하게 된다.

여주 금당리의 쪽구들은 1~3호의 경우에 T자형 외고래이고,

36 한백문화재연구원, 『춘천 소양로1가(93-8번지) 주유소 및 판매시설 신축공사부지 내 유적 문화재 정밀발굴조사 3차 학술자문회의 자료』, 2018.6.

37 영남문화재연구원, 『慶州 牟梁里 530番地遺蹟』, 2011, 102-103쪽.

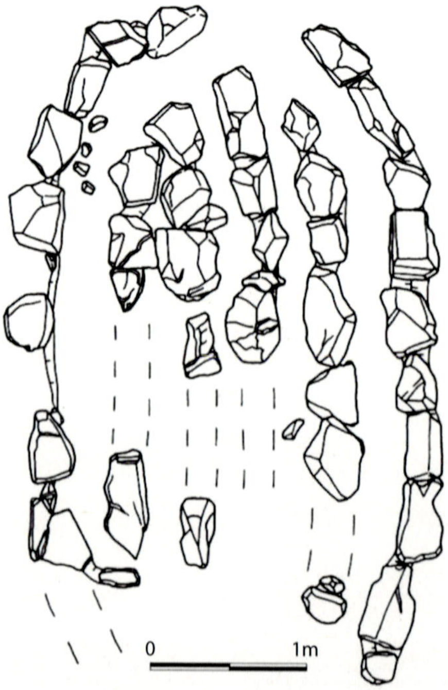

그림 8-22. 금당리 5호

4~10호의 경우에 1자형 다수 고래이다. 유구가 가장 잘 남아 있는 5호(그림 8-22)[38]를 보면, 석제 고랫등이 일부 유실되기는 했지만 5고래의 줄고래인 것은 분명하다. 구들은 부뚜막에서 출발하여 넓어졌다가 배연구로 다시 오므라든다. 중요한 점은 부뚜막과 배연구의 위치이다. 쌍고래까지는 부뚜막이 구들과 직교하고, 연도도 구들과 직교하거나 일정한 각을 이루며 꺾인다. 그런데 세고래 이상이 되면 부뚜막과 구들 및 배연구가 일직선상에 놓이게 된다. 이것은 온구들과 상통하는 점이다. 7호에서는 세고래, 나머지에서는 1~2고래 정도가 잔존해 있다. 이들 주거지는 형태나 규모를 알 수 없을 정도로 내부 시설만 남아 있어서 유구의 정확한 연대를 알 수 없다. 다만 보고서에서 1~3호와 4~7호는 확연히 구분된다고 하여 축조 시기가 달랐을 가능성이 있다.

나말여초의 시기로 좁혀지는 화성 화산동과 수영리에서도 이런 쪽구들이 1기씩 발굴되었다. 화산동 3지점 가구역 4호(그림 8-23)[39]는 말각방형 주거지로서, 생토를 굴착한 다음에 할석으로 쌓아 1자형 세고래 구들을 만들었다. 부뚜막과 구들, 배연구가 일직선상에 배치되어 있다. 유구에서 해무리굽 청자가 출토되었다.

수영리 14호(그림 8-24)[40]는 이와 다소 다른 구조이다. 대부분이 깎여나가 전체 모습을 알 수 없지만, 남쪽의 아궁이 2개와 함께 북쪽의

38 한백문화재연구원, 『여주 금당리 유적』, 2009, 124-127쪽.
39 경기문화재연구원, 『華城 花山洞 遺蹟』 본문2, 2010, 30-31쪽.
40 중앙문화재연구원, 앞의 책(2007c), 36-37쪽.

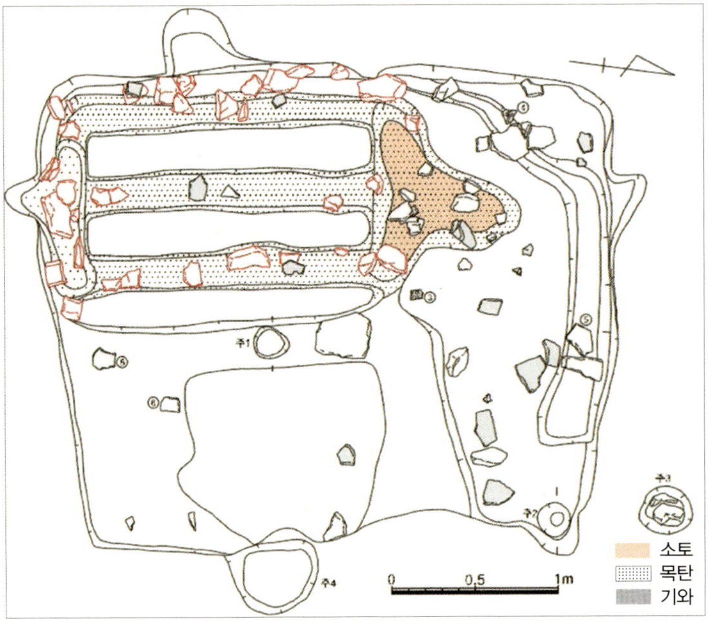

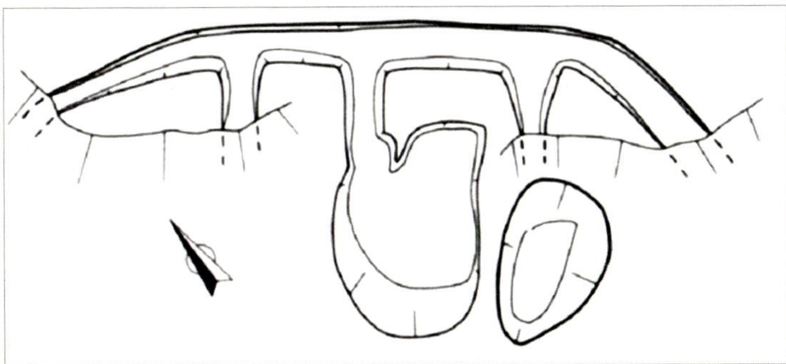

그림 8-23(상). 화산동 3가-4호
그림 8-24(하). 수영리 14호

5고래가 확인된다. 배연구는 확인되지 않았다.

이보다 약간 이른 시기인 8세기 중반에서 9세기 중후반으로 편년된 용인 영덕동에서 발굴된 1-1지점 7호도 3~4고래로 추정되지만,[41] 파괴가 심해서 자세한 구조는 알 수 없다.

41 경기문화재연구원, 『龍仁 靈德洞 遺蹟』 본문1, 2010, 181쪽 및 도면 87.

그림 8-25. 남양동 통일신라 건물지

한편, 소수이지만 지상건물지에서도 쪽구들이 채택된 사례가 발견된다. 경주 모량리 2기[42]와 화성 남양동 1기,[43] 아산 신법리 토루[44]가 그러하다. 모량리 3호는 장방형 건물지로서 파괴가 심하고 일부만 발굴되어 자세히 알 수 없으나 ㄱ자형 외고래로 추정된다. 또 4호도 구조가 명확히 드러나지 않지만, 앞에서 언급한 바와 같이 구들이 ㄹ자 모양 즉 지그재그로 진행된다.

남양동 건물지도 장방형으로서, 2기의 쪽구들이 시설되어 있던 것으로 판단된다(그림 8-25). 사진은 남쪽에서 바라본 모습인데, 서쪽 구들(1호, 사진 왼쪽)은 1자형 쌍고래이고, 동쪽 구들(2호, 사진 오른쪽)은 다소 복잡한 구조이다. 서쪽 구들은 보고서에서 1자형이라 했으나, 아궁이가 구들 중간에 있어서 T자형에 가깝다. 그러나 막힌고래가 조성되어 있는지 구체적인 구조를 알 수 없어 일단 1자형으로 분류하였다.

42 영남문화재연구원, 『慶州 牟梁里 530番地遺蹟』, 2011, 100-103쪽.
43 경기문화재연구원, 『華城 南陽洞 遺蹟』 본문2, 2009, 42-45쪽.
44 충청문화재연구원, 『아산 신법리 토루 유적』, 2010, 92-95쪽.

동쪽 구들은 사진의 오른쪽 원의 아궁이를 기준으로 왼쪽으로 ㄴ자형, 가운데(남북향)와 우측(동서향)으로 각각 1자형이 돌아가며 결합되어 있다. ㄴ자형은 쌍고래이다가 꺾이면서 외고래로 변하고, 나머지 1자형 2기는 외고래이다. 우측 1자형에서만 배연구가 확인되었다.

나말여초로 추정되는 아산 신법리 토루 유적에서는 11기의 지상건물지 가운데 3-1호, 3-2호, 3-3호에서 쪽구들이 확인되었다. 1호는 ㄱ자형 외고래이고, 나머지 2기는 ㄱ자형 쌍고래이다. 3-1호와 2호는 굴착한 다음에 구들을 만들었고, 3호는 판석을 세워 만들었다.

지상건물지에서는 쪽구들의 변형도 두드러지는데, 그런 과정에서 앞서 언급한 수혈주거지의 1자형 다수 고래와 결합하면서 고려시대에 온구들로 나아가게 된다.

9장

외부로의 확산

쪽구들은 발생기부터 남북국시대까지 분포 범위가 기본적으로 한반도와 만주 남부 및 연해주 남부에 걸쳐 있었으므로, 결과적으로 한민족의 활동 공간을 벗어나지 않았다. 북옥저에서 발원한 쪽구들은 남서쪽으로 고구려에 유입되었다가 발해의 건국과 함께 다시 북상하면서 발해의 북쪽 국경이 쪽구들의 북한계선을 이루었다. 그리고 남쪽으로는 중부권과 영남권을 중심으로 남해안까지 미치면서 한반도 전역으로 확산되었다.

그런데 이 범위를 벗어나 쪽구들이 전파된 사례가 둘 있다. 하나는 삼국시대에 한반도계 이주민, 즉 도왜인(渡倭人)에 의한 일본 열도로의 전파이고, 다른 하나는 발해 멸망 후 여진족을 포함한 발해 유민에 의한 확산 및 그 후 몽골족, 만주족, 고려인에 의한 확산이다. 전자는 일시적인 움직이었던 반면에 후자는 현재까지 이어지는 생명력을 지녔다.

1) 일본 지역

먼저, 일본 열도로의 전파이다. 일본에서 종종 발굴되는 쪽구들에 대해서는 그간 다수의 논문이 발표되었다. 발굴보고서를 일일이 입수해서 정리하기 어려운 상황에서 시간은 다소 경과했지만 마쓰무로 다카키(松室孝樹)가 1996년에 발표한 집성 자료들이 유용한데, 이를 기반으로 하면서 그 후에 확인된 몇몇 유적을 추가하면, 〈표 9-1〉과 같다.[1] 1996년 이후에 다수의 유적이 발굴되었을 것이지만, 논문에서 확인된 추가 유적은 그리 많지 않다. 이를 감안하더라도 일본에서 발굴된 쪽구들의 전반적 상황을 이해하는 데는 무리가 없겠다.

표 9-1. 일본의 쪽구들

지방	유적명	소재지	쪽구들 수	주거지(유형)	연대	전거논문
九州	池の口유적	福岡縣 築上郡	1	27호(B2)	5전	松室孝樹1996
	壽命隈北유적	福岡縣 嘉穗郡	1	11호(B1)	6후	松室孝樹1996
	影塚東유적	福岡縣 嘉穗郡	1	25호(B2)	6후	松室孝樹1996
	冥加塚유적	福岡縣 田川郡	1	1호(B1)	6후	松室孝樹1996
	墓ノ尾유적군	福岡縣 遠賀郡	1	平成4년 1호(B2)		松室孝樹1996
	光岡六助유적	福岡縣 宗像市	1	2차 SB9(B1)	5중	松室孝樹1996
	在自下ノ原유적	福岡縣 宗像郡	1	SC-23(B2)		松室孝樹1996
	西新町유적	福岡縣 福岡市	25	25기(A1, B2; C>ㄱ)	3후~4중	松室孝樹1996, 重藤輝行
	有田·小田部유적군	福岡縣 福岡市	1	52차 1호(D2)	고분후기	松室孝樹1996
	赤井手유적	福岡縣 春日市	1	78호(?)	6중 이전	松室孝樹1996
	惣利西유적	福岡縣 春日市	2	2호(B2?) 4호(B1?)	7전	松室孝樹1996
	平原유적	福岡縣 筑紫野市	1	5호(B1?)	5후	松室孝樹1996
	切杭유적	福岡縣 朝倉郡	1	25호(B1)	6전	松室孝樹1996
	干潟城山유적	福岡縣 小郡市	15	B2>B1	7후	松室孝樹1996
	姫方原유적	佐賀縣 三養基郡	?	B3?	8	松室孝樹1996

1 이하 松室孝樹, 「竪穴式住居に設置されるL字型カマドについて: 日本國内検出例の集成」, 『韓式系土器研究』 VI, 韓式系土器研究會, 1996에 주로 의거하였다.
이 밖에도 望月精司, 「小松市額見町遺跡の調査: 北陸の古代村落と渡来人の役割」, 『日本歴史』 621, 2000; 望月精司, 「小松市額見町遺跡と飛鳥時代の渡來人」, 『日韓國際シンポジウム報告書 飛鳥の王權とカガの渡來人』, 石川縣立歴史博物館, 2001; 權五榮, 「壁柱建物에 나타난 백제계 이주민의 일본 畿內지역 정착」, 『韓國古代史研究』 49, 한국고대사학회, 2008; 橋本博文, 「古墳時代の豪族居館と生産組織」, 『國學院雜誌』 109-11, 2008; 西野善勝, 「古代武蔵国のL字形カマド: 出現の背景をめぐって」, 『東京考古』 28, 2010; 重藤輝行, 「九州에 形成된 馬韓·百濟人의 集落: 福岡縣 福岡市 西新町遺蹟을 中心으로」, 『마한·백제인들의 일본열도 이주와 교류』, 서경문화사, 2012를 참조하였다.

표 9-1 계속

지방	유적명	소재지	쪽구들 수	주거지(유형)	연대	전거논문
	唐ノ本유적	福岡縣 築上郡			6후	龜田修一2001
	塔田琵琶田유적	福岡縣 豊前市	6		5	龜田修一2001
	小石原泉유적	福岡縣 豊前市	20		6후	龜田修一2001
中國	不入岡유적	鳥取縣 倉吉市	1	SI03(A′2)	5후	松室孝樹1996
	門前池東方유적	岡山縣 赤磐郡	1	수혈(B1)	6후	松室孝樹1996
近畿	郡家유적	兵庫縣 神戸市	4	SB02(B2 혹 A′2?)	6전후	松室孝樹1996
				SB03(B2 혹 A′2?)	6전후	
				SB05(C2)	6전	
				SB06(C2)	6후	
	小阪유적	大阪府 堺市	1	수혈주거4(A′1)	5중	松室孝樹1996
	田屋유적	和歌山縣 和歌山市	4	SB53(B2)	5후	松室孝樹1996
				SB31(D2)		
				?(B2)		
				?(D2)		
	今林유적	京都府 船井郡	1	(D)	5중	松室孝樹1996
	青野 · 綾中유적군	京都府 綾部市	약30	(D)	5~8후	松室孝樹1996
	塔の川유적	京都府 宇治市	1	?(B2)		松室孝樹1996
	穴太유적	滋賀縣 大津市	3	SX-22(E′ 혹 E1)	7전	松室孝樹1996
				SX-23		
				SX-24		
	岩畑유적	滋賀縣 栗太郡	11	A-1-SH4(A′2)	5중~후	松室孝樹1996
				A-1-SH25(B2)	6전	
				B-5-SH07(C2)	5후	
				나머지 8기		
	辻유적	滋賀縣 栗太郡	2	1기(B2)		松室孝樹1996
				1기		
	野田道유적	滋賀縣 蒲生郡	1	SH1(E1)	8초	松室孝樹1996
	西ノ辻유적	滋賀縣 神崎郡	1	SB07(B2)	4후	松室孝樹1996
	大塚유적	滋賀縣 長浜市	3	SB0007(B2)	5전	松室孝樹1996
				나머지 2기	6	
	柿田유적	滋賀縣 長浜市	1	SH44(E2)	7말	松室孝樹1996
	井口유적	滋賀縣 伊香郡	2	FT12(A′2)	7전	松室孝樹1996
				GT9(A′2)		
	桜内유적	滋賀縣 伊香郡	2	78SB11(A′2)	7전	松室孝樹1996
				78SB38(A′2)		
	慈恩寺유적	滋賀縣 近江八幡市				宮崎幹也1993
	輕野正境유적	滋賀縣 愛知郡				宮崎幹也1993
	清水谷유적	奈良縣 高市郡	1	벽주2호	5후	권오영2008
	觀覺寺유적	奈良縣 高市郡			7중	권오영2008

표 9-1 계속

지방	유적명	소재지	쪽구들 수	주거지(유형)	연대	전거논문
	林유적	奈良縣 葛城市	1			橋本博文2008
關東	武蔵台東유적	東京都 府中市	1	38호(C2)	8~10	西野善勝2010
	武蔵國府유적	東京都 府中市	1	O81-S14(C2)	8~10	西野善勝2010
北陸	額見町유적	石川縣 小松市	23			望月精司2001

그림 9-1. 일본의 쪽구들 분포

이 표에서 A′유형만 발견된 후니오카(不入岡) 유적, 오사카(小阪) 유적, 이노구치(井口) 유적, 사쿠라우치(桜内) 유적은 쪽구들에 속하지 않으므로 이를 제외하고 분포도를 작성하면(그림 9-1), 쪽구들은 북부 규슈(九州) 지방과 간사이(關西) 지방을 중심으로 하면서 북쪽으로 호쿠리쿠(北陸), 도쿄도(東京都) 등지까지 퍼져 있다. 특히 후쿠오카현(福岡縣)과 시가현(滋賀縣)에 집중되어 있는 점도 확인할 수 있다. 서쪽 해안에 몰려 있는 것은 한반도와의 연계성을 암시한다.

일본 학계에서는 독립부뚜막, 연도부뚜막, 쪽구들을 모두 부뚜막으로 부르면서 연도부뚜막과 쪽구들을 합쳐서 L자형부뚜막(L字形カマド) 또는 온돌상 유구(オンドル狀遺構)로 따로 구분하기도 한다. 때로는 난방 기능에 더 중점을 둔 아노(穴太)유적과 같은 시설만 가리켜 온돌상 유구로 부르기도 한다. 일본 열도에서는 큰 차이를 보이지 않는 연도부뚜막과 쪽구들이 동일 유적에서 함께 등장하기 때문인데, 국내 학계에서도 이를 그대로 따르는 경향이 있다. 하지만 이미 지적했듯

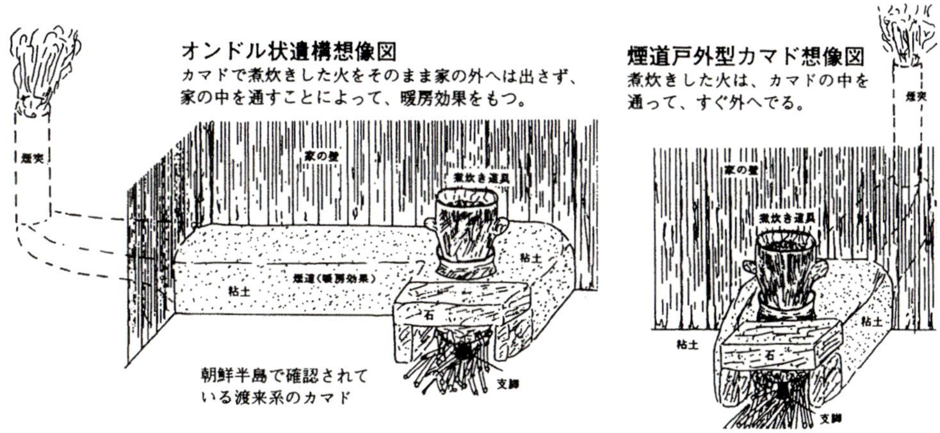

그림 9-2. 쪽구들(좌)과 연도부뚜막(우)

이 이들은 서로 다른 기원과 속성을 지니고 있으므로 구분해야 한다. 연도부뚜막을 쪽구들과 구분하여 따로 호외직결형부뚜막(戸外直結型カマド)이라 부르기도 한다(그림 9-2).[2]

마쓰무로는 자료를 집성한 뒤에 7개 유형으로 분류했으니(그림 9-3), 이를 토대로 재검토해보겠다. A류는 부뚜막이 주거지 모서리에 달려 있는 차이가 있지만, 필자가 제6장에서 분류한 ㄱb형에 가깝다. 이에 비해서 B류, C류, D류, E류는 ㄱa형에 속한다. A, B, E류는 짧은 구들이 거의 퇴화되어 1자형에 가깝고, B3는 유적의 연대로 보아 T자형에 속하는 것 같다. 또 C류와 D류는 돌출고래 형식이다. E류는 돌로 만든 것이므로 B류와 재질에서 차이가 날 뿐이다.

이를 보면 일본에서는 점토제 ㄱ자형 외고래 쪽

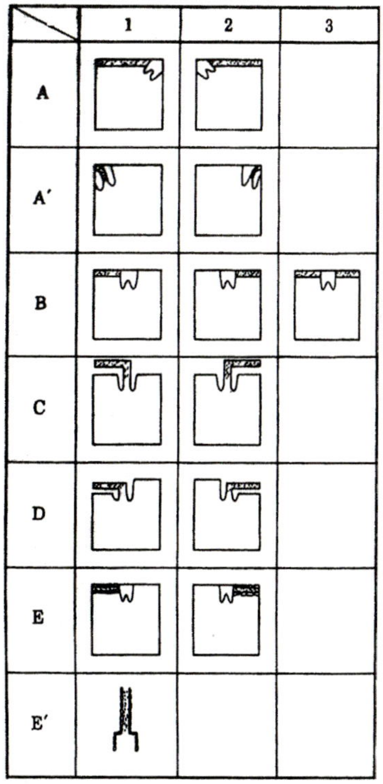

그림 9-3. 일본 열도의 연도부뚜막 · 쪽구들 유형

2 望月精司, 위의 글(2001), 31쪽.

구들, 특히 ㄱa형이 주류인 것을 알 수 있다. 여기에는 니시진마치(西新町) 유적의 사례처럼 일부 C자형에 가까운 쪽구들도 포함되어 있다.

이상의 유형들은 한반도 전역에서 모두 발견된다. 대체로 부뚜막이 상대적으로 크게 조성되고 구들 평면이 C자형에 가까운 것이 있고 점토제가 주류를 이룬다는 점에서 영남권으로부터의 영향이 강하게 느껴진다. 그러면서도 돌출고래 형식이나 연도부뚜막의 존재는 중부권과 연계되어 있을 가능성이 있다. 아마 일본에서 시기적, 지역적으로 서로 달리 영향을 받은 것으로 보인다. 8세기부터는 일본이 발해와도 교류했지만, 발해로부터 쪽구들이 도입된 사례는 확인되지 않는다.[3]

E′류는 1자형 외고래 석제 쪽구들에 가깝다. 또 A′류는 부뚜막 또는 연도부뚜막에 해당하는 것으로서, 마쓰무로도 난방 기능을 했을지 의문을 표했다. 따라서 쪽구들에서는 제외하는 것이 마땅하겠다. 그렇지만 한반도 중부권에서와 달리 일본 열도에 전파되어서는 연도부뚜막과 쪽구들이 어울려 사용되었고, 원래의 보고서를 보지 않는 한 일관되게 분류하기도 어려운 실정이다.

이상과 같이 쪽구들은 서부 일본 각지에 분포한다. 시간적으로는 대체로 고분시대 전기인 4세기 초 무렵부터 등장하였고, 고분시대 중기부터 본격적으로 보급되어 6~7세기에 정점을 이루다가 8세기경에 소멸한다. 아울러 한 유적에 쪽구들 주거지가 1기 정도 발견되는 편이고, 많아야 5기 이하이다. 그만큼 쪽구들은 외부로부터 유입되어 일시적으로 사용되었던 것 같다. 온난한 일본 기후에서 그다지 적합하지 않은 난방시설이었기에 외래적인 문화로 들어왔다가 사라진 것이다. 다만 니시진마치 유적, 히카타시로야마(干潟城山) 유적, 고이시와라이즈미(小石原泉) 유적, 아오노(青野)·아야나카(綾中) 유적군, 이와하타(岩畑) 유적, 누카미마치(額見町) 유적 등에서는 예외적으로 다수가 발굴

3 小嶋芳孝, 「オンドルと蝦夷」, 『市史研究 あおもり』 2, 青森市, 1999.

되었다.

이제 몇 가지 유적 사례를 통해서 일본의 쪽구들 상황을 살펴보겠다. 우선 규슈 지방에서 제일 먼저 살펴볼 곳이 후쿠오카 니시진마치 유적이다. 가장 이른 시기에 전파된 대표적인 일본의 쪽구들 유적이다. 이곳에서는 22차에 걸쳐 수혈주거지 525기가 발굴되었다. 그 가운데 106기에서 부뚜막 또는 쪽구들이 확인되었는데, 이런 시설은 동시기 다른 유적에서는 찾아볼 수 없는 것으로서 한반도로부터 전래되었다는 데에는 이견이 없다. 이와 함께 전통적인 노지가 있는 주거지도 103기가 되었다.

시게후지 데루유키(重藤輝行)는 크게 세 가지 유형으로 분류했는데, 이를 이 책의 논지에 따라 재정리하면 독립부뚜막(Ia, Ib, III류)[4]과 쪽구들(IIa, IIb류)로 나눌 수 있다. 이렇게 되면 독립부뚜막은 46기, 쪽구들은 28기가 된다. 대체로 IIa류는 C자형에 가깝고 IIb류는 ㄱ자형에 속하는데(그림 9-4), C자형이 가장 많다고 한다. 구들은 짧은 경우 1m 정도이며, 긴 경우는 2m 이상이다.

이렇게 부뚜막과 고래가 둥글게 만나는 C자형이 주류여서 뒤 시기에 ㄱ자형 일색인 것과 비교된다. 구들은 C자형이면서도 주거지 평면은 방형이다.

이 유적은 야요이시대부터 고훈시대까지 걸쳐 있는데, 현지의 노지 문화에 더해 야요이 종말기에 부뚜막이 처음 등장하고 뒤이어 쪽구들이 등장한다. 그러므로 쪽구들 주거지는 4세기 초 무렵부터 4세기 중반 사이에 조성된 것으로 볼 수 있다. 이 유적의 마지막 단계에는 노지를 능가할 정도로 쪽구들이 확산된다.

쪽구들은 모두 점토로 만든 것으로 여겨지는데, C자형 외고래가 대세를 이루는 것과 함께 고려하면 중부권보다는 영남권 쪽구들이 유

4 Ib류는 1m 미만의 짧은 연도가 달려 있는 것이라고 하여 연도부뚜막으로도 분류할 수 있겠지만, 자세한 정보를 알 수 없어 일단 독립부뚜막에 넣었다.

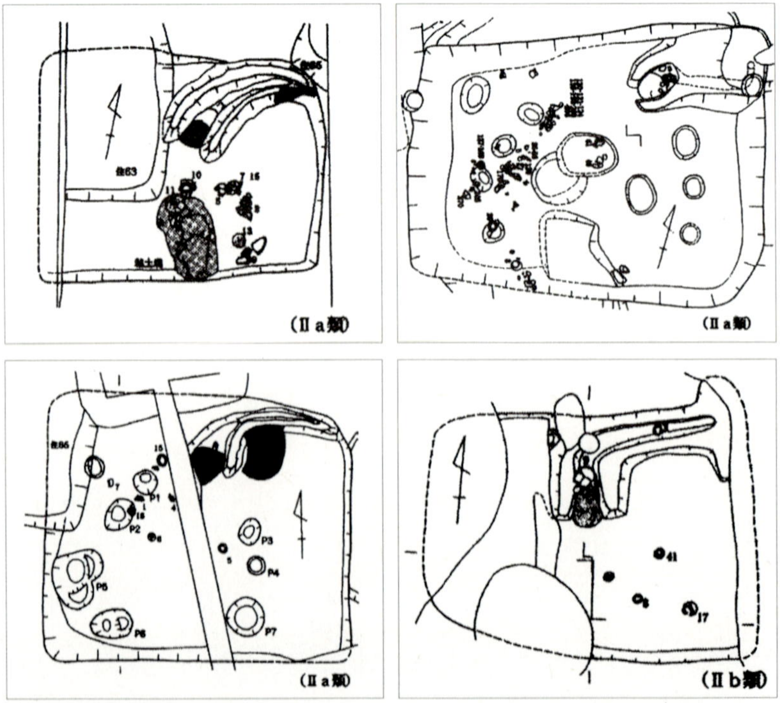

그림 9-4. 니시진마치 쪽구들 유형

입된 것으로 판단된다. 그렇지만 출토된 한반도계 토기는 주로 호남의 마한과 연결되는 점을 감안하면, 영남권 쪽구들이 호남 남해안으로 전파된 뒤에 규슈로 유입되었을 가능성이 있다. 주거지 평면이 원형계가 아니라 방형계에 속하는 것도 경남 서부의 쪽구들 중심지에서 직접 전래된 것이 아닌 사실을 반영한다.

히카타시로야마(干潟城山) 유적에서도 다수의 쪽구들이 발굴되었다. 이 유적은 7세기 중반 무렵에 시작되어 후반에 최성기를 맞다가 9세기 무렵에 쇠퇴하는데, 쪽구들 유구는 모두 7세기 후반에 해당한다고 한다. 최성기에 일시적으로 쪽구들을 수용하고 그 전후로는 사용하지 않은 것이다. 이 유적의 쪽구들은 대부분 B2형에 속한다.

이 밖에도 규슈 지방에서 발견되는 쪽구들은 거의가 B류에 속하고, 예외적으로 아리타(有田)·고타베(小田部) 유적군에서는 돌출고래

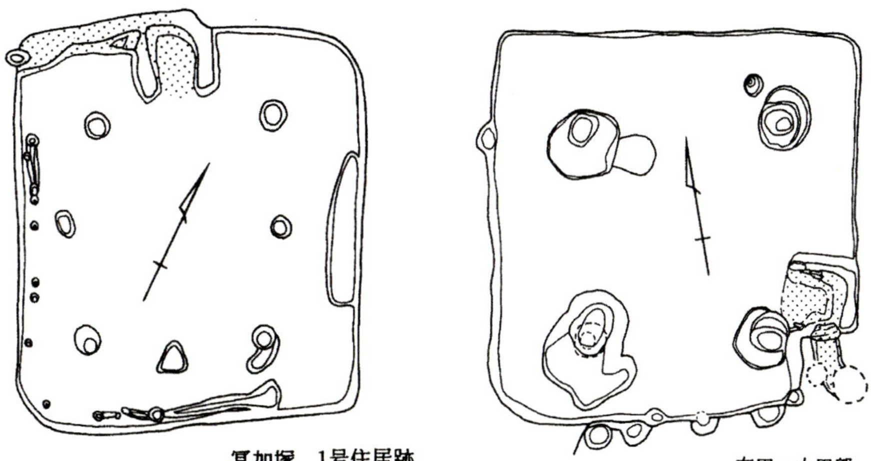

그림 9-5. 규슈 지역의 쪽구들

가 나타난다(그림 9-5우).

이상에서 보듯이 규슈 북부에서는 일본 열도 가운데 가장 이른 시기에 쪽구들이 등장하여 곳곳에서 간헐적으로 도입되었다가 7세기경에 이르러 소멸되었다.

주고쿠(中國) 지방에도 일부 유적이 있기는 하지만, 시가현을 중심으로 하는 긴키(近畿) 지방에서 쪽구들이 집중적으로 발굴되었다. 가장 이른 유적으로는 4세기 후반으로 편년되는 니시노츠지(西ノ辻) 유적이 있다. 방형 주거지로서 역시 북벽 가운데에 부뚜막을 두고 ㄱ자형으로 구들이 달린 B2형에 속한다(그림 9-6좌).

아오노(青野)·아야나카(綾中) 유적군은 10여 곳의 유적을 포함하는데, 약 30기의 쪽구들이 발굴되었다. 여기서는 독특하게 D형의 쪽구들이 집중되어 있어, 아오노형(青野型) 주거지로도 부른다(그림 9-6우). 이런 유형의 쪽구들은 규슈에서도 확인되기는 했지만, 긴키 지방에서 특징적으로 발굴되었다. 시기적으로는 5세기대에 출현하여 6세기 말에서 7세기 전반에 집중되면서 8세기 후반까지 지속된다.

일본에서 돌출고래가 유행하던 시기는 한반도의 삼국2기에서 통

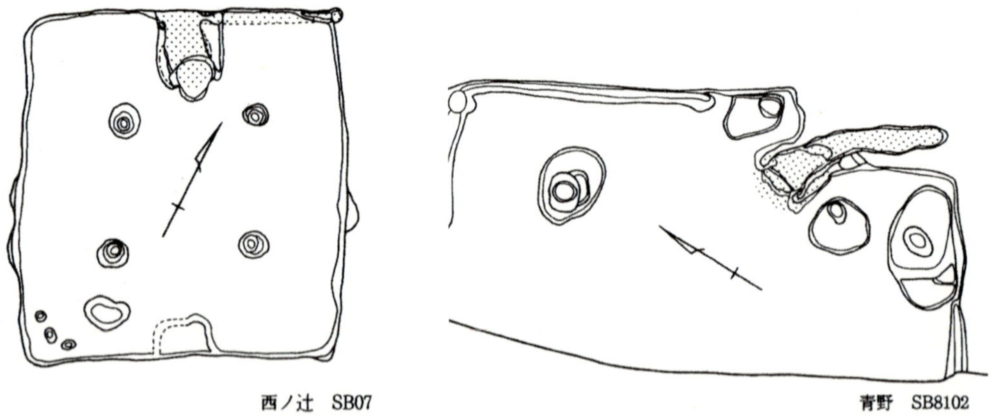

그림 9-6. 긴키 지역의 쪽구들1

일신라 전기에 걸쳐 있다. 이런 돌출고래는 삼국시대에 경기 오산 일대와 충남 서천 등지에서 발견되고, 통일신라 시대에 들어서도 중부권에서 지속되었다. 그렇지만 남부 지방에서는 확인되지 않으므로, 어떤 과정을 거쳐 일본 열도에 전파되었는지 궁금하다.

이와하타(岩畑) 유적에서는 150기 이상의 수혈주거지 가운데 11기에서 쪽구들이 확인되었고, 유형은 A′2형, B2형, C2형에 속한다. C형은 돌출고래 가운데서도 수혈주거지 벽선 밖으로 돌출된 형식으로서(그림 9-7좌), 군게(郡家) 유적에서도 발굴되었다.

도면으로만 판단하건대, 몬젠이케토호(門前池東方) 유적과 오츠카(大塚) 유적(그림 9-7우)의 경우에는 원형계 주거지에 C자형에 가까운 구들이 달려 있는 것으로 생각된다.

일반적 유형에서 벗어난 쪽구들이 아노(穴太) 유적에서 발굴되었다. 3기 가운데 SX-22호가 대표적이다(그림 9-8). 동서 8m 이상, 남북 6m 이상, 높이 30cm 정도로 성토한 대지 위에서 쪽구들이 노출되었는데, 구들은 잔존길이 약 4m, 너비 20~30cm이고, 구들장은 남아 있지 않았다. 남쪽에 아궁이가 있고, 구들은 북쪽으로 진행되다가 북동쪽으로 비스듬히 꺾인다. 이를 보면 ㄱ자형 외고래 석제 쪽구들로 분

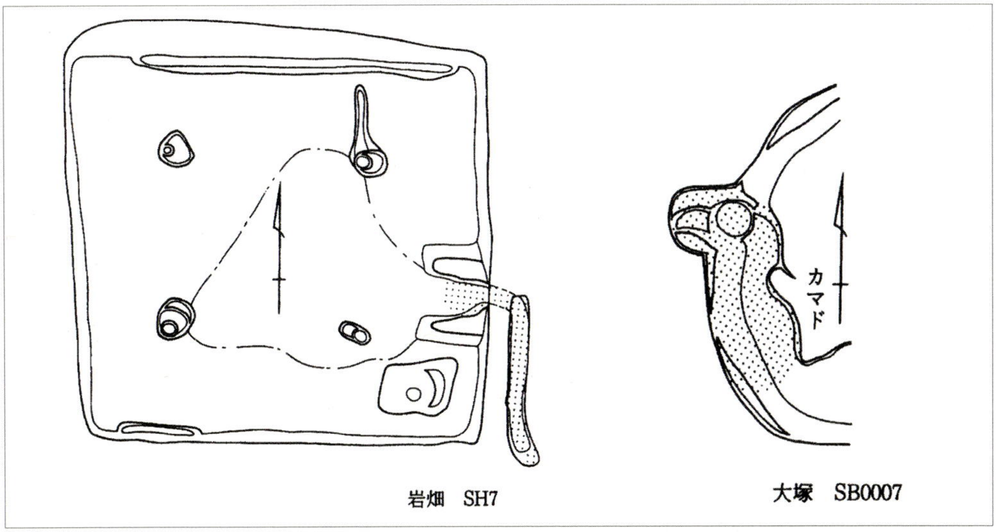

그림 9-7(상). 긴키 지역의 쪽구들2
그림 9-8(하). 아노 유적 쪽구들 배치와 SX-22호 사진

류할 수도 있겠는데, 정형에서 벗어난 이런 쪽구들의 평면은 부여 정동리 유적(그림 3-28)과 비교할 만하다. 대략 7세기 전반에 속한다. 나머지 2기는 거의 삭평되어 잔존 상태가 불량하다.

또 노다미치(野田道) 유적은 장방형 수혈주거지에 1자형 석제 쪽

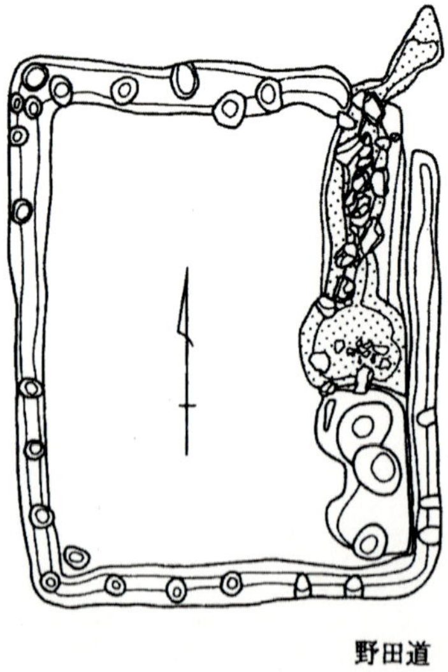

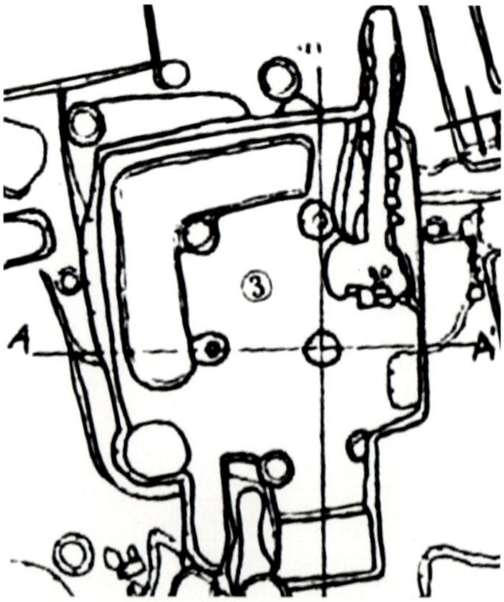

그림 9–9. 노다미치 주거지(좌)와 부소산성 1983–3호 주거지(우)

구들이 달려 있는데(그림 9-9), 마지막 단계인 8세기 초엽에 속하는 것으로서, 평면 구조에서 볼 때에 부소산성 1983-3호 수혈주거지와 유사하다.

한편으로 무사시다이히가시(武蔵台東) 유적과 누카미마치(額見町) 유적 등은 지역적으로 떨어진 곳에서 발굴된 매우 이례적인 사례에 속한다.

누카미마치 유적에서는 1995년부터 1999년까지 발굴된 것만 한정해도 수혈주거지 약 120기, 굴립주건물지 약 250기가 확인되었다. 시간적 흐름에 따른 주거지의 변화 과정도 보고되었다(그림 9-10). 7세기 초반에 공통적으로 쪽구들이 도입되는데(그림 9-11), 이때에 한반도계 이주민이 대거 이주해온 것을 의미한다. 그런데 7세기 후반이 되면 연도부뚜막이 소형 주거지에서 주류가 되는 반면에 쪽구들은 점차 감소하면서 대형 주거지에서만 나타나게 된다. 7세기 말부터는 수혈주거지가 쇠퇴하기 시작하면서 굴립주건물로 전환한다. 이곳에 정착한 이주민은 주로 제철(製鐵)이나 제도(製陶)와 관련된 수공업 기술자

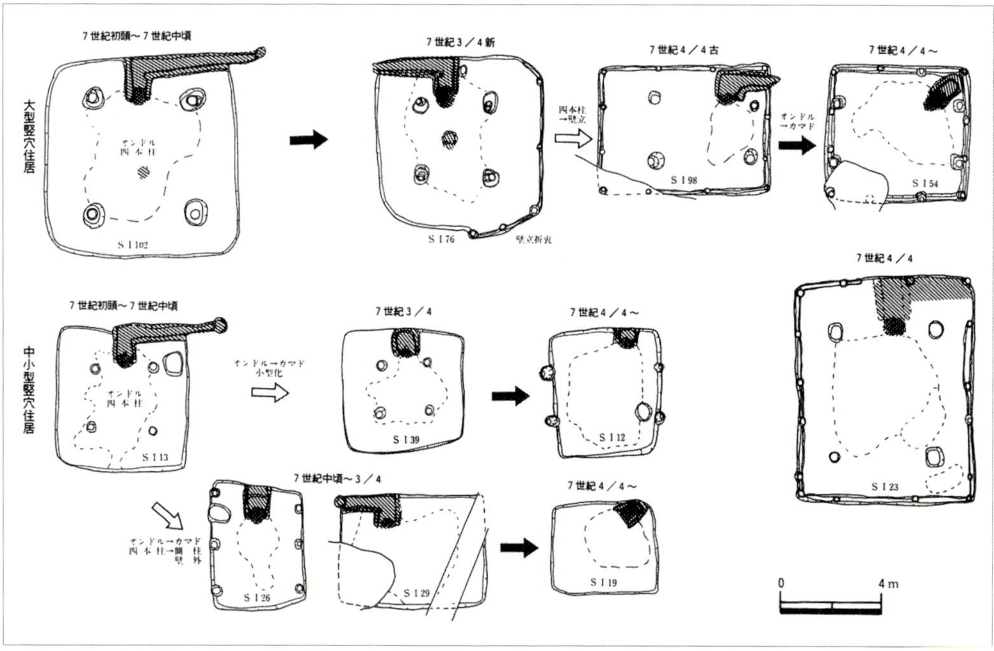

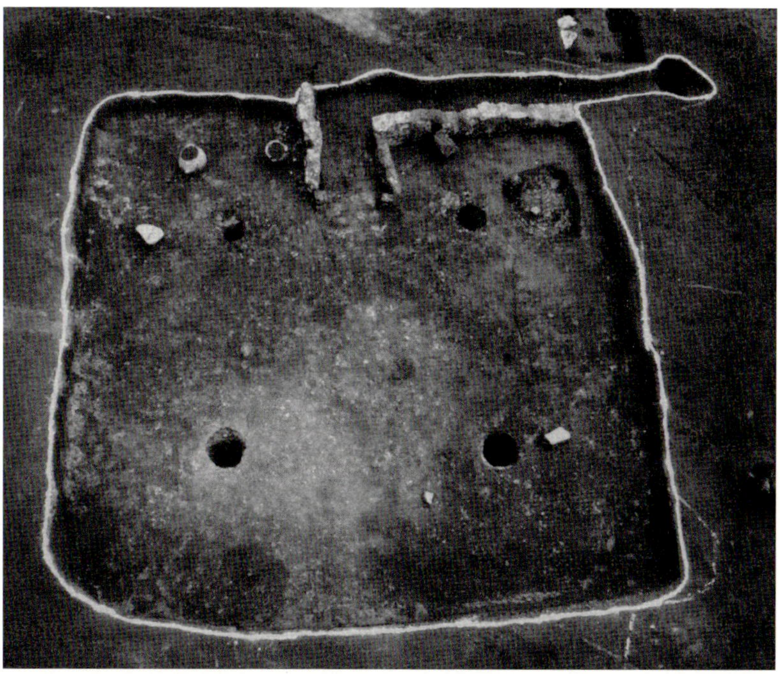

그림 9-10(상). 누카미마치 유적의 수혈주거지 변천
그림 9-11(하). 누카미마치 7세기 쪽구들 주거지

들이었던 것으로 여겨지는데, 일본 열도에서 발견된 다른 쪽구들 유적도 대개 이런 외래인들이 남긴 것으로 보고 있다.

이렇게 일본 열도에 소개된 구들은 적응하지 못한 채 점차 사라지고, 이로리가 대세를 이룬다. 1719년 말에서 이듬해까지 일본을 다녀온 신유한(申維翰)은 일본의 난방시설에 대해서 이렇게 적었다.

> 그 나라에 왕궁이나 민가에 모두 온돌로 불을 지피는 법이 없고, 다만 마루 위에 두터운 자리와 솜요를 깔고 잔다. 솥이나 냄비 등의 밥 짓는 그릇은 모두 부엌에 따로 두어 연기와 불길이 닿지 않게 한다. 다만 지극히 추울 때에는 방 가운데 나무판 하나를 떼어내어 땅바닥에 화로를 설치하고 흙을 쌓아 숯불을 피운다. 작은 평상을 그 위에 놓는데, 평상에는 우리나라의 작은 창문과 같은 구멍들이 있어 불기운이 빠져나온다. 이불과 요로 덮어서 거기에 올라 앉아 땀을 내는 사람도 있고, 옆에 끼고 앉아 손발을 쪼이는 사람도 있다.[5]

이 글은 제1장에서 이미 언급한 난방 시설인 이로리, 고타츠에 대해 묘사하고 있다. 온돌에 길들여진 조선의 사신들은 찬 방에서 지내는 일이 고역이었다. 1636년 일본에 사신으로 갔다가 이듬해 돌아온 김세렴(金世濂)은 일기에 이렇게 적었다.

> 이날 밤 추위가 심하니, 일행들이 모두 "이곳의 추위가 우리나라 북방보다 못하지 않다."고 하였다. 스루가노 구니(駿河州, 현재의 시즈오카)로부터는 따뜻한 날이 없었다. 일본에서는 온돌방을 만들지 않아서, 이 나라에 들어온 이래로 오랫동안 찬 대청에서 잤는데, 얼

5 『海游錄』 卷下, 聞見雜錄 「國中王宮民屋, 悉無置堗厝火之法, 但於鋪板之上, 設重茵雪綿褥以寢. 鼎鐺炊熟之器, 皆別置於廚, 煙火不相接. 但於極寒時, 房中去一板, 設地爐, 築土而熾炭. 以小床着其上, 床如我國小窓, 有諸竅以通火氣. 覆以衾褥, 有升坐而取汗者, 有擁旁而炙手足者.」

음 어는 날을 만날 때마다 더욱 견디기 힘들었다.[6]

이런 괴로움을 헤아려서 일본에서는 조선 사신을 위해서 특별히 온돌이나 온돌방 용품을 마련하기도 했다. 1624년부터 이듬해 사이에 일본에 사신으로 다녀온 강홍중(姜弘重)은 대마도에서 조선식 용품을 제공받았다고 적었다.

> 숙소에 든 후에 다이라노 시게오키(平調興)가 술과 밥을 보내어 군관까지 먹이게 하였다. 장막, 요(褥), 자리(鋪陳)는 대략 우리나라 제도를 본받았는데, 모두 새로 마련한 것이었다. 일본은 옛날부터 온돌방이 없으니, 사신 행차를 위하여 특별히 만들어서 기다린 것이다.[7]

1636년에 일본에 갔다가 이듬해에 돌아온 황호(黃㦿)의 기행문에는 대마도에서 사신을 위해 온돌을 만든 사실이 적혀 있다.

> 왜인 풍속에는 온돌이 없는데, 다이라노 요시나리(平義成)가 사신 행차를 위하여 특별히 만들었다. 그러나 습기가 많아서 잘 수 없어 마루에서 자니 추위를 견디기 힘들었다.[8]

근대에 들어서 일본에서 온돌 사용을 추진한 적이 있다.[9] 일제강점기에 한반도에 살던 일본인들 가운데 일부가 추위 때문에 온돌을

6 『海槎錄』 1636년 12월 7일 「是夜寒甚, 一行皆言, 此地之寒, 不下我國北方. 自駿河州以後, 無暖日矣. 日本不作突房, 入境以來, 長宿冷廳, 每遇凝凍之日, 尤不堪矣.」

7 『東槎錄』 1624년 10월 4일 「下館後, 調興送酒飯, 饋及軍官. 帳褥鋪陳, 略倣我國之制, 皆是新造. 日本舊無房堗, 而爲使臣之行, 別造以待.」

8 『東槎錄』 1636년 10월 12일 「倭俗無溫突, 義成爲使行別造, 而多濕不可宿, 宿于廳中, 寒苦不可堪.」

9 권석영, 「제6장 바다를 건넌 온돌」, 『온돌의 근대사』, 일조각, 2010.

사용하였고, 일본 동북지방과 사할린에서도 온돌을 채택하려는 시도가 있었다. 일본에서 가장 먼저 온돌을 만든 사람은 1904년 모리오카(盛岡)고등농림학교 교장 다마리 기조(玉利喜造)였다고 한다. 그러나 홋카이도에서 다카스기식(高杉式) 온돌이라고 불린 개조 온돌이 일부 사용되기는 하였지만, 온돌이 일본 열도에 성공적으로 정착하지는 못하였다. 재일한국인 역시 온돌을 사용한 사례는 매우 적었다고 한다.

일본에서는 근대에 온돌과 유사한 유카단보를 사용하기 시작하였으나, 한반도 온돌의 영향인지 여부에 대해서는 견해가 갈린다.

2) 북방 지역

북방 지역에서 쪽구들이 더 크게 확산되는 계기는 발해 멸망이었다. 발해는 고구려인과 말갈인으로 구성되어 있었는데, 쪽구들을 발해에 도입한 것은 고구려계 사람들이었고, 멸망 후 주변으로 확산시킨 것은 발해 유민들이었다.

(1) 요·금 시기

발해가 멸망한 뒤에 유민들은 요(遼)나라(907~1125) 각지에 강제 이주되거나 현지에 남겨졌다. 이 과정에서 유민들은 발해인(渤海人)과 여진인(女眞人)으로 양분되었으니, 발해인은 과거 고구려계 사람들이 주축이었던 반면에 여진인은 말갈족이 주축이었다. 여진인은 다시 요나라 판도 안에 속했는지 여부에 따라 숙여진(熟女眞)과 생여진(生女眞)으로 나뉘었다.

발해 유민의 강제 이주에 따라 쪽구들도 이동하였다. 유민은 주로 동경도(東京道)에 속한 요동 지방으로 이주되었지만, 일부는 상경도(上京道)와 중경도(中京道)에까지 미쳤다. 요나라를 세운 거란족은 유목민족으로서 쪽구들을 사용하지 않았던 반면에, 발해 유민은 새로운 정착지에서도 쪽구들을 사용하였다. 따라서 요나라 유적에서 쪽구들이 발견되면 발해 유민의 자취로 추정할 수 있다. 이런 과정을 통해서 쪽구들은 과거 발해의 영역 밖으로 폭넓게 확산되었다.

예를 들어서 요 상경도(上京道) 조주(祖州)는 내몽고자치구 파림좌기(巴林左旗) 남서쪽에 위치하는데, 이 성터에서 발견된 쪽구들과 발해 와당은 발해 유민들의 소산이다.[10] 거란 태조의 조상들이 살았던 곳이라서 조주란 명칭이 붙었는데, 발해 영역에서는 멀리 떨어진 곳이다. 『요사(遼史)』에 언급되었듯이,[11] 조주 및 그 아래의 장패현(長霸縣), 함녕현(咸寧縣)에 발해 유민들이 강제 이주되어 성의 축조 등에 동원되었고, 그 흔적이 조주 성내에서 쪽구들과 와당으로 남은 것이다.

이 밖에 요 시기의 쪽구들은 상경성 황성 유적, 요령성 조양 신립둔 유적과 서삼가촌 유적, 몽골 친톨고이 발가스 성터 주거지 등에서 확인되었는데, 이들도 발해 유민과 관련되었을 것이다.

상경성(上京城) 황성(皇城)[12]에서 발굴된 6기 가운데 5기에서 쪽구들이 확인되었다. 그러나 발굴 트렌치 안에서 조사된 것이라서 쪽구들의 전모가 드러난 것은 없다.

조양(朝陽) 신립둔(新立屯)[13]에서는 쪽구들 수혈주거지 1기가 조사되었다. 평면이 ㄱ자형이고, 고래는 세고래에서 쌍고래로 변한다.

조양 서삼가촌(西三家村)에서 발굴된 F2는 장방형의 수혈주거지로서, 북부에 ㄱ자형 세고래의 쪽구들이 시설되어 있다(그림 9-12).[14] 제일 북쪽(그림 아래쪽)의 고래는 생토를 굴착하여 만들었고, 나머지 두

10 島田正郎, 『契丹國: 遊牧の民キタイの王朝』, 東方書店, 1993, 139-140쪽.

11 『遼史』 권37, 地理志1, 上京道 「祖州, … 東爲州廨及諸官廨舍, 綾錦院, 班院祗候藩·漢·渤海三百人, 供給內府取索. … 長霸縣. 本龍州長平縣民, 遷于此. 戸二千. 咸寧縣. 本長寧縣. 破遼陽, 遷其民置. 戸一千.」

12 內蒙古文物考古硏究所, 「遼上京城址勘査報告」, 『內蒙古文物考古文集』 1, 1994, 523-527쪽. 보고된 F3~F9 가운데 F9는 창고로 추정되어 제외하였다.

13 遼寧省文物考古研究所·朝陽市博物館·朝陽文物管理所, 「朝陽柳城鎮新立屯遼代遺址發掘簡報」, 『遼寧省道路建設考古報告集(2003)』, 2004, 284-285쪽.

14 遼寧省文物考古研究所, 「遼寧朝陽西三家遼代遺址發掘簡報」, 『北方文物』 2009-1.

그림 9-12. 서삼가 F2호 쪽구들

개는 돌을 쌓아 만들었다. 아궁이는 두 개가 달려 있어 특이한데, 서쪽 아궁이는 북쪽 고래, 동쪽 아궁이는 가운데 및 남쪽 고래와 연결되어 있다.

근래에 확인된 것으로는 몽골 친톨고이 발가스(Чинтолгой балгас) 성터 주거지가 있다. 친톨고이는 요 상경도 진주(鎮州)의 소재지였기에 붙여진 이름인데, 현재 몽골 수도 울란바토르에서 서쪽으로 약 200km 떨어진 곳에 위치한다. 문헌에 따르면 진주, 방주(防州), 유주(維州)에 발해인, 여진인, 한인(漢人) 700여 호를 유배시켰다고 했는데,[15] 이를 증언하듯이 진주 성내에서 쪽구들이 발굴되었다.

친톨고이 발가스 성은 남북으로 기다란 장방형인데, 2004년에서 2008년까지 성 북부의 남북중앙대로와 동서중앙대로가 만나는 곳을 중심으로 몽골과 러시아의 학자들이 공동으로 발굴을 진행하였다.[16]

15 『遼史』 권37, 地理志1, 邊防城「鎭州. … 渤海·女直·漢人配流之家七百餘戶, 分居鎭·防·維三州. 東南至上京三千餘里.」

16 A. Ochir, 「몽골과 동아시아의 교류(10~11세기)」, 『渤海와 東아시아』, 동북아역사재단 국제학술회의 발표문, 2008.7.2~3.

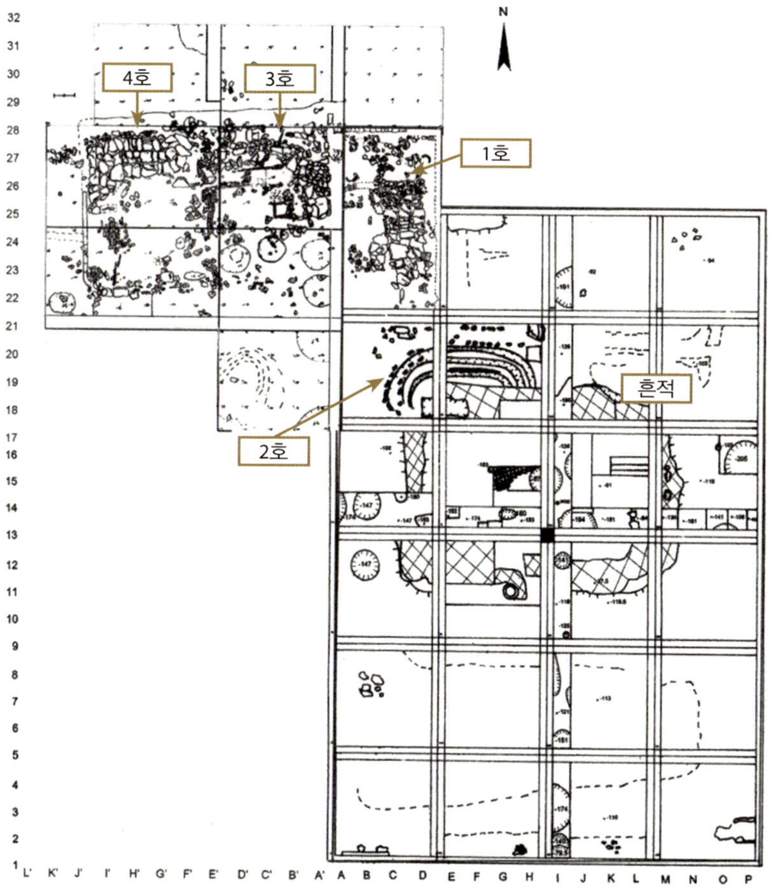

그림 9-13. 친톨고이 발가스 유구 배치도

2004~2005년 조사에서 1호와 2호 건물지가 발굴되었고, 2006~2008년에는 이보다 북서쪽 구역에서 3호, 4호 및 5호 건물지가 발굴되었다(그림 9-13). 이들 건물지에서는 모두 쪽구들이 노출되었다.

Крадин Н.Н., Киданъский город Чинтолгой-балгас, Издательская фирма 《Восточная литература》 РАН, Москва, 2011: 크라딘 엔.엔., 『친톨고이 발가스의 거란 도시』 러시아과학원 동방문헌출판사, 모스크바, 2011; 니콜라이 크라딘, 「몽골의 요나라 도성, 친톨고이 성지」, 『흉노와 그 동쪽의 이웃들』, 국립중앙박물관·부경대학교 인문사회과학연구소 2012 국제학술대회 발표문, 2012.3.30; 니콜라이 크라딘, 「몽골지역 거란 유적 조사현황」, 『2012 Asia Archaeology』, 국립문화재연구소 국제학술심포지엄 발표문, 2012.10.26.

1호 건물지는 지상식으로서, ㄱ자형 세고래의 쪽구들이 발굴되었다(그림 9-14, 9-15). 아궁이는 남쪽에 있고, 구들은 남북향을 이루며 북쪽으로 이어진다. 쪽구들은 전체 길이 약 8m, 너비 1.5m이다. 아궁이는 판석과 벽돌을 이용하여 삼각형으로 만들었다. 세고래는 동쪽부터 너비가 각각 35cm, 30cm, 35cm이고, 깊이는 각각 20cm, 20cm, 38cm이다. 장방형의 굴뚝은 점토 기초에 돌, 기와편, 벽돌 조각 등을 쌓아 만들었다. 구들 서쪽 측면에는 쪽구들에 올라서기 위한 발판이 두 군데 붙어 있고, 구들 동쪽 부근에서는 놀이용 둥근 구슬이 400개 이상 노출되었다. 이런 유물은 크라스키노 성터에서도 발굴된 적이 있다.[17]

2호 건물지는 이보다 남동쪽에서 발굴되었는데, ㄷ자형에 가까운 세고래의 쪽구들이 확인되었다. 동서향의 쪽구들은 길이가 최소 7m, 너비 1.8m에 이른다. 고랫등은 벽돌과 판석으로 만들었다. 동서향의 긴 구들은 서쪽에서 남쪽으로 꺾인 다음 다시 동쪽으로 꺾이는 듯 보이나 후대 건물지 때문에 더 이상 확인되지 않는다.

2호 건물지 동쪽에서도 다른 주거지의 쪽구들 흔적이 확인되었다.

3호 건물지와 4호 건물지는 서로 붙어 있는데, 건물지 북벽에 붙어서 마주 보고 있는 ㄱ자형 세고래 쪽구들은 마지막에 서로 합쳐진다(그림 9-16). 3호 쪽구들은 길이 5m, 너비 2.4m이고, 높이는 건물지 바닥에서 37cm이다. 북동쪽 모서리에는 추가로 불을 때는 보조구들이 덧붙어 있다. 남쪽에는 벽돌로 쌓은 장방형 아궁이가 달려 있다. 4호 쪽구들은 길이 5m, 너비 1.7~1.8m이다. 3호와 4호 아래 층위에서는 ㄷ자형 쪽구들 흔적이 있는 5호 건물지가 확인되었다.

이 밖에 외성 남서문 밖에서 건물지 하나를 더 발굴하여 6호 건물지로 명명했는데, 여기서도 쪽구들 흔적이 확인되었다고 한다.

쪽구들은 2010~2012년 헤르멘-덴즈(Хэрмэн-дэнж) 성터를 발굴

17　김은국, 「한·몽 渤海 유적과 '고누 길'」, 『역사민속학』 46, 2014.

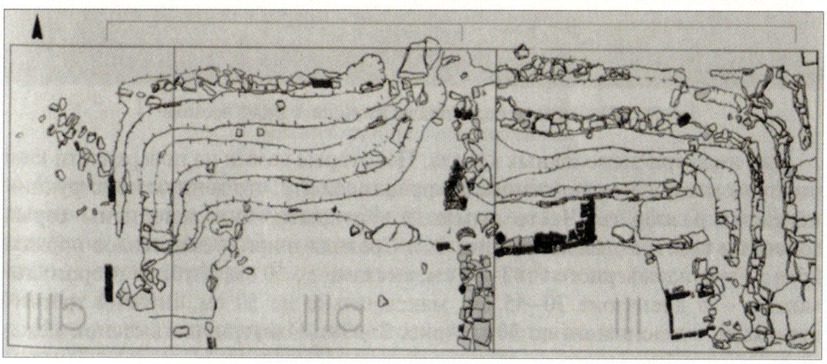

그림 9-14(상). 친톨고이 발가스 1호 건물지
그림 9-15(중). 친톨고이 발가스 1호 건물지
그림 9-16(하). 친톨고이 발가스 3호(우), 4호(좌) 쪽구들

할 때도 2기가 확인되었다.

이상의 쪽구들은 발해 유민이 남긴 것이다. 친톨고이 발가스 성터에서는 발해와 관련된 유물도 발굴되었으니, 놀이용 둥근 구슬, 횡방향 대상파수나 횡방향 차양형 파수가 달린 토기, 주사위 등은 발해 유적에서 흔히 보이는 것이다. 이 성터로부터 20km 떨어진 엠겐틴-헤렘(Эмгэнтийн-хэрэм)에서도 발해 유민의 흔적이 발견되었다. 정방형의 성터로서, 성벽은 판축을 한 다음에 성벽 상단과 외면을 돌로 덧쌓았다. 점토 다짐하는 판축 방식은 중국에서 영향을 받은 것이지만, 여기에 돌을 덧대는 방식은 연해주 발해 성터에서 찾을 수 있다. 또 우글루친-헤렘(Углучийн-хэрэм) 성터는 고구려나 여진의 산성과 유사하게 돌로 성벽을 쌓았다.

요나라를 세운 거란인은 쪽구들을 사용하지 않았고, 석성도 쌓지 않았다. 따라서 이상의 정황들은 발해 유민이 이곳으로 강제 이주되면서 쪽구들이 멀리 몽골 지역까지 전파되었던 것을 보여준다. 그렇지만 이주된 유민들이 점차 동화되어가면서 이곳에서의 쪽구들 전통은 소멸되었을 것이다.

발해의 쪽구들은 말갈족의 후신인 여진족에게 전수되어 확산되는 기회를 얻었다. 여진족은 발해 멸망 직후에 새롭게 붙여진 명칭이다. 아무르강 유역에서는 발해 멸망 후에 이들에 의해 비로소 쪽구들이 퍼졌다.[18] 여진족은 발해 멸망 후 189년이 지난 뒤에 그들의 나라인 금나라(1115~1234)를 세웠고,[19] 그런 다음에 중원으로 진출함으로

18 네스쩨로프 S.P.·볼코프 D.P., 「아무르 강 유역의 말갈문화 나이펠드 그룹(흑수말갈의 물질문화)」, 『발해의 동서 네트워크와 아무르유역의 중세고고학』, 한국전통문화대학교 북방문화유산연구소·고구려발해학회, 2018.6.1., 149쪽.

19 중국에서는 이 시기를 '요·금시대'로 설정하는 반면에, 요나라 영역 밖에 있었던 연해주에서 연구하는 러시아 연구자들은 발해 멸망 후부터 전체를 '여진시대'로 설정하는 차이가 있다. 여기서는 여진족의 쪽구들을 대상으로 하되, 금나라 건국 전후를 기준으로 시기를 구분하는 것이 어려우므로, 발해 멸망 후부터 금나라 멸망까지 전체를 대상으로 삼겠다.

써 쪽구들의 확산에 가속도가 붙었다.

여진족에게 일상화되어 있던 쪽구들의 모습은 『삼조북맹회편(三朝北盟會編)』(1194)에 간단히 언급되어 있다.

> 집 안을 빙 둘러 토상(土床)을 만드는데, 그 아래에 불을 때고 그 위에서 침식과 기거를 한다. 이를 항(炕)이라 하는데, 이로써 따뜻함을 얻는다.[20]

이 책은 남송(南宋)의 서몽신(徐夢莘)이 북방의 금나라에 대한 정보를 정리한 것으로서, 남송의 한족(漢族)에게는 없는 독특한 풍습이기에 이렇게 기록으로 남겼다.

역시 남송의 홍호(洪皓)가 1129년 금나라에 갔다가 10년간 만주에서 유배생활을 하면서 목격한 일을 적은 『송막기문(松漠紀聞)』(1156)에서는 쪽구들 생활과 관련된 혼인 풍속을 전한다.

> 신붓집은 노소 할 것 없이 모두 구들 위에 앉고, 사위 일행은 그 아래에 늘어서서 절을 하는데, 남자가 여자보다 낮기 때문이라 한다.[21]

이제 이런 문헌 기록을 염두에 두면서 발굴 자료를 검토하겠다. 연해주와 만주 지역에서 발굴된 요·금의 주거지는 〈표 9-2〉와 같다.[22]

발굴 자료를 더 자세히 알기 위해서는 러시아의 아르체미예바 엔.게.(Артемьева Н.Г.)가 연해주 여진 주거 자료를 종합적으로 정리한 것이 참고가 된다.[23] 연해주 여진족의 주거는 지상식으로서, 장방형의

20 『三朝北盟會編』 권3 「環屋為土床, 熾火其下, 而寢食起居其上, 謂之炕, 以取其煖.」
21 『松漠紀聞』 「婦家, 無大小, 皆坐炕上, 壻黨, 羅拜其下, 謂之男下女.」
22 러시아와 중국의 발굴 정보가 달라서 표를 일관되게 만들기가 어렵다. 중국에서는 간략 보고가 대부분이어서 전모를 파악하기가 더욱 어렵다.
23 Артемьева Н.Г., Домостроительство чжурчжэней Приморья (XII-XIII вв.),

표 9-2. 요·금의 쪽구들

지역	유적명	시기	전체 주거지	쪽구들 주거지	구들 형식	출전
연해주	샤이가 성터	금		252	ㄷc-2, 3, 2+3; ㄱ-2, 3, 2+3; 相-2, 3, 2+3; ㅁ-3; 1-3, 기타	아르체미예바(2011)
	라조 성터	금		55	ㄷc-2, 3; ㄱ-2, 3; 1-2, 3, 2+3; ㄷa-2, 3	아르체미예바(2011)
	아나니예프카 성터	금		51	ㄷc-2, 3, 2+3; ㄱ-2, 3; ㅁ-2, 3, 2+3; 1-2+3	아르체미예바(2011)
	예카테리노프카 성터	금		22	ㄷc-2, 3; ㄱ-2, 3, 2+3; 1-3	아르체미예바(2011)
	스칼리스트이 성터	금		8	ㄷc-2, 2+3; ㄱ-3; 相-2, 3	아르체미예바(2011)
	플라호트뉴키 성터	금		5	ㄷc-2; ㄱ-1, 2; 相-3	아르체미예바(2011)
	스토고바야 성터	금		1	ㄷc-2	아르체미예바(2011)
	노보포크로프카 성터	금		1	ㄷc-2	아르체미예바(2011)
	쉬클라예보 성터	금		1	ㄷc-2	아르체미예바(2011)
	두보바야 소프카 성터	금		1	ㄷc-3	아르체미예바(2011)
	마이스코예 성터	금		1	相-3	아르체미예바(2011)
	아우로프카 성터	금		1	相-3	아르체미예바(2011)
	크라스노야르 성터	금		3	ㄱ-3; 기타	아르체미예바(2011)
	크루글라야 소프카 성터	금		4	ㄷc-3; ㄱ-3	아르체미예바(2011)
	오시노프카 주거유적	금		3	ㄷc-2, 3	아르체미예바(2011)
	아르가노프카 주거유적	금		1	ㄷc-3	아르체미예바(2011)
아무르	볼쇼이 두랄 주거유적	여진	1	1	ㄷ	데레비얀코 예.이.(1984)
	하바로프스크 아동요양소	여진	1	1	ㄷ	데레비얀코 예.이.(1984)
	샤프카 성터	여진	3	3	ㄷ-2?	데레비얀코 예.이.(1984)
	시카치 알랸 성터	여진	2	2	ㄷ-2, 3	디야코바 오.웨.·샤프쿠노프 에.웨.(1975)
요령성	朝陽 西三家	요	6	5	ㄱ-3	『북방문물』 2009-1
	朝陽 新立屯	요	1	1	ㄱ-3	『요령성도로건설고고보고집(2003)』(2004)
	阜新 八家子	금원	8	4이상	ㄱ-3, 相-4	『북방문물』 2017-2
	岫岩 長興	요금		無		『고고』 1999-6
	本溪 水洞	금원	2	2	?	『요해문물학간』 1988-1
길림성	撫順 唐力村	금	1	1	ㄱ-3	『북방문물』 2000-4
	撫順 界藩城	후금	6	2	기타	『요해문물학간』 1988-1
	桓仁 五女山城	금	28	18이상	ㄱ-2, 3	『오녀산성』(2004)
	白城 城四家子城址	요금	1	1	相-3	『學問』 2016-3

Дальпресс, Владивосток, 1998: N.G. 아르쩨미예바 지음, 정석배 옮김, 『연해주 여진의 주거 건축』, 학연문화사, 2011.

표 9-2. 계속

지역	유적명	시기	전체 주거지	쪽구들 주거지	구들 형식	출전
	長春 南陽堡	금	4	2	1-2	『북방문물』 1998-4
	雙遼 電廠貯灰場	요금	8	5이상	ㄱ-2, 3, 2+3 ; 1-2, 3	『고고』 1995-4
	四平 前坡林子	금	1	1	ㄷ-2+4	『북방문물』 2006-3
	德惠 后城子古城	금	2	1이상	기타	『고고』 1993-8
	德惠 攬頭窩堡	금	1	1	ㄷ-3	『고고』 2003-8
	德惠 李春江	금	6	1	ㄷ-3	『북방문물』 2009-3
	扶餘 西車家店	금	3	3	1-3	『북방문물』 2009-3
	扶餘 陶西林場	금	3	2	ㄱ?-3	『북방문물』 2009-3
	敦化 敖東城	금	3	3	ㄷ-3	『고고』 2006-9
	敦化 永勝	금	2	2	ㅁ-3, ㅁ-3+4	『고고』 2007-2
	安圖 神廟遺址	금	6	1	ㄱ-4	『고고』 2018-7
흑룡강성	阿城 趙家崴子	금	1	1	ㄱ?-3	『북방문물』 2010-2
	海林 渡口	요금		1	ㄱ-2	『고고』 1997-7
	海林 鷹嘴峰	요금		有	ㄷ	『중국고고학연감(1994)』(1997)
	海林 木蘭集	금	2	1	1-1	『북방문물』 1995-4
내몽고	哲里木盟 霍林河礦區 界壕邊堡	금	16	9	ㄱ-3, 반원형	『고고』 1984-2
	哲里木盟 吐列毛杜1호 古城	금	1	1	ㄱ-3	『문물』 1982-7
	遼上京城址 皇城	요~금 초기	6	5	?	『내몽고문물고고문집』 1(1994)
	遼上京城址	금	1	1	?	『고고』 2015-12

골조-기둥식 구조이며, 내부에 쪽구들이 달려 있는 공통점이 있다. 다만 쪽구들의 구조에서 다양성이 나타난다.

아르체미예바 엔.게.는 쪽구들을 1자형, ㄱ자형, ㄷ자형, 상대형(相對型), ㅁ자형(5섹터형), C자형의 여섯 가지 평면 유형으로 분류했다. 그녀의 분류는 이러하다. 클래스I(그림 9-17상)은 세 개의 마디로 된 ㄷ자형 평면의 쪽구들로서, ㄱ자형 쪽구들 두 개가 결합되거나 ㄱ자형과 1자형이 결합된 형태이기에 아궁이가 기본적으로 두 개 달려 있다. 쪽구들 하나는 길고 다른 하나는 짧은 경향이 보이는데, 더운 계절에 짧은 쪽구들을, 추운 계절에 긴 쪽구들을 사용했을 것으로 여겨진다. 제6장 〈그림 6-1〉에서 제시한 ㄷc형에 속한다.

클래스II(그림 9-17하)는 두 마디로 된 ㄱ자형 평면의 쪽구들로서,

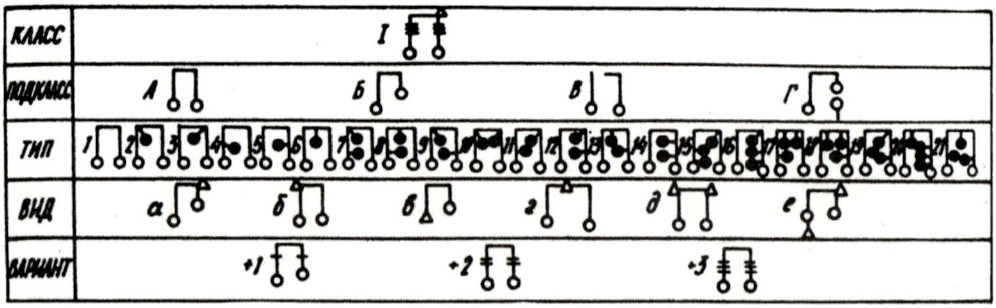

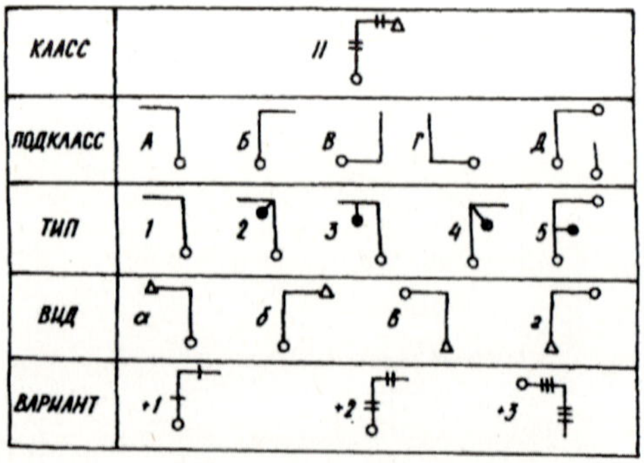

그림 9-17. 클래스 I(상), II(하)

보통 아궁이가 하나이다. 클래스III(그림 9-18상)은 ㄷ자형이나 ㄱ자형의 쪽구들 두 개가 마주보고 있는 상대형(相對型)으로서, 복잡한 변형들이 있다. 클래스IV(그림 9-18좌중)는 출입구 때문에 한 벽 중간만 틔운 ㅁ자형 쪽구들인데, 대체로 ㄷ자형 쪽구들 두 개가 결합된 형태이기에 아궁이 두 개가 기본이다. 클래스V(그림 9-18우중)는 1자형 평면 쪽구들이다.[24] 클래스VI(그림 9-19)은 C자형 평면의 쪽구들로 설명되어 있으나, 꺾이는 부분이 호형을 이루는 ㄷ자형에 속한다. 아궁이는 하나로서, 필자가 분류한 ㄷa형에 속한다.

클래스I은 ㄷc형, 클래스II는 ㄱ자형, 클래스V는 1자형, 클래스VI는 ㄷa형에 대응할 수 있고, 클래스III은 상대형(표 9-2의 相), 클래스IV는 ㅁ자형으로 새로 추가할 수 있겠다.

24 여기에는 1자형이 2~3개 마주보고 있는 상대형도 포함되어 있으나, 재분류하기가 어렵고 사례가 많지 않아서 원안을 따랐다.

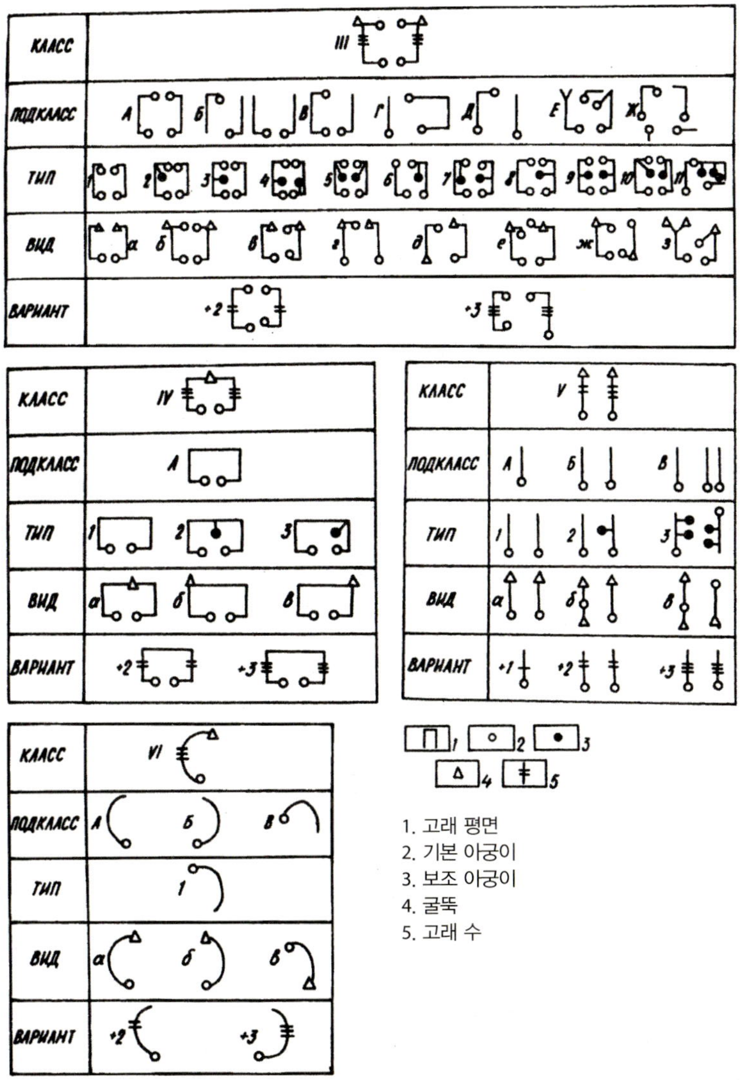

그림 9-18. 클래스 III(상), IV(좌중), V(우중)
그림 9-19. 클래스 VI(하)과 범례

연해주에서는 샤이가(Шайга) 성터에서 연해주 전체 주거지의 과반수에 이를 정도로 가장 많이 발굴되었고, ㄷa형을 제외한 모든 유형의 평면이 확인되었다. 근래에는 아나니예프카(Ананьевка) 성터와 크라스노야르(Краснояр) 성터에서 발굴이 이루어졌다. 이에 비해서 중국에서는 산발적으로 발굴되고 있다.

표 9-3. 요·금의 구들 유형

	외고래	쌍고래	세고래	네고래	2+3고래	3+4고래	계
ㄷc형		82	174		8		264
ㄷa형		1	6				7
ㄱ자형	1	23	49	1	9		83
1자형	1	5	12		4		22
ㅁ자형		1	26		1	1	29
상대형		6	31	1	7		45
계	2	118	298	2	29	1	450

연해주의 발굴 사례에 한정하면, ㄷc형이 가장 많으니, 샤이가 성터에서 70%, 라조(Лазо) 성터에서 63%, 예카테리노프카(Екатериновка) 성터에서 63.6%를 차지한다. ㄱ자형은 그 다음을 차지한다. 반면에 1자형과 ㄷa형은 아주 드물게 나타난다. ㄷa형은 이른 시기에 보이다가 사라지고, 반면에 상대형과 ㅁ자형은 늦은 시기에 등장한다.

이처럼 여진시기가 되면 쪽구들이 매우 복잡한 구조로 발달하게 된다(표 9-3). 큰 흐름으로 보면, 쪽구들의 평면은 ㄱ자형에서 ㄷ자형을 거쳐 ㅁ자형으로 발전하였고, 때로는 두 개의 쪽구들이 마주 보는 상대형도 만들어졌다. 물론 생략형인 1자형도 약간 보인다.

고래는 외고래에서 세고래까지 있고, 극히 드물게 네고래도 있다. 전체적으로 보아서 외고래는 거의 자취를 감추고, 쌍고래를 거쳐 세고래로 발달했다. 이와 함께 한쪽 쪽구들은 쌍고래이고, 다른 쪽은 세고래인 것처럼 고래 수를 달리하는 경우도 있다. 중국 길림성 사평(四平) 전파림자(前坡林子) F1(그림 9-20)[25]에는 ㄱ자형과 1자형이 결합된 ㄷc형의 쪽구들이 시설되어 있는데, 고래 수에서 다양한 변화를 보여준다. ㄱ자형인 서쪽 쪽구들은 네고래에서 외고래로 변하고, 1자형인 동쪽 쪽구들은 쌍고래를 이룬다.

결국 여진족 사이에서는 ㄷ자형(특히 ㄷc형) 세고래가 가장 보편적

25 吉林省文物考古研究所·四平市文物管理委員會辦公室, 「四平市前坡林子遺址發掘簡報」, 『北方文物』 2006-3.

이었다. 이것은 고구려가 ᄀ자형 외고래, 발해가 ᄀ자형 쌍고래가 중심이었던 것과 비교되는 것으로서 시간의 흐름에 따라 구조적 진전을 이룬 것이다.

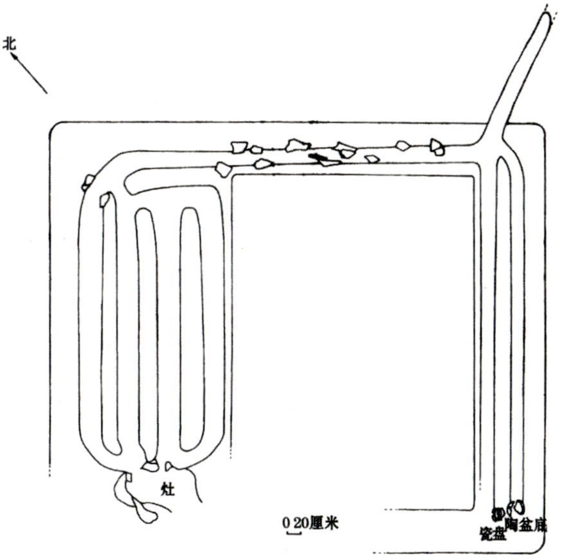

그림 9-20. 전파림자 F1

고래 수가 증가함에 따라 여진 쪽구들은 외견상 침상처럼 넓어 보이는데, 흙을 쌓거나 생토를 파서 만들었다. 드물게는 판석으로 만들었다. 특히 생토를 굴착하여 만든 것이 다수라는 점에서 앞 시기의 쪽구들과 대비된다. 대개 쪽구들 자리를 침상처럼 남긴 채 나머지 부분을 20cm~50cm 깊이로 파내어 주거 바닥을 조성한 다음에, 쪽구들 자리의 생토를 깊이 10~40cm, 너비 20~30cm 정도로 고래를 파내어 구들을 만든다. 쪽구들 측면에서 보면(그림 9-21), 주거지 바닥보다 높게 흙침상을 만든 다음에 고래를 판 것을 확인할 수 있다. 구들장으로는 작은 돌이나 판석, 드물게는 전돌이 이용되었다. 돌 사이에는 기와편이나 토기편을 채워 넣은 다음에 진흙을 발라 마감했다. 이따금 고래가 없는 흙침상 형태로 발굴되기도 한다.

아궁이에는 기본아궁이와 보조아궁이가 있어서,[26] 보조아궁이가

26 이미 앞에서 언급하였듯이 중심되는 '기본구들(主突)'과 이를 보조하는 '보조구들(助突)'로 구분하였는데, 이 밖에 '기본고래'와 '보조고래', '기본아궁이'와 '보조아궁이'를 구분하고자 한다. 기본고래에 단지 고래만 추가된 경우에 보조고래라 부르고(예: 그림 9-37), 아궁이만 추가된 경우에는 보조아궁이라 부르겠다. 제6장 내삼미동 삼5호(그림 6-17)의 '가지고래'도 보조고래에 속한다. 다만 보조아궁이에 짧은 고래가 딸린 경우에 보조구들이라 부르겠지만, 아주 짧은 구들의 경우에는 양자의 구분이 애매할 수 있다(예: 그림 9-38, 39). 기본구들에 떨어져서 보조 역할을 하는 구들은 복수

그림 9-21. 크라스노야르 성터 쪽구들(1995)

발달한 것이 이 시기의 특징이다(그림 9-17, 9-18의 검은 점). 구들 중간, 특히 구들이 굴절되는 부분에 붙어 있는 보조아궁이는 보통 하나, 때로는 세 개까지 발견된다. 보조아궁이는 기본아궁이에서 나온 열기가 구들을 쉽게 통과하도록 도와주는 역할을 했을 것으로 여겨진다. 또는 여름철에 부분적으로 데우거나 몹시 추운 겨울철에 복수의 아궁이에 불을 때기 위한 계절용이었을 가능성도 있다. 보조아궁이는 작은 편이다. 타원형의 수혈 형태인 아궁이 외에도 벽돌 등으로 쌓은 부뚜막도 발굴된다. 아궁이는 구들이 길수록 커진다. 굴뚝은 높이 세웠고, 돌로 쌓은 기초 위에 나무를 세워 만들었다.

때로는 기본구들 앞에 보조적인 추가구들이 놓이는 경우가 있는데, 대체로 1자형 세고래에 해당한다. 샤이가 224호(그림 9-22)를 예로 들면, ㄱ자형과 1자형이 결합된 ㄷ자형의 기본구들 앞에 1자형 추가구들이 별도로 설치된 것이 보인다.

이제 유형별로 유적의 사례를 살펴보겠다.

ㄷc형으로는 크라스노야르 성터에서 2010년에 발굴된 쪽구들 주

병렬형이라 할 수도 있겠지만, 제6장에서 지적한 추가노지, 추가부뚜막의 예에 따라 따로 '추가구들'이라 부르겠다(예: 그림 9-22).

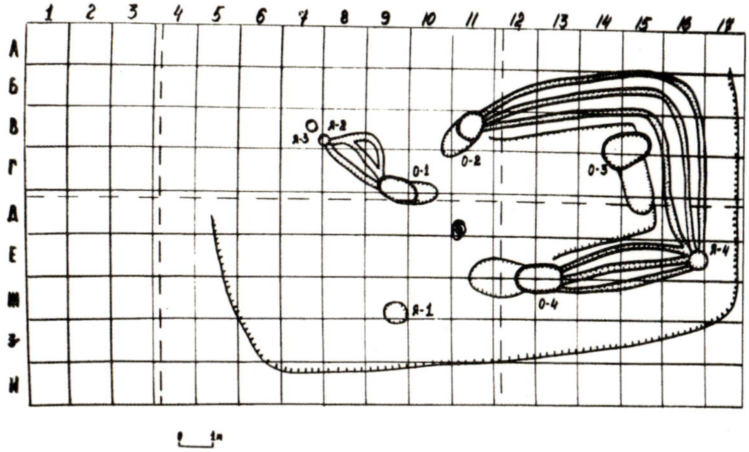

그림 9-22(상). 샤이가 성터 224호
그림 9-23(하). 크라스노야르 성터 쪽구들(2010)

거지를 들 수 있다(그림 9-23). 북쪽(사진 아래쪽) 가운데에 공용의 굴뚝이 있고, 서쪽으로 긴 구들, 동쪽으로 짧은 구들이 달려 있다. 생토를 굴착하여 고래를 만든 다음에 판석으로 덮었다. 가운데 돌무지는 쪽구들과 무관한 시설이다.

1995년에 발굴한 쪽구들(그림 9-24)도 이와 구조가 동일하다. 사진 아래쪽은 짧은 구들에 돌로 쌓은 아궁이가 잘 남아 있고, 위쪽은

그림 9-24(상). 크라스노야르 성터 쪽구들1(1995)
그림 9-25(하). 크라스노야르 성터 쪽구들2(1995)

긴 구들에 해당한다. 다른 쪽구들(그림 9-25)에서도 생토를 파서 고래를 만든 다음에 판석을 덮은 모습이 잘 드러난다.

ㄷc형에는 긴 구들의 중간에 배연구가 달려 있어서 ㄱ자형 두 개가 결합된 형태를 띠는 것이 있는가 하면, 한쪽 모서리에 달려 있어서

ㄱ자형과 1자형이 결합된 형태를 띠는 것이 있다. 이런 구조들은 삼국시대 서천 지산리 유적에서 이미 살펴본 바 있다.

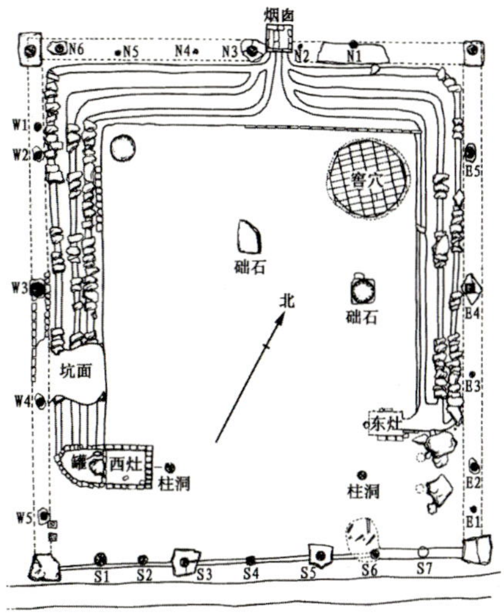

그림 9-26. 남두와보 F6호

ㄱ자형 두 개가 결합된 형태는 흔한 것으로서, 앞에서 살펴본 크라스노야르 성터의 쪽구들이 이에 속한다. 길림성 덕혜(德惠) 남두와보(攬頭窩堡) F6(그림 9-26), 돈화(敦化) 오동성(敖東城) 02DAF1도 그러하다.[27] 남두와보 F6은 장방형의 초석 건물지로서, 동벽과 서벽의 아궁이에서 시작된 세고래가 북벽 중간에 있는 공동의 굴뚝으로 연결된다. 구들은 동벽에서 약 10m, 서벽에서 약 11m, 북벽에서 12.1m에 달한다. 너비는 1.55~1.7m이다. 벽돌로 쌓아 장방형으로 만든 서쪽 아궁이가 잘 남아 있는데, 아궁이 바닥이 주거면보다 60cm 깊다. 아궁이 앞에는 불을 때는 지하공간이 따로 마련되어 있다(그림 9-27).

이보다는 수가 적지만 ㄱ자형과 1자형이 결합된 유형은 샤이가 성터 224호(그림 9-22)의 기본쪽구들, 돈화(敦化) 오동성(敖東城) 02DAF2[28]에서 찾을 수 있다.

다음으로 ㄷa형의 사례로는 라조 성터 39호(그림 9-28)가 있다. 북서쪽(그림 왼쪽)에 아궁이가 있고, 여기서 세 고래가 ㄷ자형을 이룬 다음에 남동쪽 배연구로 이어진다. 이런 점에서 C자형으로 부르기보다는 ㄷ자형 특히 ㄷa형으로 분류할 수 있다. 이런 유형의 사례는 많지 않다.

ㄱ자형과 1자형은 앞시대와 크게 다르지 않다. ㄱ자형 세고래의

27 吉林省攬頭窩堡遺址考古隊, 「吉林德惠市攬頭窩堡遺址六號房址的發掘」, 『考古』 2003-8; 吉林大學邊疆考古研究中心·吉林省文物考古研究所, 「吉林敦化市敖東城遺址發掘簡報」, 『考古』 2006-9, 43-44쪽.

28 吉林大學邊疆考古研究中心 외, 위의 글, 44-45쪽.

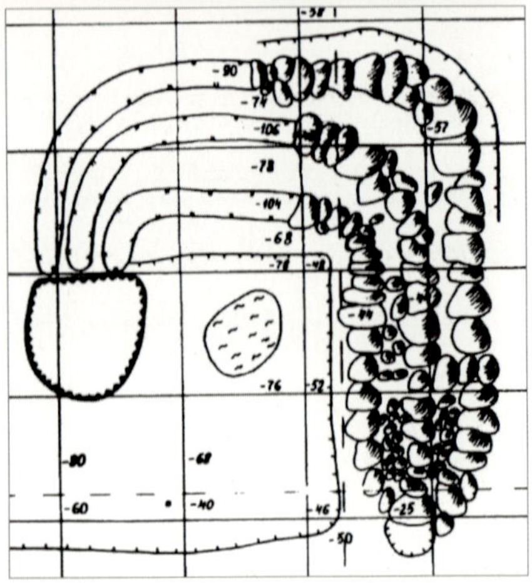

그림 9-27(상). 남두와보 F6호 서쪽 아궁이
그림 9-28(하). 라조 성터 39호

사례는 〈그림 9-12〉에서 소개하였다. 내몽고 철리목맹(哲里木盟) 토열모두(吐列毛杜) 1호 고성 안에서 발굴된 건물지, 요령성 부신(阜新) 팔가자(八家子)에서도 ㄱ자형 세고래가 확인되었다. 전자[29]는 보고 내용이 너무 소략하지만, 도면(그림 9-29)을 보면 아궁이에서 세고래가 나와 직각으로 두 번 꺾여서, 전형적인 ㄱ자형 쪽구들과 구별된다. 또

29 張栢忠, 「吐列毛杜古城調査試掘報告: 兼論金代東北路界壕」, 『文物』 1982-7, 36-37쪽.

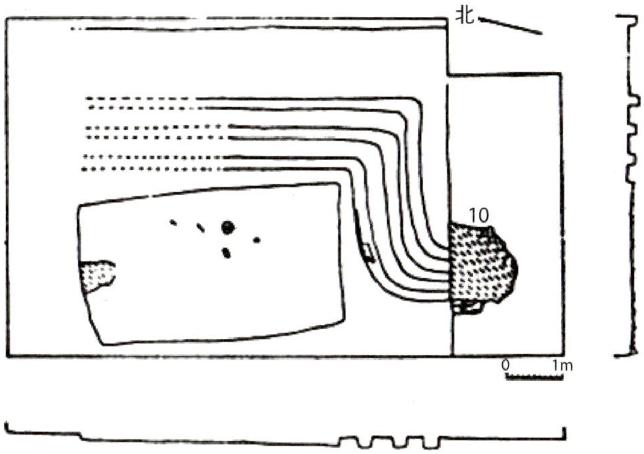

그림 9-29. 토열모두 1호 고성 건물지

부엌과 방이 격벽으로 분리되어 있었던 듯하다. 팔가자[30]에서는 ㄱ자형 세고래가 3기 이상 확인되었다.

길림성 쌍요(双遼) 전창저회장(電廠貯灰場)의 쪽구들 주거지들은 다소 다른 면을 보여준다.[31] 93IIF3호(그림 9-30)는 건물 벽체가 잘 남아 있는 장방형 주거지로서, 서벽과 남벽에 ㄱ자형 세고래의 쪽구들이 달려 있다. 쪽구들은 남부 2.5m, 서부 3.5m이고, 너비는 약 2m에 이른다. 도면을 보면 침상을 마련하고 여기에 고래를 파서 쪽구들을 시설한 것으로 보인다. 92IIF1호(그림 9-31)는 격벽에 의해 동실과 서실로 구분된 장방형 주거지이다. 서실에는 ㄱ자형 쌍고래의 쪽구들이 달려 있고, 동실에는 1자형 쌍고래의 쪽구들이 남벽에 달려 있다.

내몽고 철리목맹(哲里木盟) 곽림하광구(霍林河礦區)의 계호변보(界

30 遼寧省文物考古研究所 · 阜新市文物管理辦公室, 「遼寧阜新市八家子金元時期遺址發掘報告」, 『北方文物』 2017-2, 15-17쪽.

31 吉林省文物考古研究所 · 四平市文管會辦公室 · 四平市博物館, 「吉林雙遼電廠貯灰場遼金遺址發掘簡報」, 『考古』 1995-4.

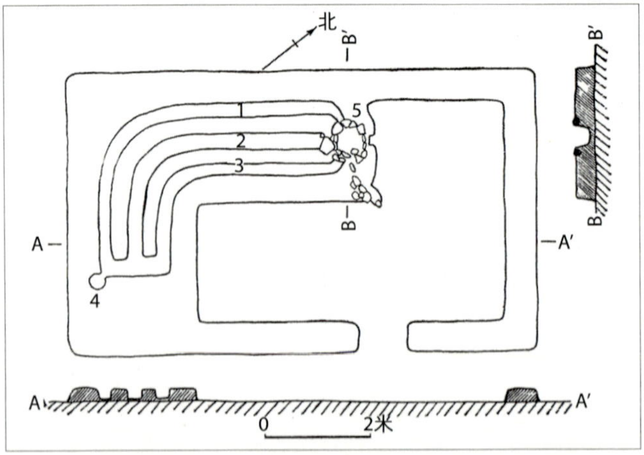

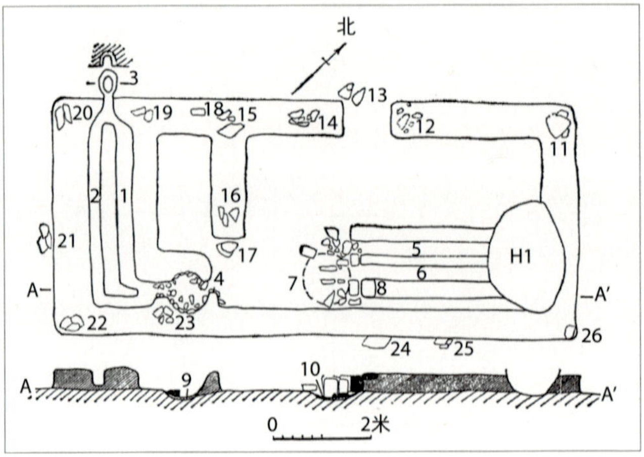

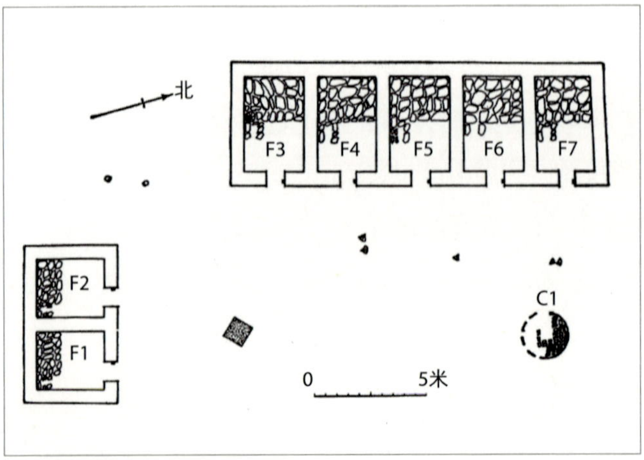

그림 9-30(상). 전창저회장 93IIF3호
그림 9-31(중). 전창저회장 92IIF1호
그림 9-32(하). 1호 계호변보 내성 건물지 배치도

壕邊堡)에서도 ㄱ자형 쪽구들이 다수 발굴되었다.[32] 변보에서 12기의 장방형 건물지와 4기의 원형 대지를 발굴한 결과, 8기의 건물지(B1F1~B1F8)에서 ㄱ자형 세고래의 쪽구들이 확인되었고, 1기의 원형 대지(C1)에서 반원형 쪽구들이 확인되었다(그림 9-32). ㄱ자형 쪽구들은 구조가 거의 동일하다. B1F8을 예로 들면(그림 9-33), 건물지 북반부에 쪽구들이 시설되어 있는데, 동벽의 아궁이에서 외고래의 구들이 나와서 ㄱ자로 꺾인 뒤에는 세고래로 바뀐다. 구들장으로 작은 판석을 깔고 그 위에 점토를 발랐다.

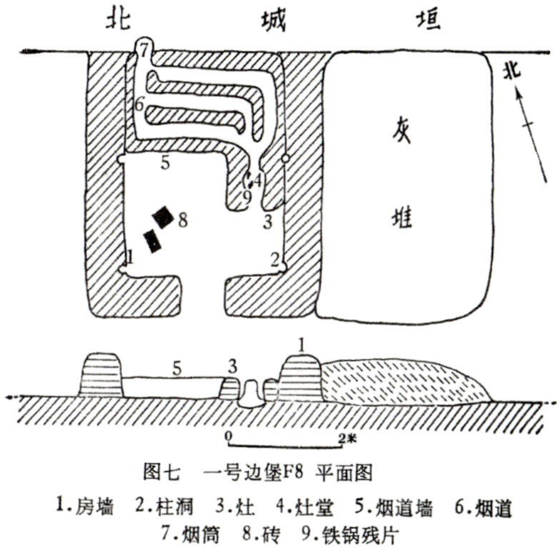

그림 9-33. 계호변보 B1F8호 건물지

길림성 안도현(安圖縣)의 백두산 신묘(神廟) 유적에서는 최근에 ㄱ자형 네고래가 발굴되었다.[33]

1자형은 한 주거지에서 1~3개가 발견되어, 복수병렬형의 사례가 보인다. 예를 들어서 샤이가 성터 41호(그림 9-34)에는 3개의 1자형 세고래 쪽구들이 시설되어 있다.

여진 쪽구들에서 괄목할 만한 것은 이때부터 특징적으로 발달한 ㅁ자형과 상대형이다. ㅁ자형으로 아나니예프카 성터 37호(그림 9-35)가 있다. 북쪽(그림 위쪽)으로 출입구가 나 있고, 북벽의 동쪽과 서쪽에 있는 아궁이에서 출발한 구들이 각각 동벽과 서벽을 거친 다음, 남벽 중간에서 동쪽으로 약간 치우친 지점에 있는 굴뚝으로 연결된다. 따라서 ㄷ자형 두 개가 결합된 모양이다.

32 哲里木盟博物館, 「內蒙古霍林河礦區金代界壕邊堡發掘報告」, 『考古』 1984-2.
33 吉林省文物考古研究所 · 吉林大學邊疆考古研究中心, 「吉林安圖縣金代長白山神廟遺址」, 『考古』 2018-7, 74~75쪽.

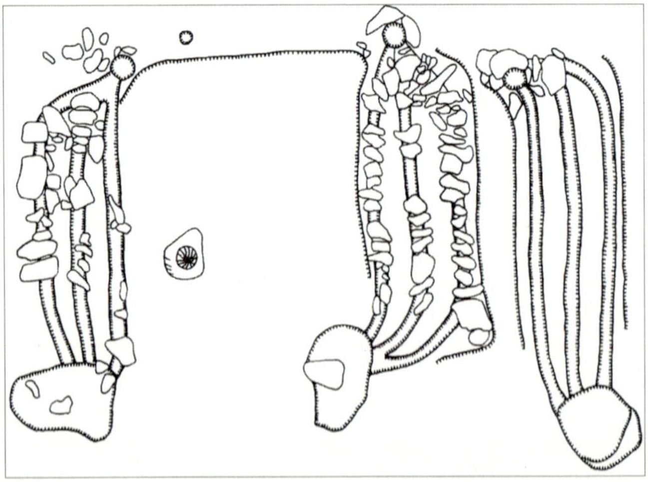

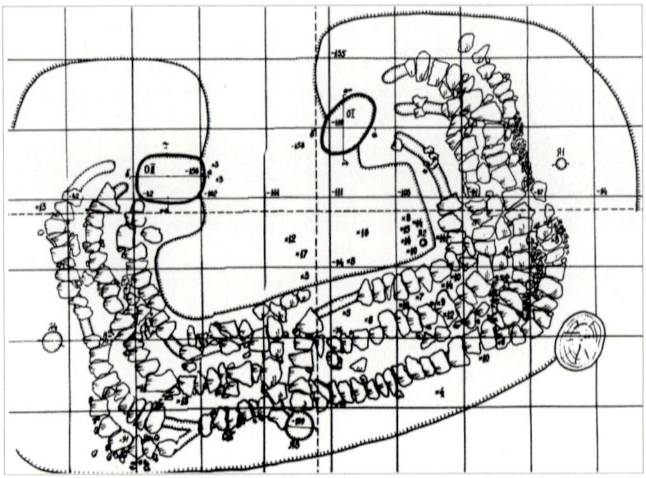

그림 9-34(상). 샤이가 성터 41호 쪽구들
그림 9-35(하). 아나니예프카 성터 37호

길림성 돈화(敦化) 영승(永勝)에서도 ㅁ자형에 가까운 쪽구들이 2기 발굴되었다.[34] 굴뚝이 남아 있어서 쪽구들의 결합 양상을 잘 알 수 있는 F2(그림 9-36)를 보면, ㄱ자형 쪽구들 두 개가 북동쪽 모서리에서 만나 전체적으로 ㅁ자형을 이룬다. 서쪽 구들은 세고래이고, 동쪽 구

34 吉林大學邊疆考古研究中心·吉林省文物考古研究所, 「吉林敦化市永勝金代遺址一號建築基址」, 『考古』 2007-2, 40-42쪽.

들은 최대 네고래인데, 중간에 고래가 갈래를 이루어 다소 복잡하다.

길림성 백성(白城) 성사가자성지(城四家子城址) F3[35]은 ㄷ자형 세고래 구들이 마주 보면서 동쪽의 굴뚝에서 만나므로, 전체적으로 ㅁ자형을 이룬다.

때로는 기본고래에 보조적으로 고래가 덧붙여진 보조고래가 있는 경우도 있다. 아나니예프카 성터 30호(그림 9-37)를 보면, 고래가 꺾이는 부분 외곽에 보조고래가 달려 있고, 동쪽아궁이 가까이에도 또 하나의 보조고래가 달려 있다.

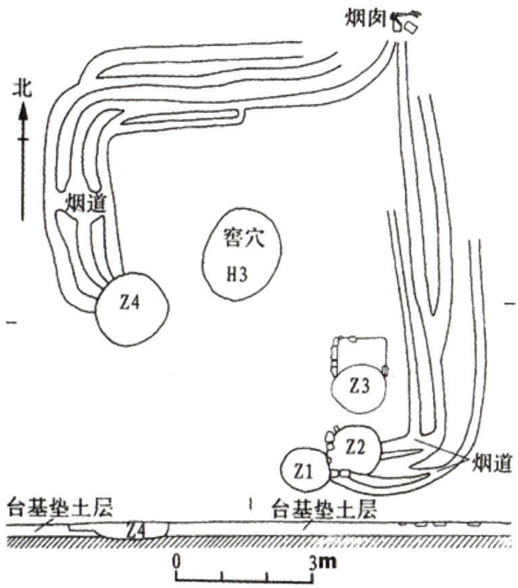

그림 9-36. 영승 F2호

상대형은 두 개의 쪽구들이 붙어 있지 않고 떨어져 있는 유형이다. 각각의 쪽구들은 다시 복수의 쪽구들이 결합된 모습을 띤다. 이를 '복수연결형 쪽구들'이라고 부를 수 있다. 여기에 보조아궁이나 보조구들까지 추가되면 매우 복잡한 구조를 띠게 된다. 샤이가 성터 222호(그림 9-38)를 보면, 동쪽과 서쪽의 쪽구들이 각각 복수연결형으로 되어 있다. 서쪽은 ㄱ자형 두 개가 결합되고, 동쪽은 ㄷ자형과 1자형이 결합된 것처럼 보인다. 두 쪽구들이 만나는 지점 부근에는 보조아궁이(보조구들)가 추가로 달려 있다. 이에 따라 아궁이는 동쪽과 서쪽에 각각 3개씩 있다.

샤이가 성터 180호(그림 9-39)는 고래의 모습에서 이보다 더 복잡한 구조를 띤다. 서쪽 쪽구들은 세고래인데, 후반부에서 각각 쌍고래와 세고래로 갈라져 두 개의 배연구와 연결된다. 동쪽 쪽구들은 세고래의 쪽구들과 하나의 보조아궁이(보조구들), 세고래에서 외고래로 합쳐지는

35 吉林省文物考古研究所 · 白城市博物館 · 白城市文物保護管理所 · 洮北區文物管理所, 「吉林白城城四家子城址三號房址發掘簡報」, 『學問』 2016-3.

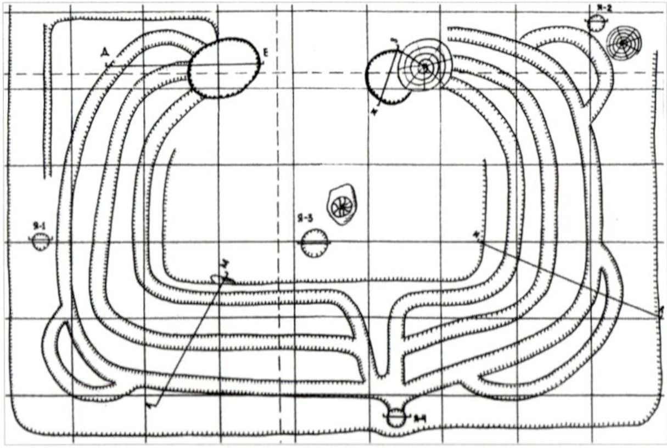

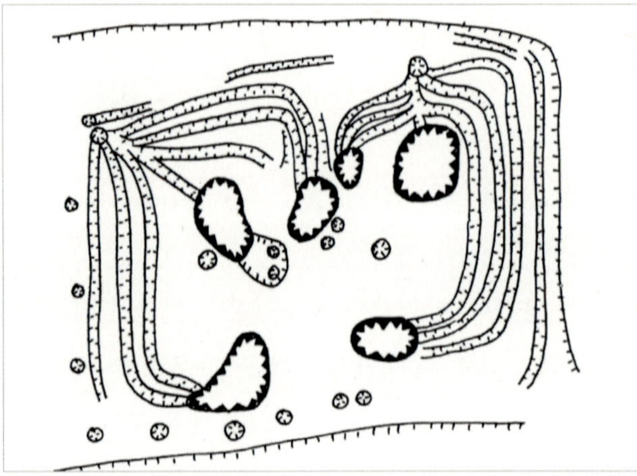

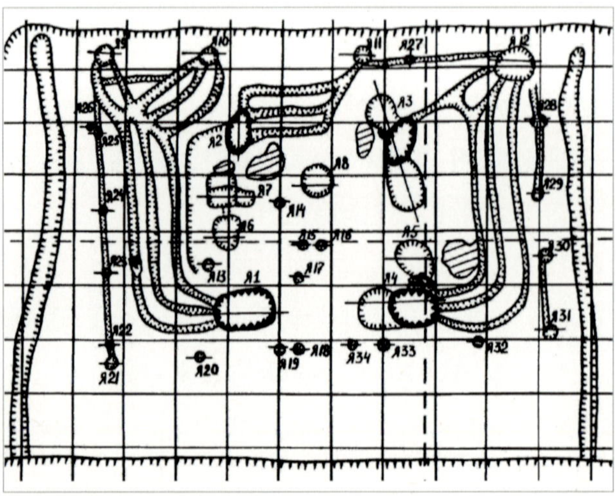

그림 9-37(상). 아나니예프카 성터 30호
그림 9-38(중). 샤이가 성터 222호
그림 9-39(하). 샤이가 성터 180호

다른 쪽구들이 결합되어 있다.

요령성 부신(阜新) 팔가자(八家子) F7[36]은 ㄱ자형 쌍고래와 ㄱ자형 네고래가 서로 마주보고 있다.

이 밖에 기타로 분류한 것에는 ㄹ자형의 구들이 있다. 길림성 덕혜 후성자(后城子) 고성 F2호(그림 9-40)에서도 보인다. 연대가 다소 떨어지는 16세기 후금(後金) 시기에 축조된 요령성 무순(撫順) 계번성(界藩城)에서도 ㄹ자형 쪽구들이 발굴되었다.[37] 동위성(東衛城)에서 발굴된 F1(그림 9-41)이나 내성에서 발굴된 F6은 모두 외고래의 구들을 ㄹ자 모양으로 구불구불 만들었다. 통일신라 주거지에서도 유사한 ㄹ자형 구조가 일부 보였다.

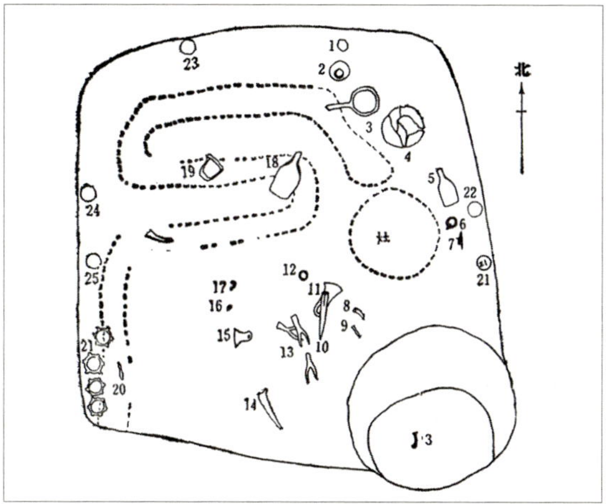

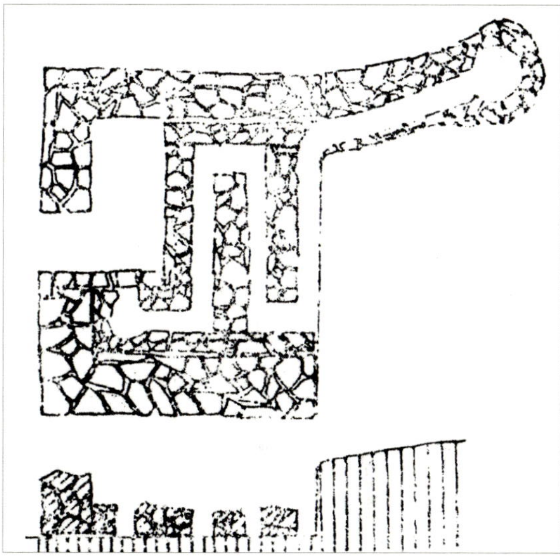

그림 9-40(상). 후성자 고성 F2호
그림 9-41(하). 계번성 F1호

이상에서 살펴보았듯이 요·금 시대 여진족의 쪽구들은 ㄱ자형 두 개 또는 ㄱ자형과 1자형이 결합된 ㄷc형 쪽구들을 표준으로 하면서 ㅁ자형, 상대형 등 더욱 진전된 유형도 등장한다. 이처럼 한반도에서와 다른 방향에서 나름대로 쪽구들을 발전시키기 위한 다양한 시도들이 엿보인다.

고래는 세고래가 절대 우세를 점하면서 쌍고래가 그 다음을 차지

36 遼寧省文物考古研究所·阜新市文物管理辦公室, 앞의 글, 16-17쪽.
37 佟達, 「撫順後金界藩城和薩尒滸城調査」, 『遼海文物學刊』 1988-1.

하고, 외고래는 매우 적다. 다만 여진인의 쪽구들은 후대의 경우와 달리 세고래를 넘지 않는 편이다.

결국 발해의 경우와 비교하면, ㄱ자형에서 ㄷ자형으로 발전하고 쌍고래에서 세고래로 발전한 모습이 확인된다. 아궁이에 벽돌 사용이 증가하는 점도 특징적이다.[38] 한반도의 온돌에서는 벽돌을 거의 사용하지 않는 것과 대비되며, 이는 중원의 벽돌 문화와 접촉한 결과라고 할 수 있다.

또 다양한 보조장치가 발달하였다. 기본구들 부근에 추가로 설치한 추가구들이 딸리는 경우가 있다(그림 9-22). 하나의 구들에 기본아궁이와 함께 보조아궁이가 덧붙기도 하는데, 보조아궁이는 짧은 고래로 연결되기도 한다(그림 9-38). 또 기본고래 주위로 짧은 보조고래만 추가되기도 한다(그림 9-37).

(2) 원~청 시기

여진인의 쪽구들은 원나라(1271~1368)의 출현과 함께 변화를 겪는다. 몽골인은 여진인으로부터 쪽구들을 수용하였고, 이들의 정복 활동에 따라 쪽구들의 분포 범위도 크게 확장되었다. 예를 들어서 몽골인의 진출과 함께 러시아 서부의 볼가 강 유역까지 쪽구들이 전파되었다.[39] 처음에 ㄷ자형 쪽구들이 도입되었으나, 따뜻한 기후에 점차 퇴화되면서 수파(суфа)라고 불리는 1자형으로 바뀌어 간다. 물론 이 일대에는 로마의 하이퍼코스트에서 영향을 받아 6~8세기부터 욕실을 난방하는 시설이 알려져 있었지만, 그 후에 이처럼 몽골의 쪽구들을 받아들이게 된 것이다.

원나라의 쪽구들 가운데 몇 가지 사례를 들겠다. 먼저 북경의 대

38 강영환·최운, 「중국 동북지역 요·금시기 온돌형식에 관한 연구」, 『대한건축학회논문집』 계획계 27-4, 대한건축학회, 2011, 178쪽.

39 N.G. 아르쩨미예바 지음, 정석배 옮김, 앞의 책, 215쪽.

그림 9-42. 후영방 동쪽 건물의 서쪽 곁채

도(大都) 유적으로는 후영방(后英房) 유적을 들 수 있다.[40] 중심 건물과 동·서 건물로 이루어진 건물군으로서, 여기서 쪽구들 유구 여러 기가 확인되었다. 동쪽 건물의 서쪽 곁채(東院西廂房)에서 발굴된 것을 예로 들면(그림 9-42), 동·남·서벽을 따라 토제 쪽구들이 시설되어 있다. 쪽구들의 길이는 보고되어 있지 않고, 너비는 동쪽에서 50cm, 남쪽에서 72cm, 서쪽에서 104cm이고, 높이는 28cm이다.

하북성 당산시(唐山市) 풍윤구(豊潤區)의 시가영(施家營) 유적에서도 원나라 때의 주거지 10기가 발굴되었다.[41] 방형 내지 장방형 주거지로서 생토를 굴착하여 쪽구들(그림 9-43)이나 부뚜막(그림 9-44)을 만들었다. 북방의 취난시설은 노지나 쪽구들인데, 이처럼 독립된 부뚜막이 보이는 것은 이례적이다. 쪽구들은 대체로 ㄱ자형으로서 북벽 쪽에 3~4고래로 넓게 만들었고, 구들장으로는 판석을 사용했다. 전체적으로 침상 모양을 이루어 현재 만주에서 사용되는 항(炕)의 모습과 유사하다.

40 中國科學院考古研究所·北京市文物管理處 元大都考古隊, 「北京后英房元代居住遺址」, 『考古』 1972-6.

41 河北省文物研究所·唐山市文物管理處·豊潤區文物保護管理所, 「河北唐山市豊潤區施家營遺址考古發掘報告」, 『北方文物』 2013-1.

그림 9-43(상). 시가영 F8
그림 9-44(하). 시가영 F11

내몽고자치구에 있는 상도(上都) 유적에서도 쪽구들이 발굴되었다.[42] 남관(南關)에서 발굴된 건물지에 쪽구들이 시설되어 있다. 방 안에서 동쪽에 쪽구들을 시설하고 서쪽을 비워둔 것이 있는가 하면, 전면을 비워두고 후면 양쪽에 쪽구들을 시설한 것도 있다. 원나라 마조상(馬祖常)이 상도에서 지은 시에도 "토방(土房)에 불을 통하게 해서 장항(長炕)을 삼는다."는 구절이 나와서 쪽구들을 사용한 사실이 확인된다.[43]

42 魏堅, 『元上都』 上, 中國大百科全書出版社, 2008, 34-35쪽.
43 『石田文集』 권3, 上京翰苑書懷 「沙草山低呌白翎, 松林春雨樹青青, 土房通火為長炕, 氈

몽골의 하르호린(Хархорин) 성터에서도 쪽구들이 발굴되었지만, 자세한 보고를 구하지 못했다. 러시아 자바이칼 지역에서도 몽골 시대의 쪽구들 주거지가 발굴되었다.[44]

명나라 시기의 쪽구들 주거지는 석대자산성(石台子山城)에서 4기가 조사되었다.[45] 주거지 벽과 쪽구들은 모두 돌로 쌓았다. 출입문에서 마주 보이는 벽에 침상 모양의 쪽구들이 있다. 대체로 ㄱ자형 평면에 3~4고래의 구들이다. SIVF2호(그림 9-45)는 ㄱ자형 네고래의 쪽구들로서, 아궁이(1)에서 네고래의 구들로 바로 연결되며, 구들이 중간에 꺾여서 ㄱ자형을 이룬다.

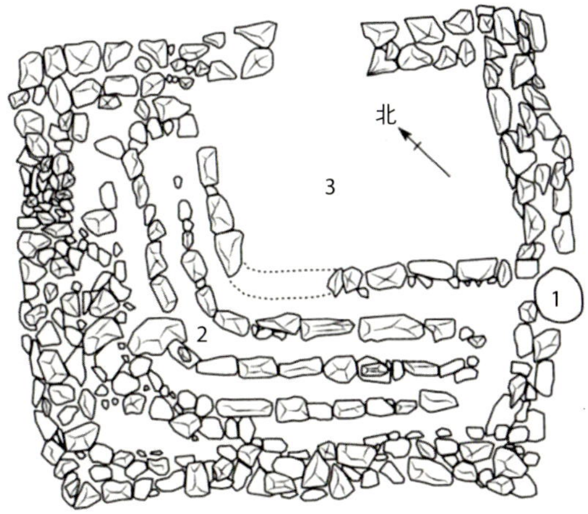

그림 9-45. 석대자 SIVF2

길림성 휘남(輝南) 휘발성(輝發城)에서도 쪽구들이 발굴되었는데,[46] 명나라 여진족의 일파인 휘발부의 왕성으로 알려진 곳이다.

여진족의 후신인 만주족이 청나라를 세우면서 다시 한번 쪽구들이 확산되는 전기가 마련되었다. 청나라 황실에서 쪽구들을 사용한 증거는 심양 고궁과 북경 자금성에서 찾을 수 있는데, 구조는 더욱 정

屋疏凉敞小檽, 六月椒香駝貢乳, 九秋雷隱菌収釘, 誰知重見鰲峯客, 颯颯臨風鬢已星.」

44 Артемьев А.Р., Новые исследования города монголького хана Есунгу в Забайкалье(XIII-XIV вв.) // Древняя и средневековая история Восточной Азии -К 1300-летию образования государства Бохай: Материалы междунар. науч. конф.(Владивосток, 21-26 сентября 1998г.)-, Владивосток, 2001: 아르체미예프 아.에르.,「자바이칼 지역의 몽골 칸 예순구(이숭게)의 도시(13-14세기)에 대한 새로운 조사」,『동부 아시아의 고대사와 중세사: 발해 건국 1300주년에 부쳐: 국제학술회의(블라디보스토크 9월 21-26일) 자료집』, 블라디보스토크, 2001.

45 遼寧省文物考古研究所·沈陽市文物考古研究所,『石台子山城』上, 文物出版社, 2012, 293-296쪽.

46 吉林省考古研究所,『考古年報』, 2010, 12쪽.

그림 9-46. 심양 고궁 청녕궁 거실 쪽구들

교하게 발달했다. 심양 고궁 청녕궁(淸寧宮)의 쪽구들(그림 9-46, 9-47)을 보면,[47] 남북으로 격벽이 설치되어 동쪽의 침실(臥室)과 서쪽의 거실(上屋)로 나뉜다. 남쪽의 겨울용 침실과 북쪽의 여름용 침실에는 1자형 쪽구들이 각각 설치되고, 거실에는 ㄷ자형 쪽구들이 설치되어 있다.

쪽구들은 높이 60~70cm, 너비 1.8~2m 크기이다. 1자형 쪽구들의 아궁이는 건물 밖에 설치되고, 숯을 연료로 사용했기에 굴뚝이 따로 없다. ㄷ자형 쪽구들에는 석탄을 땠고 건물과 떨어져 높은 굴뚝을 만들었다. 여진 시기의 쪽구들처럼 두 군데에 아궁이가 달려 있는데, 북쪽 아궁이에는 요리를 할 수 있도록 솥이 걸려 있지만 남쪽 아궁이는 단지 불을 때는 용도로 되어 있다. 서쪽은 조상 숭배와 관련된 신성한 공간으로서, 서항(西炕)은 속칭 만자항(萬字炕)이라 부르며 남항

47 張馭寰, 『吉林民居』, 中國建築工業出版社, 1985, 46쪽; Qinghua Guo, "The Chinese Domestic Architectural Heating System[Kang]: Origins, Applications and Techniques", *Architectural History*, Vol. 45, 2002, 39-40쪽.

이나 북항보다 좁다. 여기서 만자항이란 굽은 고래를 의미하여, 만자항(彎子炕)이라고도 부른다.

북경 자금성에도 쪽구들이 있는데, 아궁이는 공통적으로 있지만 연료에 따라 굴뚝이 있는 것과 없는 것이 있다. 일부는 온구들에 가깝게 발달한 모습인데(그림 9-48), 구들은 상하 복층을 이루면서 하부 구들은 줄고래를 이루는 반면에 상부 구들은 허튼고래를 이룬다. 불길은 하부를 거쳐 상부를 지나게 되어 있다. 이와 비슷한 복층 구조의 겹구들은 조선 궁궐의 '탕방'에서 볼 수 있고,[48] 서유구(徐有榘, 1764~1845)도 이런 구들을 구상한 적이 있다.[49]

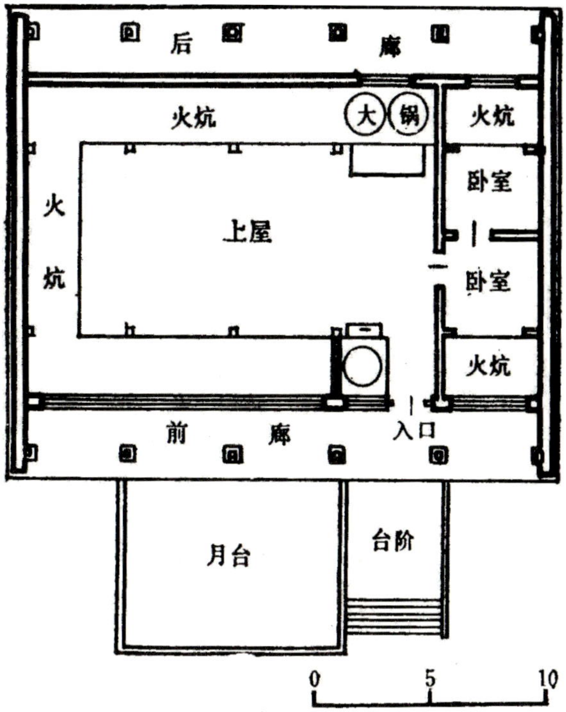

그림 9–47. 심양 고궁 청녕궁 평면도

조선 사신이 청나라에 다녀온 여행기에는 종종 민간의 항에 대한 묘사가 보인다. 그 가운데 두 가지만 들어보겠다. 1712년에 갔다가 이듬해에 돌아온 김창업(金昌業)은 항의 크기 등에 대해서 이렇게 적었다.

> 방 안엔 창문을 달고 항을 만들었는데 항은 바로 온돌이다. 그 높이는 걸터앉을 만하고, 길이는 1칸이 되며 너비는 누울 정도이나 발을

48 김준봉·박주희, 「문헌과 유구를 통해 본 한국 전통온돌의 역사에 관한 연구」, 『온돌과 구들문화』, 어문학사, 2014, 99쪽.

49 서유구 지음, 임원경제연구소 옮김, 『임원경제지 섬용지』 1, 풍석문화재단, 2016, 126-127쪽.

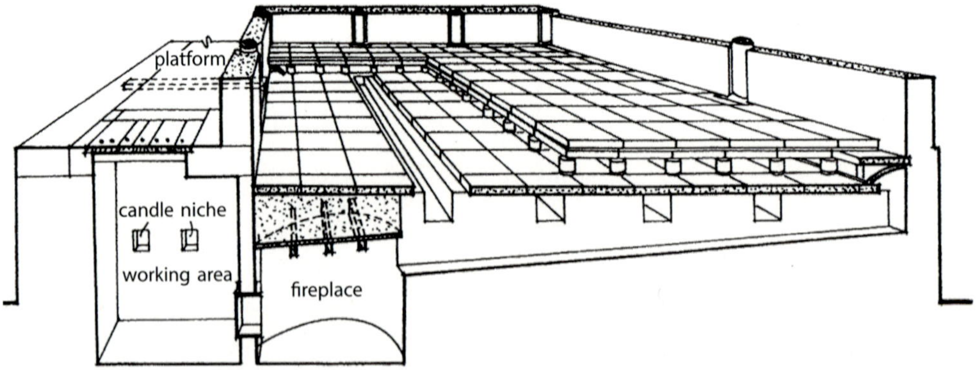

그림 9-48. 자금성 구들

편 수는 없다. 항 밖으로는 모두 벽돌을 깔았으나 가난한 집은 그러지 못했다. 부엌은 방 안에 있고 모두 솥을 걸어 놓았지만, 손님 방은 그렇지 않다.[50]

1765년에 청나라를 방문한 홍대용(洪大容, 1731~1783)은 이들의 가옥 제도를 자세히 묘사하였다.

네 벽을 둘러서 항을 만드는데, 그 높이는 걸터앉을 만하고, 너비는 작은 사람이 누울 만하다. 항 아래에는 벽돌을 깔고, 의자·탁자·등잔 받침·화로를 모두 거기에 둔다. 북쪽 항에는 나무궤짝이나 가죽상자 및 거문고 받침, 일용 잡기들을 갖추어놓는다. 남쪽에는 방 전체의 너비만큼 크게 밝은 창문을 내므로, 바람과 냉기가 스며들어 여름철은 좋아도 겨울에는 마땅하지 않다.

…

50 『燕行日記』 권1, 山川風俗總錄 「室中附窓爲炕, 炕卽堗也. 其高可踞, 長竟一間, 廣可臥, 而足不可伸. 炕外皆鋪甎, 而貧者否. 竈在室中, 皆安釜, 其客堂則不然.」

항은 오로지 벽돌로 만들고 석회를 바른다. 아궁이는 대부분 항 앞에 있는데, 벽돌 한 장을 덮어 놓기 때문에 얼핏 보아서는 분간하지 못한다. 벽돌을 들어내 보면 아궁이의 깊이는 무릎이 들어갈 정도인데, 불 때는 구멍이 바로 그 바닥에 있다. 수숫대를 꺾어 불을 지펴 넣으면, 불길이 불구멍으로 활활 소리내며 빨려 들어가는데, 마치 어떤 물건이 안에서 빨아들이는 것 같다. 이 때문에 어떤 항은 길이가 때때로 5~6칸 크기나 되지만, 불기운을 고루 받아서 따뜻하다. 또 불 때는 아궁이가 방 안에 있지만 연기 때문에 고생하는 법이 없다. 어떤 집은 방 안을 벽으로 가로막아서 취침용 항을 별도로 만들기도 하는데, 그 침실에는 베개며 이부자리들이 갖추어져 있다.[51]

1798년에 갔다가 이듬해에 돌아와 한글 연행록을 쓴 서유문(徐有聞)도 이렇게 적었다.

집안에 혹 한 강(캉, 炕)도 놓았으며, 두 강도 놓았으며, 3면으로 강을 놓은 제도도 있더라. 강 아래 불 넣는 구멍을 만들었으니, 그 구멍이 작고 깊으며, 나무를 넣어 불을 피우면 무엇이 잡아당겨 끄는 모양 같아 불꽃이 활활 타오르며, 한 점 연기 나는 일이 없고, 적게 때도 심히 더우니 극히 묘한 법이요, 굴뚝은 뜰 가운데 별도로 쌓아 한 탑을 쌓은 모양 같으니, 그 높이가 집 기슭에서 한 자 남짓이나 지났더라.[52]

51 『湛軒書』 外集 권10, 燕記, 屋宅 「環四壁而設炕, 高足以踞坐, 廣可以臥短人. 炕下舖甎, 椅卓燈臺火盆之屬在焉. 北炕, 木樻皮箱琴牀凡日用什器具焉. 南爲明牕, 竟其廣, 惟疎冷透風, 宜於夏而不宜於冬也. … 造炕, 專用甓, 塗以石灰. 竈口多在炕前, 覆以一甎, 驟看不可辨也. 撥之, 口深可沒膝, 竈喉在其底. 折黍莖, 爇火而納之, 火到喉門, 焰焰內就, 如有物, 從而引吸之. 是以一炕長或五六間, 而均受火氣, 竈在屋中, 而人不苦烟也. 或於屋內, 橫隔以壁, 別爲寢炕于其中, 枕席舖盖具焉.」

52 『무오연행록』 권1, 1798년 11월 21일.

여기서 '한 강'은 벽 하나에 기대어 항을 만든 1자형, '두 강'은 두 벽에 만든 ㄱ자형, 그 다음은 세 벽에 만든 ㄷ자형을 가리킨다. 연기가 나지 않고 열효율이 높다고 지적하였다.

청나라의 기록에서도 항의 구조와 사용 실상을 엿볼 수 있다. 먼저 오진신(吳振臣)의 기록이다.

> 겨울철에 추운 기운이 사람들을 괴롭혀서 마치 서릿발처럼 여긴다. 실내에는 세 개의 항이 남, 서, 북에 붙어 에워싸는데, 항 위에는 갈대 자리를 펴고 그 위에 크고 붉은 모전(毛氈)을 깐다. 항의 너비는 6척이고, 매 한 면의 길이는 2장 5, 6척이다. 밤에는 항 위에 가로누워 자는데, 반드시 머리를 나란히 하고 눕는다. 외출해서도 역시 그렇게 한다. 궤짝과 이부자리 따위는 서북쪽 벽에 기대어 놓는다. 남쪽과 서쪽에 창문이 있는데, 문은 남창 옆에 낸다. … 동벽에 붙여 판자 벽을 세워 공간을 나누어 남북 두 개의 항이 있게 된다. 남창 쪽이 내실에 해당한다. 의자나 걸상이 없고, 항탁(炕桌)이 있으며, 모두 책상다리를 하고 앉는다. … 손님이 오면 함께 남쪽 항에 앉는데, 안식구들과 내외하지 않는다.[53]

양빈(楊賓)의 글에도 비슷한 내용이 나온다.

> 토항(土炕)의 높이는 1척 5촌으로 남, 서, 북 3면을 에워싸고 동쪽을 비워둔다. 남과 북에 있는 항의 머리맡에 부뚜막을 만든다. 상하 남녀가 각각 1면을 차지하는데, 밤에 누울 때는 남쪽이 높고 서쪽이 그다음이고 북쪽은 낮은 곳에 해당한다. 아침에 일어나 이부자리를

53 『寧古塔記略』「冬間, 寒氣侵人, 視之如霜. 屋內南西北, 接繞三炕, 炕上用蘆席, 席上鋪大紅氈. 炕闊六尺, 每一面長二丈五六尺. 夜則橫臥炕上, 必並頭而臥, 即出外亦然. 橱箱被褥之類, 俱靠西北牆安放. 有南窗西窗, 門在南窗之旁. … 靠東壁間以板壁隔斷, 有南北二炕, 有南窗即爲內房矣. 無椅杌, 有炕桌, 俱盤膝坐. … 客來俱坐南炕, 內眷不避.」

개서 한쪽에 두고 모전(毛氈)이나 청포(青布)로 덮는다. 손님이 오면 그 가운데 앉아서 서로 내외하지 않는다.[54]

그림 9-49. 개원 이가태 쪽구들

방공건(方拱乾)의 기록에서는 구체적으로 "방에는 반드시 세 개의 항이 있으니, 남쪽은 주인, 서쪽은 손님, 북쪽은 노비의 거처라고 한다."[55]고 적었다. 대체로 동쪽이 트인 ㄷ자형 항을 만들고, 따뜻한 남쪽이 높고 추운 북쪽이 낮은 자리였다고 한다. 그러나 방식제(方式濟)는 자리의 위상에 대해서 다르게 언급하였다.

서, 남, 북에 토상(土牀)이 서로 이어져 있어 만자항(卍字炕)이라 하는데, 동쪽은 비워두어 나무를 때는 장소로 삼는다. 서쪽이 높은 자리가 되고, 남쪽이 그 다음인데, 모두 손님 자리가 된다.[56]

2004년에 목격한 요령성 개원(開原) 이가태(李家台)의 한 쪽구들(그림 9-49)처럼 민간에서는 일반적으로 방 안에 간단한 1자형 쪽구들만 시설된다. 사진에는 아궁이가 방 안에 있지만, 방 밖의 부엌 부뚜막과 연결되어 있는 것도 있다. 그런가 하면 중국 남부에서는 목욕실

54 『柳邊紀略』 권1 「土炕高尺五寸, 周南西北三面, 空其東, 就南北炕頭作竈. 上下男女, 各據炕一面, 夜臥南為尊, 西次之, 北為卑. 曉起則疊被褥, 置一隅, 覆以氈或青布. 客至共坐其中, 不相避.」

55 『寧古塔志』, 宮室 「室必三炕焉, 南曰主, 西曰賓, 北曰奴.」

56 『龍沙記略』, 屋宇 「西南北土牀, 相連曰卍字炕, 虛東為然薪地. 西為尊, 南次之, 皆賓位也.」

그림 9-50. 중국 남부의 온돌

을 데우는 난방시설로 사용되었으니(그림 9-50), 로마의 하이퍼코스트와 유사하다고 할 수 있다.

청나라 말기 내지 중화민국 초기에 해당하는 쪽구들은 흑룡강성 부유현(富裕縣)에서 조사되었다.[57] 벽돌로 쌓아 만든 쪽구들은 벽에서 약간 떨어져 1자형 장방형을 이루어, 독립된 침상처럼 되어 있다.

현대의 쪽구들은 만주와 연해주는 물론이고, 20세기 초반에는 하북성과 산서성 전체, 산동성 북서부, 하남성·섬서성·감숙성 일부에까지 확인되었다.[58] 또 중국의 서가(徐珂)는 "동쪽으로는 태대(泰岱, 泰州)로부터 북위 37도를 따라가다가 점차 남쪽으로 이어져 형장(衡漳, 하북성 남부 漳水)을 넘어 분진(汾晉, 산서성 汾水 일대)에 이르고, 경락(涇洛, 섬서성 북부)을 넘어 서북의 농판(隴阪, 隴山)에 이르기까지, 이 지역 이북은 부귀와 빈천을 막론하고 침실에 항을 사용하지 않는 곳이 없다."고 하였다.[59] 이에 따라 "남쪽 사람은 평상에서 생활하고, 북쪽 사람은 항에서 잔다(南床北炕)."는 지역상이 나타나게 되었다.

장보고의 유적지가 있는 산동성 동부의 영성(榮成)에도 바닥 아래에 항(炕)이 시설된 것을 영성민속관에서 볼 수 있으니(그림 9-51), 산동성의 경우에 북서부뿐만 아니라 거의 전체에 퍼져 있었던 것으로 여겨진다.

57 吉林大學邊疆考古研究中心·黑龍江省文物考古研究所, 「黑龍江省富裕縣依克明安旗遺址考古調查報告」, 『北方文物』 2014-3.

58 村田治郎, 「溫堗と炕との起源に關する考(一)」, 『建築學研究』 5-27, 1929, 114-115쪽.

59 徐珂, 『清稗類鈔』 風俗類, 北人尚炕(孫晉泰, 「溫突考」, 『비교민속학』 19, 2000, 502쪽에서 재인용).

그림 9-51(상). 영성민속관의 항
그림 9-52(하). 길림시의 항 재료상

무엇보다도 항은 만주 지역의 대표적인 생활문화이다. 지금은 시멘트로 만든 구들장을 사용하고 있어서 이런 재료를 파는 가게를 볼 수 있다(그림 9-52). 만주에서는 만주족을 중심으로 한족과 기타 소수민족이 항을 사용하고, 조선족은 온돌을 사용한다.

연해주 및 아무르 유역의 나나이(нанай), 울치(ульчи), 니브히(нивхи), 우데게이(удэгей), 에벤키(эвенки) 등[60]의 소수민족 사이에서도 쪽구들이 애용되었다. 예를 들어서 블라디보스토크 아르세니예프 박물관에 전시된 나나이족의 쪽구들(그림 9-53)은 ㄷ자형에 가까운 평면으로서, 쪽구들 위에서 생활하는 모습을 잘 보여준다. 쪽구들 중간에는 신상이 모셔져 있다. 아무르강 유역의 나나이족 쪽구들(그림 9-54)

60 Деревянко Е.И., Древние жилища Приамурья, Наука, Новосибирск, 1991: 데레비얀코 예.이., 『아무르강 유역의 고대 주거지』, 과학출판사, 노보시비르스크, 1991, 106쪽.

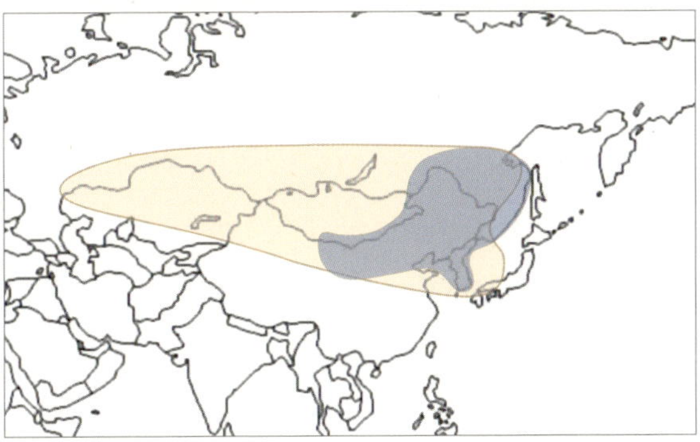

그림 9-53(상). 나나이족 쪽구들 1
그림 9-54(중). 나나이족 쪽구들 2
그림 9-55(하). 온돌의 분포

은 ㄱ자형 평면으로서 모서리에 신상이 모셔져 있다.

1937년에 소련 정부가 연해주의 한인을 중앙아시아로 강제 이주시키면서, 온구들이 중앙아시아까지 전파되는 계기가 되었다. 이에 따라 온돌의 분포 범위는 서쪽으로 더욱 확대되어 오늘에 이르게 되었다(그림 9-55).

현재 만주 지역에 퍼져 있는 온돌은 종류가 다양한데, 첩산항(貼山炕), 요항(腰炕), 순산항(順山炕), 연2항(連二炕), 연도항(連刀炕), 지항(地炕), 회룡항(回龍炕), 조선족 화항(朝鮮族火炕), 만주족 화항(滿族火炕)의 아홉 가지로 분류한 견해가 참고가 된다.[61]

61 曹保明, 『東北火炕』, 吉林文史出版社, 2007, 44-49쪽.

10장

온돌의 전환, 고려

고려시대가 되면 주거 형태에서 수혈식은 쇠퇴해가면서 지상건물지가 비중을 높여간다. 이에 발맞추어 온돌도 수혈주거지와 지상건물지에서 서로 다른 변화 과정을 겪는다. 전반적으로 볼 때에 통일신라에서 보이던 쪽구들의 쇠퇴 기미가 현저히 나타나는 가운데, 지상건물지에서 새로운 형태의 온돌, 즉 온구들이 출현한다. 쪽구들이 퇴조하는 경향과 함께 다른 한편으로는 온구들로의 전환 후 재확산하는 추세가 나타난 것이다. 이것은 같은 시기에 만주의 여진족이 쪽구들을 고수하면서 다양한 구조로 발전시켰던 것과 대비된다. 여기서 만주 지역의 온돌과 한반도의 온돌이 각각 다른 길로 들어서게 되어 오늘날까지 이어지게 되었다.

고려시대에도 온돌은 하층민의 문화였으니, 이 사실은 『고려도경』에서 확인된다. 궁전에서도 온돌을 사용한 발해를 제외하면 발생기부터 고려시대까지 온돌은 하층민이 즐겨 사용하였다. 이에 비해 상층에서는 난방시설로서 화덕(부뚜막) 문화가 주류였다. 개성의 고려 궁궐을 남북 공동으로 일부 발굴하였으나,[1] 온돌은 발굴되지 않았고

1 국립문화재연구소, 『開城 高麗宮城: 試掘調査報告書』, 2008.

앞으로도 발굴되지 않을 가능성이 높다.

서울과 개성을 오가는 길에 마련된 숙박시설로서 국왕 행차 시에도 사용되어 남한 지역에서 제일 격이 높았던 유적 가운데 하나인 파주 혜음원지만 해도 7차에 걸친 발굴로 34개 건물지의 전모가 밝혀졌지만, 온돌은 전혀 드러나지 않았다.[2] 그 대신에 평면 ㄱ자형, ㄷ자형, ㅁ자형 등으로 돌을 놓아 만든 다양한 형태의 화덕[3] 11개가 발굴되었다. 예를 들어서 정면 13칸 측면 1칸인 3-4호 건물지에서는 두 칸마다 하나씩 네 개의 화덕이 발굴되었다.

삼별초의 왕궁지로 보이는 진도 용장성에서는 쪽구들과 화덕[4]이 함께 발굴되었는데, 화덕이 훨씬 많은 데다가 화덕은 중심 건물지에서 발견된 반면에 쪽구들은 주변 건물지에서 발굴되었다. 화덕은 ㄷ자형으로 만들어 주로 난방에 이용하였다. 이런 점에서 상층은 화덕을 주로 이용했던 것을 알 수 있다.

그러면서도 고려시대에 들어서 지상건물지의 온돌이 증가하는 것은 온돌 문화가 하층에서 상층으로 점차 올라가는 추세를 반영하는 것이기도 하다. 온돌의 계층성 문제에 대해서는 제12장에서 따로 상술하겠다.

고려시대 이후의 주거지는 앞 시대의 유적을 발굴하면서 부수적으로 발견되는 것이 일반적이다. 근래에 대전 상대동 유적과 원골 유적, 울주 연자도 유적에서 고려시대 유적이 대규모로 발굴되고, 서울 종로구 일대에서 조선시대 건물지들이 대규모로 발굴된 것은 매우 예외적인 것으로서, 이 시대의 주거에 대한 체계적인 이해에 도움을

2 단국대학교 매장문화재연구소, 『파주 혜음원지 발굴조사 보고서(1차~4차)』, 2006; 한백문화재연구원, 『파주 혜음원지』 5차 발굴조사 보고서, 2010; 한백문화재연구원, 『파주 혜음원지』 6·7차 발굴조사 보고서, 2014.

3 보고서에서는 난방시설이라 했는데, 난방 전용이란 점에서 '부뚜막' 대신에 '화덕'이라 부르겠다.

4 보고서에서는 아궁이라 했으나, 취사보다는 난방에 중점을 둔 화덕들로 판단된다(목포대학교박물관, 『珍島 龍藏城 王宮址』, 2013).

준다.

보고서에서는 흔히 고려와 조선의 주거지에 대해서는 간략히 부수적으로 처리하므로, 이를 모두 찾아서 정리하는 것은 노다공소의 일일 뿐이다. 따라서 일부 자료를 토대로 전체적인 변화 과정을 추정할 수밖에 없다. 더구나 고려 주거지인지 조선 주거지인지도 불분명한 것도 많다. 다행히 고려와 조선의 수혈주거지에 대한 몇 편의 연구가 있어서 이를 준거로 삼아 논의를 전개하고자 한다.

1) 수혈주거지

고려 수혈주거지에 대한 기왕의 연구가 있으므로,[5] 여기에서 제시된 주거지들에다가 자료를 추가하여 온돌의 전개 양상을 살펴보겠다. 고려의 수혈주거지는 다른 시대에 비해서 사례가 적고, 지역적으로 다소 편중되어 있기는 하지만, 대체적인 경향성을 파악하는 데는 무리가 없다.

〈표 10-1〉을 통일신라 주거지 통계표(표 8-1)와 비교해볼 때, 쪽구들의 비율은 줄어들고 상대적으로 화덕(부뚜막)의 비율이 높아진 것을 알 수 있다. 이것은 고려 수혈주거지에서 쪽구들이 점차 퇴조하는 현상을 반영하는 듯하다.

고려 취난시설의 변화 양상은 굳이 비율을 따지지 않아도 지역적으로도 달리 나타나는 것이 확연하다. 경기권과 영서지방에서는 쪽구들이 주류인 데 비하여, 충청권과 영남권에서는 부뚜막 중심으로 변모했다. 호남권의 자료는 제시하지 못하였지만, 원래부터 부뚜막 문화권에 속하였으므로 별다른 변화는 없었을 것이다.

5 황대일, 「고려시대 수혈주거지의 구조와 변천」, 『중앙고고연구』 14, 2014. 이 논문에 제시된 유적들을 참고하되 원래의 발굴보고서를 토대로 취난시설을 새로 분류하였다.

표 10-1. 고려 수혈주거지 취난시설 구성

유적명	노지	부뚜막	쪽구들	취난시설 합계
인천 중산동		1	10	11
인천 운북동			8	8
수원 호매실동·금곡동	1		2	3
이천 증포동			1	1
평택 궁리	1		3	4
(소계)	2	1	24	27
춘천 우두동707-1·35		1	16	17
춘천 우두동 711-1			16	16
춘천 우두동 롯데인벤스			1	1
춘천 천전리			1	1
영월 삼옥리	1	1	2	4
영월 주천리			1	1
(소계)	1	2	37	40
대전 상대동(중동골·양촌)		2	1	3
대전 노은동		7		7
부여 두시럭골			1	1
충주 노계마을		1	1	2
(소계)	0	10	3	13
상주 복룡동 10-4		1		1
상주 복룡동 230-3		2	2	4
상주 교촌리 1			1	1
칠곡 봉계리 38			3	3
대구 읍내동 491		6		6
성주 예산리		2		2
울주 연자도		6		6
창원 봉림동	1			1
산청 읍청정	5	56		61
김해 봉황동			1	1
(소계)	6	73	7	86
총계	9	86	71	166

특히 영남권에서는 삼국시대에 부뚜막이 강조된 쪽구들이 유행했지만, 점차 부뚜막 문화로 회귀하는 현상이 두드러진다. 산청 읍청정 유적의 경우에 통일신라 주거지에는 온돌이 있으나, 고려 주거지에서는 온돌이 사라지고 부뚜막과 노지로 변하는 현상이 뚜렷하다.[6] 상주 복룡동 230-3 유적의 경우에 통일신라와 나말여초에 해당하는 주거지에서만 쪽구들이 보이고 고려시대 유구에서는 사라진다. 이것은 고

려 시대에 영남권에서 쪽구들이 소멸해가는 모습을 증언한다. 한편으로 울주 연자도 유적의 경우에 수혈주거지는 부뚜막이 중심인 반면에 지상건물지는 온돌이 중심을 이루고 있어 대조적이다.

전체적으로 보면(표 10-2),[7] 고려시대에는 충청권 쪽구들도 쇠퇴하여 경기·영서권으로 더 좁게 수렴되는 경향을 보인다.

고려의 수혈주거지는 방형계가 대부분을 차지한다. 황대일의 통계에 따르면 방형계가 90%를 차지하며, 이렇게 방형계의 비율이 우세해진 것은 통일신라 이후의 현상이다.[8] 따라서 쪽구들도 인천 중산동 6-2호, 충주 노계마을 A지구, 김해 봉황동 5호가 원형계로 분류된 것을 제외하고는 방형계 주거지에서 발견된다.

표 10-2. 고려 수혈주거지의 쪽구들

유적명	연대	전체 주거지	쪽구들 주거지	구들 형식	구들 재료	출전
인천 중산동	고려	14	10	1-2, 1-3, ㄷ-1	돌	『인천 중산동유적』(2011)
인천 운북동	고려	9	8	1-2, ㄱ-1, ㄱ-3, ㄷ-2, 기타	굴, 돌	『인천 운북동 유적』(2012)
수원 호매실동·금곡동	고려	4	2	ㄱ-1	돌	『수원 호매실동·금곡동 유적』(2011)
수원 구운동	고려	2	0			『수원 구운동 중세 주거유적』(2002)
이천 증포동	고려	1	1	ㄹ-1	돌	『이천 증포동 유적』(2011)
평택 궁리	고려(12세기 이후)	4	3	ㄱ-3	굴, 돌	『평택 궁리 유적』(2006)
춘천 우두동 707-1·35	고려 전·중기 또는 나말여초	28	15	ㄱ-2, T-1, T-2	돌	『춘천 우두동유적(711-1번지)』(2013)
춘천 우두동 711-1	고려(9~12세기)	17	16	ㄱ-1, T-1	돌	『춘천 우두동 707-1·35번지 유적』(2006)
춘천 우두동 롯데인벤스	고려	3	1	ㄱ-1	돌	『춘천 우두동 롯데인벤스 …』(2007)
춘천 천전리	고려(10~11세기)	9	1	ㄱ-1	돌	『천전리 B지역』(2007)
영월 삼옥리	나말여초	3	2	ㄱ-1, 1-2	돌	『영월 삼옥리유적』 역사시대(2010)
영월 주천리	고려	1	1	1-1	돌	『영월 주천리취락』(2011)
대전 상대동(중동골·양촌)	고려	21	1	?	돌	『대전 상대동(중동골·양촌) 유적』(2011)

6 한겨레문화재연구원, 『山淸 挹淸亭 敷地 및 周邊敷地(江樓地區) 遺蹟』, 2012, 457쪽.
7 구들 형식은 구들 평면과 고래 수의 두 가지 속성이 모두 확인되는 것만 적었다.
8 황대일, 앞의 글, 136쪽.

표 10-2 계속

유적명	연대	전체 주거지	쪽구들 주거지	구들 형식	구들 재료	출전
대전 노은동	여말선초(14세기말~15세기초)	15	0			『대전 노은동 유적』(2003)
대전 원내동	나말여초, 고려	3	0			『대전 원내동유적』(2002)
대전 대정동	고려(12세기후반~13세기)	7	0			『대정동 유적』(2002)
부여 두시럭골	고려	1	1	ㄱ-1	돌	『부여 가탑리 …』(2013)
충주 노계마을	나말여초, 고려 이후	2	1	1-기타	돌	『충주첨단지방산업단지…』(2010)
상주 복룡동 10-4	나말여초, 고려	20	0			『상주 복룡동 10-4번지유적』(2009)
상주 복룡동 230-3	나말여초, 고려	44	2	ㄱ-1	돌	『상주 복룡동 230-3번지유적』(2009)
상주 복룡동 256	고려	48	0			『상주 복룡동 256번지유적』(2008)
상주 교촌리1	고려	2	1	1-2	돌	『상주 교촌리 1유적』(2011)
상주 무양동 152	고려	5	0			『상주 무양동 152유적』(2011)
칠곡 봉계리 38	고려	3	3	1-1, ㄱ-1	돌	『칠곡 봉계리 38유적』(2010)
대구 읍내동 491	고려	18	0			『대구 읍내동 491유적』(2009)
성주 예산리	고려	5	(1?)			『성주 예산리유적』(2013)
울주 연자도	고려(12세기후반~13세기후반)	10	(1?)			『울주 연자도 유적』(2012)
창원 봉림동	고려	10	(1?)			『창원 봉림동유적』(2011)
산청 읍청정	고려	93	0			『산청 읍청정 부지 … 유적』(2012)
산청 하촌리	고려	13	0			『산청 하촌리유적』(2011)
김해 봉황동	고려	1	1	ㄱ-1	돌	『김해 봉황동 유적』(2007)

쪽구들의 유구가 온전한 것이 적은 편이기는 하지만, 대체로 쪽구들 평면은 앞 시대와 마찬가지로 ㄱ자형, 1자형이 기본을 이루면서 강원도에서는 T자형도 여전히 유행하는 것을 볼 수 있다(표 10-3).[9]

전체적으로 보면, ㄱ자형은 1자형으로, T자형은 ㄱ자형으로 간략화되는 흐름이 두드러진다. ㄱ자형이 1자형으로 퇴화되는 양상을 보여주는 사례는 인천 운북동 8-4호, 평택 궁리 2호, 춘천 우두동 707-

9 평면이나 고래 수가 불확실한 것은 통계에서 제외하였고, 한 주거지에 복수의 쪽구들이 있는 경우에 제일 발달된 것을 대상으로 삼았다.

표 10-3. 고려 수혈주거지의 구들 유형

	외고래	쌍고래	세고래	부정형	계
ㄱ자형	15	1	2		18
1자형	2	6		1	9
ㄷ자형	1	1			2
T자형	12	1			13
부정형 또는 기타	2	1	1		4
계	32	10	3	1	46

1·35번지 29호, 우두동 롯데인벤스 1호, 영월 주천리, 부여 두시럭골 1호 등에서 찾을 수 있다. 뒤에 언급하듯이 춘천 우두동 711-1번지 유적처럼 T자형 평면이 퇴화되면서 닫힌 고래가 흔적만 남아 ㄱ자형처럼 보이는 것도 있다.

ㄱ자형에는 외고래, 쌍고래, 세고래가 있는데, 기본형인 외고래가 가장 많고, 쌍고래와 세고래는 예외적이다. 전형적인 ㄱ자형은 찾기 어렵고 아궁이 쪽에 달린 짧은 구들이 거의 사라져 1자형처럼 보이는 것이 많다.

비교적 원형을 유지하고 있는 유구들을 중심으로 ㄱ자형 구조를 살펴보겠다. ㄱ자형 세고래로는 인천 운북동 8-4호(그림 10-1)가 있다. 아궁이가 1자형 세고래 구들의 바깥에 직각을 이루며 설치되어 있어 거의 1자형 평면에 가깝다.

이에 비해 춘천 우두동 707-1·35번지 29호(그림 10-2)는 ㄱ자형 쌍고래 구조로서 아궁이가 짧은 구들에 연결되어 있어서, 비교적 정형성을 유지하고 있다.

1자형으로는 인천 중산동 4-2-5호, 6-2호, 6-3호, 인천 운북동 8-5호, 평택 궁리 3호, 영월 삼옥리 2호, 영월 주천리 등이 있으나, 역시 ㄱ자형과 1자형의 중간 형태를 띠고 있는 것이 많다.

영월 삼옥리 2호(그림 10-3)는 1자형 쌍고래 구들의 내부에 아궁이가 있어서 〈그림 6-1〉의 분류에 따르면 1자형에 속한다. 운북동 8-5호나 주천리의 쪽구들도 이런 형식이다. 이들은 아궁이의 위치에서 운북동 8-4호와 구별되는 것이다.

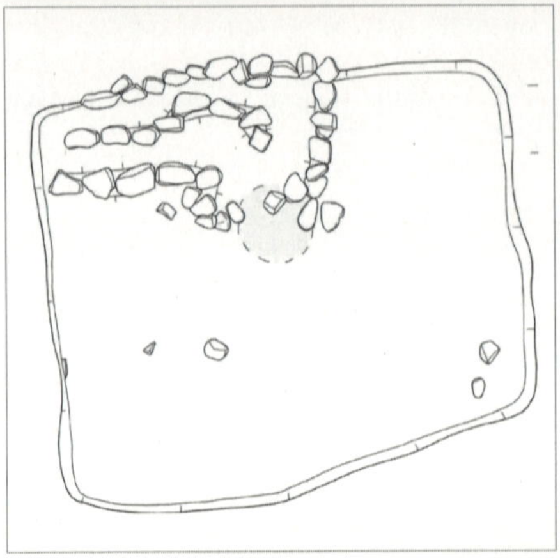

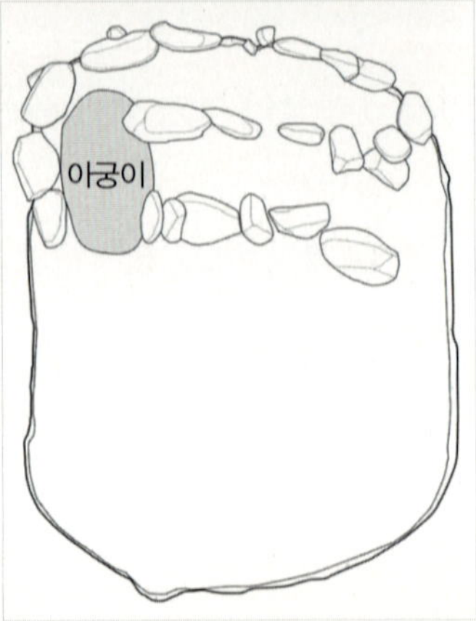

그림 10-1(상). 운북동 8-4호
그림 10-2(좌하). 우두동 707-1 · 35번지 29호
그림 10-3(우하). 삼옥리 2호

중산동 4-2-5호, 중산동 6-2호의 1차면 구들이나 운북동 8-2호, 상주 교촌리1의 I-13호는 배연부 쪽이 사라져 불완전한 형태로 발견되었지만, 1자형 쌍고래로 판단된다. 이들은 고래 전반부가 11자형으로 평행을 이루지 않고 Y자형처럼 벌어진 모습을 띠는데, 아마 후반부에서 배연구 쪽으로 수렴되는 형태였을 것이다.

ㄷ자형은 아주 드문데, 인천 중산동 4-3-1호와 운북동 8-1호에서 각각 외고래, 쌍고래가 발굴되었다. 상대적으로 잘 남아 있는 운북동 8-1호(그림 10-4)를 예로 들면, 낮은 지대인 서쪽에 아궁이가 있고, 북서벽을 따라 쌍고래가 이어지다가 배연부로 꺾이면서 외고래로 합쳐진다.[10] 고랫등은 할석을 일렬로 세워 만들었다.

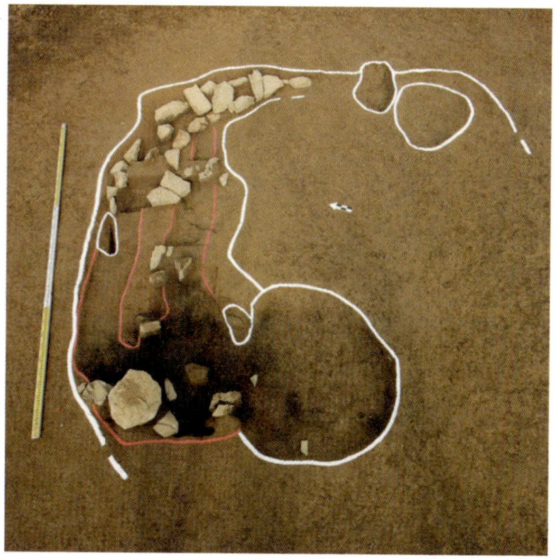

그림 10-4. 운북동 8-1호

T자형은 춘천 우두동 일대에서 집중적으로 발굴되었는데, 아궁이에서 배연구까지 전체 모습이 제대로 남은 것은 별로 없다. T자형 외고래의 모습이 비교적 양호한 것으로는 춘천 우두동 707-1 · 35번지의 1호, 6호, 28호 및 우두동 711-1번지의 4호 정도를 들 수 있다.

우두동 707-1 · 35번지 28호(그림 10-5)의 경우에 북벽에 냇돌과 점토로 외고래 구들을 만들되, 아궁이는 동쪽에 내부를 향하여 두었고, 배연구는 북서쪽 모서리에 두었다.[11] 아궁이를 기준으로 동쪽은 짧은 닫힌 고래, 서쪽은 긴 열린 고래가 달린 T자형 구조이다.

전반적으로 닫힌 고래 부분이 퇴화하면서 왜소해진 것이 많다. 보고서에서 ㄱ자형으로 분류한 것 가운데 이런 유형이 들어 있다. 다시 말해서 T자형이 퇴화하면서 ㄱ자형에 가까운 구조를 띠게 된 것이다. 이런 것으로는 우두동 711-1번지의 4호, 7호, 11호, 12호 등이 있다. 12호(그림 10-6)만 보아도, 분명히 도면 왼쪽으로 닫힌 고래가 짧게 형성되어 있다. 제8장에서 소개한 홍천 동막리 5호와 6호에서는 닫힌

10 한강문화재연구원, 『인천 운북동 유적』, 2012, 309쪽.
11 강원문화재연구소, 『春川 牛頭洞 707-1 · 35番地 遺蹟 發掘調査 報告書』, 2006, 128쪽.

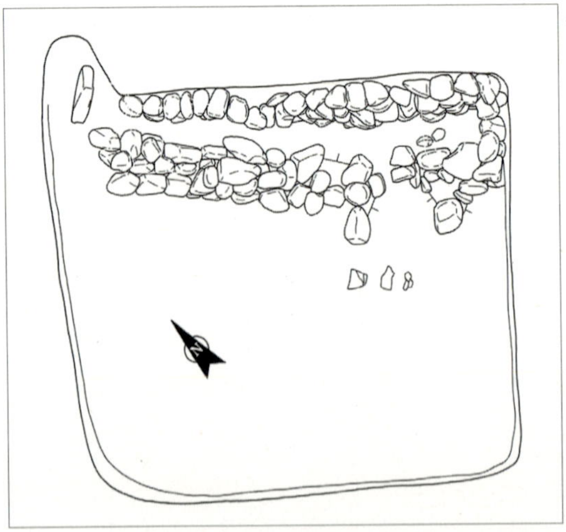

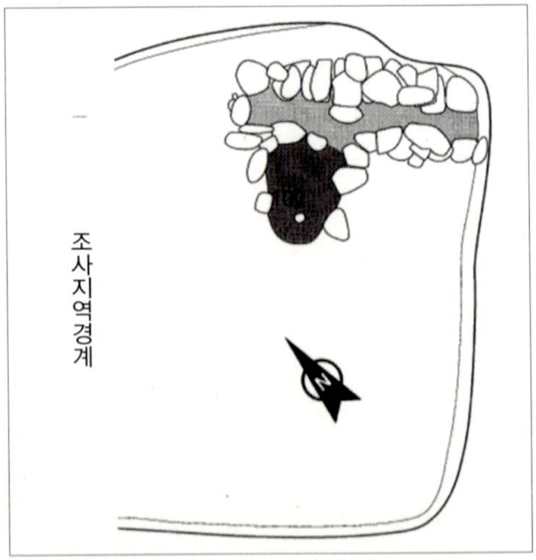

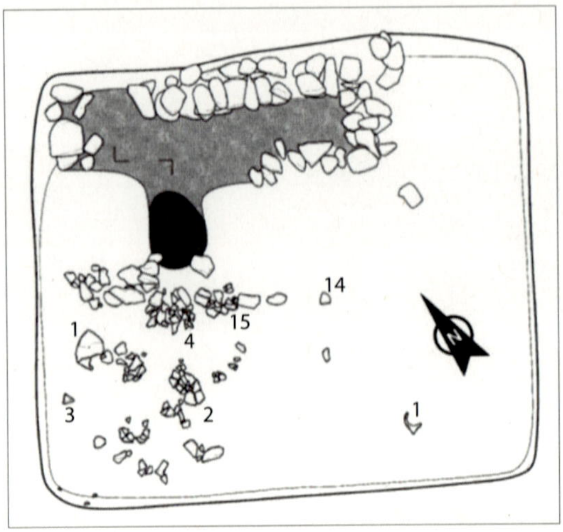

그림 10-5(좌상). 우두동 707-1·35번지 28호
그림 10-6(우상). 우두동 711-1번지 12호
그림 10-7(좌하). 우두동 711-1번지 1호

고래가 이보다 더 퇴화되어 거의 흔적만 남아 있다.

닫힌 고래가 열린 고래에 비해서 더 짧게 나타나는 변이도 보인다. 우두동 711-1번지의 1호(그림 10-7)가 그러하다. 이런 변형은 통일신라 이래의 T자형 쪽구들이 고려 초기에 이르러 쇠퇴하는 과정에서 나타난 것이다.

그런가 하면 T자형 쪽구들의 열린 고래가 꺾여 ㄱ자형을 이루는 우두동 711-1번지의 5호(그림 10-8)의 사례도 하나 보인다. 제8장에서 언급했듯이, 이런 고래는 평면이 F자처럼 보이지만 사례가 많지 않아

그림 10-8(상). 우두동 711-1번지 5호
그림 10-9(하). 중산동 6-3호

서 T자형으로 분류했다.

기타 유형으로는 인천 중산동 6-3호(그림 10-9)[12]가 있다. 수혈주거지를 반분하여 북쪽에는 장타원 평면의 구들이 있고 남쪽에는 아궁이가 있다. 남쪽은 북쪽보다 20cm 정도 낮아서, 양쪽 경계 지점은 비스듬한 경사를 이룬다. 구들은 네고래 정도인데, 배연구가 아궁이와

12 中央文化財研究院, 『仁川 中山洞遺蹟』 본문2, 2011, 61쪽.

그림 10-10. 증포동 주거지

마주 보지 않고 한쪽으로 치우쳐 있어서 비스듬한 장타원의 참외 모양을 이룬다.

이런 형식은 통일신라부터 등장하지만, 이 유적에서는 주거지 내부가 반분되는 것이 분명히 드러난다. 이것은 부엌과 방의 분리 현상을 보여주는 것이며, 방 전체에 구들을 까는 온구들과 연관되어 있을 것이다. 이런 유형은 앞에서 다룬 평면 1자형으로 분류할 수도 있겠으나, 이런 점에서 기타 유형에 넣었다.

전형적인 온구들은 방과 부엌이 중간의 벽체에 의해 완전히 분리되어야 하므로, 지상주거지에서나 가능한 일이다. 태생적으로 수혈주거지는 벽체를 세워 부엌과 생활공간을 분리하기 어렵기 때문이다. 아마도 통일신라 수혈주거지에서 보이는 장타원의 참외 모양 구들에서 출발한 뒤에 지상건물지에 이르러 온구들로 발전하였을 것이다. 그리고 지상건물지에 온구들이 등장한 뒤에는 다시 수혈주거지에 영향을 주었을 가능성이 있다. 중산동 6-3호와 같이 실내 공간을 분할

표 10-4 계속

유적명	연대	온돌 건물지 수	온돌 유형	용도	출전
순천 금둔사지	고려초?	1	쪽	절	『순천 금둔사지』(2004)
진도 용장성	고려(12~13세기 중심)	3	쪽	절, 왕궁	『진도 용장성 왕궁지』(2013)
완도 법화사지	고려말	1	?	절	『완도 법화사지』(1992)

때로는 각각 떼어내 3개의 편호를 부여하기도 한다. 다실(多室) 건물의 경우에 전체를 하나로 묶거나 각각 분리하여 세기도 한다. 심지어 회랑 등을 건물지로 넣은 경우도 있다. 또 건물군의 일부만 발굴된 경우도 많다. 따라서 수혈건물지와 달리 전체 건물지를 따져서 통계 처리하는 것은 별로 의미가 없다.

수혈주거지는 각각이 개별적인 주거 단위가 되지만, 지상건물지는 흔히 몇 개의 건물이 군을 이루면서 건물마다 용도가 정해진 경우가 많다. 예를 들어 사찰에서는 승려의 기거를 위한 요사채에만 온돌을 설치하게 된다. 그러므로 전체 건물 수에서 온돌 건물이 차지하는 비율을 따지는 것은 무의미하다.

지상건물지에서는 궁궐이나 관청, 일반 주택보다는 사찰을 중심으로 온돌이 확산되었다. 아마 사찰의 입지상 땔감 획득이 용이하였기 때문이 아닐까 생각된다. 지상건물지에서는 구들 평면에서 다양한 변이가 나타난다. 쪽구들에서는 그나마 수혈주거지에서처럼 평면 ㄱ자형, 1자형, ㄷ자형 등으로 구분할 수는 있으나, 온구들에서는 이런 식으로 분류하는 것이 별로 의미가 없다.

전체적으로 보면 쪽구들의 전통을 계승한 것과 새롭게 태어난 온구들 형식이 있어서 쪽구들과 온구들로 양분하겠지만, 여기에 두 요소를 함께 지닌 쪽온구들까지 있어서 세 종류로 분류할 수 있겠다.

13 온돌 유형 가운데 '쪽'은 쪽구들, '온'은 온구들, '쪽온'은 양자의 속성을 함께 가지고 있는 것을 의미한다.

표 10-5. 고려 지상건물지 쪽구들의 구들 유형

	외고래	쌍고래	세고래	계
ㄱ자형	2	4	1	7
1자형	5	3	4	12
ㄷ자형	2	3	1	6
T자형			1	1
계	9	10	7	26

이제 쪽구들 유적부터 살펴보겠다. 지상건물지의 쪽구들은 수혈 주거지에서보다 공간 제약이 덜해서 규모가 다소 커질 수는 있으나 평면 ㄱ자형, 1자형, ㄷ자형 등으로 기본 구조에서는 대동소이하다. 평면 구조와 고래 수를 제대로 알 수 있을 정도로 유구가 잘 남아 있는 것만을 대상으로 정리하면 〈표 10-5〉와 같다.[14] 이 표를 보면 퇴화형인 1자형이 많고, ㄱ자형과 ㄷ자형은 비등하며, T자형은 예외적이다. 고래 수는 세고래 이내인 것을 알 수 있다.

그림 10-11. 영암사지 A-1호

ㄱ자형 외고래는 강화 대산리 5호, 합천 영암사지 A-1호(그림 10-11)에서 보인다. 정면 6칸, 측면 1칸의 동서로 기다란 회랑 모양의 건물지인 A-1호에 서쪽 2칸에 걸쳐 쪽구들이 시설되었다.

ㄱ자형 쌍고래는 강화 선원사지 E 지구 서제2건물지, 강화 대산리 2호, 울진 외선미리 1호, 미륵사지 서편 4호에서 찾을 수 있다. 울진 외선미리의 선대 건물지 1호는 가운데 본채(정청)가 있고 동서 좌우로 측실(익헌)이 딸린 평면 亞(아)자형 건물인데, 좌우 측실에 각각

14 고래의 수가 변하는 것은 최대 고래 수를 기준으로 했고, 한 건물에 복수의 구들이 있는 경우에는 가장 발달된 것으로 분류했다.

ㄱ자형 쌍고래의 쪽구들이 있다. 서측실 구들(그림 10-12)은 서벽과 북벽을 따라 진행하는데, 아궁이와 굴뚝은 훼손되어 명확하지 않다.[15] 이 건물지는 ㄱ자형 쪽구들을 근거로 시기를 고려 말로 올려 보았기 때문에, 실제로는 조선시대로 내려갈 가능성도 있다.

대산리 2호는 잔존한 구들만 보면 ㄱ자형으로서, 짧은 구들은 외고래였다가 긴 구들에서 쌍고래로 변하는 것 같다.[16]

ㄱ자형 세고래는 오산 지곶동 A-1호(그림 10-13)[17]에서 보이는데, 역시 고래 수가 변한다. 구들은 전체 세 칸 가운데 왼쪽 두 칸에 걸쳐 나타나는데, 동쪽(그림 오른쪽)에 아궁이가 있고, 서쪽에 배연구가 있다. 아궁이가 고래 방향에서 꺾여 있는 점을 고려해서 엄밀히 말하면 평면 ㄷ자형으로도 볼 수도 있겠다. 아궁이에서 출발한 쌍고래가 북쪽에서 꺾여 서쪽으로 진행하면서 세고래로 갈라지고 배연구에서 다시 하나로 합쳐진다. 지상식 건물에서는 별로 보이지 않는 굴착식으로 고래를

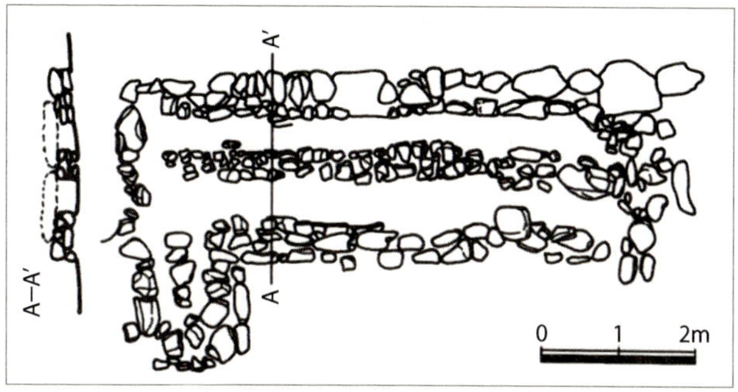

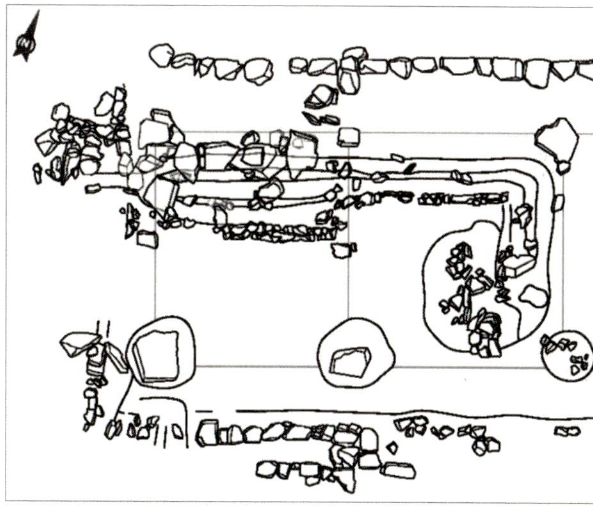

그림 10–12(상). 외선미리 1호 서측실(좌익헌)
그림 10–13(하). 지곶동 A–1호

15 경상북도문화재연구원, 『蔚珍 外仙味里 遺蹟』, 2007, 231쪽.
16 中原文化財硏究院, 『江華 大山里 遺蹟』, 2011, 39-40쪽.
17 기호문화재연구원, 『烏山 紙串洞 遺蹟』 II, 2010, 19쪽.

만든 점이 특이하다.

1자형 외고래는 안성 장능리 사지 4호, 합천 영암사지 A-2호, 창녕 말흘리 D-1호, 진도 용장성 G-2호 등에서 보인다. 창녕 말흘리 D-1호는 특이한데, 건물의 기본 축과 틀어지게 동서 방향으로 쪽구들이 내부에 시설되어 있고, 쪽구들 아궁이 옆에는 따로 부뚜막도 만들어놓았다. 여주 원향사지 13호에서는 건물 서쪽 측면 밖의 지붕 아래에 쪽구들 같은 시설이 있는데, 보고서에서는 아궁이와 고래시설로 설명했다.[18] 그러나 건물 밖에 위치하여 난방용이 아니고 취사용이었을 것이므로 대형 부뚜막으로 설명하는 것이 옳다.

1자형 쌍고래는 강화 대산리 3-1호, 진도 용장성 K-1호와 L-2호에서 확인된다. 대산리 3-1호에서는 온전한 구조가 확인되었고, 용장성 L-2호(그림 10-14)의 경우에 쌍고래의 일부가 확인되었다.

1자형 세고래는 강화 옥림리 2지점 2호 남서쪽 구들과 4지점 3호, 오창 창리 사지 1-B호 1차 구들, 연자도 13호에서 볼 수 있다. 옥림리 2지점 2호 건물지에는 3개의 부뚜막과 2개의 구들이 몰려 있다. 부뚜막은 판석 4매를 세워 쌓아 ㅁ자형(방형)을 이루는데, 2개는 독립된 것이고 1개는 동쪽 구들과 연결되는지 불확실하다. 남서쪽 구들은 1자형 세고래이다. 4지점 3호(그림 10-15)에서도 건물 동쪽에 1자형 세고래의 구들이 발견되었다. 연자도 13호 건물지는 보고서에서 전면구들이라 하였으나,[19] 도면과 사진을 보면 방 일부에만 설치된 쪽구들인 것 같다.

ㄷ자형 외고래는 여주 고달사지 가-4호, 익산 미륵사지 서편 1-2호에서 보인다. 고달사지 가-4호 건물지에서는 2개의 구들이 남쪽과 북쪽에서 훼손된 채 발굴되었는데, 둘 다 ㄷ자형 외고래로 추정된다.

18 京畿文化財研究院, 『驪州 元香寺』 증보판, 2016, 53쪽. 본문에서는 아궁이와 고래시설이라 하고, 사진 설명에서는 아궁이로만 부르고 있다.

19 울산발전연구원 문화재연구센터, 『울주 연자도 유적』, 2012, 60-63, 261, 309쪽.

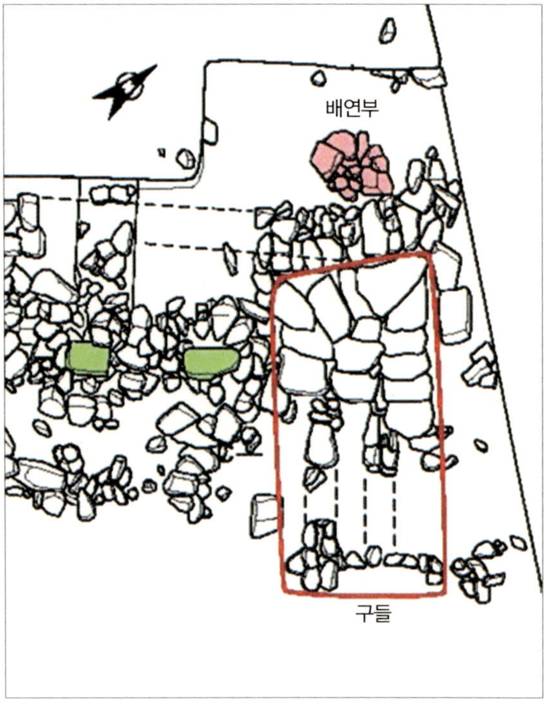

그림 10-14(좌). 용장성 L-2호
그림 10-15(우). 옥림리 4지점 3호

ㄷ자형 쌍고래는 강화 선원사지 A지구 서건물지, 대전 상대동 원골 I지구 2-1호, 익산 미륵사지 서편 3호에서 발굴되었다. 원골 I지구 2-1호(그림 10-16)를 예로 들면, 동서로 기다란 세 칸 건물지에서 서쪽 칸 전체에 걸쳐 구들이 조사되었다. 언뜻 보면 온구들로 보이지만, 아궁이가 내부에 있고 ㄷ자형으로 구들이 돌아가는 것으로 보아 쪽구들로 보는 것이 타당하다. 보고서에서는 ㄷ자형 외고래가 돌아가고 배연구에서 다시 안쪽으로 ㄱ자형 외고래가 연결되어 있는 것처럼 서술되어 있는데,[20] ㄱ자형 구들이 아궁이 쪽으로 폐쇄된 것처럼 보여서 이렇게 판단한 듯하다. 이럴 경우에 ㄱ자형 구들은 통일신라 때에 유

20 中央文化財硏究院, 『大田 上垈洞 원골遺蹟』 본문 I, 2011, 27쪽.

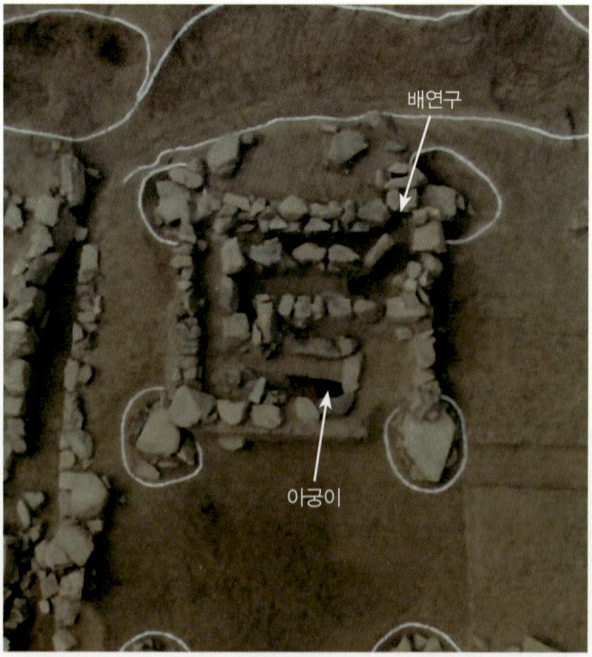

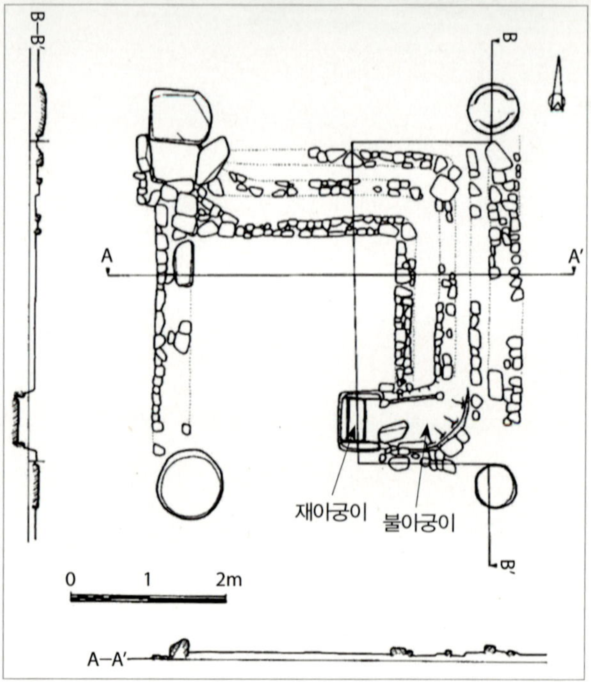

그림 10–16(상). 원골 I지구 2–1호
그림 10–17(하). 미륵사지 서편 9호

행한 T자형 구들처럼 화기가 머무는 공간으로 활용된 것으로 볼 수 있겠다. 과연 그러한 것인지, 아니면 원래 아궁이에서 쌍고래로 이어진 것이었는지는 확실하지 않다. 구조적으로 볼 때에 ㄷ자형 쌍고래의 가능성이 더 커 보이므로 여기서는 이렇게 분류했다.

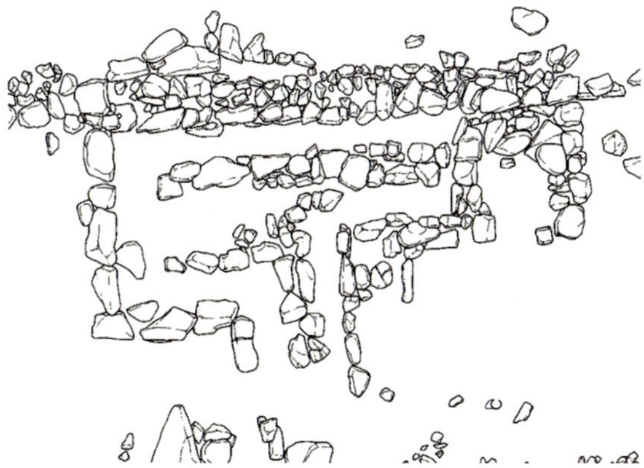

그림 10-18. 연자도 15호

ㄷ자형 세고래는 익산 미륵사지 서편 9호(그림 10-17)에서 발굴되었는데, 구들이 쌍고래에서 세고래로 변한다. 아궁이는 재아궁이와 불아궁이로 구분되는데, 여기서 출발한 쌍고래 구들은 북쪽으로 나아가다가 서쪽으로 꺾이면서 안쪽 고래가 양분되어 세고래가 된다. 다만 바깥 고래는 서쪽으로 꺾이는 부분에서 유실되었다. 고랫둥은 기와편과 돌을 쌓아 만들었다. 굴뚝은 북서쪽 초석을 이용해서 만든 붙임굴뚝이다. 서편 3호 건물지와 거의 동일한 구들인데, 다만 서편 3호는 ㄷ자형 쌍고래로 되어 있어 약간의 차이를 보인다.

한편으로 울주 연자도 15호(그림 10-18)에서는 T자형 구들이 조사되었다. 아궁이에서 북쪽(그림 위쪽)으로 쌍고래 구들이 나온 뒤에 동서로 벌어졌다가 모두 동쪽 배연구(개자리)로 향한다. 부분적으로 세고래, 쌍고래를 이룬다. 후술하는 바와 같이 강화 선원사지에서 발굴된 갑(甲)자형 구들 평면의 동건물지(G)는 연자도 15호와 평면이 엇비슷하게 보이지만, 주춧돌로 보아서 방과 부엌의 분리가 확실하여 온구들로 분류했다.

3) 온구들의 출현

고려의 지상건물지에서는 쪽구들과 함께 온구들이 등장하여 병용된다. 한반도 이외의 지역에서는 고대의 구들인 쪽구들 형식이 지금까지 내려오고 있지만, 한반도에서는 고려시대에 온구들이 등장하여 점차 쪽구들을 대체하며 대세를 이루게 된다. 한국식 온돌은 이렇게 해서 이루어졌다.

온구들은 고려시대 지상건물지에서 처음 등장한다. 이미 지적했듯이 고려시대에 쪽구들이 쇠퇴 내지 소멸의 길로 접어드는 가운데, 전혀 다른 새싹이 돋아났으니 바로 온구들이 그것이다. ㄱ자형의 퇴화형인 1자형 쪽구들이 다(多)고래로 변하면서 마침내 온구들을 창조해낸 것이다. 그러나 〈표 10-4〉에서 보듯이 고려시대에는 아직 쪽구들이 온구들보다 주류를 점하던 시기였다. 또한 울주 연자도에서 보듯이 다양한 유형의 온구들이 실험되던 시기이기도 했다. 온구들이 당시로서는 새로운 시도였지만 마침내 조선시대 이래로 한반도 안에서 독특한 온돌 문화로 확산되며 꽃을 피워 지금에 이르게 된다.

여기서 쪽구들과 온구들의 구별 기준을 정할 필요가 있다(표 10-6). 쪽구들은 평면 ㄱ자형으로 구들이 꺾여 있는 것이 기본이지만, 온구들은 1자형(직선형)으로 아궁이와 배연구(굴뚝)가 구들을 사이에 두고 마주 보고 있는 것이 기본이다. 따라서 온구들의 평면은 방형을 이룬다. 강화 선원사지 서건물지(B)처럼 여러 칸에 걸쳐 있을 경우에는 장방형을 띤다. 여주 고달사지 가-6호(그림 10-21)처럼 맞선고래를 이루는 경우에는 아궁이와 배연구가 대각선 방향에 놓여 마주 보기도 한다.

고래 수가 절대적인 분류 기준이 되지는 않지만, 쪽구들은 외고래가 기본이면서 대체로 세고래까지 확장되고, 온구들은 그 이상으로 늘어나 다수 고래를 이룬다. 앞에서 제시한 통계표들을 보더라도 쪽구들은 1~3고래에 집중되어 있다.

표 10-6. 쪽구들과 온구들의 비교

	쪽구들	온구들
기본 구조	방과 부엌의 미분리	방과 부엌의 분리
방과 구들	방 일부에 구들	방 전체에 구들
평면	꺾인 구들	1자형 구들
고래	대체로 1~3고래	대체로 3, 4고래 이상

무엇보다 중요한 기준은 쪽구들의 경우에 아궁이가 구들과 같은 공간에 조성되나, 온구들에서는 방과 부엌이 벽체로 분리된다는 점이다. 따라서 온구들에서야 구들이 방 안 전체를 차지하게 된다.

그러나 이것은 어디까지나 원론적인 설명이고, 현장에서는 유구의 훼손으로 이런 원칙이 적용되기 어려운 경우가 많다. 특히 주춧돌이 결실된 경우에 방과 아궁이의 관계가 모호해서 쪽구들, 온구들, 쪽온구들을 분간하기가 어렵다. 온구들의 판별에서 가장 중요한 기준은 방과 부엌의 분리 현상이고, 이것이 여의치 않을 경우에는 1자형 다수 고래(대체로 3, 4고래 이상)를 기준으로 삼을 수밖에 없다.

온구들의 출현 시기는 아직 명확하지 않다. 고려 때에 온구들이 등장했다는 주장은 유적 발굴이 제대로 이루어지기 전까지는 구성(龜城, 평안북도 구성)에 살았다고 하는 묵행자(默行者)에 관한 문헌 기록을 근거로 삼았다.

> 묵행자(묵묵히 수행하는 자)가 있었는데, 성씨를 알 수 없고 나이는 50쯤 되었다. …… 바야흐로 큰 추위가 닥치자 그가 얼까 걱정하여 그가 출타한 틈을 타서 방자를 보내어 급히 땔감을 불살라 구들을 데우고 가게 했다. 묵행자가 와서 보고 기뻐하거나 성내는 기색이 없이 천천히 방문을 나와 돌덩이를 주워서 아궁이를 틀어막고 회를 칠해 틈을 메운 다음에 구들에 올라가 처음처럼 편안히 앉아 있었다.[21]

이 기록은 고려 후기에 최자(崔滋, 1188~1260)가 지은 『보한집』

(1254)에 수록된 것이므로, 고려 후기인 13세기의 온돌 정황을 보여주는 자료이다. 그런데 묵행자가 "방문을 나와 돌덩이를 주웠다."는 대목에 주목하여 바로 뒤에 이어지는 "아궁이를 틀어막고"의 행위도 방 밖에서 이루어진 것으로 판단함으로써, 온구들을 묘사한 것으로 본 견해가 있다.[22] 그러나 문장을 자세히 보면 돌덩이를 주운 것이 밖이었지 아궁이는 반드시 밖에 있었다고 판단할 수 없다. 더구나 틈을 메운 다음에 구들에 '올라가'란 말에서 느낄 수 있듯이 방 안에 마련된 쪽구들일 가능성이 더욱 크다. 온구들이었다면 방 안으로 '들어가'란 표현을 사용했을 것이다.

백제 승려 혜현(惠現)이 수덕사에 있을 때에 그의 학풍을 흠모하여 사람들이 몰려와서 "문 밖에 신발이 가득했다."[23]고 하였는데, 신발을 밖에 벗어놓은 점을 들어서 온구들의 존재를 주장할 수 있으나, 이것은 마루나 자리 등을 깐 곳에서도 가능한 일이기 때문에 단정할 수 없다. 사실 백제 때에는 시기상 온구들이 있을 수 없다. 비슷하게 고려 궁전에서 관리들이 섬돌에 올라가 왕 앞으로 나아갈 때나 되돌아 나올 때에 "언제나 신을 벗고 무릎 걸음을 한다."[24]고 한 것도 다른 조건에서 가능한 일이기 때문에 온구들의 근거로 삼을 수 없다.

1929년과 1930년에 함경북도 웅기 송평동 패총유적에서 북옥저의 쪽구들 1기와 함께 층위를 달리하며 성격이 전혀 다른 구들 1기가 발굴되었는데,[25] 사진을 보면 1자형 네고래로서 고려 때에 처음 등장

21 『補閑集』 권下 「有黙行者, 不知族氏, 年可五十. … 方大寒, 恐其凍也, 候出時, 遣房子, 急爇柴頭, 溫其堗而去. 行者來觀之, 無喜慍色, 徐出戶, 拾石礫, 塡堗口, 泥其灰, 塗隙而上, 宴坐如初.」

22 정찬영, 「우리 나라 구들의 유래와 발전」, 『고고민속』 1966-4, 24쪽; 朱南哲, 「온돌과 부뚜막의 고찰」, 『文化財』 20, 문화재관리국, 1987, 144쪽.

23 『三國遺事』 권5, 惠現求靜 「釋惠現, 百濟人. … 初住北部修德寺, 有衆則講, 無則持誦, 四遠欽風, 戶外之履滿矣.」

24 『宣和奉使高麗圖經』 권5, 宮殿, 王府 「升堦復位, 皆脫屨膝行, 而進退往來.」

25 藤田亮策, 「雄基松坪洞石器時代遺蹟の發掘」, 『靑丘學叢』 2, 1930, 180쪽.

하는 온구들인 것을 알 수 있다.[26] 발굴 보고가 소략하지만 이것은 북옥저가 아니라 고려 이후의 것으로 보아야 옳다. 다만 고려인지 조선인지는 현재로서 알 수 없다.

고려시대의 온구들로 명확히 밝혀진 것은 북한에서 1959년에 발굴한 신의주 상단리 집자리이다.[27] 두 개의 구들 시설이 보고되었는데, 첫째 구들(제1시설물)은 7고래가 북서쪽에서 남동쪽으로 길게 놓였다고 한 것으로 보아서 온구들이 분명하다. 또 주변에서 주춧돌과 기와가 발견된 것으로 보아서 지상건물지였을 것이다. 둘째 구들에서는 남북으로 여러 고래가 노출되었지만, 서쪽 부분의 네고래만 확실하고 동쪽 부분은 훼손되어 고래가 몇 개 있었는지는 불명이다. 다만 전체적으로 보면 쪽구들이 아닌 온구들임이 분명하다. 유적의 연대를 알 수 있는 동전들이 출토되었는데, 11세기 연호가 있는 것은 상부통보(祥符通寶) 등 7종, 12세기 연호가 있는 것은 숭녕통보(崇寧通寶), 대정통보(大定通寶) 등 2종이었다. 따라서 이 유적을 통하여 온구들의 상한이 12세기임을 알 수 있다. 이후 동창군 학성리의 산성 안에서도 11세기경의 온구들이 발굴되었다고 하지만[28] 자세한 내용을 알 수 없다.

남한에서는 익산 미륵사지에서 고려시대 온구들이 본격적으로 조사되었고, 이후 곳곳에서 온구들이 드러났다. 미륵사지에서는 고려시대 건물지가 사역 서편에서 12기, 중심곽 부근과 연못지에서 3기, 사역 북편에서 여러 기가 발굴되었고, 이 가운데 11기 이상의 건물지에서 온돌이 확인되었다. 온돌에는 쪽구들과 온구들, 양자의 과도기 형태가 모두 드러났다. 서편 4호에서는 ㄱ자형, 서편 1호, 3호, 9호에서는 ㄷ자형의 쪽구들이 발견되었지만, 서편 1-③호, 동연못 상층 건물지(17호), 북편 건물지의 온돌은 쪽구들에서 온구들로 넘어가는 과도

26 藤田亮策, 「朝鮮考古學」, 『東洋史講座』 18, 雄山閣, 1942, 84쪽 第17圖; 김남응, 『문헌과 유적으로 본 구들이야기 온돌이야기』, 단국대학교출판부, 2004, 231쪽.

27 서국태, 「신의주시 상단리의 고려 집자리」, 『고고민속』, 1966-1.

28 리창언, 『고려유적연구』, 사회과학출판사, 2002, 258쪽.

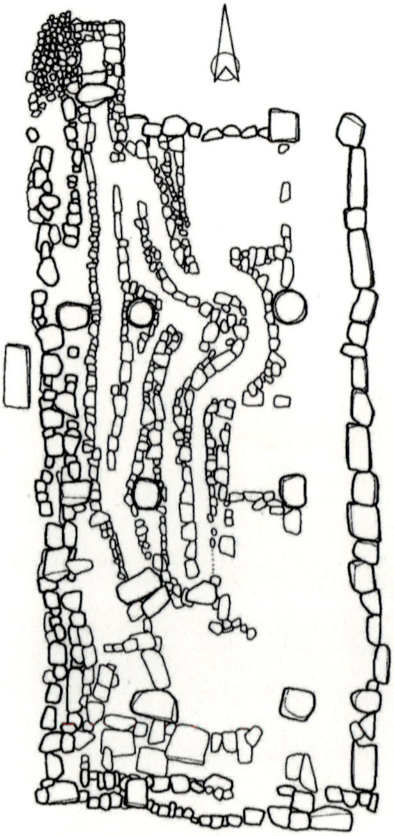

그림 10-19. 미륵사지 서편 14호

기 모습을 보인다.[29] 과도기 모습에 대해서는 뒤에 다시 언급하겠다.

반면에 서편 14호(그림 10-19)는 마루와 온돌방으로 구성된 온구들에 속한다.[30] 몇 개의 건물지로 구성된 14호 건물지에서 온돌 건물지는 서편에 해당한다. 남북 3칸의 기다란 동향의 건물지이다. 남쪽 부뚜막으로부터 북쪽으로 세고래의 구들이 이어지는데, 중간에 넓어지면서 네고래를 잠시 이루다가 다시 세고래로 합쳐지고 다시 하나로 합쳐져 굴뚝으로 이어진다. 이에 따라 구들의 평면은 전형적인 1자형이 아니라 ㅏ자형을 이룬다. 건물지의 동쪽에는 마루가 시설되었던 것으로 조사되었다. 한옥의 대표적 공간 형식이 고려시대에 비로소 드러난 것이다.[31] 그러나 아쉽게도 온구들의 구체적인 연대에 대해서는 밝히지 않았다.

대전 상대동 중동골의 동쪽 구릉에서는 전형에 가까운 고려시대 온구들 4기가 확인되었다. 이들은 구릉의 남쪽 내지 북쪽 비탈면에 위치하며 구조는 모두 유사한 것으로 보인다.

이 가운데 비교적 잘 남아 있는 것이 12호 건물지 온구들이다(그림 10-20).[32] 건물지는 중동골 동쪽 구릉의 남쪽 비탈면에 있는데, 대략

29 國立扶餘文化財研究所, 『彌勒寺 遺蹟發掘調査報告書』 II, 1996, 519쪽.
30 위의 책, 103쪽.
31 전봉희 · 권용찬, 『한옥과 한국 주택의 역사』, 동녘, 2012, 59-63쪽.
32 百濟文化財研究院, 『대전 상대동(중동골 · 양촌) 유적』 III, 본문 · 도면, 2011, 74-75쪽.

정면 5칸, 측면 2칸의 규모이다. 측면은 정칸(正間)[33]과 퇴칸(退間)으로 되어 있는데, 온돌은 정칸(사진 오른쪽)에 시설되어 있다. 배연구(개자리)가 있는 사진 위가 북동쪽이고, 부엌이 있는 사진 아래가 남서쪽이다. 부엌 아궁이는 첫째 칸에 있고, 구들이 둘째 칸부터 배연구까지 이어진다. 구들은 많이 훼손되어 있지만, 아궁이에서 5고래의 구들이 직선으로 뻗어간 뒤에 배연구 근처에서 양쪽으로 한 고래씩 좁아지면서 세고래로 줄어든다. 전체적으로 부엌과 구들의 공간이 분리되고 평면 1자형을 이루고 있어서 미륵사지의 경우보다 완성된 온구들 형태를 띤다.

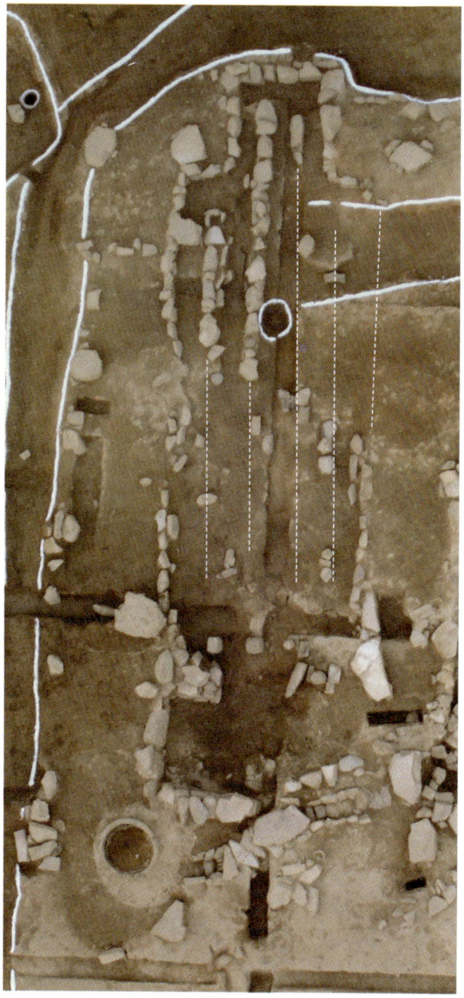

그림 10-20. 상대동 중동골 12호

중동골 유적에서 출토된 청자를 볼 때에 이 유적의 중심 연대는 11~12세기로 판단된다.[34] 이것은 신의주 상단리와 비슷한 시기임을 보여주며, 따라서 온구들의 연대는 고려 전기까지 올라갈 가능성이 크다. 제8장에서 이미 지적했듯이 통일신라 늦은 시기에 등장하는 1자형 다수 고래 쪽구들 주거지에서 온구들의 시원을 찾을 수 있다면, 온구들의 출현 시기는 고려 초기까지 올려볼 수 있을 것이다. 그러나 북한 자료가 아주 미비하고 남한 자료도 적은 편이라서 현재로서는 온구들의 발원지를

33 일반 건물에서는 '정칸'이라 하고, 궁궐 건축에서는 이를 '어칸(御間)'이라 한다(김왕직, 『알기 쉬운 한국건축 용어사전』, 동녘, 2007, 89쪽).

34 百濟文化財硏究院, 앞의 책, 552쪽.

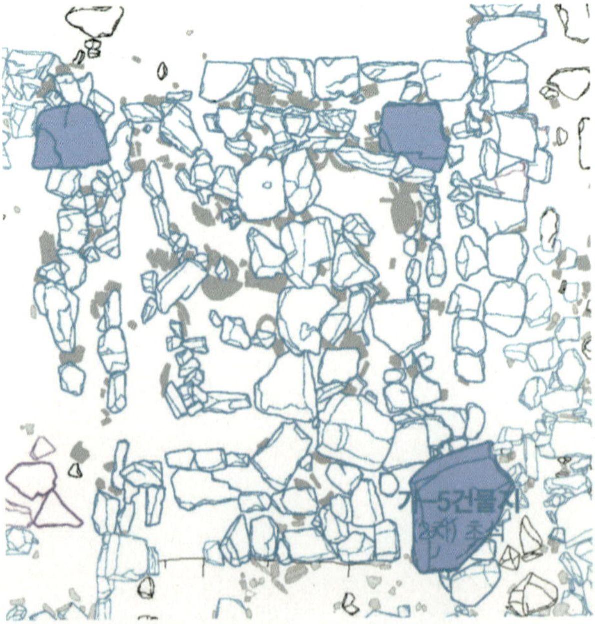

그림 10-21. 고달사지 가-6

찾기 어렵다. 추운 지역에서 온돌이 발달하는 점을 감안하면 경기권 내지 북한의 어느 지역에서 온구들이 출현하였을 것이다.

이 밖에 주목되는 온구들을 살펴보겠다. 안성 장능리 사지 1호건물지에서도 1자형 5고래의 온구들이 두 칸에 걸쳐 시설된 것이 확인되었다. 이는 개축 시에 온구들이 추가된 것이다. 이 절터에서 출토된 명문 자료는 10세기 무렵에 집중되어 있는데,[35] 개축 시기는 발굴보고서에서 특정하지 않았으나 이 무렵 아니면 그 이후 고려시대로 보인다.

여주 고달사지의 가-6건물지(그림 10-21)에는 한 칸 전체에 대각선 방향으로 온구들이 시설되어 있다. 동북쪽(그림 오른쪽 아래)에 아궁이, 서남쪽(그림 왼쪽 위) 모퉁이에 배연구가 있으며, 5고래가 대각선 방향으로 진행하는 맞선고래이다.[36] 결과적으로 아궁이에서 구들 중간까지 넓어졌다가 배연구 쪽으로 다시 수렴되는 형태를 띤다. 이 유적에서 송나라 화폐인 희령원보(熙寧元寶, 1068~1077) 및 송나라 자기가 다수 출토된 것으로 보아서 고려 중기가 중심연대로 여겨진다.

고려 후기(12세기 후반~13세기 전반)로 판단되는 평택 백봉리에서

35 中央文化財研究院, 『安城 長陵里寺址』, 2008, 76-77쪽.

36 畿甸文化財研究院, 『高達寺址』 II, 3~5차 시·발굴조사 보고서, 2007, 543쪽.

그림 10-22. 백봉리 1호

온구들 건물지 2기가 발굴되었다. 1호 건물지(그림 10-22)[37]의 구들은 건물 동쪽(사진 아래쪽)이 훼손되어 쪽구들처럼 보이지만 실제로는 5고래의 온구들이다. 건물 북쪽(사진 오른쪽)에 아궁이가 있고, 남쪽(사진 왼쪽)에 개자리가 있다. 아궁이에 연결된 구들의 화구(火口)는 모두 여섯 개인데, 두 개(그림 10-22의 1, 2)는 서쪽으로 나와서 ㄱ자형을 이루며 남쪽으로 꺾여 개자리까지 진행하고, 세 개(그림 10-22의 3~5)는 직선형을 이루며 남쪽으로 진행한다. 전체적으로는 1자형 다수 고래 형태를 띠고 있다. 아궁이에서는 철제 솥이 확인되었다.

ㄱ자형의 외고래(그림 10-22의 6) 하나가 폐쇄된 채 제일 바깥쪽에서 발굴되었다. 고랫등은 땅을 파내어 골을 만든 다음에 할석과 기와편으로 만들었다. 일부 고래가 꺾인다는 점에서 쪽구들의 요소를 가

37 기호문화재연구원, 『平澤 栢峯里 遺蹟』, 2010, 63-66, 252-253쪽.

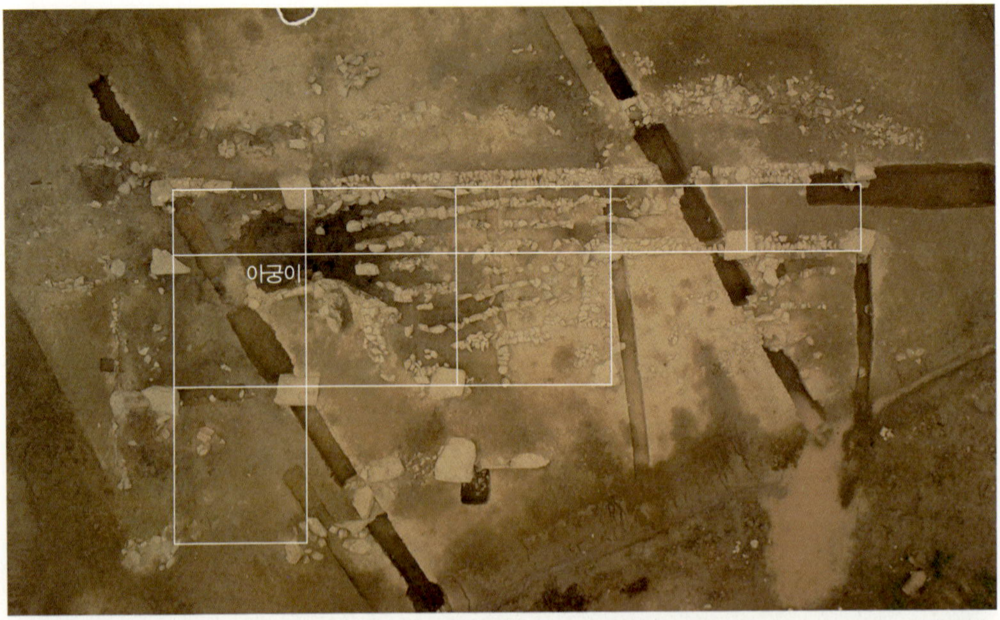

그림 10-23. 백봉리 2호

지고 있기는 하나, 전체적으로는 5~6고래를 이루는 온구들로 판단하고자 한다.

2호 건물지(그림 10-23)[38]는 남서쪽(사진 왼쪽)에 아궁이가 있고, 여기에 4개의 화구가 연결되어 있다. 네 번째 화구(사진 아래쪽)가 다시 4개로 갈라지면서 두 칸에 걸쳐 모두 7고래의 구들이 만들어졌다. 이들은 북동쪽에서 세고래로 합쳐져 한 칸 정도 더 뻗어 있다. 배연구는 찾지 못했다. 후술하는 제천 장락사지 13호나 성남 판교 사지처럼 온구들과 연결된 쪽구들 부분이 있어서 이것도 쪽온구들로 분류할 수 있겠지만, 세고래 쪽구들 부분이 짧은 데다가 온구들로 분류한 1호 건물지를 고려하여 온구들로 판단했다. 고랫등 축조 방식은 1호와 동일하다. 이 건물지 조성토에서 1094년에 주조된 소성원보(紹聖元寶)가 출

38 위의 책, 99-100, 252-253쪽.

토되었다.

고려 후기(12세기 후반~13세기 후반)로 여겨지는 울주 연자도에서는 22기 건물지에서 쪽구들, 온구들, 양자의 과도기 형태인 쪽온구들이 두루 발굴되었다.[39] 온구들에 속하는 것으로 7호 건물지(그림 10-24)가 있다. 아궁이는 남쪽(사진 아래쪽) 중앙에 있고, 여기서 세고래[40]의 구들이 북쪽으로 이어지다가 쌍고래로 좁아들며, 북쪽 끝에서 서쪽으로 ㄱ자형으로 꺾인 다음에 배연구(개자리)에 이른다. 보고서에는 설명이 없지만, 구들의 서쪽 중간에도 불탄 자리가 있고 외고래가 세고래에 합류하는 것으로 보아서 보조아궁이가 덧붙어 있었던 것 같다. 북쪽에는 ㄷ자형의 공간이 형성되어 있는데, 발굴보고서에서는 다용도실로 판단했으나 회암사지 5단지 '바'건물지처럼 현관과 같은 출입시설로 여겨진다.[41] 이 시설 때문에 평면 1자형을 이루지 않고 ㄱ자형으로 꺾이게 된 것이므로, 이 글에서는 온구들의 한 변형에 넣었다.

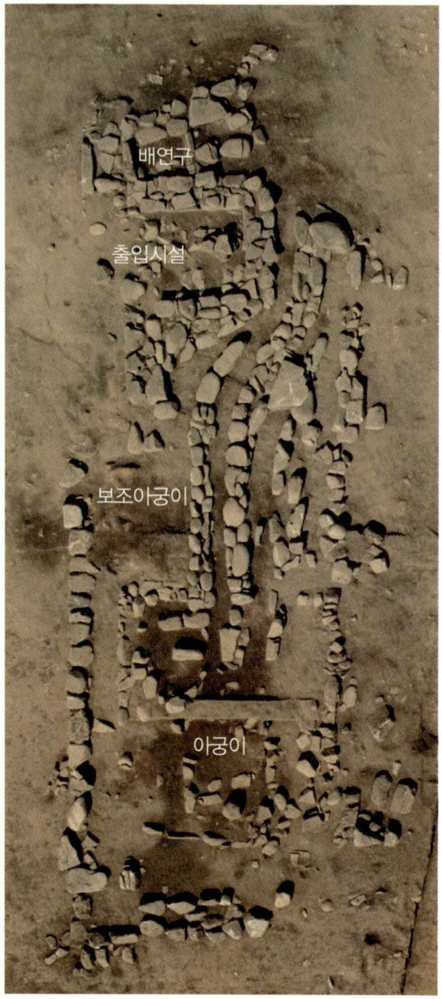

그림 10-24. 연자도 7호

39 발굴 보고서에서는 3호, 8호, 10호의 부분구들 3기, 4-1호, 7호, 11호, 13호, 15호의 전면구들 5기로 분류했으나(울산발전연구원 문화재연구센터, 앞의 책, 261쪽), 주춧돌이 많이 발견되지 않아 방과 구들과의 관계가 불분명한 것들이 많아서 어떤 기준으로 분류했는지 모호하다. 이 글에서는 필자의 기준에 따라 8호, 10호, 13호, 15호는 쪽구들, 7호는 온구들, 3호, 4-1호, 11호는 쪽온구들로 재분류했다. 그러나 이 분류안이 절대적인 것은 아니고, 어느 속성에 중점을 두느냐에 따라 바뀔 수 있다. 참고로 연자도 발굴보고서에는 4-1호 건물지처럼 도면과 설명이 일치하지 않는 것들이 보인다.

40 아궁이 서쪽에서 나온 방형의 구들이 곧바로 꺾여 세고래에 합쳐지는 것으로 보아서, 출발은 네고래 이상이었다가 세고래로 변한 것으로 설명할 수 있다.

41 경기도박물관 · 경기문화재연구원, 『檜巖寺』 III, 본문, 2009, 86쪽.

그림 10-25. 선원사지 동건물지(G)

고려 말기(13~14세기)의 사원지인 강화 선원사지에서 3기 정도의 온구들이 확인되어 고려 초기의 온구들이 말기에 이르러 어떻게 발달했는지를 보여준다. 서건물지(B)[42]에서는 14고래 이상의 1자형 구들이 기와편으로 축조되어 있었는데, 아궁이나 굴뚝이 확인되지 않아서 정확한 길이는 알 수 없지만 남북향 15m 이상으로 길게 5칸에 걸쳐 있었던 것으로 추정된다. 지금까지 발견된 고려시대 온구들 가운데 가장 규모가 크다.

동건물지(G)(그림 10-25)[43]에서는 할석과 기와편으로 만든 온구들이 일부분 발굴되었는데, 구들 평면이 특이하여 甲(갑)자 모양을 이룬다. 아궁이 쪽(사진 위쪽)은 세고래이지만 북쪽으로 갈수록 다수 고래로 변한다. 온돌에 이웃한 옆 칸(사진 오른쪽)에서는 화로로 보이는 유구가 출토되었다. 제1건물지(F)의 구들도 온구들로 여겨진다.

42 東國大學校 博物館, 『史蹟 259號 江華 禪源寺址 發掘 調査 報告書』 I, 2003, 153쪽.
43 위의 책, 233쪽.

문경 조령원지에서도 1자형 5고래의 온구들로 보이는 고려 건물지가 발굴되었다.[44]

4) 쪽온구들의 사례

쪽구들에서 온구들로 넘어가는 이행 형태, 즉 '쪽온구들'도 여럿 보인다. 쪽구들과 온구들의 요소를 함께 갖추고 있지만, 구조 면에서는 다양하게 나타난다. 제12장에서 언급한 함경도 지방의 정주간(정지간)도 이 형태로 분류할 수 있겠다.

앞에서 언급했듯이 미륵사지 발굴에서 과도 형태를 보여주는 구들 3기가 조사된 바 있다. 서편 1-③호(그림 10-26)[45]는 아궁이가 실내에 있어 쪽구들의 요소를 가지고 있다. 북서쪽에 있는 아궁이에서 구들 북쪽으로 외고래가 나온 뒤에 남쪽으로 꺾이면서 세고래로 변한다. 고랫등은 돌과 기와편으로 만들었다. 남쪽은 유실되어 굴뚝은 확인되지 않았다. 동연못 상층 건물지(17호)와 북편 건물지에서는 구들이 이미 파괴되어 있지만 아궁이가 실외에 시설되어 부엌과 방이 구분되던 추세를 보여준다.

12세기 후반에서 13세기 후반으로 편년되는 울주 연자도 유적에서도 3호, 4-1호, 11호, 15호에서 쪽온구들이 확인되었다.

3호 건물지(그림 10-27)[46]는 남쪽의 아궁이에서 북쪽으로 이어진 구들이 평면상 네고래로 보이나, 가운데 두 고래의 입구가 막혀 있다. 이에 따라 보고서에서는 쌍고래로 설명하였다. 아쉽게도 북쪽 부분이 훼손되어 가운데의 두 고래와 양쪽 밖의 고래들이 어떻게 연결되는지

44 洪思俊·申榮勳·李東永, 『鳥嶺關內 傳鳥嶺院 舊基發掘 調査 槪報』, 1978, 7, 39-40쪽.
45 國立扶餘文化財硏究所, 앞의 책, 78-79쪽.
46 울산발전연구원 문화재연구센터, 앞의 책, 21쪽.

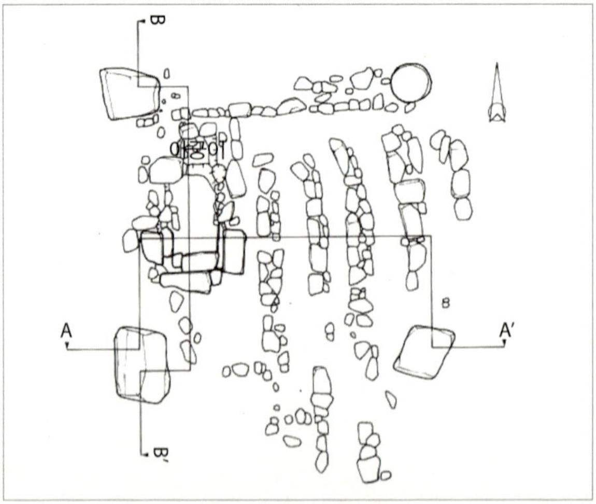

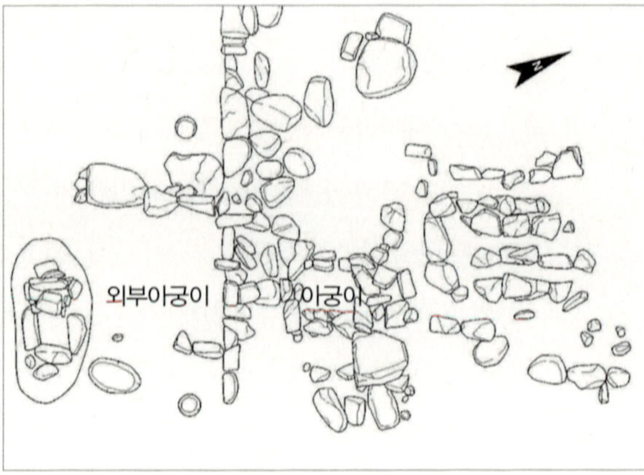

그림 10-26(상). 미륵사지 서편 1-③호
그림 10-27(하). 연자도 3호

알 수 없다. 아궁이는 방 밖에 있으나, 동서 두 초석 사이의 일부에만 구들이 있어서 쪽구들의 요소도 가지고 있다.

4-1호 건물지(그림 10-28)는 남동쪽에 아궁이가 있고 구들은 북쪽으로 뻗다가 동쪽과 남쪽으로 두 번 꺾인 뒤에 배연구(개자리)로 연결된다. 고래 수는 보고서에 적시되어 있지 않고, 도면으로 2~3고래 정도로 보이지만 정확히 판단되지 않는다. 남서쪽 주춧돌 하나만 남아 있지만 방 전체에 구들이 설치된 것으로 보이는데, 그러면서도 고래가 ㄷ자형으로 꺾인다. 이런 점에서 쪽구들과 온구들의 요소가 결합

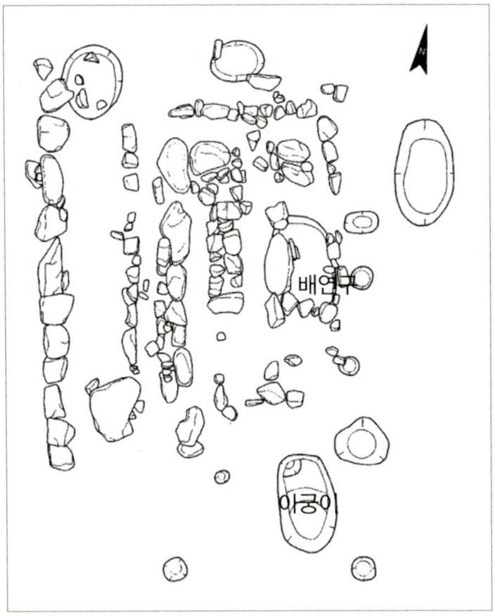

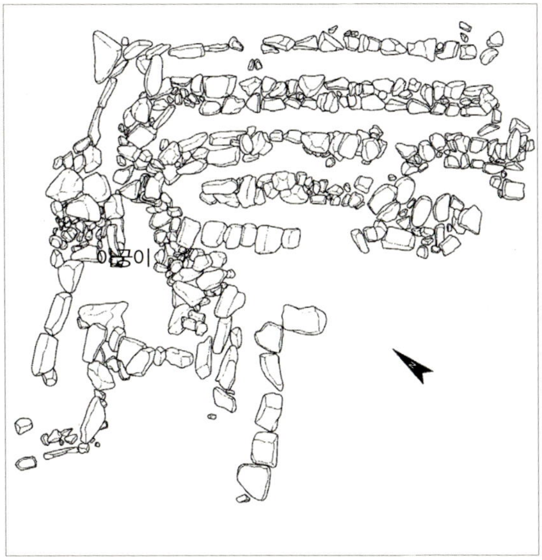

그림 10-28(좌). 연자도 4-1호
그림 10-29(우). 연자도 11호

되어 있다고 할 수 있다.

11호 건물지(그림 10-29)에서는 아궁이에서 나온 구들이 ㄱ자형으로 꺾이면서 네고래를 이룬다. 배연구는 훼손되어 확인되지 않은 것 같다. ㄱ자형으로 꺾이는 쪽구들의 모습을 띠고 있으나, 보고서에서 전면구들이라 했고 구들도 네고래로 넓어져 있어, 쪽온구들로 분류했다.[47]

고려 후기 사찰로 여겨지는 제천 장락사지 13호 건물지(그림 10-30)[48]에서 두 개의 구들이 발굴되었다. 남쪽 구들(그림 오른쪽)은 ㄱ자

47 이에 비해 13호는 1자형 세고래라서 쪽구들로 분류했다. 주춧돌이 제대로 확인되지 않으면 부엌과 방의 분리를 확인하기 어렵다. 이럴 경우 절대적인 기준은 아니지만 세고래까지는 쪽구들, 네고래 이상은 온구들로 분류하겠다. 전체적으로 보면 쪽구들은 세고래까지 발달하였다. 다만 여진 시기에 드물게 네고래의 사례가 발견되지만, 한반도에서는 대체로 네고래 단계에서 온구들로 전환되는 것 같다.

48 충청대학 박물관, 『堤川 長樂寺址』, 2008, 63쪽.

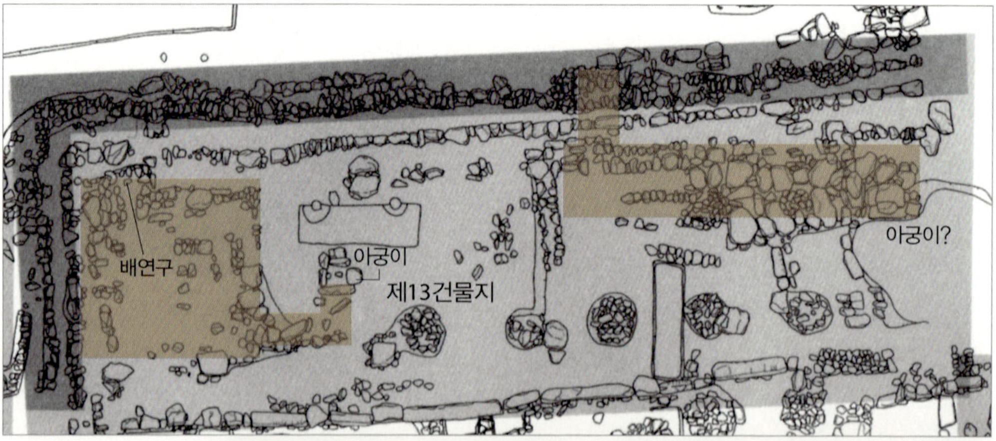

그림 10-30(상). 장락사지 13호
그림 10-31(하). 판교 사지 부속건물지

형 세고래의 쪽구들 형식이지만, 북쪽 구들(그림 왼쪽)은 고래 수 미상의 방형 구들, 그리고 아궁이에서 방형 구들로 연결되는 ㄱ자형 구들(연도)이 달려서 전체적으로 ㄱ자형과 방형이 결합된 형태를 보인다. 이에 따라 쪽온구들로 분류했다.

여말선초에 해당하는 성남 판교 사지에서 발굴된 구들도 쪽온구들로 판단했다. 발굴된 유구는 초석건물지와 부속건물지가 붙어 있는 형식인데, 부속건물지(그림 10-31)[49]에서 구들이 확인되었다. 남쪽(사진 아래쪽)의 아궁이와 연결된 4~5고래의 구들이 북쪽에 있고, 다시 서쪽으로 쌍고래 내지 세고래로 보이는 구들이 뻗어나가 북쪽 담장을 뚫고 나가는 배연부를 형성하였다. 이에 따라 전체 평면은 ㄱ자형을 이룬다. 대체로 건물 동쪽의 구들은 온구들이지만, 서쪽으로 뻗은 구들은 쪽구들의 성격을 띠고 있다.

이 밖에 강화읍 갑곶리에서도 지상건물지 6기가 발굴되었는데, 가-2호에서 독특한 구조의 구들이 조사되었다.[50]

49 한국문화재보호재단, 『성남 판교 지구 문화유적 2차 발굴조사 약보고서』, 2008.
50 기호문화재연구원, 『인화~강화 도로건설공사 매장문화재 발굴조사 9차 학술자문회의 자료집: 강화산단지점(2차) 시굴, L지점 정밀발굴』, 2016.9., 14-15쪽.

11장

온돌의 만개, 조선

조선시대에도 고려시대와 마찬가지로 수혈주거지와 지상건물지로 나누어 온돌의 변화 과정을 살필 수 있다. 수혈주거지에서는 구들 평면이 기본형인 ㄱ자형이 쇠퇴하고 아궁이와 굴뚝이 마주 보는 1자형이 주류를 이룬다. 그러면서 독특한 구들로 이루어진 呂(여)자형 평면의 주거지가 새로 등장한다. 이렇게 수혈주거지에서 나름대로의 쪽구들 문화가 전개되었다.

만주 지역에서는 금나라 이후에 수혈주거지와 지상건물지를 가리지 않고 쪽구들이 복잡한 구조를 띠면서 발달한다. 반면에 고려와 조선에서는 수혈주거지의 쪽구들이 점차 쇠퇴하는 경향을 보이면서도, 다른 한편으로는 지상건물지의 온구들로부터 영향을 받는 면이 보인다.

온돌의 발달은 수혈주거지보다는 지상건물지가 주도하면서 상층으로의 확산이 가속화되는 시기이기도 하다. 조선시대에 지상의 온돌이 보편화되면서 현재와 같은 온돌 문화에 이르게 되었다. 온돌방은 후술하듯이 서울 청진동 같은 도시보다는 회암사지 같은 시골에서, 도시 안에서는 시전(市廛)보다 주택에서 규모가 크다. 이것은 고래 수에서도 비교가 되는데, 아마 땔감의 조달이나 절약 문제와 관련이 있을 것이다.

1) 수혈주거지

조선 수혈주거지에 대해서는 다수의 논문이 발표되었다.[1] 고려시대에 비해서 발굴된 수혈주거지가 매우 많은 편이라서 이를 망라하기는 어렵다. 이 장에서 대상으로 삼은 유적은 모두 227개소 3,060기에 이른다(표 11-1).[2] 자료의 양이 통일신라나 고려의 경우보다 풍부하여 통계적인 검토가 의미가 있겠다.

경기권이 전체의 50%에 이를 정도로 다수를 차지한다. 특히 경기도 화성과 울산광역시가 많은 편인데, 이것은 주거지의 밀집도보다는 현재의 개발 여파 때문인 것으로 보인다. 전라도 지역은 연구 논문이 없어서 대상에서 제외하였다.

다른 시대와 달리 조선시대의 수혈주거지 용도에 대해서는 여러 견해가 제기되었다. 시묘살이용 묘막, 생산과 관련된 공방지, 단기간의 생활터전, 천민계층 등 특수집단의 취락 등[3]이 그것이다. 수혈주거지는 조선시대 기록에 보이는 토실(土室)로서 몰락한 양인이나 노비와 같은 빈민이 거주하였을 것이며, 온돌이 전면적으로 설치된 수혈주거지는 취침용이라기보다 잠방(蠶房)과 같은 특수 목적용이었을 것이라는 견해도 제시되었다.[4]

유적 조사 초기에는 주거지가 소규모 단위로 발굴되는데다가 단기간에 사용되거나 아예 사용되지 않은 듯해서 임시적인 용도였을 것으로 추정했다. 그런 용도의 하나가 묘막인데, 주변에 무덤이 발견되

1 여러 논문에서 제시한 많은 유적들을 참고하였으나, 표 작성의 기준이 통일되어 있지 않아서 발굴 보고서를 토대로 통계표를 다시 만들었다. 검토한 논문 목록은 뒤의 참고문헌에 별도로 기재하였다.

2 대상 유적지를 일일이 제시하기에 너무 많아 생략한다.

3 이경복·전경아, 「조선시대 움집과 그 안에 살던 사람들」, 『白山學報』 69, 白山學會, 2004, 233쪽; 임영호·정여선, 「조선시대 수혈주거지에 대한 연구」, 『야외고고학』 3, 2007, 135-139쪽; 황대일, 「울산지역 조선시대 수혈주거지에 대한 소고」, 『영남고고학』 52, 2010, 118-122쪽.

4 김성태·이병훈, 「史料를 통한 朝鮮時代 竪穴住居址의 검토」, 『고고학』 3-2, 2004, 68쪽.

표 11-1. 조선시대 수혈주거지 현황

	유적 합계	주거지 합계	노지	부뚜막	쪽구들	취난시설 합계
경기권	72	1492	33(3%)	596(55%)	449(42%)	1,078
강원권	19	181	2(1%)	118(76%)	36(23%)	156
충청권	55	860	15(3%)	444(76%)	123(21%)	582
영남권	81	527	26(7%)	310(87%)	22(6%)	358
계	227	3,060	76(3%)	1468(68%)	630(29%)	2,174

면 주거지를 묘막과 연결시키는 경우가 많았다. 역사 기록에도 묘막에 온돌이 설치된 사례가 보인다.[5] 그렇지만 안성 신소현동에서는 주거지들보다 늦게 토광묘들이 조성되었다고 하므로,[6] 주거지가 무덤 가까이에서 발견된다고 해서 항상 묘막과 직결시키기는 어렵다.[7]

보고서 도면만 보아서는 그렇게 느껴지지 않지만, 발굴 현장에서 보았을 때에 화성 반송리 1호 수혈주거지[8]의 경우에 구릉 경사면을 따라 구들이 비스듬히 놓여 있어 취침용으로 보기는 어렵고 혹시 건조 등 다른 용도로 사용되지 않았을까 하는 생각이 들었다. 이로 보건대 모든 수혈주거지가 일상 주거용은 아니었을 것이다.

그러나 수원 광교, 화성 남양동과 온석리, 청원 주성리 등에서 주거지가 대규모로 발굴된 것을 보면, 조선시대에도 대부분의 수혈주거지가 백성들의 일상 주거용이었을 가능성이 크다. 따라서 수혈주거지 가운데는 특수 목적을 위해 임시로 사용된 것도 있지만 대체로는 일상 주거지로 볼 수 있겠으니, 앞 시대와 동일한 차원에서 조선시대 주거지를 논해도 무방할 것이다.

고려, 조선시대에는 이런 움집이 토실 등으로 불렸다.[9] 사료에 나

5 『세종실록』 20년(1438) 5월 29일 「前節制使李澄石 · 澄玉兄弟守墳, 令宿溫堗, 勿令生病.」
6 畿甸文化財硏究院, 『安城 新蘇峴洞遺蹟』, 2006, 223쪽.
7 오승환, 「朝鮮時代 움집의 廬幕機能 再考: 경기도지역의 움집을 중심으로」, 『馬韓 · 百濟文化』 24, 2014.
8 畿甸文化財硏究院, 『華城 盤松里 中世遺蹟』, 2006, 37쪽.
9 김성태 · 이병훈, 앞의 글.

표 11-2. 수용된 주거의 유형

	기와집	초가	토실	1칸 토실	2칸 토실	3칸 토실
남리1		20				
북리1		18	3	2	1	
북리2		6	11	7	3	1
남리2	3	4	1		1	
계	3	48	15	9	5	1

오는 토실, 토우(土宇) 등이 모두 움집을 가리키는 것은 아닌 것 같지만, 이규보(1168~1241)가 쓴 다음 글은 토실이 곧 움집인 것을 보여준다.

> 10월 초하룻날 내가 밖에서 돌아와 아이들이 흙을 파서 무덤처럼 생긴 집을 만든 것을 보았다. 나는 짐짓 모른 체 하고 "왜 집에다 무덤을 만들었느냐."고 물으니, 아이들이 "이것은 무덤이 아니라 토실입니다."라고 답하였다.[10]

『화성성역의궤(華城城役儀軌)』에는 성을 쌓을 때 수용된 집으로 세 가지 유형이 나타난다(표 11-2).[11] 남리(南里)와 북리(北里)의 가옥으로 기와집이 3, 초가가 48, 토실이 15로 계산되어, 토실이 23%를 차지한다.[12] 이것을 보면 토실은 어엿한 주거의 한 형태였다. 다만 토실 규모가 1~2칸이 주류이면서 3칸도 있는 것을 보면 모두 움집 형식이었는지는 명확하지 않다.

근대에는 움집을 토막(土幕)에 포함하여 불렀다.[13] 빈민의 주거지인 토막은 서울과 지방에 두루 퍼져 있었다. 1940년의 조사에 따르면

10 『東文選』 권96, 壞土室說「十月初吉, 李子自外還, 兒子輩鑿土作廬, 其形如墳. 李子佯愚曰, 何故作墳於家. 兒子輩曰, 此不是墳, 乃土室也.」

11 『華城城役儀軌』 권4, 稟目, 甲寅(1794)三月初四日.

12 김성태·이병훈, 앞의 글, 61쪽.

13 姜萬吉,「제3장 土幕民의 生活」,『日帝時代 貧民生活史 硏究』, 創作社, 1987.

서울 토막의 93.9%에 온돌이 있었다고 한다.[14]

대한제국 시기에 머물렀던 에밀 부르다레의 글에서도 움집에 대한 묘사를 찾을 수 있다.

> 가장 원시적인 주거는 땅에 구멍을 파서 가난한 일가족이 들어가 사는 것이다. 그 지붕은 실내에 공기와 빛을 주도록 낮에 여닫을 수 있는 거적때기로 만들어진다. 수도 변두리에서 이런 대단히 경제적이고 따뜻한 간단한 주거 형태를 지금도 볼 수 있다.[15]

일정한 범위에서 다량의 주거지가 발굴되어 조선시대 수혈주거지의 군집 모습을 어느 정도 추정할 수 있게 된 유적으로는 여러 곳이 있다. 예를 들어서 오산 지곶동에서 81기, 수원 광교 일대에서 164기, 화성 남양동에서 181기, 화성 온석리에서 103기, 춘천 근화동에서 66기, 청원 주성리·창리에서 분산된 128기가 발굴되었다. 이 가운데 수원 광교, 화성 남양동, 청원 주성리·창리는 분산된 여러 지점의 발굴 결과를 합친 것이지만, 오산 지곶동과 춘천 근화동, 화성 온석리는 한 지점에서 다수의 주거지가 발굴된 것이어서 일정 지역에서의 주거지 군집 현상을 조금 더 잘 알 수 있게 해준다.

오산 지곶동에서는 1지점에서 70기가, 춘천 근화동에서는 서로 인접한 B, C 지구에서 61기가 발굴되었다. 보고서를 보면, 두 유적의 연대는 15~16세기 무렵인 조선 전반기로서 거의 같은 시기에 조성된 것으로 판단할 수 있겠다. 그러면서 전자는 입지가 구릉지이고, 후자는 평지이다. 물론 주거지들이 모두 같은 시기에 존재했던 것은 아니나, 개별 유적에서 시기적인 변화 과정을 추적하려면 별도의 분석이 필요하여 여기서는 생략한다. 이제 양자를 비교해보겠다.

14 위의 글, 268쪽.

15 에밀 부르다레 지음, 정진국 옮김, 『대한제국 최후의 숨결』, 글항아리, 2009, 191쪽.

먼저, 오산 지곶동[16] 1지점은 산 능선의 말단부로서, 주거지는 남서 사면과 북동 사면에 산발적으로 분포한다. 이런 분포 양상은 수혈주거들이 옹기종기 모여서 마을을 이룬 것이 아니라, 소수의 주거들이 구릉지대 여기저기에 흩어져 있었던 것을 반영한다. 집들은 완만한 경사면을 파고 조성하였다.

주거지 평면은 방형계 34기, 원형계 8기로 방형계가 훨씬 많다. 보고서에서는 무시설식, 아궁이, 구들 세 가지로 나누었지만, 무시설식은 원래 시설이 없었던 것인지 아니면 시설이 파괴되어 현존하지 않는 것인지 분간하기 어렵다. 취난시설의 발굴 결과를 보면, 노지 1기, 부뚜막 42기, 구들 15기가 되어서, 부뚜막이 구들보다 세 배 가까이 많다. 이처럼 조선시대 수혈주거에서는 주로 부뚜막을 사용하였고, 구들은 그에 훨씬 미치지 못했던 것을 알 수 있다. 이곳에서는 1자형 구들이 일색을 이루었다.

다음으로, 춘천 근화동 유적[17]은 북한강에 의해 형성된 충적 대지에 있다. 다만 대지 전체가 아니라 남북으로 길게 이어지는 장방형 구역만 발굴한 것인데, A구역 5기를 제외하면 조선시대 수혈주거지는 B, C 구역에 61기가 집중되어 있어서 일견 마을을 이루고 있었던 것처럼 보인다. 주거지 평면은 방형계 32기, 원형계 16기로 역시 방형계가 원형계보다 많다. 취난시설은 부뚜막이 53기로 절대 다수를 차지하고 구들은 1기에 그친다.

조선시대 주거지의 상황이 지역마다 달랐을 것은 두 사례에서도 충분히 짐작된다. 전체적으로 보면, 야트막한 구릉의 정상이나 완만한 경사면에 자리 잡은 것이 대부분이고, 충적지에 있는 경우는 매우 적다. 수혈주거지가 많이 발굴된 울산만 해도 교동리 수남 유적을 제

16 기호문화재연구원, 『烏山 紙串洞 遺蹟』, 2010.

17 江原考古文化硏究院, 『춘천 근화동유적(A구역)』, 2011; 江原文化財硏究所, 『春川 槿花洞遺蹟(B구역)』, 2011; 예맥문화재연구원, 『春川 槿花洞遺蹟(C구역)』, 2011.

외한 나머지 21개 유적은 모두 구릉지 사면에 해당한다.[18] 구릉지에서는 주거지가 대개 10기 이내를 한 단위로 여기저기 흩어져 있으나, 평지에서는 가까이 모여서 마을을 이룬다. 반면 화성 온석리의 경우처럼, 약 5,000m^2 범위의 낮고 평탄한 구릉지에 집단을 형성하여 103기의 수혈주거지가 밀집해 있는 사례도 있다.

일반적으로 조선시대에 방형계 주거지가 원형계보다 다수를 차지하였고, 내부에는 보통 부뚜막을 두되 특별한 경우에 구들을 설치하였다.

참고로 수혈주거지마다 고려시대에는 청자, 조선시대에는 분청사기나 백자 등의 자기가 소량이지만 보편적이라고 할 정도로 발굴되어 편년의 근거가 되고 있는데, 자기를 지배계층만 사용한 것은 아닌 사실을 보여주어 주목할 만하다.

이제 취난시설의 분석으로 들어가 보겠다. 필자가 검토한 227개소 유적 가운데 지역별로 취난시설의 개수에서 상위권에 드는 유적들만 대상으로 취난시설을 분류하면 〈표 11-3〉과 같다.[19] 전체적으로 볼 때에 노지, 부뚜막, 쪽구들의 비율이 각각 3%, 68%, 30% 정도이다. 〈표 11-1〉처럼 227개 유적 전체를 대상으로 해도 거의 같은 결과가 나온다. 세 가지 취난시설이 모두 나타나는 유적으로는 화성 남양동, 평택 옥길리 등이 있다.

〈표 13-1〉에서도 보듯이 조선시대 수혈주거지의 취난시설은 다른 시대에 비해 부뚜막이 절대적인 우위를 차지하고, 그 다음이 쪽구들이며, 노지는 거의 명맥만 유지하였다.

부뚜막은 대부분 벽 쪽에 위치하나, 일부는 가운데에 만들었다. 또 부뚜막이나 구들 아궁이가 솥을 걸기 어려운 구조라서 난방용으로

18 황대일, 앞의 글, 102-103쪽.
19 한 주거지에 두 가지 취난시설이 병존할 경우에, 노지와 부뚜막이면 부뚜막, 부뚜막과 온돌이면 온돌, 노지와 온돌이면 온돌에 넣었다.

표 11-3. 조선 수혈주거지 취난시설 구성

유적명	노지	부뚜막	쪽구들	취난시설 합계
성남 여수동	2	18	11	31
오산 지곶동	1	49	17	67
수원 광교	2	75	41	118
화성 남양동 I, II	2	93	40	135
화성 향남2지구		11	16	27
화성 청계리		34	15	49
화성 온석리		1	89	90
용인 서천동	3	23	20	46
안성 만정리 신기	4	16	7	27
(소계)	14	320	256	590
춘천 장학리		7	7	14
춘천 우두동 I, II		10	1	11
춘천 근화동 A, B, C		58	1	59
횡성 읍하리		8	5	13
평창 천동리 마지리		7	2	9
(소계)	0	90	16	106
충주 수룡리 산막골		12	8	20
충주 본리·영평리	7	10	5	22
청원 부강리		23	9	32
청원 주성리·창리		81	17	98
서산 잠홍동		19	13	32
아산 밤줄길		14	6	20
아산 용두리 진터		28	5	33
대전복룡동		25		25
(소계)	7	212	63	282
상주 무양동		21		21
울산 다운동 436-5번지		11		11
울산 삼정리		11		11
울산 신정동		9		9
울주 반연리		31		31
기장 명례리	1	32	1	34
기장 하장안		24	2	26
기장 반룡리		10		10
김해 본산리	9			9
(소계)	10	149	3	162
총계	31	771	338	1,140

만 사용한 것으로 보이는 사례도 종종 있으니, 안성 갈전리의 부뚜막이 그런 경우이다.[20] 화성 온석리 267번지의 수혈주거지들도 부뚜막이 너무 작아서 취사는 다른 곳에서 이루어졌을 것으로 여겨진다.

당진 읍내리[21]에서는 I지역과 II지역에서 취난시설의 구성이 전혀 달라서 이목을 끈다. I지역에서는 8기 모두가 구들인 반면에, II지역에서는 6기 모두가 부뚜막이기 때문이다. 구들 주거지는 모두 몸자형이다. 보고서에서는 둘 다 16~17세기로 편년하고 있지만, 양자의 차이가 시기 때문인지 아니면 집단 간 선호 차이 때문인지는 알 수 없다. 또 성남 여수동 3-15호[22]의 경우, 처음에는 서쪽 벽에 부뚜막을 만들어 사용하다가 일정 시간이 지난 뒤에 이를 폐기하고 부뚜막 맞은편에 구들을 만들어 사용하였다고 하니, 부뚜막에서 구들로의 전환 사례라 할 수 있다.

〈표 11-1〉로 되돌아가보면 지역적 특색이 눈에 들어온다. 쪽구들의 비율이 경기권, 강원권, 충청권, 영남권 순서로 높고, 이에 비해서 부뚜막의 비율은 그 반대 순서로 높다. 고려시대(표 10-1)나 그 앞 시대와 비교하더라도, 조선시대에 쪽구들의 비율이 떨어지고 부뚜막의 비율은 높아진 것이 나타나는데, 이것은 수혈주거지에서 쪽구들이 쇠퇴하는 추세를 반영한다. 영남권에서는 그런 양상이 더욱 두드러져서 부뚜막이 87%를 차지하는 반면에 쪽구들은 노지보다도 적은 6%로 내려간다. 이런 비율은 〈표 11-3〉을 대상으로 해도 크게 달라지지 않는다. 삼국시대에 중부권과 다른 별개의 온돌 문화 중심지를 이루었던 영남권에서 쪽구들이 부뚜막으로 대체되는 흐름은 통일신라 이래로 고려시대를 거쳐 조선시대까지 지속되어온 것이다.

여기서 다루는 전체 유적 가운데 발굴된 쪽구들은 경기권 58개소

20 中央文化財研究院, 『安城 葛田里遺蹟』, 2006, 106쪽.
21 충청남도역사문화원, 『唐津 邑內里 遺蹟』, 2005.
22 기호문화재연구원, 『城南 麗水洞 遺蹟』 II, 2012, 111쪽.

462기, 강원권 14개소 36기, 충청권 32개소 123기, 영남권 13개소 22기이다.[23] 쪽구들이 1기 이상 조사된 유적의 비율이 경기권 79%, 강원권 74%, 충청권 58%, 영남권 16%로서 역시 경기권과 강원권에 밀집되어 있고, 충청권은 그 변두리의 지위에 있음이 확인된다. 강원권에서는 이전까지 쪽구들이 보이지 않던 영동지방에서도 새롭게 발견되고, 충청권에서는 앞 시대에 비해서 충청북도 지방의 분포가 증가한 것이 주목된다. 영남권은 온돌 문화가 잔재로 남아 있는 정도이다. 통일신라와 고려를 거치면서 경기권으로 수렴되던 분포권이 조선시대에 들어서 다시 주변으로 확산되는 분위기가 감지된다.

쪽구들의 발견 비율을 보더라도, 경기권에서는 3.2개, 강원권에서는 5개, 충청권은 7개, 영남권은 24개 주거지마다 쪽구들 1기가 확인되었다. 이처럼 쪽구들의 집중도에서도 경기권, 강원권, 충청권, 영남권 순으로 높았고, 특히 영남권은 다른 지역과 현저한 차이를 보일 정도로 쪽구들이 아주 희박하게 발굴되었다.

쪽구들의 속성을 유적별로 정리하면 〈표 11-4〉와 같다.[24] 이 표에

23 구들이 복수일 경우에, 주거지 중복일 가능성이 있으면 주거지 호수를 분리하여 각각의 형식으로 처리하고(성남 여수동 3-9호, 고성 화포리 B-3호), 시기를 달리했을 경우에는 뒤 시기의 형식으로 처리하고(화성 향남 6-1호), 동일한 구조일 경우에 하나만 계산했다(수원 광교 9-37). 또 서로 다른 구조가 공존할 경우로서 화성 청계리 다-11호는 3개 구들 가운데 제일 많은 고래를 선택하고, 수하리 A-1호는 1자형과 ㄱ자형이 공존하지만 ㄱ자형만 채택했다.

24 경기권과 충청권은 표로 작성하기에 너무 많아서 쪽구들이 5기 이상 발굴된 유적만 대상으로 삼았다. 구들 형식은 구들 평면과 고래 수의 두 가지 속성이 모두 확인되는 것만 적었다.
표 작성에서 제외한 쪽구들 유적은 경기도의 경우 파주 금승리·덕은리 3기, 인천 운북동 1기, 김포 양곡 3기, 마송 3기, 군포 부곡동 2기, 하남 신장동 1기, 광주 진우리 2기, 성남 서판교 3기, 오산 누읍동 4기, 내삼미동 2기, 수원 영통동 뒷골 1기, 화성 반월리 속반달이 1기, 반송리 3기, 화산동 4기, 향남 4기, 석교리 1기, 독정리·금의리 1기, 금의리 1기, 송산동 1기, 봉담 동화리 2기, 하길리 1기, 매송 야목리 2기, 용인 성복동 1기, 마북리 2기, 영문리 1기, 동백리·중리 2기, 이천 송계리 1기, 수하리·도암리 2기, 지석리 3기, 평택 내천리 2기, 대추리·금각리 4기, 안성 신소현동 1기로 도합 65기이고, 충청도의 경우, 제천 왕암동 2기, 충주 갈동 1기, 진천 사양리 1기, 송두리 CQV 3기, 청주 송절동 1기, 개신동 I지구 1기, 청원 오창 양청리·송대리 2기, 서산 예천동 4기, 당진 채운리 한우물 3기, 통정리 4기, 아산 구성리 1기, 천안 불당동 1기,

서 앞 시대와는 달리 연대 항목을 생략하였는데, 조선시대 수혈주거지의 편년을 설정하기가 어렵기 때문이다. 편년 문제를 기왕의 연구들에서 다루기는 하였으나 연구 지역이나 연구자마다 양상이 달라서 아직은 취신하기가 어렵다. 발굴의 편중이나 편년의 오류 때문인지는 몰라도 대체로 15~16세기 유적이 대다수인 반면에 18~19세기 유적은 희박하다. 이 경향성이 역사적 사실을 반영한다면, 수혈주거가 점차 지상건물로 대체되어갔기 때문일 수도 있다. 시간적 흐름에 따라 수혈주거지의 온돌이 어떻게 변해갔는지를 살피는 문제는 추후의 과제로 남기겠다.

표 11-4. 조선 수혈주거지의 쪽구들

유적명	전체 주거지	쪽구들 주거지	구들 형식	구들 재료	출전
파주 능산리	27	12	1-2, 1-4	굴, 돌	『파주 능산리유적』(2010)
파주 와동리	30	5	1-2, 1-3	굴, 돌	『파주 와동리 II 유적』(2010)
문산 당동리	24	8	ㄱ-3	돌	『문산 당동리 유적』(2009)
동두천 광암동	11	8	1-3, 1-5	굴, 돌	『동두천 광암동 유적』(2014)
가평 연하리	12	8	1-3, 1-4	돌	『가평 연하리 유적』(2009)
성남 도촌동	6	6	?	돌	『성남 도촌동 유적』(2009)
성남 여수동	41	11	ㄱ-2, ㄱ-4, 1-1, 1-2, 1-3, 1-4, 몸-2	굴, 돌	『성남 여수동 유적』 I·II·III(2012)
오산 지곶동	81	17	1-1, 1-2, 1-3, 1-5, S-1	굴, 돌	『오산 지곶동 유적』 I·II(2010)
수원 광교	164	41	ㄱ-1, ㄱ-2, ㄱ-3, ㄱ-5, 1-1, 1-2, 1-3, 1-4, 1-5, 1-6, 1-7, 몸-2, 몸-5, 몸-7	굴, 돌	『광교신도시 문화재 발굴조사 보고서』 I(2011), 『광교신도시 문화유적』 II(2011), 『광교신도시 문화재 발굴조사』 IV(2011), 『광교 신도시 문화유적』 V, 9지점(2011), 『광교 신도시 문화유적』 V, 10·11지점(2011), 『광교 신도시 문화유적』 V, 12·13·14지점(2011)
화성 구문천리	19	10	1-5, 몸-3, 몸-4, 몸-5, 몸-7, 몸-8	굴, 기와, 돌	『화성 구문천리유적』(2004)
화성 남양동	181	40	ㄱ-1, 1-2, 1-3, 1-5, 1-6, 몸-2, 몸-3, 몸-5	굴, 돌	『화성 남양동 유적』(2009), 『화성 남양동 유적』 II(2014)

보령 구룡리 1기, 연지리 3기, 창동리 움골 3기, 공주 신관동 관골 1기, 단지리 1기, 연기 신안리 4기, 대전 복룡동 당산 2기, 도안동 음지말 1기, 상대동 1기, 서천 봉선리 1기로 도합 42기이다.

표 11-4 계속

유적명	전체 주거지	쪽구들 주거지	구들 형식	구들 재료	출전
화성 향남2지구	37	16	ㄱ-2, ㄱ-3, 1-2, 1-4, 몸-3, 몸-4, 몸-5	굴, 돌	『화성 향남2지구 유적』 I·II(2011)
화성 율암리	18	5	1-3, 1-4, 1-6	굴, 돌	『화성 율암리 산46-58번지 유적』(2014)
화성 북양지구	6	5	ㄱ-1, 1-2, 1-3, 1-4	굴, 돌	『화성 북양지구 …』(2015)
화성 청계리	51	15	ㄱ-2, ㄱ-5, 1-1, 1-2, 1-3, 1-4, 1-5	점, 굴, 돌	『화성 청계리 유적』 I·II·IV·V·VI·VII(2013)
화성 금곡리	23	5	ㄱ-1, 1-1	굴, 돌	『화성 금곡리 유적』(2014)
화성 온석리	103	89	몸-2~8, 1-5	굴, 돌	『화성 온석리 267번지 유적』(2018)
용인 마북동취락	33	14	1-1, 1-2, 1-3, 1-4	돌	『용인 마북동 취락유적』(2009)
용인 보정리 소실	15	8	ㄱ-3, 1-3	돌	『용인 보정리 소실유적』(2005)
용인 영덕동	21	5	1-2, 1-3	돌	『용인 영덕동 유적』(2010)
용인 서천동	63	20	ㄱ-3, 1-1, 1-3, 1-4, 1-5, 1-7	굴, 돌	『용인 서천동유적』(2011)
평택 용이동	9	9	ㄱ-2, 1-3, 1-4	굴, 돌	『평택 용이동 유적』(2011)
평택 옥길리	30	9	1-4, 1-5, 몸-4, 몸-5	굴, 돌	『평택 옥길리유적』(2008)
안성 만정리 신기	60	7	1-3, 1-4	점, 굴, 돌	『안성 만정리 신기유적』(2009)
안성 장원리	36	8	?	돌	『안성 장원리 유적』(2012)
춘천 장학리	21	7	1-2, 1-3	굴, 점, 기와, 돌	『춘천 장학리 I 유적』(2011), 『춘천 장학리 유적』(2013)
춘천 우두동	13	1	1-2	돌	『춘천 우두동유적』 I(2011), 『춘천 우두동 유적』 II(2012)
춘천 금산리	8	3	1-3	돌	『춘천 금산리유적』(2012)
춘천 근화동	66	1	1-3	돌	『춘천 근화동유적(A구역)』(2011), 『춘천 근화동유적(B구역)』(2011), 『춘천 근화동 유적(C구역)』(2011)
춘천 현암리	7	1	1-1	돌	『춘천 현암리유적』(2011)
홍천 성산리	7	2	1-1	돌	『홍천 성산리유적』(2012)
횡성 읍하리	15	5	ㄱ-2, 1-3, T-2	돌	『횡성 읍하리 유적』(2009), 『횡성 읍하리 취락』(2010)
횡성 법주리	6	3	1-1	점	『횡성 법주리 유적』(2012)
횡성 매곡리	6	1	1-2	굴, 돌	『횡성 매곡리유적』(2011)
평창 천동리 마지리	10	2	1-2, 1-3	굴, 돌	『평창 천동리·마지리 취락』(2012)
고성 송현리	3	2	ㄱ-3, 1-2	굴, 돌	『고성 송현리유적』(2008)
고성 철통리	4	3	ㄱ-3, 1-3	점, 굴, 돌	『고성 철통리유적』(2009)
고성 화포리	2	2	1-2, 1-5	굴, 돌	『고성 초도리 II·화포리 유적』(2010)
양양 포월리	3	3	1-5	굴, 돌	『양양 포월리유적』(2015)
충주 수룡리 산막골	34	8	1-2, 1-3	돌	『충주 수룡리 산막골유적』(2010)
충주 본리·영평리	35	5	ㄱ-2, 1-2, 1-3	굴, 돌	『충주 본리·영평리·완오리 유적』(2009)
증평 미암리	24	5	ㄱ-1, 1-2	굴, 돌	『증평 미암리유적』II(2009)
청원 부강리	38	9	?	돌	『부강리 유적』(2002)

표 11-4 계속

유적명	전체 주거지	쪽구들 주거지	구들 형식	구들 재료	출전
청원 주성리·창리	128	17	ㄱ-3, 1-3, 1-5	굴, 기와, 돌	『청원 주성리·창리 유적』(2013)
서산 잠홍동	43	13	1-3, 몸-4, 몸-5, 몸-6, 몸-8	굴, 돌	『서산 잠홍동 유적』(2008)
당진 읍내리	14	8	몸-2, 몸-3, 몸-4, 몸-6, 몸-8	굴, 돌	『당진 읍내리 유적』(2005)
아산 밤줄길	30	6	1-2, 1-4	돌	『아산 밤줄길 유적』(2007)
아산 용두리 진터	43	5	ㄱ-1, 1-3, 1-4, 몸-2	굴, 돌	『아산 용두리 진터 유적』 III(2011)
부여 합정리	12	5	?	기와, 돌	『부여 합정리』(2001)
예천 황지리	1	1	?	돌	『예천 황지리 유적』 II(2010)
대구 상동 우방아파트	11	6	1-6	기와, 돌	『대구 수성구 상동 우방아파트 …』(2002)
대구 구암동	3	1	?	돌	『대구 구암동6번지유적』(2003)
경산 현내리	12	1	1-3	돌	『경산 현내리 II 유적』(2005)
영천 청정리	2	1	?	돌	『영천 청정리유적』(2011)
경주 서악동	6	2	ㄱ-2	점, 기와, 돌	『경주 서악동 256번지유적』(2009)
울산 청송사지 기와가마	3	1	?	돌	『울산청송사지기와가마유적』(2011)
밀양 교동 개미골	8	1	?	돌	『밀양 교동 개미골유적』(2009)
기장 명례리	42	1	1-3	돌	『기장명례리유적』(2013), 『기장 명례유적』(2013)
기장 하장안	31	2	?	돌	『기장 하장안유적』(2013)
김해 봉황동	3	2	?	기와, 돌	『김해 봉황동 유적』(2007)
김해 화목동	2	1	ㄱ-1	기와, 돌	『김해 화목동 생활유적』(2014)
창원 봉림동	7	2	?	돌	『창원 봉림동유적』(2011)

표 11-5. 지역별 주거 평면(괄호 안은 쪽구들 주거지에 한정)

	방형계	원형계
경기권	929(251)	277(52)
강원권	79(13)	66(14)
충청권	514(73)	237(31)
영남권	274(8)	188(9)
합계	1,796(345)	768(106)

조선의 수혈주거지에서도 통일신라나 고려의 경우처럼 방형계가 우세를 점한다(표 11-5). 이 시기의 수혈주거지는 말각 처리되면서 방형계와 원형계의 중간적인 성격을 띠고 있거나 부정형을 띠는 것이 많다. 따라서 엄밀하게 분간하기가 어려운 것이 많지만, 전국적으로 방형계와 원형계가 2.3 대 1 정도의 비율을 보인다. 고려시대에 방형계가 대부분을 차지하는 것과는 다른 양상이다.

강원권에서는 양자가 비슷한 비율을 보이지만, 대상 유적이 다른 지역에 비해 적은 편이다. 그 외에 경기권이나 충청권은 물론이고 삼국시대에 원형계가 우위를 점했던 영남권에서마저 방형계가 우세하다. 쪽구들 주거지만 따지더라도 방형계가 다수이며, 방형계와 원형계가 3.3 대 1의 비율을 보인다. 앞의 비율과 비교하면 방향계가 쪽구들을 더 선호한 것을 알 수 있다. 그렇지만 쪽구들이 어느 한 쪽에 치우쳤다고 볼 정도는 아니다.

삼국시대 영남권을 중심으로 발달한 점토제 터널형 구들을 제외하면, 고래를 덮는 구들장은 위로부터의 하중을 견디기 위해서 넓적한 돌을 사용하는 것이 일반적이다. 청원 주성리 5-1-15호[25]처럼 간혹 돌 대신에 기와로 구들장을 대신하는 경우도 있지만, 기와편은 주로 구들장 틈을 채우는 사춤용으로 이용되었다. 따라서 구들장보다는 고랫등에서 재료의 차이가 나게 마련인데, 조선시대에도 고대로부터 내려오는 재료가 모두 사용되었다.

돌을 쌓아 고랫등을 만든 것이 절대 다수이지만, 일부에서는 생토나 암반을 굴착하여 고래를 만들거나, 점토 또는 기와를 쌓아 고랫등을 만드는 방식도 채용되었다. 춘천 장학리 28호[26]는 주로 점토를 쌓으면서 돌과 기와편을 소량 사용한 경우이다. 점토나 기와를 사용할 때는 돌 쌓기와 병행하지만, 굴착식은 고래 전체를 파내고 구들장으로만 돌을 사용하는 경우가 대부분이다. 수원 광교 9-14호,[27] 화성 북양지구 1호[28]처럼 고래를 굴착한 뒤에 할석으로 보강한 경우도 일부 보이기는 한다. 굴착식 고래는 화성 구문천리,[29] 화성 향남2지구,[30] 서

25 中原文化財研究院, 『淸原 主城里 · 倉里 遺蹟』 본문 2, 2013, 65쪽.

26 江原文化財研究所, 『春川 獐鶴里 I 遺蹟』, 2011, 64쪽.

27 기호문화재연구원, 『光敎 新都市 文化遺蹟』 V, 9지점, 2011, 81쪽.

28 한울문화재연구원, 『화성 북양지구 준산업단지 1단계 조성사업부지 내 유적』, 2015, 60쪽.

29 中央文化財研究院, 『華城 求文川里遺蹟』, 2004.

30 中原文化財研究院, 『화성 향남2지구 유적』 II, 2011.

표 11-6. 조선 수혈주거지의 구들 유형

	외고래	쌍고래	세고래	네고래	5고래	6고래	7고래	8고래	계
ㄱ자형	11	19	13	1	2				46
1자형	17	44	59	27	24	5	2		178
몸자형		36	11	21	27	8	7	7	117
T자형		1							1
기타(S)	1								1
계	29	100	83	49	53	13	9	7	343

산 잠홍동,[31] 당진 읍내리[32] 등에서 보듯이 몸자형 주거지에서 집중적으로 나타난다.

전반적으로 볼 때에 앞 시대에 비해 기와를 사용한 사례가 증가하고, 굴착식 고래가 급증하는 것이 특징적이다. 지역별로 보면 경기권 및 그 주변의 강원권과 충청권에서는 재료의 다양성이 보이지만, 영남권에서는 돌 외에 기와가 일부 사용될 뿐이고 굴착식이나 점토 쌓기는 보이지 않는다.

조선시대 수혈주거지의 쪽구들 평면은 ㄱ자형과 몸자형, 1자형으로 집약된다(표 11-6).[33] 1자형이 크게 늘어난 반면에 구들의 기본형인 ㄱ자형은 위축된다. ㄱ자형 가운데도 전형적인 것은 적고 1자형에 가까운 것이 다수이다. 예외적으로 보이는 T자형 하나를 제외하면, 앞 시대에 보이던 T자형과 ㄷ자형은 사라진다. 이런 변화는 온구들의 등장과 더불어 수혈주거지에서도 1자형인 온구들의 요소를 받아들인 결과로 보인다. 고래 수가 대폭 늘어난 것도 역시 온구들의 영향이다.

31 忠清南道歷史文化研究院, 『瑞山 潛紅洞 遺跡』, 2008.

32 충청남도역사문화원, 『唐津 邑內里 遺蹟』, 2005.

*조선시대 수혈주거지 편에서는 발굴보고서를 재인용할 때에 '앞의 책(글)', '위의 책(글)' 체제를 따를 경우 매우 복잡한 상황이 발생하여 부득이 서지 사항을 중복해서 싣겠다.

33 고려시대는 발굴 사례가 적은 편이라 고래의 평면과 개수에서 추정 사례도 포함하였으나, 조선시대는 그러지 않아서 다른 시대처럼 제외하였다. 또 고래 평면 유형은 아궁이와 배연구가 모두 확인될 때 확정할 수 있지만, 일부는 주거지 내부의 정황으로 구조를 추정할 수 있다. 그렇지 않은 '추정' 평면은 계산에서 제외하였다.

새롭게 등장하는 것이 몸(여)자형[34]인데, 아궁이와 굴뚝이 마주 보고 있는 점에서 1자형과 동일하므로 그 하위 유형에 해당한다. 다만 몸자형은 후술하는 바와 같이 '외곽 고래'와 '내부 고래'로 이루어진 구조적 특징이 있다. 이러한 주거지는 분포 면에서도 특징을 드러낸다. 경기도의 성남, 오산, 수원, 화성, 평택 및 충청남도의 서산, 당진, 아산에서 발견되므로, 경기도 남부와 충청남도 북서부 해안지대에 한정하여 유행했다.[35] 이것은 ㄱ자형이나 1자형이 전국에 걸쳐 있는 것과 구별된다. 몸자형 주거지는 독립 공간에 구들을 설치해서 부엌과 분리했다는 점에서 역시 온구들의 영향이라 할 수 있다.

조선시대에 고래 개수가 대폭 증가한 것도 눈여겨볼 일이다. 삼국과 통일신라, 고려에서 외고래가 절대 다수이고, 쌍고래가 그 뒤를 따른다. 이에 비해서 조선에서는 쌍고래에서 5고래까지가 외고래보다 많아진다. 다시 말해 삼국시대에서 고려시대까지는 외고래 중심이었다가, 조선시대에는 세고래와 쌍고래 중심으로 바뀐다. 또 삼국시대에는 외고래와 쌍고래 일색이었다가, 통일신라와 고려시대에 세고래 이상이 등장하기 시작하고, 조선시대에는 최대 10고래까지 다양하게 나타난다. 구들에 두 개 이상의 복수 아궁이가 달려 있는 것이 많은 것이나, 줄고래가 기본이면서도 증평 미암리 등에서 보듯이 허튼고래도 등장하는 것도 이 시대의 특징이다. 이제 구들을 유형별로 살펴보겠다.

34 몸자형은 고래 평면이 아니라 주거지의 평면을 나타내며, 구들 평면으로 따지면 ㅁ자형 내지 ㅇ자형이라 할 수 있다. 1자형의 변형으로서 전형적인 1자형과 구분하기 위해서 편의적으로 사용한다. 몸자형은 외형상 두 개의 수혈 공간이 붙어 있는 것처럼 보이지만, 최근에 발굴되는 유구들을 보면 한 공간을 둘로 나눈 형태에 가깝다. 그런 점에서 차라리 日(일)자형이라 부르는 게 더 타당하겠지만, 현재 일반적으로 쓰이는 몸자형 용어를 채택하겠다.

35 추가로 충청남도 도청 이전 부지에서도 몸자형 주거지가 다수 발굴되었다(통계 미포함). 忠淸南道歷史文化硏究院, 『홍성 신경리 · 예산 목리유적』, 2013.

(1) ㄱ자형

먼저 ㄱ자형을 살펴보면, 고래는 외고래부터 최대 5고래까지 있다. ㄱ자형으로는 구조상 세고래까지가 적정한 것 같으며, 이보다 많은 것은 예외적이라 할 수 있다. 따라서 조선시대에도 ㄱ자형 구들은 이전과 마찬가지로 외고래에서 세고래까지가 주류이다.

그러면서 고래가 90도를 이루지 않고 밋밋하게 호형을 이루며 꺾이는 것이 다수 보인다. ㄱ자형이라기보다 C자형에 가깝다. 이것은 구들의 발전이라기보다, ㄱ자형이 점차 퇴화하면서 변형되는 양상을 드러낸 것이다. 다른 시대에 비해 정형에서 벗어난 것들이 많이 등장하는 것은 이 때문이다.

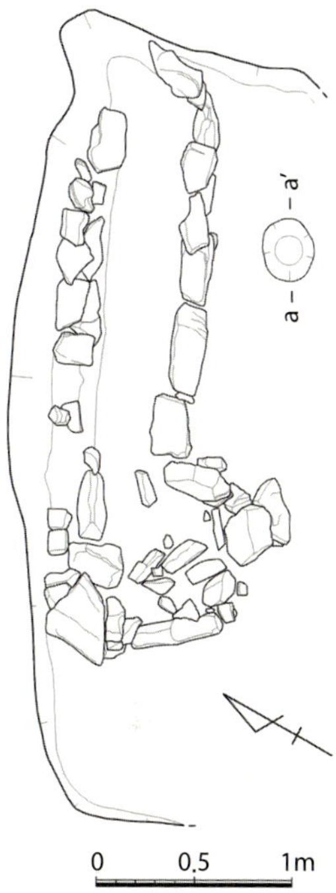

그림 11–1. 남양동 5–39호

ㄱ자형 외고래에는 화성 남양동 5-39호(그림 11-1)[36]가 있는데, 할석으로 쌓고 큰 판석으로 구들장을 삼았다. 그림에서 오른쪽 아래에 아궁이가 있고, 왼쪽 위에 굴뚝이 있다. 삼국시대 이래 보이는 전형적인 ㄱ자형 구들이다.

이천 수하리 A-1호[37]처럼 주거지 하나에 두 개의 구들이 놓인 사례도 있으니, 동쪽의 ㄱ자형 외고래와 함께 서쪽에서 1자형 5고래 이상의 구들이 발굴되었다.

수원 광교 1-12호[38]도 외고래가 곧게 약간 뻗다가 북벽으로 휘어져 C자형에 가까운 ㄱ자형을 이룬다.

화성 청계리 나-A-1-4호[39]에서는 1자형 네고래 옆에 ㄱ자형 외고래가 보조적으로 붙어 있다. 1자형의 고랫등이 아궁이 부근에서

36 京畿文化財硏究院, 『華城 南陽洞 遺蹟』 본문 2, 2009, 145-146쪽.
37 겨레문화유산연구원, 『이천 수하리 · 도암리 유적』, 2012, 52-53쪽.
38 고려문화재연구원, 『光教新都市 文化財 發掘調查』 IV, 2011, 123쪽.
39 한백문화재연구원, 『화성 청계리 유적』 II, 2013, 346-348쪽.

꺾이는 듯하게 잔존해 있어 ㄱ자형일 가능성도 있다.

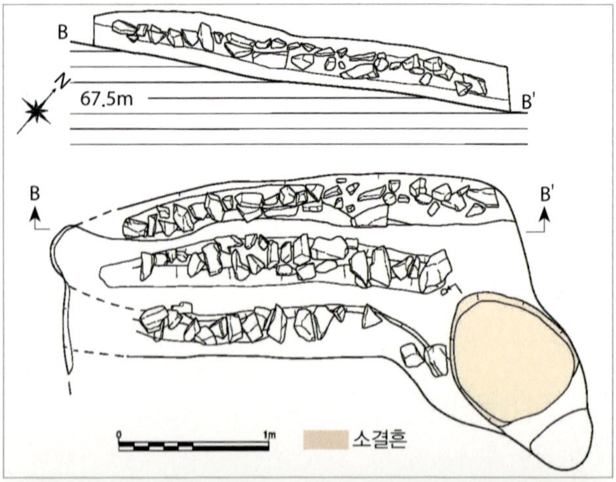

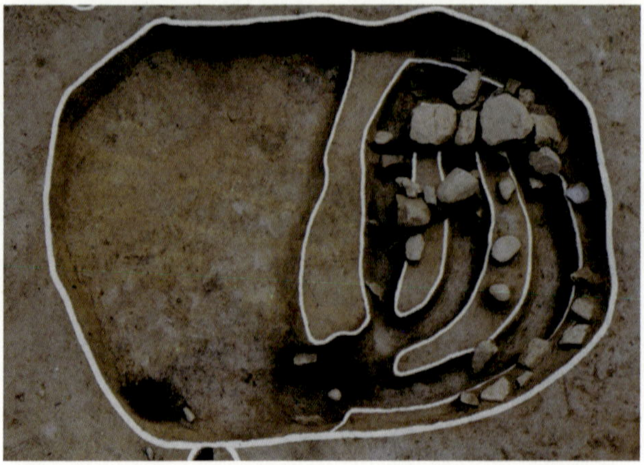

그림 11-2(상). 청계리 마-A-1호
그림 11-3(하). 철통리 1호

ㄱ자형 쌍고래는 화성 청계리 마-A-1호(그림 11-2)[40]에서 찾을 수 있다. 아궁이가 그림 오른쪽 아래에 있고, 고랫둑은 작은 할석을 쌓아 만들었다. 삼국시대의 구들과 달리, 이 시기에는 그림처럼 90도가 아니라 비스듬히 꺾이는 ㄱ자형이 많다. 고래 바닥이 아궁이에서 굴뚝 쪽으로 경사져 올라가는데, 기울기를 계산할 수 있는 자료가 보고서에 제시되어 있다. 높이차가 35cm이고 고래 길이가 260cm이므로 7~8도 정도의 기울기가 된다. 화성 구문천리의 수혈주거지에 대한 사례 연구에서도 고래 바닥의 기울기는 대체로 5도에서 10도 사이라고 하였다.[41] 대체로 이 정도의 기울기가 난방과 배연에서 효율적이라고 한다.

횡성 읍하리 1호[42]도 ㄱ자형 쌍고래에 속하는데, 오히려 C자형 쌍고래로 불러도 될 정도로 둥그스름하게 고래가 꺾인다.

40 한백문화재연구원, 『화성 청계리 유적』 VI, 2013, 449-451쪽.
41 이경복, 「朝鮮時代 움집에 설치된 溫突의 調査法 一事例」, 『호서고고학』 18, 호서고고학회, 2008, 174쪽.
42 江原文化財硏究所, 『橫城 邑下里 遺蹟』, 2009, 24쪽.

ㄱ자형 세고래는 고성 철통리 1호(그림 11-3)[43]에서 보인다. 주거지를 양분하여 동쪽에는 부엌시설, 서쪽에는 취침시설을 마련하여, 후술하는 呂자형 주거지와 유사하다. 풍화 암반층을 굴착하여 세 개의 고래를 만들고 돌로 보강한 다음에 구들장을 얹었다. 역시 고래가 둥그스름하게 꺾여 C자형에 가깝다.

그림 11-4. 여수동 2-10호

이보다 ㄱ자형에 가까운 것으로는 고성 송현리 3호[44]가 있다.

ㄱ자형 네고래는 성남 여수동 2-10호(그림 11-4)[45]에 보인다. 구들은 장방형 주거지 북쪽에 치우쳐 있다. 고래는 지반을 굴착하여 만들고 작은 할석으로 보강한 뒤에 구들장을 덮었으며, 역시 밋밋하게 꺾이는 ㄱ자형이다. 고래 수는 3~4개로 변화가 있는데, 아궁이에서 세고래였다가 도중에 네고래로 바뀐 뒤에 다시 세고래가 되어 굴뚝으로 이어진다. 굴뚝은 서벽 중앙을 수직으로 파내서 벽선에서 돌출되도록 만들었다.

ㄱ자형 5고래로는 화성 청계리 다-14호(그림 11-5)[46]가 있다. 아궁이는 북쪽에, 배연구는 경사면 윗쪽인 남쪽에 있다. 아궁이에서 비스듬히 꺾이며 출발한 5고래가 등고선을 따라 평행을 이루며 나아가다가 배연구를 향해서 ㄱ자로 꺾인다. 할석을 쌓아서 고랫등을 만들고 판석으로 구들장을 삼았다.

43 예맥문화재연구원, 『高城 鐵桶里遺蹟』, 2009, 105-106쪽.
44 예맥문화재연구원, 『高城 松峴里遺蹟』, 2008, 35-36쪽.
45 기호문화재연구원, 『城南 麗水洞 遺蹟』 I, 2012, 157-159쪽.
46 한백문화재연구원, 『화성 청계리 유적』 IV, 2013, 263-265쪽.

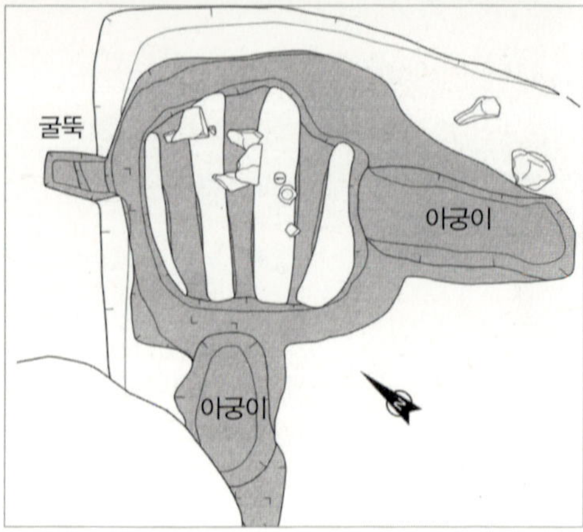

그림 11-5(상). 청계리 다-14호
그림 11-6(하). 광교 9-46호

수원 광교 9-46호(그림 11-6)[47]도 ㄱ자형 5고래로 분류했지만, 전형적인 모습은 아니다. 아궁이가 서쪽과 남쪽에 하나씩 있는데, 중복인지, 선후 관계가 있는 것인지, 공존하는 것인지는 알 수 없다. 그림만 보면 공존한 것처럼 여겨진다. 북쪽 벽으로 튀어나와 있는 굴뚝을 기준으로 볼 때에 남쪽 아궁이에서는 1자형을 이루고 서쪽 아궁이

47 기호문화재연구원, 『光敎 新都市 文化遺蹟』 V, 9지점, 2011, 176-177쪽.

에서는 ㄱ자형을 이룬다. 그런데 고래의 방향을 보았을 때에 서쪽(그림 아래쪽) 것이 중심 아궁이었을 것으로 여겨져 ㄱ자형으로 판단했다. 보고서에서는 5고래로 추정하였는데, 몸자형처럼 고래가 주변으로 둥글게 돌아가고 다시 그 내부에 평행하는 세고래가 있는 구조이다.

(2) 1자형

다음은 1자형이다. 1자형은 다시 세 가지 하위 유형으로 나뉜다. 첫째, 전형적인 1자형으로서, 고래들이 직선으로 뻗으면서 서로 평행을 이룬다. 둘째, 통일신라에서 참외 또는 통마늘 모양이라고 한 것으로서, 소형의 구들이 이에 속한다. 아궁이에서 부챗살처럼 복수의 고래가 급격히 퍼진 다음에 다시 급격히 배연구로 오므라든다. 첫째 유형의 구들 평면이 방형이나 장방형을 이루는 데 비하여, 이 유형은 장타원형이나 원형, 마름모꼴을 이룬다. 부뚜막과 비슷할 정도로 주거지 한 켠에 작게 만든 것이기에 구들에 올라가 생활하기는 어렵고 열을 발산하거나 위에 물건을 말리는 정도의 역할을 하였을 것이다. 셋째, 몸자형 주거지의 구들로서, 아궁이와 배연구를 연결하는 외곽의 고래가 ㅁ자형 내지 ㅇ자형 평면을 이룬다. 고래 수는 외고래에서 7고래까지 있다.

1자형 외고래에는 화성 청계리 다-9호(그림 11-7)[48]가 있다. 주거지 경사면 상단에 구들을 만들었는데 ㄱ자형과도 유사한 1자형을 이룬다. 그림 오른쪽 아궁이에서 시작된 고래는 생토를 굴착하여 만들었고, 배연구는 그림 왼쪽 위에 주거지 밖으로 튀어나와 있다.

1자형 쌍고래에는 파주 와동리 2-A-13호(그림 11-8)[49]가 있다. 두 개의 고래는 주거지 바닥을 굴착하여 만들었다. 그림 아래의 아궁이에서 출발한 불길이 쌍고래를 거쳐 위쪽의 배연구로 향한다. 배연구

48 한백문화재연구원, 『화성 청계리 유적』 IV, 2013, 250-251쪽.
49 京畿文化財研究院, 『坡州 瓦洞里 II 遺蹟』, 2010, 130-131쪽.

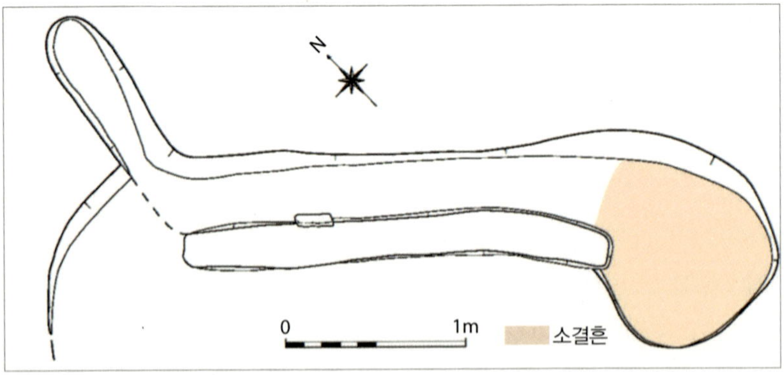

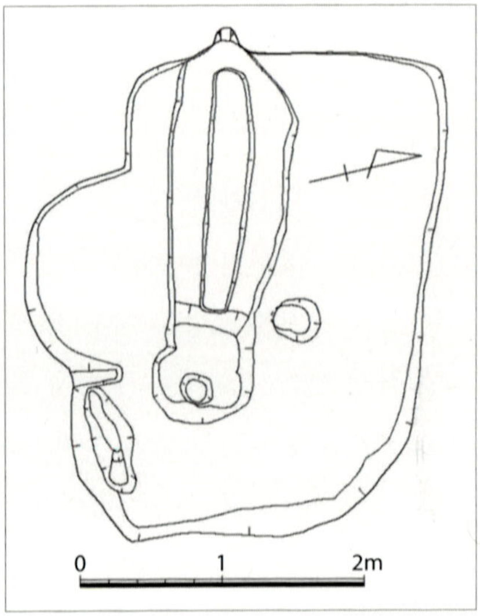

그림 11-7. 청계리 다-9호
그림 11-8. 와동리 2-A-13호

는 벽 일부를 굴착하여 만들었다.

전형에서 벗어난 이형(異形)의 쌍고래도 있다. 춘천 장학리 41호[50]는 아궁이가 두 개로서, 각 아궁이에서 나온 하나씩의 고래가 평행을 이룬다.

두 개의 고래가 평행을 이루지 않은 사례도 몇 기 보인다. 김포 양

50 江原文化財硏究所, 『春川 獐鶴里 I 遺蹟』, 2011, 70쪽.

곡 3호,[51] 수원 광교 9-21호,[52] 용인 영덕동 6-발굴2호,[53] 평택 대추리 2호,[54] 평창 마지리 3호[55]가 그러하다.

평택 대추리 2호(그림 11-9)를 예로 들면, ㅏ자형을 이루는 아궁이에서 나온 ㄷ자형의 두 갈래 고래가 배연구에서 합쳐져 전체적으로 ㅁ자형 고래를 이룬다. 용인 영덕동 6-발굴2호도 아궁이에서 나온 두 개의 고래가 만나 ㅁ자형을 이룬다. 마지리 3호는 아궁이와 배연구가 가까이에 있는 소형의 구들로서, 아궁이에서 나온 두 고래가 각각 C자형이어서 둘을 합치면 타원형이 된다. 김포 양곡 3호에서는 두 개의 아궁이에서 각각 나온 ㄱ자형 고래가 하나의 배연구로 합쳐져 전체적으로는 ㅁ자형처럼 보인다. 수원 광교 9-21호도 1자형 고래와 ㄷ자형 고래가 만나 ㅁ자형 평면을 이룬다.

1자형 세고래는 1자형 가운데 가장 많은 유형이다. 파주 금승리·덕은리 VI-2-6호(그림 11-10)[56]를 예로 들면, 타원형의 수혈주거지 북쪽 부분에 구들이 시설되어 있다. 할석으로 고랫둥을 만들었는데, 세 고래 가운데 북벽에 닿은 한 고래는 벽선을 따라 휘어 있고, 나머지 두 고래는 직선을 이룬다. 그림 아래(서쪽)에 아궁이가 있고, 위쪽에 배연구가 있다. 사람이 거주하기에는 협소한 감이 있다고 보고되어 있으나, 구체적 용도는 알 수 없다.

이형(異形)으로는 화성 금의리에서 발굴된 구들(그림 11-11)[57]을 우선 들 수 있다. 삭평과 후대의 적심시설 때문에 지상건물지처럼 보이지만, 수혈주거지이다. 아궁이가 두 개로서, 하나는 외고래, 다른 하나는 쌍고래이다. 구들은 점토를 쌓아서 만들었는데, 쌍고래의 가운

51 京畿文化財硏究院, 『金浦 陽谷遺蹟』, 2012, 140쪽.
52 기호문화재연구원, 『光敎 新都市 文化遺蹟』 V, 9지점, 2011, 96쪽.
53 京畿文化財硏究院, 『龍仁 靈德洞 遺蹟』 본문 2, 2010, 86쪽.
54 中央文化財硏究院, 『平澤 大秋里·金角里遺蹟』, 2008, 67쪽.
55 강원고고문화연구원, 『平昌 泉洞里·馬池里 聚落』, 2012, 237쪽.
56 畿甸文化財硏究院, 『坡州 金蠅里·德隱里遺蹟』, 2006, 137-140쪽.
57 기호문화재연구원, 『華城 錦衣里 遺蹟』, 2011, 34-37쪽.

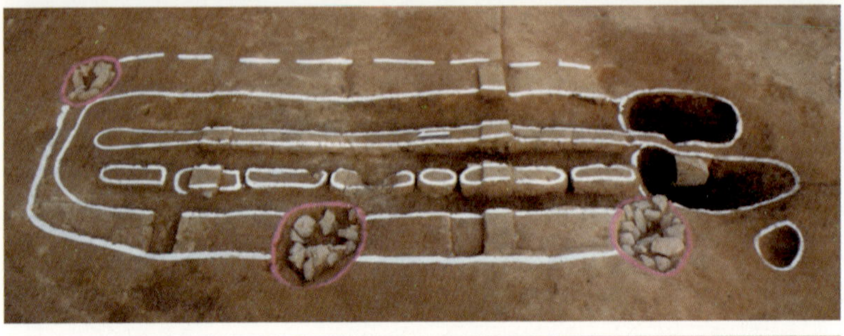

그림 11-9(상). 대추리 2호
그림 11-10(중). 금승리 · 덕은리 VI-2-6호
그림 11-11(하). 금의리 구들

그림 11-12. 주성리 5-1-23호

데 고랫등은 중간중간을 끊어 놓아 허튼고래 느낌을 갖게 한다. 이런 고랫등은 평택 고덕지구에서 발굴된 고려시대 주거지에서도 조사되었다.[58]

청원 주성리 5-1-23호(그림 11-12)[59]는 말각방형의 주거지로서, 남동쪽에 구들을 만들었다. 수혈을 파내면서 구들 부분은 높게 남겨두고, 그 내부에 세고래를 굴착하였다. 가운데 고래는 직선이지만, 좌우 두 고래는 호형이다. 구들장은 납작한 할석을 사용하였고, 작은 할석과 기와편 등으로 사춤을 쳤다. 그 위로 갈색 점토를 2-3cm 정도 발라 마무리했다. 배연구는 벽을 굴착하여 만들었다.

화성 향남2지구 1-2호[60]도 이 주거지의 평면 배치와 동일한데, 다만 가운데 고래가 없어서 쌍고래를 이루는 것이 다르다. 같은 곳 6-2

58 호남문화재연구원, 『평택 고덕국제화계획지구(3단계 2공구) 사업부지 내 문화재 발굴시굴)조사 학술자문회의 자료집(3차)』, 2017, 19쪽.
59 中原文化財研究院, 『淸原 主城里 · 倉里 遺蹟』 본문 2, 2013, 86-89쪽.
60 中原文化財研究院, 『화성 향남2지구 유적』 I, 2011, 106-108쪽.

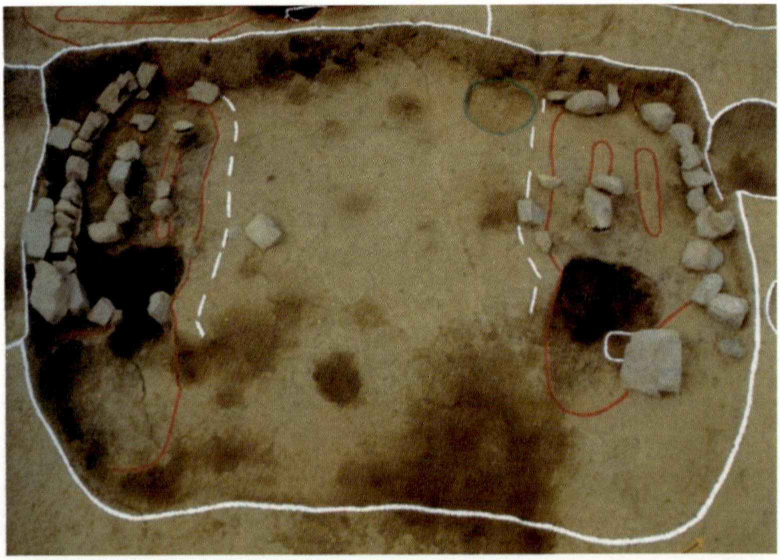

그림 11-13. 광교 9-37호

호[61]도 이런 형식으로 네고래를 이룬다.

이들의 구들만 보면 몸자형 주거지와 다를 바 없어서 몸자형의 변형으로 분류할 수도 있겠다.

화성 청계리 라-B-11호[62]는 세고래이지만, 고래마다 아궁이가 하나씩 있어서 마치 1자형 외고래 세 개가 나란히 있는 것처럼 보인다.

또 수원 광교 9-37호(그림 11-13)[63]는 장방형 주거지로서, 좌우 양쪽, 즉 북동쪽과 남서쪽에 1자형 세고래를 한 개씩 배치하였다. 북방의 여진족 유적에서 많이 보이는 상대형(相對型) 구들 배치이다. 고랫둑은 할석으로 쌓았다. 배연구는 별도로 만들지 않고 주거지 벽을 활용하였다.

1자형 네고래 유형으로 파주 능산리 I-13호(그림 11-14)[64]가 있다.

61 위의 책 II, 2011, 237쪽.
62 한백문화재연구원, 『화성 청계리 유적』 V, 2013, 177-178쪽.
63 기호문화재연구원, 『光教 新都市 文化遺蹟』 V, 9지점, 2011, 155-157쪽.
64 기호문화재연구원, 『坡州 陵山里遺蹟』, 2010, 75-77쪽.

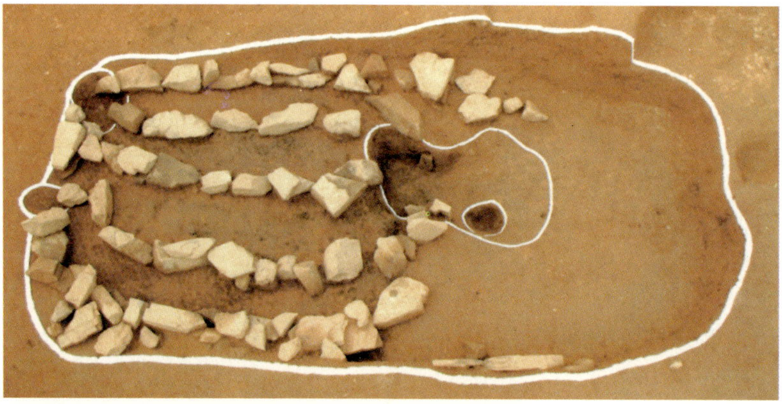

그림 11-14. 능산리 I-13호
그림 11-15. 반송리 2호

말각장방형 주거지의 남서쪽 부분에 할석으로 고랫등을 쌓아 네고래를 만들었다. 아궁이는 하나이지만, 배연구는 두 개로서 각각 두 고래씩 연결된다. 구들이 주거지의 절반 이상을 차지한다.

화성 반송리에서는 1자형 네고래 3기가 발굴되었는데, 2기에는 아궁이가 두 개 달려 있다. 2호(그림 11-15)[65]를 예로 들면, 장방형 주

65 畿甸文化財硏究院,『華城 盤松里 中世遺蹟』, 2006, 39-41쪽.

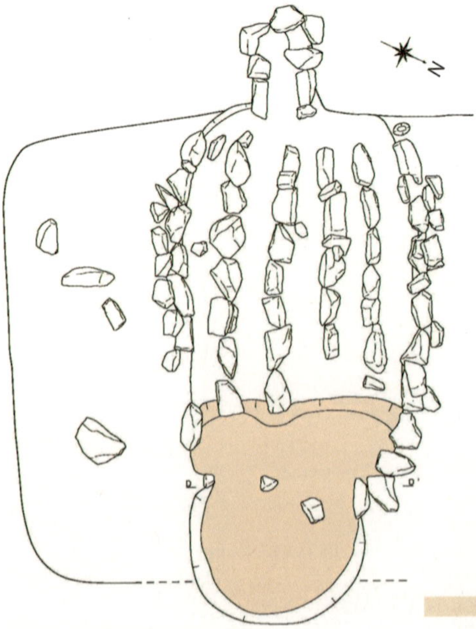

그림 11-16. 청계리 다-13호

거지의 중간에 단을 만들어 상부에는 구들, 하부에는 아궁이를 두었다. 생토를 굴착하여 네고래를 만들었다. 아궁이 하나는 북벽에 가깝고 다른 하나는 중앙에 있는데, 후자가 중심 아궁이일 것으로 보고자가 판단하였다. 배연구는 벽을 굴착하여 만들었다. 전체 구조를 보면 원래 몸자형 주거지인데 아궁이와 격벽 일대가 삭평되어 이런 모습을 보인 것일 가능성이 있다.

이 유구에서는 아궁이와 고래의 연결 관계가 명확하지 않은데, 평택 옥길리 가-1호[66]에서는 두 개의 아궁이에 각각 고래 2개씩 대응되는 양상을 보인다.

1자형 5고래 유형으로는 화성 청계리 다-13호(그림 11-16)[67]가 있다. 주거지 벽체는 대부분 유실되고 구들만 남아 있다. 아궁이에서 출발한 5고래는 평행을 이루다가 배연구에서 모인다. 고랫둥은 돌로 쌓아 만들었다. 아궁이에서 고래로 넘어가는 경계선은 수직에 가까우며 단차가 34cm 가량 된다. 배연구 바닥은 고래 바닥보다 4cm 가량 낮게 파내서 원형의 개자리를 만들었다.

아궁이가 두 개 달린 것도 여럿 보인다. 화성 구문천리 A-12호,[68] 화성 남양동 4-26호,[69] 평택 옥길리 가-13호,[70] 양양 포월리 나-1호[71]

66 中央文化財研究院, 『平澤 玉吉里遺蹟』, 2008, 22-28쪽.
67 한백문화재연구원, 『화성 청계리 유적』 IV, 2013, 260-262쪽.
68 中央文化財研究院, 『華城 求文川里遺蹟』, 2004, 35-36쪽.
69 京畿文化財研究院, 『華城 南陽洞 遺蹟』 본문 1, 2009, 241-242쪽.

등이 그러하다. 한 아궁이는 2고래, 다른 한 아궁이는 3고래로 연결되어 있는 공통점이 보이지만, 배연구는 하나인 경우가 있는가 하면 두 개인 경우도 있다.

아궁이가 세 개 달린 사례는 화성 남양동 12-3호(그림 11-17)[72]에서 보인다. 장방형의 주거지에 구들이 있는데, 주거지 바닥보다 24cm 낮게 조성하였다. 북쪽의 두 개 아궁이는 3고래와 연결되고, 남쪽 아궁이는 2고래와 연결된다. 고래는 풍화 암반을 굴착하여 만들었고, 배연구는 동벽을 36cm 돌출시켜 만들었다.

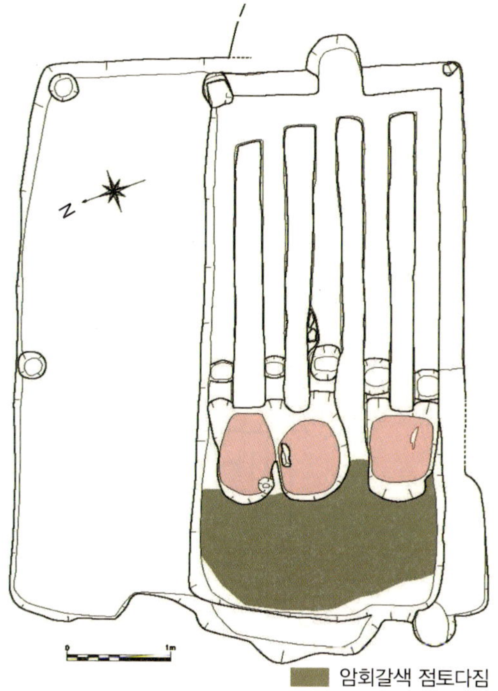

그림 11-17. 남양동 12-3호

3개의 구들이 결합된 특이한 사례도 화성 청계리 다-11호(그림 11-18)[73]에서 확인된다. 장방형 주거지로서 길이 7m, 너비 5.3m에 이르니, 다른 주거지에 비해 대형이다. 주거지 내부에 세 개의 구들을 조성하였는데, 서쪽(사진 왼쪽)에서부터 1자형 5고래 1기와 1자형 세고래 2기로 구성되어 있다. 이에 따라 1자형 11고래로 부르기보다 제일 규모가 큰 서쪽 구들을 기준으로 1자형 5고래에 넣었다. 주거지 남쪽 일부가 결실되어 아궁이는 두 개만 남아 있다. 고랫등은 모두 할석으로 만들었다. 배연구도 각각 만들어져 있다.

70 中央文化財硏究院, 『平澤 玉吉里遺蹟』, 2008, 44-45쪽.
71 예맥문화재연구원, 『襄陽 浦月里遺蹟』, 2015, 67-69쪽.
72 한백문화재연구원, 『화성 남양동 유적』 II, 본문 2, 2014, 80-83쪽.
73 한백문화재연구원, 『화성 청계리 유적』 IV, 2013, 253-255쪽.

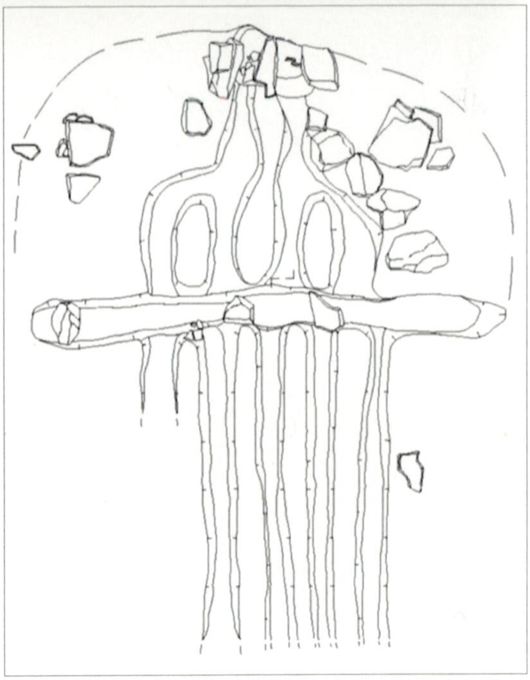

그림 11-18(상). 청계리 다-11호
그림 11-19(하). 지곶동 1-45호

고래 수에 변화가 있는 변형도 오산 지곶동 1-45호,[74] 용인 동백리·중리 I-II 수혈,[75] 동두천 광암동 C-4호[76] 등에서 보인다. 오산 지곶동 1-45호(그림 11-19)의 경우, 그림 아래쪽에 아궁이가 있으나 중간 부분이 유실되어 여기서는 생략하였다. 1자형 5고래가 위쪽으로 진행하다가 아궁이에서 2.85m 떨어진 지점에 좌우로 길게 조성된 개자리에서 합쳐진다. 이렇게 중간개자리를 만든 것이 특이하다. 이곳을 지난 뒤에는 네고래로 줄어들었다가 배연구 가까이에서 다시 쌍고래로 줄어든다. 여기에 보이는 중간개자리는 수혈주거지에서 처음 보이는 듯하다. 이 주거지에서는 토기편과 기와만 출토되어 정확한 연대를 알 수 없지만, 보고서에서는 이 유적의 중심 연대를 15~16세기로 제시하였다.

이런 중간개자리의 사례는 2015년 10월 안동 내앞 의성 김씨 종택 윗사랑채(그림 11-20)를 수리할 때에 목격할 수 있었다. 사진 왼쪽에 중간개자리를 기준으로 양쪽 고래가 어긋난 부분이 있는 것을 볼 수 있다.

용인 동백리·중리 I-II 수혈의 경우, 아궁이에서 북쪽으로 1m 지점까지는 세고래였다가 다시 북쪽으로 1.45m 지점에서는 5고래로 바뀐다. 동두천 광암동 C-4호는 소형 구들로서 5고래로 시작한 뒤에 배연구 근처에서 세고래로 줄어든다.

수원 광교 14-2호[77]를 추가로 검토할 필요가 있다. 아궁이에서 맞은편의 배연구까지 ㄷ자형에 가까운 고래를 좌우로 굴착하여 전체적으로 ㅁ자형 고래 평면을 이룬다. 그런 다음에 그 내부에 할석을 쌓아 세 개의 고래를 더 만들어 전체적으로 5고래가 된다. 이런 유형을 일단 1자형 5고래로 분류했으나, 구들 평면으로 보아서 후술하는 몸자

74 기호문화재연구원, 『烏山 紙串洞 遺蹟』 I, 2010, 155-157쪽.
75 韓國文化財保護財團, 『龍仁 東栢里·中里遺蹟』, 2005, 107-108쪽.
76 中部考古學硏究所, 『東豆川 廣岩洞 遺蹟』, 2014, 106-107쪽.
77 기호문화재연구원, 『光敎 新都市 文化遺蹟』 V, 12·13·14지점, 2011, 80-81쪽.

그림 11-20. 의성 김씨 종택 윗사랑채

형 주거지에서 구들 부분만 잔존해 있는 것일 가능성이 있다.

1자형 6고래부터는 그 사례가 급격히 줄어든다. 화성 송산동 7-12호(그림 11-21)[78]는 돌과 기와편을 사용하여 5고래를 만들고, 구들장을 얹은 외고래가 서벽과 북벽을 따라 ㄱ자형으로 이들을 감싸듯이 돌아간다.

화성 율암리 2호[79]에서는 아궁이에서 나온 6고래가 평행에 가깝게 뻗다가 남쪽의 두 고래가 중간에 합쳐져서 배연구로 나올 때는 5고래가 된다.

화성 남양동 13-10호(그림 11-22)[80]는 장방형의 주거지 남서쪽에 구들이 설치되었다. 아궁이가 두 개로서 각각의 아궁이에 세 고래씩 연결되어 있어서, 세고래 구들 두 개가 연결된 형식이다. 배연구는 하나인데, 서벽 중앙을 돌출시켜 만들었다.

78 한신대학교박물관, 『華城 松山洞 農耕遺蹟』, 2009, 111-113쪽.
79 한울문화재연구원, 『화성 율암리 산46-58번지 유적』, 2014, 171쪽.
80 한백문화재연구원, 『화성 남양동 유적』 II, 본문 2, 2014, 190-191쪽.

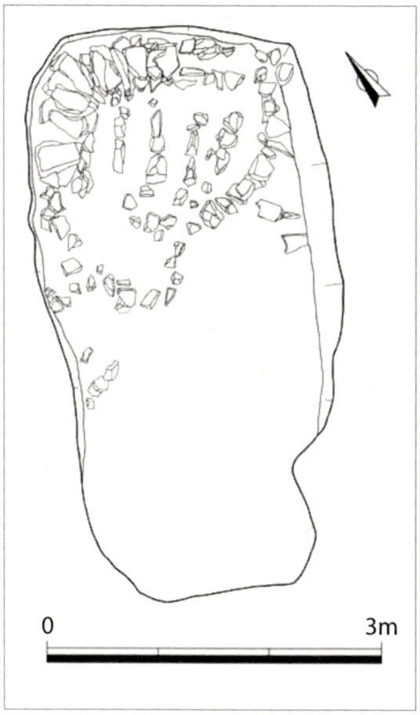

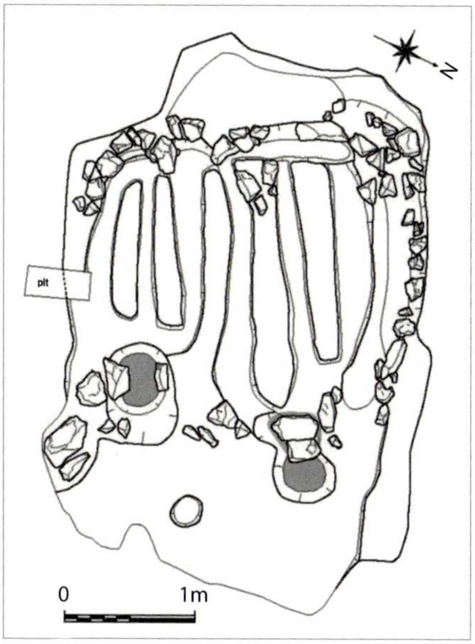

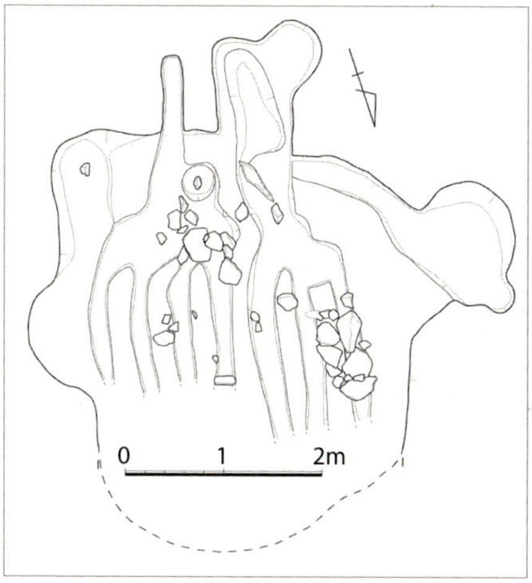

그림 11-21(좌상). 송산동 7-12호
그림 11-22(우상). 남양동 13-10호
그림 11-23(하). 서천동 3-14호

1자형 7고래는 매우 예외적이어서 두 사례만 보고되었다. 용인 서천동 3-14호(그림 11-23)[81]는 주거지 북쪽 부분이 삭평되어 아궁이가 사라졌다. 고래만 7개가 보이는데, 풍화 암반을 파서 고래를 만들고

81 京畿文化財研究院, 『龍仁 書川洞遺蹟』 본문 3, 2011, 61-62쪽.

그 위에 할석을 올려 놓았다. 배연구는 주거지 남쪽으로 길게 빼냈고, 개자리를 원형으로 파서 만들었다. 배연구가 두 개 있는 것을 보면 아궁이도 두 개가 있어서 각각 세고래, 네고래와 연결되었을 것으로 추정된다.

수원 광교 14-1호[82]는 광교 14-2호와 구조가 거의 동일하다. 다만 아궁이에서 배연구까지 좌우로 돌린 고래가 ㅁ자형이 아니라 ㅇ자형을 이루고, 그 내부에 할석으로 5고래를 만든 것이 다를 뿐이다.

한편, 용인 마북리 1호[83]는 두 개의 구들이 하나의 아궁이를 공유하는 형식을 띠고 있어서 특이하다. 다만 제1구들은 세고래가 확인되나 제2구들은 고래 수가 불명이다.

(3) 呂자형

다음은 呂자형 주거지의 구들이다. 화성 온석리 유적[84]의 발굴 현장을 방문한 적이 있고, 또 103기 주거지 가운데 대부분이[85] 呂자형을 이루므로 이곳의 유구를 중심으로 그 특징을 살펴보겠다. 呂자형이란 두 개의 공간이 격벽을 사이에 두고 붙어 있는 형태의 수혈주거지이다(그림 11-24). 두 공간은 각각 방형계에 속하는 것이 많지만, 원형계에 속하는 것도 있고, 방향계와 원형계가 결합된 것도 있다.

呂자형 주거지의 한쪽 공간은 구들로 되어 있고, 다른 한쪽 공간은 아궁이에 불을 때는 등의 활동 공간이다. 대개 격벽을 뚫어 만든 터널형 아궁이가 두 공간을 이어주는 역할을 한다(그림 11-25). 아궁이는 격벽 중간에 설치한 것이 일반적이나, 한곳으로 치우친 것도 있고, 아궁

82 기호문화재연구원, 『光教 新都市 文化遺蹟』 V, 12 · 13 · 14지점, 2011, 76-77쪽.
83 畿甸文化財研究院, 『龍仁 麻北里 百濟 土壙墓』, 2005, 62-63쪽.
84 한성문화재연구원, 『화성 온석리 267번지 유적』, 2018.
85 보고서에서는 102기에 구들이 있다고 하였는데, 呂자형이 확실한 것은 87기이고, 1자형 5고래가 예외적으로 2기가 있으며, 나머지 13기는 추정이다.

그림 11-24(상). 온석리 34호
그림 11-25(하). 온석리 아궁이

이가 두 개인 것도 있다. 화성 구문천리 A-9, A-10호처럼 日(일)자형으로 보이는 듯한 유구도 있으나,[86] 자세히 보면 呂자형과 구조가 동일하다. 발굴자가 외곽선을 어떻게 표현하느냐에 따라, 또는 잔존 상태에 따라 呂자형으로 보이기도 하고 日자형으로 보이기도 한다.[87]

86 中央文化財研究院, 『華城 求文川里遺蹟』, 2004, 32-33쪽.
87 呂자형과 日자형의 구분(한신대학교박물관, 『華城 泉川里 靑銅器時代 聚落』, 2006,

만일 격벽이 없이 두 공간이 단을 이루며 구분된다면, 그것은 日자형으로 분류할 수 있겠다. 日자형으로는 고려시대 유구인 인천 중산동 6-3호(그림 10-9)가 있겠고, 조선시대 유구로는 화성 남양동 4-22호, 26호나 5-7호 등이 있다.[88] 생토 격벽이 아니라 흙을 쌓아 만든 듯한 유구도 있는데, 이럴 경우에 몸자형과 日자형 구분은 더욱 어려워진다.

사실 주거지 내부를 양분하여 두 공간 사이에 단차(段差)를 두었다는 점에서 몸자형과 日자형은 동일하다. 그러나 몸자형은 생토를 굴착하여 고래를 만들면서 별개의 두 공간 사이에 마치 격벽이 있는 것처럼 되었고, 이에 따라 격벽을 사이에 두고 두 공간이 결합되어 있는 것처럼 보인다. 비록 격벽이라 부르지만, 지붕까지 높이 올려서 완전히 독립된 공간을 만드는 장벽과는 달리, 구들 바닥 높이에 그쳐서 구들장을 받치는 시근담 역할을 한다. 반면에 日자형은 돌을 쌓아 고랫등을 만들기 때문에 격벽 같은 구조가 보이지 않는다. 또 몸자형은 '외곽 고래'와 '내부 고래'로 구성되면서 고래 평면이 ㅁ자형이나 ㅇ자형을 이루는 독특한 구조인 데 비해서, 日자형은 일반 고래처럼 평행하는 줄고래이다. 日자형은 그 사례가 많지 않아서 독립된 유형이 아니라 1자형으로 분류한 반면에, 몸자형은 구들 구조나 주거지 평면이 독특하여 1자형의 하위 유형이면서도 독립시켜 분류했다.

구들의 '외곽 고래'는 아궁이에서 좌우로 각각 ㄷ자형 내지 C자형을 그린 다음에 맞은편 배연구로 합쳐진다. 따라서 평면이 ㅁ자형 내지 ㅇ자형을 이룬다. 이 '외곽 고래'는 깊이 굴착하여 만든 반면에, 내

218쪽)에 대해서 이경복이 이미 문제를 지적하였다(이경복, 「조선시대 움집과 온돌의 도입」, 『白山學報』 79, 白山學會, 2007, 260쪽). 화성 남양동 보고서에서는 다른 방식으로 몸자형과 日자형을 구분하였으나(京畿文化財研究院, 『華城 南陽洞 遺蹟』 본문 2, 2009, 420-421쪽) 여기서는 따르지 않는다.

88 京畿文化財研究院, 『華城 南陽洞 遺蹟』 본문 1, 2009, 234-235, 241-242쪽; 본문 2 74-75쪽.

부에 있는 고래는 보조적인 역할을 해서 그런지 상대적으로 얕게 굴착되어 있는 편이다. 이렇기 때문에 주거지가 많이 삭평된 경우에 내부 고래가 드러나지 않을 수도 있다. '내부 고래'는 아궁이에서 배연구를 향하는 방향으로 만든 것이 일반적인데, 이따금 이에 직교하는 방향으로 만든 것도 있고, 종횡으로 복잡하게 얽혀 있는 것도 있다. 이에 따라 온석리 보고서에서는 구들의 내부 고래를 줄고래, 부채고래, 허튼고래로 분류하였다.[89] 특히 온석리 17호, 70호, 75호에서는 고래 수를 산정하기 어려울 정도로 고래가 복잡하게 얽혀 있다. 고래 위에는 할석을 덮은 것이 많고, 판석을 덮은 것도 일부 있다.

그림 11-26. 온석리 30호

온석리 30호(그림 11-26)의 경우, 사진 아래쪽에 좌우 두 개의 아궁이가 있고, 여기서 배연구 방향으로 깊은 고래가 양쪽으로 각각 ㄷ자형으로 돌아가고, 그 내부에 얕은 두 고래가 만들어져 세 개의 고랫등이 있되, 두 고랫등 중간에서 다시 고래가 가로로 지나간다. 이 경우에 5고래로 분류했다. 고래 위에는 할석이 남아 있다. 배연구는 구들 공간 밖에서 보주형을 이룬다.

온석리의 몸자형 주거지는 아궁이가 아주 작은 경우가 많은데, 이 경우 취사에는 사용되지 않았던 것 같다. 보고서에서도 취사 목적으로 설치된 것은 5기뿐이고, 나머지 98기는 난방 목적의 아궁이라고

89 한성문화재연구원, 앞의 책, 269-270쪽.

그림 11-27. 여수동 3-4호

하였다. 아궁이나 고래에 불 흔적이 거의 없는 경우도 많은데, 단기간에 임시로 사용했던 것으로 여겨진다. 또 주거지 규모가 작아서 개인용 주거지로 보인다. 아궁이가 있는 활동 공간 안에 따로 부뚜막을 설치한 사례도 있다. 격벽이 부엌과 방의 공간을 분리한다는 점에서는 온구들의 요소를 갖추고 있다고도 할 수 있다.

평택 고덕지구에서 발굴된 주거지들에서는 구들 옆에 빈 공간이 별도로 마련되어 있다.[90] 이 공간은 구들 상면과 거의 수평을 이루고, 아궁이가 있는 활동공간과는 단이 지도록 만들었다. 출입시설이라기보다는 수납공간으로 여겨진다.

呂자형 주거지의 구들은 아궁이에서 좌우로 고래가 갈라졌다가 다시 만나는 구조이기 때문에 외고래는 없다. 따라서 쌍고래에서 시작하여 8고래까지 다양한데, 쌍고래에서 5고래까지가 주류를 이룬다.

呂자형 쌍고래의 사례로는 성남 여수동 3-4호(그림 11-27)[91]가 있다. 아궁이가 부엌과 구들의 두 공간을 이어주며, 부엌보다 한 단 높은 곳에 조성된 구들은 아궁이에서 좌우로 갈라진 두 고래가 다시 배연구에서 합쳐지는 구조이다. 고랫둥에 소형 할석을 굄돌로 쌓고 그 위에 구들장을 덮었다. 아궁이에서 배연구까지 60cm밖에 되지 않는 소형 구들이다. 벽 밖으로 배연구를 내고, 아래에 개자리를 만들었다.

아산 용두리 진터 가-35호[92]는 남북향의 주거지이다. 아궁이가 동쪽 구석에 있고 배연구는 서쪽 구석에 있어서, 양자가 구들을 사이에

90 호남문화재연구원, 앞의 자료(2017), 20쪽.
91 기호문화재연구원, 『城南 麗水洞 遺蹟』 II, 2012, 66-67쪽.
92 忠清文化財研究院, 『아산 용두리 진터 유적』 III, 2011, 223-225쪽.

두고 대각선 방향으로 배치되어 있다.

몸자형 세고래는 화성 남양동 4-10호(그림 11-28)[93]에서 볼 수 있다. 원형의 주거지에 갈색 사질점토를 굴착하여 고래를 만들었는데, 아궁이에서 좌우로 돌아가는 외곽 고래 외에 내부에 직선형 고래가 하나 더 만들어져 있다. 고래와 고래 사이의 널찍한 고랫둥에는 할석을 놓아 허튼고래를 조성했다고 한다. 그런 다음에 할석과 기와편을 구들장처럼 올려놓았다.

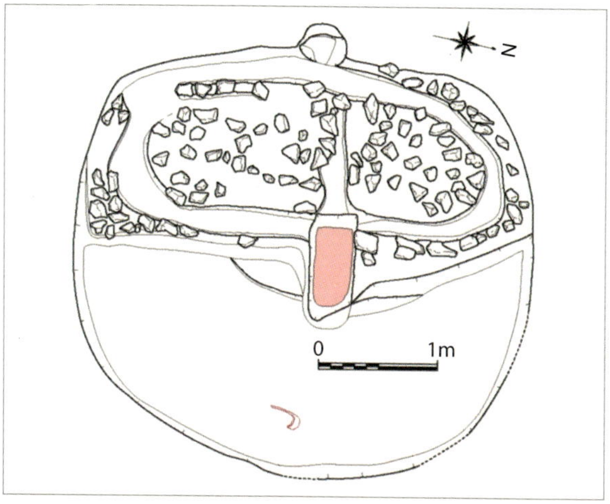

그림 11-28(상). 남양동 4-10호
그림 11-29(하). 읍내리 I-3호

화성 구문천리 A-9호[94]에서는 구들 내부에 추가된 고래가 비스듬하고 얕게 조성되어 있어 보조적인 역할이 확실히 드러난다. 당진 읍내리 I-3호(그림 11-29)와 I-4호[95]에서도 아주 얕은 보조 고래가 하나씩 확인되는데, 전자의 경우에 여러 개의 얕은 보조 고래가 있었을 것이나 삭평되어 하나만 남아 있는 것으로 추정하였다.

몸자형 네고래 사례로는 오산 누읍동 1-1호(그림 11-30)[96]를 꼽을 수 있다. 방형계 주거지로서, ㅁ자형의 외곽 고래와 그 내부의 두 개

93 한백문화재연구원, 『화성 남양동 유적』 II-II, 본문 1, 2014, 246-248쪽.
94 中央文化財硏究院, 『華城 求文川里遺蹟』, 2004, 32쪽.
95 충청남도역사문화원, 『唐津 邑內里 遺蹟』, 2005, 28-35쪽.
96 中央文化財硏究院, 『烏山 樓邑洞 遺蹟』, 2008, 15-16쪽.

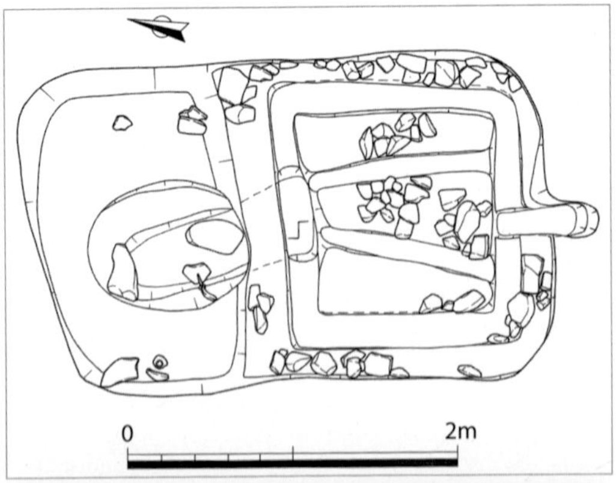

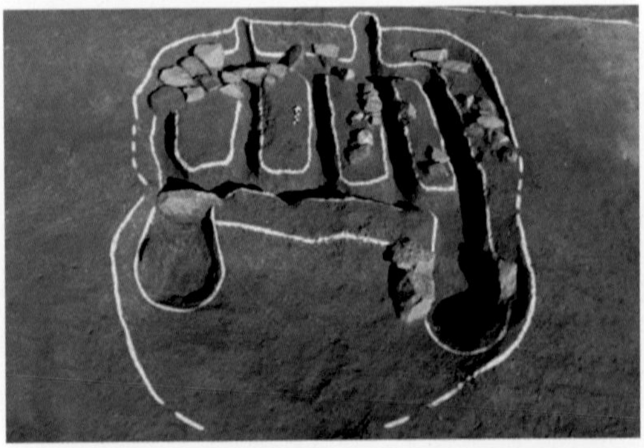

그림 11-30(상). 누읍동 1-1호
그림 11-31(하). 옥길리 가-13호

고래로 이루어져 있다. 아궁이는 격벽을 뚫어 만든 터널형이며, 배연구에는 타원형 개자리가 보인다.

몸자형 5고래로는 평택 옥길리 가-13호(그림 11-31)를 들 수 있다. 주거지 하부는 일부 유실되었는데, 사진 위쪽(북쪽)에 구들, 아래쪽에 아궁이 두 개가 있다. 오른쪽(동쪽) 아궁이는 두 고래에, 왼쪽 아궁이는 세 고래와 연결된다. 배연구도 두 개로서 각각의 아궁이와 대응된다. 배연구는 벽을 굴착하여 만들었는데, 바닥에는 개자리가 있다.

수원 광교 11-5호(그림 11-32)[97]는 삭평되어 구들 부분만 남아 있는데, 그 구조가 다소 특이하다. 아궁이는 서쪽과 남쪽에 하나씩 있다. 남쪽 아궁이에서 왼쪽으로 뻗은 고래는 서쪽 아궁이를 거쳐 북벽을 일부 굴착하여 만든 배연구로 향한다. ㅁ자형을 이루는 외곽 고래의 내부에는 가로 고래가 지나가고, 여기서 세로로 두 고래가 나와 ㅛ자형처럼 보인다. 따라서 가로 고래를 숫자에 넣는다면 5고래로 분류할 수 있다.

화성 향남2지구 1-14호(그림 11-33)[98]도 5고래의 변형 사례이다. 아궁이는 북쪽에 치우쳐 있는데, 여기서 나온 두 갈래의 고래 가운데 우측 고래는 90도로 꺾여 네고래로 분리되고, 좌측 고래는 이들을 감

97 기호문화재연구원, 『光敎 新都市 文化遺蹟』 V, 10·11지점, 2011, 206-207쪽.
98 中原文化財研究院, 『화성 향남2지구 유적』 I, 2011, 128-130쪽.

싸며 ㄱ자형으로 휜다. 고래 하나가 외곽으로 다른 고래들을 감싸되 모든 고래가 한 배연구로 모이는 점은 앞서 본 송산동 7-12호(그림 11-21)와 유사하다. 고래는 모두 생토를 굴착한 다음에 할석을 올리고 그 위에 구들장을 깔았다. 일부 지점에 판석제 구들장이 남아 있다. 배연구는 아궁이에서 대각선 방향인 남동쪽 모서리에 주거지 밖으로 돌출시켜 만들었다.

이렇게 외곽에 독립된 외고래를 둔 것은 외골고래 또는 引(인)자고래[99]라고 부르는 지상건물지의 고래와 유사하다. 두 가지 구들이 합쳐진 외골고래에서는 어미아궁이와 새끼아궁이가 있어서, 여름에는 새끼아궁이에 불을 때서 외고래만 사용하고, 겨울에는 어미아궁이에 불을 때서 방 전체를 데운다. 다만 향남2지구 1-14호와 송산동 7-12호에서는 아궁이가 하나라서 다르기는 하다.

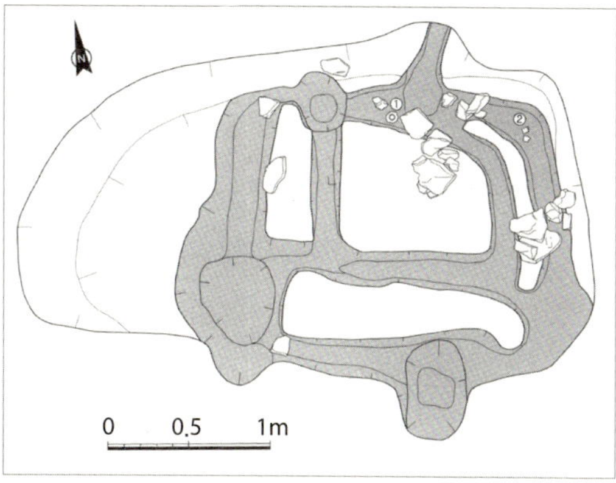

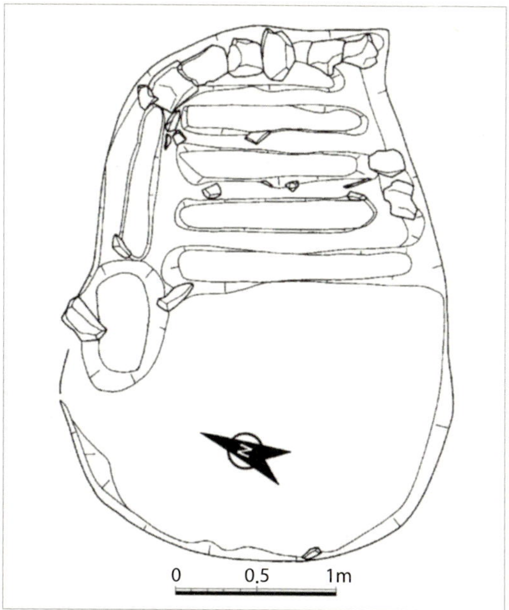

그림 11-32(상). 광교 11-5호
그림 11-33(하). 향남2지구 1-14호

앞에 소개한 구들에서도 그런 양상이 일부 보이지만, 서산 잠홍동, 서산 예천동 등에서 발견된 呂자형 주거지에는 격벽을 사이에 두고 두 개 공간이 합쳐진 모습이 아니라, 하나의 공간을 분리한 모습으로 나타난다. 서산 잠홍동 2호(그림 11-

99 인(引)자가 겨울에 사용하는 좌측의 복잡한 고래와 여름에 사용하는 우측의 단순한 고래를 형상화해주기 때문에 붙인 이름이다.

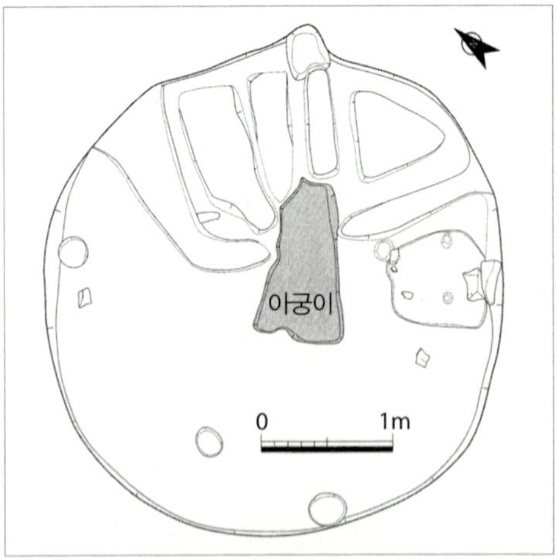

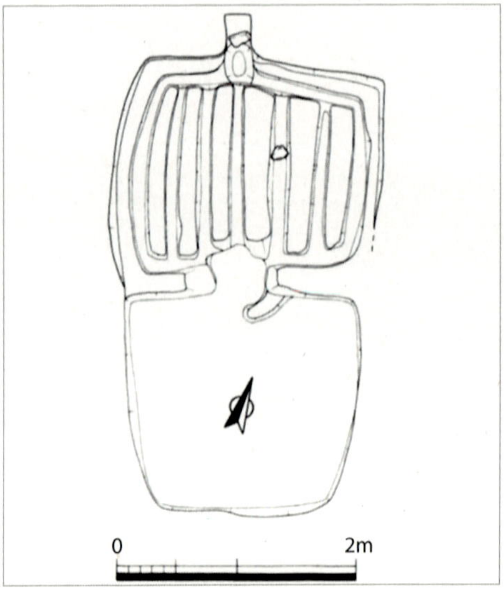

그림 11-34(상). 잠홍동 2호
그림 11-35.(하) 구문천리 B-7호

34)[100]를 예로 들면 원형의 주거지 안에 5고래의 구들을 마련한 것을 볼 수 있다. 격벽은 직선형이 아니라 휘어 있다.

몸자형 6고래는 일부만 잔존하여 제 모습을 보이는 것이 없다. 7고래로는 화성 구문천리 B-7호(그림 11-35)[101]를 들 수 있다. 생토를 굴착하여 7고래를 만들되, 외곽 고래는 내부 고래보다 깊게 팠다. 배연구에는 장타원형 개자리가 보인다. 아궁이는 원래 터널식이었던 것으로 판단된다.

몸자형 8고래에는 화성 금의리 9-1호(그림 11-36)[102]가 대표적이다. 터널형 아궁이는 약간 좌측에 치우쳐 있고, 고래는 세로 방향으로 여덟 개가 형성되어 있다. 각 고래는 서로 대등하게 보이지만, 역시 외곽 고래가 더 깊다. 내부 고래는 좌측에서 우측으로 갈수록 낮아지는데, 잔존 깊이는 최대 12cm, 최소 4cm이다. 탄화층은 좌측에서 3열까지에서만 확인되므로, 주로 이곳에 치우쳐 사용하였을 것이다.

당진 읍내리 I-7호[103]에서는 외곽 고래와 함께 내부의 6고래가 드러났다. 6고래 가운데 다섯 줄은 좌측 절반에 모여 있다. 또 한가운데에는 배연구에서 시작한 고래 하나가 절반 정도만 남아 있다. 화성 금의리 9-1호처

100 忠淸南道歷史文化硏究院, 『瑞山 潛紅洞 遺跡』, 2008, 41-42쪽.
101 中央文化財硏究院, 『華城 求文川里遺蹟』, 2004, 77-78쪽.
102 中原文化財硏究院, 『華城 篤亭里 · 錦衣里 遺蹟』, 2013, 29-31쪽.
103 충청남도역사문화원, 『唐津 邑內里 遺蹟』, 2005, 47-48쪽.

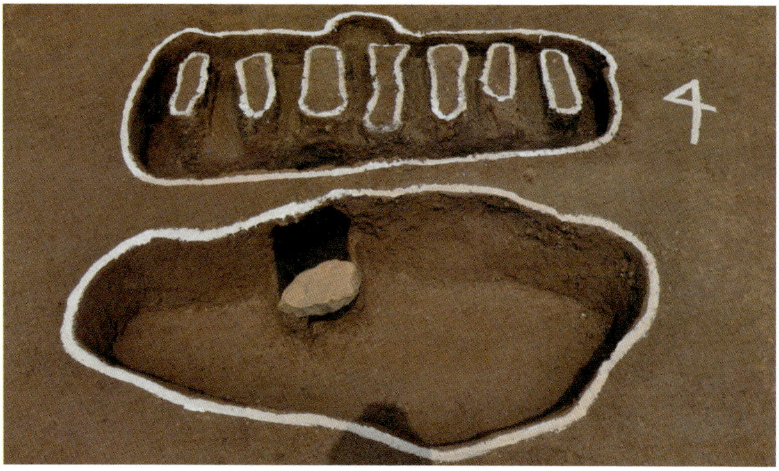

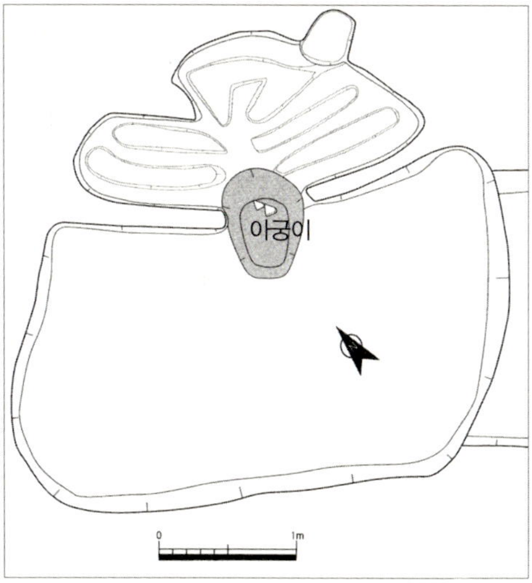

그림 11-36(상). 금의리 9-1호
그림 11-37(하). 잠홍동 26호

럼, 깊이를 달리하는 고래들이 있었으나 삭평 과정에서 깊은 고래들만 일부 남은 것으로 판단된다.

서산 잠홍동 26호(그림 11-37)[104]는 고래가 여덟 갈래의 부챗살 모양으로 갈라진 다음에 원형의 배연구로 모여드니, 장방형 구들에 평행하는 고래들로 구성된 화성 금의리 9-1호와 비교된다.

104 忠清南道歷史文化研究院, 『瑞山 潛紅洞 遺跡』, 2008, 181-182쪽.

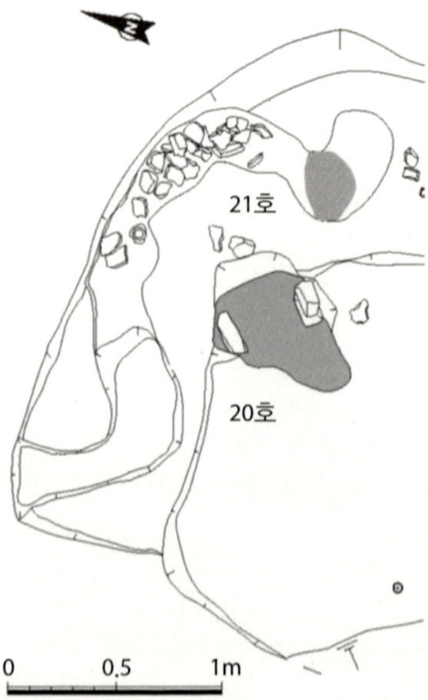

그림 11-38. 지곶동 1-21호

이 밖에 S자형과 T자형이 각각 1기씩 있다. 오산 지곶동 1-21호(그림 11-38)[105]가 S자형에 속하는데, 20호 주거지와 중복되어 있다. 북동쪽 모서리에 아궁이가 있고, 배연구는 북서쪽 모서리에 있다. 고래는 S자형 외고래이다. S자형은 앞 시대에도 이따금 보이는데, 고구려 석대자 SIF25호(그림 5-27)가 그런 것이다. 이런 고래는 ㄱ자형의 변형으로 볼 수도 있겠다.

횡성 읍하리 7호[106]는 원형의 주거지에 T자형 쌍고래가 시설되어 있다. 삭평되어 대부분 유실되었지만, 아궁이 오른쪽으로 ㄷ자형 막음 시설이 남아 있다. 이것이 T자형에서 보이는 닫힌 고래이다. 열린 고래는 할석으로 쌍고래를 만들었다. 통일신라에서 유행하던 것이 강원도에서는 고려를 거쳐 조선까지 잔존해 내려온 것이다.

2) 지상건물지

조선시대 지상건물에 대해서는 개별 건물을 중심으로 건축사에서 많이 다루었으나, 종합적인 연구는 미흡한 편이다. 또 고고학 방면에서는 건물지의 발굴 사례가 많아서 이를 망라하기도 어렵거니와 망라한다 해도 의미 있는 내용을 끌어내기가 쉽지 않다. 이런 사정으로 지상건물지를 연구한 논문은 수혈주거지의 경우보다 훨씬 적다.[107] 여기서

105 기호문화재연구원, 『烏山 紙串洞 遺蹟』 I, 2010, 99-101쪽.
106 江原考古文化研究院, 『橫城 邑下里 聚落』, 2010, 54-55쪽.
107 일부 예시로는 김홍식, 「청진 6지구 시전행랑 유구에 대한 고찰」, 『건축역사연구』 16-3, 2007; 방민규, 「楊州 德亭 은동마을 朝鮮時代 建物址의 檢討」, 『京畿地域 住居

는 개별적인 건물지 연구는 생략하고, 일정한 범위에서 다수의 건물지가 발굴된 몇 가지 사례, 즉 도시 밖의 사찰을 대표하는 양주 회암사지, 도시 안의 주거 및 상업시설을 대표하는 종로 일대의 발굴 자료를 통하여 조선시대 온돌의 대체적인 윤곽을 파악하는 데 주력하겠다.

조선 전기의 대표적인 사찰 유적으로 회암사지가 있다.[108] 1998년부터 다년간에 걸쳐 전면적으로 발굴된 대표적인 절터이다. 11차에 발굴된 외곽 건물지를 제외하고 10차까지 발굴된 중심 권역의 62기[109] 건물지 가운데 36기[110]에서 구들이 확인되어 온돌 건물이 전체의 58%를 차지한다. 중심축에 배치된 정청지, 설법전지, 보광전지 등의 주요 건물을 제외하고, 그 좌우의 부속 건물에 빼곡히 온돌방이 들어찬 형국이다. 한 건물지에 온돌방이 하나인 것이 보통이지만, 2~3개에 이르는 것도 있다.

회암사는 늦어도 12세기 무렵에 창건되어 16세기 후반, 구체적으로 1566~1595년 사이에 폐사되었다. 따라서 발굴된 회암사지 건물지는 폐사될 무렵의 정황을 보여준다. 고려 말의 강화 선원사지에서는 문지를 제외한 20개 건물지 가운데 5개 건물지에서 온돌이 확인되어 25%의 비율을 보인다.[111] 이보다 이른 고려시대 사찰인 익산 미륵사지에서는 20기 가운데 11기 이상에서 온돌이 발굴되어 55% 이상

址遺蹟의 硏究』 I, 서경문화사, 2009; 김경화, 「울산 약사동 평산유적」, 『고려 · 조선시대의 주거와 마을』, 제53회 전국역사학대회 고고학부 발표자료집, 2010.5.; 최종규, 「종로 시전행랑 유구: 조선 전기 유구를 중심으로」, 『한국건축역사학회 학술발표대회논문집』, 2011 등이 있다.

108 京畿道博物館 · 畿甸文化財硏究院, 『檜岩寺』 I, 試掘調查 報告書, 2001; 경기도박물관 · 경기문화재연구원, 『檜巖寺』 II, 7 · 8단지 발굴조사 보고서, 2003; 경기도박물관 · 경기문화재연구원, 『檜巖寺』 III, 5 · 6단지 발굴조사 보고서, 2009; 경기문화재단 · 경기문화재연구원, 『檜巖寺』 IV, 1 · 4단지 발굴조사 보고서, 2013; 경기문화재단 · 경기문화재연구원, 『檜巖寺』 V, 사역 동쪽 석축 · 담장지 및 북서쪽 외곽, 2016.

109 문지는 제외하였고, 보고서를 따라서 동방장지와 북동쪽 건물지를 하나로 계산하였다.

110 20세기 구들로 보이는 보광전지, 연도 일부가 확인된 4-자 건물지는 제외하였다.

111 東國大學校 博物館, 『史蹟 259號 江華 禪源寺址 發掘 調査 報告書』 I, 2003, 450-451쪽. 선원사지의 성격에 대해서는 논란이 있으나, 여기서는 보고서 의견을 따랐다.

을 차지한다.[112] 사찰은 주변에서 땔감을 쉽게 얻을 수 있기에 이처럼 온돌방이 많았던 것 같다. 뒤에 나오는 〈표 11-7〉에서 16세기에 걸친 부분만 따지면 43%, 전체 시기를 따지면 37% 정도인 것을 보면, 동시기 서울을 비롯한 도시 지역은 온돌 보급 비율이 회암사지보다 낮았을 것이다. 회암사가 왕실과 연계된 특별한 지위의 사찰이었음을 감안해야겠지만, 종로 일대 도심도 서울 시내 가운데서 특별한 장소였다고 할 수 있다.

건물 바닥으로는 전돌이나 불다짐 흙바닥, 마루, 온돌이 있다. 온돌이 가장 늦게 보급되면서 앞의 다른 유형과 결합되는 양상도 나타난다. 서승당지에서는 침상형 구들 주변으로 불다짐 흙바닥이 나타나고, 5-라와 3-아, 2-가 등에서는 구들과 마루가 결합되어 있다.

온돌방의 규모를 따지면 정면 1칸, 측면 1칸의 1칸 규모에서 정면 4칸, 측면 3칸의 12칸 규모까지 다양하다. 정면 3칸, 측면 2칸의 6칸 규모가 제일 보편적이고, 정면과 측면 각 2칸의 4칸 규모가 그 뒤를 잇는다. 4단지 사 건물지는 정면 7칸, 측면 2칸의 구들 두 개가 붙어 있는 형식으로 예외적이다. 따라서 회암사지의 온돌방은 일반주택의 것보다 큰 편이다.

온돌방이 많은 만큼 고래 유형도 다양하다. 건물지는 남북향과 동서향으로 나뉜다. 남북향의 경우, 남쪽에 아궁이, 북쪽에 굴뚝을 두는 게 일반적이다. 그렇지만 서승당지나 5-가처럼 남쪽과 북쪽에 아궁이를 각각 두고 중간에 굴뚝이 있거나, 3-차의 중심과 북실처럼 중간에 아궁이가 있고 남쪽과 북쪽에 각각 굴뚝이 있는 경우도 있다. 동서향의 경우, 동쪽에 아궁이, 서쪽에 굴뚝을 두는 게 일반적이다. 서방장지, 4-사, 3-바는 그 반대이고, 3-아는 중간에 아궁이, 동쪽과 서쪽에 각각 굴뚝이 있다.

112 國立扶餘文化財研究所, 『彌勒寺』 II, 1996. 고려시대로 추정되는 북편3, 북편10 건물지는 제외하였고, 서편1의 세 개 구들을 한 건물지로 계산하였다.

그림 11-39. 수좌료지

아궁이와 굴뚝은 두 차례 이상 보수를 한 사례가 많고, 이 과정에서 위치가 이동한 것도 있다. 아궁이에는 난방 목적의 함실아궁이와 취난 목적의 부뚜막아궁이가 모두 나타난다. 고랫둥은 대부분 기와편을 점토와 함께 쌓았으나, 일부에서는 할석이나 장대석을 사용하였다.

고래는 다양한 유형이 발견된다. 거의 모두가 1자형 줄고래이거나 여기서 변형된 것이므로, 지금까지 적용한 1자형, ㄱ자형, ㄷ자형 등의 구분은 별로 의미가 없다. 그 대신에 건축사 분야에서 사용하고 있는 줄고래, 되돈고래, 부채고래 등의 용어를 채택하겠다.[113]

구들은 온구들이 대부분이지만, 쪽구들의 전통도 일부 남아 있다. 먼저 온구들부터 다루겠다. 대다수는 굴뚝과 아궁이가 마주 보고 있어서 고래가 1자형, 즉 직선을 이루는 줄고래이다. 줄고래가 전체 구들에서 적어도 70% 이상을 차지한다. 고래 수는 4~10개 사이인데, 6고래가 가장 많으면서 5고래에서 9고래 사이에 집중되어 있다.

줄고래 가운데는 수좌료지(그림 11-39)[114]처럼 처음의 구들에 새로운 구들을 추가한 사례도 있다. 원래는 고랫둥을 기와편으로 쌓은 6고래였는데, 굴뚝 쪽(사진 왼쪽)에 할석으로 쌓은 5고래를 추가하였다. 이

113 김왕직, 『알기 쉬운 한국건축 용어사전』, 동녘, 2007, 260-261쪽.
114 경기도박물관·경기문화재연구원, 앞의 책(2003), 80-84쪽.

그림 11-40. 5-바 건물지

에 따라 굴뚝은 뒤로 옮겨졌고, 고래는 6고래에서 5고래로 좁아졌다. 건물지는 정면 6칸, 측면 1칸이고, 이 가운데 온돌방은 정면 4칸, 측면 1칸이다.

시자료지[115]는 구들이 북동쪽에 설치되어 있고 북서쪽 모서리에 굴뚝이 있어서 고래 끝의 연도 부분이 굴뚝(2차 굴뚝) 방향으로 꺾인다. 이에 따라 ㄱ자형 평면처럼 보이지만, 1자형 줄고래의 변형으로 보는 것이 낫겠다. 4-아 건물지도 ㄷ자형에 가까우나, 되돈고래 형식으로 1자형 변형으로 볼 수 있다.

5-바 건물지(그림 11-40)[116]는 현관 시설이 있어서 특이하다. 건물지는 정면 5칸, 측면 2칸이고, 온돌방은 정면 4칸, 측면 2칸이다. 아궁이가 서쪽(사진 왼쪽)에 있는데, 1차는 함실아궁이인 데 비해서 2차는 부뚜막아궁이다. 건물지 동편에서는 1, 2차 굴뚝이 발견되었다. 구들은 기와편으로 쌓은 7고래로서, 고랫등 앞부분에는 유선형의 돌을 놓아 불길을 갈랐다. 전돌을 깐 현관 시설이 북쪽으로 들어섬에 따라 고

115 위의 책, 69-75쪽.
116 경기도박물관·경기문화재연구원, 앞의 책(2009), 85-90쪽.

래가 휘어 있다. 이런 현관 시설은 5-사 건물지[117], 4-가 건물지[118]에서도 나타나는데, 앞서 고려시대의 연자도 7호에서도 본 적이 있다.

3-다 건물지(그림 11-41)[119]의 경우, 한 건물에 북실과 남실의 두 개 온돌방이 있으면서, 각 온돌에 다시 각각 두 개의 구들이 결합되어 있다. 북실은 남쪽 1칸의 아궁이방과 북쪽 3칸의 구들방으로 구성되어 있는데, 남쪽에 함실아궁이 2개, 북쪽에 굴뚝 2개가 있고, 여기에 각각 네 고래씩 연결되어 있다. 남실은 남쪽 1칸의 아궁이방과 북쪽 2칸의 구들방으로 이루어져 있는데, 구들방은 서쪽의 세고래와 동쪽의 6고래가 결합되어 있다. 아궁이와 굴뚝 역시 따로 두었다. 이런 결합 구들 양상은 조선시대 수혈주거지에서 이미 목격한 바 있다.

아궁이와 굴뚝이 같은 쪽에 있어서 불길이 되돌아 나오게 만든 것이 되돌고래인데, 회암사지에서는 영당지, 4-가 건물지, 4-아 건물지 세 곳에서 확인된다.

그림 11-41. 3-다 건물지

117 위의 책, 93-97쪽.
118 경기도박물관·경기문화재연구원, 앞의 책(2013), 34-44쪽.
119 위의 책, 123-132쪽.

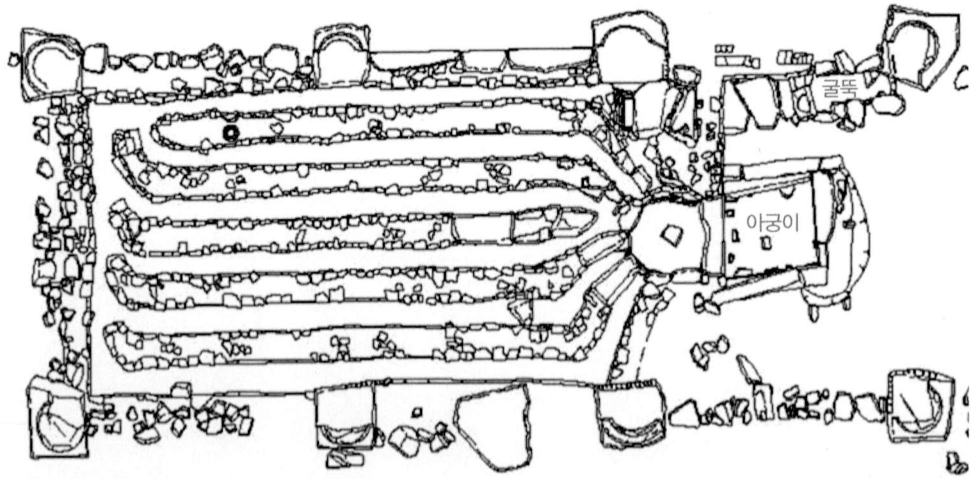

그림 11-42. 영당지

영당지(그림 11-42)[120]의 경우, 서쪽(그림 왼쪽) 2칸에 구들이 있고, 동쪽 1칸에 함실아궁이가 있는 부엌칸이 있다. 고랫둥은 기와편으로 쌓되 서쪽 끝은 기와편과 전돌을 섞어 쌓았다. 아궁이 쪽에는 고랫둥 앞돌을 배치하였다. 고래는 여섯 개인데 아궁이에서 5고래가 나와 서쪽으로 진행한 다음에 북서쪽에서 한 고래로 모여 아궁이 쪽에 있는 굴뚝으로 되돌아 나온다. 따라서 제일 북쪽의 고래는 연도 역할도 한다.

4-가 건물지[121]에는 남북향의 8고래 구들이 있는데, 아궁이는 남쪽에 있다. 건물지는 정면 5칸, 측면 3칸이고, 온돌방은 정면 4칸, 측면 3칸이다. 1차 굴뚝은 아궁이와 같은 쪽인 구들의 남서쪽 모서리에 위치하여 되돈고래를 이루다가, 2차 굴뚝은 북서쪽 모서리로 이동하여 줄고래로 바뀌었다.

120 경기도박물관·경기문화재연구원, 앞의 책(2003), 84-87쪽.
121 경기도박물관·경기문화재연구원, 앞의 책(2013), 34-44쪽.

4-아 건물지 구들[122]도 아궁이와 굴뚝이 동쪽에 함께 있어 되돈고래를 이룬다. 고래는 U자형을 이루며 휘는데, 아궁이에서 나온 5고래가 거의 반원형으로 휜 다음에 되돌아 나오면서 쌍고래로 좁아져 굴뚝으로 연결된다.

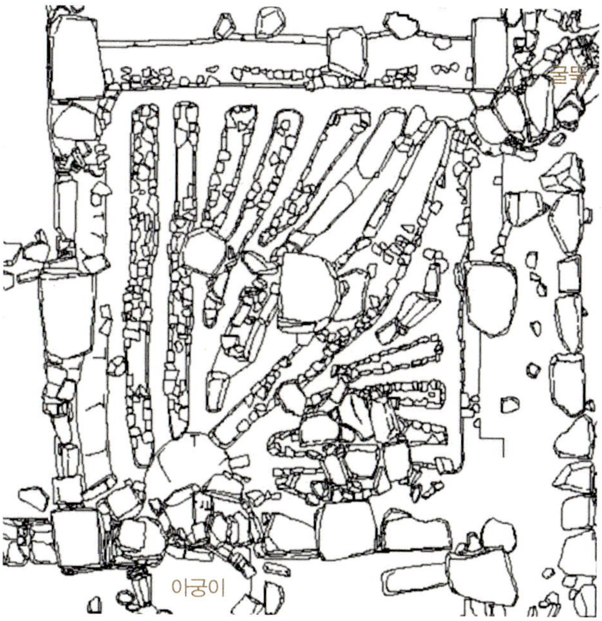

그림 11-43. 4-타 건물지

맞선고래(대각고래)로는 4-타 건물지(그림 11-43)[123] 하나가 있다. 동쪽 3칸에 부엌과 구들, 서쪽 3칸에 마루가 설치되어 있었고, 구들은 2칸 규모이다. 아궁이는 남동쪽 모서리에, 굴뚝은 북서쪽 모서리에 있어서 고래가 대각선 방향으로 부챗살처럼 퍼진다. 아궁이에서 굴뚝으로 대각선으로 한 줄의 고랫등을 만들고, 그 좌우로 6고래와 7고래를 덧붙였다. 고랫등은 기와편으로 쌓았다.

쪽구들은 네 곳에서 발굴되었다. 5-라 건물지[124]에는 정면 2칸, 측면 1칸의 남북향 구들과 그 서쪽의 측면 1칸짜리 툇마루가 있다. 또 북쪽 2칸에도 마루가 있는데, 그 아래에서 앞 시기 구들이 일부 노출되었다. 현재 ㄱ자형 세고래가 남아 있으나, 전체 구조는 알 수 없다. 그렇지만 ㄱ자형으로 꺾이는 고래 형태로 보아 쪽구들이었을 것으로 판단된다.

122 위의 책, 73-76쪽.
123 위의 책, 88-93쪽.
124 경기도박물관·경기문화재연구원, 앞의 책(2009), 76-81쪽.

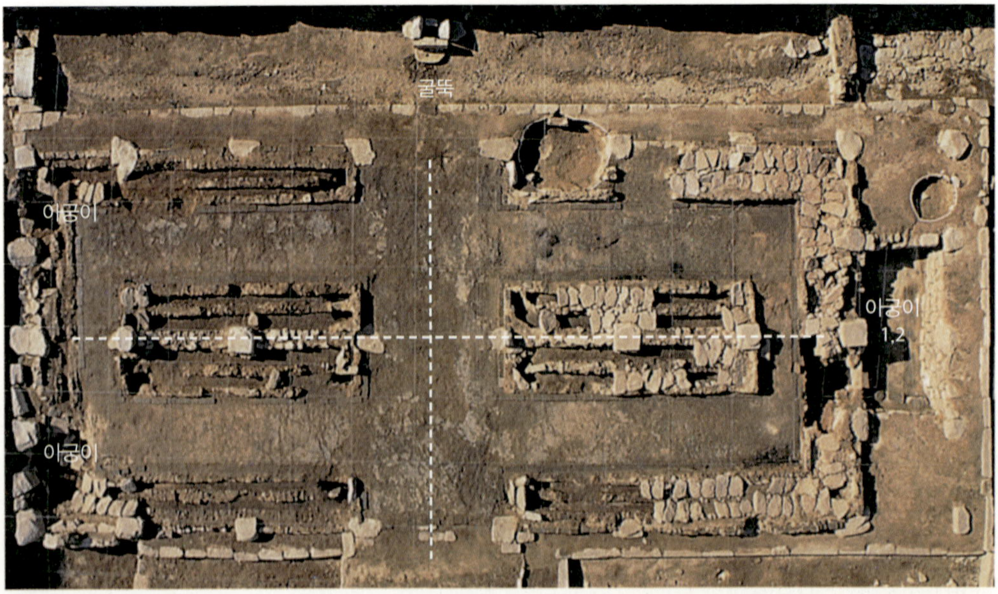

그림 11-44. 서승당지

7-기타건물지2[125]의 구들은 특이하다. 건물지 내부의 장주초석 부근에 아궁이가 있고, 남동쪽 모서리에 굴뚝이 있는데, 아궁이에서 세 고래가 나와 점차 하나로 합쳐져 굴뚝으로 연결된다. 고랫등은 할석으로 쌓고 판석으로 덮었다. 아궁이에서 굴뚝으로 높아지게 구들을 만들어 거주가 아닌 다른 용도였을 것으로 판단된다. 그렇지만 방의 일부에 구들이 시설된 점에서 일단 쪽구들로 분류하였다.

문제는 ㅌ자형의 서승당지와 ㄷ자형의 4-사 건물지이다. 서승당지(그림 11-44)[126]는 남북향 건물로서 내부에 ㅌ자형 구들을 마주보게 배치하였다. 기와편으로 쌓은 고랫등은 불다짐한 흙바닥보다 50cm 가량 높여서 침상 형태의 구들이 되었다. 구들 외면에는 전돌을 일렬로 돌리고 그 위에 목재로 장식했다.

125 경기도박물관·경기문화재연구원, 앞의 책(2003), 95-97쪽.
126 경기도박물관·경기문화재연구원, 앞의 책(2009), 35-43쪽.

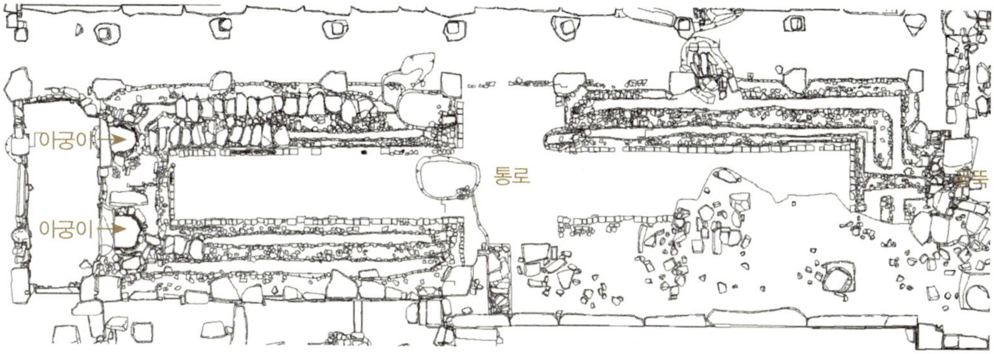

그림 11-45. 4-사 건물지

고래는 외곽의 ㄷ자 부분에 두 고래, 중앙의 1자 부분에 벽체를 가운데 두고 두 고래씩을 두었다. 따라서 ㅌ자형이 서로 마주 보면서, 개별 ㅌ자형은 가운데 1자형이 벽체를 중심으로 다시 반으로 나뉘어 전체적으로 ㄷ자형의 네 구들이 합쳐진 형태이다. 네 온돌방은 각각 정면 3칸, 측면 2칸 규모이다. 아궁이 네 개가 각 공간과 대응된다.

아궁이는 북쪽(사진 오른쪽)과 남쪽에서 각각 두 개씩 확인되었다. 북쪽 아궁이는 중앙에 가까이 있는 데 비해서, 남쪽 아궁이는 동서 양쪽 가장자리에 각각 위치한다. 모두 함실아궁이이고, 아궁이마다 네 고래씩 연결되어 있다. 굴뚝은 서쪽 기단 밖에 있다.

전체적으로 보면, 북쪽과 남쪽의 독립된 ㅌ자형이 결합되어 있는 상대형(相對型) 구들처럼 보인다. 이런 상대형은 금나라 등 북방에서 이미 본 바 있다. 그러면서 방 일부에만 구들이 시설된 침상형 구조라는 점은 중국의 항(炕)과 유사하다. 비록 부엌과 방이 분리되어 있으나, 항에도 방 밖에 아궁이가 달린 경우가 있다. 따라서 이것은 삼국시대 이래의 쪽구들 전통을 잇는 것이라고 할 수 있다.

4-사 건물지(그림 11-45)[127]는 동서로 세장한 건물지다. 외면상 내

127 경기문화재단·경기문화재연구원, 앞의 책(2013), 66-72쪽.

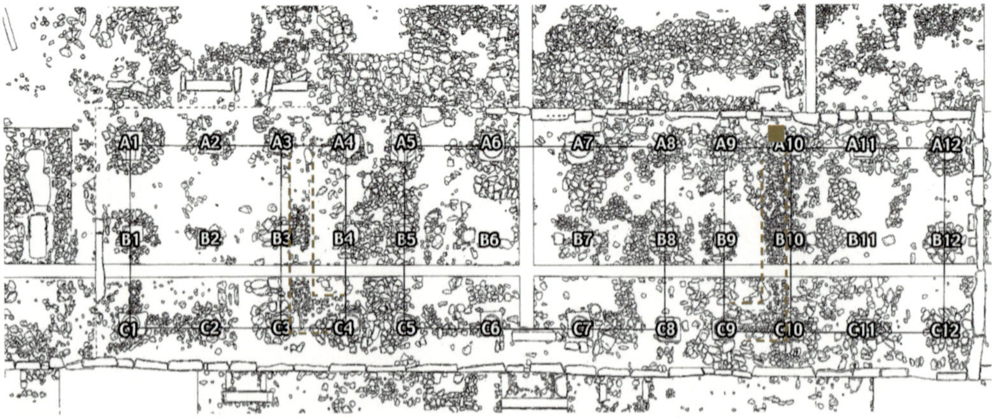

그림 11-46. 벽제관지 주건물지

부에 기다란 ㄷ자형 구들이 마주 보고 있다. 정면 7칸, 측면 2칸의 구들 두 개가 붙어 있는 형식이다. 역시 구들이 바닥보다 높다. 서쪽 끝(그림 왼쪽)에 함실아궁이가 두 개 있어서 각각의 구들과 대응된다. 굴뚝은 동쪽 끝 중앙에 하나가 있다. 건물 중간 한 칸은 통로인데, 고래는 통로 바닥 아래를 통과한다. 고래는 각각 두 고래씩이다. 역시 구들 주변을 따라 전돌을 깔고, 그 위에 목재로 마감했다. 서승당지와 같이 쪽구들 유형에 속한다.

이상으로 회암사지에서 보았듯이 조선시대에는 온구들이 주류를 이룬다. 또 줄고래가 대다수이면서 일부 특수한 고래들이 만들어졌다. 그렇지만 쪽구들의 명맥도 끊어지지 않고 계속되었으니, 고양 벽제관지에서도 그런 사례를 찾을 수 있다.

고양 벽제관지 주건물지(그림 11-46)는 정청과 동익헌, 서익헌으로 구성되어 있는데, 동익헌과 서익헌에서 각각 ㄱ자형 쪽구들이 발굴되었다.[128] 동익헌의 경우, 우협칸에서 구들이 노출되었다. 아궁이 또는 굴뚝으로 추정되는 유구가 북쪽(그림 위쪽)에 있고, 여기서 남쪽으로

128 경기도박물관·연세대학교 건축과학기술연구소, 『고양 벽제관 건축유적지 발굴조사 보고서』, 2000, 75-81쪽.

기와편을 쌓아 만든 ㄱ자형 고래가 달려 있다. 이로 보아 동익헌 3칸 가운데 정청 쪽 1칸을 온돌방으로 사용하였을 것으로 여겨진다. 서익헌에서도 기와열이 정청을 중심으로 대칭 형태로 남아 있어, 동익헌과 동일한 구조로 판단된다.

벽제관은 세종 원년(1419) 이전인 조선 초기에 세워졌고 근대에 와서 폐기되었다. 온돌방의 조성과 폐기 연대는 확인하기 어렵지만, 쪽구들의 전통을 지닌 조선시대 온돌로 판단된다.

회암사지의 탁상식 구들은 하동 칠불사의 亞(아)자방[129]으로 계승되었다. 남쪽 2칸에 부엌, 그 북쪽 3칸에 온돌방이 있고, 건물 북쪽에 굴뚝이 있다. 방 안에는 남쪽과 북쪽에 각각 ㄷ자형 침상 구들이 마주 보고 있다. 바닥에도 고래가 지나가므로 온구들이면서 쪽구들의 유산을 물려받은 것이다.

다음으로 서울 도심의 온돌 상황을 살펴보겠다. 서울 종로에서는 청진구역,[130] 종로 2가 40번지,[131] 종묘 광장,[132] 공평구역[133] 등에서 주거 유적이 발굴되었다. 이 가운데 종로 대로에 면한 상업시설인 시전행랑지는 뒤에 따로 다루고, 여기서는 주로 일반 주택으로 이루어진 나머지 공간만 대상으로 삼겠다. 청진구역과 공평구역에서는 다양한 층위의 주거 유적들이 발굴되었으니, 발굴 결과를 정리하면 〈표 11-7〉과 같다.[134]

129 김남응, 『문헌과 유적으로 본 구들이야기 온돌이야기』, 단국대학교출판부, 2004, 313-317쪽.

130 명지대학교 부설 한국건축문화연구소, 『서울 淸進6地區 遺蹟』, 2007; 한울문화재연구원, 『鍾路 淸進1地區 遺蹟』, 2011; 한울문화재연구원, 『鍾路 淸進5地區 遺蹟』, 2012; 한울문화재연구원, 『鍾路 淸進8地區 遺蹟』, 2013; 한울문화재연구원, 『鍾路 淸進2~3地區 遺蹟』, 2013; 한울문화재연구원, 『鍾路 淸進12~16地區 遺蹟』, 2013; 한울문화재연구원, 『서울 청진8지구 지하보행로부지 유적』, 2016; 한울문화재연구원, 『서울 청진구역 종각역 개선사업부지 유적』, 2017; 한울문화재연구원, 『서울 청진구역 광화문역 개선사업부지 유적』, 2017.

131 한울문화재연구원, 『종로2가 40번지 시전행랑 유적』, 2010.

132 서울역사박물관, 『종묘광장 발굴조사보고서』, 2012.

133 한울문화재연구원, 『서울 공평구역 제1 · 2 · 4지구 유적』, 2017.

표 11-7. 청진구역, 공평구역의 건물지 수-온돌 건물지 수-온돌방 수(괄호 안은 문화층)

	청진6지구	청진1지구	청진5지구	청진8지구	청진2~3지구	청진12~16지구	공평구역
20세기	?(I) 12-8-13(II)	21-?-?(I) ?(II)	5-4-5(I)	3-2-6(I) 2-2-2(II)	14-9-13(I) 1-0-0(II)	23-15-38(I)	?(I) 32-23-50(II)
19세기	3-1-2(III)	3-1-1(III)	7-2-2(II)	6-1-1(III)	7-0-0(III)	15-5-8(II) 21-0-0(III)	20-8-13(III)
18세기							
17세기	1-0-0(IV)	14-7-7(IV)	10-0-0(III)	11-3-3(IV)	30-12-12(IV)	29-9-11(IV) 44-27-30(V)	34-11-11(IV)
16세기	7-0-0(V)	11-4-5(V)	9-3-3(IV)	8-4-4(V)	23-6-6(V)	27-7-7(VI)	23-7-9(V)
15세기	0-0-0(VI)	21-8-9(VI)	11-1-1(V)	9-2-2(VI)	18-7-7(VI)		
계	23-9-15	70-20-22	42-10-11	39-14-18	93-34-38	159-63-94	109-49-83

청진구역 6개 지구에서 발굴된 건물지는 모두 426개이고, 그 중 150개 건물지에서 한 개 이상의 온돌방이 발굴되었다. 35%의 건물지에 온돌방이 시설되어 있었던 셈이다. 물론 건물지 단위는 발굴자의 편의에 따라 구분한 것이라서 가구 단위를 가리킨다고 보기는 어려우므로, 이 비율을 온돌을 가진 집의 비율로 볼 수는 없다.

다음으로 시대별 변화가 확인되는지 알아보겠다. 이 표에서 보듯이 거의 동일한 지역을 발굴했음에도 발굴보고서마다 편년이 조금씩 다르다. 이에 따라 이들을 일괄하여 세기 단위로 파악하기도 어렵다. 따라서 일단 보고서(지구) 단위로 검토해보아야겠다.

온돌방의 수를 기준으로 하면, 공평구역에서만 의미 있는 변화가

134 이 표에는 상업시설인 시전행랑지 지역(종로 1가)을 제외하였고, 보고서에서 건물지로 분류했으나 주거 유적에 속하지 않는 이문지(里門址), 수혈 유구 등도 제외하였다. 또 보고서의 편년에서 양쪽 시기에 걸쳐 있는 세기는 반으로 나누고 경계선을 점선으로 하였다. 예를 들어서 청진1지구의 18~19세기와 17~18세기는 18세기를 반으로 나누었다. 온돌의 숫자는 단순한 추정은 제외하고 일정한 자료에 근거한 추정까지는 포함하였다

보인다. 건국기에 가까운 V층에서부터 현대에 가까운 II층에 이르기까지 온돌방이 9→11→13→50개로 증가한다. 이를 토대로 온돌 보급이 확산되어 간 정황을 추정할 수 있지만, 아쉽게도 청진구역에서는 이런 변화를 보이지 않아서 위의 결론을 확정하기 어렵다. 청진6지구의 아래 세 층에서 온돌방이 확인되지 않다가 III층과 II층에서 각각 2기, 13기가 발굴되어 이런 추세와 부합되는 듯하지만, 유적 숫자가 적기 때문에 의미를 부여하기 어렵다. 청진2~3지구에서는 시간의 흐름에 따라 증가하는 것처럼 보이지만, 오히려 뒤 시기에는 전무한 문제점이 있다. 나머지 지구에서는 자료가 들쑥날쑥하여 위와 같은 경향마저도 확인하기 어렵다.

따라서 이곳 자료만으로는 조선시대에 온돌이 점차 확산되어 갔을 것이란 가정을 뒷받침하기 어렵다. 전체 건물지에서 온돌이 발견된 건물지의 비율을 따져보아도 공평구역에서만 유의미한 변화를 찾을 수 있다. 이런 정황을 보건대 서울 도심인 이 일대에서는 조선 초기부터 온돌이 이미 상당히 보급되어 있었을 가능성이 있다.

이런 보급률이 이곳에서 특별하게 나타난 현상인지, 아니면 서울 전체에 걸쳐 전반적인 현상인지는 확인하지 못했다. 문헌상으로 보건대 여기서 가까운 궁궐에는 온돌 보급이 비교적 늦었던 사실과 대조적이다. 민간에는 일찍 온돌이 보급되었지만, 다음 장에서 다루듯이 상류 주택이나 궁궐에는 늦게 확산되었던 것 같다. 그러면서 앞에서 다룬 고려시대 마을 유적의 미미한 온돌 보급률과 비교하면 현격한 차이가 나서, 고려와 조선의 지상 온돌 보급률을 상징적으로 보여준다.

한 건물지에서 복수의 온돌이 확인되는 사례가 다수 있다. 2개가 26기, 3개 14기, 4개 5기, 5개 1기, 11개 1기로 도합 47기이다.

청진 12~16지구 I-청진 99 건1[135]은 작은 방들이 다닥다닥 붙어 있는 ㄱ자형 건물지이다. 발굴된 14개 방 가운데 내부시설을 알 수 없는 3기를 제외하고 나머지 11개에서 온돌이 확인되었다. 작은 1칸 규모의 온돌방들은 모두 개별적으로 난방을 하게 되어 있는데, 근대 시기의 여관 건물지로 추정된다. 공평구역 근대 층위에 속한 II-12호[136] 건물지에서는 5개의 온돌방이 조사되었다. 다시 북쪽과 남쪽 건물지로 나뉘는데, 온돌방은 북쪽에 3개, 남쪽에 2개가 있다. 두 건물지가 독립된 것을 편의상 한 단위로 묶은 것인지, 아니면 서로 연계된 것인지는 알 수 없다.

이들을 제외하면, 복수의 온돌방은 2~4개 범위 안에 있되 2개 온돌방이 대다수를 차지한다. 하나 주목할 것은 이들이 조선 초기보다는 근대 쪽으로 몰려 있어서, 시간의 흐름에 따라 복수 온돌방이 증가 추세인 것을 알 수 있다. 〈표 11-7〉에서 온돌방 수와 온돌건물지 수가 동일한 곳은 1개만 있는 시기이고, 온돌방 수에서 온돌건물지 수를 뺀 숫자가 큰 곳이 복수 온돌이 몰려 있는 시기이다. 이를 보면 2개 이상의 온돌방을 가진 집이 후대로 갈수록 많아진다고 해석할 수 있다.

예상하는 바와 같이 서울 도심의 온돌방 규모는 회암사지보다 훨씬 작다. 온돌방의 칸 수는 1칸이 제일 많고, 2칸이 그 다음을 차지한다. 회암사지와 달리 측면 1칸을 넘는 온돌방은 없다. 청진구역과 공평구역의 보고서에서 명시한 칸 수만 통계를 내보더라도, 1칸이 46기, 2칸이 41기이고, 그 다음으로 1.5칸 13기, 3칸 1기이다. 대규모 발굴에서는 흔한 것을 보고서에 서술하지 않는 경향이 있으므로, 실제로는 1칸이 2칸에 비해 비중이 더 높았을 것이다. 3칸은 청진 12~16지구의 20세기 층에서 유일하게 보인다. 이렇게 회암사지 온돌방보다 훨씬 작은 것은 도심의 주택이 기본적으로 작은 데다가 땔감의 조달도 사찰보다 어려웠던 데 원인이 있을 것이다.

정확한 통계를 내기 어렵지만, 조선 전반기에도 마루가 온돌방보다 비중이 높았을 것이다. 그 한 예로 마루가 잘 남아 있는 공평구역

135 한울문화재연구원, 앞의 책(12~16지구) I(2013), 201쪽.
136 한울문화재연구원, 앞의 책(공평구역) I(2017), 285-290쪽.

IV-31호 건물지(그림 11-47)[137]를 들 수 있다. 이 유구가 있는 층위에서는 청진구역을 포함하여 대규모 화재 흔적이 확인되는데, 이것은 임진왜란의 결과로 여겨진다. 이 건물지도 예외가 아니어서 마루가 불에 탄 채 고스란히 남아 있다. 건물은 남향하는 ㄷ자형 배치인데, 중심 건물지는 정면 4칸, 측면 1칸이고, 북서쪽에 1칸, 남동쪽에 반 칸이 덧달려 있다. 중심 건물지의 북서쪽 끝칸에 장대석으로 만든 온돌방 1칸(그림 11-48)을 두고, 익칸에 부엌을 두었다. 온돌방은 허튼고래(덤벙고래)로 보고되어 있으나, 사진에서 보듯이 줄고래가 맞는 것 같다.

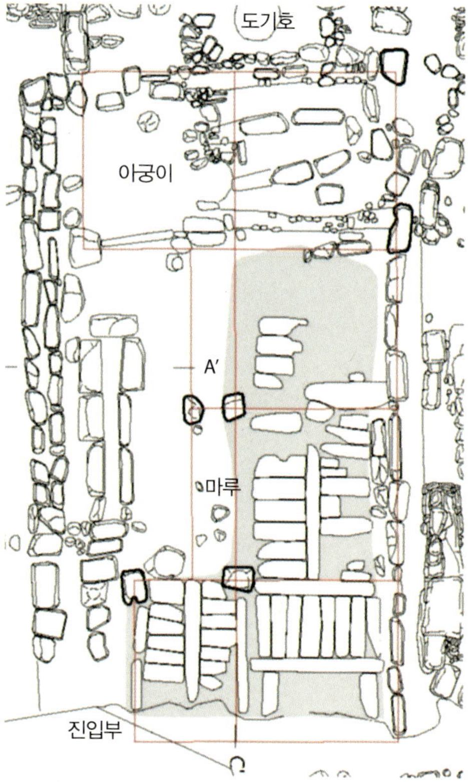

그림 11-47. IV-31호

나머지 3.5칸에는 모두 마루를 깔았다. 보고서에서는 언급되지 않았지만 마루 일부에서는 자리(깔개)를 깔았던 흔적이 탄화되어 발견되었다(그림 11-49). 일반적으로는 이처럼 마루에 자리를 깔고 생활했을 것이다. 청진12~16지구 V-종로40 시전3에서도 마루 위에 멍석을 깔았던 것이 확인되었다.[138]

동일한 층위에서 하나의 저택을 구성하는 건물군도 발굴되었다. IV층 '가'지역의 IV-1에서 IV-4까지의 네 개 집합체(그림 11-50)가 그것이다.[139] 북쪽에 ㄷ자형의 중심건물(IV-1호)이 있고, 그 남쪽과 서쪽에 행랑채 정도로 추정되는 부속건물들이 포진해 있다. IV-2호는

137 한울문화재연구원, 앞의 책(공평구역) II(2017), 481-487쪽.
138 한울문화재연구원, 앞의 책(12~16지구) I(2013), 587쪽.
139 한울문화재연구원, 앞의 책(공평구역) II(2017), 183-193쪽.

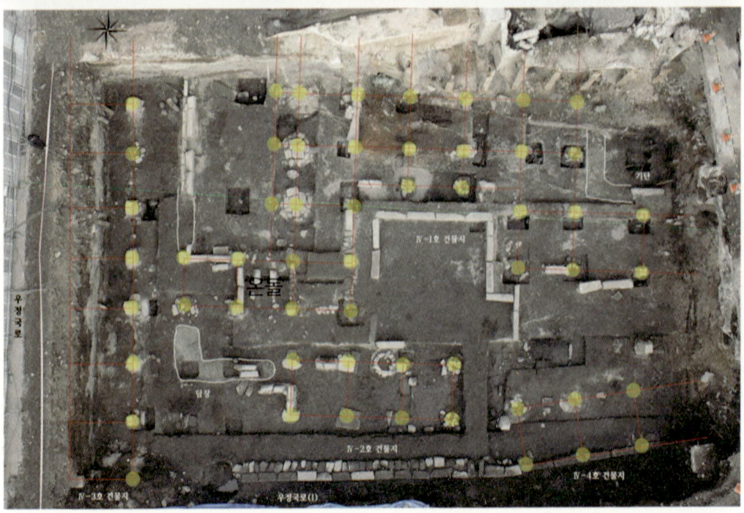

그림 11-48(상). IV-31호 구들
그림 11-49(중). 마루 위 탄화된 자리 흔적
그림 11-50(하). IV층 '가'지역

남서쪽에 있고, IV-3호는 서쪽에 기다랗게 있고, IV-4호는 남동쪽에 있다. 남쪽에는 우정국로를 따라 동서 방향으로 이 저택의 담장이 지나간다.

전모가 드러나지는 않았으나 발굴된 것만 30칸에 가까워 큰 저택으로 보이는데, 온돌은 IV-1호에서 1칸 규모로 하나가 확인되었을 뿐이다. IV-31호 건물지에서 살펴본 바와 같이 마루나 흙바닥(토방)의 비중이 매우 높았던 것으로 여겨진다. 온돌방은 건물지 서쪽의 익칸 끝에서 서쪽으로 덧붙인 3칸 중에서 가운데 칸에 해당하고, 그보다 서쪽 칸은 문칸으로 추정된다. 온돌은 남북향 세고래이고, 고랫등은 장대석으로 만들었다. 출토된 유물은 16세기 백자편이 다수이고 17세기 백자편이 소량 있다고 한다.

이제 구들 분석으로 들어가겠다. 고랫등의 재료는 당연히 돌이 주류이다. 보고서에서 잡석 내지 할석으로 표현된 돌을 점토와 함께 쌓는 것이 일반적이다. 돌 가운데는 가끔 장대석이나 할석보다 조금 큰 판석을 이용하는 경우가 있다. 기와편을 사용한 사례도 앞 시대에 비해 크게 증가하였다. 기와편만 쓰는가 하면 돌과 함께 섞어 쓰기도 한다. 벽돌을 사용한 사례도 극소수 보이는데, 역시 돌과 섞어 쓰기도 한다.

이처럼 전 시대에 걸쳐 온돌의 재료로 돌이 선호되었다. 그러나 돌은 벽돌에 비해서 온돌을 고르게 쌓기가 어려웠다. 박지원(朴趾源, 1737~1805)은 조선의 온돌에 여섯 가지 흠이 있다고 하였는데, 그 첫째와 둘째가 돌로 쌓아서 생긴 문제점이었다.

> 진흙으로 고랫등을 쌓고 그 위에 돌을 걸쳐서 구들을 만드는데, 돌이란 것이 크고 작음과 두텁고 얇음에서 본래 고르지 못하므로, 조약돌로 네 모서리를 괴어서 그 절름발이를 막으려 하나 돌이 그을리고 흙이 마르면 곧잘 허물어지는 것을 걱정하니, 이것이 첫째 흠이다. 돌이 울퉁불퉁하여 두터운 흙으로 메우고 진흙을 발라 평평하게

> 하므로, 불을 때도 고루 덥게 하지 못하니, 이것이 둘째 흠이다.[140]

돌로 만든 구들바닥은 고르게 하기 어려웠다. 박제가(朴齊家, 1750~1805)는 앉거나 누우면 늘 몸이 기울고, 도성의 화려한 저택이라도 바둑판을 반듯하게 놓을 수가 없다고 지적하였다.[141]

이런 문제 때문에 조선 후기에 규격이 일정한 벽돌을 사용하자는 제안이 나오기도 하였다. 이이명(李頤命, 1658~1722)이 쓴 「전항식(甎炕式)」이 그런 것이다.[142] 여기에는 직돌식(直堗式)과 풍조식(風灶式)이라는 두 종류의 벽돌 온돌 제작 방식이 소개되어 있다. 이들은 청나라의 항(炕)을 조선의 방식으로 고친 것으로서, 일정한 규격의 벽돌을 사용함으로써 열효율을 높이고, 제작 기간도 크게 단축할 수 있다고 하였다.

> 만약 이 방법이 유행한다면 벽돌은 예전보다 흔해질 것이다. 벽돌이 흔해져 쉽게 얻을 수 있고, 거기다 이 온돌 만드는 방법을 본뜬다면, 땔나무를 때는 비용이 열에 일고여덟은 절약될 것이며 벽돌을 사는 비용으로 바위를 가져오는 수고를 대신할 수 있을 것이다. 그 비용이 절감되리라는 사실을 분명히 안다면, 온돌을 본떠 만드는 것은 권하지 않더라도 다투어 할 것이 분명하다.[143]

이러한 장점에도 불구하고 조선에서 벽돌을 구하기 어려워서였는

140 『熱河日記』 渡江錄 「泥築爲塍, 架石爲堗, 石之大小厚薄, 本自不齊, 必疊小礫, 以支四角, 禁其蹩躄, 而石焦土乾, 常患頹落, 一失也. 石面凹缺處, 補以厚土, 塗泥取平, 故炊不遍溫, 二失也.」

141 『北學議』 內編, 宮室 「炕堗凸陷, 坐臥常傾, … 今都城第宅, 往往華侈, 而其廳堗無平, 置棋局者, 必用碁子, 庋其一脚.」

142 이시필 지음, 백승호·부유섭·장유승 옮김, 『소문사설, 조선의 실용지식 연구노트』, 휴머니스트, 2011, 43-56쪽.

143 위의 책, 55쪽.

지 근대 이전까지는 벽돌 온돌이 유행하지 못하였다. 이 당시에 시험 삼아 놓았던 온돌이 50여 년의 세월이 지나자 고칠 수 있는 기술자가 없었다고 이이명의 증손자 이영유(李英裕, 1743~1804)가 1792년에 쓴 글에서 증언하였다.[144]

그림 11-51. V-청진100·101 건1 일부

온구들은 기본적인 구조에서 시기별 차이를 보이지는 않는다. 온구들의 고래는 줄고래가 거의 전부이고, 고랫둥이 서로 평행을 이루지 않는 이형(異形) 고래가 소수 있다. 줄고래는 쌍고래에서 6고래까지 있다. 보고서에서 명기한 고래만 통계를 내보면, 전체 102기 가운데 세고래가 57기로 제일 많고, 네고래가 36기, 5고래 6기, 6고래 2기, 쌍고래 1기이다.[145] 따라서 조선시대 전 기간에 걸쳐서 세고래와 네고래가 주류를 이룬다. 이것 역시 회암사지와 대비된다. 5고래와 6고래는 임진왜란 이후에만 보이므로, 시간이 흐르면서 고래 수가 약간 늘어나는 경향을 보인다고 할 수 있다.

세고래와 네고래가 함께 보이는 건물지로 청진 12~16지구 V-청진100·101 건1(그림 11-51)[146]이 있다. 사진 위쪽(북쪽)에 있는 것이 1

144 『雲巢謾稿』(규장각) 제3책, 題跋, 甎炕式跋「後五十餘年, 甎久壞缺, 匠手不解其法, 遂無傳焉.」

145 고래 수에 대해서 보고서 본문과 도판 내지 사진 자료가 일치하지 않는 듯한 곳도 있으나(특히 청진 12-16지구), 단정할 수 없어서 일단 본문을 기준으로 삼았다.

146 한울문화재연구원, 앞의 책(12~16지구) I(2013), 533-539쪽. 보고서에서는 세고래

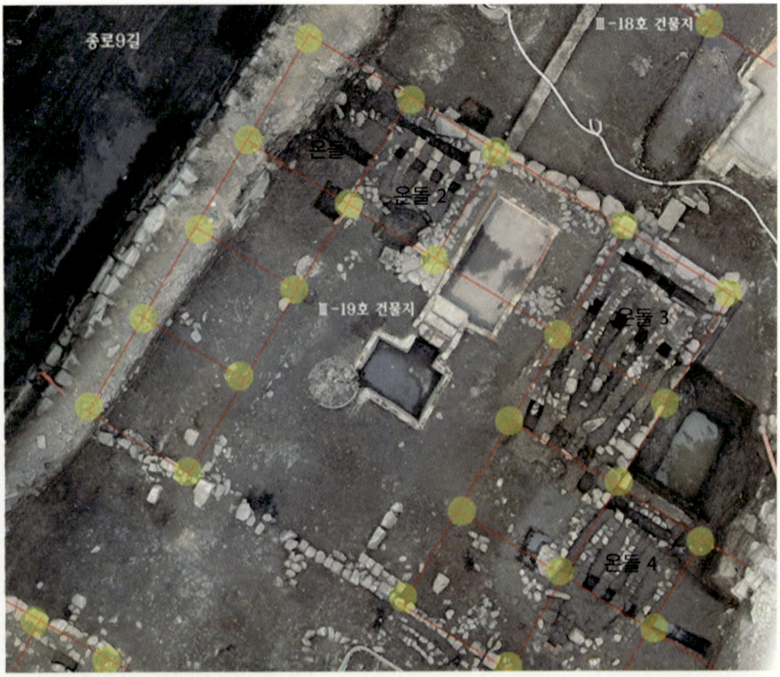

그림 11-52. III-19호 건물지

칸 규모의 네고래로서, 기와편과 잡석으로 고랫등을 만들었다. 건물지 전면(남쪽)에 아궁이가 있다. 사진 아래쪽에 있는 것이 1칸 규모의 세고래로서, 기와편으로 고랫등을 쌓았다. 이 건물지에서 만력 19년(1591)명 총통이 발굴되어, 이 건물지의 상한을 알 수 있다. 보고서에서는 V층을 16세기 후반~17세기 전반으로 편년하였다.

네 개의 온돌이 있는 유적으로 공평구역 III-19호 건물지(그림 11-52)[147]가 있다. ㄷ자형 건물이 가운데 마당을 감싼다. 온돌1은 1칸 규모로서 중심건물 서쪽 끝에 있는데, 내부가 온전하지 못해 구조를 알 수 없다. 온돌2는 이와 인접한 동쪽에 있고, 역시 1칸 규모이다. 할석과 점토로 고랫등을 쌓아 네고래를 만들었다. 온돌3은 중심건물 동쪽

와 네고래로 설명하였으나, 사진을 보면 네고래와 5고래처럼 보인다.

147 한울문화재연구원, 앞의 책(공평구역) II(2017), 156-161쪽.

끝과 익칸에 걸친 1.5칸[148] 규모로서, 역시 할석과 점토로 네고래를 만들었다. 온돌4는 건물지의 동쪽 익칸에 덧붙인 건물지에서 조사되었다. 온돌은 1.5칸 규모로서 할석과 점토로 네고래를 만들었다. 세 개의 온돌이 모두 네고래로서, 이처럼 한 건물지에서 여러 온돌이 발견된 것은 앞서 본 공평구역 IV-31호 구들, IV-1에서 IV-4까지 한 단위로 한 건물군에서의 보급 양상과 대비된다. III층은 18~19세기로 편년되어 이들보다 늦은 시기의 확산 양상을 대변하는 것으로 보인다.

그러나 실록에 보면 중종 때에 별감에게 개인 집을 내준 대사헌(大司憲) 손중돈(孫仲暾)의 경우에, 집 전체가 몇 칸인지는 모르겠으나 온돌이 3칸 있었던 사실을 볼 수 있다.

> 별감이 즉시 들어와 바깥채에 온돌 1칸, 안채에 온돌이 2칸이 있는 것을 돌아보았습니다. 별감이 "바깥채는 추워서 있을 수 없어서 마땅히 안채로 들어갈 터이니 시급히 나와서 옮기라."고 하였습니다.[149]

온구들의 개별 양상은 여기까지 살펴보고, 다음으로 이형 고래의 사례를 보겠다. 여기에는 고랫등이 평행을 이루지 않는 부채고래나 굽은고래가 있고, 또 허튼고래(덤벙고래)도 있다.

고랫등이 부챗살처럼 방사상으로 퍼지는 것이 부채고래이다. 청진 12~16지구 V-청진124 건2(그림 11-53)[150]가 그러하다. 사진에는 부채고래와 함께 이웃해 있는 세고래의 줄고래가 보인다. 부채고래는 제대로 남아 있는 상태는 아니지만, 기와편을 쌓아 만든 1칸 규모의 네고래로 보인다. 전형적이지는 않으나 아궁이에서 방사상으로 퍼지는 듯한 모습이 보인다.

148 사진으로는 2칸처럼 보인다.

149 중종실록 20년(1525) 12월 20일「別監卽入巡視, 外廳則溫堗一間, 內寢堗二間. 別監曰, 外廳則冷, 不可處, 當接內寢, 其速出移云.」

150 한울문화재연구원, 앞의 책(12~16지구) I(2013), 568-571쪽.

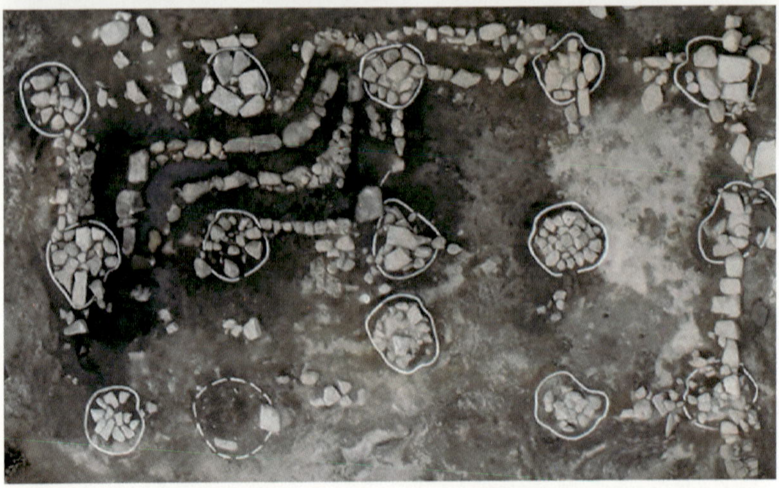

그림 11-53(상). V-청진124 건2
그림 11-54(하). 청진동 223번지 건물지 6-3

이와 유사한 고래가 청진8지구 V-청진128 건1[151]에서도 보인다. 건물지 서북쪽 칸에 만든 구들인데, 고래가 아궁이에서부터 퍼져나가

151 한울문화재연구원, 앞의 책(8지구) I(2013), 166-167쪽.

는 방사상을 이룬다. 고래둑은 기와편으로 쌓았다. 그러나 앞의 고래와 마찬가지로 한쪽으로만 퍼지는 양상을 보인다.

이 밖에 청진8지구 I-청진154 건1[152]도 다섯 개의 고래둑이 2칸에 걸쳐 방사상으로 놓인 것으로 설명되어 있고, 청진5지구 II-188 건물지[153]는 잔존 구들이 방사상처럼 보인다.

굽은고래에는 청진1지구 VI층(15세기)의 청진동 223번지 건물지 6-3(그림 11-54)[154]이 대표적이다. 건물지는 정면 4칸, 측면 1칸의 중심건물과 그 양쪽으로 각각 1칸씩 붙인 익칸으로 구성되어 평면 ㄷ자형을 이룬다. 구들은 중심건물 서쪽 2칸에 시설되어 있는데, 아궁이에서 나온 고래가 ㄱ자형으로 꺾이고 굴뚝 쪽에서 다시 ㄱ자형으로 꺾여서 S자에 가깝다.

아궁이와 굴뚝이 대각선 방향으로 있어 불가피하게 만든 측면이 있지만, 굽은고래는 쪽구들의 요소를 지니고 있다고 하겠다. 조선시대까지 이처럼 쪽구들의 잔적이 남아 있다.

청진12~16지구 VI-청진121 건1(그림 11-55)[155]은 다른 형태의 굽은고래이다. 기와편과 점토로 만든 고래둑이 휘어져 동북쪽 귀퉁이에 있는 배연구로 향한다.

청진12~16지구 V-청진113 건1[156]에서는 네고래가 줄고래를 이루다가 끝 부분에 이르러서 배연구를 향해 꺾인다. 〈그림 11-4〉와 유사한 편인데, 여기서는 줄고래에 포함하였다. 청진5지구 II-199① 건물지[157]에서는 굽은고래로 보이는 구들 일부가 발굴되었다.

허튼고래로 보고된 특이한 구들이 하나 있다. 청진1지구 V층 건

152 위의 책, 95-96쪽.
153 한울문화재연구원, 앞의 책 I(2012), 95쪽.
154 한울문화재연구원, 앞의 책 I(2011), 162-165쪽.
155 한울문화재연구원, 앞의 책(12~16지구) II(2013), 77-78쪽.
156 한울문화재연구원, 앞의 책(12~16지구) I(2013), 554-556쪽.
157 한울문화재연구원, 앞의 책 I(2012), 101-102쪽.

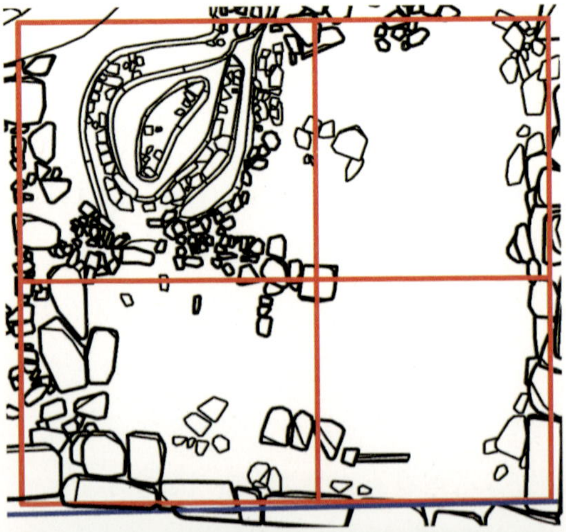

그림 11-55(상). VI-청진121 건1
그림 11-56(하). V층 건물지 5-11

물지 5-11(그림 11-56)[158]이 그러하다. 독립 시설물로서 북쪽(사진 아래쪽)에 아궁이가, 서남쪽에 굴뚝이 있다. 할석을 세워서 양쪽으로 고막이를 만들고, 그 내부에 세 줄의 고랫둑을 배열하되, 할석을 드문드문 놓아 허튼고래를 만들었다. 사진에는 고래마다 판석을 세 개씩 2열로 놓은 구들장이 보인다. 구들장이 제거된 그 좌우를 보면 고래가 짧고

158 한울문화재연구원, 앞의 책 I(2011), 151-152쪽.

상대적으로 폭이 넓게 만든 것을 알 수 있다. 이 온돌은 주거용이 아닐 가능성이 있다.

청진2~3지구 IV-278 건물지1[159]과 공평구역 IV-8호 건물지[160]에서도 허튼고래로 추정되는 유구가 조사되었다.

이 밖에 청진6지구 II층 청진동 162번지 건물지6의 익랑채[161]에서도 이형(異形)의 고래가 있었던 것으로 보이지만, 자세한 설명이 없어서 구조를 알 수 없다.

다음은 지금까지 보아 온 주거시설과는 달리 상업시설인 시전을 살펴보겠다. 시전의 행랑은 2004년에 청진6지구에서 처음 확인되었고, 이후 청진구역의 8지구, 2~3지구, 12~16지구를 비롯하여 종로2가 육의전빌딩(구 영동빌딩) 신축 부지,[162] 종묘 앞 광장,[163] 청진구역 종각역 개선사업부지[164] 등에서 속속 발굴되었다. 이 가운데 시전행랑의 구조가 비교적 소상히 보고된 것으로는 청진6지구 V층, 청진2~3지구 IV층·V층·VI층, 청진12~16지구 IV층·V층·VI층, 종로2가 육의전빌딩 III층 가지역이 있다.[165]

조선시대 초기부터 말기까지 시전은 정면 2칸, 측면 1.5칸이 한 단위를 이루면서 크기도 크게 변하지 않는다. 정면 1칸은 4m 내외이고, 측면은 남쪽의 기단(배수로)에서 피맛길과 접하는 북쪽의 벽체까지 6.5~7m를 기본으로 한다. 시전이 나란히 연결되어 있어서 정면 크기는 시간이 흐르면서도 변하지 않지만, 남북 길이는 점차 길어지는

159 한울문화재연구원, 앞의 책(2~3지구) I(2013), 201쪽.

160 한울문화재연구원, 앞의 책(공평구역) II(2017), 259쪽.

161 명지대학교 부설 한국건축문화연구소, 앞의 책, 315-318쪽.

162 명지대학교 부설 한국건축문화연구소, 『종로2가 영동빌딩 신축부지 문화재 지표조사 보고서』, 2005; 한울문화재연구원, 앞의 책(2010).

163 서울역사박물관, 앞의 책.

164 한울문화재연구원, 앞의 책(종각역)(2017).

165 시전행랑의 발굴 보고가 일정하지 않아서, 청진6지구 보고서 안에서도 아예 건물지에 산입하지 않거나(III층), 전체를 하나로 묶거나(IV층), 개별 시전 단위로 보고하여(V층) 제각각이다.

경향을 보인다. 이에 따라 구들의 고랫둥도 조금씩 길어진다.

정면에서 보면 칸마다 중간에 칸막이를 하여 동서 두 공간으로 분할하였고, 대체로 동쪽은 온돌, 서쪽은 마루나 토방으로 사용하였다. 다시 말해서 반 칸짜리 네 개가 나란히 붙어 있는 구조이다. 이른 시기에 많았던 토방은 점차 마루로 바뀐 듯하다. 마루 위에서는 멍석을 깔았던 흔적도 보인다. 따라서 하나의 시전에는 온돌이 두 개인데, 이들은 마루나 토방보다 조금 작게 분할되어 반 칸에 약간 못 미치는 크기였다. 온돌을 서쪽 공간에 둔 경우도 있고, 양쪽 공간 모두 온돌인 경우도 있다. 고랫둥은 기와편, 잡석, 장대석 등을 사용하였고, 세고래로 통일되어 있다. 아궁이는 보통 두 개가 달려 있으나, 굴뚝 등의 배연시설은 잘 확인되지 않는다.

측면에서 보면 남쪽부터 종로대로, 배수로, 기단, 1칸의 중심 공간, 0.5칸의 부엌(아궁이) 등 공간, 출입구, 피맛길로 이어진다. 1.5m 정도인 기단에는 가판대(물건 진열대)를 두었던 것으로 추정된다. 북벽은 두텁게 쌓아 방화장(방화벽)으로 사용하였다.

청진6지구 V층 종로1가 25 · 26번지(그림 11-57)[166]에서 그 구조를 자세히 볼 수 있다. 이 유구는 두터운 소토 아래에서 비교적 원형을 유지한 채 발굴되었다. 모두 4칸이 드러나 26번지 유구를 행랑지1, 25번지 유구를 행랑지2로 명명하였다. 이 층위에서 대부분 16세기로 편년되는 백자와 분청 등이 발견되어 임진왜란 무렵에 폐기된 유구로 보인다.

실록에 따르면, 임진왜란으로 시전이 불에 탄 채 꽤 오랫동안 폐허가 되어 무뢰배들의 장사터가 되었다.

시장의 점포는 이미 정해진 곳이 있어서 어지럽혀서는 안 됩니다.

166 명지대학교 부설 한국건축문화연구소, 앞의 책 I(2007), 364-370쪽.

그림 11-57. 청진6지구 V층 시전행랑

> 그런데도 무뢰배들이 모여 무리를 이루면서 종루의 옛터에 둘러서 있는 자가 무려 1백여 명이나 됩니다. 담비가죽, 비단, 명주 및 각종 물품을 궤짝에 넣어서 행랑이나 집에 숨겨두고, 무명은 공공연히 주춧돌 위에 진열해 두고서, 좌우를 둘러보다가 갑자기 달려들어 억지로 사게 합니다.[167]

이 때문에 소토 아래에서 유구가 잘 보존될 수 있었고, 다른 층위보다 연대 설정이 쉬운 편이기도 하다.

167 『광해군일기』 9년(1617) 4월 3일 「市地之廛, 自有定處, 不可亂也. 而無賴之徒相聚爲黨, 圍立於鍾樓舊址者, 無慮百餘人. 貂錦綿紬及種種物貨, 藏之櫃中, 隱置於廊家, 而木同則公然排列於礎石之上, 以左右望, 掩襲而抑賣之.」

행랑지1은 정면 2칸(약 7.76m), 측면 1.5칸(약 5.16m)으로 건축 면적은 약 40.04m²(약 12.1평)가량이다. 행랑지2는 정면 2칸(약 8.16m), 측면 1.5칸(약 5.16m)으로 약 42.11m²(약 12.7평)가량이다.

행랑지1은 서쪽 칸에 온돌, 동쪽 칸에 마루와 창고(토방)를 각각 두었다. 온돌방의 정면 크기는 1.67~1.79m, 마루나 창고는 이보다 30cm가량 큰 2.15m 내외다. 마루는 탄화된 채 발굴되었다. 온돌방은 정면 0.45칸, 측면 1칸으로서 면적은 1평 남짓이다. 행랑지2에서는 이와 대칭되게 온돌이 동쪽에 있는데, 이런 배치가 가장 일반적이다.

시전행랑지 북쪽에 달린 반 칸은 부엌 등 다용도실로 사용하였다. 아궁이에서는 취사 흔적이 확인되지 않아 난방용으로 사용한 것으로 보고 있다. 북쪽 피맛골 쪽으로는 출입을 위한 장대석 계단이 있었다.

온돌은 모두 세고래이다. 온돌1은 고래 길이 약 2.4m, 너비 34~36cm 내외이다. 고랫둑은 기와편과 점토로 6~7단 쌓아올리고 상부에 잡석을 얹었다. 두 고래는 북쪽의 아궁이와 연결되어 있고, 다른 한 고래는 굴뚝 추정시설과 연결된다고 한다. 온돌2는 길이 약 2.4m, 너비 30cm 내외이다. 고랫둑은 장대석을 두 개씩 놓아 만들었다. 역시 두 고래는 아궁이에 연결되고, 다른 한 고래는 굴뚝 추정시설과 연결된다고 한다. 보고서에는 언급이 없지만, 이 설명에 따르면 되돈고래로 여겨진다.

이보다 조금 늦은 시기에 해당하는 청진2~3지구[168] IV층의 시전 구조도 대체로 동일하다. 다만 IV-19-1 시전행랑2는 동서 양쪽의 반 칸이 모두 온돌방으로 되어 있어 이색적이다. 다른 한 칸에는 온돌이 없을 가능성이 있다. 이곳의 구들도 모두 세고래로서 기와편이나 잡석을 이용하였고, 장대석을 허튼고래로 놓은 경우도 있다. 아궁이는 대개 두 개씩 두었다.

168 한울문화재연구원, 앞의 책(2~3지구) I(2013), 343-371쪽.

V층 V-20 시전행랑3도 동서 양쪽 반 칸이 모두 온돌방이다. 이 층위에서는 마루를 깔지 않고 모두 토방(흙바닥)이었던 것으로 여겨진다.

최초의 시전지인 VI층에서는 서쪽 반 칸은 모두 토방, 동쪽 반 칸은 모두 온돌로 확인되었다. 이로 보아 마루는 나중에 도입된 것으로 여겨진다. 또 온돌 길이가 짧은 점으로 보아서 후대로 갈수록 점차 길어지는 것으로 판단된다. 모두 세고래에 아궁이가 두 개씩인 점은 동일하다.

청진 12~16지구 V문화층[169]에서는 IV문화층과 비교할 때에 시전행랑이 남북으로 점차 확장되는 양상이 보인다. 이에 따라 고랫등의 길이도 변하게 되는데, VI문화층[170]의 고랫등이 V문화층보다 80-90cm가량 짧아서 2m 내외가 된다. 또 V-종로40 시전3의 서측에서는 마루 위에 멍석을 깔았던 것이 확인되었다.

169 한울문화재연구원, 앞의 책(12~16지구) I(2013), 584-587쪽.
170 위의 책 II, 83-86쪽.

12장

온돌 확산의 지역성과 계층성

1) 토방, 판방과 온돌방

회암사지, 종로 청진구역과 공평구역 등에서 보았듯이, 바닥의 종류에 따라 세 가지 방으로 나눌 수 있다. 바닥이 흙으로 된 토방(土房, 혹은 봉당), 마루로 된 판방(板房), 구들이 놓인 온돌방이 그것이다.

주거용 토방은 경제 수준에 따라 맨바닥이거나 멍석, 섶, 바자, 삿자리, 돗자리 등을 깔거나, 사찰건물에서 보듯이 전돌을 깔았을 것이다. 맨바닥인 경우에도 단순 흙바닥이 아니라 회다짐을 하거나 고대 주거지에서 보듯이 불다짐을 하여 단단하게 만들기도 하였다.

판방은 마루를 깐 방 즉 마루방이니, 토방보다는 격이 높았다. 민간에서는 주로 상류층에서 판방을 사용하였을 것이다. 조선시대에 당(堂)은 바닥이 전돌인 경우와 마루인 경우가 있지만, 청(廳)이나 대청(大廳)은 대부분 마루인 것을 의미하며, 전돌이 깔린 경우에는 벽청(甓廳)이라 불렀다고 한다.[1] 또 사찰 불전에서는 16세기부터 전돌에서 마

1 배창현, 『조선시대 전각(殿閣)의 바닥형식과 마루의 이용방식에 관한 연구』, 서울대학교 건축학과 박사학위논문, 2013.8., 60-61쪽.

루로 바뀌기 시작하였다고 한다.[2]

마루의 도입은 생활 방식에서도 큰 변화를 불러왔다. 마루방에서는 일반적으로 신을 벗고 좌식 생활을 주로 하게 되므로, 토방이나 전돌방에서 신을 신고 입식 생활을 하던 것과는 확연히 달라졌다. 물론 조선시대 기록화를 보면 마루에서도 신을 신고 입식으로 행사를 하는 장면이 나오기는 한다.[3] 또 마루 위에 평상이나 침상을 놓고 생활하기도 하였다. 따라서 좌식으로의 완전한 전환은 온돌에 와서야 가능했다.

판방이란 용어는 이미 고대부터 등장하였으니, 다음 기록은 그 한 사례이다.

> 박박사는 북쪽 고개의 사자암을 차지하여 판잣집 여덟 자 방을 지어 살았으므로 판방이라 하고, 부득사는 동쪽 고개의 돌무더기 아래 물 있는 곳을 차지하여 역시 승방을 만들어 살았으므로 뇌방이라 했다.[4]

달달박박은 판방, 노힐부득은 뇌방에 살았다고 한다. 판자로 지었다고는 하지만 사실 바닥까지 판자였는지는 불분명하다. 그렇지만 고구려 다락창고 같은 고상식(高床式) 주거지가 많이 발견되는 것으로 보아 마룻바닥 주거는 고대에도 많았을 것이다.

조선시대 사료에서는 온돌과 대비되는 마루방으로서 판방이란 단어가 사용되었다. 17세기 궁궐의 상황을 전하는 다음 기록이 그 한 사례이다.

> 송시열이 인조 때 윤황이 한 말을 인용하여 대궐 안의 궁인(宮人, 나

2 전봉희 · 권용찬, 『한옥과 한국 주택의 역사』, 동녘, 2012, 109쪽.
3 배창현, 앞의 글.
4 『三國遺事』 권3, 塔像, 南白月二聖 努肹夫得 怛怛朴朴 「朴朴師占北嶺師子嵓, 作板屋八尺房而居, 故云板房, 夫得師占東嶺磊石下有水處, 亦成方丈而居焉, 故云磊房.」

인)들이 판방에 살던 옛 제도로 복귀하도록 요청하였다. 〈옛날에 궁인은 판방에 거처하고 온돌에 살지 않았기 때문이다.〉 민정중도 찬동하여 아뢰었으나, 임금은 질질 끌며 끝내 윤허하지 않았다.[5]

이 기록은 유적에서도 확인된다. 뒤(각주92)에서 언급할 공평동 IV층의 세 건물지는 모두 건물 핵심부에 마루가 깔리고 온돌은 여기에 비껴서 부수적으로 있으므로, 임진왜란 무렵에도 마루방 중심의 생활이 이루어졌음을 알 수 있다. 이에 비해 그 다음 시기의 건물지에서는 온돌이 주류를 차지하게 된다. 그러나 앞 장에 제시한 바와 같이 1525년 손중돈의 집에는 안채를 포함하여 3칸 규모의 온돌이 있었으므로 일률적이지는 않았다. 때로는 판방 또는 판상(板床)이란 말 대신에 마루의 한자 표기인 말루(抹樓, 林樓)를 사용하였다.

김남중에게 전교하였다. "수문장청 뒤에 공터가 있으니, 왕자와 왕손이 거처할 곳으로 각각 말루(抹樓) 1칸과 온돌 1칸을 상복을 입기 전에 급히 만들도록 담당 승지가 잘 점검하라."[6]

정청에는 마루(林樓)를 만들지 않고 전돌(磚石)만 깔았는데, 전돌이 쇠 같아서 오히려 발이 미끄러웠다.[7]

여기서 유래하여 조선시대에 임금이나 대비 등을 일컬어 말루하(抹樓下)라고 부르기도 하였다. 이것은 폐하(陛下)나 전하(殿下) 등과 동

5 『숙종실록』 9년(1683) 1월 21일 「時烈引仁廟朝尹煌之言, 請復闕內宮人板房之舊制. 〈舊例, 宮人處板房, 而不處溫突故也.〉 鼎重亦同白之, 上終亦持難不許.」

6 『承政院日記』 인조 10년(1632) 6월 29일 「傳于金南重曰, 守門將廳後有空基, 王子王孫所接處, 各抹樓一間·溫突一間, 成服前急急造作事, 色承旨檢飭.」

7 『燕行錄』(崔德中 저), 燕行錄日記, 癸巳(1713) 2월 9일 「正廳不設林樓, 只鋪磚石, 磚石如鐵, 猶可是滑.」

일한 용례라고 할 수 있으니, 귀인은 마루에 앉는다는 의식이 반영된 결과일 것이다. 실록에는 숙종 27년(1701) 10월 기사에 처음 등장하지만, 온돌이 상류층에 퍼지기 이전에 형성된 용어로 생각된다.

홍경모(洪敬謨, 1774~1851)가 1824년에 쓴 『사의당지(四宜堂志)』에 따르면, 서울 진고개에 있던 사의당은 1671년에 건축된 뒤로 150년 사이에 마루와 온돌 비율이 2:1에서 1:2로 역전되었다. 이렇게 조선 후기에 온돌이 확산한 것은 기후의 한랭화와도 연관되어 있을 것이다.

이처럼 마루에서 온돌로 전환되었지만, 때로는 전돌 바닥에서 온돌로 전환된 경우도 있었다. 다음은 전돌방에서 잠을 자다가 온돌이 도입된 기록이다.

> 건국 초기에 성균관에는 동재·서재를 각각 10여 칸씩 설치하였는데, 단지 전돌을 깔았을 뿐 온돌방은 없었다. 이곳에서 자는 선비들은 한기를 견딜 수 없어서 이불 여러 채를 연이어서 함께 덮고 자면서 온기를 취했다.[8]

경상북도에 고택들이 많이 남아 있는데, 대부분 마루 중심의 구조에 온돌이 추가된 모습을 띤다. 마루에서 구들로 전환되는 모습을 그려볼 수 있는 자료이다. 특히 안동 내앞 김씨 종택의 안채 마루는 세 개의 단으로 이루어진 우물마루 형식의 대청마루로서(그림 12-1), 다른 곳에서는 유례를 찾을 수 없다. 이에 대해서 윗사람과 아랫사람이 앉는 장소를 구분하기 위해서 마루의 높이를 달리했다는 견해가 있지만,[9] 사실은 높이가 다른 마루방과 대청이 있다가 나중에 온돌방을 들이면서 마루방의 벽을 제거했기 때문에 생긴 것 같다. 다시 말해서 마

8 박명희 등 역주, 『어우야담』 1, 전통문화연구회, 2001, 235쪽 「國初設成均舘東西齋各十餘間, 只舖甎甓無溫室, 士之宿于此者, 不堪其寒, 多連衾共枕以取煖.」
9 서정호, 『한옥의 美』 1, 경인문화사, 2010, 89쪽.

그림 12-1. 내앞 김씨 종택 안채 마루

루방에서 온돌방으로 전환되며 남겨진 흔적으로 볼 수 있겠다.

반면에 온돌이 다시 마루로 바뀌기도 하였다. 다음 자료가 이런 사례를 보여준다.

> 대간(臺諫)이 궁궐에 들어오면 승정원의 남쪽 회랑에 앉아서 이를 대청(臺廳)이라고 한다. 예전에는 온돌이 있었는데, 숙종께서 대간은 따뜻하게 앉아 입을 다물고 있어서는 안 된다고 하여 온돌을 걷어 내고 마루를 깔게 했다. 이로써 대간을 중히 여기는 뜻을 우러러 엿볼 수 있다.[10]

온돌에는 쪽구들과 온구들이 있는데, 조선시대에 여전히 쪽구들도 있었던 모양이다. 다음 자료는 야담에 나오기는 하지만 쪽구들을 묘사한 것으로 볼 수 있다.

> 과부 집은 안채와 바깥채의 구별 없이 방이 하나뿐이었다. 둘은 한 방에서 자리 하나를 사이에 두고 누웠다. 과부는 구들(炕) 위에서,

10 『弘齋全書』 권175, 日得錄 15, 訓語 2 「臺諫詣闕, 坐承政院南廊, 日臺廳. 古有溫堗, 肅祖以臺諫不當煖居噤口, 撤其堗, 以板易之. 此可以仰認待臺諫之重也.」

선비는 구들 아래에서 잤다.[11]

방 가운데에 구들 위와 아래가 나뉘어 있는 것으로 보아서 당시 청나라에서 사용하던 항과 구조가 같은 것으로 여겨진다. 온돌이 아니라 항이라 했으므로 혹시 중국 야담에서 끌어온 것일지도 모른다. 임금의 화상을 모신 곳에도 온돌을 설치했는데, 예조에서 세종에게 아뢴 말에서 보듯이 쪽구들 형식인 사례도 보인다.

여러 전(殿)에 있는 수용(睟容, 임금의 화상)에 불을 피우는 상황을 자세히 살펴보니, 전주와 평양부는 숯을 화로에 피워서 전 안에 나누어 놓습니다. 이것은 온기가 올라오지 못할 뿐만 아니라 불이 날 우려가 있습니다. 개성부와 영흥부는 의장(倚障) 밑에 온돌을 만들어 놓고, 그 북쪽에 아궁이를 만들어, 숯을 밖에서 피워서 연기가 나지 않기까지 기다린 다음에 아궁이 속에 넣는데, 이것이 좋은 것 같습니다.[12]

개성부와 영흥부에서는 밖에서 피운 숯을 안으로 들여와 온돌 아궁이에 넣는다고 했으므로, 온구들 형식은 아닌 것이다. 제11장의 회암사지에서 보았듯이 조선시대까지도 이런 쪽구들이 예외적으로 있었다. 이에 비해서 다음은 불을 방 밖에서 땐 것이 분명하므로 온구들의 사례로 들 수 있다.

하물며 이제 불이 난 이유를 자세히 들어보니, 온돌을 만들면서 박

11 정병설 풀고씀, 『조선의 음담패설: 『기이재상담』 읽기』 예옥, 2010, 80쪽 「斗屋無內外之舍, 仍合宿一室, 間席而寢, 寡婦處於坑(炕)上, 士人臥於坑(炕)下.」

12 『세종실록』 21년(1439) 7월 17일 「參詳諸殿睟容點火之狀, 全州平壤府則爇炭於爐, 分置殿內. 是則非徒溫氣不上, 失火可慮. 開城府永興府則乃於倚障下作突, 其北作竈, 爇炭於外, 以待絕烟氣, 置於竈內, 似爲可矣.」

한종이 강제로 하인을 시켜 지나치게 불을 많이 때도록 했습니다. 하인이 방 안에 화기가 있지 않나 의심하여 자물쇠를 열어서 보려고 했으나, 박한종이 듣지 않고 나갔으므로 불이 나게 되었다고 합니다.[13]

조선 후기에는 열효율을 높이기 위해서 벽돌로 구들을 놓거나,[14] 복층으로 고래를 놓는 방법 등이 강구되었다.[15] 복층의 겹구들에 대해서는 제9장 마지막 부분에서 언급하였다.

이상과 같이 우리나라의 방 바닥은 대체로 토방(전돌)에서 마루, 마루에서 온돌로의 전환이 이루어졌다. 그런 과정에서 마루와 온돌이 결합되는 독특한 구조가 만들어졌다. 판방 중심의 생활공간에 다시 온돌이 도입되면서 마루와 온돌이 결합된 한옥의 기본 구조가 형성된 것이다. 제10장에서 지적한 바와 같이 미륵사지 서편 14호가 마루와 온돌방으로 구성된 점을 감안하면, 고려시대에 지방의 사찰 건물에서 이런 구조가 비롯되었을 가능성이 있다. 그러나 고려 어느 시기에 속하는 건물지인지 보고서에서는 언급이 없다.

고려 말의 승려인 식영암(息影庵, 14세기)이 지은 「공주동정기(公州東亭記)」[16]에는 이런 문장이 있어서, 여름에는 대청이요 겨울에는 온돌이란 인식이 이미 형성되어 있음을 확인할 수 있다.

공이 아침저녁으로 직접 현장에 가서, 앞에서 지시하고 뒤에서 계

13 『명종실록』 8년(1553) 9월 17일 「況今詳聞出火之由, 則修造溫堗, 而漢宗强令下人, 燃薪太過, 下人疑其房內有火氣, 欲開鑰見之, 則漢宗不聽出去, 以致火起.」

14 이시필 지음, 백승호·부유섭·장유승 옮김, 『소문사설, 조선의 실용지식 연구노트』, 휴머니스트, 2011, 43-56쪽.

15 『林園經濟志』; 서유구 지음, 임원경제연구소 옮김, 『임원경제지 섬용지』 1, 풍석문화재단, 2016, 126-127쪽.

16 이 글의 저자에 대해서 건축역사학계에서는 이인로(李仁老, 1152~1220)로 잘못 알려져 있다. 동일한 문장이 식영암의 법명인 연감(淵鑑)의 이름으로 『新增東國輿地勝覽』 권17, 忠淸道, 公州牧에 실려 있다.

그림 12-2. 주막의 마루와 온돌(신윤복)

> 획하며, 땅의 크기를 이리저리 줄이거나 늘렸다. 지세가 동쪽으로 치우쳐 있어서 이곳에 빈루를 세우고, 남향으로는 본채를 높여 세웠으며, 서쪽 행랑채와 남쪽 곁채는 모두 14칸을 만들었다. 옷 갈아입을 곳이 있고, 음식 마련할 곳이 있으며, 겨울에는 온돌에서, 여름에는 서늘한 대청에서 지내게 하였다.[17]

조선 후기 주막 풍경에서도 마루와 온돌이 결합된 모습이 보인다(그림 12-2). 이 전통이 현대 아파트에까지 살아남아서 똑같은 온돌이지만 거실에는 마루를 깔고 방에는 장판을 깐다.

17 『東文選』 권65, 公州東亭記 「而公曉夕親臨之, 前指後畫, 損益廣袤. 以面勢之東偏而建賓樓, 南嚮而崇主宇, 西序南廡, 共十四閒. 更衣之次, 設食之所, 冬以燠室, 夏以涼廳.」

2) 서울과 지방의 온돌 확산과 땔감

앞에서 밝힌 바와 같이 온돌은 북방의 북옥저에서 시작되어 남쪽으로 내려왔다. 만주와 북한 지역만 보면, 온돌은 북옥저에서 고구려나 부여로 전파되었고, 다시 발해로 계승되었다가, 발해 멸망 후에는 여진족에게 온돌 유산이 전해짐으로써 만주와 연해주로 확산되었다.

그러나 북한 쪽의 고고 자료가 워낙 제한적이어서 만주와 한반도 남부와의 중간지대 상황을 제대로 파악하기가 어렵다. 고려와 조선을 거치면서 한반도 북부에서 온돌에 어떤 변화가 일어났는지는 전혀 알 수 없다. 쪽구들에서 온구들로의 전환이 한반도 북부에서 이루어졌는지, 아니면 한반도 남부에서 이루어진 것인지도 알 수 없다. 이에 따라 현재로서는 남한을 중심으로 온돌의 확산 과정을 제한적으로 다룰 수밖에 없다.

남한 지역에서는 삼국시대에 경기권 및 영남권 서부 일대를 중심으로 삼으면서 온돌이 퍼져나갔고, 통일신라 이후에는 경기권이 온돌 문화의 중심지를 이루었다. 고려시대에는 지상건물에 본격적으로 온돌이 도입되면서 쪽구들에서 온구들로의 전환이 서서히 이루어졌고, 조선시대에 이르면 온구들이 대세가 되었다.

먼저, 조선시대 서울의 온돌에 대해서 검토해보겠다. 이와 관련하여 성대중(成大中, 1732-1809)이 18세기 말에 '점(店)과 온돌의 폐해'에 대해서 쓴 다음 글을 거론할 수 있다.

> 온돌이 성행하게 된 것도 김자점(金自點, 1588~1651)에서 시작되었다. 옛날에는 방이 모두 마루여서 큰 병풍과 두터운 깔개로 한기와 습기를 막고, 한두 칸만 온돌을 설치해서 노인이나 병자가 거처하게 했다.
>
> 인조 때 도성을 둘러싼 산에 솔잎이 쌓여서 여러 차례 불이 나자, 임금이 이를 근심했다. 김자점이 5부의 집들에 온돌을 설치하자고

청했는데, 이것은 오로지 솔잎을 제거하기 위한 것이었다. 사람들이 모두 따뜻한 걸 좋아하여 이 명령을 따르니, 곧 온 나라가 이를 본받게 되었다.

지금은 이 온돌의 폐해도 심하니, 어린이나 젊은 사람들이 따뜻한 데 거처하면 근육과 뼈대가 약해진다. 또 산과 습지에 초목이 모두 사라져 장작과 숯이 날이 갈수록 부족해지는데도 이를 구제할 해결책이 없다.

그런데 내가 일본에 가보니 일본에는 온돌이 없어 노약자들도 모두 마루에서 거처하였다. 나도 겨울을 나고 돌아왔지만 일행 중에 아무도 병이 난 자가 없었으니, 힘써 습관들이는 데 달려 있을 뿐이다. 이를 전국에 시행하면 처음에는 비록 약간 문제가 있겠지만 결국은 큰 이익을 가져올 것이니, 백성들이 틀림없이 기꺼이 따를 것이다. 다만 점(店)의 경우에는 대체할 방법이 없다.

대체로 역신(逆臣)이 만든 법들이 지금까지도 많이 시행되고 있으니, 점과 온돌이 그 대표적인 것이다.[18]

서울에 온돌이 확산된 것이 효종 때에 반역으로 몰려 죽임을 당한 김자점의 제안 때문으로 설명하고 있다. 사실 이를 뒷받침할 만한 기록이 없기 때문에 단정하기는 어려우나, 17세기에 온돌이 도성에 확산되기 시작하였다고 한 사실이 주목된다. 이와 관련하여 이익(李瀷, 1681~1763)의 글도 보겠다.

18 『青城雜記』 권4, 醒言 「煙突之盛, 亦自自點始. 古者, 屋盡軒也, 大屏厚茵, 以禦寒濕, 而獨置一兩間突, 以處老病. 仁祖時, 都城四山, 松葉堆積, 失火者屢, 上以爲憂. 自點乃請令五部舍, 各設突, 專為去松葉也. 人皆喜暖, 靡然從令, 未幾, 一國效之. 今則突之弊亦甚, 少壯暖處, 筋骨俱脆, 山濕童濯, 柴炭日乏, 而弊莫之救也. 然余入日本, 日本無突, 老弱皆軒處. 余亦經冬而返, 而一行無病者, 在彊習之而已. 行之一國, 始雖少害, 終必大利, 民必樂從之矣. 獨店則無以易之耳. 大抵逆臣之法, 多行於今, 店突卽其首也.」

> 제주의 풍속에 가옥은 모두 들보가 다섯인데, 판자를 걸쳐 마루방을 만들고 온돌이 없으며, 다만 풀로 자리를 깔아 더운 기운을 얻는다. 그러나 사람들이 질병이 없고 나이 1백여 세 되는 자가 매우 많으니, 사람의 병들고 단명한 것이 그 몸을 후하게 돌보는 데서 비롯된 것임을 비로소 알았다.
>
> 일찍이 노인들로부터 들었다. "100년 전으로 거슬러 올라가면 공경대부의 너른 집에 온돌이 한두 칸에 불과하였고, 그마저 노인과 병자가 거처하는 곳이었다. 나머지는 모두 마루 위에서 잠을 잤으니, 마루방 가운데에 병풍을 두르고 요를 겹쳐 깔아 여러 자녀가 거처하는 방으로 삼았다. 온돌에도 말똥 땔감으로 연기만 나게 할 뿐이었다. 『소학』에서 '마루 사이에 장막'이란 것이 이것이다."
>
> 지금은 백성의 형편이 옛날보다 몇 곱절이나 가난한데 사치는 열 배로 늘었으니, 마침내 어떻게 될 것인지 모르겠다.[19]

이익도 대략 17세기 경에 온돌이 퍼지기 시작했고, 그전에는 노인이나 병자를 위한 온돌만 소수 있었다고 한 점에서 성대중 의견과 유사하다. 앞 장에서 언급한 공평구역 IV층 '가'지역의 IV-1에서 IV-4까지의 집합체에서 30칸에 가까운 저택이 발굴되었는데, 온돌은 1칸 규모로 하나만 확인되었다. 이것이 이익이 말한 '100년 전으로 거슬러 올라가면 공경대부의 너른 집에 온돌이 한두 칸에 불과'한 정황을 반영하는 듯하다. 다음 절에서 다루겠지만, 궁궐에 온돌이 급속히 퍼지게 되어 문제가 된 것도 비슷한 시기이다.

19 『星湖僿說』 권16, 人事門, 寢於板廳 「濟(州)之俗, 屋皆五梁, 架板爲廳事, 而無煖堗, 只用草薦取温. 然人無疾病, 年百有餘歲者, 極多, 始知人之疾恙短折, 多由於厚養其身也. 曾聞諸耆舊, 退計百年前, 公卿貴家廣宅中, 有煖堗, 不過一二間, 爲老病所處, 餘皆板架上寢處, 其廳中圍以屏障, 藉以重茵, 各爲諸子女之室. 其煖堗, 亦以馬通薪, 取其烟氣而已. 小學所謂, 廳堂間幃幔, 是也. 目今民貧倍簁, 而奢泰十增, 不知終作如何.」
『星湖僿說類選』 권5中에도 같은 내용이 실려 있는데, '연(燕)의 항(炕)은 청나라 풍속이고, 제주의 집은 원나라 풍속이 전해진 것'이라는 안정복의 주석이 더 달려 있다.

그러면 과연 17세기 무렵에 온돌이 급격히 확산된 것이 사실인가? 극히 일부분의 사례여서 대표성이 있다고 단정하긴 어렵지만, 앞 장에서 살펴보았듯이 서울 청진구역과 공평구역에서 발굴된 온돌 유구를 보면 위의 견해와 배치되는 것처럼 보인다. 임진왜란을 전후한 시기에 급격히 변하는 정황이 보이지 않고, 오히려 조선 전기부터 이미 확산되어 있었던 것처럼 보이기 때문이다.

여기에 임진왜란이 일어나기 전 10년간의 서울 생활이 주로 기록되어 있는 유희춘(柳希春, 1513~1577)의 『미암일기(眉巖日記, 1567~1577)』를 볼 필요가 있다. 이 일기에는 서울에서의 온돌과 땔감에 관한 언급이 10여 회 보인다. 땔나무와 숯을 선물로 받고,[20] 땔나무를 도미(渡迷, 팔당댐 일대 한강)에서 마포를 거쳐 집으로 실어왔다고 한다.[21] 온돌에 관해서는 7회 정도 언급하였는데, 온돌이 희귀한 것은 아니었지만 그렇다고 일기란 성격을 고려할 때에 온돌 생활이 일상적이었던 것도 아닌 것 같다. 이런 사실은 다음 기록에서 찾을 수 있다.

> 내가 조금 감기 증세가 있다. 동청(東廳)이 마루방이기 때문이다. 저녁에는 서청 온돌에서 잤다.[22]
> 지난밤에 뜨거운 방에서 편히 잤더니, 아침에 몸이 상쾌함을 느꼈다.[23]

이 기록들에서 느낄 수 있는 것은 언제나 온돌방에서 자는 것이 아니고, 마루방에서도 잤던 것을 추측하게 해준다. 다만 몸이 불편할 때에 온돌에서 자는 경우가 많았던 것 같다. 세종도 "낮에는 두터운 옷을 입고 사냥 나갔다가 밤에는 따스한 온돌에서 자면 탈이 나지 않

20 『眉巖日記』 丁卯(1567) 11월 4일, 7일, 戊辰(1568) 1월 29일.
21 『眉巖日記』 戊辰(1568) 8월 11일, 13일.
22 『眉巖日記』 庚午(1570) 9월 26일 「余稍感冷, 以東廳板房故也, 夕宿西廳溫突.」
23 『眉巖日記』 癸酉(1573) 9월 18일 「去夜, 安寢熱房, 朝覺氣快.」

을 것이다."[24]라고 말한 적이 있다. 이것은 노인과 병자에게 주로 온돌이 제공되었다는 이익의 말과도 어느 정도 통한다.

이상의 자료들을 토대로 다음과 같이 해석하는 것이 합리적일 것 같다. 발굴 결과만 보면 조선 초기부터 민가와 시전(市廛)에는 온돌이 제법 많이 보급되어 있었다. 조선 초기에 서울에 도읍을 정하면서 도심의 민간주택에 온돌이 많이 설치되었던 것 같다. 다만 다음 절에서 언급하듯이 온돌은 하층에서 상층으로 전파된 점을 고려하면, 이익의 지적대로 공경대부 집에서 온돌을 늘린 것은 후대일 것이다. 다시 말해서 서울 5부에 온돌이 성행한 것이 김자점의 요청 때문이라 한 성대중의 말은 사실과 다르고, 공경대부의 온돌을 언급한 이익의 말이 오히려 사실에 부합한다고 할 수 있다.

사대부 집에서 온돌이 갑자기 늘어난 것이 17세기부터인지는 정확히 알 수 없다. 이익은 막연히 100년 전이라 한 것이고, 성대중도 김자점을 지목한 것일 뿐이지 시기를 특정한 것이 아니다. 그런데 뒤에서 언급하듯이 민둥산 증가와 궁궐에 땔감을 공급하는 문제가 17세기에 집중적으로 출현하는 점을 고려하면, 전란을 겪은 후에 국가 기강이 해이해지면서 이런 현상이 나타나고 이참에 온돌의 확대 문제까지 함께 불거진 듯하다. 다시 말해서 시간의 흐름에 따라 서울의 주택이 늘어나고 상류층의 온돌도 서서히 증가하면서 급기야 주변의 산야에서 땔감을 채취하는 것이 한계에 봉착하기 시작하였고, 이를 심각하게 받아들이기 시작한 것이 17세기 무렵일 것이다.

이리하여 온돌을 사치의 하나로 인식하게 되었고, 사람들이 따스한 곳에 길들여져 약골이 되고 단명하게 된 원인으로도 지목되었다.

땔감과 식량을 의미하는 시량(柴糧)이란 단어에서 보듯이 땔감은 전통적으로 중요한 생계수단이었다. 고려시대에는 전시과 제도를 통

24 『세종실록』 7년(1425) 9월 14일 「晝則厚衣出獵, 夜則暖堗而宿, 可無病矣.」

하여 전지(田地)와 더불어 시지(柴地)를 따로 지급했다. 그런데 온돌이 보급되면서 취사뿐 아니라 난방에도 땔감을 많이 소모함에 따라 그 소비량이 급증하였다.[25]

땔감이 많이 소비되면 긁어모을 수 있을 정도로 재가 발생하므로 농경의 시비(施肥)에도 영향을 주었을 것이다. 풍납토성 나-2호,[26] 대전 상대동 중동골 12호[27]의 온돌 건물 부엌에서 보듯이 아궁이 옆으로 독립된 공간이 있는 것을 종종 확인할 수 있는데, 이것은 재를 모아두던 잿구덩이(잿간)로 보인다. 이런 재가 언제부터 농사에 비료로 사용되었는지를 두고 온돌 보급 시기와 연계하여 논한 연구가 있다.[28]

재(灰)를 거름으로 사용하는 것은 15세기 『농사직설』에 이미 등장하는데, 아궁이에서 나온 것이 아니라 곡식 부산물이나 우마분(牛馬糞)을 태운 것이며, 이보다 늦은 시기에 온돌이 보급되면서 아궁이 재가 활용되었다고 한다.[29] 그러나 고대부터 부뚜막이나 구들에 잿구덩이가 있었던 것으로 보아서 아궁이 재도 일찍부터 사용되었을 가능성이 있다. 재를 논에 실제로 사용한 사례는 오희문의 『쇄미록』(1595년 4월 30일)과 조씨 부인의 『병자일기』(1638년 5월 3일)에 등장하여 16세기 말부터 확인된다.[30]

대도시에서는 점차 땔나무를 주변에서 구하기가 어려워졌다(그림 12-3). 세력가들은 서울 주변의 땔나무 채취 장소를 점거하여 백성들

25 金昊鍾, 「朝鮮時代의 燃料問題」, 『安東大學 論文集』 5-1, 1983.
26 국립문화재연구소, 『風納土城』 XIII, 2012, 82쪽.
27 百濟文化財硏究院, 『대전 상대동(중동골·양촌) 유적』 III, 2011, 74-75쪽. 이 보고서에는 이에 대한 설명이 없으나, 자세히 보면 부엌 서쪽에 독립된 공간이 있는 것을 알 수 있다.
28 宮嶋博史, 「朝鮮後期農書の硏究」, 『人文學報』 43, 1977; 李鎬澈·李鎬洌, 「조선시대 온돌보급과 시비법」, 『農業科學技術硏究所報』 3, 경북대학교, 1986; 이호철, 「조선전기 "동절양채(冬節養菜)" 농법의 탄생: 채소농법과 온돌기술의 결합을 중심으로」, 『농업사연구』 2-1, 2003.
29 이호철, 위의 글.
30 金建泰, 「朝鮮中期 移秧法의 普及과 그 意義」, 『國史館論叢』 63, 1995, 9쪽.

그림 12-3. 땔감 나르기

이 더욱 더 고초를 겪었으니, 명종과 인조 때의 기록에 보인다.

> 서울 둘레 30리 안에 땔감 나는 곳들은 모두 세도가가 관청의 인증 대상에 넣어버려서 낫질하지 못하게 합니다. 부근에서 땔나무를 해다 파는 사람들이 그들의 위세가 두려워 감히 손을 대지 못하고 물 건너고 고개 넘어야 하니 지극히 고생스럽습니다. 이러므로 저자에서 파는 나무 값이 매우 비싼데, 인증 대상이 많아질수록 나무 값이 더욱 더 비싸집니다.
>
> 올해는 흉년이라 쌀이 매우 귀한데도 나무 한 바리의 값이 쌀 한 말에 이르렀습니다. 서울의 백성들이 이미 먹고 살기도 어려운데 또 땔나무 마련까지 고통을 겪으니, 그들의 원망 소리를 차마 들을 수 없습니다.[31]

31 『명종실록』 9년(1554) 12월 10일 「環京城三十里之內, 有草有柴之處, 皆入於勢家立案之內, 訶禁其刈取者, 故傍近賣柴之人, 畏其威勢, 不敢下手, 踰澗越嶺, 極爲艱苦. 故賣于市上, 其價甚高, 立案愈多, 柴價愈高. 今年飢饉, 米粒甚貴, 而一駄之價, 至於一斗. 京城之民, 旣爲艱食, 而又難於備柴, 冤呼之苦, 不可忍聞.」

> 근래 여러 궁가(宮家)와 사대부 집에서 불법으로 땔감 채취 지역을 점거하고는 관청에서 인증해준 것이라 자칭하면서, 경성 수십 리에 꼴이나 나무를 하는 자를 접근하지 못하게 합니다. 이는 고질적인 폐단이 계속되는 것으로서 백성들의 원망이 이루 말할 수 없습니다. 이에 지난번 저희 부(사헌부)에서는 여러 읍에 공문을 보내어 적발해서 보고하도록 했었습니다.[32]

명종 원년(1546) 1월에도 "무뢰배들이 유생임을 빙자하여 …… 산이 빨갛도록 나무를 베어다가 온돌을 데워서 ……"[33]라고 하였다. 임진왜란 등의 전란을 겪은 뒤에는 서울 주변의 산들은 더욱 심하게 황폐화되었다. 이수광(李睟光, 1563~1628)은 이렇게 지적했다.

> 평상시에 도성 안팎은 금산(禁山)이라 하여 소나무가 울창하게 우거졌는데, 임진년 전쟁을 겪은 뒤로는 국법이 해이해져서 날로 헐벗어갔다. 또 근년 이래로 벌레가 솔잎을 거의 다 먹어버려서 수십 리 이내에는 어린 소나무도 남은 것이 없고, 사방의 산이 다 붉게 되어 보기에도 참담하다. 역술가들은 한양의 기운이 쇠잔해졌기 때문이라고 말하고, 수도를 옮기자는 주장을 노래하니 어찌 슬픔을 견딜 수 있겠는가?[34]

소나무 벌목은 엄금하고 있는데도 이럴 정도이니 17세기 전반에

32 『인조실록』 4년(1626) 12월 13일 「近來諸宮家及士大夫家, 冒占柴場, 稱以立案, 京城數十里之間, 芻蕘者不得往焉. 痼弊因循, 民怨不貲, 故頃者本府, 行文列邑, 使之摘發以報矣.」

33 『명종실록』 원년(1546) 1월 12일 「故無賴之徒, 憑藉儒生, 恣行無忌, 以寺爲家, 赭山伐木, 以暖其堗, 俾不得爲祭.」

34 『芝峰類說』 권3, 君道部, 法禁 「平時都城內外, 謂之禁山, 松木鬱茂, 壬辰兵火之餘, 國法解弛, 日就濯濯. 又自頃年以來, 蟲食葉殆盡, 數十里內, 稚松亦無餘者, 四山盡赭, 所見慘惔. 術者乃謂漢陽氣衰所致, 倡爲移都之說, 可勝痛哉.」

도성 주변이 헐벗은 것을 상상할 수 있다. 병충해나 개간, 기아로 인한 나무 훼손 등이 원인이었다. 여기에 땔나무 채취는 중요 원인 제공자였을 것이다. "이 산 저 산 다 잡아먹고 어흥 하는 게 뭐냐?"는 수수께끼가 나올 정도로 아궁이는 산의 나무들을 집어삼켰다.[35] 특히 대도시는 땔감을 빨아들이는 거대한 스펀지였다. 17세기 후반에는 서울에서 가까운 강화도도 민둥산으로 변해 있었다.

> 승지 김세익이 "강화도의 산들이 대부분 헐벗어서 혹시라도 급박한 일이 있게 되면 땔감을 마련할 곳이 없습니다. 청컨대 명령을 내리셔서 나무를 심게 하고 베지 못하게 금하소서." 하니, 임금이 그대로 따랐다.[36]

이런 민둥산 풍경은 일본의 경우와 대비되었다. 조명채(曺命采, 1700~1764)의 기행에 이런 구절이 있다.

> 집은 온돌에 불 때지 않고 음식은 부엌에서 차리지 않으니, 소나무와 삼나무의 큰 목재를 베는 일이 드물어 가는 곳마다 산과 언덕에 나무가 무성하였다.[37]

산이 헐벗으면서 필연적으로 토사가 흘러내리고, 이들이 하천을 메우는 사태가 발생하였다. 숙종이 내린 명령에서도 이를 엿볼 수 있다.

35 권석영, 『온돌의 근대사』, 일조각, 2010, 19쪽.
36 『숙종실록』 23년(1697) 2월 11일 「承旨金世翊言, 江都諸山, 擧皆濯濯, 脫有緩急, 樵蘇無恃. 請令培埴樹木, 禁其剪伐. 上從之.」
37 『奉使日本時聞見錄』 坤, 聞見總錄, 總論 「而家不爨堗, 食無設廚, 故松杉巨材, 斧斤罕入, 籠山蔽原, 處處皆然.」

5부의 관리에게 명하였으니, 관할하는 방민(坊民)들에게 신칙해서 도랑을 뚫어 통하게 하라고 하였다. 대개 사방으로 둘러싼 산이 헐벗은 뒤로부터 모래와 돌이 흘러내려 도랑을 메워 물길이 막혔다. 이리하여 날이 가물고 건조하면 더러운 냄새가 가득하고, 비가 오면 평지로 범람해서 부근의 집에까지 해가 미쳤다. 이에 한성부에서 도랑 주변에 사는 백성으로 하여금 각각 그 집 앞을 청소하면서 차츰 물길을 틔우도록 하고, 인가가 드문 곳은 부근의 방민을 동원하여 일제히 작업하게 할 것을 청하였던 것이다.[38]

땔나무의 품귀 현상을 이미 명종 때의 기록에서 보았는데, 서유구(徐有榘, 1764~1845)의 글에서도 찾을 수 있다. 그는 박지원이 언급한 온돌의 여섯 가지 결점을 인용한 다음에 다시 여섯 가지 해로움을 추가하였다. 이 가운데 네 가지가 땔나무의 낭비 및 품귀와 관련되어 있다.

온돌 제도가 이미 잘못되어 땔나무를 낭비하지 않을 수 없으니, 도회지 인근에서는 땔나무가 계수나무만큼 비싸 열 식구 사는 집에서 한 해에 100금(金)을 써도 부족하다. 일반적으로 소상인이 얻은 이익이나 농장에서 거둔 소득 중에서 태반을 부뚜막 안에서 다 써버리니, 그 해로움이 첫째이다.

땔나무가 귀하기 때문에 큰 도회지 교외의 산에서는 도끼가 날마다 사용되어 벤 나무에 난 싹조차도 남아 있지 않다. 둘레가 한 아름 되는 재목은 100리를 가도 한 번도 만날 길이 없어서, 부모를 잘 봉양하고 돌아가신 뒤에 장례를 후하게 치르는 일에 마음이 유쾌하지 않으니, 그 해로움이 둘째이다.

38 『숙종실록』 36년(1710) 9월 5일 「命五部官, 飭所管坊民, 疏鑿溝渠. 蓋自四山濯濯, 沙石流下, 塡塞溝渠, 水道壅閼. 旱乾則沮洳臭穢, 雨潦則漲溢平地, 害及傍近人家. 漢城府請令沿渠居民, 各修其家前, 次次疏鑿, 人家稀踈處, 使附近坊民, 一齊赴役.」

땔나무가 귀하기 때문에 사방의 산이 벌거숭이가 되어 마른 그루터기나 죽은 뿌리까지 파내지 않는 것이 없다. 그 결과 장마라도 한 번 만나면 모래와 진흙이 쓸려 내려 도랑에 흙 앙금이 쌓이고 곡식을 덮치니, 그 해로움이 셋째이다.(넷째는 생략)[39]

이영유(李英裕, 1776~1800)가 1792년에 쓴 글에서도 "근자에 사치 풍조가 날로 심해서 땔감이 귀해져 한 해에 다섯 배나 올랐으니, 이른바 '황금은 계수나무를 태우다가 모두 썼다'라 한 말 그대로다."[40]라고 적었다.

온돌은 땔나무 소비가 심하여 품귀 현상이 나타나고, 산은 산대로 헐벗어 토사가 흘러내려 도랑을 메우는 사실을 지적하고 있다. 토사가 서울 도심에 흐르는 청계천까지 막으면서 준천(濬川) 문제도 현안이 되었다.

태종 때에 청계천을 굴착한 것은 정비 및 확장의 의미를 지닌 것이고, 위에서 인용한 바와 같이 숙종 때에 비로소 준설 지시가 내려진 적이 있지만, 영조 때에 이르러 그 심각성을 깨닫고 본격적으로 준천에 나서게 된다. 다음은 영조 때에 청계천이 얼마나 메워져 있었는지를 보여주는 사료이다.

임금이 돌아오다가 광통교에 이르러 개천 주변에 사는 백성들을 불러 "개천이 메워져 막혔다고 어영대장이 아뢰었지만, 나는 백성들을 거듭 지치게 할까 걱정했다. 그런데 지금 보니 이처럼 막혀 있는

39 서유구, 앞의 책, 120-121쪽 「堗制既失, 不得不費薪, 都邑之間, 薪貴如桂, 十口之家, 歲費百金而不足. 凡裨販之所贏, 庄土之所收, 太半消融於竈灶之中, 其害一也. 薪貴, 故郊於通都之山, 斧斤日尋, 蘖枿不遺. 合抱之材, 百里未一遇, 而養生送死, 無以恔於心, 其害二也. 薪貴, 故四山童濯, 枯楂死根, 無不發掘, 一遇雨潦, 沙泥汰下, 溝渠澱淤, 禾稼渰沒, 其害三也.」

40 『雲巢謾稿』(규장각) 제3책, 題跋, 甎炕式跋 「近者, 侈習日滋, 薪貴歲蓰, 所謂黃金燃桂盡.」

데다가 성을 지켜 내려면 개천을 파내는 것이 더욱 급한 일이 되었다. 너희는 어떻게 생각하는가?" 물으니, 백성들이 "신들이 어렸을 적에는 말을 타고 다리 아래로 지나가는 것을 보았지만, 지금은 다리와 모래가 서로 맞닿아 버렸습니다. 전에 군사를 동원하여 쳐냈었는데, 세월이 오래되어 이처럼 다시 막혔습니다." 하였다.[41]

이로부터 17년 뒤에 영조는 "준천의 일은 이제 겨우 이루었으나, 만약 1년을 그대로 두면 쌓인 모래가 1백 척이 될 것인데, 백성들에게 엄히 일러도 법이 오래되면 해이해질 것이다."[42]라고 말하여 청계천에 급속히 모래가 쌓일 것을 걱정했다.

마침내 영조는 36년(1760)에 청계천 준설의 대역사를 마친 다음에 준천사(濬川司)를 설치하여 준천을 제도화하였다. 영조가 사망한 직후에 손자인 정조는 영조의 치적으로 균역, 탕평, 준천 세 가지를 든 적이 있다.[43] 이후 근대에 이르기까지 준천이 부정기적으로 이루어졌는데,[44] 시간이 흐르면서 준천 주기가 짧아진 것으로 보아서 토사 유실에 가속도가 붙은 것을 추정할 수 있다.

청계천이 막히는 것은 준설한다 해도 근대까지도 땔나무 품귀와 민둥산 문제는 해결하지 못하였다. 근대에 한반도를 여행한 외국인의 기록에도 이런 사실이 종종 나타난다. 다음은 그 몇 가지 사례이다.

땔감으로는 주로 건초, 나뭇가지, 마른 나뭇잎, 가축들의 배설물 등

41 『영조실록』 28년(1752) 1월 27일 「上還至廣通橋, 招川邊居民問曰, 御將以川渠塡塞爲奏, 而予慮其重疲民力矣. 今見闕塞如此, 且欲守城, 則濬川尤爲急務, 爾等以爲如何. 諸民曰, 臣等少時, 見騎馬過橋下矣, 今則橋與沙接矣. 前者發軍滌之, 年久而湮又如此矣.」

42 『영조실록』 45년(1769) 9월 24일 「至於濬川, 僅成其功, 若解一年, 積沙百尺, 閭家申飭, 法久而弛.」

43 『정조실록』 즉위년(1776) 5월 16일 「先大王事實, 卽均役蕩平濬川也.」

44 孫禎睦, 『朝鮮時代都市社會研究』, 일지사, 1977. 이 책에서 2, 3년에 한 번씩 준천했다고 하여(374쪽) 이후의 글이 답습하고 있는데, 사실과 맞지 않는다.

이 이용되고 가끔 장작을 사용하는 경우도 있었다. 하루에 아침, 저녁으로 두 번 불을 때는데, 적당한 연료가 부족한 탓에 연료비가 엄청나게 들어서 도시의 경우 1인당 수입의 4분의 1이 연료비로 소비되는 게 보통이었다.[45]

남산 꼭대기에서 내려다보면, 서울과 그 주변은 헐벗은 산림으로 암담하고 황폐한 모습이다. 오래된 화성암에서 예리하게 갈라져 나온 나무 하나 없는 산봉우리들은, 비바람에 마모되어 그 아래 평지에 평화롭게 뻗어 있는 서울을 위협하듯 사납게 내려다보고 있다. …… 9백 년 동안 끊임없이 벌목을 했으니 원래 풍요로웠던 숲이 헐벗고 황폐화된 것은 전혀 놀랄 일이 아니다. 오늘날까지 강원도와 함경도에 뻗어 있는 넓은 산악지대의 울창한 삼림으로 미루어보아, 지금은 예전의 화려하고 웅장했던 숲을 짐작만 할 따름이다. 조선인들은 추위가 혹독하고 긴 겨울뿐 아니라 여름에도 난방을 하기 때문에 상당히 많은 땔감이 필요하다.[46]

서울 주변만 그런 것이 아니고, 지방의 도시 주변도 마찬가지였다. 다만 무덤 주변만 예외적이었다.

여행자라면 과거 숲으로 우거졌던 이 나라에 나무들이 없어진 광경에 놀라고 말 것이다. 이곳 주민들이 나무를 땔감으로 쓰면서 모조리 재로 만들어버렸다. 상당히 밀집된 촌락들 주위에 단 한 그루의 나무도 없다. 누구든 원하는 대로 베어갔고, 결국 다 결단이 났을 때에야 정부는 황량해진 숲에 놀라 묘목을 다시 심고 가장 큰 것만

45 아손 그렙스트 지음, 김상열 옮김, 『스웨덴 기자 아손, 100년 전 한국을 걷다: 을사조약 전야 대한제국 여행기』, 책과함께, 2005, 65쪽.

46 지그프리트 겐테 지음, 권영경 옮김, 『독일인 겐테가 본 신선한 나라 조선, 1901』, 책과함께, 2007, 202-203쪽.

그림 12-4. 북한산성 한북문

벨 수 있게 조처했다.

나무라고는 마을 가까이 명문가의 묘가 있는 동산에서 피어난 소나무 들뿐이다. 이곳에서는 산지기의 허가가 없는 한 단 한 그루의 나무도 벨 수 없고, 죽은 나뭇가지도 긁어내지 못한다. 또한 지금도 여전히 따로 떨어져 있는 몇 그루 나무는 신성하게 숭배받는 것으로서 사람들이 소원을 빌고 헝겊 쪼가리를 매놓았다.[47]

문헌뿐만 아니라 근대 사진에도 헐벗은 산이 흔히 담겨 있다. 첫 사진은 아래에 세검천이 흐르고 오간수문과 한북문(홍지문)이 보이는 1900년의 북한산 모습이고(그림 12-4), 그 다음 사진은 1920년대 춘천 봉의산 모습이다(그림 12-5). 둘 다 민둥산 모습을 고스란히 드러내고 있어서, 앞에서 본 조선시대 기록을 실상으로 보여준다. 온돌이 산림 황폐화의 유일한 요인은 아니라 하더라도 주범이라고는 할 수 있겠는데, 자연 환경의 파괴는 결국 농업생산성의 하락이란 재앙을 몰고 왔다.[48] 개인적인 경험으로는 1960년대까지도 산이 헐벗었고, 그런 산에서 나무를 해 왔던 기억이 있다.

전통시대의 땔감은 장작이나 나뭇가지, 나무뿌리, 낙엽, 짚 등이 주류였고, 여기에 소나 말의 말린 똥이나 숯도 사용하였는데, 일제강점기 때에 이를 대체하는 연료로 왕겨, 연탄의 사용을 시도한 적이 있다. 이때의 연탄은 석탄, 목탄 등의 분말을 반죽하여 만든 것이라 한

47 에밀 부르다레 지음, 정진국 옮김, 『대한제국 최후의 숨결』, 글항아리, 2009, 30쪽.
48 이우연, 「18 · 19世紀 山林荒廢化와 農業生産性」, 『경제사학』 34, 2003.

그림 12-5(상). 춘천 봉의산

다.[49] 해방 후에 구공탄이라 불리는 규격화된 연탄이 본격적으로 보급되고, 여기에 점차 기름이나 가스까지 사용하게 되었으며, 한편으로 식목 사업도 활발해지면서 산은 다시 나무로 뒤덮이기 시작하여 오늘날의 모습으로 바뀌었다.

그러나 북한은 아직도 연료의 대체를 이루지 못하고, 오히려 산지의 다락밭 개간이 확대되면서 더 헐벗게 되었다. 〈그림 12-6〉은 평안남도 남포시에 있는 덕흥리 고분 일대의 사진인데, 고분 주변을 제외하고 주변 산야가 온통 민둥산이다. 캐나다의 대북지원단체는 1989년 소련의 석유 원조가 끊긴 이후에 북한의 산림이 더욱 황폐화되었다고 하면서, 산림 황폐화가 홍수 등의 자연재해를 불러오고, 농작물 피해는 만성적인 식량난을 불러와 어린이의 영양실조로 이어진다고 지적했다.[50] 그러면서 "이대로 가면 2050년경에는 북한에서 나무가 모두 사라질지도 모른다."고 지적했다.

49 권석영, 「제5장 대체연료와 온돌의 변화」, 앞의 책.
50 『동아일보』 2008년 12월 4일 24면.

그림 12-6(하). 덕흥리 고분 주변

다음으로, 조선시대의 지방은 서울만큼 관련 자료가 풍부하지 않아서 어렴풋이 그 실상을 파악할 수 있을 뿐이다. 다음 절에서 보듯이 고려 말기 공주의 상류층 건물에 이미 온돌이 등장하고, 개성 일대에서는 늦어도 13세기에 상류층으로 퍼지기 시작하였다. 이제 조선시대를 중심으로 지방의 실정을 보겠다.

고려시대에 왕실 건물이나 관청보다 사찰에서 온돌이 더 발달했고, 조선 전기 회암사지에 다양한 온돌이 다량 포진해 있는 것으로 보아서, 땔감 획득이 쉬운 지방, 특히 사찰에서 온돌이 발달하여 서울로 확산되었을 가능성도 생각해볼 수 있다.

먼저 북부지방에는 조선시대에도 쪽구들이 여전히 사용되었던 것 같다. 다음은 박한주(朴漢柱)가 성종에게 아뢰고, 심정(沈貞)이 중종에게 아뢴 말이다.

> 북쪽 사람들은 남녀 사이에 분별이 없어, 집에 긴 온돌을 만들어 놓고 여행하는 사람에게 숙박을 허락하는데 칸막이가 없습니다. 이

때문에 그 주인의 처나 딸과 간통하는 자가 매우 많으니, 청컨대 통렬히 금지하도록 하소서.[51]

우리나라의 풍속 교화가 남방에서는 우연히 된 것이 아닙니다. 그런데 평안도와 함경도에서는 아버지와 아들, 손님이 한 방의 긴 온돌에서 뒤섞여 자는 것이 오랑캐의 풍속과 다를 것이 없으니, 마땅히 금지해야 합니다.[52]

여기서 긴 온돌, 즉 장돌(長突)이나 장항(長炕)이 어떤 구조인지 정확히 알 수는 없지만, '길다'는 표현으로 보아서 중국의 항과 유사하였던 것 같다. 이규경(李圭景, 1788~1863)이 이런 형태의 온돌을 북방 여행 시에 처음 보았다고 하니, 온구들과 다르다는 것이 확인된다.

〈한나라 양웅(揚雄)이 지은 『방언』을 고찰해보면, '연(燕)의 밖, 조선과 열수의 사이'란 말이 매번 나오니, 연으로부터 점차 전해져 필시 서북지방부터 시작되었을 것이다. 그러므로 지금 함경도의 민간 풍속에 1자형으로 집을 짓고, 방 안에 항(炕)을 하나 설치하는데, 반드시 남쪽 처마에 가깝게 하고 그 위에서 먹고 자니, 이것은 거의 연의 풍속이 남아 있는 것이다.〉 …… 내가 북방을 여행할 때에 길가의 민가에서 처음으로 항의 제도를 보았는데, 옛날 유·연 지방의 풍속과 서로 부합하므로, 이전에 들었던 바를 기록하여 고증 자료로 삼고자 한다.[53]

51 『성종실록』 22년(1491) 3월 13일 「北人男女無別, 家作長突, 而行旅之人, 皆許宿, 無間, 緣此奸其主妻女者, 頗多, 請令痛禁.」

52 『중종실록』 25년(1530) 3월 8일 「我國家風化之敎, 南方則非偶然矣. 平安·咸鏡兩道, 則父子賓旅, 混宿於一房長炕, 無異於夷狄之風, 在所當禁.」

53 『五洲衍文長箋散稿』 人事篇, 宮室類, 宮室, 溫堗土炕辨證說 「〈以揚子方言考之, 每言燕之外郊朝鮮洌水之間云, 則自燕漸至, 而必先自西北. 故今北關民俗, 構屋一字, 屋設一炕, 必近前榮, 寢食其上者, 殆沿燕之遺俗也.〉 … 余游朔方, 初見沿路人家炕制, 適與古幽·燕

그림 12-7. 흑룡강성 정주간

함경도 지방에 정주간(정지간)이란 특이한 공간이 있는데, 부엌과 안방 사이에 벽이 없어서 하나의 평면을 이루는 큰 방으로서 일상을 주로 보내는 공간이다.[54] 방만 보면 온구들인데, 부엌과 동일 공간이란 점에서는 쪽구들의 성격도 지니고 있다. 아마 조선시대 쪽구들이 남쪽의 온구들 영향을 받아 이루어진 것이 아닌가 생각된다. 이런 점에서 북방에서 온구들이 출현한 것은 아니라는 사실을 확인할 수 있다. 정주간은 조선족 가옥에서도 흔히 확인된다. 〈그림 12-7〉은 흑룡강성 영안 하감자촌 조선족 마을에서 찍은 사진이다.

다음으로 남쪽 지방이다. 18세기의 온돌 정황은 홍대용(洪大容, 1731~1783)이 연경에 갔을 때 청나라 인사에게 적어준 「동국기략(東國記略)」에 보인다. 18세기에 이미 전국적으로 온돌이 퍼져 있었던 것으로 서술되어 있다.

주택제도는 서울을 제외하고는 대개 십중팔구가 초가집이요 침실

之俗相符, 略取前日所聞者紀之, 以爲辨證焉.」

54 조광, 『조선민족살림집풍습』, 과학백과사전출판사, 평양, 2007, 210-214쪽.

은 모두 온돌인데, 사면은 벽으로 되었고 창문을 설치하였으니 중국의 항과는 다르다.[55]

이보다 앞서 16세기 전반에서 17세기 전반에 이르는 시기 몇 편의 일기에 지방의 온돌이 기록되어 있다. 이문건(李文楗, 1494~1567)의 『묵재일기(默齋日記, 1535~1567)』에서는 서울과 양주 여막(廬幕), 유배지인 성주와 그 부근의 온돌(堗, 突, 炕)에 대해서 여러 차례 언급하였다. 앞서 언급한 유희춘의 『미암일기(1567~1577)』에는 서울의 온돌뿐 아니라 전라도 남원, 해남, 완주, 광주, 금구, 담양, 경기도 양주의 온돌이 언급되어 있다. 서울 출신인 오희문(吳希文, 1539~1613)의 『쇄미록(瑣尾錄, 1591~1601)』에는 피란지인 충청도 직산, 예산, 홍주, 임천(林川), 연산, 홍산(鴻山), 부여, 청양, 전라도 태인, 함열, 나주, 화순, 경기도 양주, 강원도 평강의 온돌이, 정경운(鄭慶雲, 1556~?)의 『고대일록(孤臺日錄, 1592~1609)』에는 전라도 순창, 경상도 대구 부근, 함양의 온돌이, 그리고 남평(南平) 조씨(曺氏, 1574~1645)의 『병자일기(丙子日記, 1636~1640)』에는 충청도 서산, 충주 및 서울의 온돌이 언급되어 있다.

이처럼 지방 곳곳에서 온돌이 등장하고, 심지어 노비나 뱃사공까지도 온돌방을 가졌던 것으로 보아서,[56] 온돌이 희귀하지는 않았던 것 같다. 이미 시골도 땔감 구하기가 어려운 지경에 이른 것을 보면[57] 온돌이 꽤 광범위하게 퍼져 있었을 것이다. 따라서 이 시기도 홍대용이 언급한 18세기와 크게 차이가 나지 않았던 듯하다.

다만 객지에서 찬 방에 자는 경우도 있어서 전적으로 온돌방에서 일상생활을 보냈던 것은 아니었다. 나무로 만든 침상인 평상이 등장

55 『湛軒書外集』 권2, 杭傳尺牘, 乾淨衕筆談 1765년 2월 15일 「家舍之制, 京城外, 大抵草舍十之八九, 寢室皆溫堗, 四旁爲壁, 皆設牕戶, 與中國炕制不同.」

56 『瑣尾錄』 壬辰(1592) 11월 13일, 癸巳(1593) 9월 7일, 12월 6일.

57 『瑣尾錄』 癸巳(1593) 10월 2일, 乙未(1595) 8월 20일, 丙申(1596) 12월 21일.

하는 것을 보아서 평상 생활도 남아 있었던 모양이다.[58] 이문건은 여름철에 평상을 안방에 들였으므로,[59] 찬 온돌방 위에 평상을 놓고 잔 것 같다. 온돌방 일변도의 생활이었다면 일기에 온돌에서 잤다는 것을 굳이 언급하지 않았을 것이다. 또 손님에게 온돌방을 내주면 후대했다고 하고,[60] 그 반대로 찬 방을 내주면 박대했다고 하는 것으로 보아서,[61] 온돌방에 여유가 있었던 것 같지도 않다. 온돌방이 두 개, 세 개인 것을 특별히 적어놓은 것[62]을 보면 있다고 해도 한 개가 보편적이었을 것이다.

이제 온돌 생활에 대해 구체적으로 몇 가지 사례를 들겠다. 우선 유희춘이 해남에 머물 때의 기록이다.

> 내가 오랫동안 해남의 윤 목사 댁 찬 방에서 거처했더니, 안색이 초췌해지고 몸도 야위었다.[63]

유희춘은 서울에서의 온돌 경험과 해남에서의 찬 방 경험을 한 뒤에 해남에 새집을 지을 때 온돌을 들였고,[64] 말년에 남원에 집을 지을 때도 온돌을 들였던 것 같다. 특히 남원의 새집에 다른 방은 마루로 만들면서 서재에는 온돌을 마련하고 환한 곳으로 창문을 내서 책을 보기에 흡족하게 된 것은 부인의 생각에 따른 것이라 하였으니,[65] 서울의 온돌 생활이 영향을 주었던 것 같다.

그렇다고 전라도 남쪽에 아주 온돌이 없었던 것은 아니었다. 구들

58 『丙子日記』 戊寅(1638) 4월 19일, 20일.
59 『默齋日記』 丙午(1546) 6월 3일 「安平床于內房」
60 『瑣尾錄』 辛卯(1591) 11월, 甲午(1594) 11월 21일.
61 『孤臺日錄』 丙申(1596) 1월 24일, 壬寅(1602) 2월 18일.
62 『眉巖日記』 癸酉(1573) 5월 6일.; 『瑣尾錄』 甲午(1594) 7월 17일.
63 『眉巖日記』 己巳(1569) 12월 29일 「余久處海南尹牧使宅冷房, 容顔憔悴, 身亦羸瘦.」
64 『眉巖日記』 辛未(1571) 1월 10일, 18일, 20일, 25일, 26일, 2월 3일, 11일, 13일.
65 『眉巖日記』 丙子(1576) 1월 27일 「南邊書室二間爲溫突, 而窓向明, 足以看書, 實愜我心, 然此乃夫人經營規畫之功也.」

쟁이 풍손(風孫)이 존재하는 사실[66]이 이를 뒷받침한다. 구들쟁이는 아니지만 떠돌아다니며 방을 고치는 인물인 한복(漢卜)도 충청도 임천 지방 기록에 보인다.[67] 이규보의 글에 따르면 동래(東萊) 객관(客館)에 새로 만든 온돌(燠房)이 있었으니,[68] 고려 때에 이미 한반도 남쪽 끝까지 온돌이 보급되어 있었다.

땔감 부족 현상은 충청도 임천, 청양 등의 기록에 보인다.

> 다만 더욱 견디기 어려운 것이 네 가지이다. 자는 곳 온돌이 너무 차가워서 땔나무 한두 묶음으로는 더워지지 않는 것이 첫째 견딜 수 없는 일이요, 나무 할 곳이 몹시 먼 것이 둘째 견딜 수 없는 일이요, ……[69]
>
> 땔나무가 몹시 구하기 어려워서 미역 3동을 주고 사서 땠다.[70]

앞서 몇 가지 사례에서 보았듯이 온돌은 병을 낫게 하는 효험이 있었다. 역시 노인과 병자를 위한 특별 시설이기도 했던 것이다.

> 나는 어제부터 감기에 걸렸는데 밤에 온돌에서 땀을 냈더니 나은 것 같다.[71]

> 27일 …… 다만 여종 향춘이 밤새 고통을 겪고 아침에도 차도가 없으니 필시 병에 걸린 모양이다. …… 또 향춘은 이웃집의 온돌방을

66 『眉巖日記』 辛未(1571) 1월 10일.
67 『瑣尾錄』 甲午(1594) 9월 15일.
68 『東國李相國後集』 권12, 古律詩, 入東萊, 見客舍壯麗異常, …「… 墮指寒冬有燠房, 流金盛夏宜風榭. …」
69 『瑣尾錄』 癸巳(1593) 10월 2일 「但最不堪者有四. 寢堗甚冷, 非一二束所溫, 此一不堪也. 刈柴處甚遠, 此二不堪也.」
70 『瑣尾錄』 丙申(1596) 12월 21일 「柴草極艱, 以甘藿三同買用.」
71 『瑣尾錄』 癸巳(1593) 1월 6일 「余自昨感傷, 夜臥溫堗發汗, 則似歇.」

빌어서 옮겨 가 자게 했다. 땀을 내게 하기 위해서다. 29일. 아침에 향춘의 병을 물어보니 지난밤에 더운 방에서 두텁게 덮고 땀을 냈더니 기운이 좀 소생하고 덜하다 하니 기쁘고 기쁘다. …… 그믐날. 향춘의 병이 차도가 있어서 집으로 들어왔다. 필시 냉한 곳에 오래 있어서 이 때문에 고뿔(風寒)에 걸려 몹시 상했다가 땀을 내니 곧 나은 것이다.[72]

근대의 기록이지만, 온돌방이 부족할 경우에는 임시 구들을 만들어 사용하였다. 한 서양인의 주막 주인에 대한 목격담이다.

그런데 지난밤 말 먹이를 끓이느라 뜨겁게 달군 바로 그 아궁이 위에 주인과 그 가족들이 누워 있는 것이었다. 솥에 나무 뚜껑을 덮어 일종의 구들을 만든 것인데, 그 위에서 주인 내외와 딸, 남녀 하인들이 다닥다닥 붙어서 자고 있었다.[73]

제주도는 늦게까지도 온돌이 보급되지 않아서 육지의 상황과는 달랐다. 앞에서 이익의 말을 인용했지만, 이보다 앞서 1520년 제주도에서 유배생활을 하면서 적었던 김정(金淨, 1486~1521)의 『제주풍토록(濟州風土錄)』에 이렇게 나온다.

품관인이라 불리는 사람들 외에는 온돌이 없다. 땅을 파고 구덩이를 만들어 돌로 메운 다음에 그 위를 진흙으로 발라 온돌 모양으로

72 『瑣尾錄』 癸巳(1593) 10월 27일, 29일, 그믐 「十月卄七日, … 但香婢終夜苦痛, 朝尙未差, 必其染疾也. … 且香婢借隣家有溫堗處移宿, 欲其發汗也. 卄九日, 朝問香婢之病, 則自去夜溫房厚覆發汗, 氣向蘇歇云, 可喜可喜. … 十月晦日, 香婢病差入來, 必久處冷地, 因致重傷風寒, 而發汗卽差矣.」

73 루돌프 차벨 지음, 이상희 옮김, 『독일인 부부의 한국 신혼여행 1904』, 살림, 2009, 310쪽.

하고, 다 마르면 그 위에서 잔다.[74]

다음은 1704년에 이형상(李衡祥, 1653~1733)이 저술한 제주도 지방지인 『남환박물(南宦博物)』 기록이다.

> 집에는 부뚜막과 온돌이 없다.〈 …… 온돌이 없는 것은 잠수하는 무리들이 따뜻한 방에 들어가면 피부가 갈라지고 살이 문드러져서 반드시 큰 병을 얻기 때문이니, 땅바닥에서 자는 풍습은 예로부터 습속으로 이루어진 것이다. 노부모가 있는 사람은 간혹 작은 온돌이 있으나, 또한 천·백에 하나일 뿐이다. 부엌에는 솥만 놓고 밥을 해 먹는다.〉[75]

연도 미상의 『해산잡지(海山雜誌)』에는 이렇게 적혀 있다.

> 마을 집에는 온돌이 없다. 다만 몇 칸의 집을 만들어놓고 사방에 벽을 세워 바람만 막는다. 중앙에 흙난로를 설치해 불을 땐다. 겨울에는 한 집안의 남녀노소가 화로를 둘러싸고 누워 온기를 취한다.[76]

고득종(高得宗)이 쓴 글에 따르면, 1434년에서 멀지 않은 시기에 제주도 관아를 중수하면서 '욱실(燠室)'을 하나 만들었다고 하였으므로,[77] 제주도에 일찍부터 온돌이 소개되기는 하였으나 위의 인용문에

74 『冲庵集』 권4, 濟州風土錄 「號品官人外無溫堗. 堀地爲坎, 塡之以石, 其上以土泥之, 如堗狀, 旣乾, 寢處其上.」

75 『南宦博物』 誌俗 「家無竈堗. 〈… 無堗者, 潛水之類, 入於暖房, 則皮坼閔爛, 必生大病. 故寢地之風, 自古成俗. 有老父母者, 或有小堗, 亦千百之一. 竈則獨鼎而炊.〉」

76 『海山雜誌』 「邨居無堗, 惟作數間廳, 立四壁遮風, 當中設土爐熾火, 冬則一家內男女老幼, 環爐寢以取煖.」(정민 옮김, 『탐라문견록, 바다 밖의 넓은 세상』, 휴머니스트, 2008, 189쪽에서 재인용).

77 『新增東國輿地勝覽』 권38, 濟州牧, 宮室 「弘化閣. 〈… 高得宗記, 甲寅秋八月, 前工曹參判益陽崔公海山, 爲都安撫使, … 公以事輯人和, 欲修葺舘宇之頹圮者, … 西置燠室.〉」

서 보듯이 온돌이 제주 생활과 맞지 않아 일반화되지는 못했다. 다만 노약자나 벼슬아치를 위해서 작은 온돌이 극히 예외적으로 있었던 모양이다. 김정희(金正喜, 1786~1856)가 1840년 제주도 유배지에 도착했을 때에 군교(軍校) 송계순(宋啓純)의 집을 얻어 머물렀는데, 이 집에 온돌 한 칸이 있었다고 한다.[78] 따라서 19세기까지도 예외적인 경우를 제외하곤 온돌이 없었던 듯하다.

3) 온돌의 계층성과 생활상

온돌은 사용 계층의 변화 과정이 다른 생활문화와 상반되어 흥미롭다. 거의 모든 생활문화가 상층에서 하층으로 전파되는 하향성을 보이지만, 온돌만은 하층 문화로 시작하여 상층으로 올라가는 상향성을 띠기 때문이다.

온돌의 사용 계층을 확인할 수 있는 자료는 고구려 말기에 처음 등장한다.

> 그 풍속에 가난한 사람이 많은데, 겨울에 기다란 구덩이를 만들고 그 아래에 불을 때서 따뜻하게 한다.[79]

북옥저에서 발생한 온돌은 고구려 외곽을 거쳐 중심지인 환인, 집안 등지에 유입된다. 만일 지배층에서 먼저 도입했다면 중심지에서 외곽으로 전파되었을 것이다. 또 중심지에서는 몇몇 유적에서 예외적으로 발견되고, 외곽지대의 군사주둔지인 산성에서 온돌이 집중적으

78 『阮堂全集』 권2, 書牘, 與舍仲 「得宋校啓純家住處, 而此家果於邑底之稍勝, 而亦頗精浥, 堗則爲一間, 南向有眉退.」

79 『舊唐書』 권199상, 高麗傳 「其俗貧窶者多, 冬月皆作長坑, 下燃熅火以取暖.」

그림 12-8(상). 쌍영총의 평상 생활
그림 12-9(하). 무용총의 의자 생활

로 발견된다. 예를 들어서 비교적 온전하게 발굴된 환도산성 궁전지에서 온돌은 전혀 발굴되지 않았다. 이런 사실은 고구려 온돌이 상층 귀족의 문화가 아니었음을 뒷받침한다. 고구려 벽화에 온돌이 전혀 등장하지 않는 것은 이 때문이다.

벽화에는 주인공이 대부분 평상(平床)이나 이보다 작은 좌상(坐床)

에 정좌한 모습으로 나온다.[80] 이런 모습은 약수리 무덤, 쌍영총(그림 12-8), 수렵총, 태성리 1호 등에서 보인다. 무용총(그림 12-9)에서는 주인공이 등받이가 없는 낮은 의자에 앉고, 각저총에서는 여인들이 방석처럼 작은 깔개에 앉아 있다. 실내에는 장막을 치고, 병풍을 둘러서 찬 기운을 막았다.

백제나 신라의 지배층에서도 온돌을 사용하지 않았으니, 온돌은 중앙의 권력에 영향을 받지 않고 지역성만 띠면서 퍼졌다. 신분 계층에 따른 통일신라 시기 가옥에 대한 규제에는 발, 병풍, 침상, 자리(깔개)가 등장하지만, 온돌에 대한 언급은 전혀 없다.[81] 이 당시에 마룻바닥보다는 전돌 바닥이나 강회 다짐의 흙바닥에서 생활했을 것이다.[82] 이에 비해서 평양 정릉사지나 부여 능산리 사지처럼 사찰에는 일찍부터 온돌이 도입되었다.

한편, 만주의 발해에서는 온돌이 궁궐의 침전에서도 발견될 정도로 왕까지 사용하는 지배층의 문화가 되었다. 이 전통은 여진족에게 이어져 심양의 고궁과 북경의 자금성에서도 온돌이 사용되었다.

이에 비해서 한반도 안에서는 고려 전기까지도 온돌은 여전히 서민의 문화였고, 한참 시간이 흐른 뒤에야 궁궐에까지 퍼지게 되었다. 1123년 고려에 왔던 송나라 사신 서긍(徐兢)이 지은 견문기인 『고려도경(高麗圖經)』에 이렇게 전한다.

> 침상 앞에는 또 낮은 평상을 놓았는데, 3면에 난간을 세우고 각각에는 무늬 있는 비단 보료를 깔았다. 또 커다란 자리를 깔았으니 돗자리가 편안하여 전혀 오랑캐의 풍속이라 느낄 수 없다. 그러나 이것

80 조광, 앞의 책, 96-98쪽; 전호태, 『고구려 생활문화사 연구』, 서울대학교출판문화원, 2016, 207-208쪽.

81 『三國史記』 권33, 屋舍.

82 梁正錫, 「新羅 王京人의 住居空間: 『三國史記』 屋舍條와 王京遺蹟의 關係를 중심으로」, 『신라 왕경인의 삶: 新羅文化祭學術論文集』 28, 2007, 29-30쪽.

은 국왕과 귀족의 경우이고, 아울러 중국 사신을 접대할 때의 모습이다.

서민들은 대부분 흙침상으로서 땅을 파서 화항(火炕)을 만들어 그 위에 눕는다. 이것은 고려가 겨울이 몹시 춥지만 솜과 같은 것이 적기 때문이다.[83]

지배층은 와탑(침상)을 사용하고, 서민은 화항(쪽구들)을 사용한다고 대비해 놓았다. 이런 모습은 다음 사실에서도 뒷받침된다. 서울과 개성을 연결하던 숙박시설인 파주 혜음원지에서는 온돌이 전혀 발굴되지 않았다. 중심 연대가 11~12세기로 추정되는 대전 상대동 중동골 유적에서도 평지의 핵심적인 대형 건물지들(SD1, SD2)에서는 온돌이 발견되지 않고 그 주변 능선에서만 소수 확인되었다. 이로부터 100년쯤 뒤에 살았던 이장경(李長庚, 1214~?)의 고사에서도 이 사실이 확인된다.

이장경이 나이가 많아 집에 있을 때에도 '길 비켜라' 하는 소리를 들을 때마다 곧 평상에서 내려와 땅에 엎드렸다가, 소리가 끊어지고도 얼마 뒤에야 평상에 올랐다. 그 마음 씀씀이가 이와 같았으니 자손에게 보답이 있음은 마땅한 일이다.[84]

이장경이 평상에서 생활하다가 임금 행차 소리를 들으면 그 아래로 내려와 엎드렸다고 하였으므로, 온돌이 없었던 것을 알 수 있다.

그러나 고려 후기에 들면서 온돌이 지배층에게도 조금씩 퍼져

83 『高麗圖經』 권28, 臥榻 「臥榻之前, 更施矮榻, 三面立欄楯, 各施錦綺茵褥. 復加大席, 莞簟之安, 殊不覺有夷風. 然此特國王貴臣之禮, 兼以待使華也. 若民庶, 則多爲土榻, 穴地爲火炕, 臥之. 蓋其國, 冬月極寒, 復少纊絮之屬爾.」

84 『青坡劇談』(『大東野乘』 수록) 「長庚年老家居, 每聞淸道聲, 輒下床伏地, 聲絕良久復上. 其用心如此, 得報於子孫宜矣.」

나가기 시작한 것 같다. 이장경과 비슷한 시기에 살았던 주열(朱悅, ?-1287)의 전기에 온돌 화재에 대한 묘사가 보인다.

> 일찍이 어떤 고을에 묵었는데, 한밤중에 구들장 틈으로 불길이 솟아 잠자리를 태웠다. 주열이 놀라 일어나자 고을 아전이 크게 걱정했으나, 끝내 죄를 묻지 않았다.[85]

이규보(李奎報, 1168~1241)의 시문집인 『동국이상국집(東國李相國集)』에도 온돌에 관한 언급이 종종 보인다. 따뜻하게 데운 구들방은 돌(突), 욱방(燠房), 욱실(燠室), 온방(溫房), 난돌(暖堗)이라 하고, 불 때지 않은 구들방은 빙돌(氷堗)이라 불렀다. 혹시 온돌방이 아니라 난로 등으로 따뜻하게 데운 방도 이렇게 불렀을지 모른다. 이 가운데 온돌을 주제로 한 시 한 편을 보겠다.

> 한겨울 빙돌(氷堗)에 누우니 / 드센 추위 뼈를 긁어내는데
> 이제 다행히 마들가리 태우니 / 나무 한 단에 불길이 일어나네
> 따뜻한 기운은 봄날과 같아서 / 이불 깔개도 더 친해지는데
> 비로소 남 보고 자랑하노니 / 진짜로 재상의 몸 되었다네
> 이 몸이야 아낄 거 못 되지만 / 이 추위 어찌 견딜 건가
> 성인은 덥고 추운 거 모른다지만 / 내 어찌 이들과 짝하겠는가[86]

또 이 학사(李學士)가 새로 온방(溫房)을 만든 것을 기념하여 지은 시도 전하는데,[87] 이것도 상류층에서 온돌을 만든 것을 보여준다.

85 『高麗史』 권106, 朱悅傳 「嘗宿一州, 夜半火發突隙, 燃寢席. 悅驚起, 邑吏大懼, 終不問.」

86 『東國李相國後集』 권7, 古律詩, 暖堗 「冬月臥氷堗, 寒威來刮骨. 幸今燒柮榾, 一束炎已發. 氤氳氣如春, 衾席稍可親. 始可誇於人, 眞箇宰官身. 此身非固愛, 此寒得可奈. 至人無炎寒, 而我安得配.」

87 『東國李相國後集』 권7, 古律詩, 李學士新作溫房….

제10장에서 이미 인용한 『보한집』의 묵행자 자료도 최자(崔滋, 1188~1260)의 생몰년으로 보아서 역시 13세기 것인데, 도심에서 멀리 떨어진 구성(龜城, 평안북도 구성)의 사찰 온돌과 관련된 것이다.

이상으로 보아서 13세기에 상류층에 온돌이 퍼지기 시작한 것을 알 수 있다. 다만 이보다 이른 시기의 상황을 전하는 문집이 없으므로, 늦어도 13세기부터라고 말하는 것이 정확할 것이다.

고려 말기인 14세기에 해당하는 것으로는 앞서 공주의 동정(東亭)에 관한 글을 보았지만, 온돌 화재를 경험한 이색(李穡, 1328-1396)의 글도 있다.

> 의주참 동쪽 상방에서 자는데, 한밤중에 불이 구들 틈새에서 나와 벽지로 타올랐다. 이에 바람이 일고 방 안이 환해지자 놀라 깨어 불이 난 것으로 여기고, 알몸으로 표문을 안고 달려 나갔다. 벽지가 다 타자 불이 저절로 꺼졌다.[88]

이제현(李齊賢, 1287~1367)은 경원(慶原, 현 인천)의 건동선사(乾洞禪寺) 중수기에서 절에 욱실(燠室)이 마련되었다고 하였다.[89]

그렇지만 조선 전기까지는 상류층의 온돌 비중이 높지는 않았을 것이다. 상류층의 건물에 온돌이 없는 듯한 기록도 나타난다. 1488년 3월에 서울에 머문 명나라 사신 동월(董越, 1430~1502)의 『조선부(朝鮮賦)』에는 온돌에 관한 언급 없이 마루 구조만 설명하였다. 그가 아직 쌀쌀한 계절에 서울을 방문했으므로 만일 이국적인 온돌을 목격했다면 반드시 기록했을 것이다.

88 『牧隱詩藁』 권2, 詩 「宿義州站東上房, 夜半, 火從堗缺處, 燒塗壁紙, 風生室明, 驚寤以爲失火也, 赤身抱表走出, 紙盡火滅.」

89 『益齋亂稿』 記, 重修乾洞禪寺記 「丹楹藻梲, 宏且麗者, 所以居佛也. 洞房燠室, 窈而廓者, 所以處僧也.」

> 문은 모두 동쪽 곁채의 마룻대를 돌아 사다리를 놓고 오른다. …… 〈…… 터가 대부분 높아서 반드시 사다리를 타고 올라간다. ……〉 땅에서 습기가 올라오는 것을 싫어하여 판자를 깔아 띄운다. 다리를 틀고 앉으려면 모두 띠와 골풀을 깐다. 〈풍속에 모두 깔개를 사용한다. ……〉[90]

사다리를 타고 올라갈 정도로 높은 대지의 건물에 온돌이 아닌 마루가 있고, 마루 위에 깔개를 깔고 생활하는 모습이 눈에 그려진다. 그는 휘장과 병풍을 두른 침상(臥榻)에서 잤던 것 같다.[91]

종로 발굴에서 보듯이 조선 초기부터 서울에 온돌이 많이 보급되어 있었다. 그렇지만 공평구역의 몇 가지 건물 사례를 보면 상류 주택에 온돌이 늘어난 것은 임진왜란 이후인 것 같다. IV층은 임진왜란 때에 불탄 층위로서 16~17세기에 속하는데, IV-31호 ㄷ자형 건물은 구들이 1칸, 마루가 3.5칸이었고, 하나의 저택을 구성하는 IV-1~4호는 발굴된 것만 30칸에 가까운 건물군인데 구들은 단 1칸뿐이었으며, ㅁ자형 평면을 가진 IV-16호는 전체 17칸 규모인데 구들은 1칸, 마루는 6칸이었다. 그러나 18~19세기로 편년되는 III층에서 확인된 ㄷ자형 저택인 III-19호는 모두 네 개의 구들이 있는데, 1칸 규모가 2개, 1.5칸 규모가 2개이다.[92]

동월의 기록에서도 알 수 있듯이 온돌을 사용하는 대신에 마룻바닥에 모전(毛氈), 포진(鋪陳), 포단(蒲團) 등을 깔았다.[93] 모전은 모직물

90 『朝鮮賦』「門則皆循東序之棟, 設梯以升. … 〈… 以基多高, 故須梯升. …〉 地則皆畏下濕之沾, 鋪板以隔. 若趺坐, 則皆藉以茅菅. 〈俗皆席地而坐, 人設一四方蒲團, 以布帛為一大枕, 中塞以草, 為坐者所依凭. 官府則以滿花坐為蒲團, 其制亦方. 以綵色紵絲蒙草枕, 行則人負以随.〉」

91 『朝鮮賦』「臥榻, 則環以八面幃屏.」

92 한울문화재연구원, 『서울 공평구역 제1·2·4지구 유적』 II, 2017. (IV-31호는 481-487쪽, IV-1~4호는 183-193쪽, IV-16호는 321-333쪽, III-19호는 156-161쪽 참조.)

93 이하 방한 설비, 취사 도구, 층루 건물에 대해서는 이종서, 「朝鮮前期의 住居用 層樓 建

로서 귀한 것이니, 아마 온돌이 많이 보급되면서는 이렇게 두터운 깔개의 필요성이 줄어들었을 것이다. 일반적으로는 풀 따위로 짠 포진이나 포단을 깔았는데, 포진은 넓은 것이고 포단은 방석처럼 작은 것이었다. 아울러 실내에는 두터운 휘장을 두르고 병풍을 쳤으며, 화로에 숯불을 피워서 추위를 막았다. 뒤 시기 온돌방에서도 이런 물건들이 사용되는 것으로 보아서, 이 모든 것이 마루방 용품만은 아니었을 것이다. 특히 온돌에 불을 때지 않는 계절에는 온돌도 찬 바닥이기 때문에 지금 거실에 카펫을 깔듯이 자리를 펴고 생활하였을 것이다. 또 모든 방이 온돌방은 아니었기에 깔개가 여전히 필요했을 것이다. 부엌에는 부뚜막 대신에 세발솥(鼎)이나 풍로(竈)로 음식을 조리하였다.

온돌방이 도입되면서 얇은 깔개로 바뀌고, 실내에 병풍을 세우거나 휘장을 두르는 것도 적어졌을 것이다. 부엌에는 구들에 딸린 부뚜막에 솥을 걸어 취사를 했다. 조선 초기 시구에 '토돌 포단(土堗蒲團)', '토돌 등상(土堗藤床)'[94] 등의 표현이 보이는데, 흙구들 위에 포단을 깔거나 등나무 평상을 올렸던 것 같다. 흙구들에 등나무 평상을 놓는 것은 요즈음 온돌방에 침대를 놓는 것과 비슷할 터인데, 장판을 깔기 전의 과도기 모습인 것 같다.

김안로(金安老, 1481~1537)의 글에 이미 '기름 먹인 장판'이 등장하지만,[95] 근대까지도 장판은 여유가 있는 사람들이 깔았다.

> 여유가 있는 사람은 방바닥에 장판을 까는데, 이 장판은 한국인들이 세계에서 제일 잘 만든다. 장판은 상당 기간 열을 받으면 매우

築 傳統」, 『역사민속학』 22, 2006; 이종서, 「고려~조선전기 상류 주택의 防寒 설비와 炊事 도구」, 『역사민속학』 24, 2007을 많이 참고하였다.
층루 건물에 대해서는 역사관심(필명)의 '한국의 사라진 건축' 인터넷 연재(http://luckcrow.egloos.com/)도 참고하였다,

94 『四佳詩集』 권21, 詩類, 八用前韻寄洪南陽 및 권14, 詩類, 到廣津村墅.

95 『龍泉談寂記』(『大東野乘』 수록) 「正德乙亥(1515) … 且窄堗油牋, 滑如琉璃.」

아름다운 적갈색으로 변한다. 가난한 사람은 장판 대신 볏짚을 깐다.[96]

장판을 깐 뒤에도 자리를 깔고 생활하였고, 병풍을 치기도 하였다. 이 사실은 유득공(柳得恭, 1748~1807)과 혜경궁 홍씨(1735~1815)가 쓴 다음 두 자료에서 찾을 수 있다.

방바닥에는 누런 기름종이를 발랐는데, 기름 엉긴 것처럼 매끄럽다. 그 위에 다시 '수복(壽福)'이란 글자가 있는 골풀자리를 깔고, 꽃무늬 은낭(隱囊, 몸을 기대는 방석)을 둔다.[97]

아버지는 천성이 순수하고 검소하여, 당신 처지가 어떠하고 벼슬이 어떠하든 거처하시는 방은 고운 종이로 벽을 바른 적이 없고, 그림 한 장 붙이신 일이 없었다. 또 고운 등메를 깔거나 고운 병풍을 친 일도, 물건 하나 놓으신 일도 없었다.[98]

근대 서양인의 여행기에서도 볼 수 있다.

온돌방은 평평한 돌을 바닥에 깔고, 그 위에 연기가 새 들어오지 않도록 기름 먹은 종이를 바른다. …… 보통 왕가나 귀족의 집은 세공으로 구별된다. 천장과 벽에는 종이 대신 중국 비단을 치고, 바닥에는 고운 강화산 돗자리를 깐다.[99]

온돌을 사용하면 신을 벗고 방 안으로 들어가게 되어 생활 방식도

96 제이콥 로버트 무스 지음, 문무홍 외 옮김, 『1900, 조선에 살다』, 푸른역사, 2008, 93쪽.
97 『京都雜志』 권1, 風俗, 第宅 「內舖油黃紙, 滑如凝脂. 再舖龍鬚草壽福字席, 置花紋隱囊.」
98 혜경궁 홍씨 지음, 이선형 옮김, 『한중록』, 서해문집, 2003, 380쪽.
99 에밀 부르다레 지음, 정진국 옮김, 앞의 책, 195쪽.

그림 12-10. 태평성시도의 좌식 묘사

바뀌게 된다. 우선 의자에 앉는 입식 생활이 바닥에 앉는 좌식 생활로 바뀐다. 마루에서 이미 좌식 생활이 시작되었을 것이지만, 온돌 보급과 함께 완전히 정착했을 것이다. 이에 따라 조선 전기까지는 도기 또는 청자의 돈(墩)이 의자로 사용되다가 점차 사라졌다. 동대문 운동장 부지, 서울시 신청사 부지, 청계천 등에서 실물 파편이 발굴된 바 있다.[100] 국립중앙박물관 소장의 「태평성시도(太平城市圖)」는 중국풍의 그림이지만, 입식 생활보다 좌식 생활 중심으로 묘사되어 있어서, 조선에서 그린 것임을 알 수 있다.[101] 여기에 소개한 부분도(그림 12-10)는 중국식 전돌 바닥에 조선식으로 바닥에 앉아 있는 모습을 보여준다.

중원에서는 후한 말기부터 입식 방식이 출현하여 송대에 이르러 전면적으로 보급되었다고 하는데, 이에 상응하여 실내 가구도 저형(低型)에서 고형(高型)으로 바뀌었다고 한다.[102] 이를 상기하면 온돌의 보

100 中原文化財硏究院, 『동대문 운동장 유적: 동대문 역사문화공원 부지 발굴조사』 I, 2011, 428쪽.

101 李秀美, 『國立中央博物館 所藏 〈太平城市圖〉 屛風 硏究』, 서울대학교 고고미술사학과 박사학위논문, 2004, 112-114쪽.

102 위의 글, 113쪽.

그림 12-11. 좌식과 소반상

급에 따라 조선시대의 실내 가구는 거꾸로 고형에서 저형으로 바뀌었을 것 같다.

식사 문화도 바뀌었다.[103] 고려시대에 귀족은 의자에 앉아 식탁에 차려진 음식을 먹었다.[104] 그러나 조선시대에는 좌식이 퍼지면서 고급스러운 연회에서도 바닥에 앉아서 먹기 시작했고, 이에 따라 발이 낮은 소반이 유행했다(그림 12-11). 1828년에 쓴 청나라 여행기 『부연일기(赴燕日記)』에 이렇게 비교되어 나타난다.

> 책문(柵門)에 들어온 뒤부터 저 사람들의 식생활을 보니, 우리 풍속과는 크게 달랐다. 모두 교좌상 및 발이 높은 큰 상을 썼고, 소반의

103 주영하, 『그림 속의 음식, 음식 속의 역사』, 사계절출판사, 2005, 160쪽.
104 『高麗圖經』 권22, 雜俗 1, 鄕飮「公會, 唯王府與國官, 有床卓盤饌. 餘官吏士民, 唯坐榻而已.」

> 제도는 없었다.[105]

산이 많으면 낮은 집을 지으라는 풍수설의 영향으로 고려시대에 2층 이상의 누각 건물이 본래 많은 편은 아니었으나, 1277년 관후서(觀候署)에서 아뢴 말에서 알 수 있듯이 원나라 영향을 받으면서 누각이 늘어난 것 같다.

> 삼가 『도선밀기(道詵密記)』를 상고하건대 "산이 드물면 높은 누각을 짓고 산이 많으면 낮은 집을 지으라."고 하였는데, 산이 많은 것은 양(陽)이 되고 산이 희소하면 음(陰)이 되며, 높은 누각은 양이 되고 낮은 집은 음이 됩니다. 우리나라에는 산이 많으니 만일 높은 집을 짓는다면 반드시 땅의 기운을 손상시킬 것입니다. 그 때문에 태조 이래로 대궐 안에 집을 높게 짓지 않을 뿐만 아니라 민가에 이르기까지 완전히 이것을 금지했습니다.
>
> 지금 듣건대 조성도감에서는 원나라의 건축 규모를 모방하여 몇 층이나 되는 누각과 다층집을 짓는다고 하니, 이것은 도선의 말을 그대로 좇지 않은 것이요 태조의 제도를 준수하지 않는 것입니다.[106]

이에 따라 온돌 보급 이전에는 단층 건물이 아닌 층루(層樓) 건물도 제법 있었다. 13세기경 '산수 인물무늬 편호(扁壺)'에는 주거용인지 모르겠으나 2층 누각 건물이 묘사되어 있다(그림 12-12).

사료로는 우선 고려 후기 신청(申靑)의 죄목과 관련된 누각을 지

105 『赴燕日記』主見諸事, 飮食「入栅以後, 所見彼人食品, 與我俗大異. 皆用交坐床及高足大床, 無小槃之制.」

106 『高麗史』권28, 충렬왕 3년(1277) 7월「謹按道詵密記, 稀山爲高樓, 多山爲平屋, 多山爲陽, 稀山爲陰, 高樓爲陽, 平屋爲陰. 我國多山, 若作高屋, 必招衰損. 故太祖以來, 非惟闕內, 不高其屋, 至於民家, 悉皆禁之. 今聞, 造成都監用上國規模, 欲作層樓高屋, 是則不述道詵之言, 不遵太祖之制者也.」

그림 12-12. 고려청자의 누각 그림

목할 수 있다. 충혜왕이 즉위할 때의 일이니 14세기 전반의 일이다.

> 집에 큰 누각을 짓고, 벽에 금으로 그림을 그리고, 기둥에 붉은 옻칠을 하여, 사치와 참월한 짓을 했으니, 이것이 일곱 번째 죄입니다.[107]

고려 말기 신돈(辛旽)의 집에도 2층 건물이 지어졌다.

> 신돈의 집은 아직도 층루 한 구역이 남아 있어, 예전에는 혜민국이 되었다가 심악(審樂)이 여기에서 살았다. 이창(李敞)이 도사(都事)가 되었을 때, 위층을 헐어 합쳐서 한 채로 만들었는데, 지금은 상평창이 되었다. 나의 아버지 집도 그 앞에 가까이 있었으므로, 내가 어릴 적에 그 누각에 올라간 일이 있었다. …… 신돈은 …… 이 누각에서 음행을 저질렀다고 한다.[108]

조선 건국 직후인 1404년에 금교역(金郊驛, 황해도 금천)에 세운 건물에도 누각이 있었다. 누각 아래층에는 온돌방으로 꾸며서 온돌이 도입되기 시작한 것을 알 수 있다.

107 『高麗史』 권124, 嬖幸, 申青傳 「家起大樓, 金畫其壁, 朱髹其楹, 奢僭類此, 罪七也.」

108 『五山說林草藁』(『大東野乘』 수록) 「辛旽宅尙餘層樓一區, 平昔爲惠民局, 審樂居之. 李敞爲都事時, 刊其層, 合爲一屋, 今爲常平倉. 余先人敝廬近在其前, 余兒時嘗登其樓. … 辛旽 … 行淫於其樓云.」

중앙에 당(堂)을 높이 세우고, 좌우 날개에 방(室)을 달았다. 왼쪽 방 바로 앞에 누각 세 채(楹)를 세웠는데, 크고 높게 트였으나 사치스럽지도 않고 누추하지도 않았으며, 그 밑에 온돌방을 만들어 추위와 더위에 쓰기 편리하게 하였다.[109]

2층은 더울 때에 쓰고 1층은 추울 때에 쓴 것을 알 수 있다. 사료에 가루(家樓), 거루(居樓)나 누거(樓居)란 말이 나오는 것으로 보아서도 누각이 일상 주거용으로도 사용되었던 것을 알 수 있다. 조선 초기에 왕은 침루(寢樓)라 불리는 누각에서 잤다. 그런데 많지 않던 누각마저 여말선초를 거치면서 점차 사라지게 되는데, 이는 온돌의 보급과 연관이 있을 것이다.

강세황의 '송도기행첩'(1757)을 보면 개성 남대문 부근 대로변에 누각 건물이 있기는 하지만, 이보다 앞서는 현종 때의 기록에는 2층 누각이 사치의 하나로 인식되었다.

영중추 이경석이 "…… 신이 여름에 길에서 돌을 운반하는 수레를 만났는데, 행렬이 몇 리에 걸쳐 늘어서 있었습니다. 어느 곳에 쓸 것인지 알 수 없어서 사람으로 하여금 물어보게 하였더니, 바로 홍평위의 집으로 실어 들인다고 하였습니다. 그 후에 들으니 그 집을 새로 짓는데 2층 누각까지 있다고 하였습니다. 과연 사람들의 말과 같다면 진실로 한심한 일입니다."라고 아뢰자, 좌상 홍명하가 "2층 누각의 설은 신도 역시 들었습니다. ……"라고 아뢰니, 상이 "내가 듣기로는 홍평위의 집에서 처마를 보수하여 층을 만들어 비바람을 가린다고 하였는데 2층이라는 설이 분명히 여기서 연유되었을 것이다. 그러나 사람들이 모두 2층 누각이라고 한다면 소문이 아름답지

109 『陽村集』 권14, 記類, 金郊驛樓記 「中高其堂, 翼以左右之室, 直左室之前, 起樓三楹, 宏敞軒豁, 不侈不陋, 下爲燠室以便寒暑.」

그림 12-13. 석어당

못하니, 헐어버리는 것이 무엇이 어렵겠는가."라고 일렀다.[110]

현재 전해지는 덕수궁의 석어당(昔御堂, 그림 12-13)도 조선 전기의 층루 건물을 보여주는 것이고, 상주의 양진당(養眞堂, 그림 12-14)이나 안동의 임청각(臨淸閣, 그림 12-15), 의성 김씨 종택 등도 층루 전통을 지닌 건물이라 한다. 그런데 온돌이 보급되면 지면의 습기를 제거할 수 있는데다가 하중 때문에 2층 이상에 온돌을 들이지 못하는 문제도 있어서 단층 건물 일색으로 바뀌게 된다. 재래식 온돌은 물론이요 근대에 등장한 개조온돌도 2층에서는 사용할 수 없다는 것이 당시의 통념이었다.[111]

이에 따라 누각은 주거용에서 사라지고 사찰, 궁궐에서나 풍류용

110 『현종개수실록』 5년(1664) 10월 15일 「領中樞李景奭曰, … 臣於夏間, 道逢運石之車, 彌亘數里. 未知用於何處, 使人問之, 則乃輸入於興平尉家. 其後聞其家新造, 至有二層閣云. 果若人言, 誠可寒心. 左相洪命夏曰, 二層閣之說, 臣亦聞之. … 上曰, 予聞興平尉家, 補簷作層, 以蔽風雨, 二層之說, 必由此也. 然人皆謂二層閣, 則所聞不美, 毁之何難.」

111 권석영, 앞의 책, 104쪽.

건물(정자) 등 비주거용에서만 볼 수 있게 되었으며, 근대에 일본식 가옥이 들어오면서 2층 건물이 다시 등장하였다.

온돌이 확산되면서 가옥의 규모도 줄어들었다. 땔감을 절약하기 위해 방이 작아졌기 때문이다. 박제가(朴齊家, 1750~1805)는 여염의 작은 집은 서서 머리를 들 수가 없고, 누우면 다리를 맘대로 펼 수가 없다고 하였다.[112] 유본예(柳本藝, 1777~1842)도 19세기에 지은 『한경지략(漢京識略)』에서 옛날 집에는 마루가 많았다고 하면서 집의 크기에 대해서도 이렇게 언급하였다.

그림 12-14(상). 양진당
그림 12-15(하). 임청각

> 차동에는 모당 홍이상(洪履祥, 1549~1615)이 대대로 거주한 집이 있다. 봉사손이 들어와 산 지 무릇 13세에 이르렀는데, 안채가 40칸으로 아주 굉장하다. 옛날 가옥 제도는 모두 방이 적고 마루가 많아서, 대개 옛날에는 노인이 되어야 비로소 온돌에 거처하였고, 젊은이는 마루방에서 많이 잤다. 그런 까닭에 이처럼 생겼다.[113]

이미 앞에 인용한 글에도 보이고 이 글에도 보이듯이 옛날에는 온

112 『北學議』 內編, 宮室 「閭閻小屋, 立不能平其頭, 臥不能舒其足.」
113 『漢京識略』 권2, 各洞, 追慕洞 「車洞, 有洪慕堂履祥世居之宅. 奉祀孫入居, 凡爲十三世, 而內屋四十間, 甚宏傑. 古之屋製, 皆房少而廳多, 蓋古之老人, 始居溫堗, 少年輩, 多宿處于廳事, 故如此耳.」

돌이 노인이나 병자를 위한 거처였다. 태종 때의 기록을 통해서도 이 사실을 다시 한번 확인할 수 있다.

> 간혹 학문에 뜻을 둔 선비가 있다 하더라도 모두가 구석진 시골의 한미한 서생이라서 항상 성균관에 거처하기 때문에 종종 풍습병(風濕病)을 얻게 되었다. 이리하여 사람들이 이를 싫어하여, 성균관에 거처하는 자는 늘 30~40명 미만이었다. 임금이 걱정하여 해당 관청에 지시했으니, 온돌방을 기숙사의 한 귀퉁이에 만들어 환자의 휴양 장소로 삼게 하고, 의원으로 하여금 진료하여 치료하게 하였다. 이로써 선비를 양성하는 방도가 갖추어지게 되었다.[114]

다른 한편으로 온돌이 사람을 약하게 만든다는 인식이 퍼져 있었다. 송시열(宋時烈)이 작성한 이식(李植, 1584~1647)의 행장에는 이런 구절이 확인된다.

> 엄동에 마루방에 거적을 겹쳐 깔고 부들 깔개를 덮어서 손님을 접대하니, 자제들이 온돌방에 거처하기를 청했다. 공이 "용재 고조부께서는 비록 겨울밤에도 온돌방에 거처하지 않고, 오직 거적을 두텁게 깔고 지내면서 '사람이 온돌방에 거처하면 총명을 감소시킨다.' 하셨다."고 대답하였다.[115]

용재는 이식의 고조부 이행(李荇, 1352~1432)으로 80세를 넘겨 장수하였다. 같은 시기에 살았던 이경여(李敬輿, 1585~1657)도 역시 그러

114 『태종실록』 17년(1417) 윤5월 14일 「間有志學之士, 皆鄕曲寒生, 恒居於館, 往往得風濕之疾, 故人多厭之, 其居館者, 常不滿三四十. 上軫慮, 命攸司, 作堗於齋之一隅, 以爲患病者休養之所, 又使醫員胗候療藥, 其養士之方備矣.」

115 『宋子大全』 권203, 諡狀, 澤堂李公諡狀 「嚴冬板房, 積藁席, 加蒲薦, 以待客. 子弟請處溫堗, 答曰, 容齋祖考, 雖冬夜不處溫房, 惟厚積藁席而寢處, 曰, 人處溫堗, 聰明銷減.」

하였다.

> 예전에 들으니 선조 문정공(文貞公)께서는 노년에도 건강하셔서 온돌을 깔지 않았다고 한다. 이제 내가 아직 노쇠하지 않은 나이지만, 피가 마르고 살갗이 거칠며 허약하여 병이 많다. 이 또한 반드시 예전 사람과 지금 사람이 거처 환경이 같지 않은데 연유하지 않음이 없을 것이다.[116]

이경여는 바로 뒤에 인용하는 자료에도 보인다. 그의 손자 이이명(李頤命, 1658~1722)도 온돌 확산 때문에 사람들 몸이 약해진다고 지적하였다.[117] 이처럼 마루가 온돌보다 몸에 이롭다는 생각은 조선 후기까지도 종종 확인된다. 이런 것들을 보면 당시에 상식으로 통용되었던 듯하다.

온돌은 주거용 외에도 온실로 활용하여 조선 초기부터 이미 감귤을 재배하거나 양잠을 하거나 채소를 재배하였으며, 음식물을 건조하거나 숙성시켰다.[118] 또 뜨거운 방바닥에 학(鶴)을 넣어서 춤을 추게 하는 용도로도 이용되었다.[119]

온돌 전파의 최종 목적지는 궁궐이요 왕의 침실이다. 실록을 보면 이전에도 왕실에서 온돌을 사용하지 않은 것은 아니다. 그렇지만 16세기 중반 명종 때까지도 왕의 침실은 온돌이라고 부르면서도 실제로

116 『雲巢謾稿』 甎炕式跋 「曾聞先祖文貞公, 旣老康健, 不設烟堗云. 今小子年未及衰, 而血枯理疏, 脆弱多病, 亦未必不由於古今人居養之不同矣.」(이종묵 교수 제공 자료)

117 이시필 지음, 백승호·부유섭·장유승 옮김, 앞의 책, 53쪽.

118 이호철, 앞의 글; 조동우·유기형·정해권, 「조선 온실건축에 이용된 온돌의 독창성과 과학성」, 『온돌과 구들문화』, 어문학사, 2014; 林園經濟志』 灌畦志 권2, 蔬類, 胡荽, 炕養法 「都下人, 冬月火炕, 養蒝荽, …」; 서유구 지음, 노평규·김영 옮김, 『임원경제지 관휴지』 01, 소와당, 2010, 274쪽.

119 『增補山林經濟』 권5, 牧養, 鶴, 敎鶴舞法 「一云, 房堗令極熱, 置圓瓠子於堗上, 驅鶴入房中, 則鶴避堗熱, 欲坐瓠上, 而瓠子圓轉, 鶴不能定立, 自然張翼似飛, 不飛. 如此之時, 便鼓琴中其節, 使之暗解舞狀.」

는 나무 침상으로서 그 아래에 화로를 넣어 따뜻하게 하였다. 이 사실은 다음 기록에서 찾을 수 있다.

> 아뢰기를, "4일 밤에 주상의 침실에 화재가 있었는데〈침실은 온돌로서 침상 아래에 불을 담은 그릇을 넣어서 따스하게 한다. 이때 반드시 네모난 벽돌을 침상 아래에 깔아놓은 다음에 그릇을 넣어야 한다. 그런데 4일에 내시가 벽돌을 깔지 않고 한참 이글거리는 불을 넣고는 다시 살펴보지 아니하여 피어오른 불기운이 그릇을 뚫고 침상의 판자에 닿아 불이 붙었다. 밤 2경(10~12시 사이)에 이르러 불꽃과 연기가 치솟았으나 겨우 끌 수 있었는데, 만약 밤이 깊어서 끄지 못했다면 불이 크게 일어났을 것이다. ……〉, 주상께서 놀라셨을 것이 염려되어 문안드립니다." 하니, 대답하기를, "지난 밤 화재가 중하지는 않았으나 전에도 화재를 겪었으므로 약간 놀라기는 했다. 그러나 크게 놀라지는 않았다."고 하였다.[120]

언제 우리가 일반적으로 알고 있는 온돌로 바뀌었는지 기록이 없지만, 궁궐에서 온돌 확산 문제가 17세기 인조 이후에 불거지므로 이 무렵일 것이다. 몇 가지 사례를 들어보겠다.

> 이원익(李元翼)이 "신이 전에 듣건대, 이전 임금 때에 나인들이 모두 말하기를 '사대부 집의 노비들도 온돌에 거처하는데 나인으로서 마루방에 거처해서야 되겠는가.' 하여 이로부터 대궐 안에 온돌이 많아졌다 하니, 도로 마루방으로 바꾸면 낭비를 줄일 수 있을 것입니다."라고 아뢰니, 임금이 이르기를, "기인(其人)이 바치는 나무는

120 『명종실록』 18년(1563) 2월 5일 「啓曰, 初四日夜, 御室有火變. 〈御室溫堗, 床下例入火器, 以取溫氣. 必先以方塼布床下, 然後入置火器, 而內官於初四日, 不布方塼, 盛火入置, 不復看審, 火盛徹器, 床板穿燒. 夜至二更, 焰烟熾發, 僅得撲滅. 若夜深, 未及撲滅, 則火將大起矣. 上命下內官呂彦章 · 金宗 · 金世灝于義禁府.〉」

대궐 안에 쓰이는 곳이 많을 뿐만 아니라 선왕의 후궁과 아직 결혼하지 않은 왕자의 집에도 모두 나누어 보낸다. ……"고 하였다.[121]

또 하루는 광해군이 "대전 안에서 연기로 늘 괴롭게 지내는데, 선왕 때에도 그러하였느냐?"고 물으니, 이봉정이 "선왕 때엔 정전 밖에 모두 말루(抹樓)를 깔았으니, 연기가 어찌 많을 수 있었겠습니까?" 하고 답했다.[122]

참찬관 이경여(李敬輿)가 "듣건대 선조 임금 때에는 대궐의 방에 온돌을 놓은 것이 아주 적었기 때문에 기인이 바치는 땔나무가 오늘날처럼 많지 않았습니다. ……"라고 아뢰었다.[123]

정태화(鄭太和)가 또 아뢰기를, "기인〈땔나무와 숯을 공급하는 사람을 이른다.〉의 공물 바치는 부역이 가장 힘들고 고통스럽습니다. 부녀자 처소의 온돌 숫자는 가볍게 의논할 수 없으나 각 관청에 진상하는 수량은 참작하여 줄이지 않을 수 없습니다."라고 하니, 영중추 이경석(李景奭)이 아뢰기를, "옛날 임금 때에는 한결같이 절약했다고 합니다. 그러므로 노인들이 전하는 말에 따르면 내간의 온돌은 단지 두서너 곳뿐이고, 나머지는 모두 마루방이었다고 합니다. 지난번 공조(工曹)에서 올린 문서로 인하여 특별히 원자의 궁궐에

121 『인조실록』 2년(1624) 3월 5일 「元翼曰, 臣嘗聞, 先朝內人輩, 皆言, 士夫家婢僕, 尙處溫堗, 以內人而處板房可乎, 自此闕內多溫堗. 若代以板房, 則可省冗費. 上曰, 其人之木, 非特闕中, 所用處多也. 至於先王後宮及未嫁娶王子家, 亦皆分送矣. …」
비슷한 내용이 『梧里先生別集』 권1, 引見奏事 三月初五日에 언급되어 있다. 「臣聞先朝宦者李鳳禎之言曰, 先王朝內人等訴云, 凡私家婢子, 猶皆作堗而居, 豈可以內人而不處堗乎. 自此宮中遂多溫堗, 而其人之弊極矣.」

122 『燃藜室記述』 別集, 권10, 官職典故, 宦官 李鳳禎 「又一日主文問, 大內常苦烟氣, 先朝亦然乎. 對曰, 先朝則正殿外, 皆鋪鑄抹樓, 烟何以多.」

123 『인조실록』 8년(1630) 1월 28일 「參贊官李敬輿曰, 竊聞宣廟朝闕中房室, 置堗甚少, 故其人柴木之供, 不至如今日之多, 只出於官吏之身役, 不徵於民結云. …」

있는 온돌을 줄인 것은 참 아름다운 일입니다. 원자가 탄생한 초기부터 절약하는 것은 비용을 줄이는 일일 뿐만 아니라 복을 아끼는 것이기도 합니다."라고 하니, 임금이 그렇다고 하고 온돌을 줄이도록 명령하였다.[124]

이상의 기록을 보면, 궁궐 안에서는 선조 연간에 온돌방이 대폭 늘어난 듯하다. 이런 변화로 볼 때에 왕의 침소도 선조 무렵에 정식의 온돌로 바뀌었을 것이다. 북방의 사례를 제외하면, 한반도에서 온돌이 전래된 뒤로부터 조선의 왕에게까지 도달하는 데 1500년 이상이나 걸린 셈이다.

124 『현종개수실록』 3년(1662) 1월 16일 「(鄭太和)又曰, 其人〈供柴炭者之號〉貢物之役, 最爲苦重. 內間堗數, 雖不可輕議, 而各司進排之數, 則不可不參酌減定矣. 領中樞李景奭曰, 昔在祖宗朝, 凡事一從節損, 故老傳言, 內間溫堗, 只是數處, 而餘皆板房云矣. 向因工曹草記, 特減元子宮堗數, 此是美事也. 元子誕生之初, 隨事節損, 非但省費, 亦所以惜福也. 上曰, 然, 乃命又減一堗.」

온돌사 갈무리

이 책은 문헌 기록과 고고 자료를 활용하여 온돌의 전체 역사를 처음으로 체계화한 것이다. 고대 북옥저에서 근대 이전 조선시대까지 2천 년 이상에 걸친 장구한 세월의 변화 과정이 담긴 온돌의 역사를 이제 간략히 정리함으로써 맺음말로 대신하고자 한다.

우리는 '온돌민족'

이 책에 앞서서 고대 온돌사 1책과 생활사 7책을 출간한 바 있는데, 가장 한국적인 생활문화를 꼽으라면 서슴없이 온돌을 내세울 것이다. 우리가 백의민족이라 하지만, 이제는 흰옷을 주변에서 찾기 어려울 정도로 고대로부터 내려오던 전통이 근대에 맥이 끊겼다. 역시 오랜 풍습에 속하는 것으로서 축제처럼 떠들썩하게 보내는 장례식 풍경도 이제 사라지기 시작하였다.

이처럼 근대화를 거치면서 수백, 수천 년간 내려오던 문화들이 쇠퇴하거나 소멸하였다. 반면에 고대에 발생한 온돌은 근대화, 서구화의 도도한 물결에도 사그라지지 않고, 오히려 찜질방 문화 등 새로운 요소를 탄생시키며 지금껏 생명력을 발휘하고 있다. 온돌은 고비마다 진화를 거듭해서 오늘에 이르렀으며, 앞으로도 계속 살아남을 것이다. 그런 의미에서 이제부터는 '백의민족' 대신에 '온돌민족'이라 불러도 좋을 것이다.

더구나 대다수의 문화가 중국에서 들어와 상층에 자리 잡은 뒤에 하층의 문화에 침투하여 전통문화로 정착하였지만, 온돌은 하층 문화로 자생하여 주변 지역으로 퍼져나갔고, 발해와 조선에서는 마침내 최상층까지 올라간 특이한 이력을 가졌다. 귀족 문화가 아니라 서민 문화로 출발하였으니, 하층 문화가 한민족 전체의 문화로 확대된 희귀한 사례인 것이다. 이것이 온돌문화의 핵심적인 특징이며, 그런 점에서도 한국을 대표하는 생활문화가 아닐 수 없다.

조선시대 최한기(崔漢綺, 1803~1877)는 집 안을 다스리기 위해 잘 알고 있어야 할 사항으로 '온돌방에 화기가 고루 퍼지게 하는 방법'을 습득해야 한다[1]고 할 정도로 가정 생활에서 온돌이 차지하는 비중이 높았다. 또 손진태는 1928년 글에서 "우리는 온돌에서 나고 온돌에서 자랏스며 온돌에서 죽을 것이다. 시인들은 온돌에서 시상(詩想)을 하엿스며 학자들도 온돌에서 붓을 드럿스며 정치가들도 온돌에서 천하일을 계획하엿다. 우리의 전술(前述)한 문화는 온돌을 태반(胎盤)으로 하야 탄생하엿스며 우리의 민족성은 온돌을 자모(慈母)로 하여 훈육(訓育)되엿다. 그럼으로 우리의 문화와 민족성은 외국인의 추종(追從)치 못하고 가지지 못할 특색을 가진 것이다."라고 썼다.[2]

노지, 부뚜막, 온돌

우리나라의 취난(취사 및 난방)시설에는 노지(爐址), 부뚜막, 온돌 세 가

1 『人政』 권12, 教人門 5, 家國天下器用「治家者, 家中常用器物制造之法, 大畧詳悉, 方可變通其用. … 房突火氣, 順布之法 …」.

2 孫晋泰, 「溫突禮讚」, 『別乾坤』 12 · 13, 1928.

표 13-1. 시대별 취난시설의 비율 변화

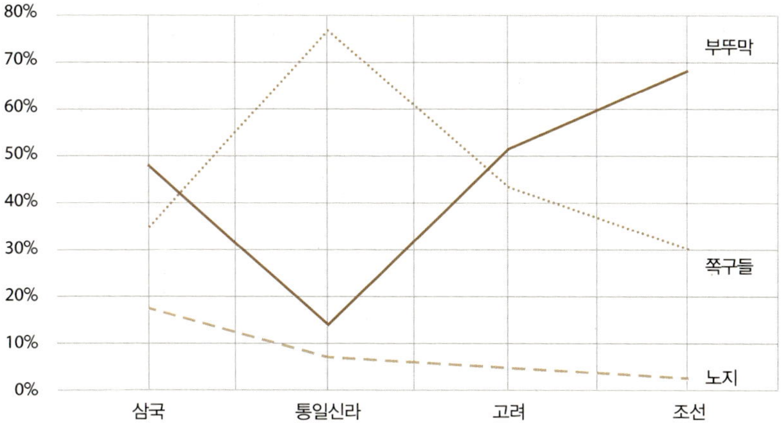

지가 있다. 청동기시대까지는 주거지 중앙에 노지를 만들다가, 철기시대에는 가장자리로 옮겨서 주로 벽에 붙여 만든 입체적인 부뚜막이 등장하고, 뒤이어 온돌이 북방으로부터 전해지면서 세 가지가 뒤섞여 각축을 벌인다.

지금까지 제시한 삼국, 통일신라, 고려, 조선의 수혈주거지 취난시설 통계표를 토대로 하여 시대적 변천 과정을 살피면 〈표 13-1〉[3]과 같다. 삼국시대와 고려, 조선에서는 부뚜막의 비율이 높은 반면에, 통일신라에서는 쪽구들의 비율이 매우 높은 것이 주목된다. 통일신라와 고려의 수혈주거지 사례는 삼국시대나 조선의 그것에 비해 풍부하지 않고 발굴된 유적이 지역적으로 편중되어서 실상과 거리가 있을 수 있으나, 현재로서는 통일신라 시기에 수혈 주거지에서 쪽구들의 비율이 두드러지게 높았다고 지적할 수밖에 없다. 다만 추정컨대 전국적으로 따지면 통일신라에서도 부뚜막의 비율이 쪽구들보다 높았을 것이다.

3 남한 지역의 발굴 자료가 풍부하고 자세하여 통계적 의미를 추출할 수 있으므로, 부득이 남한에서 발굴된 수혈주거지를 대상으로 삼았다. 이 표는 〈표 3-2〉, 〈표 8-1〉, 〈표 10-1〉, 〈표 11-3〉을 토대로 작성하였다.

취난시설 가운데 노지는 선사시대에 정점을 이루다가 역사시대에 들어서 쇠퇴하기 시작하여 조선시대에는 거의 소멸한다. 따라서 역사시대에는 남방적인 부뚜막 문화와 북방적인 쪽구들 문화가 힘을 겨루게 된다. 쪽구들은 삼국시대에 남한 지역의 수혈주거지에 퍼지기 시작하여 통일신라에서 정점의 비율을 이룬 다음에 고려와 조선을 거치면서 점차 쇠락해간다. 이처럼 고려와 조선의 수혈주거지에서는 쪽구들이 퇴조하는 반면에 상대적으로 부뚜막의 위력은 부활하였으니, 조선시대가 되면 절대적인 지위를 차지하게 된다. 지상건물지에서는 이와 달리 구들의 비율이 높아진다.

다른 한편으로 조선시대까지도 부뚜막과 온돌의 선호도는 지역적 차이를 보인다. 남한에 한정할 경우에 경기권을 중심으로 온돌 문화가 우세하였고, 호남지방은 부뚜막 문화가 완고하게 유지되었다. 영남지방은 삼국시대에 온돌의 한 중심지를 이루다가 시간이 흐르면서 부뚜막 문화로 회귀하였다. 반면에 충청도는 온돌과 부뚜막의 점이지대를 이루었다.

북방에서는 예외적인 것(그림 9-44)이 있기는 하지만, 취난시설로서 부뚜막은 거의 없고 노지나 쪽구들만 사용되었다.

온돌의 핵심, 고래(구들)

세계 여러 곳에서 온돌과 유사한 장치가 고안되었으나 대부분은 단기간의 사용에 그친 반면에, 로마 및 몽골, 한반도 일대에서는 각각 제법 오랜 시간을 두고 넓은 범위에 분포했다. 이 가운데서도 지금까지 살아남아 강한 생명력을 보인 것은 한반도 일대의 온돌이 유일하다.

온돌은 벽난로와 달리 바닥을 데우는 데 특색이 있다. 그것도 화덕이나 이로리처럼 불길이 공기에 직접 닿는 것이 아니라 구들장을 통하여 간접적으로 데우는 것이다. 그런데 현재의 온돌을 보면 그 구조가 쉽게 분간이 되지만, 발생기의 온돌은 간단하고 원시적이어서 다른 난방시설과 구별되는 특징적인 구조를 찾아낼 필요가 있다.

온돌은 세 부분으로 구성되는데, 불을 때는 부뚜막 또는 아궁이, 열기를 머물게 하고 발산하는 고래(구들), 연기를 배출하는 연도와 굴뚝이 그것이다. 온돌과 구들은 동일한 의미로 쓰이지만, 이 책에서는 세 부분을 모두 포함하여 온돌이라 하되 고래 부분만 특정해서는 구들이라 부르기도 했다.

온돌은 다른 난방시설과 달리 수평으로 기다란 구조를 이용하여 열효율을 최대한 끌어올리는 장점이 있다. 이런 구조의 핵심이 바로 고래가 지나가는 구들 부분이다. 고대의 구들 평면은 ㄱ자형이 기본인데, 열기가 바로 빠져나가지 않고 머물게 하려고 꺾은 것이다. 고래 바닥이 수평에 가까운 것도 이 때문이니, 이 점에서 상대적으로 급한 경사를 가진 수혈주거지의 연도와 구별된다.

따라서 구들(고래)이 없이 부뚜막과 연도가 결합된 장치로서 고고학에서 '1자형 구들'이라 부르는 것은 사실 온돌의 범주에 넣을 수 없다. 만일 이것을 포함하면 온돌 개념이 모호해져 세계 다른 지역의 난방장치들과 구별하기 어렵게 된다. 따라서 온돌은 '열을 머물게 하는 고래를 활용하여 바닥으로부터 실내를 데우는 장치'라고 정의를 내릴 수 있다.

온돌에는 구조적으로 쪽구들과 온구들 두 가지가 있다. 쪽구들은 방의 일부에 구들(고래)을 놓는 부분 온돌이고, 온구들은 방 전체에 구들을 놓는 전면 온돌을 가리킨다. 자연히 불을 때는 아궁이가 전자는 실내에, 후자는 실외에 있는 차이가 있다. 이렇게 온구들에서 아궁이가 방 밖에 설치됨으로써, 주거 공간이 연기로부터 자유로워질 수 있었다.

북방의 온돌과 남방의 온돌

한반도의 온돌은 중국 학자들이 주장하듯이 화북에서 발생해서 전해진 것이 아니라, 극동 지역에서 독자적으로 발생하여 발전한 것이다. 이를 밝힌 것도 이 책의 의의라고 할 수 있다.

극동의 온돌은 두만강 부근과 그 이북에 살았던 북옥저인이 발명하였다. 구체적으로 언제 어디서 출현했는지는 특정하기 어렵지만, 이 지역에 퍼져 있는 온돌 유적들이 가장 이른 시기에 해당한다. 여기서 북쪽의 고구려와 남부의 경기권 및 영남권 서부로 전파되어 한반도에서 독특한 문화가 꽃피우는 계기가 되었다.

안타깝게도 온돌 분포의 허리에 해당하는 북한의 고고 정보가 부실하여 온돌사의 전모를 파악하기에는 무리가 있지만, 대체로 온돌은 두 가지 경로로 발전하였다. 하나는 북옥저에서 고구려, 발해를 거쳐 이민족인 여진족(금)과 만주족(청)으로 이어지는 북방의 길이요, 다른 하나는 삼국과 통일신라, 고려를 거쳐 조선에서 완성되는 남방의 길이다(그림 13-1).

북방에서는 구들 평면과 고래 구조가 복잡해지는 반면에 고래 수는 더 이상 증가하지 않는 경향을 보인다. 이에 비해서 남방에서는 구들 평면과 고래 구조가 단순해지면서 고래 수는 증가하는 경향을 보인다.

또 북방에서는 발해 때에 이미 수혈주거뿐 아니라 지상건물에도 본격적으로 온돌이 도입되고 왕과 지배층도 이를 향유하였으나, 끝까지 쪽구들을 벗어나지 못하였다. 근자에 와서야 중국 연변의 신축 아파트를 중심으로 한국의 현대식 온돌이 보급되고 있다.

상대적으로 따뜻한 남방에서는 통일신라 때부터 삼국시대보다 분포 지역이 축소되고, ㄱ자형은 줄어들고 생략형인 1자형이 증가하면서, 쪽구들이 쇠퇴하는 듯한 경향을 보였다. 그러나 고려에 들어서 지상건물에도 온돌이 본격적으로 도입되는 것을 계기로 반전이 일어나

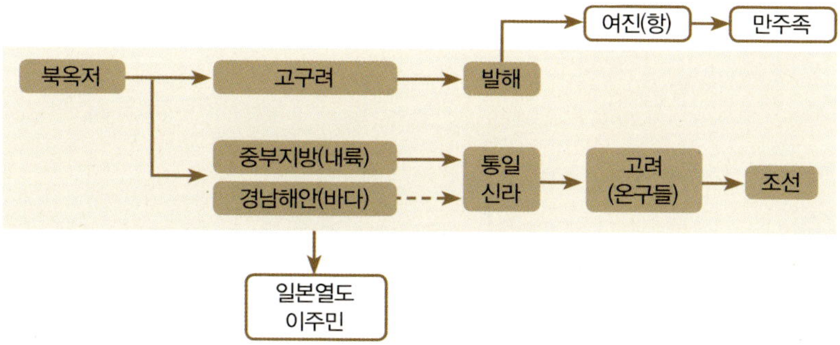

그림 13-1. 극동 온돌의 계통도

그 생명력이 되살아났다. 시들어가는 가운데 새싹이 돋은 것이다. 특히 고려 때에 쪽구들에서 온구들로의 전환이 시작되어 북방과 대조를 이루는데, 그 결과 만주의 항(炕)과 한반도의 온돌이 다른 구조를 띠게 되었다.

발해에서 지상건물에의 보급이 크게 확대되는 것이 귀족이나 왕실의 온돌 사용과 함께 이루어졌듯이, 고려시대에 지상건물에의 도입과 상층 사회로의 확산은 궤를 같이 하였다. 이어서 마침내 조선에 들어서 뒤늦게 최고 지배자인 왕의 처소에도 온돌이 도입되었다.

구들의 변화

난방시설의 핵심인 구들은 두 가지 요소를 기준으로 분류할 수 있다. 하나는 평면 형태이고, 다른 하나는 고래 수이다.

구들의 평면은 ㄱ자형을 기본형으로 하면서, 퇴화형인 1자형, 확대형인 ㄷ자형이 있다. 대체로 북방에서는 ㄱ자형 외고래에서 ㄷ자형 세고래로 발전한 반면에, 남방에서는 ㄱ자형 외고래에서 1자형 3, 4고래 이상의 다(多)고래로 발전하였다. 쪽구들은 세고래 이상으로 증가하기 어려운 구조적 한계가 있다.

표 13-2. 고래 평면의 비율 변화(북방)

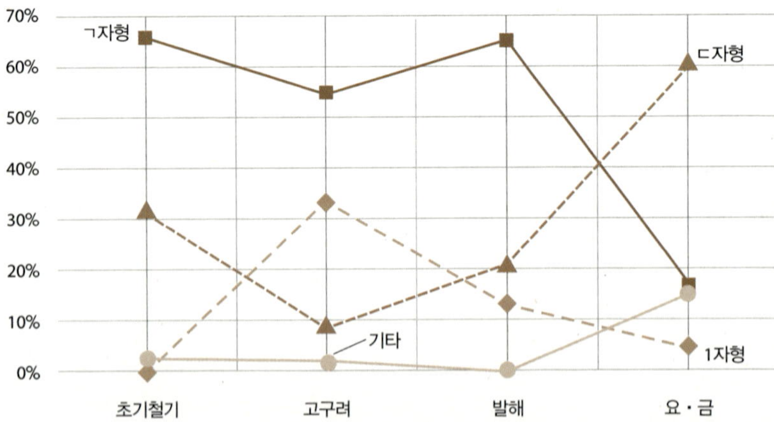

우선 고래 평면의 변화 과정이다. 북방(표 13-2)[4]에서는 북옥저를 중심으로 한 초기철기시대에 ㄱ자형이 주도권을 쥐고 ㄷ자형이 그 뒤를 따랐는데, 고구려 때에는 여전히 ㄱ자형이 주도하면서 ㄷ자형과 1자형의 비율이 역전된다. 발해에 이르면 ㄱ자형은 오히려 비율이 높아지고, ㄷ자형과 1자형의 비율이 비슷해지면서 재역전되는 현상이 나타난다. 큰 전환은 발해 멸망 이후 여진족(금)에게서 나타난다. ㄱ자형은 ㄷ자형에게 주도권을 빼앗겼고, 이 밖에 마주 보는 상대형(相對型) 구들이나 ㅁ자형에 가까운 구들 등 다양한 유형의 쪽구들이 등장한다. ㄷ자형 중심의 구들은 청나라 때까지 지속되었다.

북방에서는 고구려 때부터 복수의 구들이 결합된 양식이 나타난다. 예를 들어서 ㄷ자형은 남방에서 보통 단일 구들인 데 비해 북방에서는 ㄱ자형 두 개가 결합되거나 ㄱ자형과 1자형이 결합되어 있어 구조적인 차이를 보인다. 오녀산성 F70호처럼 세 개의 1자형 구들이 모여서 ㄷ자형을 이루기도 한다. 또 상대형이나 ㅁ자형의 구들도 남방

4 이 표와 〈표 13-4〉는 〈표 5-2〉, 〈표 5-5〉, 〈표 7-2〉, 〈표 9-3〉을 토대로 작성하였다. 원~청 시기 자료는 적어서 통계에서 제외하였다. 표 가운데 2+3은 세고래, 3+4는 네고래로 분류하였다.

표 13-3. 고래 평면의 비율 변화(남방)

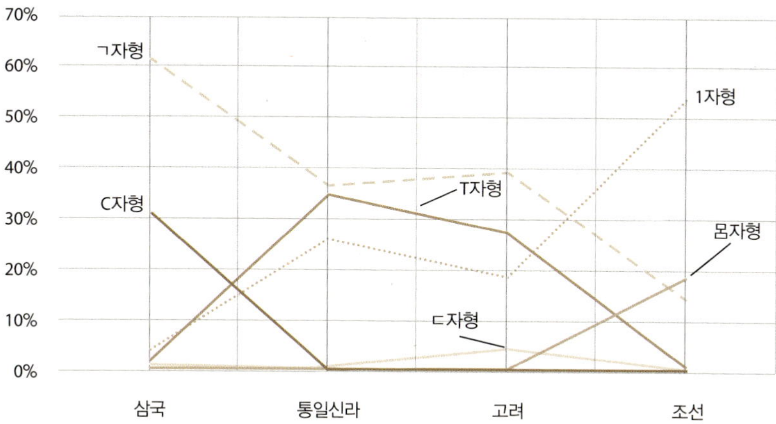

에서는 거의 보이지 않는다. 이들은 쪽구들의 한계 안에서 최대한 발달한 유형으로서, 온구들로 전환해버린 남방에서는 나타나기 어려운 것이다. 또 발해 때부터 보조구들이나 보조고래가 발달한 것도 북방의 특징으로서, 남방에서는 거의 찾아보기 어렵다.

이에 비해 남방(표 13-3)[5]에서는 ㄱ자형에서 1자형으로 주도권이 넘어갔다. 삼국시대에는 ㄱ자형이 주도하면서, 영남 지방을 중심으로는 원형주거지의 C자형이 발달하였다.

통일신라에 와서는 T자형이 새로 등장하면서 ㄱ자형, 1자형과 비슷한 비율을 보이게 된다. 고려에서는 ㄱ자형이 주도하면서 T자형은 1자형보다 많기는 하지만 점차 쇠퇴해간다. ㄷ자형은 이 시기에 약간 높아지나, 북방에서처럼 위세를 떨치지는 못한다. 조선에서는 1자형이 절대적 우위를 차지하면서, 몸(여)자형이 새롭게 등장하고 다른 유형은 거의 사라진다.

삼국시대에 C자형, 통일신라 때에 T자형, 조선시대에 몸자형이 특징적으로 나타났다가 사라진다. 이처럼 각 시대마다 나름대로 새

5 〈표 13-3〉과 〈표 13-5〉는 〈표 6-3 · 5 · 7 · 10〉, 〈표 8-2〉, 〈표 10-3〉, 〈표 11-6〉을 토대로 작성하였다.

표 13-4. 고래 수의 비율 변화(북방)

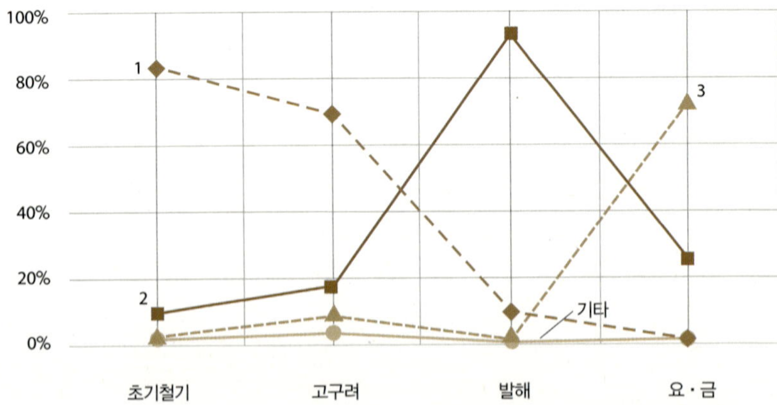

로운 유형의 구들을 시험해왔으나, 이들은 뿌리를 내리지 못하고 다음 시대에 사라지는 운명을 맞았다. 그 대신에 ㄱ자형과 1자형이 기본적인 흐름을 주도하였다. 구들의 기본형인 ㄱ자형은 시간이 흐르면서 비율이 줄어들고, 그 대신에 1자형의 비율이 점차 증가하여 조선시대에 역전된다.

다음으로 고래 수의 변화 과정이다. 북방(표 13-4)에서는 초기철기시대와 고구려 때에 외고래가 압도적이었다가 발해 때에 쌍고래로 주도권이 완전히 넘어가고, 다시 여진족(금) 때에 세고래로 변천하는 극적인 모습이 뚜렷이 나타난다. 네고래도 극히 예외적으로 보인다. 통계를 작성할 만큼 자료 확보가 되지 않아서 원나라 이후 만주족(청) 시기까지 고래 수가 어찌 되었는지 알 수 없으나, 크게 변하지는 않았을 것이다.

남방(표 13-5)에서는 삼국시대부터 고려 때까지 외고래가 절대적으로 첫째 지위를 누리고, 쌍고래와 세고래가 각각 다음 자리를 차지한다. 그러나 조선시대에 이르면 세고래와 쌍고래가 거의 비슷하게 주도권을 쥐고, 외고래는 대폭 줄어든다. 그러면서 네고래 이상의 다수 고래가 출현하여 북방에서의 상황과 달라진다.

수혈주거지의 경우에 이처럼 삼국에서 고려까지 외고래 중심이

표 13-5. 고래 수의 비율 변화(남방)

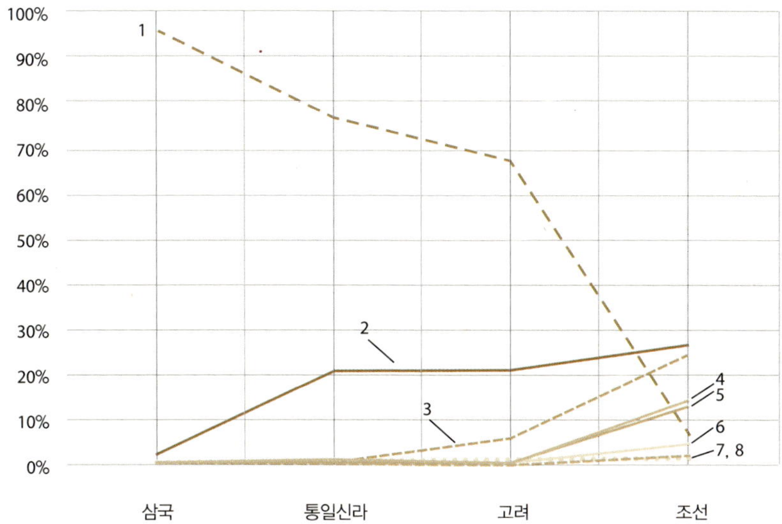

었다가 조선에서 세고래와 쌍고래 중심으로 바뀐다. 그러나 지상건물지의 경우에는 조선시대에 주로 3, 4고래 이상, 많게는 10고래도 있게 된다.

북방에서 보듯이 쪽구들에서는 세고래까지 발달하고 더 이상 늘어나지 못한다. 이보다 훨씬 많은 고래로 늘어나는 남방의 온구들과 대조를 이룬다. 조선시대에 수혈주거지에서 네고래 이상 9고래까지 나타나는 것은 아마 지상 온구들의 영향일 것이다.

구들의 재료에서도 북방과 남방이 다른 면이 있다. 일반적으로 돌로 쌓고 진흙을 발라 구들을 만드는데, 이런 구들은 조선시대뿐 아니라 현대까지도 절대 다수를 차지한다. 이에 비해 북방에서는 청나라 또는 그보다 조금 이른 시기에 돌 대신에 벽돌을 사용하는 것으로 바뀌었다.

점토를 터널형으로 쌓아 올리거나 아니면 생토를 파내서 고래를 만든 경우도 있다. 특별히 삼국시대에 영남지방에서는 터널형 점토 구들이 유행하다가 쇠퇴하였다. 생토를 파서 만든 구들은 북방에서도 보인다.

온돌의 지역성

극동의 온돌은 북옥저인의 단결-크로우노프카문화에서 싹이 텄다. 따라서 발생기의 온돌은 오늘날의 수분하(綏芬河, Суйфун강)를 중심으로 하면서 한·중·러 국경지대에 걸쳐 분포했다. 온돌은 추운 기후에 적응하기 위해 고안된 것이므로 그보다 북쪽으로 전파되는 것이 상식이지만, 북쪽의 읍루(挹婁) 세력에 쫓겨 내려오면서 한반도가 주요 분포지가 되었다.

북옥저 온돌은 연해주에서 후속하는 올가문화에 일부 전수되기는 하였으나, 집중지는 고구려 외곽지대로 옮겨간다. 고구려 때에는 도성보다 외곽의 군사주둔지, 평지보다 산성에 주로 분포하였다. 이에 따라 남한의 보루 유적과 만주의 산성에서 다수 발굴되었다. 발해 때에는 온돌 집중지가 발해 중심지인 동쪽으로 옮겨가면서 만주의 동남부 및 함경도, 연해주에서 다량 확인되었으니, 과거 북옥저 지역의 분포지로 회귀한 듯한 느낌을 준다.

발해가 멸망한 뒤에는 발해 유민의 이주 지역, 그리고 말갈족의 후신인 여진족의 활동 지역으로 온돌이 퍼져 나갔다. 그 후 여진족과 그 후신인 만주족이 온돌 사용을 주도하면서, 20세기 초반에 이르면 대략 중국 산동성 북서부에서 멀리 감숙성까지 잇는 선을 경계로 하여 그 이북 지역에 널리 퍼지게 된다.

발해 멸망 이전까지는 온돌의 분포 범위가 후대에 한민족이 된 종족들의 활동 무대와 대체로 일치한다. 일본 열도에서도 고대에 한반도에서 건너간 사람들이 온돌을 사용하다가 현지에 동화되면서 자취를 감추고 만다.

한반도 남부에는 북옥저의 온돌이 두 갈래로 유입되었다. 첫째는 해상을 통하여 영남 서부 해안에 전해져, 이를 중심으로 영남권에 퍼져나갔다. 처음에는 북방식 구들이었으나, 곧 현지 주거 환경에 적응하면서 원형주거지 안에 점토로 만든 C자형 구들로 변모하였다. 또 부뚜막 문화와 결합하면서 부뚜막이 큰 반면에 구들은 상대적으로 작은 형태가 되었다.

둘째는 내륙을 통하여 경기권을 중심으로 퍼져나갔다. 여기서는 북방식 구들이 그대로 전수되어 방형계 주거지에 돌로 만든 ㄱ자형 외고래가 주류를 이루었다. 이 구들은 부뚜막 문화에 영향을 주어 연도부뚜막을 발생시키기도 하였다. 또 삼국 2기에 지상주거지에서도 쪽구들이 도입되기 시작하였으나, 북방의 고구려에 비하면 미약한 편이었다.

통일신라와 고려의 온돌 자료는 상대적으로 적어서 확언하기는 어려우나, 대체로 다음과 같은 경향성을 찾을 수 있다. 통일신라가 되면서 온돌이 영남권에서 쇠퇴하고 중부권에 집중되었다. 영남권에서 보이는 일부 온돌은 자체 계승의 결과가 아니라 중부권으로부터 다시 전해진 것이며, 전체적으로는 부뚜막 문화로 회귀하는 경향이 나타난다. 고려시대에는 앞 시대보다 더 좁아져 경기권으로 수렴되는 경향을 보인다. 다만 고려의 중심지인 개성을 중심으로 한 북한 지역의 정보가 없는 것이 아쉽다.

조선 시대가 되면 전국적으로 다시 온돌이 퍼져나간다. 수혈주거지의 온돌은 경기권과 강원권에 밀집되면서, 충청권에서 증가하는 현상이 나타난다. 반면에 영남권은 온돌문화의 흔적만 남아 있는 정도이다.

이상에서 보듯이 수혈주거지에서는 경기권이 지속적으로 남방 온돌의 중심지 역할을 하였다. 반면에 지상건물지의 온돌은 고려 때부터 전국으로 확산하는 경향이 나타나기 시작한다. 고려 때에 지상건물지에서 온돌이 적극적으로 도입되면서 수혈주거지와 다른 양상을 띠게 된 것이다. 이규보가 동래의 객관에 온돌이 설치된 사실을 언급했듯이 영남권에의 보급은 물론이요, 부뚜막 문화를 강고하게 유지하며 온돌문화와 거리를 두고 있던 호남권에서마저도 지상건물지에 온돌이 본격적으로 도입되기 시작하였다.

이런 흐름이 조선시대에도 이어졌으니, 임진왜란 전후에는 남쪽으로 멀리 전라도 해남까지 퍼진 것을 『미암일기』를 통하여 알 수 있다. 조선시대 온돌은 대부분 온구들이었지만 쪽구들의 전통도 남아 있었고, 한반도 북부에서는 여전히 쪽구들이나 온구들과 쪽구들의 중간 성격인 정주간을 사용하였다. 그러나 제주도는 극히 예외적인 사례를 제외하면 19세기까지도 온돌을 사용하지 않았다.

근대에 와서 조선족의 만주 정착으로 항(炕)과 다른 한국식 온돌이 퍼졌고, 고려인의 연해주 이주 및 중앙아시아로의 강제 이주에 따라 연해주는 물론이고 멀리 카자흐스탄 등 중앙아시아에까지 한국식 온돌이 퍼졌다. 이리하여 한반도 밖에서는 연해주와 만주 및 중원 북부를 중심으로 하면서 멀리 중앙아시아까지 온돌이 사용되었다.

온돌의 계층성

온돌은 하층에서 상층으로 퍼져나간 생활문화이다. 그러나 그 전개 상황은 역시 북과 남이 달랐다.

북방의 경우, 발상지인 북옥저에서는 계층적 상황을 알 수 없다. 고구려에서는 가난한 사람들이 사용하였다고 전하는데, 실제로 고구려 중심지가 아닌 외곽지대에서 온돌이 대부분 발견되고 고구려 벽화에도 등장하지 않는 것으로 보아서 사실과 부합한다.

그러나 발해가 건국되면서 상황은 일변한다. 궁궐의 침전(寢殿)에서도 온돌이 발견될 정도로 지배층이 주도적으로 사용하였으니, 이것은 고구려와 매우 대조적이다. 이 점에서만 본다면, 발해 건국세력은 고구려 상층 출신이 아니라 그보다 낮은 계층이었을 가능성이 있다.

위로는 왕에서 아래로는 서민까지 모두 온돌을 향유하는 전통은 여진족의 금나라나 만주족의 청나라에까지 계승되어, 오늘날 심양 고궁이나 북경 자금성에서도 온돌(항)을 확인할 수 있다.

이에 비해 남방에서는 온돌의 계층적 상향 확산이 뒤늦게 나타난다. 백제나 신라의 온돌 사용 계층에 관한 기록은 없으나, 유적의 분포로 보아 지배층이 온돌을 선호하지 않은 것이 분명하다. 온돌이 통치 중심지보다는 외곽지대에 집중되어 있기 때문이다. 이런 사정은 통일신라 때에도 동일하다. 만일 온돌이 지배층의 문화였다면 삼국시대 이래 권력 중심지(도성)의 이동에 따라 분포지도 변했을 터인데 그렇지 않은 것이다. 남방에서는 항상 경기권이 중심지였다.

『고려도경』에서 전하듯이 온돌은 고려 전기까지도 여전히 서민의 문화였는데, 13세기 무렵부터 상류층에 온돌이 퍼지기 시작한 것으로 보인다. 고려 때에 지상건물지에 온돌이 적극적으로 도입되는 것과 궤를 같이하였을 것이다. 다만 부여 능사나 익산 미륵사지, 양주 회암사지 등에서 보듯이 사찰에서는 일찍부터 온돌을 도입하여 발달을 주도한 측면이 보인다. 수혈주거에서 벗어나 지상건물에 온돌이 도입되는 데에 사찰이 선도 역할을 하였던 듯하다. 계층적으로도 서민의 온돌 문화가 사찰로 옮아가고, 다시 지배층의 활동 공간에까지 전이되는 과정을 거쳤을 것이다.

그러나 왕의 침실에까지 온돌이 도입되기까지는 시간이 더 필요했다. 16세기 중반만 해도 왕이 나무 침상을 사용했던 점을 고려하면, 아마 17세기 무렵에 와서야 온돌이 최종적으로 왕에게까지 도달하였을 것이다. 이로써 남방에서는 온돌이 1500년 이상의 세월을 겪고서 최상층의 문화가 되었다.

이런 과정을 거쳐서 마침내 조선 후기에 와서야 온돌이 전국적으로 퍼지고 모든 계층이 애용하는 민족의 생활문화가 되었다.

온돌의 생활문화

마루와 온돌이 고려 때에 본격적으로 보급되면서 생활방식도 변화를 겪었다. 우선 좌식 생활의 일상화가 이루어졌다. 마루가 언제부터 본격적으로 도입되었는지는 불명이나 대체로 고려시대에 온돌과 결합하여 한옥의 정형을 이루었는데, 이에 따라 이전에 맨바닥이나 전돌바닥에서 입식으로 생활하던 것이 좌식으로 일변하게 되었다. 식사도 앉아서 하여 의자는 사라지고 식탁은 다리가 짧은 소반으로 변모하였다. 가구 높이도 낮아지게 되고, 장막이나 병풍, 깔개와 같은 겨울철 방한도구의 쓰임새도 줄어들었다.

또 일상 주거용의 2층집이 사라지게 되었다. 온돌이 보급되면서 1층 바닥의 습기와 한기를 막을 수 있는 데다가 하중 때문에 2층에 구들을 깔 수 없었던 데에 기인한다. 이리하여 조선 전기까지 제법 있었던 층루 건물이 자취를 갖추고 단층집 일색이 되었다. 또 땔감의 절약을 위해서 가옥의 규모도 작아졌다.

다른 한편으로 온돌은 화재의 위험을 항상 안고 있었다. 쥐구멍은 불길이 치솟는 통로가 되곤 했다. 저녁밥을 짓는 시골의 굴뚝 연기는 목가적이지만, 도시를 온통 휘감는 매캐한 연기는 사람들을 고역스럽게 하였다.

근대에 여행한 한 철도 기사는 "굴뚝 연기는 침실의 구들을 덥히고 빠져나와 행인을 덮친다. …… 방바닥에는 기름을 먹인 종이를 발랐다. 아무튼 그 틈새로 종종, 특히 낡은 집일 경우 연기가 무성하게 피어오르는데, 잠자는 식구들 모두 그 연기를 다 마셔가며, 익힐 듯 몸을 지지면서 합창하듯 코를 곤다." "이런 굴뚝 때문에 저녁 다섯 시부터 거리는 온통 질식할 듯 연기로 가득 찬다."[6]고 적었다.

또 한 영국군 장교는 "나는 나중에 기침과 감기가 매우 흔하다는 사실을 알고도 놀라지 않았다. 실내 온도는 화씨 70~80도였는데 바깥 온도는 0도로 극단적이어서 견디기가 매우 힘들었기 때문이다. 게다

6 에밀 부르다레 지음, 정진국 옮김, 『대한제국 최후의 숨결』, 글항아리, 2009, 63, 196쪽.

가 방 안에 온기가 지속됨으로써 수많은 파리와 벼룩, 벌레, 바퀴들은 살아남을 수 있었고 대부분의 집에서 창궐했다."[7]고 적었다. 다른 여행자의 기록에도 "이 따뜻한 방바닥은 다른 방식으로 손님들을 불편하게 만든다. 따뜻한 방바닥이 수많은 곤충과 꿈틀대는 벌레들을 부화 성장하게 하는 세균 배양기 역할을 하는 까닭이다."[8]라고 나온다.

온돌은 추위에 약한 습성을 길러주었으니, 오늘날의 일상생활 여러 곳에 이런 습성이 배어 있다. 1990년대에 몸을 지질 수 있는 국민 쉼터로 탄생한 찜질방이 대표적이다. 온돌의 따끈한 맛에 한번 길들면 벗어나기가 어렵다. 한국인은 음식이 뜨거워야 맛있어 한다. 또 '배부르고 등 따스할 때'나 허리 등을 '지질 때'에 행복감을 느낀다.[9] 뜨거운 국물을 마시면서 시원하다고 하고, 뜨거운 방에서 몸을 지지거나 뜨거운 물에 몸을 담가도 시원하다고 한다. 그런데 고온의 난방을 기대하기 어려운 현대식 아파트의 보급은 결국 온돌의 파생품인 찜질방을 낳게 하였다.

우리의 주변에서는 자동차 좌석뿐 아니라 지하철 좌석, 비데 변좌 등 곳곳에 열선이 깔려 있는 것을 발견하게 된다. 심지어 제주도 서귀포에서는 버스정류장 좌석도 따뜻하게 데워져 있는 것을 경험한 적이 있다. 또 전기장판이나 전기방석 등이 필수적인 난방용품이 되었다. 전기로 데워주는 돌침대까지 등장하였으니, 서양의 침대와 한국의 온돌을 절묘하게 접목한 한국적인 발상이다. 한 기업은 추운 러시아에서 뜨끈한 돌침대를 팔려다가 좌절을 겪기도 했다.[10] 러시아에선 죽은 사람만 돌 위에 올라가는 풍속을 알지 못했기 때문이라고 한다.

외국에 나가면 우리가 추위를 제일 많이 타는 사람들이란 것을 깨

7 알프레드 에드워드 존 캐번디시 지음, 조행복 옮김, 『백두산으로 가는 길: 영국군 장교의 백두산 등정기』, 살림, 2008, 110쪽.
8 제이콥 로버트 무스 지음, 문무홍 외 옮김, 『1900, 조선에 살다』, 푸른역사, 2008, 114쪽.
9 권석영, 『온돌의 근대사』, 일조각, 2010, 18쪽.
10 「뜨끈한 돌침대? 러시아선 죽은 사람만 눕는 자리」, 『중앙일보』, 2009년 10월 30일.

닫게 된다. 특히 남방 지역에는 난방 장치가 없는 경우가 많아서 겨울뿐 아니라 환절기에도 몸에 스며드는 추위 때문에 고생해본 적이 있을 것이다.

현대에 연탄이 보급되면서는 연탄가스 중독 사고가 빈번히 발생하였다. 그런데 이런 독가스 때문에 사람 몸에서 이나 서캐가 사라지기도 하였다. 또 온돌이 온수순환식 난방으로 전환되어 고래가 사라지면서 큰 솔이 달린 기다란 철사줄을 메고 다니며 막힌 구들이나 굴뚝을 뚫어주던 굴뚝청소부가 자취를 감추었다.

서양식 아파트가 보급되면서 입식 생활과 라디에이터 난방을 보급하려는 움직임도 있었으나,[11] 결국은 실패로 돌아가고 좌식 생활과 온돌 난방이 기본을 이루게 되었다. 이에 따라 실내에서 침대나 의자를 쓰면서도 여전히 신을 벗고 들어가 방바닥에 앉아 생활하고, 식사도 식탁에서 하기도 하고 바닥에 차린 상에서 하기도 하여 입식과 좌식이 교묘하게 결합된 생활을 하고 있다.

전라남도 완도군 청산도의 구들장논은 구들처럼 돌을 쌓아 만든 논으로서 2014년에 세계중요농업유산으로 등재되었으니, 구들에서 파생된 농업 문화이다.

온돌의 국외 확산

2009년 영국에 온돌이 보급된다는 기사가 난 적이 있다.[12] 이 기사에 "런던 서쪽의 산업 도시 슬라우(Slough). 2년 전 신축된 모자이크 아파트에는 서구인의 전통 난방 장치인 라디에이터가 없다. 요즘 집을 개

11 「住宅難 解決의 길: 아파트와 立式生活을 위한 座談會」, 『경향신문』, 1963년 4월 18일; 김준봉·강인호, 「건축평면 변화 과정을 통한 온돌의 변천 고찰」, 『온돌과 구들문화』, 어문학사, 2014, 53쪽.

12 「런던은 지금, 카펫을 걷어내고 온돌을 깐다」, 『중앙선데이』, 2009년 5월 3일.

조할 여력이 있는 부유층은 욕실부터 바닥 난방으로 바꿔나가는 추세다. …… 바닥 난방이 한국의 온돌에서 기원한다는 사실을 웬만한 전문가라면 다 안다. 온돌은 영국 브리태니커 사전에 'on-dol'로 표기돼 '한국의 바닥 난방 방식'이라고 소개돼 있다."는 구절이 있다.

2013년 영국 케임브리지대학에서 연구년을 보내면서 이 기사를 실감하였다. 2011년에 지은 클레어 홀의 웨스트 코트에 있는 살지 빌딩(Salje building) 숙소에 바닥 난방이 되어 있어서, 몸을 파고드는 으스스한 영국 날씨에도 따뜻하게 지내다 왔다. 현지 한국인 건축가의 말을 들으니 영국에서는 2006년경부터 온돌을 본격적으로 깔기 시작했다고 전하면서, 우리가 종주국으로서 온돌을 제대로 활용하지 못한다는 말을 덧붙였다. 아쉽게도 이 온돌은 한국 회사가 아니라 핀란드 우포너(Uponor)사 제품이었다. 이 회사 홈페이지에 들어가면 'Underfloor heating'에 대한 안내를 볼 수 있다.

이보다 앞서서 중국 상하이에서 한국식 보일러가 퍼져 나간다는 기사가 난 적이 있다.[13] "전통적으로 상하이 주민들은 베이징 등 북방지역과 달리 특별한 난방설비 없이 겨울을 지내왔다. 겹겹이 옷을 껴입고 이불을 둘러치며 겨울을 나는 것이 상하이의 독특한 문화다. …… 그러나 최근 한국인들이 쇄도하면서 변화가 일기 시작했다. 한국인들은 제주도보다 남쪽에 있는 상하이의 겨울을 대수롭지 않게 여기다가 '습기많은 추위'를 실감한 뒤 본격적으로 한국식 온돌을 시공하기 시작했다. 주로 한국인들만의 문화로 여겨졌던 온돌은 이내 화젯거리가 됐다. 특히 온돌이 설치된 한국가정을 방문한 중국인들과 다른 서양인들이 '훈훈한 분위기'를 체험하면서 한국식 온돌이 확산되기 시작했다."고 한다. 이처럼 중국 남방에도 온돌이 퍼지기 시작하였다.

13 「상하이에 '온돌' 확산 …또다른 韓流」, 『연합뉴스』, 2005년 12월 9일.

국내의 유명한 보일러 회사가 1997년 중국에 진출하면서 개별 난방과 바닥 난방 방식의 한국식 온돌을 보급하는 데에 큰 역할을 하였다고 한다.[14] 인천공항으로 가는 길에서 이 회사의 중국어 간판을 본 적이 있다.

국내의 한 중소기업이 몽골에 한국식 온돌인 온수마루를 기증하여, 석탄 난방으로 인한 매연 문제 해결에 도움을 주었다고 하고,[15] 히말라야 산자락에 있는 네팔에도 온돌을 설치하여 난방과 조리로 집 안에 가득 차는 연기 문제를 해결해 주었다는 기사도 있다.[16] 집을 새로 지을 수 없어서 특이하게도 온구들이 아니라 방구석에만 온돌을 까는 고대 쪽구들 형태를 띠게 하여 건조대 역할도 하게 만들었다고 한다. 그런가 하면 열대지방인 캄보디아에 온돌식 건조장을 보급했다는 기사도 났다.[17] 온돌은 밑에서부터 열기가 올라가기 때문에 열효율이 난로보다 높다고 한다. 또 미국 뉴욕주의 한 에코빌리지에서도 온돌을 사용하고 있다는 기사도 있었다.[18]

이상으로 국외 확산의 몇 가지 사례를 적어보았다. 마침 2007년 한국이 제안한 온돌파이프 관련 기준 4건이 국제표준화기구(ISO)에서 국제표준으로 제정되었고, 2008년에도 7건의 온돌 관련 신규 국제표준안이 통과되었다고 한다.[19] 또 2018년에는 온돌을 우리의 국가무형문화재 목록에 추가하였고, 유네스코 세계문화유산에 등록하려는 움직임도 있다. 이보다 앞서 1982년에는 영어 사전의 표준인 옥스퍼드 영어 사전에 ondol이 표제어로 등재되었다.

이런 활동들은 한국식 온돌이 세계로 퍼져나가는 데에 추진력이

14 「귀뚜라미, 중국에 온돌문화 심다」, 『머니투데이』, 2008년 3월 30일.
15 「지오이앤씨, 몽골에 한국식 온돌 기증」, 『중앙일보』, 2012년 6월 15일.
16 「네팔 오지에 빛과 온돌 선물한 서울대 교수」, 『조선일보』, 2012년 12월 11일.
17 「열대 캄보디아에 온돌 전하는 한국인 교수」, 『조선일보』, 2012년 3월 26일.
18 「"난방 효율 높다" 집집마다 한국식 온돌 깔아」, 『중앙선데이』, 2008년 9월 13일.
19 「한국식 온돌, 바닥난방 국제표준 채택」, 『동아일보』, 2008년 3월 14일.

될 수 있겠다. 그러나 돌이켜보건대 온수파이프를 이용한 순환식 바닥 난방은 1970년대에 서양에서 들여온 것으로서, 우리 스스로 이를 만들어내지 못한 점을 깨달을 필요가 있다. 또 지금 세계 바닥 난방 시장에서는 독일과 일본에 밀리고 있어서,[20] 앞으로 온돌 종주국으로서의 위상을 제대로 살려야 하는 과제도 안고 있다.

지금까지 보아 왔듯이 온돌은 한민족과 그 주변 민족이 즐기는 대표적인 생활문화로 완성되었고, 이제는 세계인이 즐기는 문화로 발전하고 있다. 그런 면에서 우리는 그 종주국으로서 이제부터 스스로를 '온돌민족'이라 부를 필요가 있겠다.

20 「獨·日, 온돌로 세계 바닥난방시장 잠식…온돌종주국 한국 세계문화유산 등록해야」, 『한국경제』, 2014년 2월 11일.

온돌사 참고문헌

1. 사료 (가나다순)

1) 한국

『京都雜志』, 『孤臺日錄』, 『高麗史』, 『救急簡易方諺解』, 『紀伊齋常談』, 『南宦博物』, 『湛軒書』, 『湛軒書外集』, 『東國李相國後集』, 『東文選』, 『東槎錄』, 『牧隱詩藁』, 『무오연행록』, 『默齋日記』, 『眉巖日記』, 『飜譯朴通事』, 『丙子日記』, 『補閑集』, 『奉使日本時聞見錄』, 『赴燕日記』, 『北學議』, 『四佳詩集』, 『三國史記』, 『三國遺事』, 『星湖僿說』, 『星湖僿說類選』, 『謏聞事說』, 『宋子大全』, 『瑣尾錄』, 『承政院日記』, 『新增東國輿地勝覽』, 『陽村集』, 『於于野談』, 『燃藜室記述』, 『燕行錄』, 『燕行日記』, 『熱河日記』, 『五山說林草藁』, 『五洲衍文長箋散稿』, 『阮堂全集』, 『龍泉談寂記』, 『雲巢謾稿』, 『益齋亂稿』, 『人政』, 『林園經濟志』, 조선왕조실록(태종, 세종, 성종, 중종, 명종, 광해군, 인조, 현종개수, 숙종, 영조, 정조), 『增補山林經濟』, 『芝峰類說』, 『靑城雜記』, 『靑坡劇談』, 『冲庵集』, 『漢京識略』, 『한중록』, 『海槎錄』, 『海山雜誌』, 『海游錄』, 『弘齋全書』, 『華城城役儀軌』, 『訓蒙字會』

2) 중국

『高麗圖經』, 『舊唐書』, 『三國志』, 『三朝北盟會編』, 『石田文集』, 『松漠紀聞』, 『水經注』, 『新唐書』, 『寧古塔記略』, 『寧古塔志』, 『遼史』, 『龍沙記略』, 『柳邊紀略』, 『日知錄』, 『一切經音義』, 『朝鮮賦』, 『淸稗類鈔』

2. 온돌사 일반론 (간행지 기준)

1) 해방 이전

한흥교, 「我國温突의 利害」, 『大韓農會報』 3, 1909.

岡崎遠光(談), 「温突に就て」, 『朝鮮及滿州』 52, 朝鮮及滿洲社, 1912.

瓢風生, 「夏の溫突と鮮人の行樂」, 『朝鮮及滿洲』 73, 1913.

尙玄居士(李能和), 「朝鮮에 溫突과 林野」, 『佛教振興會月報』 1-5, 佛教振興會, 1915.

鈴木外代一, 「朝鮮温突と林業」, 『朝鮮農會報』 15-1, 1920.

長倉純一郎, 「温突築造法に就て」, 『山林彙報』, 1920.

掛場定吉, 『溫突の改造に就て』, 朝鮮總督府調査課, 연도 불명(『朝鮮』 96, 1923 전재).
掛場定吉, 「温突改良の方法」, 『朝鮮農會報』 18-9, 1923.
高橋喜七郎, 「溫突の築き方と燃料」 2·3, 『朝鮮』 94·95, 朝鮮總督府, 1923.
高橋喜七郎, 「內地人の応用を主眼とせる溫突築造法」, 『朝鮮』 110, 朝鮮總督府, 1924.
慶向北道山林課, 『温突の改良』, 1925.
高橋喜七郎, 「溫突の話」, 『文教の朝鮮』, 朝鮮教育會, 1926.
孫晋泰, 「溫突文化傳播考」 1~4, 『朝鮮思想通信』 318~321, 朝鮮思想通信社, 1927; 『朝鮮及朝鮮民族』 1, 思想通信社, 1927.
孫晋泰, 「溫突禮讚」, 『別乾坤』 12·13, 1928.
P生, 「北朝鮮地方住家의 溫突」, 『朝鮮』 129, 朝鮮總督府, 1928.
呑氣生, 「溫突炊口の話」, 『朝鮮地方行政』 7-9, 帝國地方行政學會朝鮮支會, 1928.
村田治郎, 「朝鮮の溫突の始まりに就いて」, 『朝鮮と建築』 8-2, 朝鮮建築會, 1929.
村田治郎, 「溫堗と炕との起源に關する考」 1·2, 『建築學研究』 5-27·28, 建築學研究會, 1929.
奥村義信, 「おんどる(溫突)考」, 『亞東』 6-2, 亞東印畵協會, 1929.
孫晋泰, 「朝鮮溫突考」, 『鄕土研究』 5-6·7, 1931.
小田幹治郎, 「溫突閑話」, 『小田幹治郎遺稿』, 小田梢, 1931.
「改良温突焚口, 五万個를 배급」, 『동아일보』, 1933.10.17.
「溫突弊害論」, 『조선중앙일보』, 1934.10.18.; 『朝鮮通信』 102집 2563호, 朝鮮通信社, 1934.
이광수, 「溫突」, 『조선일보』 1934.1.9.; 『이광수 전집』 13, 삼중당, 1962.
「溫突 돌 첫 出世, 北海道에서 注文」, 『동아일보』, 1934.6.12.
李萬鶴, 『朝鮮溫突』, 延禧專門學校數物科研究室發表 第3號, 朝鮮基督教彰文社, 1935.
孫晋泰, 「溫突은 언제 어떻게 생겨났나」, 『朝光』 2-1, 조선일보사, 1936; 『孫晋泰先生全集』 6, 太學社, 1981.
朴鍾璿, 「醫學上으로 본 溫突」, 『朝光』 2-2, 조선일보사, 1936.
李元睦, 「改良溫突に就て」, 『朝鮮山林會報』 146, 朝鮮山林會, 1937.
溫突子, 「朝鮮の溫突の話」, 『住宅』 22-11, 1937.
小林晴治郎, 「溫突と蟲」, 『朝鮮及滿洲』 1937-1, 朝鮮及滿洲社, 1937.
朴吉龍, 「溫突の煙突に就て」, 『朝鮮と建築』, 朝鮮建築會, 1938.
「朝鮮の林政と溫突問題(동아일보 사설)」, 『朝鮮通信』 172집 3606호, 朝鮮通信社, 1938.

高市慶福,「溫突焚口改良の一考察」,『朝鮮山林會報』175, 朝鮮山林會, 1939.

林水哉,「溫突統制論」,『朝鮮山林會報』176, 朝鮮山林會, 1939.

葛西重男,「溫突概觀」,『朝鮮と建築』, 朝鮮建築會, 1940.

野村孝文,「朝鮮宮室の溫突」,『朝鮮と建築』, 朝鮮建築會, 1940.

홍명희,「온돌과 백의」,『문장강화』, 1940; 창비, 2005 재간.

須川豊,「衛生學より觀たる朝鮮溫突」,『朝鮮土木建築協會會報』, 京城朝鮮土木建築協會, 1941.

2) 남한

孫晋泰,「溫突考」,『朝鮮民族文化의 硏究』, 을유문화사, 1948;『孫晋泰先生全集』2, 太學社, 1981;『민속학논고』, 대광문화사, 1984;『비교민속학』19, 비교민속학회, 2000.

金相述,『溫突改造論』, 어문각, 1961.

金仁錫,「溫突의 構造原理와 煖房效果에 對한 考察」, 서울대학교 건축공학과 학위논문, 1963.

黃英哲,「韓國 住宅 溫突起源에 對한 硏究」, 서울대학교 건축공학과 학위논문, 1964.

李仁喜,「溫突의 起源 및 그 發達에 關한 考察」,『象隱趙容郁博士頌壽紀念論叢』, 象隱 趙容郁博士 古稀記念事業會, 1971.

鄭鎭洙,「韓國의 溫突과 住宅平面變遷에 關한 硏究」서울대학교 건축학과 석사학위논문, 1975

金正基,「文獻으로 본 韓國住宅史: 先史時代부터 高麗時代까지」,『東洋學』7, 단국대학교 동양학연구소, 1977.

김선우,「史的 考察을 通한 住居暖房의 時代的 特性과 그 改善方案에 關한 硏究: 온돌을 중심으로」, 全南大學校 공학과 건축공학 석사학위논문, 1978.

金善瑀,「韓國 住居暖房의 史的考察: 溫突을 中心으로」,『大韓建築學會誌』23-90, 대한건축학회, 1979.

윤정숙,「溫突에 대한 역사적 고찰」,『대한가정학회지』17-2, 1979.

孫晋泰,「溫突禮讚」,『孫晋泰先生全集』6, 太學社, 1981(원 출전 불명).

유호천,「韓屋에 있어서 溫突의 굴뚝에 관한 調査硏究」,『대한건축학회지』26-108, 1982.

張慶浩,「우리나라의 煖房施設인 溫突(구들)形成에 對한 硏究」,『考古美術』165, 한국미술사학회, 1985.

李鎬冽·金一鎭·韓允昊,「溫突의 形成과 展開」,『大韓建築學會學術發表論文集』5-2, 1985.

朱南哲,「온돌과 부뚜막의 고찰」,『文化財』20, 문화재관리국, 1987.

玄圭焕,『炕及び温突の衛生學的研究』, 文苑社, 서울, 1988.
崔永澤,『구들(炕·溫突): 韓民族文化 源流의 源泉』, 高麗書籍株式會社, 1989.
田昌基,「우리나라 溫突의 發達過程」,『익산문화』 창간호, 익산고적선양회, 1990.
田昌基,「우리나라 온돌의 발달과정」,『學術研究發表論集』 4, 文化財管理局 文化財研究所, 1990.
주남철,「'온돌'의 역사적 고찰」,『기계설비』 3, 1990.
이정기,「온돌의 변천사와 시공법」,『기계설비』 4, 1990.
김재부,「한국 전통구들의 구조 연구」, 명지대학교 건축공학과 석사논문, 1992.
정기범,「전통온돌의 구조와 열성능」, 동국대학교 박사논문, 1992.
정기범,「온돌의 개자리 구조 변경에 따른 열특성」,『대한건축학회논문집』 계획계 8-8, 1992.
張慶浩,「溫突과 부뚜막」,『韓國의 傳統建築』, 문예출판사, 1992.
송현갑,「우리나라 (한국) 전통온돌의 발달과정과 새로운 온돌 개발 방향」,『農村熱에너지研究報告論文集』 8-1, 忠北大學校 農科大學 農村熱에너지研究所, 1992.
정기범,「전통온돌 고래 내부의 유체 흐름」,『대한건축학회논문집』 계획계 9-4, 1993.
金東勳,「조선민족의 온돌문화」,『비교민속학』 11, 비교민속학회, 1994.
박병일·석호태·김광우,「溫突의 時代的 變遷과 現況」,『空氣調和 冷凍工學』 24-6, 1995.
여명석·김광우·석호태·장경호,「전통온돌의 시대적 변천과 형성과정에 관한 연구」,『대한건축학회 논문집』 11-1, 1995;『기계설비』 57, 1995.
朱南哲,「온돌(溫突)의 기원과 변천」,『한국 민속문화의 탐구』, 국립민속박물관, 1996.
남재성,「온돌 난방방식의 변천」,『주택포럼』 3, 1996.
장경호,「우리나라 온돌의 발달」,『대한설비공학회 학술발표대회논문집』 1996.
주남철,「한국의 온돌난방 변천과정」,『보일러설비』 42, 1997.
박윤성,「한국의 온돌방문화」,『건축』 42-7, 1998.
윤정숙,「온돌에 대한 역사적 고찰」,『대한가정학회지』, 1999.
김남응,「고대 로마의 바닥난방 하이퍼코스트와 함께 나타나는 洞空壁의 機能에 관한 고찰」,『대한건축학회논문집』 15-2, 1999.
김남응·강재철,「註解 孫晉泰의 溫突考」,『비교민속학』 19, 2000.
김남응,「구들과 유사한 서양의 하이퍼코스트의 이해: 전통구들문화의 기술적 우월성」,『구들학회학술발표회』, 구들학회, 2000.
김종규,「전통구들의 역사적 변천과 형성과정에 관한 연구: 선사시대를 중심으로」,『생활문화연구』 7, 국립민속박물관, 2002.

金圭東, 「한반도 고대 구들시설에 대한 연구」, 『國立公州博物館紀要』 2, 2002.
張慶浩, 「우리나라 古代人의 住居生活과 建築: 木架構와 구들 등 建築施設을 中心으로」, 『강좌 한국고대사』 제6권, 경제와 생활, 가락국사적개발연구원, 2002.
김광우·여명성, 「온돌난방의 변천과 현황」, 『설비』 209, 2002.
中山清隆, 「極東·東アジアの炕·オンドル状遺構について」, 『東亞細亞에서 渼沙洞遺蹟의 位置』, 2002년 하남 미사동 국제 학술심포지엄, 2002.2.26.
박홍기, 「구들의 생활문화에 관한 연구」, 연세대학교 생활환경대학원 석사논문, 2003.
김남웅, 『문헌과 유적으로 본 구들 이야기 온돌 이야기』, 단국대학교출판부, 2004.
김미영, 「온돌주거지의 발생과 양상: 영남지역을 중심으로」, 『가라문화』 18, 경남대학교 가라문화연구소, 2004.
사노 마사토, 「미타니 노리마사(三谷憲正) 著, 『온돌과 다다미의 나라: 근대 일본의 〈조선관〉』」, 『일본사상』 6, 2004.
김남웅, 「온돌과 하이퍼코스트의 차이점」, 『대한건축학회논문집』 계획계 20-1, 2004.
주남철, 「온돌: 한국인의 독특한 난방법」, 『Koreana』 18-4, The Korea Foundation, 2004.
김동훈, 「韓國 터널式 爐施設에 관한 試論: 鐵器時代와 三國時代를 中心으로」, 성균관대학교 석사논문, 2005.
김남웅·장재원·임진택, 「프랭크 로이드 라이트의 온돌체험과 그의 건축작품에의 적용과정 및 의미에 대한 고찰」, 『대한건축학회논문집』 계획계 21-9, 2005.
송기호, 『한국 고대의 온돌: 북옥저, 고구려, 발해』, 서울대학교출판부, 2006.
정상석, 「부뚜막부 쪽구들 구조분석과 조사방법에 대한 일고찰」, 『야외고고학』 창간호, 2006.
강상훈, 「일제강점기 일본인들의 온돌에 대한 인식변화와 온돌개량」, 『대한건축학회논문집』 계획계 22-11, 2006.
김경숙, 「온돌과 주거 생활의 변화」, 『의식주, 살아있는 조선의 풍경』, 역사비평사, 2006.
강상훈, 「일제강점기 일본인들의 온돌에 대한 인식변화와 온돌개량」, 『대한건축학회논문집』 계획계 22-11, 2006.
최영택, 『한민족 문화 원류의 원천 구들과학문화』, 한국논단, 2006.
최정화·김문숙, 『온돌과 한국인의 수면 생활: 침상 기후를 중심으로』, 서울대학교출판부, 2007.
신유림·임석재, 「프랭크 로이드 라이트의 온돌체험과 그의 건축작품에의 적용과정 및 의미에 대한 고찰」, 『대한건축학회논문집』 계획계 21-9, 2005.

D. 체벤도르지, 「흉노 유적 발굴조사 개요」, 『초원의 대제국 흉노: 2000년전 무덤의 발굴』, 한-몽 공동학술조사 10주년 국제학술심포지엄, 국립중앙박물관, 2007.
신형준, 「미국 알래스카서 세계서 가장 오래된 온돌 발굴」, 『조선일보』 2007년 6월 26일.
김준봉 · 리신호 · 오홍식, 『온돌 그 찬란한 구들문화』, 청홍, 2008.
김준봉, 『흙과 불의 과학적 만남』, 한솔교육, 2008.
김준봉 · 정상규, 「문헌에 의해 분석된 한국 전통 온돌(구둘)의 역사와 특성」, 『한국생태환경건축학회 논문집』 8-6, 2008.
최덕경, 「온돌(溫突)의 구조(構造) 및 보급(普及)과 생활문화(生活文化)에 끼친 영향」, 『농업사연구』 7-2, 2008.
이동범, 「구들에 담긴 생태철학」, 『문화재 사랑』 63, 문화재청, 2010.
권석영, 『온돌의 근대사』, 일조각, 2010.
박찬순, 「북방의 경험과 온돌문화의 의미」, 『인문논총』 20, 2010.
이규석, 「전통난방(온돌) 화재사례」, 『한국화재감식학회 학회지』 2-2, 2010.
백윤진 · 전봉희, 「1905~1945년에 지어진 일본 관사의 온돌 수용: 국가기록원 소장 일제시기 관영건축도면을 중심으로」, 『한국주거학회논문집』 21-6, 2010.
강재철, 「'온돌문화전통'의 지속과 변용에 관한 시론(試論)」, 『비교민속학』 41, 2010.
백윤진, 「일제시기 관사의 온돌 수용에 관한 연구」, 서울대학교 건축학과 석사학위논문, 2010.
최운, 「중국 동북지역의 온돌 발전과정에 관한 연구」, 울산대학교 석사학위논문, 2011.
김준봉 · 문재남 · 김정태, 『온돌문화 구들만들기』, 청홍, 2011.
이영수, 「일제강점기 일본인과 조선인의 온돌관: 단국대학교 동양학연구소, 『주거문화 관련 자료집』을 중심으로」, 『실천민속학연구』 18, 2011.
이근성, 「한국 현대 아파트 온돌의 형성: 주택공사 아파트를 중심으로」, 서울대학교 과학사 및 과학철학 협동과정 석사학위논문, 2011.
桑靖菲, 「東北亞地區火炕源流考」, 『친환경건강주거와 지속가능도시건축』 제11차 국제온돌학회 학술발표대회 논문집, 2012.11.20.~22..
黄有福, 「中国北方民族的温突文化」, *International Journal of Ondol*』, 국제온돌학회, 2013.
평티엔쉐 · 김준봉, 「동북전통온돌문화 및 신형 뜬바닥온돌」, *International Journal of Ondol*, 국제온돌학회, 2013.
김준봉 외, 『온돌과 구들문화』, 어문학사, 2014.
김준봉, 「온돌과 구들의 용어 정의와 그 유래에 관한 연구」, 『건축역사연구』 23-2,

2014.
홍희기, 「한국의 전통난방 온돌과 현대화」, 『설비저널』 43-1, 2014.
林廷勳, 「구들과 구들생활문화에 대한 소고」, *International Journal of Ondol*, 국제온돌학회, 2014.
문재남 · 김준봉, 「전통구들 고래의 종류 및 특성에 관한 연구」, *International Journal of Ondol*, 국제온돌학회, 2014.
류경재, 「온돌문화의 원점」, *International Journal of Ondol*, 2014.
段智鈞 · 戴儉 · 趙娜冬, 「京冀地區民居火炕史源」, *International Journal of Ondol*, 국제온돌학회, 2015.
황유복, 「한민족의 원류와 온돌문화」, *International Journal of Ondol*, 국제온돌학회, 2015.
서해숙, 「온돌의 역사적 전래와 민속문화의 양상」, 『향토문화』 35, 2016.

3) 북한
정찬영, 「우리 나라 구들의 유래와 발전」, 『고고민속』 1966-4.
렴상국, 「우리 나라와 이웃나라들의 살림집난방형식에 대하여」, 『조선고고연구』 1996-1.

4) 일본
吉田三郎平 · 牧野恒雄, 「オンドルの話」, 『北海道建築』 2, 1941.
「オンドル式鑛員住宅設計者 八雲鍍業所長 宮崎勝」, 『北海道鑛業通信』 303, 1943.
大原信治, 『炕及び溫突の衛生學的研究』, 滿洲醫科大學衛生學教室, 1948.
金正基, 「溫突についての二 · 三の考察」, 『日本建築學會論文報告集』 60, 1958.
三上次男, 「高句麗と渤海: その社會 · 文化の近親性」, 『末永先生古稀記念古代學論叢』, 1967; 『高句麗と渤海』, 吉川弘文館, 1990.
朴彦坤, 「韓國傳統住宅上流住宅におけるオンドルの普及過程について」, 『日本建築學會計劃系論文報告集』 355, 日本建築學會, 1985.
宮崎幹也, 「カマドの採用と普及: L字型カマドの復原」, 『古代社會の諸相』, 角田文衛先生傘壽記念會編, 1993.
林博通, 「オンドルについて」, 『高句麗の都城遺跡と古墳』, 高句麗都城制 · 日朝文化學術研究團, 1994.
上垣幸德 · 松室孝樹, 「石組みの煙道を持つカマド: 古代の暖房施設試論」, 『紀要』 9, 滋賀縣文化財保護協會, 1996.
松室孝樹, 「竪穴式住居に設置されるL字型カマドについて: 日本國內檢出例の集成」, 『韓式系土器研究』 VI, 韓式系土器研究會, 1996.

淺川滋男 · 坂田昌平, 「オンドルと丸屋根の家: 中國黑龍江省瀑布村の朝鮮族住居」, 『季刊民族學』 81, 財團法人千里文化財團, 1997.
小嶋芳孝, 「オンドルと蝦夷」, 『市史研究 あおもり』 2, 青森市, 1999.
林博通, 「(2)オンドルについて」, 『大津京跡の研究』, 思文閣出版, 2001.
李健茂, 「韓國古代のオンドル(溫突)狀遺構と住文化」, 『日韓國際シンポジウム報告書 飛鳥の王權とカガの渡來人』, 石川縣立歷史博物館, 2001.

5) 중국

景愛龍, 「東北的火炕」, 『學習與探索』 1980-4; 陶炎 等編, 『東北古代科技史論匯編』 北方史地資料 10, 1987.
柏忱, 「火炕小考」, 『黑龍江文物叢刊』 1984-1.
金寶忱, 「東北古今火炕對比研究」, 『黑龍江民族叢刊』 1986-4.
張國慶, 「"北人尚炕"習俗的由來」, 『北方文物』 1987-3.
王世蓮, 「女眞人的火炕與高麗窶民的長坑」, 『學習與探索』 1987-3.
周建奇, 「說炕: 附釋建州」, 『內蒙古大學學報』, 人文社會科學版 31-5, 1999.
王湘, 「我國古代東北地區火炕演化初探: 兼論後金清寧宮火炕源流」, 同濟大學 建築與城市規劃學院 碩士學位論文, 2003.
福建博物院 · 福建閩越王城博物館 편, 『武夷山城村漢城遺址發掘報告(1980-1996)』, 福建人民出版社, 2004.
華陽, 「東北地區古代火炕初探」, 『北方文物』 2004-1.
曹保明, 『東北火炕』, 吉林文史出版社, 2007.
魏堅 · 昌碩, 「居延漢代烽燧的調查發掘及其功能初探」, 『額濟納漢簡釋文校本』, 文物出版社, 2007.
潘玲, 『伊沃爾加城址和墓地及相關匈奴考古問題研究』, 科學出版社, 2007.
潘玲, 『伊沃尔加城址和墓地及相关匈奴考古问题研究』, 科學出版社, 2007.
周小花, 「"火炕"考源: 兼談"坑"字與"炕"字的關系」, 『語林考古』 116, 2008.
曹保明, 「東北火炕與烟囱的鮮明特點」, 『東北史地』 2009-1.
王曉椰 · 周寧 · 胡文薈, 「淺析傳統東北炕文化」, 『山西建築』 2010-13.
金俊峰, 『東北亞地區民族溫突文化比較研究』, 中央民族大學 碩士學位論文, 2010.
桑靖菲, 「東北亞地區火炕源流考」, 東北師範大學 碩士學位論文, 2013.
南水北調中線幹線工程建設管理局 · 河北省南水北調工程建設領導小組辦公室 · 河北省文物局, 『徐水東黑山遺址發掘報告』, 科學出版社, 2014.
時吉星, 「"炕"字釋義及炕的發展歷程, 起源地研究」, 『大衆文藝』 2016-4.
徐美玉, 「關於東北地區火炕的田野調查研究」, 沈陽師範大學 人類學碩士, 2017.

6) 러시아

Деревянко Е.И., К истории жилища с каном(по амурским материалам) // Археология юга Сибири и Дальнего Востока. Новосибирск, 1984: 데레비얀코 예.이.,「쪽구들(炕)이 달린 주거의 역사(아무르의 자료를 통하여)」,『남부시베리아와 극동의 고고학』, 노보시비르스크, 1984.

Рубленко Н.Г., Об истоках отопительной системы типа "кан" в Китае // XVI науч. конф. "Общество и государство в Китае". Тез. и докл. М., 1985: 루블렌코 엔.게.,「중국의 "쪽구들(炕)" 형태 난방 시설의 기원에 대하여」,『제16차 학술회의 "중국의 사회와 국가"』 보고 발표문, 모스크바, 1985.

Бродянский Д.Л., Кроуновско-хуннские параллели // Древнее Забайкалье и его культурные связи, Издательство ≪Наука≫ Сибирское отделение, Новосибирск, 1985: 브로쟌스키 데.엘.,「크로우노프카 문화와 흉노의 유사」,『고대의 자바이칼과 그 문화적 교류』, 과학출판사 시베리아지사, 노보시비르스크, 1985.

Дьякова О.В., Раннесредневековые жилища Дальнего Востока СССР (Источники, реконструкции, интерпретации) // Вопросы археологии Дальнего Востока СССР. Ин-т истории, археологии и этнографии народов Дальнего Востока ДВО АН СССР, Владивосток, 1987: 디야코바 오.붸.,「소련 극동의 중세 초기 집자리: 사료, 복원, 해석」,『소련 극동 고고학의 문제들』, 소련과학원 극동지부 극동민족 역사학·고고학·민족학 연구소, 블라디보스토크, 1987; (역)O.B.季亞科娃 저, 齊心·井中 合譯,「蘇聯遠東地區中世紀早期的房址(原始資料, 復原及闡釋)」,『歷史與考古信息』 1992-1.

Артемьева Н.Г., К эволюции жилищ на территории Приморья // Медиевистские исследования на Дальнем Востоке России. Дальнаука, Владивосток, 1994: 아르체미예바 엔.게.,「연해주 지역의 주거지 발달에 대하여」,『러시아 극동에서의 중세 사학 연구』, 극동과학출판사, 블라디보스토크, 1994.

Давыдова А. В., Иволгинское городище, Санкт-Петербург, 1995: 다브이도바 아.붸.,『이볼가 성터』, 상트-페테르부르그, 1995.

Onuki Shizuo, "The development of the heating system and above ground dwelling in the Northeast Asia", *The First International Symposium of Bohai Culture: To the 1300 anniversary of the foundation of Bohai state*, Primorski historic-archaeological society "Antiquities of North-Eastern Eurasia" (Vladivostok), The Society of North-Eurasian studies (Tokyo), Vladivostok, 1996.10.3.~5.

7) 기타 서양 지역

Fikret Yegül, "Heating and Water Supply of Roman Baths", *Baths and bathing in classical antiquity*, Architectural History Foundation, The MIT Press, 1992.

Qinghua Guo(國慶華), "The Chinese Domestic Architectural Heating System[Kang]: Origins, Applications and Techniques", *Architectural History*, vol.45, 2002.

Mareile Flitsch, *Der Kang: eine studie zur materiellen Alltagskultur bäuerlicher Gehöfte in der Manjurei*, Opera sinologica 14, Harrassowitz, Wiesbaden, 2004.

Patrick Mitchell, "History of Central Heating", *Central Heating, Installation, Maintenance and Repair*, WritersPrintShop, 2007.

Robert Bean · Bjarne W. Olesen · Kwang Woo Kim, "History of Radiant Heating & Cooling Systems", part 1, *ASHRAE Journal*, vol.52-1, Jan. 2010.

Robert Bean · Bjarne W. Olesen · Kwang Woo Kim, "History of Radiant Heating & Cooling Systems", part 2, ASHRAE Journal, vol.52-2, Feb. 2010.

Fikret Yegül, "Heating and Water Supply Systems of Roman Baths", *Bathing in the Roman World*, Cambridge University Press, 2010.

8) 기타 시설

横川好富, 「竈の出現とその背景: 埼玉県を中心として」, 『埼玉の考古学』, 柳田敏司先生還暦記念論文集刊行委員会, 1987.

林潤美, 「韓國 先史時代 爐址 研究」, 숭실대학교 사학과 석사학위논문, 1989.

궁성희, 「고구려무덤들에 보이는 부뚜막에 대하여」, 『조선고고연구』 1990-1.

陜西省考古研究所, 『唐代黃堡窯址』 上 · 下, 文物出版社, 1992.

이홍종, 「부뚜막施設의 登場과 地域相」, 『영남고고학』 12호, 1993.

杉井建, 「朝鮮半島における竈の特質および日本列島との相互関係」, 『青丘學術論集』 12, 1998.

陜西省考古研究所 · 耀州窯博物館, 『宋代耀州窯址』, 文物出版社, 1998.

이형주, 「韓國 고대 부뚜막施設 研究」, 충남대학교 석사학위논문, 2001.

노미선, 「전북 서해안 일대 원삼국시대 주거지의 爐址施設에 대하여: 부안 부곡리 II유적을 중심으로」, 『연구논문집』 1, 호남문화재연구원, 2001.

이민석, 「原始 · 古代의 爐施設과 住居構造와의 相關性 研究: 湖南地域을 中心으로」, 『고문화』 62, 2003.

서현주, 「三國時代 아궁이틀에 대한 考察」, 『한국고고학보』 40, 2003.

禹在柄, 「5世紀頃 日本列島 住居樣式에 보이는 韓半島系 炊事 · 煖房시스템의 普及과 그 背景」, 『百濟研究』 41, 忠南大學校 百濟研究所, 2005.

김미련, 「住居址 부뚜막 調査法 一案: 潭陽 台木里遺蹟의 調査事例를 中心으로」, 『연구논문집』 5, 호남문화재연구원, 2005.
박경신, 「高句麗의 炊煖施設 및 煮沸容器에 대한 一研究」, 『숭실사학』 19, 2006.
오승환 · 이현숙, 「부뚜막의 炊事方式과 炊事空間」, 『계층 사회와 지배자의 출현』, 한국고고학회 창립 30주년 기념 한국고고학전국대회 발표문, 2006.11.
유창현, 「江原地域 鐵器時代 住居址 內 爐址 研究」, 『江原考古學報』 9, 2007.
오승환, 「부엌의 考古學的 研究(1): 原三國~三國時代를 中心으로」, 『聚落研究』 1, 취락연구회, 2009.
崔榮柱, 「三國時代 土製煙筒 研究: 韓半島와 日本列島를 中心으로」, 『호남고고학보』 31, 2009.
노미선 · 조희진 · 하진영, 「삼국시대 아궁이틀의 연구: 아궁이틀의 제작과 사용실험으로 바탕으로」, 『호남고고학보』 35, 2010.
한지선, 「백제의 취사시설과 취사방법: 한성기를 중심으로」, 『백제학보』 2, 2010.
김은정, 「우리 나라 부엌의 발생에 대하여」, 『조선고고연구』 2010-4.
朱津, 「論漢墓出土陶灶的類型與區域特征」, 『中原文物』 2015-2.
中國國家博物館田野考古研究中心 · 山西省考古研究所 · 運城市文物保護研究所, 「山西絳縣周家莊遺址2007~2012年勘查與發掘簡報」, 『考古』 2015-5.
中國國家博物館田野考古研究中心 · 山西省考古研究所 · 運城市文物保護研究所, 「山西絳縣周家莊遺址居址與墓地2007~2012年的發掘」, 『考古』 2015-5.
遼寧省文物考古研究所, 「遼寧遼陽市江官屯窯址第一地點2013年發掘簡報」, 『考古』 2016-11.

3. 남방의 연구와 자료

1) 초기철기, 삼국

연구

강연수, 「原三國時代의 住居建築에 관한 研究」, 건국대학교 석사학위논문, 1989.
백홍기, 「原三國時代 村落의 構造와 機能: 溟州郡 安仁里遺蹟의 例를 中心으로」, 『국사관논총』 35, 1992.
이근욱, 「寶城江流域 집자리유적의 性格과 變遷」, 서울대학교 석사학위논문, 1993.
온화순, 「全北地方 原三國時代 住居址의 연구: 南原 細田里遺蹟을 中心으로」, 한양대학교 석사학위논문, 1994.
오세연, 「중부지방 원삼국시대 문화에 대한 연구: 주거양상을 중심으로」, 『한국상고사학보』 19, 1995.

윤우준,「渼沙里 原三國時代 住居 硏究」, 한양대학교 석사학위논문, 1997.
송만영,「中部地方 原三國文化의 編年的 基礎: 住居址의 相對編年을 中心으로」,『한국고고학보』41, 1999.
김승옥,「호남지역 마한주거지의 편년」,『호남고고학보』11, 2000.
임영옥,「嶺南地方 原三國時代의 住居址硏究」, 한양대학교 석사학위논문, 2000.
김일진·이호열·김찬영,「최근 발굴된 영남지역 구들유적과 한국주거사의 과제」,『한국건축역사학회 추계학술발표대회 논문집(2000-09)』, 한국건축역사학회, 2000.이영철,「紀元後 3~5世紀代 湖南地方 聚落別 編年 檢討(I): 全南 務安 良將里 遺蹟을 對象으로」,『연구논문집』1, 호남문화재연구원, 2001.
최미숙,「全南地方 鐵器時代 住居址硏究」, 목포대학교 석사학위논문, 2001.
이영철,「紀元後 3~5世紀代 湖南地方 聚落別 編年 檢討(II): 全南 長興 枝川里 遺蹟을 對象으로」,『연구논문집』2, 호남문화재연구원, 2002.
신연식,「3~5세기 호서지방 주거지 연구」, 숭실대학교 석사학위논문, 2003.
이영철,「紀元後 3~5世紀代 湖南地方 聚落別 編年 檢討(III): 光州 雙村洞 遺蹟을 中心으로」,『연구논문집』3, 호남문화재연구원, 2003.
유기정,「泗沘期 구들시설 建物址에 대한 一考: 扶餘 井洞里遺蹟 建物址를 中心으로」,『國立公州博物館紀要』3, 2003.
鄭相石,「華城 發安里 마을遺蹟」,『고구려고고학의 제문제』, 제27회 한국고고학대회 발표요지, 2003.11.
지현병,「鏡浦湖 周邊의 鐵器 및 新羅時代의 住居址考」,『文化史學』21, 한국문화사학회, 2004.
김승옥,「全北地域 1~7世紀 聚落의 分布와 性格」,『韓國上古史學報』44, 韓國上古史學會, 2004.
이영덕,「湖南地方 3~5世紀 住居址 構造 復原 試論(I): 益山 射德遺蹟의 부뚜막을 中心으로」,『연구논문집』4, 호남문화재연구원, 2004.
박강민,「三韓時代 住居址內 부뚜막과 구들施設에 대한 硏究」, 동아대학교 석사학위논문, 2004.
정일,「全南地方 3~5世紀 四柱式住居址 硏究」, 경북대학교 석사학위논문, 2005.
장지현,「錦江流域 百濟 建物址 硏究」, 전북대학교 석사학위논문, 2005.
이은정,「全南地域 5~6世紀代 住居址에 대한 試論」,『연구논문집』5, 호남문화재연구원, 2005.
김현,「南海岸 쪽구들住居址 登場에 대한 小考: 勒島 住居址를 중심으로」,『석헌 정징원 교수 정년퇴임기념논총』, 부산고고학연구회 총서간행위원회, 2006.
김영훈,「探津江流域 古代 聚落址 分析: 長興 上芳村遺蹟을 中心으로」, 목포대학교 고고인류학과 석사학위논문, 2006.

차우근, 「북한강 유역과 남한강 유역의 철기시대 취락 연구」, 한림대학교 석사학위논문, 2007.
권귀향 · 김정호, 「西部慶南地域의 三韓時代 住居址 小考」, 『東亞文化』 2 · 3합, 東亞細亞文化財網究院, 2007.
이주성, 「三韓時代 慶南地域 竪穴住居址에 관한 硏究」, 동아대학교 석사학위논문, 2007.
김나영, 「嶺南地域 三韓時代 住居址의 變遷과 地域性」, 부산대학교 석사학위논문, 2007.
김승옥, 「금강 유역 원삼국~삼국시대 취락의 전개과정 연구」, 『한국고고학보』 65, 2007.
이동희, 「全南 東部地域의 馬韓~百濟 住居址의 變遷」, 『韓日 聚落硏究의 現況과 課題(III)』, 한일취락연구회, 2007.
박태홍, 「全南 東部地域 住居址의 分布와 變化 樣相: 紀元後 住居址를 中心으로」, 『연구논문집』 7, 호남문화재연구원, 2007.
정일, 「四柱式住居址의 上部構造 復元 試論」, 『연구논문집』 7, 호남문화재연구원, 2007.
김은정, 「全北地域 原三國時代 住居址 硏究」, 『호남고고학보』 26, 2007.
박미라, 「全南 東部地域 1~5世紀 住居址의 變遷樣相」, 목포대학교 석사학위논문, 2007.
박강민, 「삼한시대 주거지내 외구들에 대한 연구」, 『동아문화』 2 · 3합, 동아세아문화재연구원, 2007.
공봉석, 「경남 서부지역 삼국시대 수혈주거지의 구들 연구」, 『한국고고학보』 66, 2008.
정일, 「羅州지역 삼국시대 취락의 성격」, 『全南考古』 2, 2008.
김진영, 「경기 남부지역 신라 취락의 입지와 주거구조」, 『史學志』 40, 2008.
유병록, 「최근 성과로 본 영남지역 4~5세기 삼국시대 취락」, 『韓日聚落의 硏究: 생산유적과 취락유적』, 제4회 공동연구회, 한일취락연구회, 2008.
이재현, 「원삼국시대 남해안 해상교류 시스템: 늑도유적의 발굴성과와 연구과제를 중심으로」, 『대구사학』 91호, 2008.
함순섭, 「嶺南地方 三韓 · 三國時代 살림집의 復原硏究」, 『東垣學術論文集』 9, 2008.
유태용 · 강아리, 「화성 감배산유적 장타원형 住居址의 性格과 編年의 검토」, 『京畿地域 住居址遺蹟의 硏究』 I, 서경문화사, 2009.
이성주, 「原三國 · 三國時代 嶺南地域 住居와 聚落硏究의 課題와 方法」, 『嶺南地方 原三國 · 三國時代 住居와 聚落』 1, 영남고고학회, 2009.
김나영, 「영남지방 원삼국시대의 주거와 취락」, 『嶺南地方 原三國 · 三國時代 住居와

聚落』 1, 영남고고학회, 2009.

공봉석, 「경남 서부지역 삼국시대 주거와 취락」, 『嶺南地方 原三國·三國時代 住居와 聚落』 1, 영남고고학회, 2009.

김창억, 「영남내륙지역 삼국시대 주거와 취락」, 『嶺南地方 原三國·三國時代 住居와 聚落』 1, 영남고고학회, 2009.

신준섭, 「기장 가동유적의 주거 구조에 대한 小考: 발굴보고 결과를 중심으로」, 『울산사학』 14, 2009.

장덕원, 「錦江流域의 原三國~三國時代 부뚜막과 쪽구들에 대한 研究: 기원후 3~5세기 자료를 중심으로」, 충북대학교 석사학위논문, 2009; 「原三國~三國時代 금강유역의 주거와 취사시설의 변화로 본 정치적 동향: 기원후 3~5세기 자료를 중심으로」, 『호서고고학』 22, 2010.

송만영, 「六角形 住居址와 漢城期 百濟 聚落」, 『한국고고학보』 74, 2010.

신유리, 「中部地方 新羅 竪穴住居址 研究」, 단국대학교 사학과 석사학위논문, 2011.2.

황보경, 「서울·경기지역 신라 주거지와 건물지 고찰」, 『先史와 古代』 35, 2011.

박중국, 「원삼국기~백제 한성기 중부지역 몸자형 주거지의 변천과 지역성: 쪽구들 주거지를 중심으로」, 『고고학』 10-1, 중부고고학회, 2011.

홍지윤, 「中部地方 原三國~百濟 住居 變遷」, 『마한·백제인들의 일본열도 이주와 교류』, 서경문화사, 2012.

정우현, 「경남지역 삼국시대 방형계 수혈주거지의 변천과 전개」, 『문물연구』 23, 2013.

송만영, 「中島式 住居 외줄구들의 變化와 意味」, 『古文化』 85, 2015.

박중국, 「중부지역 쪽구들 문화의 계통과 전개: 원삼국~백제 한성기를 중심으로」, 『고고학』 15-1, 중부고고학회, 2016.

김하나, 「한국의 '구들식 기와가마'에 대한 小考」, 『先史와 古代』 50, 2016.

박중국, 「중부지역 쪽구들 문화의 계통과 전개」, 『고고학』 15-1, 2016.

박경신, 「중부지역 원삼국시대 외줄구들의 편년과 전개양상」, 『고고학』 15-3, 2016.

이병훈, 「중부지방 원삼국시대 외줄구들 유형의 변천과정 재검토: 중도유형문화권을 중심으로」, 『고문화』 88, 2016.

이재돈·신승철·장덕원, 「송절동 유적의 마한·백제 주거지 검토」, 『청주 마한 백제를 품다』, 청주 테크노폴리스 조성사업부지 내 송절동 유적 학술대회, 2018.4.25.

송만영, 「중도식 주거 외줄구들 다원기원설에 대한 비판적 검토」, 『中央考古研究』 26, 中央文化財研究院, 2018.

발굴 보고서

미사리선사유적발굴단, 『渼沙里』, 2·3·4·5, 1994.

국립문화재연구소, 『扶蘇山城 發掘調査報告書』, 1996.

동아대학교박물관, 『鎭海龍院遺蹟』, 1996.

國立扶餘文化財硏究所, 『彌勒寺』 II, 1996.

한남대학교박물관, 『大田九城洞遺蹟』, 1997.

한남대학교박물관, 『大田梧井洞遺蹟』, 1998.

충청매장문화재연구원, 『天安龍院里遺蹟: A地區』, 1999.

한남대학교 백제문화박물관, 『천안~논산간 고속도로 건설구간내 문화유적 발굴조사 현장설명회 자료』, 1999.11.

한양대학교박물관, 『晋州 內村里 住居址 및 舊石器遺蹟』, 1999.

국립부여박물관, 『陵寺: 扶餘 陵山里寺址發掘調査 進展報告書』, 2000.

공주대학교박물관, 『斗井洞遺蹟』, 2000.

목포대학교박물관, 『장흥 지천리유적』, 2000.

국립경주박물관, 『慶州 隍城洞 遺蹟』 I, 2000.

경북대학교박물관, 『慶州 隍城洞 遺蹟』 III, 2000.

계명대학교박물관, 『慶州 隍城洞 遺蹟』 V, 2000.

국립문화재연구소, 『風納土城』 I·XI·XIII·XIV·XV, 2001·2009·2012·2012·2013.

충청매장문화재연구원, 『天安 斗井洞 遺蹟(C·D地區)』, 2001.

충청매장문화재연구원, 『舒川 松內里 遺蹟』, 2001.

전북대학교박물관·군산대학교박물관, 『臥亭遺蹟』, 2001.

창원대학교박물관, 『'94 昌原 加音丁洞遺蹟』, 2001.

동아대학교박물관, 『晋州內村里遺蹟』, 2001.

한양대학교박물관, 『二聖山城 9次 發掘調査報告書』, 2002.

경남고고학연구소, 『泗川 鳳溪里 三國時代 集落』, 2002.

전북대학교박물관, 『배매산』, 2002.

국립부여문화재연구소, 『扶蘇山城 發掘調査報告書』 V, 2003.

경남고고학연구소, 『勒島貝塚』 A地區·住居群, 2003.

창원대학교박물관, 『昌原 南山遺蹟』, 2003.

울산문화재연구원, 『蔚山 泗淵里 늠네遺蹟』, 2003.

숭실대학교박물관, 『華城 旺林里 遺蹟』, 2004.

충청문화재연구원, 『大田自雲洞·秋木洞遺蹟』, 2004.

호남문화재연구원, 『益山 源水里遺蹟』, 2004.

순천대학교박물관, 『順天 劍丹山城』 I, 2004.

한신대학교박물관, 『風納土城』 IV, 2004.

공주대학교박물관, 『舒川 芝山里遺蹟』, 2005.
충청남도역사문화원, 『舒川 鳳仙里 遺蹟』, 2005.
충청문화재연구원, 『扶餘 井洞里 遺蹟』, 2005.
한국토지공사 토지박물관, 『개성공업지구 1단계 문화유적 남·북 공동조사 보고서』, 2005.
동아대학교박물관, 『泗川 勒島 CI』, 2005.
경상북도문화재연구원, 『浦項 虎洞遺蹟』 I~VIII, 2005~2008.
호남문화재연구원, 『海南 新今遺蹟』, 2005.
목포대학교박물관, 『장흥 상방촌A유적』 I, 2005.
호남문화재연구원, 『咸平 老迪遺蹟』, 2005.
경남문화재연구원, 『昌原外洞遺蹟』, 2005.
호남문화재연구원, 『高敞 石橋里 遺蹟』, 2005.
강원문화재연구소, 『下花溪里·哲亭里·驛內里 遺蹟』 I, 2005.
한양대학교박물관, 『二聖山城 11次 發掘調査報告書』, 2006.
강원문화재연구소, 『寧越 八槐里 遺蹟』, 2006.
충청문화재연구원, 『舒川 楸洞里 遺蹟: 1地域』 2006.
경남고고학연구소, 『勒島貝塚』 II, A地區 住居群, 2006.
기전문화재연구원, 『華城 發安里 마을遺蹟』, 2007.
경기문화재연구원, 『華城 石隅里 먹실遺蹟』, 2007.
한림대학교박물관, 『횡성 학담리유적』, 2007.
경남발전연구원 역사문화센터, 『咸陽 花山里遺蹟』, 2007.
경상북도문화재연구원, 『高靈 池山洞遺蹟』, 2007.
호남문화재연구원, 『益山 射德遺蹟』 I·II, 2007.
호남문화재연구원, 『潭陽 台木里遺蹟』 I·II, 2007·2010.
순천대학교박물관, 『광양 칠성리 유적』, 2007.
예맥문화재연구원, 『春川 栗文里遺蹟』 I, 2008.
성균관대학교박물관, 『경기도 양평군 양수리 상석정마을 발굴조사 보고서(철기시대 전기편)』, 2008.
공주대학교박물관, 『燕岐 鷹岩里 遺蹟』, 2008.
국립부여문화재연구소, 『陵寺: 부여 능산리사지 10차 발굴조사보고서』, 2008.
충청남도역사문화연구원, 『鷄龍 立岩里遺蹟』, 2008.
충청문화재연구원, 『扶餘 雙北理 두시럭골 遺蹟』, 2008.
충청문화재연구원, 『서천 옥남리 유적』, 2008.
영남문화재연구원, 『慶山 林堂洞 마을遺蹟』 I·II, 2008.
전북문화재연구원, 『益山 富松洞242-73遺蹟』, 2008.

마한문화연구원, 『곡성 오지리유적』, 2008.
경남문화재연구원, 『昌原 新方里 遺蹟』, 2008.
경상북도문화재연구원, 『성주 장학리 장골유적』 1 · 2, 2008.
경상북도문화재연구원, 『성주 가암리 유적』, 2008.
경상북도문화재연구원, 『성주 상언리유적』, 2008.
한신대학교박물관, 『용인 고림동 유적 발굴조사 2차 지도위원회의 자료』, 2009.9.
예맥문화재연구원, 『寧越 三玉里遺蹟』, 2009.
경기문화재연구원, 『加平 大成里遺蹟』, 2009.
경기문화재연구원, 『龍仁 麻北洞 聚落遺蹟』, 2009.
중앙문화재연구원, 『驪州 淵陽里遺蹟』, 2009.
울산대학교박물관, 『기장 가동유적』, 2009.
마한문화연구원, 『순천 가곡동유적』, 2009.
충청문화재연구원, 『扶餘 石木里 羅城 遺蹟』, 2009.
영남문화재연구원, 『大邱 梅湖洞 1008番地遺蹟』, 2009.
전북문화재연구원, 『全州 長洞遺蹟』 II · III, 2009.
울산발전연구원 문화재센터, 『울산 명산리 314-1 유적』, 2009.
한양대학교 문화재연구소, 『연천 삼곶리 유적: 원삼국시대 마을유적』, 2010.5.(지도위원회 자료집)
國立中原文化財研究所, 『忠州 塔坪里 遺蹟(中原京 추정지) 시굴조사보고서』, 2009.
중앙문화재연구원, 『南陽州 長峴里遺蹟』, 2010.
고려문화재연구원, 『加平 項沙里 遺蹟』, 2010.
숭실대학교 한국기독교박물관, 『水原 西屯洞 遺蹟』, 2010.
한국고고환경연구소, 『燕岐 應岩里 가마골 遺蹟 (A地區)』, 2010.
경남문화재연구원, 『진주 평거 3택지 개발사업지구(2지구) 진주 평거동 유적』 I, 2010.
경상북도문화재연구원, 『달성 평촌리 · 예현리 유적』, 2010.
마한문화연구원, 『순천 덕암동 유적』 II, 2010.
영남문화재연구원, 『慶山 林堂洞 環濠遺蹟』, 2010.
전남문화재연구원, 『康津 楊柳洞 遺蹟』, 2010.
한국전통문화학교 고고학연구소, 『扶餘 陵山里寺址: 제9차 발굴 조사 보고서』, 2010.
한국전통문화학교 고고학연구소, 『扶餘 陵山里寺址: 제11차 발굴 조사 보고서』, 2011.
경남발전연구원 역사문화센터, 『진주 평거 3-1지구 유적』 II · III, 2011.
겨레문화유산연구원, 『가평 대성리유적』 II, 2011.

경기문화재연구원, 『烏山 內三美洞 遺蹟』, 2011.
중앙문화재연구원, 『大田 龍溪洞遺蹟』, 2011.
강원문화재연구소, 『정선 아우라지 유적: 정선 아우라지 관광단지 조성부지 내 2차 발굴조사 보고서』, 2011.
한국고고환경연구소, 『論山 奈洞 遺蹟』, 2011.
영남문화재연구원, 『大邱 鳳舞洞遺蹟』 V, 2011.
호남문화재연구원, 『井邑 新綿遺蹟』, 2011.
강원고고문화연구원, 『東海 松亭洞聚落』 I, 2011.
고려문화재연구원, 『漣川 江內里 遺蹟』, 2012.
금강문화유산연구원, 『扶餘 佳塔里 가탑들 遺蹟』, 2012.
강원문화재연구소, 『洪川 城山里遺蹟』, 2012.
백제문화재연구원, 『行政中心複合都市敷地 內 3-1-A地點 燕岐 大平里遺蹟』, 2012.
錦江文化遺産研究院, 『大田 伏龍洞 堂山마을 遺蹟』, 2012.
하은정, 「대전 죽동 유적: 1지점 원삼국시대 취락」, 『2012년 유적조사 발표회 발표 자료집』, 한국고고학회, 2012.7.7.
國立中原文化財研究所, 『忠州 塔坪里遺蹟(中原京 추정지) 발굴조사보고서』, 2013.
中央文化財研究院, 『忠州 塔坪里遺蹟』, 2013.
예맥문화재연구원, 『華川 原川里遺蹟』, 2013.
서울대학교박물관, 『양주 천보산 2보루』, 2014.
한국선사문화연구원, 『清州 松節洞 遺蹟: 4 · 5地點』 II, 2018.
한국선사문화연구원, 『清州 松節洞 遺蹟』 VIII, 2018.
中原文化財研究院, 『清州 松節洞 遺蹟』 IX, 2018.
충청북도문화재연구원, 『清州 松節洞 遺蹟』 X, 2018.
호서문화유산연구원, 『清州 松節洞 遺蹟』 XI, 2018.
충북대학교박물관 외, 『清州 松節洞 遺蹟』 XIII, 2018.
예맥문화재연구원, 『東海 望祥洞遺蹟』 III, 2019.

2) 통일신라

연구

황보경, 「河南地域 羅末麗初 遺蹟 研究」, 『先史와 古代』 21, 2004.
이상복, 「이천 갈산동유적의 통일신라시대 수혈주거지 연구」, 한남대학교 문화재학과 석사논문, 2007.2.
이상복, 「統一新羅時代 竪穴住居址 研究 -京畿 南部地域을 中心으로」, 『三空 尹世英院長 退任 特輯 研究論文集』 4, 중앙문화재연구원, 2008.
김진영, 「경기 남부지역 신라 취락의 입지와 주거구조」, 『史學志』 40, 2008.

이상복, 「중서부지역 통일신라시대 수혈주거지의 분류와 편년: ‘ㄱ’자형 구들시설을 中心으로」, 『中央考古研究』 9, 2011.

정동헌, 「화성 청계리 통일신라시대 취락 연구」, 중앙대학교 교육대학원 석사학위논문, 2011.2.

신유리, 「中部地方 新羅 竪穴住居址 研究」, 단국대학교 사학과 석사학위논문, 2011.2.

황보경, 「서울·경기지역 신라 주거지와 건물지 고찰」, 『先史와 古代』 35, 2011.

이상복, 「중서부지역 통일신라시대 수혈주거지의 분류와 편년: ‘ㄱ’자형 구들시설을 中心으로」, 『中央考古研究』 9, 2011.

발굴 보고서

국립부여문화재연구소, 『扶蘇山城 發掘中間報告書』, 1999.

서울대학교 인문학연구소·서울대학교박물관, 『아차산성: 시굴조사보고서』, 2000.

국립전주박물관, 『鎭安 龍潭댐 水沒地區內 文化遺蹟 發掘調查 報告書』 III, 2001.

경상북도문화재연구원, 『대구 수성구 상동 우방아파트 건립부지내 上洞遺蹟發掘調查報告書』, 2002.

중앙문화재연구원, 『淸原 陽村里遺蹟』, 2003.

국립부여문화재연구소, 『扶蘇山城 發掘調查報告書』 V, 2003.

경상북도문화재연구원, 『대구 수성초등학교 부지내 上洞遺蹟發掘調查報告書』, 2004.

영남문화재연구원, 『開慶 矛田洞遺蹟』, 2004.

영남문화재연구원, 『慶州 東川洞793番地遺蹟』, 2004.

충청문화재연구원, 『舒川 楸洞里 遺蹟 : 1地域』, 2006.

경상북도문화재연구원, 『淸道 鳳岐里 遺蹟』, 2006.

중앙문화재연구원, 『峰潭 水營里遺蹟』, 2007.

중앙문화재연구원, 『갈산2지구 주택건설사업부지내 利川 葛山洞遺蹟』, 2007.

중앙문화재연구원, 『현진에버빌아파트부지내 利川 葛山洞遺蹟』, 2007.

기전문화재연구원, 『烏山 佳水洞 遺蹟』, 2007.

고려문화재연구원, 『김포 대능리유적』, 2007.

중원문화재연구원, 『平澤 芝山洞 遺蹟(2次)』, 2007.

중원문화재연구원, 『平澤 道日洞遺蹟』, 2007.

강원문화재연구소, 『영월 문산리유적』, 2008.

중앙문화재연구원, 『天安 新芳洞遺蹟(II地區)』, 2008.

충청문화재연구원, 『天安 龍井里 遺蹟』, 2008.

충청남도역사문화연구원, 『扶餘 中井里(85, 86-3番地)』, 2008.

영남문화재연구원, 『尙州 伏龍洞 256番地遺蹟』, 2008.
경남고고학연구소, 『晋州 倉村里 遺蹟』, 2008.
중앙문화재연구원, 『安城 萬井里II 遺蹟』, 2009.
한백문화재연구원, 『여주 금당리 유적』, 2009.
경기문화재연구원, 『華城 南陽洞 遺蹟』, 2009.
중앙문화재연구원, 『驪州 淵陽里遺蹟』, 2009.
중원문화재연구원, 『增坪 彌岩里遺蹟』 II, 2009.
중앙문화재연구원, 『忠州 本里 · 永平里 · 完五里遺蹟』, 2009.
경상북도문화재연구원, 『慶山 山陽里遺蹟』, 2009.
영남문화재연구원, 『尙州 伏龍洞 230-3番地遺蹟』, 2009.
기호문화재연구원, 『金浦 馬松遺蹟』 II, 2010.
행정중심복합도시건설청, 『행정중심복합도시 문화유적발굴』, 2010.
경기문화재연구원, 『華城 花山洞 遺蹟』, 2010.
경기문화재연구원, 『龍仁 靈德洞 遺蹟』, 2010.
충청문화재연구원, 『아산 신법리 토루 유적』, 2010.
국방문화재연구원, 『이천 안평~송갈간 도로 확포장구간내 문화유적 발굴조사 및 표본시굴조사 결과 약보고서』, 2010.5.
강원문화재연구소, 『寧越 三玉里遺蹟』, 2010.
충청남도역사문화연구원, 『天安 命德里遺蹟』, 2010.
예맥문화재연구원, 『春川 松岩洞遺蹟』, 2010.
경기문화재연구원, 『龍仁 書川洞遺蹟』, 2011.
영남문화재연구원, 『慶州 牟梁里 530蕃地遺蹟』, 2011.
경기문화재연구원, 『坡州 野塘里I 遺蹟』 2011.
경기문화재연구원, 『水原 好梅實洞 · 金谷洞 遺蹟』 2011.
중앙문화재연구원, 『平澤 소사벌遺蹟』, 2011.
백제문화재연구원, 『대전 원신흥동 유적』, 2011.
강원고고문화연구원, 『春川 槿花洞遺蹟(A구역)』, 2011.
강원문화재연구소, 『春川 槿花洞遺蹟(B구역)』, 2011.
예맥문화재연구원, 『春川 槿花洞遺蹟(C구역)』, 2011.
예맥문화재연구원, 『春川 玄岩里遺蹟』, 2011.
기호문화재연구원, 『光敎 新都市 文化遺蹟』 V, 10 · 11지점, 2011.
기호문화재연구원, 『光敎 新都市 文化遺蹟』 V, 12 · 13 · 14 지점, 2011.
백제문화재연구원, 『行政中心複合都市敷地內 3-1-A地點 燕岐 大平里遺蹟』, 2012.
겨레문화유산연구원, 『고양 도내동 유적』, 2012.
강원문화재연구소, 『洪川 城山里遺蹟』, 2012.

한국문화재보호재단, 『高陽 元興洞 · 新院洞 遺蹟』, 2012.
예맥문화재연구원, 『東海 智興洞遺蹟』, 2012.
한겨레문화재연구원, 『山淸 挹淸亭 敷地 및 周邊敷地(江樓地區) 遺蹟』, 2012.
한백문화재연구원, 『남양주 별내 유적』, 2012.
국방문화재연구원, 『이천 주미리유적』, 2012.
中央文化財硏究院, 『忠州 塔坪里遺蹟』, 2013.
예맥문화재연구원, 『洪川 東幕里遺蹟』, 2013.
한백문화재연구원, 『화성 청계리 유적』, 2013.
서울대학교박물관, 『시흥 오이도유적』, 2013.
한성백제박물관, 『夢村土城』 I, 2016.
한백문화재연구원, 『춘천 소양로1가(93-8번지) 주유소 및 판매시설 신축공사부지 내 유적 문화재 정밀발굴조사 3차 학술자문회의 자료』, 2018.6.

3) 고려

연구

서국태, 「신의주시 상단리의 고려 집자리」, 『고고민속』, 1966-1.
리화선, 『조선건축사』 1, 과학백과사전종합출판사, 1989.
박진욱 · 안병찬, 「구월산의 단군사터에 대하여」, 『조선고고연구』 1994-3.
리창언, 『고려유적연구』, 사회과학출판사, 2002(백산자료원, 2003).
주영민, 「창녕 말흘리 고려시대 건물지의 성격에 관한 연구」, 『한국상고사학보』 65, 2009.
강태정, 「대전 상대동 중동골 고려시대 건물지유적」, 『고려 · 조선시대의 주거와 마을』, 제53회 전국역사학대회 고고학부 발표자료집, 2010.5.
황대일, 「고려시대 수혈주거지의 구조와 변천」, 『중앙고고연구』 14, 2014.

발굴 보고서

洪思俊 · 申榮勳 · 李東永, 『鳥嶺關內 傳鳥嶺院 舊基發掘 調査 概報』, 1978.
木浦大學校博物館, 『珍島龍藏城』, 1990.
文化財硏究所, 『莞島 法華寺址』, 1992.
國立扶餘文化財硏究所, 『彌勒寺 遺蹟發掘調査報告書』 II, 1996.
국립경주문화재연구소, 『聞慶 主屹山 鳥嶺院터 遺蹟調査 結果報告書』 II, 1997.
단국대학교 매장문화재연구소 · 충청대학교박물관, 『과천 관악산 관악 · 일명사지 시굴 및 발굴조사보고서』, 2000.
中央文化財硏究院, 『洪城 月山里遺蹟』, 2001.
畿甸文化財硏究院, 『水原 九雲洞 中世 住居遺蹟』, 2002.

國立中央科學館, 『大田 元內洞遺蹟』, 2002.
高麗大學校 埋藏文化財研究所, 『大井洞 遺蹟』, 2002.
京畿道博物館, 『奉業寺』, 2002.
한남대학교 중앙박물관, 『대전 노은동 유적』, 2003.
東國大學校 博物館, 『史蹟 259號 江華 禪源寺址 發掘 調査 報告書』, 2003.
順天大學校 博物館, 『順天 金芚寺址』, 2004.
東亞大學校 博物館, 『陜川靈巖寺址』Ⅱ, 2005.
강원문화재연구소, 『春川 牛頭洞 707-1 · 35番地 遺蹟 發掘調査 報告書』, 2006.
단국대학교 매장문화재연구소, 『파주 혜음원지 발굴조사 보고서(1차~4차)』, 2006.
畿甸文化財研究院, 『平澤 宮里 遺蹟』, 2006.
慶南考古學研究所, 『金海 鳳凰洞 遺蹟』, 2007.
江原文化財研究所, 『春川 牛頭洞 롯데인벤스 우두파크 신축부지內 發掘調査 報告書』, 2007.
江原文化財研究所, 『泉田里 B지역』, 2007.
畿甸文化財研究院, 『高達寺址』II, 3~5차 시 · 발굴조사 보고서, 2007.
경상북도문화재연구원, 『蔚珍 外仙味里 遺蹟』, 2007.
慶南發展研究院 歷史文化센터, 『昌寧 末屹里 高麗時代 建物址』, 2007.
강원문화재연구소, 『寧越 文山里 遺蹟』, 2008.
영남문화재연구원, 『尙州 伏龍洞 256番地遺蹟』, 2008.
中央文化財研究院, 『安城 長陵里寺址』, 2008.
충청대학교박물관, 『堤川 長樂寺址』, 2008.
국립문화재연구소, 『開城 高麗宮城: 試掘調査報告書』, 2008.
한국문화재보호재단, 『성남 판교 지구 문화유적 2차 발굴조사 약보고서』, 2008.
영남문화재연구원, 『尙州 伏龍洞 10-4番地遺蹟』, 2009.
영남문화재연구원, 『尙州 伏龍洞 230-3番地遺蹟』, 2009.
大東文化財研究院, 『大邱 邑內洞 491遺蹟』, 2009.
강원문화재연구소, 『寧越 三玉里遺蹟』 역사시대, 2010.
大東文化財研究院, 『漆谷 鳳溪里 38遺蹟』, 2010.
中原文化財研究院, 『忠州尖端地方産業團地進入道路 開設事業敷地內遺蹟發掘調査報告書: 老鷄마을 高麗時代冶鐵遺蹟』, 2010.
한백문화재연구원, 『파주 혜음원지』 5차 발굴조사 보고서, 2010.
기호문화재연구원, 『平澤 栢峯里 遺蹟』, 2010.
기호문화재연구원, 『烏山 紙串洞 遺蹟』 II, 2010.
江原考古文化研究院, 『寧越 酒泉里聚落』, 2011.
中央文化財研究院, 『仁川 中山洞遺蹟』, 2011.

大東文化財研究院, 『尙州 校村里 1遺蹟』, 2011.

大東文化財研究院, 『尙州 武陽洞 152遺蹟』, 2011.

한국문물연구원, 『昌原 鳳林洞遺蹟』, 2011.

中央文化財研究院, 『大田 佳水院洞 · 道安洞遺蹟』, 2011.

中央文化財研究院, 『大田 佳水院洞 · 道安洞 · 龍溪洞 · 上垈洞 윈골遺蹟』, 2011.

中央文化財研究院, 『大田 上垈洞 원골遺蹟』, 2011.

百濟文化財研究院, 『대전 상대동(중동골 · 양촌) 유적』, 2011.

한겨레문화유산연구원, 『이천 증포동 유적』, 2011.

경기문화재연구원, 『水原 好梅實洞 · 金谷洞 遺蹟』, 2011.

慶南發展研究院 歷史文化센터, 『山淸 下村里遺蹟』, 2011.

中原文化財研究院, 『江華 大山里 遺蹟』, 2011.

한강문화재연구원, 『인천 운북동 유적』, 2012.

울산발전연구원 문화재연구센터, 『울주 연자도 유적』, 2012.

中原文化財研究院, 『江華 玉林里 遺蹟』 강화중성 · 고려시대 건물지, 강화~인화 도로건설공사J구간 문화재 발굴조사 보고서, 2012.

한겨레문화재연구원, 『山淸 挹淸亭 敷地 및 周邊敷地(江樓地區) 遺蹟』, 2012.

서경문화재연구원, 『강화 관청리 향교골 유적: 강화군 강화여고 기숙사 증축부지 발굴조사』, 2012.

龍仁大學校博物館, 『軍浦 富谷洞 遺蹟』, 2012.

大東文化財研究院, 『星州 禮山里遺蹟』, 2013.

한국전통문화대학교 고고학연구소, 『扶餘 佳塔里 錦城山 두시럭골 遺蹟』, 2013.

江原考古文化研究院, 『三陟 湖山里 유적』, 2013.

예맥문화재연구원, 『春川 牛頭洞遺蹟』 춘천 우두동 711-1번지 일원 근린생활시설 부지내 유적 발굴조사보고서, 2013.

목포대학교박물관, 『珍島 龍藏城 王宮址』, 2013.

中原文化財研究院, 『梧倉 第2産業團地 造成事業敷地 內 淸原 主城里 · 倉里 遺蹟』, 2013.

한백문화재연구원, 『파주 혜음원지』 6 · 7차 발굴조사 보고서, 2014.

京畿文化財研究院, 『高達寺址』 III, 2014.

토지주택박물관, 『漣川 瓠蘆古壘』 IV, 2014.

京畿文化財研究院, 『驪州 元香寺』 증보판, 2016.

기호문화재연구원, 『인화~강화 도로건설공사 매장문화재 발굴조사 9차 학술자문회의 자료집: 강화산단지점(2차) 시굴, L지점 정밀발굴』, 2016.9.

4) 조선

수혈주거지 연구

이경복 · 전경아, 「조선시대 움집과 그 안에 살던 사람들」, 『白山學報』 69, 白山學會, 2004.

김성태 · 이병훈, 「史料를 통한 朝鮮時代 竪穴住居址의 검토」, 『고고학』 3-2, 2004.

임영호 · 정여선, 「조선시대 수혈주거지에 대한 연구」, 『야외고고학』 3, 2007.

박한재, 「조선시대 경기지방의 수혈주거지」, 상명대학교 석사학위논문, 2007.8.

이경복, 「조선시대 움집과 온돌의 도입」, 『白山學報』 79, 白山學會, 2007.

오준혁, 「조선시대 수혈주거지에 대한 검토: 대전지역 조사자료를 중심으로」, 공주대학교 석사학위논문, 2008; 「大田地域 朝鮮時代 竪穴住居址에 대한 一硏究」, 『연구논문집』 4, 중앙문화재연구원, 2008.

이경복, 「朝鮮時代 움집에 설치된 溫突의 調査法 一事例」, 『호서고고학』 18, 호서고고학회, 2008.

양진호, 「하남 춘궁동 朝鮮時代 竪穴住居址의 조사 연구」, 『京畿地域 住居址遺蹟의 硏究』 I, 서경문화사, 2009.

유태용, 「오산시 청호동 朝鮮時代 竪穴住居址의 小考」, 『京畿地域 住居址遺蹟의 硏究』 I, 서경문화사, 2009.

黃大一, 「蔚山地域 朝鮮時代 竪穴住居址에 대한 小考」, 『嶺南考古學』 52, 2010.

김지혜, 「수원 호매실지구 유적 내 조선시대 주거지」, 『고려 · 조선시대의 주거와 마을』, 제53회 전국역사학대회 고고학부 발표자료집, 2010.5.

박지희, 「화성 남양동 조선시대 마을 유적」, 『고려 · 조선시대의 주거와 마을』, 제53회 전국역사학대회 고고학부 발표자료집, 2010.5.

김진영 · 이상희, 「수원 광교 신도시 개발지구내 유적(3지구) 조선시대 취락」, 『고려 · 조선시대의 주거와 마을』, 제53회 전국역사학대회 고고학부 발표자료집, 2010.5.

김현준 · 박세원 · 유형석, 「화성 매송 야목리유적」, 『고려 · 조선시대의 주거와 마을』, 제53회 전국역사학대회 고고학부 발표자료집, 2010.5.

오승규, 「조선시대 영남지방 수혈주거지의 검토」, 『대구사학』 99, 2010.

오승규, 「조선시대 수혈주거지에 대한 검토」, 『과기고고연구』 16, 2010.

황대일, 「울산지역 조선시대 수혈주거지에 대한 소고」, 『영남고고학』 52, 2010.

황대일, 「경남지역 조선시대 수혈주거지의 변천과 지역성」, 『영남고고학』 59, 2011.

황대일, 「울산지역 조선시대 수혈주거지에 대한 일고찰」, 경상대학교 석사학위논문, 2011.8.

오승규, 「중부지방 조선시대 수혈주거지의 성격 검토」, 동아대학교 석사학위논문, 2011.2.

오승규, 「경기지역 조선시대 수혈주거지에 대한 고찰」, 『과기고고연구』 17, 2011.
황대일, 「강원지역 조선시대 수혈주거지의 구조와 지역성에 대한 분석적 연구」, 『고고학』 11-2, 중부고고학회, 2012.
오승규, 「충청지역 조선시대 수혈주거지 연구」, 『과기고고연구』 18, 아주대학교박물관, 2012.
황대일, 「경북지역 조선시대 수혈주거지 구조 검토」, 『과기고고연구』 18, 아주대학교박물관, 2012.
김지혜, 「조선시대 경기도지역 수혈주거지에 대한 고찰」, 숭실대학교 석사학위논문, 2013.6.
손성진, 「조선시대 강원지역 움집유적 연구」, 강원대학교 석사학위논문, 2013.2.
황대일, 「부산지역 조선시대 수혈주거지의 구조와 취락유형 연구」, 『항도부산』 29, 2013.
서지은 · 홍승재, 「조선시대 주거지의 연구: 경기지역에서 확인된 유적을 중심으로」, 『한국건축역사학회 학술발표대회논문집』 2013-1, 2013.
김현주, 「화성 남양동 유적 조선시대 수혈주거지 연구」, 단국대학교 석사학위논문, 2014.8.; 「華城 南陽洞 遺蹟 朝鮮時代 住居址 硏究」, 『文化史學』 45, 한국문화사학회, 2016.
오승환, 「朝鮮時代 움집의 廬幕機能 再考: 경기도지역의 움집을 중심으로」, 『馬韓·百濟文化』 24, 2014.
정해득, 「화성지역 조선시대 유적 연구의 현황과 쟁점」, 『화성지역 고고학 연구의 현황과 쟁점』, 화성시, 2016.
오승규, 「강원지역 조선시대 수혈주거지에 대한 연구」, 『科技考古硏究』 22, 아주대학교박물관, 2016.

수혈주거지 발굴 보고서

百濟文化開發硏究院 외, 『淸州 松節洞 古墳群 發掘調査報告書』, 1995.
釜山大學校 博物館, 『蔚山檢丹里마을 遺蹟』, 1995.
國立扶餘文化財硏究所, 『彌勒寺』 II, 1996.
高麗大學校 埋藏文化硏究所, 『館山里 遺蹟』 I, 1996.
公州大學校 博物館, 『鳥石里遺蹟』, 1996.
한남대학교박물관, 『大田九城洞遺蹟』, 1997.
忠北大學校博物館, 『淸州 開新洞遺蹟 發掘調査 報告書』, 1998.
한남대학교박물관, 『大田梧井洞遺蹟』, 1998.
釜山廣域市立博物館, 『機張淸江里古墳群』, 1998.
韓國文化財保護財團, 『淸原 梧倉遺蹟』 I, 1999.

韓國文化財保護財團,『淸原 梧倉遺蹟』II, 1999.
韓國文化財保護財團,『尙州 龍潭里遺跡』, 1999.
국립진주박물관,『晋州 柿木 遺蹟』, 1999.
釜山廣域市立博物館 福泉分館,『釜山五倫臺遺蹟』, 1999.
韓國文化財保護財團,『淸原 梧倉遺蹟』IV, 2000.
단국대학교 매장문화재연구소·충청대학 박물관,『과천 관악산 관악·일명사지 시굴 및 발굴조사보고서』, 2000.
高麗大學校 埋藏文化財硏究所,『南村里 遺蹟』, 2000.
公州大學校 博物館,『白石·業成洞 遺蹟』, 2000.
公州大學校 博物館,『斗井洞遺蹟』, 2000.
忠淸埋藏文化財硏究院 ,『天安 斗井洞 遺蹟 : C·D 地區』, 2001.
韓國文化財保護財團,『蔚山市 夫谷洞 252-5番地 一帶 한국카프로락탐(주) 工場敷地 發掘調查 報告書』, 2000.
韓國文化財保護財團,『楊州 山北里遺蹟』, 2000.
蔚山大學校博物館·釜山大學校考古學科,『울산달천유적』, 2000.
中央文化財硏究院,『鎭川 思陽里遺蹟』, 2001.
中央文化財硏究院,『保寧 九龍里遺蹟』, 2001.
韓國文化財保護財團,『中部內陸高速道路 忠州區間文化遺蹟 發掘調查 報告書』, 2001.
忠淸埋藏文化財硏究院,『瑞山 餘美里遺蹟』, 2001.
國立扶餘文化財硏究所·忠南發展硏究院,『扶餘 合井里』, 2001.
嶺南文化財硏究院,『永川 淸亭里遺蹟』, 2001.
高麗大學校 埋藏文化財硏究所,『芙江里 遺蹟』, 2002.
高麗大學校 埋藏文化財硏究所,『蓮芝里 遺蹟』, 2002.
高麗大學校 埋藏文化財硏究所,『大井洞 遺蹟』, 2002.
경상북도문화재연구원,『대구 수성구 상동 우방아파트 건립부지내 上洞遺蹟發掘調查報告書』, 2002.
中央文化財硏究院,『大田 大禾洞遺蹟』, 2002.
國立中央科學館,『大田 元內洞遺蹟』, 2002.
기전문화재연구원,『수원 구운동 중세 주거유적』, 2002.
中央文化財硏究院,『大田 官坪洞遺蹟』, 2002.
蔚山大學校 博物館,『蔚山 大安里 遺蹟』, 2002.
釜山大學校博物館,『蔚山芳基里遺蹟』, 2002.
嶺南文化財硏究院,『龜尾 黃桑洞382番地遺蹟』, 2002.
嶺南文化財硏究院,『大邱 新梅洞164番地遺蹟』, 2002.
忠南發展硏究院,『牙山 九星里遺蹟』, 2003.

한남대학교 중앙박물관, 『대전 노은동 유적』, 2003.
忠淸埋藏文化財研究院, 『論山 中里 遺蹟』, 2003.
忠淸埋藏文化財研究院, 『牙山 鳴岩里 遺蹟(11 · 3地點)』, 2003.
畿甸文化財研究院, 『龍仁 舊葛里 遺蹟』, 2003.
蔚山發展研究院, 『蔚山 茶雲洞 마 區域 遺蹟』, 2003.
蔚山文化財研究院, 『蔚山 新亭洞 遺蹟』, 2003.
蔚山文化財研究院, 『蔚山 新峴洞 黃土田遺蹟』, 2003.
嶺南文化財研究院, 『蔚山 倉坪洞遺蹟』, 2003.
嶺南文化財研究院, 『大邱 鳩岩洞6番地遺蹟』, 2003.
세종대학교박물관, 『平澤 奈川里』, 2003.
忠淸南道歷史文化院, 『천안 불당동 유적』, 2004.
忠淸南道歷史文化院, 『扶餘 甑山里 遺蹟』, 2004.
中央文化財研究院, 『蔚山 斗旺~無去間 道路擴裝區間內 遺蹟 發掘調査報告書』, 2004.
蔚山文化財研究院, 『蔚山孝門洞竹田谷遺蹟』, 2004.
기전문화재연구원, 『수원 율전동유적』, 2004.
한신大學校博物館, 『龍仁 星福洞 統一新羅 窯址』, 2004.
中央文化財研究院, 『華城 求文川里遺蹟』, 2004.
嶺南文化財研究院, 『大邱 佳川洞遺蹟』, 2004.
嶺南文化財研究院, 『大邱 時至洞60-1番地遺蹟』, 2004.
中央文化財研究院, 『尙州 池山里 · 新鳳里 · 巨洞洞遺蹟』, 2004.
忠淸南道歷史文化院, 『扶餘 羅福里 遺蹟』, 2004.
嶺南文化財研究院, 『聞慶 矛田洞遺蹟』, 2004.
기전문화재연구원, 『수원 율전동 II 유적』, 2005.
中央文化財研究院, 『大田 伏龍洞遺蹟』, 2005.
中央文化財研究院, 『大田 槐亭高等學校 新築敷地內 遺蹟 發掘調査報告書』, 2005.
충청남도역사문화원, 『唐津 邑內里 遺蹟』, 2005.
韓國文化財保護財團, 『龍仁 東栢里 · 中里遺蹟』, 2005.
蔚山文化財研究院, 『蔚山梅谷洞遺蹟 I地區』, 2005.
蔚山文化財研究院, 『蔚山梅谷洞遺蹟 II地區』, 2005.
畿甸文化財研究院, 『龍仁 麻北里 百濟 土壙墓』, 2005.
畿甸文化財研究院, 『龍仁 寶亭里 소실遺蹟』, 2005.
蔚山發展研究院, 『蔚山 茶雲洞 바 區域 遺蹟』, 2005.
蔚山文化財研究院, 『蔚山山下洞山陰遺蹟』, 2005.
蔚山文化財研究院, 『蔚山川上里平川遺蹟』, 2005.

嶺南文化財研究院, 『慶山 佳野里遺蹟』, 2005.
嶺南文化財研究院, 『慶山 麻谷里遺蹟』, 2005.
嶺南文化財研究院, 『慶山 縣內里 II 遺蹟』, 2005.
慶南考古學研究所, 『梁山 所土里 松菊里文化集落』, 2005.
忠淸南道歷史文化院, 『舒川 鳳仙里 遺蹟』, 2005.
중원문화재연구원, 『용인~포곡간 도로 확·포장공사 구간내 마성리·영문리유적』, 2005.
畿甸文化財研究院, 『安城 新蘇峴洞遺蹟』, 2006.
中央文化財研究院, 『烏山 葛串洞遺蹟』, 2006.
畿甸文化財研究院, 『坡州 金蠅里·德隱里遺蹟』, 2006.
中原文化財研究院, 『平澤 芝山洞遺蹟』, 2006.
忠淸文化財研究院, 『公州 丹芝里 遺蹟』, 2006.
高麗大學校 埋藏文化財研究所, 『館山里 遺蹟』 I, 2006.
中央文化財研究院, 『大田 龍溪洞 遺蹟』, 2006.
忠淸文化財研究院, 『保寧 花山洞 옥약골 墳墓群 및 倉洞里 움골 遺蹟』, 2006.
韓國文化財保護財團, 『淸州 聖化洞 遺蹟』, 2006.
中央文化財研究院, 『淸原 雙淸里遺蹟』, 2006.
한신대학교박물관, 『華城 泉川里 靑銅器時代 聚落』, 2006.
中央文化財研究院, 『安城 葛田里遺蹟』, 2006.
畿甸文化財研究院, 『抱川 吉明里 黑釉瓷 窯址』, 2006.
畿甸文化財研究院, 『華城 盤松里 中世遺蹟』, 2006.
蔚山發展研究院, 『蔚山 南倉·合水遺蹟』, 2006.
慶南考古學研究所, 『金海 鳳凰洞 遺蹟』, 2007.
畿甸文化財研究院, 『華城 半月里 속반달이遺蹟』, 2007.
忠淸南道歷史文化院, 『扶餘 佳塔里遺蹟』, 2007.
忠淸南道歷史文化院, 『牙山 草沙洞 遺蹟』, 2007.
忠淸南道歷史文化院, 『禮山 揷橋 頭里遺蹟』, 2007.
蔚山文化財研究院, 『蔚山泉谷洞가재골遺蹟』 I, 2007.
蔚山文化財研究院, 『蔚山校洞里水南遺蹟』, 2007.
蔚山發展研究院, 『蔚山 茶雲洞 대골遺蹟』, 2007.
蔚山文化財研究院, 『蔚山三亭里遺蹟』, 2007.
蔚山大學校博物館, 『機長 芳谷里遺蹟』, 2007.
慶南考古學研究所, 『密陽 貴明里 三國時代 무덤군』, 무문토기시대·조선시대, 2007.
嶺南文化財研究院, 『慶山 雁村里 遺蹟』, 2007.
충청문화재연구원, 『아산 밤줄길 유적』, 2007.

畿甸文化財研究院, 『華城 峰潭 桐化里遺蹟』, 2007.
기전문화재연구원, 『烏山 佳水洞 遺蹟』, 2007.
울산발전연구원, 『울산 다운동 대골 II 유적』, 2008.
京畿文化財研究院, 『廣州 鎭牛里 遺蹟』, 2008.
蔚山文化財研究院, 『蔚山茶雲洞436-5遺蹟』, 2008.
慶尙北道文化財研究院, 『경산 당곡리 447번지 유적』, 2008.
慶南發展研究院, 『金海 栗下里 遺蹟』 I, 2008.
慶南發展研究院, 『金海 本山里遺蹟』, 2008.
慶南發展研究院, 『晋州 安磵里遺蹟』, 2008.
우리문화재연구원, 『咸安 梧谷里 87番地 遺蹟』, 2008.
畿甸文化財研究院, 『여주 교리 · 월송리 유적』, 2008.
畿甸文化財研究院, 『화성 향남택지개발지구내 방축리 · 행정리 · 도이리 유적』, 2008.
中央文化財研究院, 『平澤 玉吉里遺蹟』, 2008.
中央文化財研究院, 『金泉 新村里 遺蹟』, 2008.
江原文化財研究所, 『襄陽 臨湖亭里 遺蹟』, 2008.
新羅文化遺産調査團, 『慶州의 文化遺蹟』 II, 2008.
경상북도문화재연구원, 『김천 문당동유적』, 2008.
중앙문화재연구원, 『천안 신방동유적』, 2008.
忠淸南道歷史文化研究院, 『瑞山 禮川洞 遺跡』, 2008.
忠淸南道歷史文化研究院, 『瑞山 潛紅洞 遺跡』, 2008.
忠淸南道歷史文化研究院, 『燕岐 新安里 遺跡』, 2008.
예맥문화재연구원, 『高城 松峴里遺蹟』, 2008.
영남문화재연구원, 『尙州 伏龍洞 256番地遺蹟』, 2008.
中央文化財研究院, 『烏山 樓邑洞 遺蹟』, 2008.
中央文化財研究院, 『平澤 大秋里 · 金角里遺蹟』, 2008.
忠淸文化財研究院, 『牙山 豊基洞 밤줄길 遺蹟』 II, 2009.
예맥문화재연구원, 『高城 鐵桶里遺蹟』, 2009.
江原文化財研究所, 『홍천 백이 · 돌터거리 · 송정 유적』, 2009.
경기문화재연구원, 『수원 영통동 뒷골 유적』, 2009.
江原文化財研究所, 『橫城 邑下里 遺蹟』, 2009.
충청문화재연구원, 『舒川 鳳仙里 遺蹟』, 2009.
京畿文化財研究院, 『安城 萬井里 신기遺蹟』, 2009.
京畿文化財研究院, 『城南 島村洞 遺蹟』, 2009.
京畿文化財研究院, 『汶山 堂洞里 遺蹟』, 2009.
蔚山發展研究院, 『蔚山 新泉洞 冷泉遺蹟』, 2009.

蔚山文化財研究院,『蔚山泉谷洞가재골遺蹟』III, 2009.
신라문화유산연구원,『慶州 汶山里遺蹟』I, 2009.
嶺南文化財研究院,『慶州 西岳洞 256番地遺蹟』, 2009.
蔚山文化財研究院,『蔚山望陽里 · 德新里吾山遺蹟』, 2009.
東西文物研究院,『昌原 沙巴丁洞 遺蹟』, 2009.
蔚山文化財研究院,『蔚山中山洞藥水遺蹟』II, 2009.
우리문화재연구원,『密陽 校洞 개미골유적』, 2009.
한국문물연구원,『機張 佐東里 遺蹟』, 2009.
東亞細亞文化財研究院,『機張 盤龍里遺蹟』I, 2009.
慶南發展研究院,『咸安 沙道里 朝鮮時代 聚落』, 2009.
東西文物研究院,『咸陽 牛鳴里遺蹟』, 2009.
한백문화재연구원,『가평 연하리 유적』, 2009.
京畿文化財研究院,『華城 南陽洞 遺蹟』, 2009.
高麗文化財研究院,『城南 西板橋 遺蹟』, 2009.
高麗文化財研究院,『水原 網浦洞 遺蹟』, 2009.
경기문화재연구원,『龍仁 麻北洞 聚落遺蹟』, 2009.
예맥문화재연구원,『高城 鐵桶里遺蹟』, 2009.
예맥문화재연구원,『華川 龍岩里遺蹟』, 2009.
高麗文化財研究院,『華城 旌門里 遺蹟』, 2009.
충청문화재연구원,『천안 백석동 고재미골 유적』, 2009.
慶尙北道文化財研究院,『청도 용산리 유적』, 2009.
忠淸南道歷史文化研究院,『公州 新官洞 관골遺蹟』, 2009.
慶南文化財研究院,『古村遺蹟(III地區)』, 2009.
한국문물연구원,『機張 佐東里 遺蹟』, 2009.
한신대학교박물관,『華城 松山洞 農耕遺蹟』, 2009.
中央文化財研究院,『忠州 本里 · 永平里 · 完五里 遺蹟』, 2009.
中原文化財研究院,『曾坪 彌岩里遺蹟』II, 2009.
江原考古文化研究院,『橫城 邑下里 聚落』, 2010.
東亞細亞文化財研究院,『機張 盤龍里遺蹟』II, 2010.
기호문화재연구원,『平澤 栢峯里 遺蹟』, 2010.
기호문화재연구원,『烏山 紙串洞 遺蹟』, 2010.
京畿文化財研究院,『華城 花山洞 遺蹟』, 2010.
蔚山文化財研究院,『蔚山盤淵里가막못遺蹟』, 2010.
蔚山發展研究院,『울주 반연리 유적』, 2010.
울산발전연구원,『울산 산하동 유적』, 2010.

蔚山文化財研究院, 『蔚山常安洞遺蹟』, 2010.
慶南文化財研究院, 『기장 연구리 고분군』, 2010.
우리문화재연구원, 『咸安 梧谷里 28番地 遺蹟』 I, 2010.
기호문화재연구원, 『坡州 陵山里遺蹟』, 2010.
京畿文化財研究院, 『龍仁 靈德洞 遺蹟』, 2010.
京畿文化財研究院, 『坡州 瓦洞里 II 遺蹟』, 2010.
中原文化財研究院, 『평택 국제교류센터 조성사업 부지내 발굴조사 보고서』, 2010.
국방문화재연구원, 『화성 매송 야목리유적』, 2010.
한국전통문화연구소, 『이천 덕평 복합휴게소 부지 시·발굴조사 보고서』, 2010.
기호문화재연구원, 『金浦 馬松 遺蹟』, 2010.
경상북도문화재연구원, 『醴泉 黃池里 遺蹟』 II, 2010.
충청북도문화재연구원, 『진천 송두리 CQV 유적』, 2010.
충청북도문화재연구원, 『충주 수룡리 산막골유적』, 2010.
江原文化財研究所, 『高城 草島里 II·花浦里 遺蹟』, 2010.
예맥문화재연구원, 『江陵 斗山洞遺蹟』, 2010.
예맥문화재연구원, 『春川 松岩洞遺蹟』, 2010.
大東文化財研究院, 『尙州 校村里 1遺蹟』, 2011.
大東文化財研究院, 『尙州 武陽洞 152遺蹟』, 2011.
한국문물연구원, 『昌原 鳳林洞遺蹟』, 2011.
中央文化財研究院, 『大田 佳水院洞·道安洞遺蹟』, 2011.
中央文化財研究院, 『大田 佳水院洞·道安洞·龍溪洞·上垈洞 원골遺蹟』, 2011.
中央文化財研究院, 『大田 上垈洞 원골遺蹟』, 2011.
百濟文化財研究院, 『대전 상대동(중동골·양촌) 유적』, 2011.
江原文化財研究所, 『春川 獐鶴里 I 遺蹟』, 2011.
江原文化財研究所, 『春川 牛頭洞遺蹟』 I, 2011.
한국문화재보호재단, 『平澤 龍耳洞 遺蹟』, 2011.
蔚山文化財研究院, 『蔚山 茶雲洞 새각단遺蹟』, 2011.
蔚山文化財研究院, 『蔚山靑松寺址기와가마遺蹟』, 2011.
蔚山文化財研究院, 『蔚山한지골遺蹟』 I, 2011.
慶南發展研究院, 『마산 진북 덕곡리유적』, 2011.
한백문화재연구원, 『광교신도시 문화재 발굴조사 보고서』 I, 2011.
한울문화재연구원, 『광교신도시 문화유적』 II, 2011.
고려문화재연구원, 『光教新都市 文化財 發掘調査』 IV, 2011.
기호문화재연구원, 『光教 新都市 文化遺蹟』 V, 9지점, 2011.
기호문화재연구원, 『光教 新都市 文化遺蹟』 V, 10·11지점, 2011.

기호문화재연구원, 『光敎 新都市 文化遺蹟』 V, 12 · 13 · 14지점, 2011.
성림문화재연구원, 『慶山 中山洞 160-1番地 生活遺蹟』, 2011.
慶尙北道文化財硏究院, 『浦項 南松里 II · III 遺蹟, 浦項 曲江里 I · II 遺蹟』, 2011.
江原考古文化硏究院, 『춘천 근화동유적(A구역)』, 2011.
江原文化財硏究所, 『春川 槿花洞遺蹟(B구역)』, 2011.
예맥문화재연구원, 『春川 槿花洞遺蹟(C구역)』, 2011.
예맥문화재연구원, 『春川 玄岩里遺蹟』, 2011.
예맥문화재연구원, 『橫城 梅谷里遺蹟』, 2011.
京畿文化財硏究院, 『龍仁 書川洞遺蹟』, 2011.
기호문화재연구원, 『華城 錦衣里 遺蹟』, 2011.
中原文化財硏究院, 『화성 향남2지구 유적』 I · II, 2011.
경기문화재연구원, 『烏山 內三美洞 遺蹟』, 2011.
錦江文化遺産硏究院, 『唐津 彩雲里 한우물 遺蹟』, 2011.
中原文化財硏究院, 『堤川 旺岩洞 遺蹟』, 2011.
忠淸文化財硏究院, 『아산 용두리 진터 유적』, 2011.
江原文化財硏究所, 『橫城 法周里 遺蹟』, 2012.
江原文化財硏究所, 『春川 錦山里遺蹟』, 2012.
龍仁大學校博物館, 『軍浦 富谷洞 遺蹟』, 2012.
기호문화재연구원, 『城南 麗水洞 遺蹟』, 2012.
한국선사문화연구원, 『安城 長院里 遺蹟』, 2012.
겨레문화유산연구원, 『이천 지석리 유적』, 2012.
겨레문화유산연구원, 『이천 수하리 · 도암리 유적』, 2012.
강원고고문화연구원, 『平昌 泉洞里 · 馬池里 聚落』, 2012.
강원문화재연구소, 『洪川 城山里遺蹟』, 2012.
京畿文化財硏究院, 『金浦 陽谷遺蹟』, 2012.
忠淸文化財硏究院, 『唐津 城山里 · 通丁里 · 三和里 遺蹟』, 2012.
江原文化財硏究所, 『春川 牛頭洞 遺蹟』 II, 2012.
錦江文化遺産硏究院, 『大田 伏龍洞 堂山마을 遺蹟』, 2012.
大東文化財硏究院, 『星州 禮山里遺蹟』, 2013.
예맥문화재연구원, 『春川 獐鶴里遺蹟』, 2013.
釜山博物館, 『부산진해경제자유구역(미음지구) 건설부지 내 分節遺蹟』, 2013.
蔚山文化財硏究院, 『機張鳴禮里遺蹟』, 2013.
蔚山大學較 博物館, 『기장 명례유적』, 2013.
釜山博物館, 『機張 下長安遺蹟』, 2013.
韓國文化財保護財團, 『華城 梧山里 · 防橋里 遺蹟』, 2013.

중부고고학연구소, 『華城 靑園里·石橋里 遺蹟』, 2013.
中原文化財硏究院, 『華城 篤亭里·錦衣里 遺蹟』, 2013.
한백문화재연구원, 『화성 청계리 유적』, 2013.
中原文化財硏究院, 『淸原 主城里·倉里 遺蹟』, 2013.
忠淸文化財硏究院, 『唐津 城山里遺蹟 3-1地點』, 2013.
忠淸南道歷史文化硏究院, 『홍성 신경리·예산 목리유적』, 2013.
中部考古學硏究所, 『東豆川 廣岩洞 遺蹟』, 2014.
東西文物硏究院, 『金海 花木洞 生活遺蹟』, 2014.
한백문화재연구원, 『화성 남양동 유적』 II, 2014.
高麗文化財硏究院, 『利川 松界里 遺蹟』 II, 2014.
한울문화재연구원, 『화성 율암리 산46-58번지 유적』, 2014.
서경문화재연구원, 『화성 금곡리 유적』, 2014.
東西文物硏究院, 『華城 下吉里遺蹟』, 2015.
예맥문화재연구원, 『襄陽 浦月里遺蹟』, 2015.
高麗文化財硏究院, 『河南 新長洞 遺蹟』, 2015.
한울문화재연구원, 『화성 북양지구 준산업단지 1단계 조성사업부지 내 유적』, 2015.
중앙문화재연구원, 『평택 황해경제자유구역 포승지구 내 유적 발굴(시굴)조사 약식보고서』 2016.6.
호남문화재연구원, 『평택 고덕국제화계획지구(3단계 2공구) 사업부지 내 문화재 발굴시굴)조사 학술자문회의 자료집(3차)』, 2017.
한성문화재연구원, 『화성 온석리 267번지 유적』, 2018.

지상건물지 연구

金昊鍾, 「朝鮮時代의 燃料問題」, 『安東大學 論文集』 5-1, 1983.
李鎬澈·李鎬洌, 「조선시대 온돌보급과 시비법」, 『農業科學技術硏究所報』 3, 경북대학교, 1986.
이호열, 『朝鮮前期 住宅史 硏究 : 家舍規制 및 溫堗에 관련된 文獻을 中心으로』, 嶺南大學校 建築工學科 박사학위논문, 1991.
강수나, 「조선시대 주택평면 변화에 온돌이 끼친 영향」, 강원대학교 석사학위논문, 1999.
이호철, 「조선전기 "동절양채(冬節養菜)" 농법의 탄생: 채소농법과 온돌기술의 결합을 중심으로」, 『농업사연구』 2-1, 2003.
이종서, 「朝鮮前期의 住居用 層樓 建築 傳統」, 『역사민속학』 22, 2006.
김성준, 「17세기 이후 궁궐 실내 바닥구조의 변화에 관한 연구」, 경기대학교 건축공학전공 석사학위논문, 2006.
이종서, 「고려~조선전기 상류 주택의 防寒 설비와 炊事 도구」, 『역사민속학』 24, 2007.
박호승, 「朝鮮時代 漢陽市街의 市廛行廊 平面形態에 관한 硏究 : 청진6지구 발굴유구를 중심으로」, 명지대학교 산업대학원 문화재학과 석사학위논문, 2007.2..
김홍식, 「청진 6지구 시전행랑 유구에 대한 고찰」, 『건축역사연구』 16-3, 2007.
방민규, 「楊州 德亭 은동마을 朝鮮時代 建物址의 檢討」, 『京畿地域 住居址遺蹟의 硏究』 I, 서경문화사, 2009.
김경화, 「울산 약사동 평산유적」, 『고려·조선시대의 주거와 마을』, 제53회 전국역사학대회 고고학부 발표자료집, 2010.5..
박준범, 「서울 한양도성 내부의 조선시대 유적 발굴조사 현황과 성과」, 『고려·조선시대의 주거와 마을』, 제53회 전국역사학대회 고고학부 발표자료집, 2010.5.
최종규, 「종로 시전행랑 유구: 조선 전기 유구를 중심으로」, 『한국건축역사학회 학술발표대회논문집』, 2011.
안선호, 『조선시대 진전(眞殿) 건축 연구』, 원광대학교 건축공학과 박사학위논문, 2011.8.
이원재, 「조선전기 성균관 재(齋)의 운영 실태에 관한 연구: 온돌 문제를 중심으로」, 『한국교육사학』 34-3, 2012.
정정남, 「경운궁(덕수궁) 침전 온돌의 열손실 방지를 위한 건축기법: 준명당(浚明堂)을 중심으로」, 『한국건축역사학회 학술발표대회논문집』 추계, 2013.
민소희, 「조선시대 종로 시전행랑의 평면형태에 관한 연구: 종로 청진지구 발굴유구를 중심으로」, 경기대학교 건축학과 석사학위논문, 2014.8.
박근태, 「조선시대 온돌의 형성과 변천에 관한 연구」, 동국대학교 불교예술문화학과 문화재전공 석사학위논문, 2014.8.
조동우·유기형·정해권, 「조선 온실건축에 이용된 온돌의 독창성과 과학성」, 『온돌과 구들문화』, 어문학사, 2014.
조원창, 「회암사지 전 영당지의 건축고고학적 검토와 그 성격」, 『지방사와 지방문화』 19-2, 2016.
박진기·조재모, 「조선후기 경북북부지방 ㅁ자집의 꺾음부 온돌방 확장과 단면계획 양상」, 『대한건축학회 논문집』 33-5, 2017.
정정남, 「18세기 이후 조선사회의 온돌에 대한 인식변화와 난방효율 증대를 위한 건축적 모색」, 『건축역사연구』 27-3, 2018.

지상건물지 발굴 보고서

경기도박물관·연세대학교 건축과학기술연구소, 『고양 벽제관 건축유적지 발굴조사보고서』, 2000.
京畿道博物館 · 畿甸文化財研究院, 『檜岩寺』 I, 2001.
경기도박물관 · 경기문화재연구원, 『檜巖寺』 II, 2003.
명지대학교 부설 한국건축문화연구소, 『종로2가 영동빌딩 신축부지 문화재 지표조사 보고서』, 2005.
명지대학교 부설 한국건축문화연구소, 『서울 淸進6地區 遺蹟』, 2007.
경기도박물관 · 경기문화재연구원, 『檜巖寺』 III, 2009.
한울문화재연구원, 『종로2가 40번지 시전행랑 유적』, 2010.
한울문화재연구원, 『鍾路 淸進1地區 遺蹟』, 2011.
중원문화재연구원, 『동대문 운동장 유적: 동대문 역사문화공원 부지 발굴조사』 I, 2011.
한울문화재연구원, 『鍾路 淸進5地區 遺蹟』, 2012.
경기문화재단 · 경기문화재연구원, 『檜巖寺』 IV, 2013.
한울문화재연구원, 『鍾路 淸進8地區 遺蹟』, 2013.
한울문화재연구원, 『鍾路 淸進2~3地區 遺蹟』, 2013.
한울문화재연구원, 『鍾路 淸進12~16地區 遺蹟』, 2013.
회암사지박물관, 『회암사지박물관』 도록, 2012.
서울역사박물관, 『아스팔트 아래 운종가』, 2012.
서울역사박물관, 『종묘광장 발굴조사보고서』, 2012.
경기문화재단 · 경기문화재연구원, 『檜巖寺』 V, 2016.
한울문화재연구원, 『서울 청진8지구 지하보행로부지 유적』, 2016.
한울문화재연구원, 『서울 청진구역 종각역 개선사업부지 유적』, 2017.
한울문화재연구원, 『서울 청진구역 광화문역 개선사업부지 유적』, 2017.
한울문화재연구원, 『서울 공평구역 제1 · 2 · 4지구 유적』, 2017.

4. 북방(만주)의 연구와 자료

1) 초기철기, 북옥저

藤田亮策, 「雄基松坪洞石器時代遺蹟の發掘」, 『靑丘學叢』 2, 1930.
藤田亮策, 「朝鮮考古學」, 『東洋史講座』 18, 雄山閣, 1942.
황기덕, 「무산범의구석유적 발굴보고」, 『고고민속론문집』 6, 사회과학출판사, 1975.
黑龍江省文物考古工作隊 · 吉林大學歷史系考古專業, 『東寧團結遺址發掘報告』(팜플렛본) 1978.
黑龍江省博物館, 「黑龍江東寧大城子新石器時代居住地」, 『考古』 1979-1.

金太順,「東寧縣小地營團結文化遺址」,『中國考古學年鑒(1991)』, 文物出版社, 1992.
姚玉成·李玲,「團結文化居址研究」,『東北考古集成』 10, 1996(원 발표연도 불명).
黑龍江文物考古研究所,「黑龍江友誼縣鳳林城址1998年發掘簡報」,『考古』 2000-11.
黑龍江文物考古研究所,「黑龍江友誼縣鳳林城址二號房址發掘報告」,『考古』 2000-11.
許永傑,「第3章 黑龍江鐵器時代の集落形態」,『シンポジウム極東考古學から彌生時代を考える』, 日本中國考古學會九州支部·九州國立博物館誘致推進本部·九州大學考古學研究室, 2001.12.22.
黑龍江省文物管理委員會,「黑龍江友誼縣鳳林古城址的發掘」,『考古』 2004-12.
許永杰,「黑龍江省鐵器時代的聚落形態」,『邊疆考古研究』 2, 科學出版社, 2004.
吉林省文物考古研究所,「吉林圖們市曲水苗圃遺址的發掘」,『考古』 2013-11.
黑龍江省文物考古研究所,「黑龍江友誼鳳林城址2000年發掘報告」,『考古學報』 2013-4.
유은식,「동북아시아 초기 쪽구들의 발생과 전개」,『고고학』 14-3, 2015.
黑龍江省文物考古研究所,「黑龍江友誼縣鳳林城址1999年發掘簡報」,『北方文物』 2016-4.

2) 부여

唐音·翟敬源·張寒冰,「吉林市東團山漢魏時期及明代遺址」,『中國考古學年鑒(2002)』, 文物出版社, 2003.
唐音·丁宏毅·劉利,「吉林市東團山漢魏時期遺址」,『中國考古學年鑒(2003)』, 文物出版社, 2004.

3) 고구려

吉林省博物館,「吉林輯安高句麗建築遺址的清理」,『考古』 1961-1.
「녕변군 세죽리 유적 발굴」,『문화유산』 1962-6.
김정문,「세죽리 유적 발굴 중간 보고(1)」,『고고민속』 1964-2.
정찬영,「초기 고구려 문화의 몇 가지 측면」,『고고민속』 1965-4.
정찬영,「북창군 대평리유적 발굴보고」,『고고학자료집』 4, 사회과학출판사, 1974.
정찬영,『압록강, 독로강 류역 고구려유적발굴보고』 유적발굴보고 13, 과학,백과사전출판사, 1983.
한인호,「고구려건축의 력사적지위」,『고고민속론문집』 9, 과학,백과사전출판사, 1984.
撫順市博物館·新賓縣文化局,「遼寧省新賓縣黑溝高句麗早期山城」,『文物』 1985-2.
徐家國·孫力,「遼寧撫順高尒山城發掘簡報」,『遼海文物學刊』 1987-2.
金元龍 외,『夢村土城: 西南地區發掘調查報告』, 서울大學校博物館, 1989.
三上次男·田村晃一,『北關山城』, 中央公論美術出版, 1993.

李曉鍾·劉長江·佡俊岩,「瀋陽石台子高句麗山城試掘報告」,『遼海文物學刊』1993-1.
전제헌,『동명왕릉에 대한 연구』, 사회과학출판사, 1994.
조유전 외,『한강유역의 고구려요새: 구의동유적 발굴조사 종합보고서』, 구의동보고서 간행위원회, 소화, 1997.
遼寧省文物考古研究所·瀋陽市文物考古工作隊,「遼寧瀋陽市石台子高句麗山城第一次發掘簡報」,『考古』1998-10.
임효재 외,『아차산성 제4보루: 발굴조사 종합보고서』, 서울대학교박물관·서울대학교인문학연구소·구리시·구리문화원, 2000.
서정호,「고구려 난방 시설의 과학적인 특징에 관한 연구」,『高句麗硏究』11, 2001.
임효재 외,『아차산 시루봉 보루: 발굴조사 종합보고서』, 서울대학교박물관·서울대학교인문학연구원·구리시·구리문화원, 2002.
충북대학교박물관,『清原 南城谷 高句麗遺蹟』, 2004.
遼寧省文物考古研究所,『五女山城: 1996~1999, 2003年桓仁五女山城調査發掘報告』, 文物出版社, 2004.
金旭東,「吉林省高句麗遺存的考古發現與研究」, 하버드대학 한국연구소 고구려학술회의 발표문, 2005.4.5.~7.
李新全,「近年遼寧高句麗考古發現與研究」, 하버드대학 한국연구소 고구려학술회의 발표문, 2005.4.5.~7.
중원문화재연구원,『清原 芙江里 南成谷 遺蹟 2次 發掘調查』, 2006.
고려대학교 고고환경연구소,『峨嵯山 第3堡壘』, 2007.
고려대학교 고고환경연구소,『紅蓮峰 第1堡壘』, 2007.
고려대학교 고고환경연구소,『紅蓮峰 第2堡壘』, 2007.
한국토지공사 토지박물관,『漣川 瓠蘆古壘』III, 2007.
沈阳市文物考古研究所,「沈阳市石台子高句丽山城2002年III区发掘简報」,『北方文物』2007-3.
沈阳市文物考古研究所,「瀋陽石台子山城2004年III区发掘简报」,『瀋陽考古文集』1, 2007.
「함주군 신하리집자리유적 발굴보고(1)」,『조선고고연구』2007-1.
「함주군 신하리집자리유적 발굴보고(2)」,『조선고고연구』2007-2.
윤광수,「온돌시설에 반영된 고구려사람들의 민족적풍습」,『조선고고연구』2008-1.
「함주군 신하리집자리유적 발굴보고(3)」,『조선고고연구』2008-1.
중원문화재연구원,『清原 南城谷 高句麗遺蹟』, 2008.
국립중원문화재연구소,「충주 탑평리유적 제3차년도 시굴조사」, 제2차 자문회의 자료, 2010.11.17.
遼寧省文物考古研究所·沈陽市文物考古研究所,『石台子山城』上·下, 文物出版社,

2012.
서울대학교박물관 · 구리시, 『시루봉보루』 II, 2013.
國立中原文化財研究所, 『忠州 塔坪里遺蹟(中原京 추정지) 발굴조사보고서』, 2013.
서울대학교박물관, 『연천 무등리 2보루』, 2015.
박천택, 「중부지역 고구려계 구들의 형식과 변화양상」, 『고고학』 17-1, 중부고고학회, 2018.

4) 발해

東亞考古學會, 『東京城: 渤海國上京龍泉府址の發掘調査』, 東方考古學叢刊 甲種 第五冊, 東京 · 京都, 1939.
齋藤優, 『半拉城: 渤海の遺蹟調査』, 琿春縣公署, 1942; 『半拉城と他の史蹟』, 增補復刻, 半拉城址刊行會, 1978.
鳥山喜一 · 藤田亮策, 『間島省古蹟調査報告』 滿洲國 民生部, 奉天, 1942.
駒井和愛, 「渤海東京龍原府宮城址考」, 『慶祝董作賓先生六十五歲論文集』, 1960; 『中國都城 · 渤海硏究』, 雄山閣, 1977.
조중공동고고학발굴대, 『중국 동북지방의 유적 발굴 보고(1963~1965)』, 사회과학원출판사, 1966.
鳥山喜一 저 · 船木勝馬 편, 『渤海史上の諸問題』, 風間書房, 1968.
주영헌, 『발해문화』, 사회과학출판사, 1971.
黑龍江省文物考古工作隊 · 吉林大學歷史系考古專業(張太湘, 張拍, 陳雍, 張文軍), 『東寧團結遺址發掘報告』(팜플렛본), 1978.
鄭永振, 「和龍縣龍海古迹調査」, 『黑龍江文物叢刊』 1983-2.
吉林省文物志編委會, 『琿春縣文物志』, 1984.
魏存成, 「渤海的建築」, 『黑龍江文物叢刊』, 1984-4; 『東北民族史研究』 2, 中州古籍出版社, 1995.
集安縣文物保管所, 「吉林集安發現一處渤海國時期遺址」, 『北方文物』 1985-4.
黑龍江省文物考古研究所, 「渤海上京宮城內房址發掘簡報」, 『北方文物』 1987-1.
김종혁 · 김지철, 「신포시 오매리 금산발해건축지 발굴중간보고」, 『조선고고연구』 1989-2.
김종혁 · 김지철, 「신포시 오매리 절골1호 발해건축지 발굴보고」, 『조선고고연구』 1990-2.
김종혁 · 김지철, 「금산 2건축지 발굴보고」, 『조선고고연구』 1991-3.
한인덕, 「성상리토성에 대하여」, 『조선고고연구』 1993-1.
방학봉, 「난방설비가 발견된 발해집터」, 『발해건축연구』, 연변대학출판사, 1995.
黑龍江省文物考古研究所, 「黑龍江省海林木蘭集東遺址」, 『北方文物』 1996-2.

黑龍江省文物考古硏究所 · 吉林大學考古學系, 「黑龍江海林市河口遺址發掘簡報」, 『考古』 1996-2.

黑龍江省文物考古硏究所 · 吉林大學考古學系, 「1995年海林三道河鄕河口遺址發掘的主要收穫」, 『北方文物』 1996-2.

中國社會科學院考古硏究所, 『六頂山與渤海鎭: 唐代渤海國的貴族墓地與都城遺址』 中國田野考古學報告集 考古學專刊 丁種 56號, 中國大百科全書出版社, 1997.

黑龍江省文物考古硏究所 · 吉林大學考古學系(趙永軍 · 趙虹光), 「黑龍江海林市渡口遺址的發掘」, 『考古』 1997-7.

張泰湘, 「海林市三道鄕鷹嘴峰C遺址」, 『中國考古學年鑒(1994)』, 文物出版社, 1997.

한용걸, 「발해건축의 고구려적성격에 대하여」, 『조선고고연구』 1997-1.

한인덕, 「성상리토성과 그 성격에 대하여」, 『조선고고연구』 1997-1.

尹鉉哲, 「渤海國的火炕遺址考」, 『渤海文化硏究』 渤海史論叢 上卷, 吉林人民出版社, 2000.

黑龍江省文物考古硏究所 · 吉林大學考古學系, 『河口與振興: 牡丹江蓮花水庫發掘報告(一)』, 科學出版社, 2001.

朱國忱 · 朱威, 『渤海遺迹』, 文物出版社, 2002.

사회과학원(김종혁), 『동해안 일대의 발해 유적에 대한 연구』, 중심, 2002.

陶剛 · 姜玉珂, 「渤海上京龍泉府考古發現與硏究」, 『발해 고고학의 최신 성과』, 「해동성국 발해」, 서울대학교박물관 특별전 기념 국제학술대회 발표 요지, 2003.8.22.

黑龍江省文物考古硏究所, 「黑龍江東寧縣小地營遺址渤海房址」, 『考古』 2003-3.

金太順, 「初探渤海時期的平民居住地」, 『高句麗渤海歷史問題硏究論文集』, 延邊大學出版社, 2004.

黑龍江省文物考古硏究所 · 吉林大學考古學系, 「黑龍江海林市興農渤海時期城址的發掘」, 『考古』 2005-3.

吉林省文物考古硏究所 · 延邊朝鮮族自治州文化局 · 延邊朝鮮族自治州博物館 · 和龍市博物館, 『西古城』, 文物出版社, 2007.

黑龍江省文物考古硏究所, 『渤海上京城』 上 · 下, 文物出版社, 2009.

吉林省文物考古硏究所 · 吉林大學邊疆考古硏究中心, 「吉林琿春市八連城內城建築基址的發掘」, 『考古』 2009-6.

송기호, 「발해 온돌의 유래와 특징」, 『한국 고대사 연구의 현단계』, 석문 이기동교수 정년기념논총간행위원회, 주류성출판사, 2009; 「발해 쪽구들의 유래」, 『발해 사회문화사 연구』, 서울대학교출판문화원, 2011.

김준봉 · 방학봉, 「발해 온돌(구들)관련 유적의 재해석」, 『발해건축』, 한국건축역사학회 2011년 10월 월례학술회의 자료집, 2011.10.15.

송기호, 「발해건축사 연구 동향과 콕샤로프카1 성터 건물지의 성격」, 『건축역사연구』 80, 한국건축역사학회, 2012.
吉林省文物考古研究所 · 敦化市文物管理所, 『六頂山渤海墓葬: 2004~2009年淸理發掘報告』, 文物出版社, 2012.
吉林省文物考古研究所, 「吉林撫松新安遺址發掘報告」, 『考古學報』 2013-3.
吉林省文物考古研究所 · 吉林大學邊疆考古研究中心 · 琿春市文物管理所, 『八連城: 2004~2009年度渤海國東京故址田野考古報告』, 文物出版社, 2014.
김준봉 · 방학봉, 「중국 옛 발해 지역 난방시설유적의 재해석」, 『온돌과 구들문화』, 어문학사, 2014.
김영현, 「발해 구들 연구」, 한국전통문화대학교 문화유산학과 석사학위논문, 2017.8.
黑龍江省文物考古研究所 · 吉林大學邊疆考古研究中心, 「黑龍江海林市細鱗河遺址發掘報告」, 『北方文物』 2018-1.

5) 遼 · 金 이후

中國科學院考古研究所 · 北京市文物管理處 元大都考古隊, 「北京后英房元代居住遺址」, 『考古』 1972-6.
張栢忠, 「吐列毛杜古城調査試掘報告: 兼論金代東北路界壕」, 『文物』 1982-7.
哲里木盟博物館, 「內蒙古霍林河礦區金代界壕邊堡發掘報告」, 『考古』 1984-2.
張馭寰, 『吉林民居』, 中國建築工業出版社, 1985.
劉景文 · 王俠, 「集安縣金代遺址」, 『中國考古學年鑒(1985)』, 文物出版社, 1985.
佟達, 「撫順後金界藩城和薩尒滸城調查」, 『遼海文物學刊』 1988-1.
齊俊 · 劉興林, 「本溪水洞遺址及附近的遺跡和遺物」, 『遼海文物學刊』 1988-1.
姚鳳, 「黑龍江左岸女眞人的文物遺存」, 『遼海文物學刊』 1990-1.
島田正郎, 『契丹國: 遊牧の民キタイの王朝』, 東方書店, 1993.
吉林省文物考古研究所 · 長春市文物管理委員會辦公室, 「吉林省德惠縣後城子金代古城發掘」, 『考古』 1993-8.
內蒙古文物考古研究所, 「遼上京城址勘查報告」, 『內蒙古文物考古文集』 1, 1994.
吉林省文物考古研究所 · 四平市文管會辦公室 · 四平市博物館, 「吉林雙遼電廠貯灰場遼金遺址發掘簡報」, 『考古』 1995-4.
黑龍江省考古研究所, 「黑龍江省海林市木蘭集金代遺址發掘簡報」, 『北方文物』 1995-4.
黑龍江省文物考古研究所 · 吉林大學考古學系, 「黑龍江省海林縣振興遺址發掘簡報」, 『北方文物』 1997-3.
黑龍江省文物考古研究所 · 吉林大學考古學系(趙永軍 · 趙虹光), 「黑龍江海林市渡口遺址的發掘」, 『考古』 1997-7.

張泰湘,「海林市三道鄉鷹嘴峰C遺址」,『中國考古學年鑒(1994)』, 文物出版社, 1997.
吉林省文物考古研究所,「長春市郊南陽堡金代村落址發掘」,『北方文物』1998-4.
遼寧省文物考古研究所, 岫岩滿族博物館,「遼寧岫岩縣長興遼金遺址發掘簡報」,『考古』1999-6.
劉鳳雲·周允基,「清代滿族房屋建築的取暖及其文化」,『中央民族大學學報』1999-6.
王維臣·溫秀榮,「遼寧撫順千金鄉唐力村金代遺址發掘簡報」,『北方文物』2000-4.
吉林省攬頭窩堡遺址考古隊,「吉林德惠市攬頭窩堡遺址六號房址的發掘」,『考古』2003-8.
吉林大學邊疆考古研究中心·吉林省文物考古研究所,「吉林敦化敖東城及永勝遺址考古發掘的主要收穫」,『邊疆考古研究』2, 科學出版社, 2004.
遼寧省文物考古研究所,『五女山城: 1996~1999, 2003年桓仁五女山城調查發掘報告』文物出版社, 2004.
遼寧省文物考古研究所·朝陽市博物館·朝陽文物管理所,「朝陽柳城鎮新立屯遼代遺址發掘簡報」,『遼寧省道路建設考古報告集(2003)』, 2004.
金東勳,「朝鮮族的炕文化及其民俗傳承」,『延邊大學學報』社會科學版, 2004-2.
吉林省文物考古研究所·四平市文物管理委員會辦公室,「四平市前坡林子遺址發掘簡報」,『北方文物』2006-3.
吉林大學邊疆考古研究中心·吉林省文物考古研究所,「吉林敦化市敖東城遺址發掘簡報」,『考古』2006-9.
吉林大學邊疆考古研究中心·吉林省文物考古研究所,「吉林敦化市永勝金代遺址一號建築基址」,『考古』2007-2.
魏堅,『元上都』上·下, 中國大百科全書出版社, 2008.
遼寧省文物考古研究所,「遼寧朝陽西三家遼代遺址發掘簡報」,『北方文物』2009-1.
吉林省文物考古研究所·扶餘縣博物館,「吉林省扶餘縣西車家店金代遺址的發掘」,『北方文物』2009-3.
吉林省文物考古研究所·扶餘縣博物館,「吉林省扶餘縣陶西林場遺址發掘簡報」,『北方文物』2009-3.
吉林省文物考古研究所·德惠市文物管理所,「吉林省德惠市李春江遺址發掘報告」,『北方文物』2009-3.
黑龍江省文物考古研究所,「黑龍江省哈爾濱市阿城區趙家崴子遺址發掘報告」,『北方文物』2010-2.
吉林省考古研究所,『考古年報』, 2010.
강영환·최운,「중국 동북지역 요·금시기 온돌형식에 관한 연구」,『대한건축학회논문집』계획계 27-4, 대한건축학회, 2011.
遼寧省文物考古研究所·沈陽市文物考古研究所,『石台子山城』上·下, 文物出版社,

2012.
河北省文物研究所·唐山市文物管理處·豊潤區文物保護管理所,「河北唐山市豊潤區施家營遺址考古發掘報告」,『北方文物』2013-1.
吉林大學邊疆考古研究中心·黑龍江省文物考古研究所,「黑龍江省富裕縣依克明安旗遺址考古調查報告」,『北方文物』2014-3.
吉林省文物考古研究所,「2014年吉林省文物考古研究所考古發掘收獲」,『東北史地』2015-1.
中國社會科學院考古研究所內蒙古第二工作隊·內蒙古文物考古研究所,「內蒙古巴林左旗遼上京城城墻2014年發掘簡報」,『考古』2015-12.
吉林省文物考古研究所·白城市博物館·白城市文物保護管理所·洮北區文物管理所,「吉林白城城四家子城址三號房址發掘簡報」,『學問』2016-3.
遼寧省文物考古研究所·阜新市文物管理辦公室,「遼寧阜新市八家子金元時期遺址發掘報告」,『北方文物』2017-2.
吉林省文物考古研究所·吉林大學邊疆考古研究中心,「吉林安圖縣金代長白山神廟遺址」,『考古』2018-7.
정석배,「구들유적으로 본 발해와 요·금의 난방문화」, 미간고.

5. 북방(연해주)의 연구와 자료

1) 초기철기, 북옥저

Бродянский Д.Л., Введение в дальневосточную археологию, Издательство Дальневосточного университета, Владивосток, 1987: 브로쟌스키, 데.엘., 『극동 고고학 개론』, 극동대학출판사, 블라디보스토크, 1987; (역)데.엘.브로단스끼 저, 鄭焟培 역, 『沿海州의 考古學』 學研文化社, 1996; (증보)ディ・エリ・ブロジャンスキー,「ロシア沿海地方の初期鐵器時代」,『東夷世界の考古學』, 青木書店, 2000.
Крушанов А.И. 책임 편집, История Дальнего Востока СССР(С древнейших времён до XVII века). Наука, М., 1989: 크루샤노프 아.이. 책임편집, 『소련 극동사: 고대로부터 17세기까지』, 과학출판사, 모스크바, 1989.
Деревянко Е.И., Древние жилища Приамурья, Наука, Новосибирск, 1991: 데레비안코 예.이., 『아무르강 유역의 고대 주거지』, 과학출판사, 노보시비르스크, 1991.
ディ・エリ・ブロジャンスキー,「ロシア沿海地方の初期鐵器時代」,『東夷世界の考古學』, 青木書店, 2000.

Гельман Е.И., К вопросу о культурной принадлежности Новогордеевского селища // Археология и культурная антропология Дальнего Востока и Центральной Азии, ДВО РАН, Владивосток, 2002: 겔만 예.이., 「노보고르데예프카 취락지 문화적 특질과 관련된 문제에 대하여」, 『극동 및 중앙 아시아의 고고학과 문화인류학』, 러시아과학원 극동지부 극동민족 역사학 · 고고학 · 민족학연구소, 블라디보스토크, 2002.

국립문화재연구소 · 러시아과학원 시베리아지부 고고학민족학연구소, 『연해주 불로치까 유적』 I · II · III, 2004 · 2005 · 2006.

한국전통문화학교 · 극동국립기술대학교 · 역사학고고학민족학연구소, 『연해주 체르냐찌노 2 옥저 · 발해 주거유적』 I · II, 2008 · 2009.

2) 발해

Артемьева Н.Г., Раннесредневековые жилища Приморья // Сов. археология, 1987. No.1. С.84-90.: 아르체미예바 엔.게., 「연해주의 중세 초기 집자리」, 『소련 고고학』 1987, No.1; (역)(蘇)Н · Г · 阿捷米耶娃 著, 王德厚 譯, 「濱海地區中世紀早期的住房」, 『北方文物』 1989-3.

Болдин В.И., Итоги изучения бохайского слоя на Новогордеевском городище в 1987 г. // Новые материалы по средневековой археологии Дальнего Востока СССР. Ин-т истории, археологии и этнографии народов Дальнего Востока ДВО АН СССР, Владивосток, 1989: 볼딘 붸.이., 「1987년 노보고르데예프카 성터 발해 층위의 연구 결과」, 『소련 극동의 중세 고고학에 관한 새로운 자료』, 소련과학원 극동지부 극동민족 역사학 · 고고학 · 민족학연구소, 블라디보스토크, 1989; (역)В.И. 鮑尒金 著, 車霽虹 譯, 「1987年新戈尒杰耶夫卡古城遺址中的渤海文化研究綜述」, 『東北亞考古資料譯文集』 渤海專號, 北方文物雜誌社, 1998.

Болдин В.И. · Ивлиев А.Л. · Хорев В.А. · Шавкунов В.Э., Новый тип бохайского жилища в Приморье // Материалы по срдневековой археологии и истории Дальнего Востока СССР. Сборник научных трудов, Владивосток, 1990: 볼딘 붸.이. · 이블리예프 아.엘. · 호레프 붸.아. · 샤프쿠노프 붸.에., 「연해주 발해 집자리의 새로운 유형」, 『소련 극동의 중세 고고 및 역사 자료』 연구논문집, 블라디보스토크, 1990; (역)В.И.鮑爾金, А.Л.伊夫里耶夫, В.А.霍列夫, В.Э.沙弗庫諾夫 著, 朱福仁 · 房毅 譯, 「濱海地區渤海住房的新類型」, 『東北亞考古資料譯文集』 俄羅斯專號, 北方文物雜誌社, 1996.

Шавкунов Э.В., Государство БОХАЙ (698~926 гг.) и племена Дальнего Востока России. Наука, М., 1994: 샤프쿠노프 에.붸. 책임 감수, 『발해

(698~926년)와 러시아 극동의 종족들』, 러시아과학원 극동지부 극동민족 역사학·고고학·민족학연구소, 과학 출판사, 모스크바, 1994; (역)에.붸.샤브꾸노프 엮음, 송기호·정석배 옮김, 『러시아 연해주와 발해 역사』, 대우학술총서 번역97, 민음사, 1996.

Шавкунов В.Э., Раскопки Ауровского городища // Древняя и средневековая история Восточной Азии: К 1300-летию образования государства Бохай: Материалы междунар. науч. конф.(Владивосток, 21~26 сентября 1998г.)-, Владивосток, 2001: 샤프쿠노프 붸.에., 「아우로프카 성터의 발굴」, 『동부 아시아의 고대사와 중세사: 발해 건국 1300주년에 부쳐: 국제학술회의(블라디보스토크 9월 21~26일) 자료집』, 블라디보스토크, 2001.

Шавкунов В.Э.·Гельман Е.И., Многослойный памятник Ауровское городище // Труды Ин-т ИИАЭ ДВО РАН, T.XI, Актуальные Проблемы Дальневосточной Археологии, Дальнаука, Владивосток, 2002 : 샤프쿠노프 붸.에.·겔만 예.이., 「아우로프카 성터의 다층 유적」, 『러시아과학원 극동지부 역사학·고고학·민족학연구소 기요: 극동고고학의 당면 문제들』 제11권, 극동과학출판사, 블라디보스토크, 2002.

문명대·이남석·V.I.Voldin 외, 『러시아 연해주 크라스키노 발해 사원지 발굴 보고서』, 고구려연구재단, 2004.

V.I. 볼딘·E.I. 겔만, 『2004년도 러시아 연해주 발해 유적 발굴 보고서』 고구려연구재단, 2005.

고구려연구재단·러시아극동 역사고고민속학연구소, 『2005년도 러시아 연해주 크라스키노성 발굴 보고서』 고구려연구재단, 2006.

동북아역사재단·러시아극동 역사고고민속학연구소, 『2006·2007·2008·2009·2010·2011·2012·2013·2014년도 러시아 연해주 크라스키노 성 발굴보고서』 동북아역사재단, 2007·2008·2010·2011·2011·2012·2013·2014·2015.

한국전통문화학교·극동국립기술대학교·역사학고고학민족학연구소, 『연해주 체르냐찌노 2 옥저·발해 주거유적』 I·II, 2008·2009.

한국전통문화학교·러시아과학원 극동지소 역사학고고학민족학연구소, 『연해주의 발해유적과 꼰스딴찌노브까 1 주거유적』, 2010.

정석배, 「꼰스딴찌노브까 1 주거유적 쪽구들 연구」, 『高句麗渤海硏究』 38, 2010.

국립문화재연구소·러시아과학원 극동지부 역사학고고학민속학연구소, 『연해주 콕샤로프카-1 평지성』 I, 2012.

윤형준, 「연해주 콕샤롭카 유적 발굴의 성과」, 『한국사속에서 발해의 역사와 그 위상』 동북아역사재단·한성백제박물관, 2014.12.16.~17.

국립문화재연구소·러시아과학원 극동지부 역사학고고학민속학연구소, 『연해주 콕샤로프카 유적』, 2015.
국립문화재연구소·러시아과학원 극동지부 역사학고고학민족학연구소, 『연해주 시넬니코보-1 산성』, 2018.

3) 女眞 이후

Дьякова О.В.·Шавкунов Э.В., Новый памятник железного века на нижнем Амуре: городище Сикачи-Алян- // Советская археология, No.3, Москва, 1975: 디야코바 오.붸.·샤프쿠노프 에.붸., 「아무르강 하류의 새로운 철기시대 유적: 시카치-알랸 성터」, 『소련 고고학』 3, 모스크바, 1975.
Леньков В.Д., О результатах обследования металлургического комплекса на Скалистом городище // Новейшие археологические исследования на Дальнем Востоке СССР, Ин-т истории, археологии и этнографии народов Дальнего Востока ДВНЦ АН СССР, Владивосток, 1976: 렌코프 붸.데., 「스칼리스토예 성터의 冶金 복합체 조사 결과에 대하여」, 『소련 극동에 대한 최신의 고고 조사」, 소련과학원 극동학센타 극동민족 역사학·고고학·민족학 연구소, 블라디보스토크, 1976.
Хорев И.А.·Шавкунов Э.В., О результатах археологических исследований на Ананьинском городище в 1972~1974 гг. // Новейшие археологические исследования на Дальнем Востоке СССР, Ин-т истории, археологии и этнографии народов Дальнего Востока ДВНЦ АН СССР, Владивосток, 1976: 호례프 이.아.·샤프쿠노프 에.붸., 「1972~1974년 아나니예프카 성터의 고고 조사 결과에 대하여」, 『소련 극동에 대한 최신의 고고 조사』, 소련과학원 극동학센타 극동민족 역사학·고고학·민족학 연구소, 블라디보스토크, 1976.
Леньков В.Д., Археологические исследования на Лазовском городище // Археологические материалы по древней истории Дальнего Востока СССР. Ин-т истории, археологии и этнографии народов Дальнего Востока ДВНЦ АН СССР, Владивосток, 1978: 렌코프, 붸.데., 「라조 성터의 고고 조사」, 『소련 극동의 고대사에 관한 고고자료』, 소련과학원 극동학센타 극동민족 역사학·고고학·민족학 연구소, 블라디보스토크, 1978.
Леньков В.Д., Некоторые аспекты материальной культуры чжурчжэней конца XI~XII веков: по археологическим материалам Екатериновского городища // Материалы по древней и средневековой археологии юга Дальнего Востока СССР и смежных территорий. Владивосток, 1983: 렌코프 붸.데., 「11세기말~12세기 여진 물질 문화의 몇 가지 측면: 예카테리노프카 성터의 고고 자료에 의함」, 『소련 극동 남부와 그 주변 지역의 고대 및 중세

고고자료』, 블라디보스토크, 1983.

Хорев В.А., О некоторых конструктивных особенностях жилищ Ананьевского городища // Материалы по древней и средневековой археологии юга Дальнего Востока СССР и смежных территорий. Владивосток, 1983: 호레프 붸.아., 「아나니예프카 성터 주거지의 몇 가지 구조적 특성에 대하여」, 『소련 극동 남부와 그 주변 지역의 고대 및 중세 고고자료』, 블라디보스토크, 1983.

Галактихонов О.С., К вопросу о так называемых《редутах》// Материалы по древней и средневековой археологии юга Дальнего Востока СССР и смежных территорий. Владивосток, 1983: 갈락티호노프 오.에스., 「이른바 《보루》의 문제에 대하여」, 『소련 극동 남부와 그 주변 지역의 고대 및 중세 고고자료』, 블라디보스토크, 1983.

Деревянко Е.И. К истории жилища с каном (по амурским материалам) // Археология юга Сибири и Дальнего Востока. Новосибирск, 1984: 데레비얀코 예.이., 「쪽구들(炕)이 달린 주거의 역사(아무르의 자료를 통하여)」, 『남부시베리아와 극동의 고고학』, 노보시비르스크, 1984.

Артемьева Н.Г., Классификация жилищ чжурчжэней Приморья // Вопросы археологии Дальнего Востока СССР. Ин-т истории, археологии и этнографии народов Дальнего Востока ДВО АН СССР, Владивосток, 1987: 아르체미예바 엔.게., 「연해주 여진 주거지의 분류」, 『소련 극동 고고학의 문제들』, 소련과학원 극동지부 극동민족 역사학·고고학·민족학 연구소, 블라디보스토크, 1987(아르체미예바 엔.게. 1998년 책에 재수록).

Болдин В.И.·Ивлиев А.Л., О строительных горизонтах чжурчжэньского времени на Новогордеевском городища // Новое в Дальневосточной археологии ; Материалы медиевистов, Ин-т истории, археологии и этнографии народов Дальнего Востока ДВО АН СССР, Сахалинский областной краеведческий музей, Южно-Сахалинск, 1989: 볼딘 붸.이.·이블리예프 아.엘., 「노보고르데예프카 성터의 여진시대 건축 평면에 대하여」, 『극동 고고학에서의 새로운 자료: 중세사학자들의 자료』, 소련과학원 극동지부 극동민족 역사학·고고학·민족학 연구소, 사할린州 地方學博物館, 유즈노-사할린스크, 1989.

Хорев В.А., Кузнечная мастерская Ананьевского городища // Новые материалы по средневековой археологии Дальнего Востока СССР. Ин-т истории, археологии и этнографии народов Дальнего Востока ДВО АН СССР, Владивосток, 1989: 호레프 붸.아., 「아나니예프카 성터의 대장간」, 『소

련 극동의 중세 고고학에 관한 새로운 자료』, 소련과학원 극동지부 극동민족 역사학 · 고고학 · 민족학 연구소, 블라디보스토크, 1989.

Никитин Ю.Г., Результаты археологических исследований в окрестностях села Константиновка в Приморском крае // Новые материалы по средневековой археологии Дальнего Востока СССР. Ин-т истории, археологии и этнографии народов Дальнего Востока ДВО АН СССР, Владивосток, 1989: 니키친 유.게., 「연해주 콘스탄티노프카 마을 부근에서의 고고 조사 결과」, 『소련 극동의 중세 고고학에 관한 새로운 자료』, 소련과학원 극동지부 극동민족 역사학 · 고고학 · 민족학 연구소, 블라디보스토크, 1989.

Болдин В.И. · Дьякова О.В. · Сидоренко Е.В., Новогордеевское городище как источник для периодизации культур Приморья // Проблемы средневековой археологии Дальнего Востока. Сборник научных трудов, Владивосток, 1990: 볼딘 붸.이. · 디야코바 오.붸. · 시도렌코 예.붸., 「연해주 문화의 편년 자료로서의 노보고르데예프카 성터」, 『극동 중세 고고학의 문제들』 연구논문집, 블라디보스토크, 1990 ; (역)B.И. 博佘金, O.B. 季娅科娃, E.B. 西多連科 著, 楊志軍 譯, 「作爲濱海地區文化分期資料的新戈佘杰耶夫卡古城遺址」, 『東北亞考古資料譯文集』 渤海專號, 北方文物雜誌社, 1998.

Никитин Ю.Г., Некоторые итоги исследования Осиновского селища // Проблемы средневековой археологии Дальнего Востока. Сборник научных трудов, Владивосток, 1990: 니키친 유.게., 「오시노프카 취락지 조사의 몇 가지 성과」, 『극동 중세 고고학의 문제들』 연구논문집, 블라디보스토크, 1990.

Хорев В.А., О строительных горизонтах Ананьевского городища // Проблемы средневековой археологии Дальнего Востока. Сборник научных трудов, Владивосток, 1990: 호례프 붸.아., 「아나니예프카 성터의 건축 평면에 대하여」, 『극동 중세 고고학의 문제들』 연구논문집, 블라디보스토크, 1990.

Болдин В.И. · Хорев В.А., О двух жилищах Шкляевского городища // Материалы по срдневековой археологии и истории Дальнего Востока СССР. Сборник научных трудов, Владивосток, 1990: 볼딘 붸.이. · 호례프 붸.아., 「쉬클랴예보 성터의 두 집자리에 대하여」, 『소련 극동의 중세 고고 및 역사 자료』 연구논문집, 블라디보스토크, 1990.

Шавкунов Э.В., Культура чжурчжэней-удигэ XII~XIII вв. и проблема происхождения тунгусских народов Дальнего Востока, НАУКА, Москва, 1990: 샤프쿠노프 에.베., 『12~13세기 여진-우디게 문화와 극동 퉁구스족의 기원 문제』, 과학출판사, 모스크바, 1990.

Артемьева Н.Г., Домостроительство чжурчжэней Приморья(XII~XIII вв.), Дальпресс, Владивосток, 1998: (역)N.G. 아르쩨미예바 지음, 정석배 옮김, 『연해주 여진의 주거 건축』, 학연문화사, 2011.

Шавкунов Э.В.·Шавкунов В.Э., Новые находки(Раскопки на дворе Абрикосовской кумирни и на Ауровском городище в 1997 г.) // Россия и АТР. No.1, Ин-т истории, археологии и этнографии народов Дальнего Востока ДВО РАН, Владивосток, 1998: 샤프쿠노프 에.웨.·샤프쿠노프 웨.에., 「새로운 발견: 1997년 아브리코스 佛堂 마당과 아우로브카 성터의 발굴」, 『러시아와 아시아 태평양지역』 1998-1, 러시아과학원 극동지부 극동민족 역사학·고고학·민족학연구소, 블라디보스토크; (역)Э.В.沙弗庫諾夫, В.Э.沙弗庫諾夫 저, 劉冬冰 역, 「1997年杏山寺院內與奧羅夫卡古城址的考古新成果」, 『東北亞考古資料譯文集』 高句麗·渤海專號, 北方文物雜誌社, 2001.

Артемьева Н.Г., Административный комплекс Краснояровского городища // Древняя и средневековая история Восточной Азии: К 1300-летию образования государства Бохай: Материалы междунар. науч. конф.(Владивосток, 21~26 сентября 1998г.)-, Владивосток, 2001: 아르체미예바 엔.게., 「크라스노야르 성터의 행정 시설 복합체」, 『동부 아시아의 고대사와 중세사: 발해 건국 1300주년에 부쳐: 국제학술회의(블라디보스토크 9월 21~26일) 자료집』, 블라디보스토크, 2001.

Шавкунов В.Э., Раскопки Ауровского городища // Древняя и средневековая история Восточной Азии: К 1300-летию образования государства Бохай: Материалы междунар. науч. конф.(Владивосток, 21~26 сентября 1998г.)-, Владивосток, 2001: 샤프쿠노프 웨.에., 「아우로프카 성터의 발굴」, 『동부 아시아의 고대사와 중세사: 발해 건국 1300주년에 부쳐: 국제학술회의(블라디보스토크 9월 21~26일) 자료집』, 블라디보스토크, 2001.

Васильева Т.А., Исследования Горнохуторского городища // Древняя и средневековая история Восточной Азии: К 1300-летию образования государства Бохай: Материалы междунар. науч. конф.(Владивосток, 21~26 сентября 1998г.)-, Владивосток, 2001: 바실리에바 테.아., 「고르노후토르 성터의 조사」, 『동부 아시아의 고대사와 중세사: 발해 건국 1300주년에 부쳐 : 국제학술회의(블라디보스토크 9월 21~26일) 자료집』, 블라디보스토크, 2001.

Болдин В.И.·Ивлиев А.Л., Многослойный памятник Новогордеевское городище. Материалы раскопок 1986~1987 годов // Труды Ин-т ИИАЭ ДВО РАН, T.XI, Актуальные Проблемы Дальневосточной Археологии,

Дальнаука, Владивосток, 2002: 볼딘 붸.이.·이블리예프 아.엘.,「노보고르데예프카 성터의 多層遺蹟: 1986~1987년 발굴 자료」,『러시아과학원 극동지부 역사학·고고학·민족학연구소 기요: 극동고고학의 당면 문제들』 제11권, 극동과학출판사, 블라디보스토크, 2002.

Болдин В.И.·Ивлиев А.Л.·Гельман Е.И.·Лещенко Н.В., Основные результаты раскопок на Краскинском и Новогордеевском городищах в 2001 г. // Россия и АТР. No.1, Ин-т истории, археологии и этнографии народов Дальнего Востока ДВО РАН, Владивосток, 2002: 볼딘 붸.이.·이블리예프 아.엘.·겔만 예.이.·레쉔코 엔.붸.,「크라스키노 성터와 노보고르데예프카 성터에 대한 2001년 발굴의 중요 성과」,『러시아와 아시아 태평양지역』 2002-1, 러시아과학원 극동지부 극동민족 역사학·고고학·민족학연구소, 블라디보스토크.

Хорев В.А.,『Ананьевское городище』Дальнаука, Владивосток, 2012: 호레프 붸.아.,『아나니예프카 성터』, 극동과학출판사, 블라디보스토크, 2012.

6. 일본의 연구와 자료

宮崎幹也,「カマドの採用と普及: L字型カマドの復原」,『古代社會の諸相』, 角田文衛先生傘壽記念會編, 1993.

亀田修一,「考古学から見た渡来人」,『古文化談叢』 30, 1993.

松室孝樹,「竪穴式住居に設置されるL字型カマドについて: 日本國內檢出例の集成」,『韓式系土器研究』 VI, 韓式系土器研究會, 1996.

武末純一,「西新町遺跡の竈: その歴史的意義」,『碩晤尹容鎭教授停年退任紀念論叢』, 碩晤尹容鎭教授停年退任紀念論叢刊行委員會編, 1996.

望月精司,「小松市額見町遺跡の調查: 北陸の古代村落と渡来人の役割」,『日本歴史』 621, 2000.

望月精司,「小松市額見町遺跡と飛鳥時代の渡來人」,『日韓國際シンポジウム報告書 飛鳥の王權とカガの渡來人』, 石川縣立歷史博物館, 2001.

龜田修一,「渡來人のムラをさがす」,『日韓國際シンポジウム報告書 飛鳥の王權とカガの渡來人』, 石川縣立歷史博物館, 2001.

大橋信弥「近江における渡来氏族の研究」,『古代豪族と渡来人』, 吉川弘文館, 2004.

安蒜政雄·小林達雄·岡本孝之 외,『住まいの考古學』, 學生社, 2007.

望月精司,「北陸西部地域における飛鳥時代の移民集落: 移民系煮炊具と竪穴建物構造,集落経営の視点から」,『日本考古学』 23, 日本考古学協会, 2007.

權五榮, 「壁柱建物에 나타난 백제계 이주민의 일본 畿內지역 정착」, 『韓國古代史硏究』 49, 한국고대사학회, 2008.

橋本博文, 「古墳時代の豪族居館と生産組織」, 『國學院雑誌』 109-11, 2008.

西野善勝, 「古代武蔵国のL字形カマド: 出現の背景をめぐって」, 『東京考古』 28, 2010.

重藤輝行, 「九州에 形成된 馬韓·百濟人의 集落: 福岡縣 福岡市 西新町遺蹟을 中心으로」, 『마한·백제인들의 일본열도 이주와 교류』, 서경문화사, 2012.

7. 시베리아 외바이칼 및 러시아의 연구와 자료

Давыдова А.В. Иволгинское городище. (К вопросу о гуннских поселениях в Забайкалье) // Сов. археология. 1956-2: 다브이도바 아.웨., 「이볼가 성터: 자바이칼의 흉노 주거유적에 관한 문제」, 『소련 고고학』 1956-2.

C.B.吉謝列夫 通訊院士在北京所做的學術報告, 「南西伯利亞和外貝加尔湖地區古代城市生活的新資料」, 『考古』 1960-2.

王可賓, 「伊伏尔加古城述論」, 『北方文物』 1985-1.

Артемьев А.Р., Новые исследования города монголького хана Есунгу в Забайкалье(XIII~XIV вв.) // Древняя и средневековая история Восточной Азии: К 1300-летию образования государства Бохай: Материалы междунар. науч. конф.(Владивосток, 21~26 сентября 1998г.)-, Владивосток, 2001: 아르체미예프 아.에르., 「자바이칼 지역의 몽골 칸 예순구(이숭게)의 도시(13~14세기)에 대한 새로운 조사」, 『동부 아시아의 고대사와 중세사: 발해 건국 1300주년에 부쳐: 국제학술회의(블라디보스토크 9월 21~26일) 자료집』, 블라디보스토크, 2001.

이영심·조재순·이상해·정재국, 「러시아에 거주하는 고려인의 난방 방식에 관한 연구: 연해주, 카자흐스탄, 우즈베키스탄을 중심으로」, 『대한가정학회지』 203, 2005.

니콜라이 N. 크라딘, 「이볼가(Ivolga) 성지 유적의 예를 통해 본 흉노 제국 내 정착민」, 『한국상고사학보』 71, 2011.

8. 몽골의 연구와 자료

A. Ochir, 「몽골과 동아시아의 교류(10~11세기)」, 『渤海와 東아시아』, 동북아역사재단 국제학술회의 발표문, 2008.7.2~3.

Крадин Н.Н., Киданъский город Чинтолгой-балгас, Издательская фирма ≪Восточная литература≫ РАН, Москва, 2011: 크라딘 엔.엔., 『친톨고이 발가스의 거란 도시』, 러시아과학원 동방문헌출판사, 모스크바, 2011.

니콜라이 크라딘, 「몽골의 요나라 도성, 친톨고이 성지」, 『흉노와 그 동쪽의 이웃들』, 국립중앙박물관·부경대학교 인문사회과학연구소 2012 국제학술대회 발표문, 2012.3.30.

니콜라이 크라딘, 「몽골지역 거란 유적 조사현황」, 『2012 Asia Archaeology』, 국립문화재연구소 국제학술심포지엄 발표문, 2012.10.26.

9. 기타 연구와 자료

Wikipedia, 「Hypocaust」, https://en.wikipedia.org/wiki/Hypocaust(검색일: 2019.5.10).

Carlos Vilchez Vilchez, *Arab Baths: Granada, Historical and Artistic Guides*, Diputacion de Granada, 2004.

Rick Knecht, "Chronology, Stratigraphy and Settlement Structures", 2014년도 국제온돌학회 가을 국제 학술세미나(우석대학교 진천캠퍼스, 2014.9.17.) 및 토론회 발언.

Heather Pringle, "The Battle Over Amaknak Bridge", *Archaeology*, vol.60 no.3, 2007.

Richard A. Knecht and Richard S. Davis, "The Amaknak Bridge Site: Cultural Change and the Neoglacial in the Eastern Aleutians", *ARCTIC ANTHROPOLOGY*, vol.45 no.1, 2008.

그림 출처

시작하며

0-1. 연해주에서 발굴된 세 시기 온돌; 정석배 제공.

제1장

1-1. 취난시설들; 장경호, 「우리나라의 난방시설인 온돌(구들)형성에 대한 연구」, 『고고미술』 165, 1985, 24쪽 그림을 변형.

1-2. 그리스 벽난로; 송기호 사진(2018.1.).

1-3. 러시아 페치카; 송기호 사진(2008.9.).

1-4. 제16봉수대 평면도; 魏堅 · 昌碩, 「居延漢代烽燧的調査發掘及其功能初探」, 『額濟納漢簡釋文校本』, 文物出版社, 2007, 124쪽.

1-5. 제16봉수대 화장 시설; 魏堅 사진.

1-6. 아이누의 이로리; 송기호 사진(2009.7.).

1-7. 일본 고야산 금강봉사의 이로리; 송기호 사진(2008.8.).

1-8. 일본 북해도의 고타츠; 송기호 사진(2009.7.).

1-9. 이란의 콜씨; 송기호 사진(2009.2.).

1-10. 이란의 콜씨 내부; 송기호 사진(2009.2.).

1-11. 부뚜막의 돌(堗) 부분; 송기호 작성.

1-12. 구들, 구돌의 용례; 국립국어원 한글박물관 자료로 구성.

제2장

2-1. 온돌의 발상과 관련된 지역들; 송기호 작성.

2-2. 하이퍼코스트의 구조; 인터넷 자료.

2-3. 공중목욕탕의 하이퍼코스트 개념도; 인터넷 자료.

2-4. 영국 바스의 하이퍼코스트 고래; 송기호 사진(2013.8.).

2-5. 이란 알리골리 아가 공중목욕탕 바닥; 송기호 사진(2009.2.).

2-6. 도수관 시설이 발굴된 민월왕궁 건물지; 福建博物院 · 福建閩越王城博物館 편, 『武夷山城村漢城遺址發掘報告(1980~1996)』, 福建人民出版社, 2004, 70쪽.

2-7. 回자형 도수관; 위의 책 도판 B99-138.

2-8. 이볼가 고성 주거지 배치도; 潘玲, 『伊沃尔加城址和墓地及相关匈奴考古问

題研究』, 科學出版社, 2007, 16쪽.

2-9. F35 평면도 및 단면도; 위의 책 19쪽.

2-10. F42 평면도 및 복원도; 위의 책 18쪽.

2-11. F28 복원도; 위의 책 17쪽.

2-12. 버러 성지 쪽구들; 2008년 『초원의 대제국 흉노』 학술회의 발표 자료(국립중앙박물관 제공).

2-13. 동흑산 IIIF3호와 IIIF4호, IIIF11호; 중국 바이두(百度) 인터넷 자료.

2-14. 주가장 요지 Y2; 中國國家博物館田野考古研究中心 · 山西省考古研究所 · 運城市文物保護研究所, 「山西絳縣周家莊遺址2007~2012年勘查與發掘簡報」, 『考古』 2015-5. 23쪽.

2-15. 황보 요지 화항 주거지; 陝西省考古研究所, 『唐代黃堡窯址』 上, 文物出版社, 1992, 12쪽.

2-16. 요주 요지 화항 주거지; 陝西省考古研究所 · 耀州窯博物館, 『宋代耀州窯址』, 文物出版社, 1998, 16쪽.

2-17. Z1-1 화항; 위의 책, 圖版 二-4.

2-18. 애머크낵 7호 전체; Richard A. Knecht and Richard S. Davis, The Amaknak Bridge Site: Cultural Change and the Neoglacial in the Eastern Aleutians, *ARCTIC ANTHROPOLOGY*, vol.45 no.1, 2008, 69쪽.

2-19. 애머크낵 7호 동실 세부; 릭 크넥 발굴 자료.

2-20. 애머크낵 7호 서실; 릭 크넥 발굴 자료.

제3장

3-1. 부뚜막 모형; 송기호 사진(2010.11.), 공주박물관 특별전.

3-2. 부뚜막 부분 명칭(해남 신금 40호의 예); 호남문화재연구원, 『海南 新今遺蹟』, 2005, 154쪽 일부 수정.

3-3. 감일동 부뚜막 명기; 송기호 사진(2016.11.), 고려문화재연구원 발굴.

3-4. 한뎃부뚜막의 사용; 숭실대학교 한국기독교박물관, 『기산 김준근 조선풍속도: 스왈른 수집본』, 2008, 42쪽.

3-5. 전주 마전 III-2구역 2호; 호남문화재연구원, 『全州 馬田遺蹟(III區域)』, 2008, 392쪽.

3-6. 진주 평거동 3-1지구 59호 주거지 부뚜막; 경남발전연구원 역사문화센터, 『진주 평거 3-1지구 유적』 II, 2011, 389쪽.

3-7. 진주 평거동 3-1지구 77호 주거지 부뚜막; 경남발전연구원 역사문화센터, 「진주 평거 3지구 택지개발사업지구(I구역)내 문화유적 발굴조사 지도위원

회 자료집(6차)」, 2008.12.

3-8. 광주 동림동 28호 주거지 부뚜막; 호남문화재연구원, 『光州 東林洞遺蹟』 II, 2007, 67쪽.

3-9. 광주 동림동 60호 주거지 부뚜막; 위의 책, 129쪽.

3-10. 평거동 3-2지구 97호; 경남문화재연구원, 『진주 평거동 유적』 I, 2010, 386쪽.

3-11. 평거동 3-2지구 50-1호 주거지 부뚜막; 경남문화재연구원 파워포인트 자료(2007.11.).

3-12. 평거동 3-2지구 20호; 경남문화재연구원, 앞의 책, 114쪽.

3-13. 남양동 4-25호; 한백문화재연구원, 『화성 남양동 유적』 II, 2014, 원색사진 5.

3-14. 온돌의 부분 명칭(호동 II지구 5호); 경상북도문화재연구원, 『浦項 虎洞遺蹟』 III, 2008, 55쪽.

3-15. 구들의 구조; 송기호 작성.

3-16. 연도부뚜막 구조도; 한지선, 「백제의 취사시설과 취사방법: 한성기를 중심으로」, 『백제학보』 2, 2010, 12쪽.

3-17. 약수리 벽화의 연도부뚜막; 편찬위원회, 『조선유적유물도감』 6, 1990, 30쪽.

3-18. 발안리 28호 주거지 연도부뚜막; 기전문화재연구원, 『華城 發安里 마을遺蹟』, 본문 1, 2007, 230쪽.

3-19. 원천리 21호; 예맥문화재연구원, 『화천 원천리 2지구 유물산포지 내 유적 발굴조사 학술자문회의 자료』, 2011.4., 35쪽.

3-20. 장현리 40호; 중앙문화재연구원, 『南陽州 長峴里遺蹟』 본문, 2010, 307쪽.

3-21. 구성동 C-7호 주거지 연도부뚜막; 한남대학교박물관, 『大田九城洞遺蹟』, 1997, 75쪽.

3-22. 자작리 2호; 송기호 사진(2001.4.).

3-23. 자작리 2호 연도부뚜막; 송기호 사진(2001.4.).

3-24. 연도부뚜막과 쪽구들 비교 개념도; 송기호 작성.

3-25. 발안리 27호 주거지 연도부뚜막; 기전문화재연구원, 앞의 책, 221쪽.

3-26. 봉선리 3-I-21호; 충청남도역사문화원, 『舒川 鳳仙里 遺蹟』 도면, 2005, 224쪽.

3-27. 송내리 I-23호; 충청매장문화재연구원, 『舒川 松內里 遺蹟』, 2001, 137쪽.

3-28. 정동리 1호 건물지 쪽구들; 충청문화재연구원, 『扶餘 井洞里 遺蹟』, 2005, ii쪽(원색사진2).

3-29. 발안리 55호 주거지 쪽구들; 기전문화재연구원, 앞의 책, 346쪽.

3-30. 취난시설의 계통도; 송기호 작성.

제4장

4-1. 북옥저 및 그 주변의 쪽구들 분포; 송기호 작성.

4-2. 오녀산성; 송기호 사진(2004.12.).

4-3. 대두천(大肚川) 일대의 단결유적; 송기호 사진(2004.5.).

4-5. 단결문화 토기; 중국 흑룡강성박물관 전시; 송기호 사진(2007.8.).

4-5. 크로우노프카문화 유물; 러시아 블라디보스토크 극동대학 박물관 전시; 송기호 사진(2003.7.).

4-6. 폴체문화 유물; 러시아 블라디보스토크 극동대학 박물관 전시; 송기호 사진(2003.7.).

4-7. 쪽구들의 전파 개념도; 송기호 작성.

제5장

5-1. 불로치카 1호 주거지 석상형 아궁이; 국립문화재연구소·러시아과학원 시베리아지부 고고학민족학연구소, 『연해주 불로치까 유적』 I, 2004, 사진 7쪽.

5-2. 말갈 주거지 복원도; Деревянко Е.И., Древние жилища Приамурья, Наука, Новосибирск, 1991, 143쪽.

5-3. 동녕 단결 F1; 黑龍江省文物考古工作隊·吉林大學歷史系考古專業, 『東寧團結遺址發掘報告』, 1978.

5-4. 동녕 단결 F9; 위의 책.

5-5. 묘포 F2; 吉林省文物考古研究所, 「吉林圖們市曲水苗圃遺址的發掘」, 『考古』 2013-11, 38쪽.

5-6. 페트로프섬 1호; ディ・エリ・ブロジャンスキー, 「ロシア沿海地方の初期鐵器時代」, 『東夷世界の考古學』, 青木書店, 2000, 149쪽.

5-7. 웅기 송평동 쪽구들; 藤田亮策, 「朝鮮考古學」, 『東洋史講座』 18, 雄山閣, 1942, 84쪽, 第16圖.

5-8. 봉림성지 2000YFⅢF34; 黑龍江省文物考古研究所, 「黑龍江友誼鳳林城址2000年發掘報告」, 『考古學報』 2013-4, 546쪽.

5-9. 대평리 2호 쪽구들; 정찬영, 「북창군 대평리유적 발굴보고」, 『고고학자료집』 4, 사회과학출판사, 1974, 142쪽.

5-10. 동단산 쪽구들; 吉林省考古研究所 편, 『田野考古集粹』, 文物出版社, 2008, 44쪽.

5-11. 고구려 쪽구들 분포도; 송기호 작성.

5-12. 오녀산성 F70; 遼寧省文物考古研究所, 『五女山城』, 文物出版社, 2004, 149쪽.

5-13. 오녀산성 ㄷ자형 쪽구들 복원; 송기호 사진(2004.12.).

5-14. 구의동 보루 부뚜막; 간행위원회, 『한강유역의 고구려요새: 구의동유적 발굴조사 종합보고서』, 소화, 1997, 191쪽.

5-15. 아차산 4보루 쪽구들 복원; 송기호 사진(2008.1.), 토지박물관 전시.

5-16. 구의동 보루 복원도; 서울대학교박물관, 『고구려: 한강유역의 고구려 요새』, 2000, 45쪽.

5-17. 아차산 시루봉 5호 쪽구들; 서울대학교박물관, 『아차산 시루봉 보루』, 2002, 82쪽.

5-18. 구의동 보루 쪽구들; 간행위원회, 앞의 책, 191쪽.

5-19. 아차산 4보루 복원도; 서울대학교박물관, 앞의 책, 2000, 51쪽.

5-20. 아차산 3보루 3호 쪽구들; 송기호 사진(2005.11.).

5-21. 홍련봉 1보루 12호 건물지; 고려대학교 고고환경연구소, 『紅蓮峰 第1堡壘』, 2007, 원색사진10.

5-22. 홍련봉 2보루 1호 건물지; 고려대학교 고고환경연구소, 『紅蓮峰 第2堡壘』, 2007, 원색사진13.

5-23. 석대자 SIF3; 遼寧省文物考古研究所·沈陽市文物考古研究所, 『石台子山城』 上, 文物出版社, 2012, 192쪽.

5-24. 석대자 SIF13; 위의 책, 201쪽.

5-25. 석대자 SIF1; 위의 책, 187쪽.

5-26. 석대자 SIII02DF1; 위의 책, 221쪽.

5-27. 석대자 SIF25; 위의 책, 213쪽.

5-28. 정릉사지 2구역 1호; 편찬위원회, 『조선유적유물도감』 3, 1989, 260쪽.

5-29. 동대자 건물지; 吉林省博物館, 「吉林輯安高句麗建築遺址的清理」, 『考古』 1961-1.

5-30. 신하리 집자리 배치도; 「함주군 신하리집자리유적 발굴보고(1)」, 『조선고고연구』 2007-1, 32쪽 일부 수정.

5-31. 중국 서진 부뚜막과 고구려 삼실묘 부뚜막; 『考古』 2010-2, 도판 11-6(상) 및 吉林省文物考古研究所 외, 『集安出土高句麗文物集粹』, 科學出版社, 2010, 34쪽(하).

5-32. 산동성 가상현 송산 화상석의 부뚜막; 송기호 사진(2013.1.), 산동성박물관 전시.

제6장

6-1. 구들 평면 유형; 송기호 작성.

6-2. 율문리 1호 쪽구들; 예맥문화재연구원 제공.

6-3. 율문리 1호 부뚜막 상부; 예맥문화재연구원 제공.

6-4. 율문리 1호 배연시설; 예맥문화재연구원 제공.

6-5. 삼옥리 3호 쪽구들; 예맥문화재연구원, 『寧越 三玉里遺蹟』, 2009, 93쪽 도면 가공.

6-6. 강내리 쪽구들의 유형; 고려문화재연구원, 『漣川 江內里 遺蹟』 본문, 2012, 325쪽 변형.

6-7. 강내리 1호(좌), 14호(우); 위의 책 도면, 2012, 67쪽, 93쪽.

6-8. 장현리 쪽구들의 변천; 중앙문화재연구원, 『南陽州 長峴里遺蹟』 본문, 2010, 663쪽.

6-9. 장현리 1호 쪽구들; 위의 책, 원색사진7-①.

6-10. 발안리 1호 출토품(좌)과 대성자 F2 출토품(우); 송기호 사진(2003.11. 및 2004.5.).

6-11. 미사리 한1호; 미사리선사유적발굴단, 『渼沙里』 2, 1994, 233쪽.

6-12. 발안리 11호; 기전문화재연구원, 『華城 發安里 마을遺蹟』 본문 1, 2007, 78쪽.

6-13. 발안리 44호(좌), 51호; 위의 책, 298쪽, 318쪽.

6-14. 상석정마을 15호 쪽구들; 성균관대학교박물관, 『경기도 양평군 양수리 상석정마을 발굴조사 보고서(철기시대 전기편)』, 2008, 102쪽.

6-15. 내삼미동 삼28호; 경기문화재연구원, 『烏山 內三美洞 遺蹟』 본문, 2011, 345쪽.

6-16. 내삼미동 삼2호; 위의 책 사진, 2011, 131쪽.

6-17. 내삼미동 삼5호 쪽구들; 위의 책 사진, 2011, 140쪽.

6-18. 석우리 먹실 9호 쪽구들; 경기문화재연구원, 『華城 石隅里 먹실遺蹟』, 2007, 99쪽.

6-19. 오정동 1호; 한남대학교박물관, 『大田梧井洞遺蹟』, 1998, 표지.

6-20. 송절동 VII-2-12호 주거지; 한국선사문화연구원 · 중원문화재연구원 · 충청북도문화재연구원, 『청주 테크노폴리스부지(Ⅷ지구-1 · 2 · 3지역) 내 유적 학술자문회의 자료집』, 2015.11.11.

6-21. 지산리 II-6호; 공주대학교박물관, 『舒川 芝山里遺蹟』, 2005, 61쪽.

6-22. 지산리 II-11호; 위의 책, 원색사진.

6-23. 봉선리 3-I-1호 쪽구들; 충청남도역사문화원, 『舒川 鳳仙里 遺蹟』 도판, 2005, 원색도판.

6-24. 송내리 I-6호; 충청매장문화재연구원, 『舒川 松內里 遺蹟』, 2001, 원색사진8.

6-25. 부여 가탑리 가탑들 1호; 금강문화유산연구원, 『扶餘 佳塔里 가탑들 遺蹟』, 2012, 원색사진3.

6-26. 연기 응암리 2호; 공주대학교박물관, 『燕岐 鷹岩里 遺蹟』, 2008, 105쪽.

6-27. 부소산성 1983-3호 수혈주거지; 송기호 사진(2003.4.).

6-28. 능산리 사지 쪽구들 건물지; 국립부여문화재연구소, 『陵寺』, 2008, 5쪽.

6-29. 늑도 A지구 나41호; 경남고고학연구소, 『勒島貝塚』 II, A地區 住居群, 2006, 179쪽.

6-30. 늑도 A지구 다2-4호; 위의 책, 도판, 2006, 12쪽.

6-31. 늑도 출토 단결-크로우노프카문화 계통 토기; 이재현 제공.

6-32. 배연구; 송기호 사진(2008.12.).

6-33. 평거동 3-2지구 74호 배연구; 경남문화재연구원 파워포인트 자료(2007.11.).

6-34. 평거동 3-2지구 93호 쪽구들; 경남문화재연구원, 『진주 평거동 유적』 I, 2010, 368쪽.

6-35. 평거동 3-2지구 20-1호; 경남문화재연구원 파워포인트 자료(2007.11.).

6-36. 봉계리 50호; 경남고고학연구소, 『泗川 鳳溪里 三國時代 集落』, 2002, 106쪽.

6-37. 화산리 25호 쪽구들과 추가부뚜막; 경남발전연구원 역사문화센터, 『咸陽 花山里遺蹟』, 2007, 61쪽.

6-38. 호동 II지구 79호; 경상북도문화재연구원, 『浦項 虎洞遺蹟』 IV, 2008, 214쪽.

6-39. 호동 II지구 124호; 송기호 사진(2003.4.).

6-40. 가동 77호; 울산대학교박물관, 『기장 가동유적』 II, 2009, 329쪽.

6-41. 가동 35호; 위의 책, 293쪽.

6-42. 평촌리 1호; 경상북도문화재연구원, 『달성 평촌리 · 예현리 유적』 본문, 2010, 원색사진10.

6-43. 매호동 5호; 영남문화재연구원, 『大邱 梅湖洞 1008番地遺蹟』, 2009, 원색사진6.

6-44. 매호동 12호; 위의 책, 원색사진6.

6-45. 매호동 주거지 모식도; 위의 책, 230쪽.

6-46. 와정 4호; 전북대학교박물관 · 군산대학교박물관, 『臥亭遺蹟』, 2001, 79쪽.

6-47. 사덕 95호; 호남문화재연구원, 『益山 射德遺蹟』 I, 2007, 195쪽.

6-48. 오지리 철10호 쪽구들; 마한문화연구원, 『곡성 오지리유적』, 2008, 원색사진6.

6-49. 칠성 12호; 순천대학교박물관, 『광양 칠성리 유적』, 2007, 108쪽.

6-50. 지천리 나지구 18호; 목포대학교박물관, 『장흥 지천리유적』, 2000, 115쪽.

제7장

7-1. 쪽구들 분포 개념도; 송기호 작성.

7-2. 발해 쪽구들 분포도; 송기호 작성.

7-3. 상경성 제4, 제4-1궁전지 및 부속건물 쪽구들 배치; 黑龍江省文物考古研究所, 『渤海上京城』 附圖, 文物出版社, 2009.

7-4. 상경성 제4궁전지 서전지; 東亞考古學會, 『東京城』 東京 · 京都, 1939, 25쪽.

7-5. 상경성 제4-1궁전지; 黑龍江省文物考古研究所, 『渤海上京城』 上, 文物出版社, 2009, 261쪽.

7-6. 상경성 서구 침전지; 中國社會科學院考古研究所, 『六頂山與渤海鎮』, 中國大百科全書出版社, 1997, 67쪽.

7-7. 서고성 내성 평면도; 吉林省文物考古研究所 · 延邊朝鮮族自治州文化局 · 延邊朝鮮族自治州博物館 · 和龍市博物館, 『西古城』, 文物出版社, 2007, 15쪽 도면 활용 작성.

7-8. 서고성 제4궁전지(하)와 내성 1호 건물지; 위의 책, 223쪽.

7-9. 콕샤로프카-1 성터의 쪽구들 건물지; 문화재청 보도자료, 「발해 지방 거점 유적, 그 모습을 드러내다: 2011 국립문화재연구소 연해주 콕샤로프카-1 평지성 발굴성과」, 2011.10.28.

7-10. 하구 F1003; 黑龍江省文物考古研究所 · 吉林大學考古學系, 『河口與振興』, 科學出版社, 2001, 47쪽.

7-11. 하구 F1003; 위의 책, 도판2.

7-12. 목란집동 F1; 黑龍江省文物考古研究所, 「黑龍江省海林木蘭集東遺址」, 『北方文物』 1996-2, 24쪽.

7-13. 흥농 F3; 黑龍江省文物考古研究所 · 吉林大學考古學系, 「黑龍江海林市興農渤海時期城址的發掘」, 『考古』 2005-3, 26쪽.

7-14. 단결 F14; 黑龍江省文物考古工作隊 · 吉林大學歷史系考古專業, 『東寧團結遺址發掘報告』, 1978.

7-15. 소지영 F1; 黑龍江省文物考古研究所, 「黑龍江東寧縣小地營遺址渤海房址」, 『考古』 2003-3, 39쪽.

7-16. 소지영 F1; 김태순 제공.

7-17. 소지영 F2 쪽구들; 김태순 제공.

7-18. 크라스키노 1호; 송기호 사진(2005.8.).

7-19. 콘스탄티노프카 4호; Болдин В.И. · Ивлиев А.Л. · Хорев В.А. · Шавкунов В.Э., Новый тип бохайского жилища в Приморье // Материалы по срдневековой археологии и истории Дальнего Востока СССР.

Сборник научных трудов, Владивосток, 1990, 155쪽.

7-20. 콘스탄티노프카 3호; 정석배, 「꼰스딴찌노프까1 주거유적 쪽구들 연구」, 『고구려발해연구』 38, 2010, 201쪽.

7-21. 체르냐티노2 2호; 문화재청 보도자료, 「옥저와 발해의 온돌 동시 발견」, 2007.8.24.

7-22. 아우로프카 2~5호, 10호 주거지; Шавкунов В.Э.·Гельман Е.И., Многослойный памятник Ауровское городище // Труды Ин-т ИИАЭ ДВО РАН, Т.XI, Актуальные Проблемы Дальневосточной Археологии, Дальнаука, Владивосток, 2002, 78쪽.

7-23. 청해토성 1호(좌), 2호(우) 건물지 쪽구들; 편찬위원회, 『조선유적유물도감』 8, 1991, 165쪽.

7-24. 절골 1호; 김종혁·김지철, 「신포시 오매리 절골1호 발해건축지 발굴보고」, 『조선고고연구』 1990-2, 16쪽.

7-25. 금산 1호 건물지; 편찬위원회, 앞의 책, 196쪽.

제8장

8-1. 마송 III-1호; 기호문화재연구원, 『金浦 馬松遺蹟』 I, 2010, 원색사진10.

8-2. 만정리 II-1호; 중앙문화재연구원, 『安城 萬井里II 遺蹟』, 2009, 145쪽.

8-3. 서천동 1지역 3구역 1호; 경기문화재연구원, 『龍仁 書川洞遺蹟』 본문2, 2011, 96쪽.

8-4. 서천동 2지역 1구역 2호; 위의 책, 201쪽.

8-5. 갈산동 18호; 중앙문화재연구원, 『갈산2지구 주택건설사업부지내 利川 葛山洞遺蹟』 사진, 2007, 원색사진5-2.

8-6. 도내동 3-3호 쪽구들; 겨레문화유산연구원, 『고양 도내동 유적』, 2012, 162쪽.

8-7. 성산리 6호 쪽구들; 송기호 사진(2008.11.).

8-8. 상동 I차 4호; 경상북도문화재연구원, 『대구 수성구 상동 우방아파트 건립부지내 上洞遺蹟發掘調査報告書』 본문, 2002, 124쪽.

8-9. 송암동 16호; 송기호 사진(2008.5.).

8-10. 대평리 19호; 백제문화재연구원, 『연기 대평리유적』 도판, 2012, 243쪽.

8-11. T자형 쪽구들의 구조; 이상복, 「중서부지역 통일신라시대 수혈주거지의 분류와 편년: 'ㄱ'자형 구들시설을 中心으로」, 『中央考古硏究』 9, 2011, 146쪽.

8-12. 오이도 C-2호 쪽구들; 송기호 사진(2000.11.).

8-13. 오이도 C-5호 쪽구들; 송기호 사진(2000.11.).

8-14. 성산리 32호; 송기호 사진(2008.11.).

8-15. 송암동 5호; 송기호 사진(2008.5.).

8-16. 문산리 4호(우), 5호(좌); 강원문화재연구소, 『寧越 文山里 遺蹟』, 2008, 원색사진4.

8-17. 갈산동 26호 쪽구들; 중앙문화재연구원, 『현진에버빌아파트부지내 利川 葛山洞遺蹟』, 2007, 479쪽.

8-18. 갈산동 12호; 중앙문화재연구원, 『갈산2지구 주택건설사업부지내 利川 葛山洞遺蹟』 사진, 2007, 원색사진5-1.

8-19. 갈산동 14호 쪽구들; 위의 책, 본문 87쪽.

8-20. 송암동 10호; 송기호 사진(2008.5.).

8-21. 수영리 10호; 중앙문화재연구원, 『峰潭 水營里遺蹟』, 2007, 30쪽.

8-22. 금당리 5호; 한백문화재연구원, 『여주 금당리 유적』, 2009, 127쪽.

8-23. 화산동 3가-4호; 경기문화재연구원, 『華城 花山洞 遺蹟』 본문2, 2010, 31쪽.

8-24. 수영리 14호; 중앙문화재연구원, 『峰潭 水營里遺蹟』, 2007, 36쪽.

8-25. 남양동 통일신라 건물지; 경기문화재연구원, 『華城 南陽洞 遺蹟』 사진, 2009, 원색사진4.

제9장

9-1. 일본의 쪽구들 분포; 송기호 작성.

9-2. 쪽구들(좌)과 연도부뚜막(우); 望月精司, 「小松市額見町遺跡と飛鳥時代の渡來人」, 『日韓國際シンポジウム報告書 飛鳥の王權とカガの渡來人』, 石川縣立歷史博物館, 2001, 31쪽.

9-3. 일본 열도의 연도부뚜막·쪽구들 유형; 松室孝樹, 「竪穴式住居に設置されるL字型カマドについて」, 『韓式系土器研究』 VI, 韓式系土器研究會, 1996, 149쪽에서 변형.

9-4. 니시진마치 쪽구들 유형; 重藤輝行, 「九州에 形成된 馬韓·百濟人의 集落」, 『마한·백제인들의 일본열도 이주와 교류』, 서경문화사, 2012, 154쪽에서 변형.

9-5. 규슈 지역의 쪽구들; 松室孝樹, 앞의 논문, 156쪽, 161쪽.

9-6. 긴키 지역의 쪽구들 1; 위의 논문, 159쪽, 161쪽.

9-7. 긴키 지역의 쪽구들 2; 위의 논문, 159쪽, 161쪽.

9-8. 아노 유적 쪽구들 배치와 SX-22호 사진; 宮崎幹也, 「カマドの採用と普及」, 『古代社會の諸相』, 角田文衛先生傘壽記念會編, 1993, 25쪽 및 京都文化博物館, 『海を渡って來た人と文化』, 1989, 128쪽.

9-9. 노다미치 주거지(좌)와 부소산성 1983-3호 주거지(우); 松室孝樹, 앞의 논문, 164쪽 및 국립문화재연구소, 『扶蘇山城 發掘調査報告書』(1983~1987年), 1996, 279쪽.

9-10. 누카미마치 유적의 수혈주거지 변천; 望月精司, 앞의 논문, 32쪽.

9-11. 누카미마치 7세기 쪽구들 주거지; 『日韓國際シンポジウム報告書 飛鳥の王權とカガの渡來人』, 石川縣立歷史博物館, 2001, 도판.

9-12. 서삼가 F2호 쪽구들; 遼寧省文物考古研究所, 「遼寧朝陽西三家遼代遺址發掘簡報」, 『北方文物』 2009-1, 圖版 三.

9-13. 친톨고이 발가스 유구 배치도; Крадин Н.Н., Киданъский город Чинтолгой-балгас, Издательская фирма 《Восточная литература》 РАН, Москва, 2011, 160쪽 일부 수정.

9-14. 친톨고이 발가스 1호 건물지; 에렉젠 제공.

9-15. 친톨고이 발가스 1호 건물지; 오치르 발표 자료.

9-16. 친톨고이 발가스 3호(우), 4호(좌) 쪽구들; Крадин Н.Н., 앞의 책, 49쪽.

9-17. 클래스 I(상), II(하); N.G. 아르쩨미예바 지음, 정석배 옮김, 『연해주 여진의 주거 건축』, 학연문화사, 2011, 278쪽.

9-18. 클래스 III(상), IV(좌중), V(우중); 위의 책, 279~280쪽.

9-19. 클래스 VI과 범례; 위의 책, 280쪽.

9-20. 전파림자 F1; 吉林省文物考古研究所 · 四平市文物管理委員會辦公室, 「四平市前坡林子遺址發掘簡報」, 『北方文物』 2006-3.

9-21. 크라스노야르 성터 쪽구들; 송기호 사진(1995.8.).

9-22. 샤이가 성터 224호; N.G.아르쩨미예바 지음, 정석배 옮김, 앞의 책, 2011, 324쪽.

9-23. 크라스노야르 성터 쪽구들(2010); 송기호 사진(1995.8.).

9-24. 크라스노야르 성터 쪽구들1(1995); 송기호 사진(1995.8.).

9-25. 크라스노야르 성터 쪽구들2(1995); 송기호 사진(1995.8.).

9-26. 남두와보 F6호; 吉林省攬頭窩堡遺址考古隊, 「吉林德惠市攬頭窩堡遺址六號房址的發掘」, 『考古』 2003-8, 69쪽.

9-27. 남두와보 F6호 서쪽 아궁이; 위의 논문, 圖版 捌.

9-28. 라조 성터 39호; N.G. 아르쩨미예바 지음, 정석배 옮김, 앞의 책, 390쪽.

9-29. 토열모두 1호 고성 건물지; 張栢忠, 「吐列毛杜古城調查試掘報告: 兼論金代東北路界壕」, 『文物』 1982-7, 37쪽.

9-30. 전창저회장 93IIF3호; 吉林省文物考古研究所 · 四平市文管會辦公室 · 四平市博物館, 「吉林雙遼電廠貯灰場遼金遺址發掘簡報」, 『考古』 1995-4, 326쪽.

9-31. 전창저회장 92IIF1호; 위의 논문, 328쪽.

9-32. 1호 계호변보 내성 건물지 배치도; 哲里木盟博物館, 「內蒙古霍林河礦區金代界壕邊堡發掘報告」, 『考古』 1984-2, 159쪽.

9-33. 계호변보 B1F8호 건물지; 위의 논문, 160쪽.

9-34. 샤이가 성터 41호 쪽구들; N.G. 아르쩨미예바 지음, 정석배 옮김, 앞의 책, 305쪽.

9-35. 아나니예프카 성터 37호; 위의 책, 364쪽.

9-36. 영승 F2호; 吉林大學邊疆考古研究中心 · 吉林省文物考古研究所, 「吉林敦化市永勝金代遺址一號建築基址」, 『考古』 2007-2, 42쪽.

9-37. 아나니예프카 성터 30호; N.G. 아르쩨미예바 지음, 정석배 옮김, 앞의 책, 350쪽.

9-38. 샤이가 성터 222호; 위의 책, 323쪽.

9-39. 샤이가 성터 180호; 위의 책, 311쪽.

9-40. 후성자 고성 F2호; 吉林省文物考古研究所 · 長春市文物管理委員會辦公室, 「吉林省德惠縣後城子金代古城發掘」, 『考古』 1993-8, 723쪽.

9-41. 계번성 F1호; 佟達, 「撫順後金界藩城和薩尒滸城調査」, 『遼海文物學刊』, 1988-1, 57쪽.

9-42. 후영방 동쪽 건물의 서쪽 결채; 中國科學院考古研究所 · 北京市文物管理處元大都考古隊, 「北京后英房元代居住遺址」, 『考古』 1972-6, 圖版肆.

9-43. 시가영 F8; 河北省文物研究所 · 唐山市文物管理處 · 豊潤區文物保護管理所, 「河北唐山市豊潤區施家營遺址考古發掘報告」, 『北方文物』 2013-1, 내표지 사진.

9-44. 시가영 F11; 위의 논문, 내표지 사진.

9-45. 석대자 SIVF2; 遼寧省文物考古研究所 · 沈陽市文物考古研究所, 『石台子山城』 上, 文物出版社, 2012, 295쪽.

9-46. 심양고궁 청녕궁 거실 쪽구들; 송기호 사진(2012.6.).

9-47. 심양고궁 청녕궁 평면도; 張馭寰, 『吉林民居』, 中國建築工業出版社, 1985, 46쪽.

9-48. 자금성 구들; Qinghua Guo, The Chinese Domestic Architectural Heating System[Kang], *Architectural History*, vol.45, 2002, 43쪽.

9-49. 개원 이가태 쪽구들; 송기호 사진(2004.8.).

9-50. 중국 남부의 온돌; Qinghua Guo, 앞의 논문, 46쪽.

9-51. 영성민속관의 항; 송기호 사진(2013.1.).

9-52. 길림시의 항 재료상; 송기호 사진(2005.7.).

9-53. 나나이족 쪽구들1; 송기호 사진(2008.8.).

9-54. 나나이족 쪽구들2; 1992년 구입 사진.

9-55. 온돌의 분포; 송기호 작성.

제10장

10-1. 운북동 8-4호; 한강문화재연구원, 『인천 운북동 유적』, 2012, 11쪽 하.

10-2. 우두동 707-1 · 35번지 29호; 강원문화재연구소, 『春川 牛頭洞 707-1 · 35番地 遺蹟 發掘調査 報告書』, 2006, 131쪽.

10-3. 삼옥리 2호; 강원문화재연구소, 『寧越 三玉里遺蹟』, 역사시대, 2010, 212쪽.

10-4. 운북동 8-1호; 한강문화재연구원, 앞의 책, 11쪽 상.

10-5. 우두동 707-1 · 35번지 28호; 강원문화재연구소, 앞의 책, 129쪽.

10-6. 우두동 711-1번지 12호; 예맥문화재연구원, 『春川 牛頭洞遺蹟』 춘천 우두동 711-1번지 일원 근린생활시설부지내 유적 발굴조사보고서, 2013, 128쪽.

10-7. 우두동 711-1번지 1호; 위의 책, 34쪽.

10-8. 우두동 711-1번지 5호; 위의 책, 83쪽.

10-9. 중산동 6-3호; 中央文化財研究院, 『仁川 中山洞遺蹟』 사진, 2011, 341쪽.

10-10. 증포동 주거지; 한겨레문화유산연구원, 『이천 증포동 유적』 2011, 5쪽 원색 사진.

10-11. 영암사지 A-1호; 東亞大學校 博物館, 『陜川靈巖寺址』 II, 2005, 49쪽.

10-12. 외선미리 1호 서측실(좌익헌); 경상북도문화재연구원, 『蔚珍 外仙味里 遺蹟』, 2007, 231쪽.

10-13. 지곶동 A-1호; 기호문화재연구원, 『烏山 紙串洞 遺蹟』 II, 2010, 18쪽.

10-14. 용장성 L-2호; 목포대학교 박물관 제공.

10-15. 옥림리 4지점 3호; 中原文化財研究院, 『江華 玉林里 遺蹟』 I, 2012, 256쪽.

10-16. 원골 I지구 2-1호; 중앙문화재연구원 제공.

10-17. 미륵사지 서편 9호; 國立扶餘文化財研究所, 『彌勒寺 遺蹟發掘調査報告書』 II, 1996, 96쪽.

10-18. 연자도 15호; 울산발전연구원 문화재연구센터, 『울주 연자도 유적』, 2012, 64쪽.

10-19. 미륵사지 서편 14호; 國立扶餘文化財研究所, 앞의 책, 102쪽.

10-20. 상대동 중동골 12호; 백제문화재연구원 발굴 사진.

10-21. 고달사지 가-6; 畿甸文化財研究院, 『高達寺址』 II, 2007, 544쪽.

10-22. 백봉리 1호; 기호문화재연구원 발굴 사진.

10-23. 백봉리 2호; 기호문화재연구원 발굴 사진.

10-24. 연자도 7호; 울반발전연구원 발굴 사진.

10-25. 선원사지 동건물지(G); 東國大學校 博物館, 『史蹟 259號 江華 禪源寺址 發

掘 調査 報告書』I, 2003, 26쪽 원색도판46.

10-26. 미륵사지 서편 1-③호; 國立扶餘文化財研究所, 앞의 책, 78쪽.

10-27. 연자도 3호; 울산발전연구원 문화재연구센터, 앞의 책, 22쪽.

10-28. 연자도 4-1호; 위의 책, 41쪽.

10-29. 연자도 11호; 위의 책, 59쪽.

10-30. 장락사지 13호; 충청대학 박물관, 『堤川 長樂寺址』, 2008, 부록 도면.

10-31. 판교 사지 부속건물지; 한국문화재보호재단, 『성남 판교 지구 문화유적 2차 발굴조사 약보고서』, 2008, 사진9.

제11장

11-1. 남양동 5-39호; 京畿文化財研究院, 『華城 南陽洞 遺蹟』 본문 2, 2009, 146쪽.

11-2. 청계리 마-A-1호; 한백문화재연구원, 『화성 청계리 유적』 VI, 2013, 451쪽.

11-3. 철통리 1호; 예맥문화재연구원, 『高城 鐵桶里遺蹟』, 2009, 7쪽.

11-4. 여수동 2-10호; 기호문화재연구원, 『城南 麗水洞 遺蹟』 I, 2012, 13쪽.

11-5. 청계리 다-14호; 한백문화재연구원, 앞의 책 IV, 9쪽.

11-6. 광교 9-46호; 기호문화재연구원, 『光敎 新都市 文化遺蹟』 V, 9지점, 2011, 177쪽.

11-7. 청계리 다-9호; 한백문화재연구원, 앞의 책 IV, 251쪽.

11-8. 와동리 2-A-13호; 京畿文化財研究院, 『坡州 瓦洞里 II 遺蹟』, 2010, 130쪽.

11-9. 대추리 2호; 中央文化財研究院, 『平澤 大秋里 · 金角里遺蹟』, 2008, iii쪽, 원색사진.

11-10. 금승리 · 덕은리 VI-2-6호; 畿甸文化財研究院, 『坡州 金蠅里 · 德隱里遺蹟』, 2006, 원색사진4.

11-11. 금의리 구들; 기호문화재연구원, 『華城 錦衣里 遺蹟』, 2011, 원색사진4.

11-12 주성리 5-1-23호; 中原文化財研究院, 『淸原 主城里 · 倉里 遺蹟』 본문 2, 2013, 원색사진2.

11-13. 광교 9-37호; 기호문화재연구원, 『光敎 新都市 文化遺蹟』 V, 9지점, 2011, 원색사진5.

11-14. 능산리 I-13호; 기호문화재연구원, 『坡州 陵山里遺蹟』, 2010, 9쪽.

11-15. 반송리 2호; 畿甸文化財研究院, 『華城 盤松里 中世遺蹟』, 2006, 원색사진3.

11-16. 청계리 다-13호; 한백문화재연구원, 앞의 책 IV, 261쪽.

11-17. 남양동 12-3호; 한백문화재연구원, 『화성 남양동 유적』 Ⅱ, 본문 2, 2014, 82쪽.

11-18. 청계리 다-11호; 한백문화재연구원, 앞의 책 IV, 2013, 8쪽.

11-19. 지곶동 1-45호; 기호문화재연구원, 『烏山 紙串洞 遺蹟』 I, 2010, 156쪽.

11-20. 의성 김씨 종택 윗사랑채; 송기호 사진(2015.10.).

11-21. 송산동 7-12호; 한신대학교박물관, 『華城 松山洞 農耕遺蹟』, 2009, 112쪽.

11-22. 남양동 13-10호; 한백문화재연구원, 앞의 책 본문 2, 2014, 191쪽.

11-23. 서천동 3-14호; 京畿文化財研究院, 『龍仁 書川洞遺蹟』 본문3, 2011, 62쪽.

11-24. 온석리 34호; 송기호 사진(2016.3.).

11-25. 온석리 아궁이; 송기호 사진(2016.3.).

11-26. 온석리 30호; 송기호 사진(2016.3.).

11-27. 여수동 3-4호; 기호문화재연구원, 『城南 麗水洞 遺蹟』 II, 2012, 7쪽.

11-28. 남양동 4-10호; 한백문화재연구원, 앞의 책 본문 1, 2014, 248쪽.

11-29. 읍내리 I-3호; 충청남도역사문화원, 『唐津 邑內里 遺蹟』, 2005, 3쪽.

11-30. 누읍동 1-1호; 中央文化財研究院, 『烏山 樓邑洞 遺蹟』, 2008, 16쪽.

11-31. 옥길리 가-13호; 中央文化財研究院, 『平澤 玉吉里遺蹟』, 2008, 원색사진 3-5.

11-32. 광교 11-5호; 기호문화재연구원, 『光敎 新都市 文化遺蹟』 V, 10·11지점, 2011, 207쪽.

11-33. 향남2지구 1-14호; 中原文化財研究院, 『화성 향남2지구 유적』 I, 2011, 129쪽.

11-34. 잠홍동 2호; 忠淸南道歷史文化研究院, 『瑞山 潛紅洞 遺跡』, 2008, 41쪽.

11-35. 구문천리 B-7호; 中央文化財研究院, 『華城 求文川里遺蹟』, 2004, 78쪽.

11-36. 금의리 9-1호; 中原文化財研究院, 『華城 篤亭里·錦衣里 遺蹟』, 2013, 4쪽.

11-37. 잠홍동 26호; 忠淸南道歷史文化研究院, 앞의 책, 2008, 182쪽.

11-38. 지곶동 1-21호; 기호문화재연구원, 『烏山 紙串洞 遺蹟』 I, 2010, 100쪽.

11-39. 수좌료지; 경기도박물관·경기문화재연구원, 『檜巖寺』 II, 2003, 80쪽.

11-40. 5-바 건물지; 경기도박물관·경기문화재연구원, 『檜巖寺』 III, 2009, 86쪽.

11-41. 3-다 건물지; 경기문화재단·경기문화재연구원, 『檜巖寺』 IV, 2013, 123쪽.

11-42. 영당지; 경기도박물관·경기문화재연구원, 앞의 책, 2003, 86쪽.

11-43. 4-타 건물지; 경기문화재단·경기문화재연구원, 앞의 책, 2013, 89쪽.

11-44. 서승당지; 경기도박물관·경기문화재연구원, 앞의 책, 2009, 37쪽.

11-45. 4-사 건물지; 위의 책, 67쪽.

11-46. 벽제관지 주건물지; 경기도박물관·연세대학교 건축과학기술연구소, 『고양 벽제관 건축유적지 발굴조사보고서』, 2000, 69쪽 수정.

11-47. IV-31호; 한울문화재연구원, 『서울 공평구역 제1·2·4지구 유적』 II, 2017, 482쪽.

11-48. IV-31호 구들; 송기호 사진.

11-49. 마루 위 탄화된 자리 흔적; 송기호 사진.

11-50. IV층 '가'지역; 한울문화재연구원, 앞의 책, 184쪽.

11-51. V-청진100·101 건1 일부; 한울문화재연구원, 『鍾路 淸進12~16地區 遺蹟』 I, 2013, 536쪽.

11-52. III-19호 건물지; 한울문화재연구원, 앞의 책, 2017, 157쪽.

11-53. V-청진124 건2; 한울문화재연구원, 앞의 책, 2013, 570쪽.

11-54. 청진동 223번지 건물지 6-3; 한울문화재연구원, 『鍾路 淸進1地區 遺蹟』 I, 2011, 164쪽.

11-55. VI-청진121 건1; 한울문화재연구원, 앞의 책 II, 2013, 15쪽 부분.

11-56. V층 건물지 5-11; 한울문화재연구원, 앞의 책 I, 2011, 5쪽 원색화보.

11-57. 청진6지구 V층 시전행랑; 명지대학교 부설 한국건축문화연구소, 『서울 淸進6地區 遺蹟』 I, 2007, 원색화보 1.

제12장

12-1. 내앞 김씨 종택 안채 마루; 송기호 사진(2009.6.).

12-2. 주막의 마루와 온돌; 안휘준 책임감수, 『풍속화』, 한국의 미 19, 중앙일보사, 1985, 도142.

12-3. 멜감 나르기; 서울대학교 박물관 소장 '평양도' 부분.

12-4. 북한산성 한북문; 조풍연 해설, 『사진으로 보는 조선시대』 속, 생활과 풍속, 서문당, 1987, 101쪽.

12-5. 춘천 봉의산; 손경석·이상규 해설, 『사진으로 보는 근대한국』 하, 산하와 풍물, 서문당, 1986, 103쪽.

12-6. 덕흥리 고분 주변; 서울대학교박물관·동북아역사재단, 『하늘에서 본 고구려와 발해』, 2008, 77쪽.

12-7. 흑룡강성 정주간; 송기호 사진(1997.5.).

12-8. 쌍영총의 평상 생활; 김원용, 『벽화』, 한국미술전집 4, 동화출판공사, 1974, 55쪽.

12-9. 무용총의 의자 생활; 위의 책, 61쪽.

12-10. 태평성시도의 좌식 묘사; 국립중앙박물관 소장, 송기호 사진(2014.7.).

12-11. 좌식과 소반상; 국립중앙박물관, 『조선시대 풍속화』, 2002, 147쪽.

12-12. 고려 청자의 누각 그림; 국립중앙박물관 소장.

12-13. 석어당; 송기호 사진(2007.11.).

12-14. 양진당; 송기호 사진(2008.6.).

12-15. 임청각; 송기호 사진(2015.9.).

제13장

13-1. 극동 온돌의 계통도; 송기호 작성.

찾아보기

ㄹ

ㅁ

ㅇ

abstract

History of Korean *Ondol*

Song, Ki-ho

This is the first monograph on the linear history of *Ondol*. *Ondol* is a unique underfloor heating system developed in the Far East, used mainly in Korea. By analyzing archaeological and written records, this book examines in depth more than 2,000 years of *Ondol* history ranging from the ancient era to the pre-modern era.

Ondol consists of three parts: a hearth to make fire, a *Gudeul*(underfloor heating structure) to emit heat into the room, and a chimney to discharge smoke outside. *Gudeul* consists of a single or multiple *Gorae*(flue gas passages). *Gorae* is a key component of *Ondol* and distinguishes *Ondol* from other heating systems.

Gudeul is initially installed only in specific parts of the room, and later, is extended to the entire floor. The former is called 'Kang(炕)' or Partial *Ondol*(*JJokgudeul*, heated bed) and the latter is named Complete *Ondol*(*Ongudeul*, heated floor).

Ondol originated from Northern Okjeo and developed in the Korean Peninsula and its northern neighbouring areas through two routes. One leads the northern path from Northern Okjeo to Goguryeo, Balhae to Jurchen(金) and Manchu(淸). The other is the southern path from the Three Kingdoms, Unified Silla and Goryeo to Joseon.

Gudeul can be classified by its plan type and the number of *Gorae*. The basic type of heated bed is a single *Gorae* on a ㄱ-typed floor plan. As time passed, the magnified type(ㄷ-typed) or the degenerative type(1-typed) became a dominant form of the heating system, and the number of *Gorae* increased compared to its initial form.

In the northern path, ㄱ-typed, single *Gorae* developed into ㄷ-typed, three *Gorae* and maintained the structure of the heated bed(*JJokgudeul)*. On the other hand, in the southern path, ㄱ-typed, single *Gorae* advanced to 1-typed, multiple-*Gorae*(more than four *Gorae*), and eventually transformed into the heated floor(*Ongudeul)*. In other words, while the number of *Gorae* remained steady over time in the northern path, the plan type of *Gudeul* became more complex. On the other hand, the number of *Gorae* in the southern path showed numerical increments, while the plan type of *Gudeul* became more simplified.

According to the relevant records of Goguryeo, *Ondol* belonged to the culture of the lower class and was largely unpopular among the ruling aristocrats. In the northern area, however, *Ondol* spread rapidly to the ruling class and, by the time of Balhae, even the king used *Ondol*. Whereas in the southern area, *Ondol* had finally arrived in the king's chamber no earlier than the 16th century.

As the use of *Ondol* spread throughout every social class, the lifestyle of people also changed; People adapted to the sedentary lifestyle as a common practice, and the multi-storied house disappeared, and the single-story house became the only kind of the housing.

Similar heating facilities were also invented in Europe and Mongolia, but the Korean Peninsula and its surrounding areas are the only places that have continued its practice from ancient times to the present. *Ondol* has persisted even to today in Korea, despite the massive constructions of apartments.

Koreans are born in *Ondol*, live and die in *Ondol*. Nowadays, Koreans enjoy *Jjimjilbang*(Korean dry sauna), a variation of *Ondol*. In this sense, we can call Koreans 'the *Ondol* people', instead of 'the white-clad people'.